高职高专物流管理专业精品系列教材

# 物流信息技术应用

高连周　主　编
程晓栋　赵连明　侯守伟　张春生　副主编

清华大学出版社
北京

## 内 容 简 介

本书是围绕高职教育培养人才的目标，立足物流企业岗位技能需求，追踪物流信息技术的发展趋势，充分吸收当前物流信息化实践中的最新技术和成果，以工作过程为导向，采用"项目引领、任务驱动"模式开发编写而成的特色教材。本书从物流信息技术应用的流程角度入手，深入浅出地介绍了物流业务过程中常用关键技术的基本原理及其应用，共设置了8个项目，项目下设有项目描述和项目目标，学习任务下安排有教学导航、引导案例、任务知识储备、相关链接、职业指导、前沿理论与技术、实训任务实施、任务小结、练习题等。

本书内容丰富、实用性强。既可作为高职高专院校物流管理、物流工程技术及相关专业的教材和参考书，也可作为物流企业中的物流信息管理者及相关人员的培训教材和物流行业从业人员的参考用书。



**图书在版编目(CIP)数据**

物流信息技术应用/高连周主编．--北京：清华大学出版社，2016（2021.1重印）
高职高专物流管理专业精品系列教材
ISBN 978-7-302-41060-7

Ⅰ．①物…　Ⅱ．①高…　Ⅲ．①物流－信息技术－高等职业教育－教材　Ⅳ．①F253.9

中国版本图书馆CIP数据核字(2015)第173381号

**责任编辑**：王宏琴
**封面设计**：常雪影
**责任校对**：袁　芳
**责任印制**：杨　艳

**出版发行**：清华大学出版社
**网　　址**：http://www.tup.com.cn，http://www.wqbook.com
**地　　址**：北京清华大学学研大厦A座　　**邮　　编**：100084
**社 总 机**：010-62770175　　**邮　　购**：010-62786544
**投稿与读者服务**：010-62776969，c-service@tup.tsinghua.edu.cn
**质量反馈**：010-62772015，zhiliang@tup.tsinghua.edu.cn
**课件下载**：http://www.tup.com.cn，010-83470410
**印 刷 者**：北京富博印刷有限公司
**装 订 者**：北京市密云县京文制本装订厂
**经　　销**：全国新华书店
**开　　本**：185mm×260mm　　**印　　张**：23　　**字　　数**：559千字
**版　　次**：2016年6月第1版　　**印　　次**：2021年1月第7次印刷
**定　　价**：59.00元

产品编号：064571-03

FOREWORD

# 前 言

物流信息技术是现代信息技术在物流各个环节中的综合应用，是现代物流区别于传统物流的根本标志，也是目前我国物流技术中发展最快的一个领域。从数据采集的条码系统，到非接触式自动识别技术的射频识别技术；从能提供定位导航 GPS 和动态的地理信息 GIS 技术，到标准化的物流数据传输和交换的 EDI 技术；再从物流自动化技术到物联网技术等，都在日新月异地发展，使得物流管理的自动化、高效化、及时性得以实现。同时，随着现代物流信息技术的不断发展，还产生了一系列新的物流理念和新的物流经营方式，推进了中国物流业的变革。

本书考虑高职教育的特点，以"项目引领、任务驱动"为指针，追踪物流信息技术的发展趋势，充分吸收了当前物流信息化实践中的最新技术和成果，实现与职业证书的合理衔接，体现高职教育"双证"特色。本书立足于理实一体、学做结合的建设目标，依照人类自身获取信息、处理信息、存储信息、传输信息等特点，基于工作过程导向，将培养目标与岗位需求结合起来，深入浅出地全面介绍了物流管理技术技能型人才应该掌握的物流信息技术的重点知识和应用技能。本书内容丰富、实用性强，既有对基本概念和原理的阐述，又有相关任务、案例，深入浅出，易学易懂。本书的特色主要体现在以下几个方面。

(1) 坚持高职高专教育的特色，立足于物流企业岗位技能需求，充分体现岗位任务引领、实践导向的课程设计思想，实现与职业证书的合理衔接，体现高职教育"双证"特色，以及任务的设置体现针对性、综合性和实践性。

(2) 以项目描述引入，以完成实际工作任务为过程。各项任务下，均设有教学导航、引导案例、任务知识储备、相关链接、职业指导、前沿理论与技术、实训任务实施、任务小结、练习题等模块，使任务更具有可操作性。让学生身临工作岗位情境，在学习知识的同时锻炼技能。

(3) 追踪物流信息技术的发展趋势，充分吸收了当前物流信息化实践中的最新技术和成果；同时，加大教材实训项目的开发力度，形成理论和实训一体化教材，实现理论、实训无界化。

(4) 为提高教学效果，本书除了论述深入浅出、文字通俗易懂外，还引用了大量的插图，力求图文并茂，引起读者的学习兴趣，同时注重突出职业教育特点和强化物流信息技能型人才培养。

本书由河南交通职业技术学院的高连周教授主编，并负责全书的策划与统稿。河南交通职业技术学院的程晓栋、侯守伟、张春生，重庆商务职业学院赵连明，河南省豫通工程监理有限公司周鑫，参加了编写工作。其中，高连周编写了项目1和项目2；高连周与赵连明共同编写了项目6；高连周与周鑫共同编写了项目7；程晓栋编写了项目4；侯守伟编写了项目5和项目8；张春生编写了项目3。

非常感谢为本书的编写提供大力支持和帮助的有关单位和物流企业，他们为本书提供了包括应用案例、平台软件、技术支持及图片等资料。在编写过程中，我们参考、借鉴和引用了大量的国内外有关研究成果，在此对所涉及文献的作者表示衷心的感谢。本书的编写得到了清华大学出版社编辑的全力支持与指导，在此表示衷心的感谢。

由于编者知识和实践的局限性，书中难免有不足之处，敬请各位专家与读者批评、指正。

编　者

2016年4月

CONTENTS

# 目录

# 项目一

# 物流信息技术认知及应用现状调研

**项目描述**

物流信息技术是指现代信息技术在物流各个作业环节中的综合应用，是物流现代化的基础、灵魂和重要标志，是提高物流运作效率、降低物流总成本、提供物流优质服务的重要工具和保障。常用的物流信息技术有：条码技术、RFID技术、计算机网络技术、数据交换技术、数据库技术、自动跟踪和定位技术、自动化控制技术和管理信息系统等。

本项目的目的是通过调研、查阅资料和第三方物流管理系统认知，让学生理解物流信息、物流信息技术、物流信息系统的概念，了解物流信息技术在物流企业中的应用以及其重要性等。

**项目目标**

1. 知识目标

(1) 掌握信息、物流信息、物流信息技术、物流信息系统的相关概念。

(2) 掌握物流信息的特点和作用。

(3) 了解企业物流信息化、物流信息技术运用的现状和发展趋势。

2. 技能目标

(1) 能对区域性物流企业进行信息技术应用调研。

(2) 能撰写物流企业信息技术应用调查报告。

(3) 会制作调研报告PPT课件，汇报调研情况语言流畅、清楚，观点正确。

## 任务　物流企业信息技术认知及应用调研

### 教学导航

**任务目标**

(1) 掌握信息、物流信息、物流信息技术、物流信息系统的相关概念。

(2) 常见的物流信息技术类型和应用。

(3) 常见的物流信息系统的类型和主要功能模块。

(4) 了解企业物流信息化、物流信息技术运用的现状和发展趋势。

(5) 能对区域性物流企业进行信息技术应用调研。

**教学重点**

(1) 物流信息的特点。

(2) 物流信息技术的概念、常见的物流信息技术类型和用途。

(3) 常见的物流信息系统的类型和主要功能模块。

(4) 我国物流企业信息化现状,物流信息化的发展趋势。

(5) 物流企业进行信息技术应用调研。

**教学难点**

(1) 常见的物流信息技术类型和应用。

(2) 常见的物流信息系统的类型和主要功能模块。

(3) 物流企业进行信息技术应用调研。

**教学方法**

讲授式教学法、讨论教学法、案例教学法、任务驱动教学法。

**教学手段**

网络教学、多媒体教学手段、物流企业现场。

**教学建议**

(1) 学生根据学习任务书,预习教材并通过查阅文献和企业调研了解物流信息化情况。

(2) 教师准备好授课课件(任务书、授课PPT、视频、图片及案例分析资料),讲清该任务实施的目标、要求和教学重点,根据任务安排,对学生进行分组,组织好课堂教学。

## UPS核心竞争优势——现代物流信息技术

成立于1907年的美国联合包裹服务公司(United Parcel Service,UPS)是世界上最大的快递公司。2000年,联合包裹服务公司年收入接近300亿美元,其中包裹和单证流量大约35亿件,平均每天向遍布全球的顾客递送1 320万件包裹。公司向制造商、批发商、零售商、服务公司以及个人提供各种范围的陆路和空运的包裹和单证的递送服务,以及大量的增值服务。表面上联合包裹服务公司的核心竞争优势来源于其由15.25万辆卡车和560架飞机组成的运输队伍,而实际上联合包裹服务公司今天的成功并非仅仅如此。

联合包裹服务公司通过在三方面推广物流信息技术发挥了核心竞争优势。

第一,在信息技术上,联合包裹服务公司通过应用三项物流信息技术,提高了竞争能力。

首先,条形码和扫描仪使联合包裹服务公司能够有选择地每周7天、每天24小时地跟踪和报告装运状况,顾客只需拨个免费电话号码,即可获得“地面跟踪”和航空递送这样的增值服务。

其次,联合包裹服务已经配备了第三代速递资料收集器Ⅲ型DIAD,这是业界最先进的手提式计算机,司机只需扫描包裹上的条形码,获得收件人的签字,输入收件人的姓名,并按动一个键,就可同时完成交易、收集和传输实时包裹传递信息,也可让客户及时了解包裹的传送现状。

最后，联合包裹服务公司最先进的信息技术应用，是创建于 1993 年的一个全美无线通信网络，该网络使用了 55 个蜂窝状载波电话。蜂窝状载波电话技术使驾驶员能够把适时跟踪的信息从卡车上传送到联合包裹服务公司的中央计算机。无线移动技术和系统能够提供电子数据储存，并能恢复跟踪公司在全球范围内的数百万笔递送业务。通过安装卫星地面站和扩大系统，到 1997 年适时包裹跟踪成为现实。

第二，在信息系统上，联合包裹服务将应用在美国国内运输货物的物流信息系统，扩展到了所有国际运输货物上。这些物流信息系统包括署名追踪系统及比率运算系统等，其解决方案包括：自动仓库、指纹扫描、光拣技术、产品跟踪和决策软件工具等。这些解决方案从商品原起点流向市场或者最终消费者的供应链上帮助客户改进了业绩，真正实现了双赢。

第三，在信息管理上，最典型的应用是联合包裹服务在美国国家半导体公司(National Semiconductor)位于新加坡仓库的物流信息管理系统，该系统有效地减少了仓储量及节省货品运送时间。今天我们可以看到，在联合包裹服务物流管理体系中的美国国家半导体公司新加坡仓库，一位管理员像挥动树枝一样将一台扫描仪扫过一箱新制造的计算机芯片。随着这个简单的举动，他启动了高效和自动化、几乎魔术般的送货程序。联合包裹服务的物流信息管理系统将这箱芯片发往码头，而后送上卡车和飞机，接着又是卡车，在短短的 12 小时内，这些芯片就会送到国家半导体公司的客户——远在万里之外硅谷的个人计算机制造商手中。在整个途中，芯片中嵌入的电子标签将让客户以高达 1 米距离的精确度跟踪订货。

以现代物流信息技术为核心竞争力基础的联合包裹服务已经在我国北京、上海、广州开办了代表处。1996 年 6 月，联合包裹服务与中方合作伙伴中国外运集团共同在北京成立其在中国的第一家合资企业。世界物流业巨头联合包裹服务公司参与中国快递行业的激烈竞争。

**思考题：**

UPS 是如何通过现代物流信息技术打造自己的核心竞争优势的？

## 任务知识储备

## 一、信息与物流信息

### (一) 信息

1. 数据(Data)概念

数据是人们用来反映客观事物的性质、属性以及相互关系的符号，包括任何字符、数字、图形、图像和声音等。例如，水的温度是 100℃，木头的长度是 2m，大楼的高度是 100 层。在这些表述中，水、温度、100℃、木头、长度、2m、大楼、高度、100 层就是数据。通过这些数据的描述我们的大脑里形成了对客观世界的清晰印象。

在信息技术领域，数据是人们用来反映客观事物而记录下来的、可以鉴别的符号，是客观事物的基本表达方式，是计算机程序加工的“原料”。随着计算机软、硬件的发展，计算机的应用领域的扩大，数据的含义也扩大了。例如，当今计算机可以处理的图像、声音等，都被认为属于数据范畴。数据是形成信息、知识和智慧的源泉。

## 大 数 据

大数据(Big Data,Mega Data)或称巨量资料,指的是需要新处理模式才能具有更强的决策力、洞察发现力和流程优化能力的海量、高增长率和多样化的信息资产。

在维克托·迈尔-舍恩伯格及肯尼斯·库克耶编写的《大数据时代》中,大数据指不用随机分析法(抽样调查)这样的捷径,而采用所有数据进行分析处理。大数据的4V特点:①数据体量巨大,如从TB级别跃升到PB级别;②数据类型繁多,如前文提到的网络日志、视频、图片、地理位置信息等;③处理速度快,如1秒定律,可从各种类型的数据中快速获得高价值的信息,这一点也和传统的数据挖掘技术有着本质的不同;④只要合理利用数据并对其进行正确、准确的分析,将会带来很高的价值回报。业界将其归纳为4个“V”——Volume(数据体量大)、Variety(数据类型繁多)、Velocity(处理速度快)、Value(价值密度低)。

目前,技术上可在合理时间内分析处理的数据集大小单位为EB(exabytes),而全世界每天产生2.5EB($2.5\times10^{18}$)的数据。大数据几乎无法使用大多数的数据库管理系统处理,大数据需要特殊的技术,包括大规模并行处理(MPP)数据库、数据挖掘电网、分布式文件系统、分布式数据库、云计算平台、互联网和可扩展的存储系统。

大数据是继云计算、物联网之后IT产业又一次颠覆性的技术变革。云计算主要为数据资产提供了保管、访问的场所和渠道,而数据才是真正有价值的资产,可能成为最大的交易商品。大数据的价值是通过数据共享、交叉复用后获取最大的数据价值。未来大数据将会如基础设施一样,有数据提供方、管理者、监管者,数据的交叉复用将大数据变成一大产业。

IDC预测,到2020年全球将总共拥有35ZB的数据量;而麦肯锡则预测未来大数据产品在三大行业的应用就将产生7 000亿美元的潜在市场,未来中国大数据产品的潜在市场规模有望达到1.57万亿元,给IT行业开拓了一个新的黄金时代。

2. 信息(Information)的定义

“信息”是当代使用频率很高的一个概念,根据人们不同的研究目的和定义的不同角度,信息可以有多种定义。到目前为止,围绕信息定义所出现的流行说法已不下百种。例如:1948年信息论的创始人C. E. 香农在研究广义通信系统理论时,把信息定义为信源的不确定度;1950年控制论创始人N. 维纳认为,信息是人们在适应客观世界、并使这种适应被客观世界感受的过程中与客观世界进行交换的内容的名称。

20世纪80年代哲学家们提出广义信息,认为信息是直接或间接描述客观世界的,把信息作为与物质并列的范畴纳入哲学体系。

20世纪90年代以后一些经典的定义有:

(1) 数据是从自然现象和社会现象中搜集的原始材料,根据使用数据人的目的按一定的形式加以处理,找出其中的联系,就形成了信息。

(2) 信息有一定含义的、经过加工处理的、对决策有价值的数据,信息=数据+处理。

(3) 人们对数据进行系统组织、整理和分析,使其产生相关性,但没有与特定用户行动相关联,信息可以被数字化。

综上所述,信息是对某个事件或者事物的一般属性的描述,是事物的内容、形式及其发展变化的反映。信息是具有时效性的、有一定含义的、有逻辑的、经过加工处理的、对决策有价值的数据流,即指数据处理后所形成的能够反映事物内涵的对人们有意义的和有用处的知识、资料、情报、图像、文件、语言和声音等形式。

信息是由实体、属性、值所构成的三元组,即信息=实体(属性1:值1;属性2:值2;…;属性$n$:值$n$)。例如,5t东风汽车,信息=汽车(吨位:5;品牌:东风)。

那么,信息与数据之间又有怎样的联系与区别呢?

从某种意义上来说,信息是客观事物属性的反映,是经过加工处理并对人类客观行为产生影响的数据表现形式。而数据又是反映客观事物属性的记录,是信息的具体表现形式。也就是说,数据是信息的载体,信息是数据中包含的意义。任何事物的属性都是通过数据表示的。数据经过加式处理之后,成为信息。而信息必须通过数据才能传播,才能对人类有影响。

数据是记录下来的可以被鉴别的符号。数据本身没有意义,具有客观性。信息是对数据的解释,具有主观性。数据经过处理仍然是数据,只有经过解释,通过形象符号、语言文字、指令代码、数据资料等不同形式和不同媒体对客观事物所做的描述和反映才能成为信息。

3. 信息的特征

(1) 客观真实性。信息是事物存在方式和运动变化的客观反映,客观、真实是信息最重要的本质特征,是信息生命所在。

(2) 传递性。传递是信息的基本要素和明显特征。信息只有借助于一定的载体(媒介),经过传递才能为人们所感知和接受。没有传递就没有信息,更谈不上信息的效用。

(3) 时效性。信息的最大特点是在于它的不确定性,千变万化、稍纵即逝。信息的功能、作用、效益都是随着时间的延续而改变的,这种性能即信息的时效性。时效性是时间与效能的统一性,它既表明信息的时间价值,也表明信息的经济价值。一个信息如果超过了其价值的实用期就会贬值,甚至毫无用处。

(4) 有用性(或称目的性)。信息是为人类服务的,它是人类社会的重要资源,人类利用它认识和改造客观世界。

(5) 可处理性。这一特征包括多方面内容,如信息的可拓展、可引申、可浓缩等。这一特征使信息得以增值或便于传递、利用。

(6) 可共享性。信息与一般物质资源不同,它不属于特定的占有对象,可以为众多人群共同享用。实物转赠之后,就不再属于原主,而信息通过双方交流,两者都有得无失。这一特性通常以信息的多方位传递来实现。

**(二) 物流信息**

1. 物流信息的定义

物流信息(Logistics Information)是反映物流各种活动内容的知识、资料、图像、数据、文件的总称(GB/T 18354—2006)。

物流信息所包含的内容可以从狭义和广义两个方面考察。

从狭义范围看,物流信息来源于客观物流活动的各个环节,是与物流活动有关的信息。在物流活动的管理与决策中,如运输工具的选择、运输路线的确定、仓库的有效利用、最佳库存数量的确定等,都需要详细和准确的物流信息。这些信息与物流过程中的运输、仓储、装卸、包装等各种职能有机结合在一起,保障整个物流活动的顺利进行。

从广义范围看，物流信息不仅包括与物流活动相关的信息，还包括大量与其他流通活动有关的信息，如商品交易信息和市场信息等。商品交易信息是指与买卖双方的交易过程有关的信息，如销售、购买、订货、发货、收款信息等；市场信息是指与市场活动有关的信息，如消费者的需求信息、竞争者或竞争性商品的信息、促销活动信息等。

广义的物流信息不仅对物流活动具有支持保证的功能，而且能起到连接整合从生产厂家、经过批发商和零售商最后到消费者的整个供应链的作用，并且通过应用现代信息技术实现整个供应链活动的效率化。例如，零售商根据市场需求预测和库存情况制订订货计划，向批发商或生产厂家发出订货信息。批发商收到订货信息后，在确认现有库存水平能满足订单要求的基础上，向物流部门发出配送信息；如果发现库存不足，则马上向生产厂家发出订单。生产厂家视库存情况决定是否组织生产，并按订单上的数量和时间要求向物流部门发出发货配送信息。

2. 物流信息的基本特点

物流信息除具有信息的一般特点外，还具有自身的特殊性，具体表现在以下五个方面。

1）物流信息趋于标准化

随着信息处理手段的电子化，物流信息标准化越来越重要。物流信息标准化体系主要由基础标准、工作标准、管理标准、技术标准和单项标准组成。其中基础标准为第一层；工作标准、管理标准和技术标准处于第二层；各单项标准处于第三层。

2）物流信息具有极强的时效性

信息都具有生命周期，在一定的时间内才具有价值。绝大多数物流信息动态性强、时效性强，信息价值的衰减速度很快，这对信息管理的及时性和灵活性提出了很高的要求。

3）物流信息量大、分布广

物流连接了生产和消费，在整条供应链上产生的信息都属于物流信息的组成部分。这些信息从产生到加工、传播和应用，在时间、空间上存在不一致，这需要性能较高的信息处理机构与功能强大的信息采集、传输和存储能力。

4）物流信息种类多

物流信息不仅涉及物流系统内部各个环节不同种类的信息，还涉及与物流系统紧密联系的其他系统，如生产系统、销售系统、供应系统等，这使物流信息的采集、分类、筛选、统计、研究等工作的难度增加。

5）物流信息更新速度快

现代物流的特点之一是物流服务供应商千方百计地满足客户个性化的服务需求，多品种小批量生产、多额度小数量配送。由此产生大量的新信息，原有的数据需要不断更新，并且更新速度越来越快。

3. 物流信息的作用

（1）与物流管理活动共同作用，使物流真正成为一个有机的整体系统。

（2）帮助企业进行有效规划，达到企业内部系统整体优化的目标。

（3）有助于提高物流企业科学管理和决策水平，辅助管理人员进行如下决策：位置决策、生产决策、库存决策、采购决策、运输配送决策。

4. 物流信息的分类

1）按信息产生的领域分类

物流信息可以分为物流内部信息和物流外部信息。物流内部信息是在物流内部活动中产生的信息，用于管理和指导当前的和下一个物流循环；物流外部信息是在物流活动以外发

生的，但与物流活动有一定相关性的信息。例如，基本经济信息、交通通信信息等。

2）按信息活动领域分类

按信息活动领域分类，有运输信息、仓储信息、装卸信息等。甚至更细化分成集装箱信息、托盘交换信息、库存量信息、火车运输信息、汽车运输信息等。按物流不同领域分类的信息是具体指导物流各个领域活动、使物流管理细化所必不可少的信息。

3）按信息功能不同分类

按信息所承担的功能，可以分为计划信息、控制及作业信息和支持信息三类。

（1）计划信息是指尚未实现但已当作目标确认的信息。例如，物流量计划、仓库吞吐计划、车皮计划，与物流活动有关的基础设施建设计划等信息，只要尚未进入具体业务操作的，都可归入计划信息之中，这种信息特点是带有相对稳定性，信息更新速度较慢，计划信息往往是战略决策或大的业务决策不可缺少的依据。

（2）控制及作业信息是指物流活动过程中产生的信息，具有很强的动态性，是掌握物流现实活动状况必不可少的信息。例如，库存种类、库存量、在运量、运输工具状况、物价、运费、投资在建情况、港口发运情况等。这种信息更新速度很快、时效性很强，是掌握物流活动实时运动情况的重要信息，这种信息的主要作用，是用以控制和调整正在发生的物流活动和指导下一次即将发生的物流活动，以实现对过程的控制和对业务活动的微调。控制及作业信息是管理工作不可缺少的信息统计信息，指物流活动结束后，对整个物流活动一种总结归纳性的信息。诸如上一年度发生的物流量、物流种类、运输方式、运输工具使用量、装卸量以及与物流有关的工农业产品产量、国内外贸易数量等。这种信息是一种恒定不变的信息，有很强的资料性，用以正确掌握过去的物流活动规律、指导未来物流发展和制订计划，是经济活动中非常重要的一类信息。

（3）支持信息是指能对物流计划、业务、操作产生影响的有关文化、科技、产品、法律、教育、民俗等方面的信息。例如，物流技术的革新、物流人才需求等。这些信息不仅对物流战略发展有价值，而且也对控制、操作起到指导和启发的作用。

5. 物流信息与管理决策

一方面，信息是决策的依据，没有信息就无从决策；另一方面，信息本身不能决定决策，决策最终依靠于决策者的判断决策实施后又得到新的信息，在获得新的信息后，人们对客观世界就有了进一步的了解，在此基础上的决策就更加合理、科学，采取的行动也更富有成效。

在物流管理中不同的决策所需要的信息不同。以物流企业管理为例，决策层次与信息的特点及其关系如图 1-1 所示。

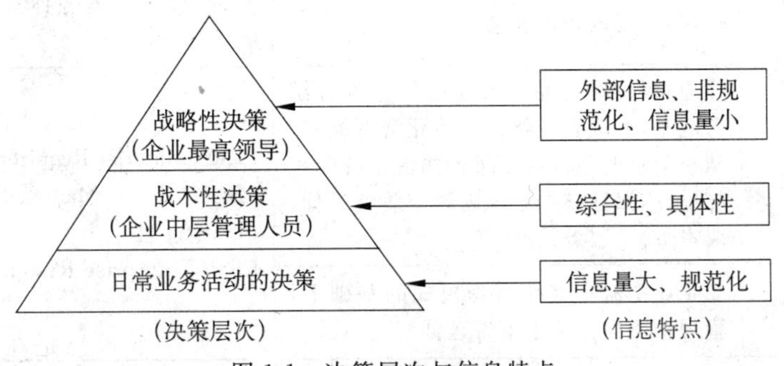


图 1-1　决策层次与信息特点

战略性决策主要包括企业目标战略、计划制订以及资源分配等决策战略性决策要求对大量的概括性数据进行加工处理，不仅需要内部的信息，还需要外部的相关信息加以支持，以做出正确全面的判断和决策。例如，决定开辟某种物流运输服务新产品，就需要该条线路每季和全年的载货数、市场需求估计、企业投资风险推算等信息。战术性决策主要解决资源的利用、人事调动、现金周转等问题的决策，多发生在战术管理层，其主要活动是对经营管理中的数据进行各种分析，并用于衡量物流企业的绩效、控制物流企业的经营活动。例如，对车辆管理部门调整车辆来说，为了做出战术性的决策，需要收集每天各段时间中每辆汽车的平均载货量，有关计划指标，预算及有关同行业经营状况、价格、成本等信息。日常业务活动的决策主要解决经常性的问题，多发生在操作管理层。例如，进货订合同、出入库、统计数据汇总、各种台账报表、各种查询活动物流企业各部门的业绩等。这些活动通过计算机实时形成日常业务活动的管理信息系统，主要功能是处理基础数据，包括对数据进行简单的加工。

## 二、物流管理信息系统

### （一）物流管理信息系统的概念与特征

1. 物流管理信息系统的概念

物流管理信息系统（Logistics Management Information System，LMIS）由人员、计算机硬件、软件、网络通信设备及其他办公设备组成的人—机交互系统，其主要功能是进行物流信息的收集、存储、传输、加工整理、维护和输出，为物流管理者及其他组织管理人员提供战略、战术及运作决策的支持，以达到组织的战略竞优，提高物流运作的效率与效益。

物流管理信息系统是企业信息化的基础，也是企业物流信息系统中与企业业务层关系最密切的一个基础组成部分。物流信息系统通常包括物流管理信息系统、决策支持系统、专家系统、企业内部网、办公自动化系统等一系列的信息系统。

20 世纪 60 年代至今，物流管理信息系统的模式经历了四个阶段，如表 1-1 所示。

**表 1-1　物流管理信息系统模式演变**

<table>
<tr><th>类　型</th><th>特　征</th><th>举　例</th></tr>
<tr><td>以作业为中心</td><td>把控制成品运输和仓储管理等单个物流作业作为目标，对作业进行局部改进，没有进行整体系统分析</td><td>成品运输管理系统<br>成品仓库管理系统</td></tr>
<tr><td>以成品流通为中心</td><td>将成品流通作为一个整体来进行计划和控制，寻找改进的机会</td><td>成品流通管理系统（包括成品运输管理系统、成品仓库管理系统及流通一体化管理系统等）</td></tr>
<tr><td>企业物流一体化</td><td>将原材料、在制品和成品的物流管理结合起来，形成企业物流一体化管理模式。从整个企业系统高度进行物流系统分析与设计，保证整个系统内物流效益最佳、成本最低、服务最好</td><td rowspan="2">MRP（Material Requirement Planning）<br>MRP Ⅱ（Manufacturing Resource Planning Ⅱ）<br>ERP（Enterprise Resources Planning）</td></tr>
<tr><td>供应链物流一体化</td><td>在企业物流一体化管理模式的基础上，管理功能向企业上下游延伸</td></tr>
</table>

2. 物流管理信息系统具有的特征

1) 服务性

物流管理信息系统的目的是辅助物流企业进行事务处理,为管理决策提供信息支持。为了满足管理方面提出的各种要求,系统必须具备大量的基础数据(当前数据和历史数据、内部数据和外部数据等)和管理功能模型(如预测、计划、决策、控制模型等)。

2) 动态性

物流活动是一个动态的过程,随着时空的变化而变化。物流管理信息系统要能根据环境的变化及时进行调整,适应新变化的要求,保证对物流过程的有效跟踪和控制。

3) 易用性

物流管理信息系统要便于用户使用。要实现这一点,友好的用户界面是一个基本条件。易用性是物流管理信息系统推广的重要因素。

4) 网络化

物流活动不再是运行于单机上的,而是运行在网络环境下的。因此,物流管理信息系统是网络化的系统,通过 Internet 实现上下游企业间的有效沟通,从而能够更好地为用户服务。物流企业内部也可以通过 Intranet 与 Internet 进行物流活动的跟踪与管理,提高物流活动的运作效率。

5) 实时化

物流管理信息系统利用自动识别技术、GPS 技术、GIS 技术、网络通信技术等现代信息技术对物流活动进行准确实时的跟踪和信息采集,并通过网络完成实时的信息处理,帮助企业对物流活动进行管理,满足顾客的要求。

### (二) 物流管理信息系统的结构和功能

1. 物流管理信息系统的结构

物流管理信息系统的结构,是指组成系统各部件的构成框架。对部件的不同理解,就产生了物流管理信息系统的各种结构。其中最重要的有概念结构、系统结构和功能结构。

1) 概念结构

从概念上看,物流管理信息系统由四大部分组成:物流信息源、物流信息处理器、物流信息用户和物流信息管理者,如图 1-2 所示。物流信息源是信息的产生地;物流信息处理器担负信息的保存、处理任务;物流信息用户是信息的使用者,应用信息进行管理和决策工作;物流信息管理者负责信息系统的设计实现,并在实现以后负责信息系统的运行和协调。

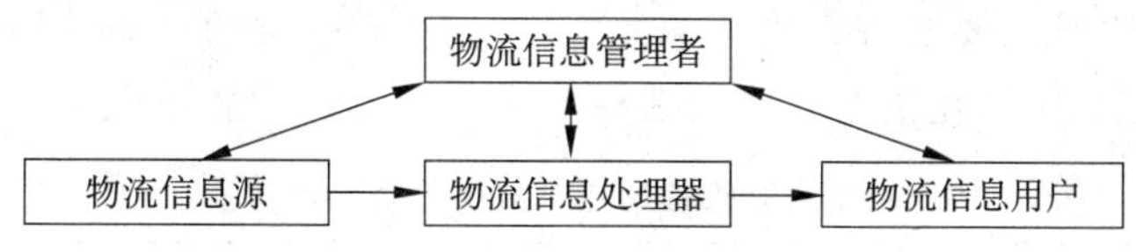


图 1-2　物流管理信息系统概念结构

2) 系统结构

系统结构由硬件、软件和人员组成。硬件包括计算机及输入/输出设备、存储设备、网络通信设备等。这些设备是物流管理信息系统构建的基础,也是系统运行的平台。软件是物流管理信息系统应用的核心,与物流活动相对应,各个活动都有软件的支持。物流管理信息系统为管理服务,是人机交互的系统,从系统的规划、分析、设计到系统的实施、维护,都有大量的人员参与其中。建设物流管理信息系统,必须重视各类人员在其中的作用。

3）功能结构

物流管理信息系统的功能结构可以分为日常业务管理系统、管理控制系统、辅助决策系统和战略管理系统,如图 1-3 所示。

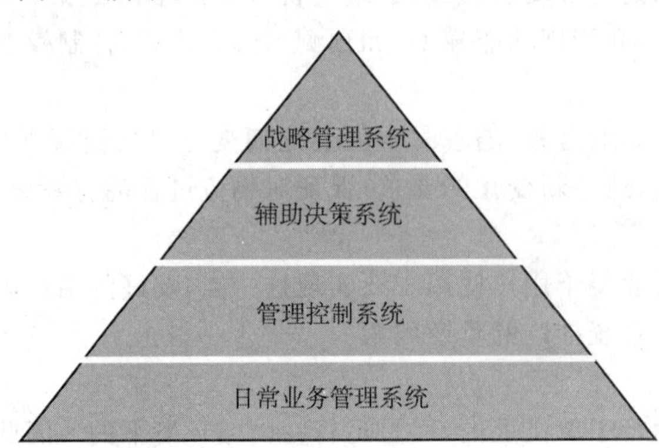


图 1-3　物流管理信息系统功能结构

(1) 日常业务管理系统记录物流活动最基本的交易内容,从订单开始到存货、装卸、运输、交货以及财务结算等各个环节,保证物流活动过程中信息收集的质量和及时准确性。

(2) 管理控制系统是根据客户需求,制订合理的采购计划、库存计划和运输计划等,并对与这些计划相关联的流程进行控制,保证物流活动的正常进行。管理控制系统是与管理理论相对应的战术管理的部分,在物流企业的正常管理中起主要作用。特别是对于业务量很大的物流企业,功能强大的管理控制系统可以有效利用企业资源,提高业务处理的效率。

(3) 辅助决策系统的主要作用是帮助管理人员完成决策的制定,既包括战术方面的支持,也包括战略方面的支持。在管理控制方面辅助决策系统可以帮助管理人员进行车辆日常运用情况的分析、库存管理的分析等。在战略管理方面,辅助决策系统可以帮助高层管理者进行选址分析、客户分析、市场分析等。

(4) 战略管理系统是利用业务管理和控制管理系统所获得的信息,在辅助决策系统的支持下对关系企业发展的长远计划进行决策。这些信息相对抽象和广泛,不仅包括企业内部经过提炼的信息,还包括外部的大量信息。战略管理系统根据收集到的这些信息帮助企业高层管理人员完成企业战略方面的决策。

2. 物流管理信息系统的功能

物流管理信息系统主要实现物流业务处理层、信息查询层的功能,同时也实现部分信息分析层的功能,还包括结构化决策问题的建模与求解。具体功能如表 1-2 所示。

**表 1-2　物流管理信息系统的功能对应层次**

| 层　次 | 功　　能 |
| --- | --- |
| 物流业务处理层 | (1) 完成原始数据的收集,提供相应的合同、票据、报表,实现订单管理及输入/输出的功能<br>(2) 及时处理订单管理、配货管理、运输管理、仓储管理、采购管理、流通加工和财务管理等企业相关业务,反馈和控制企业基层的日常生产和经营工作的信息<br>(3) 将收集、加工后的物流信息存储在数据库中,满足信息查询与分析的需求 |

续表

| 层　次 | 功　　能 |
| --- | --- |
| 信息查询层 | (1) 检索数据库中的现存信息或简单加工后的信息，满足企业和客户对相关物流信息的查询需求<br>(2) 提供对物流系统状况和货物、车辆的监视与跟踪功能<br>(3) 为顾客提供所需的网上查询和信息服务手段 |
| 信息分析层 | 根据用户的要求，采取适当的计算方法和模型，对数据库、数据仓库中存储的数据进行加工分析，产生相关的分析报告，帮助企业经营管理者对企业的运行状况进行分析评估 |
| 决策支持层 | 对物流业务进行评估和成本—收益分析，主要包括业务量分析、经营成本分析、利润增长点分析、库存优化、配载优化以及客户行为分析等功能，为企业高层领导及管理人员提供相应的辅助决策服务 |

### (三) 物流管理信息系统的分类

根据分类方法的不同，物流管理信息系统可以从以下几个角度分类。

1. 按系统的结构分类

按系统的结构分类标准，物流管理信息系统被分成单功能系统和多功能系统。

(1) 单功能系统是指只能完成一种职能的系统，如物流财务系统、合同管理系统、物资分配系统等。

(2) 多功能系统是指能够完成一个部门或一个企业所包括的物流管理职能的系统，如仓库管理系统、某个企业的经营管理决策系统等。

2. 按系统功能的性质分类

按系统功能的性质分类标准，物流管理信息系统被分成操作型系统和决策型系统。

(1) 操作型系统是指为管理者处理日常业务的系统。它的主要工作是进行数据处理，如记账、汇总、统计、打印报表等。

(2) 决策型系统是在处理日常业务的基础上，运用现代化管理方法，进一步加工计算，为管理人员或领导者提供决策方案的定量依据。这类系统通常又被称为辅助决策系统或决策支持系统。

3. 按系统所采用的设备和技术分类

按系统所采用的设备和技术分类标准，物流管理信息系统被分成单机系统和网络系统。

(1) 单机系统只使用一台计算机，这台机器可以只有一个终端，也可以有多个终端，通常对数据采用批处理方式。如果采用分时处理方式，就必须配有多个终端。

(2) 网络系统使用多台计算机，相互间以通信网连接起来，实行资源共享。

4. 按系统作用的对象分类

对于涉及产品流通的企业来讲，可以分为生产型企业、流通型企业和以物流生产为主业的第三方物流企业。因此，物流管理信息系统也被分为3类。

(1) 面向生产企业的物流管理信息系统。生产型企业从原材料或者半成品生产厂家购买原材料或者半成品，运用技术和设备生产出产品，然后投放市场，获取产品的销售利润。从这个过程中可以看出，生产型企业获取的利润存在于产品中的劳动增值和技术增值。就采购来看，生产型企业采购的很可能是多种原材料，采购完毕后进入生产环节，产生废弃物和可回收物，最后进行销售。就涉及的物流作业看，包括供应采购、原材料仓储、生产配送

(含领料)、产品仓储与销售运输(配送),此外,还包含废弃物物流与回收物流。

(2) 面向流通企业的物流管理信息系统。流通型企业的主要生产方式是向生产型企业采购产品,通过适当的销售渠道销售给顾客,赚取进销的差价利润。在这种生产过程中,针对销售企业不同的销售模式,可能会存在如下的物流过程,即订货采购、仓储与配货(含配送、店面及仓库存储)以及销售送货(包括退货、补货、销售送货等)等。

(3) 面向第三方物流企业的物流管理信息系统。第三方物流企业服务于生产企业与流通企业以及消费者,以提供第三方物流服务为主业。在第三方物流的整个生产过程中,商品本身价值不发生任何变化,但是由于物流成本的存在,商品的价格会发生一定程度的变化。

## 三、物流信息技术

### (一) 信息技术

信息技术(Information Technology,IT)是在信息科学的基本原理和方法的指导下拓展人类信息处理能力的技术。人的信息器官及其功能主要包括四大类: ①感觉器官(视觉、听觉、嗅觉、味觉、触觉等器官)承担获取信息的功能; ②遍布全身的神经系统承担传递信息的功能; ③思维器官(记忆、分析、推理等器官)承担处理信息的功能; ④效应器官(行走器官脚、操作器官手、语言器官口等)承担执行信息的功能。人的这些器官功能通过信息技术得到延伸。

按拓展人的信息器官功能不同分类,信息技术可以分为以下四个方面的技术。

1. 传感技术

传感技术是信息的采集技术,对应于人的感觉器官,作用是扩展人类获取信息的感觉器官功能。传感技术包括遥感、遥测及各种高性能的传感器,如卫星遥感技术、红外遥感技术、热敏、光敏传感器及各种智能传感系统等。传感技术的应用极大地增强了人类收集信息的能力。

2. 通信技术

通信技术是信息的传递技术,对应于人的神经系统,主要功能是实现信息迅速、准确、安全的传递。通信技术的出现,使人类社会信息传播发生深刻的变化。

3. 计算机技术

计算机技术是信息的处理和存储技术,对应于人的思维器官。计算机运行速度非常快,能自动处理大量的信息,并具有很高的精确度。计算机信息处理技术主要包括对信息的编码、压缩、加密和再生等技术;计算机存储技术主要包括内存储技术和外存储技术。

4. 控制技术

控制技术是信息的使用技术,对应于人的效应器官。控制技术是信息过程的最后环节,包括调控技术、显示技术等。

综上所述,信息技术是以计算机和现代通信为主要手段实现信息的获取、加工、传递和利用等功能的技术总和。信息技术中的四大基本技术中,通信(Communication)技术、计算机(Computer)技术和控制(Control)技术又称"3C"技术。

### (二) 现代物流信息技术

1. 物流信息技术的概念

物流信息技术是指运用于物流领域的信息技术,物流信息技术是物流现代化的重要标志,也是物流技术中发展最快的领域之一,从物流数据自动识别与采集的条码系统到物流运输设备的自动跟踪;从企业资源的计划优化到各企业单位间的电子数据交换;从办公自动化系统中的微型计算机、互联网的各种终端设备等硬件到各种物流信息系统软件都在日新月异地发展。

物流信息技术在现代企业的经营战略中占有越来越重要的地位，建立物流信息系统，充分利用各种现代信息技术，提供迅速、及时、准确、全面的物流信息是现代企业获得竞争优势的必要条件。

2. 物流信息技术构成

从构成要素看，物流信息技术作为现代信息技术的重要组成部分，本质上都属于信息技术范畴，从应用角度可以分为3个层次。

(1) 物流信息系统技术，即有关物流信息的获取、传输、处理、控制的设备和系统的技术，它是建立在信息基础技术之上的，是整个信息技术的核心。其内容主要包括物流信息获取技术、物流信息传输技术、物流信息处理技术及物流信息控制技术。

(2) 物流信息应用技术，即基于管理信息系统(MIS)技术、优化技术和计算机集成制造系统(CIMS)技术而设计出的各种物流自动化设备和物流信息管理系统，如自动化分拣与传输设备、自动导引车(AGV)、集装箱自动装卸设备、仓储管理系统(WMS)、运输管理系统(TMS)、配送优化系统、全球定位系统(GPS)、地理信息系统(GIS)等。

(3) 物流信息安全技术，即确保物流信息安全的技术，主要包括密码技术、防火墙技术、病毒防治技术、身份鉴别技术、访问控制技术、备份与恢复技术和数据库安全技术等。

3. 典型物流信息技术介绍

1) 物流自动化设备技术

物流自动化设备技术的集成和应用的热门环节是配送中心，其特点是每天需要拣选的物品品种多、批次多、数量大。一种是拣选设备的自动化技术，如北京市医药总公司配送中心，其拣选货架(盘)上配有可视的分拣提示设备，这种分拣货架与物流管理信息系统相连，动态地提示被拣选的物品和数量，指导着工作人员的拣选操作，提高了货物拣选的准确性和速度。另一种是一种物品拣选后的自动分拣设备。用条码或电子标签附在被识别的物体上(一般为组包后的运输单元)，由传送带送入分拣口，然后由装有识读设备的分拣机分拣物品，使物品进入各自的组货通道，完成物品的自动分拣，多用于立体仓库和与之配合的巷道堆垛机技术。例如，昆船集团生产的巷道堆垛机在红河卷烟厂等多家企业应用了多年。

2) 物流设备跟踪和控制技术

目前，物流设备跟踪主要是指对物流的运输载体及物流活动中涉及的物品所在地进行跟踪。物流设备跟踪的手段有多种，可以用传统的通信手段如电话等进行被动跟踪，可以用RFID手段进行阶段性的跟踪，但目前国内用得最多的还是利用GPS技术跟踪。GPS技术跟踪利用GPS物流监控管理系统，它主要跟踪货运车辆与货物的运输情况，使货主及车主随时了解车辆与货物的位置与状态，保障整个物流过程的有效监控与快速运转。物流GPS监控管理系统的构成主要包括运输工具上的GPS定位设备、跟踪服务平台(含地理信息系统和相应的软件)、信息通信机制和其他设备(如货物上的电子标签或条码、报警装置等)。典型的GPS物流监控管理系统如图1-4所示。

3) 物流动态信息采集技术

企业竞争的全球化发展、产品生命周期的缩短和用户交货期的缩短等都对物流服务的可得性与可控性提出了更高的要求。如何保证对物流过程的完全掌控，物流动态信息采集应用技术是必需的要素。动态的货物或移动载体本身具有很多有用的信息，如货物的名称、数量、重量、质量、出产地，或者移动载体(如车辆、轮船等)的名称、牌号、位置、状态等一系列

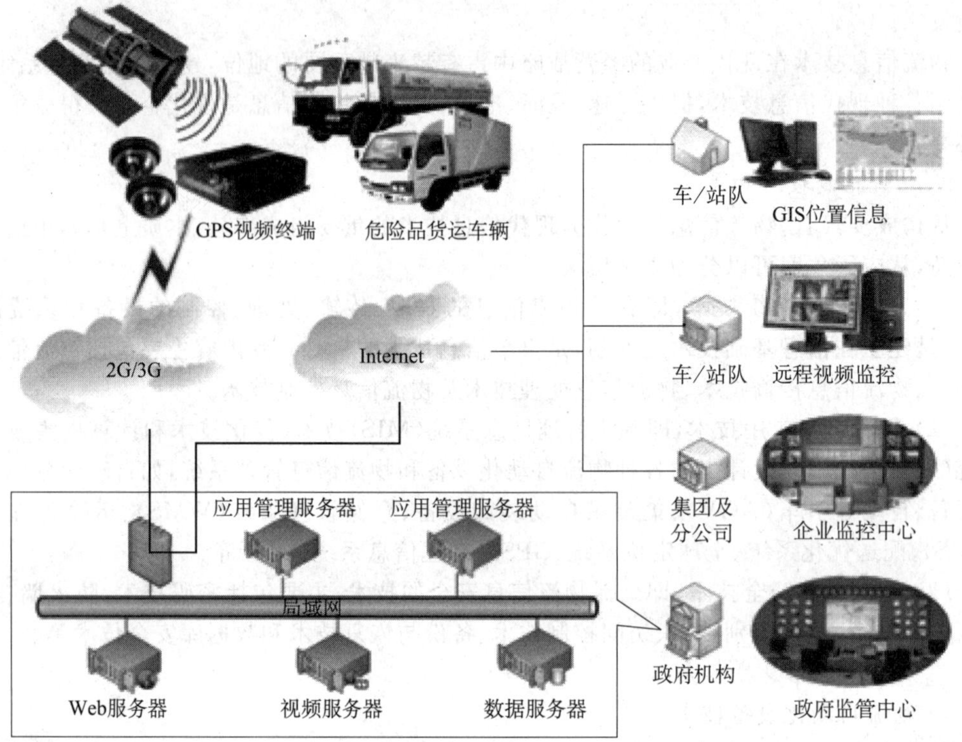


图 1-4　GPS 物流监控管理系统

信息。这些信息可能在物流中反复使用，因此，正确、快速读取动态货物或载体的信息并加以利用，可以明显地提高物流的效率。在目前流行的物流动态信息采集技术中，条码技术应用范围最广，其次是便携式数据终端、射频识别(RFID)等技术。基于动态信息采集技术的管理系统如图 1-5 所示。

(1) 条码技术。条码按照信息维度分为一维条码和二维条码。

一维条码技术：一维条码是由一组规则排列的条和空、相应的数字组成，这种用条、空组成的数据编码可以供机器识读，而且很容易译成二进制数和十进制数。因此此技术被广泛地应用于物品信息标识中。因为符合条码规范且无污损的条码的识读率很高，所以一维条码结合相应的扫描器可以明显地提高物品信息的采集速度。加之条码系统的成本较低，操作简便，又是国内应用最早的识读技术，所以在国内有很大的市场，国内大部分超市都在使用一维条码技术。但一维条码表示的数据有限，条码扫描器读取条码信息的距离也要求很近，而且条码上损污后可读性极差，所以限制了它的进一步推广应用，同时一些其他信息存储容量更大、识读可靠性更好的识读技术开始出现。

二维条码技术：由于一维条码的信息容量很小，如商品上的条码仅能容纳几位或者十几位阿拉伯数字或字母，商品的详细描述只能依赖数据库提供，离开了预先建立的数据库，一维条码的使用就受到局限。基于这个原因，人们发明一种新的码制，除具备一维条码的优点外，同时还有信息容量大(根据不同的编码技术，容量是一维的几倍到几十倍，从而可以存放个人的自然情况及指纹、照片等信息)、可靠性高(损污 50%仍可读取完整信息)，保密防伪性强等优点。这就是在水平和垂直方向的二维空间存储信息的二维条码技术。二维条码继承了一维条码的特点，条码系统价格便宜，识读率强且使用方便，所以在国内银行、车辆等管

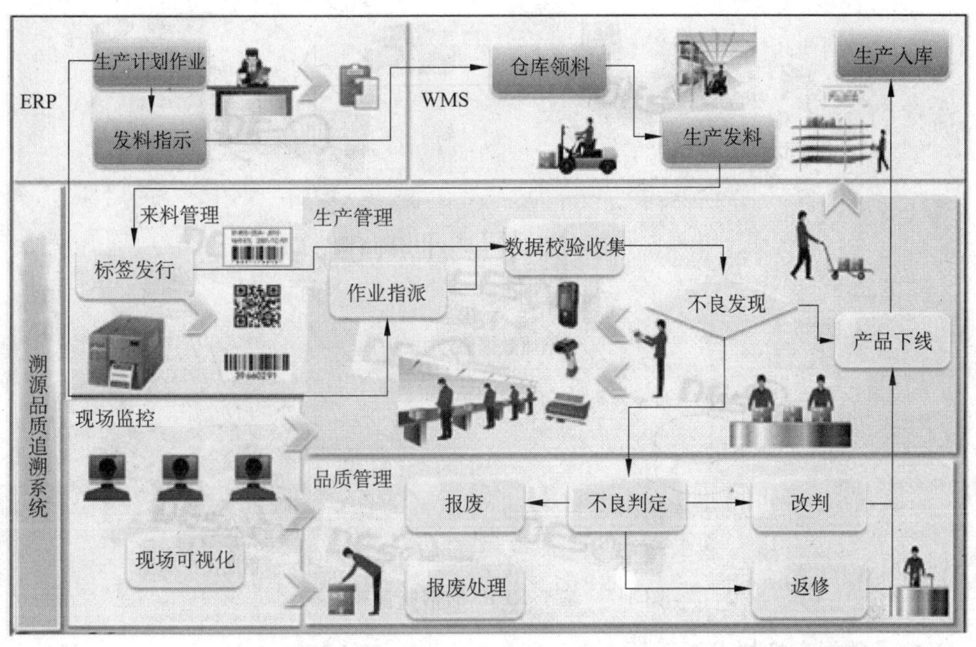


图 1-5　动态信息采集技术的管理系统

理信息系统上开始应用。

(2) 便携式数据终端。便携式数据终端(PDT)一般包括一个扫描器、一个体积小但功能很强并有存储器的计算机、一个显示器和供人工输入的键盘。所以是一种多功能的数据采集设备,PDT 是可编程的,允许编入一些应用软件。PDT 存储器中的数据可随时通过射频通信技术传送到主计算机。

(3) 射频识别(RFID)。射频识别技术是一种利用射频通信实现的非接触式自动识别技术。RFID 标签具有体积小、容量大、寿命长、可重复使用等特点,可支持快速读写、非可视识别、移动识别、多目标识别、定位及长期跟踪管理。RFID 技术与互联网、通信等技术相结合,可实现全球范围内物品跟踪与信息共享。RFID 系统的组成如图 1-6 所示,基于 RFID 的钢瓶管理系统如图 1-7 所示。

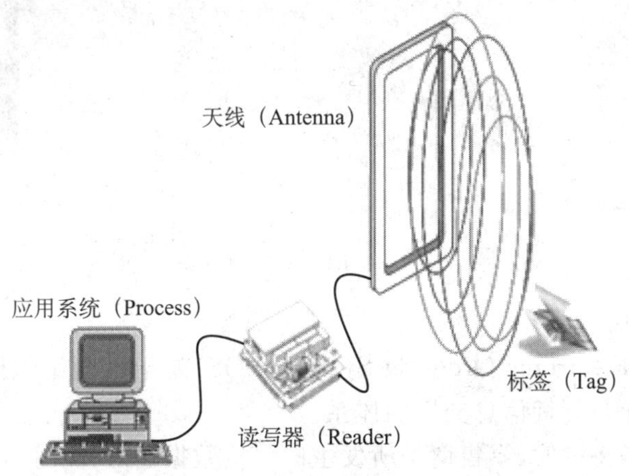


图 1-6　RFID 系统的组成

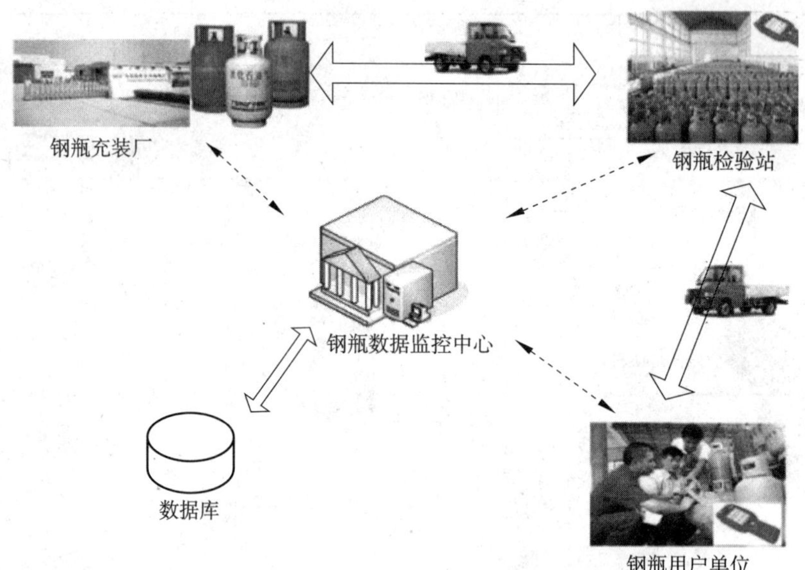


图 1-7 基于 RFID 的钢瓶管理系统

4）电子数据交换技术

电子数据交换（Electronic Data Interchange，EDI）是信息技术向商贸领域渗透并与国际商贸实务相结合的产物。相对于目前通用的电子商务，EDI 是一种大企业专有的“特权电子商务”，是由初期电子商务到现代电子商务的承前启后的重要阶段，是由商务电子化向电子化商务演变过程中产生质变的关键一环。EDI 的应用过程如图 1-8 所示。

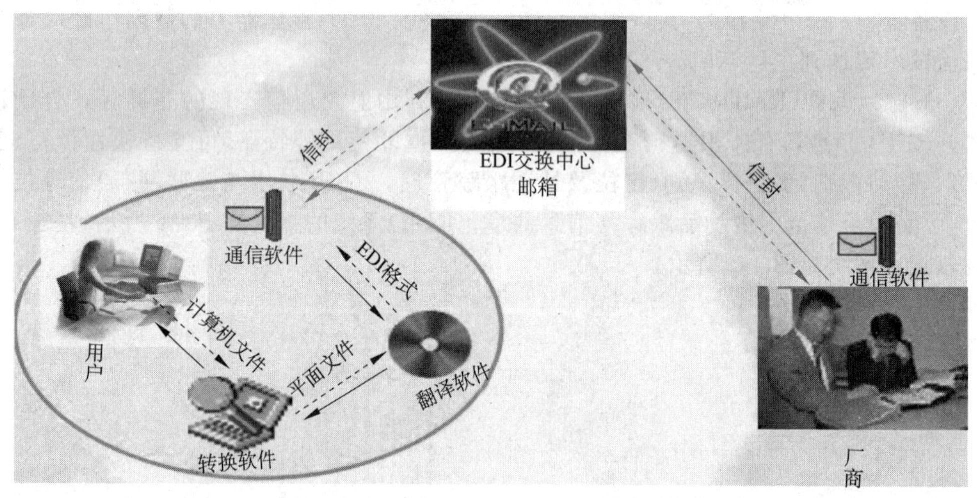


图 1-8 EDI 的应用过程

5）电子订货系统

电子订货系统（Electronic Ordering System，EOS）是指不同组织间利用通信网络和终端设备进行订货作业与订货信息交换的体系。

电子订货系统是将批发、零售商场所发生的订货数据输入计算机，即刻通过计算机通信网络连接的方式将资料传送至总公司、批发商、商品供货商或制造商处，因此，EOS 能处理从新商品资料的说明直到会计结算等所有商品交易过程中的作业，可以说 EOS 涵盖了整个

商流。在寸土寸金的情况下，零售业已经没有许多空间用于存放货物，在要求供货商及时补足出售商品的数量且不能有空缺的前提下，必须采用 EOS 系统。EDI/EOS 因为涵盖了许多先进的管理手段，因此在国际上使用非常广泛，并且越来越受到商业界的青睐。

根据物流的功能以及特点，现代物流信息技术主要包括：①自动识别类技术如条码技术与射频智能标签技术等；②自动跟踪与定位类技术，如全球卫星定位技术、地理信息技术等；③物流信息接口技术如电子数据交换；④企业资源信息技术，如物料需求计划、制造资源计划、企业资源计划、分销资源计划、物流资源计划等；⑤数据管理技术如数据库技术，数据仓库技术和计算机网络技术等现代高端信息科技；⑥在这些高端技术的支撑下，形成了由移动通信、资源管理、监控调度管理、自动化仓储管理、运输配送管理、客户服务管理、财务管理等多种业务集成的现代物流一体化信息管理体系，如图 1-9 所示；⑦公共信息平台，如北京物流公共信息平台。

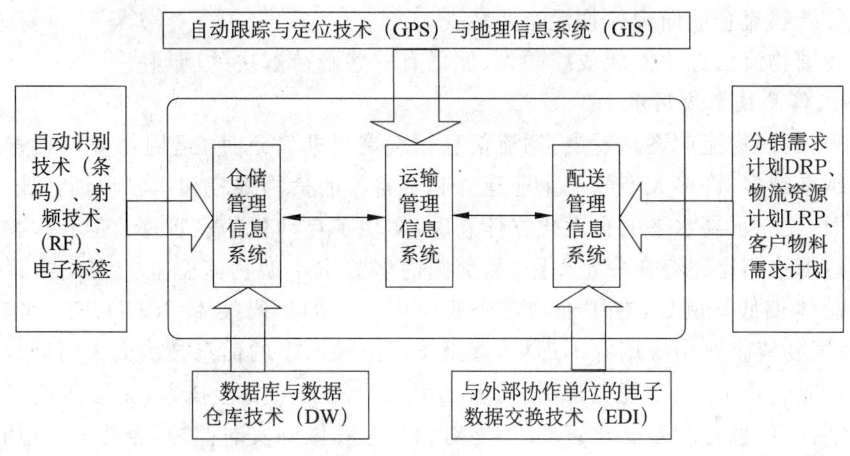


图 1-9　现代物流一体化信息管理体系

## 四、我国物流信息化的任务、现状与发展趋势

### （一）物流信息化的任务

信息化是现代物流的标志和关键。物流管理很大程度上是对信息的处理，管理组织中存在的大量岗位只发挥信息的收集、挑选、重组和转发的“中转站”作用，而这些工作完全可以由信息系统承担。因此，摆在物流企业和各级管理、决策人员面前的一个重要问题就是如何利用物流信息技术，充分发挥物流管理理论的作用，进行企业的物流实践。

物流信息化不仅包括物资采购、销售、存储、运输、流通加工等物流活动的信息管理和信息传送，还包括了对物流过程中的各种决策活动，如采购计划、销售计划、供应商的选择、顾客分析等提供决策支持，并充分利用计算机的强大功能，汇总和分析物流数据，进而做出更好的进销存决策，从而使企业充分利用各种资源，降低流通成本，提高服务质量，增强竞争优势。

物流企业信息化的任务就是要根据企业当前物流过程和可以预见的发展，按照对信息采集、处理、存储和流通的要求，选购和构筑由信息设备、通信网络、数据库和支持软件等组成的环境，充分利用物流企业系统内部、外部的物流数据资源，促进物流信息的数字化、网络化、市场化，改进现存的物流管理，选取、分析和发现新的市场机会，做出更好的物流决策。

### （二）我国物流信息化的现状及问题

依据中国物流与采购联合会统计数据，2014 年社会物流总额将超过 210 万亿元，可比增长 8%左右；物流业增加值超过 3.4 万亿元，可比增长 9%左右。社会物流总费用将超过 9.7 万亿元，同比增长 8%左右，社会物流总费用与 GDP 的比率约为 17%，表明物流业发展的质量和效率有所提升。

近年来，我国物流信息化的建设稳步前进。在信息通信方面，目前我国已拥有电信网络干线光缆超过 30 万千米，并已基本形成以光缆为主体，以数字微波和卫星通信为辅助手段的大容量数字骨干线传输网络；四大骨干网络的覆盖范围包括全国地市以上的城市并连通世界主要国际网络；BC、EDI、GPS、GIS、RF 等围绕物流信息交流、管理和控制的技术得到广泛应用；在公共物流信息平台的建设和应用方面也有很大进展。商业智能技术、云服务、物联网等新技术得到初步应用。越来越多的功能强大的物流软件被开发，物流信息系统的应用促使传统物流企业向现代物流企业转变。

尽管我国物流信息化发展成绩骄人，但仍有一些亟待解决的问题。

1. 物流信息技术应用水平低

近年来，我国物流业飞速发展，物流信息化发展也非常迅速，运用物流信息管理系统的物流企业越来越多，许多大型物流企业建立起了自己的货物跟踪和运输车辆管理信息系统；在仓储方面，建立了高水平的自动化立体仓库，实现了自动化信息管理。但我国物流信息化水平与发达国家相比还存在一定差距，目前国内多数中小型物流企业的现代物流信息技术应用水平总体偏低。例如，在国外物流企业应用广泛的条码技术、RFID、EDI、GPS 及 GIS 技术，在我国物流企业中应用并不理想，甚至条码这种基本的信息技术尚未得到普及。绝大多数物流企业受资金、人才等因素制约，未能运用现代物流信息技术，无法实现对企业物流过程的数字化、信息化和智能化管理，不能对物流过程做到实时监控，企业缺乏核心竞争力、发展缓慢。即使拥有较先进的物流信息系统且资金实力雄厚的企业，其业务功能也不尽完善，采用的技术也不完备，不能成功地运用 SCM、MRP、ERP 等先进的管理软件进行物流运作流程控制。信息技术应用的滞后已经成为制约我国物流企业发展的瓶颈，削弱了企业对市场的快速反应能力和竞争力。

2. 企业对物流信息化重要性认识不足

(1) 物流是一个网络组织，物流活动是一种链条活动，这就需要物流企业利用各种先进的物流信息技术及设备来完成各环节的活动。在我国，物流企业以中小企业居多，而目前所研发的管理系统软件多适用于大型物流企业，价格较高，中小企业由于资金不足、物流信息化意识淡薄、没有引进先进的物流信息管理软件，无法将企业做大做强，进而阻碍了整个物流行业的发展。

(2) 物流信息化在企业管理中的重要地位日益凸显，企业各项经营活动的管理已经越来越离不开信息化技术的支持，这就要求企业设置独立的信息技术部门来负责相关的工作。由于大多数物流企业缺乏对物流信息化的必要认识，未对信息化建设进行合理的设计和规划，更未设立独立的信息技术部门，使得信息技术并未在企业物流管理中发挥最好的功效。

3. 公共信息平台发展缓慢，孤岛现象严重

物流公共信息平台是指利用计算机、网络信息技术等物流活动相关的信息进行采集、分

析并进行决策和控制的公共信息交互平台，是物流业发展的基础平台。物流公共信息平台能够使物流资源得到合理配置，通过信息的交流和互动，提高物流效率，降低物流成本。但目前由于我国物流业发展不平衡，公共信息平台建设也不尽完善。我国物流公共信息平台整体规模偏小、效率偏低，不能为用户提供及时有效的优质物流信息服务。物流企业之间各自运营，没有一个稳定的网络交流平台，上下游企业因为缺乏良好的信息沟通造成企业运营不畅，信息传达不及时使得企业物流信息形成一个个"信息孤岛"，从而严重阻碍了物流信息化的进程。因此，大力推进物流公共信息平台建设，实现物流信息资源共享是加快物流信息化进程的关键，也是必然要求。

4. 缺乏专业物流信息人才

随着我国物流业的飞速发展，物流企业间的竞争越来越激烈，对专业物流人才的需求也越来越大。由于我国现代物流业起步较晚，从事物流的工作人员大多缺乏专业的物流知识，技术也不过硬，既拥有技术知识又拥有专业素养的"复合型"物流人才更是稀缺。据有关部门预测，物流人才是我国未来紧缺的十大类岗位人才之一。人才是实施物流管理信息化的重要因素，在发展物流信息化建设的道路上加强人才培养至关重要。

### （三）物流信息化的发展趋势

2014 年 9 月 12 日以国发〔2014〕42 号文正式发布的《物流业发展中长期规划(2014—2020)》，这是继 2009 年国务院《物流业调整和振兴规划》出台以来，又一个指导物流业发展的纲领性文件。《物流业发展中长期规划》提出，到 2020 年基本建立现代物流服务体系，提升物流业标准化、信息化、智能化、集约化水平，提高经济整体运行效率和效益，既是对原有规划的延续，又体现了新形势对物流业发展的新要求。特别是提出了"标准化、信息化、智能化、集约化"的"四化"要求，进一步明确了物流业的发展方向和目标，将极大地促进物流信息化的快速发展。

1. 云服务将会在物流行业广泛应用

根据云计算服务性质的不同，可以将云计算区分为公有云、私有云。公有云部署具备更好的灵活性和可扩展性；而私有云更加安全且便于控制。

就目前来看，为了节约成本，公有云在中小物流企业的应用将会越来越广，而私有云在大中型物流企业的应用会比较多，而更多的时候公有云、私有云会同时存在。随着公有云安全性等核心问题的解决，最终目标是私有云尽可能转移到公有云。物流企业更需要的是对自己的相关业务进行详细的分析，选择符合自身需要的云服务方式。

2. 大数据挖掘技术将会提升物流信息化的发展水平

IDC 发布的《中国大数据技术与服务市场 2012—2016 年预测与分析》显示，大数据的市场规模将于 2016 年增长到 6.17 亿美元，复合增长率达 51.4%，市场规模增长近 7 倍。2013 年 2 月 5 日，国务院出台了《推进物联网有序健康发展的指导意见》，从政策层面正式把大数据纳入物联网产业领域。大数据时代，数据已经变成比肩人、财、物的战略资源，如何管理及应用这种资源是政府部门和企业都要学习的新技能。

经过多年的发展，物流企业都积累了海量的财务数据和物流业务数据资源，同时还有上下游企业的共享数据。如何整合数据并进行深入的数据挖掘，为领导经营决策提供支持、为经济运行提供分析与预警，与供应链上下游企业共享数据，从而实现相互协同呢？这就需要对杂乱无章的原始数据进行分类整理，运用数据挖掘技术分析出需要的信息，为领导经营决策提供依据，切实提升我国物流信息化发展水平。

3. 物流业将全面走向智慧物流的时代

随着互联网技术、物联网技术、云计算技术以及数据挖掘技术在物流行业的应用越来越深入、越来越普遍，物流业将全面走向智慧物流的时代。何为智慧物流，这里有三项关键技术，信息采集技术的突破是实现智慧的前提，移动通信技术是实现智慧的关键，数据加工是实现智慧的基础。智慧物流让机器越来越聪明，让人的工作越来越科学，让物流越来越有效率。

## 物　流　师

1. 职业名称

物流师。

2. 职业定义

在生产、流通和服务领域中从事采购、储运、配送、货运代理、信息服务等操作和管理的人员。

3. 职业等级

本职业共分四个等级，分别为：物流员（国家职业资格四级）、助理物流师（国家职业资格三级）、物流师（国家职业资格二级）、高级物流师（国家职业资格一级）。

4. 申报条件

助理物流师（国家职业资格三级），具备以下条件之一者：

(1) 高级技工学校、大专相关专业毕业班学员，经职业助理物流师正规培训达到标准规定学时数，并取得毕业(结)证书者。

(2) 高级技工学校、大专相关专业毕业，从事本职业工作1年以上者。

(3) 大学本科相关专业毕业班学员。

(4) 取得本职业物流员职业资格证书后，连续从事本职业工作3年以上者；或高中毕业（含同等学力），连续从事本职业工作7年以上的物流企业职工。

(5) 取得本职业物流员职业资格证书或相关职业资格四级证书后，连续从事本职业工作2年以上，经本职业助理物流师正规培训达到标准规定学时数，并取得毕业(结)证书者。

5. 鉴定方式

物流员与助理物流师分为理论知识考试和技能操作考核。理论知识考试采用闭卷方式，技能操作考核采用现场实际操作或模拟方式。理论知识考试和技能操作考核均实行百分制，成绩皆达60分以上者为合格。物流师和高级物流师除须进行理论知识考试、技能考试（案例分析）与论文答辩外，还须进行综合评审（另须对物流师和高级物流师论文提出具体要求）。

6. 鉴定时间

理论知识考试不少于90分钟，技能操作考核时间不少于60分钟，综合评审不少于30分钟。

7. 助理物流师职业知识和技能基本要求

助理物流师职业知识和技能基本要求如表1-3所示。

**表 1-3　助理物流师职业知识和技能基本要求**

| 职业功能 | 工作内容 | 技能要求 | 相关知识 |
|---|---|---|---|
| 一、物品采购（可选） | （一）需求预测 | 能够运用预测技术进行需求预测 | 1. 需求预测方法<br>2. 数据分析方法 |
| | （二）组织实施采购方案 | 1. 能够跟踪采购进程<br>2. 能够组织实施采购方案<br>3. 能够进行采购谈判 | 1. 采购计划和方案的有关知识<br>2. 采购流程控制方法<br>3. 商务谈判方法与技巧 |
| | （三）供应商管理 | 1. 能够对供应商进行评估、分类、选择<br>2. 能够估算采购成本 | 1. 供货商分类知识<br>2. 采购成本知识 |
| 二、仓储管理 | （一）仓储作业管理 | 1. 能够进行入库作业管理<br>2. 能够进行搬运作业管理<br>3. 能够进行储存作业管理<br>4. 能够进行盘点作业管理<br>5. 能够进行出货作业管理<br>6. 能够进行流通加工管理 | 仓储作业知识 |
| | （二）仓储业务方案的实施 | 1. 能够组织实施公共仓储业务<br>2. 能够组织实施合同仓储业务 | 仓储管理技术的有关知识 |
| | （三）库存管理 | 1. 能够分析库存状况<br>2. 能够制订库存管理计划<br>3. 能够合理地控制库存 | 1. 库存管理知识<br>2. 库存控制的基本方法 |
| 三、配送管理 | （一）编制配送作业计划 | 1. 能够编制分拣、配送作业计划<br>2. 能够进行配送设备、设施的维护和更新管理<br>3. 能够优化配送线路 | 分拣、配送合理化的方法 |
| | （二）组织配送作业 | 能够组织人员实施配送作业 | 配送作业组织、管理的方法 |
| 四、运输管理 | （一）选择运输方式 | 1. 各种运输方式的比较<br>2. 运输工具的选择 | 1. 五种运输方式的技术经济特性<br>2. 联合运输的知识<br>3. 运输工具的知识 |
| | （二）运输调度 | 1. 能够进行运输工具配载<br>2. 能够优化运输路线<br>3. 能够选择合理的运输方式 | 1. 运输计划知识<br>2. 运输合理化知识<br>3. 运输调度知识 |
| 五、生产物流管理 | （一）制定生产物流方案 | 能够制订 MRP 计划 | MRP/MRPⅡ/ERP 的有关知识 |
| | （二）实施生产物流方案 | 能够对生产物流方案的执行进行监控 | 生产物流监控的有关知识 |

续表

| 职业功能 | 工作内容 | 技能要求 | 相关知识 |
|---|---|---|---|
| 六、国际货运管理（可选） | （一）国际集装箱运输管理 | 能够进行租箱合同管理与空箱调运业务管理 | 1. 集装箱租箱业务知识<br>2. 集装箱空箱调运知识 |
| | （二）班轮货运与代理业务管理 | 1. 能够对班轮货运业务进行管理<br>2. 能够对班轮货运代理业务进行管理 | 1. 班轮进出口程序<br>2. 集装箱货运业务知识<br>3. 拼箱业务知识 |
| | （三）租船运输业务管理 | 能够进行定期、航次，油轮租船合同条款议订 | 1. 定期租船业务知识<br>2. 航次租船业务知识<br>3. 油轮租船业务知识 |
| | （四）国际货运中转业务管理 | 能够对国际货运中转业务程序与组织业务进行管理 | 1. 海运货物中转业务知识<br>2. 海运支线与货物中转业务 |
| | （五）国际多式联运业务管理 | 能够对国际多式联运业务程序与组织业务进行管理 | 1. 国际多式联运业务运作知识<br>2. 大陆桥运输业务知识 |
| | （六）口岸管理 | 能够进行海关出口监管业务合同的谈判与签订 | 1. 国际贸易口岸<br>2. 海关出口监管<br>3. 保税区和保税仓库转关 |
| 七、物流信息管理 | 物流作业信息管理 | 1. 能够运用仓库管理软件进行在库物品信息管理<br>2. 能够运用运输管理软件进行在途物品信息管理<br>3. 能够运用货代管理软件进行货代业务流程管理 | 1. 仓储管理软件的使用方法<br>2. 运输管理软件的使用方法<br>3. 货代管理软件的使用方法 |

## 前沿理论与技术

### 大数据时代的车联网

车联网作为移动互联网大背景下诞生的一个产物，不管是车辆的接入、服务内容的选择还是服务的精准性，都离不开大数据。车辆上传的每一组数据都带有位置信息和时间，并且很容易形成海量数据。一方面，如果说大数据的特征是完整和混杂，而车联网与车有关的大数据特征是完整加精准，例如，某些与车辆本身有关的数据，都有明确的一个ID，根据这个ID可以关联相应的车主信息，并且这些信息还是精准的；另一方面，我们可以看到车联网与驾驶人的消费习惯、兴趣爱好等大数据特征是完整和部分精确。

1. 大数据的定义和特征

大数据(Big Data)或称巨量资料，指的是所涉及的资料量规模巨大到无法通过目前主流软件工具，在合理时间内达到撷取、管理、处理、整理成为帮助企业经营决策更积极目的的资讯。

从权威定义可以看到，大数据的特征有四点：①数据体量巨大。从TB级别，跃升到PB级别；②数据类型繁多，如网络日志、视频、图片、地理位置信息等；③价值密度低，商业价值高。以视频为例,连续不间断监控过程中,可能有用的数据仅仅有一两秒;④处理速度快——1秒定律。

车联网的大数据在预测方面可以发挥到极致。例如,预测交通堵塞的地段,实时交通信息,公交的排班。

大数据的核心在于预测,这在车联网行业非常有用,例如,对于交通流量的预测,就非常需要大数据。对于交通流量,目前我们的仿真系统更加重视交通流量大、拥堵的原因,而大数据时代,不再在乎因果关系,而重视相关性。

2. 大数据在商用车领域的应用

大数据在商用车领域已经有相当多的应用,如公交领域的运营排班管理、出租车领域的浮动车数据。

如何解决公交企业面临的运力配备最少、车辆运行距离最短、驾驶员作业时间最少这三大问题?如何分析各时间段、各站点的客流分布情况呢?如何实现运营的安全智能化、运营排班的智能化?

在公交行业,以上问题普遍存在,通过车联网的大数据,可以解决公交行业所面临的这些问题。根据各个时间段,各站点的客流量大小,线路配备的运营车辆数、线路配备驾驶人员、线路长度、车辆运行速度等大数据,可确定一条线路各个时间段的配车数及发车间隔,从而解决运力配备最少、车辆运行距离最短、驾驶员作业时间最少三大问题。

根据客流量、节假日、气候、节气、自然灾害、道路、车况事故、历史同期数据、售票方式、居民小区建设等条件建立计划模型,从而用最快的速度对这些影响运营计划的因素做出反应。比如增加线路,增加车辆,增加司机,有效地制订公交运营计划。同时可对于运营排班精准管理,可通过大数据可以自动排班,对行车作业计划进行优化,并快速地对运行线路进行调整和优化。

自从菜鸟网络公司出现后,大物流的概念终于被业界提及。大物流是指企业的自有物流系统(由车队、仓库、人员等组成),和第三方物流企业的配送信息与资源进行共享,从而能充分地利用各方面资源,减少物流总支出、降低运营成本。

一方面,目前,物流行业随着业务的扩大,车辆数日益增多,而且型号众多。很多企业还是采用手工方式进行车辆管理,工作量大,对车辆运营数据统计分析比较困难,统计结果相当滞后,不利于公司的决策管理;同时在车辆行驶过程中没有进行全程的监控,对司乘人员的违法违规行为无法进行及时预警,也无法对司乘人员的求助及时进行反应。

另一方面,在我国现行的物流运输方式中无论是自营物流、合营物流还是第三方物流,隐性成本占据了很重要的地位,如返程或起程空驶、空车无货载行驶,这些都是不合理运输的方式。

如何改善物流企业在管理上较为落后的现状,达到货主"高服务质量、严格的准时率、极小的货损率、较低的物流成本"的要求?如何解决物流行业运行信息反馈滞后、运营高成本、货运车辆的高空驶率、司机作弊给货物和车辆的安全带来的极大隐患?如何快速、高效地为用户提供可靠的物流服务?如何最大限度地利用运力资源提高整体业务运营效率?这些是目前物流行业迫在眉睫的问题。

对以上问题,车联网技术正好可以解决车主的问题,通过透明化的运输过程管理,合理调度车辆,根据车辆行驶的大数据,对车辆行驶的线路畅通情况进行预测,规划一条安全畅通的行驶路线，减少由于交通原因而引发的在途等待时间。

通过车辆运行的大数据，可以快速地分析相同路线的油耗情况，事故多发路段的提前预警，精确分析计算车辆的行程，提高了企业的信息化水平，随时了解货物的运行状态信息及货物运达目的地的整个过程，确保了运输过程的透明化管理，使企业的运行管理智能化、服务准时性，提高可预见性。同时，通过车辆运行的大数据，可获取高速、国道、省道的实时路况，同时对司机的驾车规律的分析，为加油站、维修站、服务站的选址提供了参考数据。

物流的成本有很大一部分属于仓储成本。通过车联网技术，对海量的数据进行分析计算，经过合理地调度，降低车辆的空驶率，把移动中的每辆货车可以作为一个流动的仓储空间，提高了仓储空间的周转率，从而帮助企业降低仓储成本。

3. 大数据在乘用车领域的应用

大数据在乘用车领域目前比较成熟的应用有保险和主动安全，未来必将有大量的企业会在 CRM 和呼叫中心领域寻求更多的业务增长点。

2011 年 8 月，北美最大的汽车保险公司 State Farm 与车联网服务提供商 Hughes 强强联手，由此第一个由保险公司主导的车联网商业模式走上世界舞台。由此，关于保险模式的车联网被业界所热议。State Farm 主导的车联网商业模式有如下几个特点：与保险公司的业务捆绑；提供与驾驶安全度结合的保险费率；与车联网服务提供商(TSP)Hughes 合作；服务差异化，避免与 OnStar 等前装车厂主导的车联网产品和导航产品竞争等。

大数据时代，通过对驾驶者总行驶里程、日行驶时间等数据，以及急刹车次数、急加速次数等驾驶行为在云端的分析，有效地帮助保险公司全面了解驾驶者的驾驶习惯和驾驶行为，有利于保险公司发展优质客户，提供不同类型的保险产品。

目前车联网所提供的主动安全方面的措施大致有胎压监测、故障预警、碰撞报警、安全气囊弹出报警、紧急救援等。但目前在主动安全方面的设备更多是车辆上的一个节点，并没有真正地和大数据关联。

在大数据时代，当汽车在行驶过程中，平台可对轮胎气压进行实时自动监测，并对轮胎漏气和低气压进行报警，以确保行车安全。胎压监测有直接和间接两种，直接通过传感器来监测，而间接的监测是当某轮胎的气压降低时，车辆的重量会使该轮的滚动半径将变小，导致其转速比其他车轮快。

通过比较轮胎之间的转速差别，以达到监视胎压的目的。间接式轮胎报警系统实际上是依靠计算轮胎滚动半径对气压进行监测。间接方式的胎压监测需要通过上传 OBD 的信息至云端，由云端通过大数据分析轮胎是否漏气，并实时提醒司机，确保安全行驶。

对于呼叫中心，很多企业只是定义为简单的服务部门，其实，TSP 的呼叫中心，不仅承担客服角色，还承担售前角色。呼叫中心可以帮助企业快速寻找、锁定有潜在消费能力的最终用户。用对的人、合适的时间、适宜的话术换来的就是成功的营销。

在大数据时代，TSP、汽车经销商或 4S 店的业务结构会发生一定的转移，原有的客服部门从以往的成本中心逐步转变为利润中心。

呼叫中心的大数据包括使用情况，客户兴趣及生活习惯三个方面。通过呼叫中心，我们可以获取车辆的使用情况、车联网系统的客户体验效果以及与车辆本身的相关咨询，这对于主机厂市场跟踪反馈，促进相关部门对质量问题进行快速改进有重要的意义。

通过呼叫中心可掌握车主的消费习惯、车主的活动范围、车主的生活习惯及车主商旅情况(订票、订酒店、订餐、订鲜花)、车主的消费心理。例如,车主在生活消费过程中、在日常购买行为中的心理活动规律及个性心理。通过大数据的分析,从而有效地制定相应的营销策略及营销话术。

## 实训任务实施

### 物流信息技术应用现状调研

1. 实训目标

(1) 初步掌握调研的方法、步骤。

(2) 了解信息技术在物流企业的应用情况。

(3) 在收集、分析、整理调研资料的基础上,撰写完成物流企业信息技术应用调研报告。

(4) 会制作调研报告 PPT 演示文稿。

2. 实训要求

(1) 选择 2～3 家第三方物流企业进行调研,认真记录企业规模和使用信息技术的情况,全面了解相关技术在企业中的应用情况,完成调研的任务。

(2) 结合网上查阅和信息收集,理解信息、物流信息、物流信息技术的概念,掌握相关技术在企业中的应用情况。

3. 实训准备

(1) 老师准备好实训任务书。

(2) 根据任务安排,对学生进行分组,5～10 人一组,设组长 1 名。

(3) 以小组为单位制订调研计划,确定调查的对象、地点、时间、方式,确定要收集的资料。

(4) 调查之前,学生根据任务目标通过 Internet 收集相关资料并做好知识准备。

4. 实训任务

(1) 学生以小组为单位,选择 2～3 家大中型物流企业进行调研,了解信息技术的应用情况和物流企业信息化程度。

(2) 撰写调研报告,制作 PPT 演示文稿,调研报告交流。

5. 实训步骤

(1) 以小组为单位到企业实地调研。

(2) 以小组为单位整理认知和收集的相关材料,撰写调研报告和制作 PPT 演示文稿。

(3) 调研报告交流。

6. 注意事项

(1) 调研企业的对象要有一定的代表性,在分组的项目安排中要予以体现,避免得出的结论以偏概全。调研的内容要尽量具体,注意所得材料的真实性、可靠性和实效性。

(2) 参加项目的同学分配应尽量合理,并在调研前进行必要的训练和教育。

(3) 强调尊重调查企业、调查对象和遵守相关纪律,听从安排,体现学员文明素质,表现出良好的综合素质。

(4) 注意交通和现场调研的安全。

7. 技能训练评价

完成实训后，填写技能训练评价(见表1-4)。

**表1-4 技能训练评价**

<table>
<tr><td>专业：</td><td colspan="2">班级：</td><td colspan="4">被考评小组成员：</td></tr>
<tr><td>考评时间</td><td colspan="2"></td><td colspan="2">考评地点</td><td colspan="2"></td></tr>
<tr><td>考评内容</td><td colspan="6">物流信息技术应用调研</td></tr>
<tr><td rowspan="5">考评标准</td><td colspan="2">内　　容</td><td>分值</td><td>小组互评(50%)</td><td>教师评议(50%)</td><td>考评得分</td></tr>
<tr><td colspan="2">调研过程中遵守纪律，礼仪符合要求，团队合作好</td><td>20</td><td></td><td></td><td></td></tr>
<tr><td colspan="2">调研记录内容全面、真实、准确，PPT 制作规范，表达正确</td><td>25</td><td></td><td></td><td></td></tr>
<tr><td colspan="2">调研报告格式正确，能正确总结出所调研企业的物流信息化程度、物流信息技术应用现状</td><td>30</td><td></td><td></td><td></td></tr>
<tr><td colspan="2">调研报告能提出合理化建议</td><td>25</td><td></td><td></td><td></td></tr>
<tr><td colspan="4">综合得分</td><td></td><td></td><td></td></tr>
<tr><td colspan="7">指导教师评语：</td></tr>
</table>

# 任务小结

本任务介绍了信息、物流信息、信息技术、物流信息技术、信息系统、物流信息系统的概念、特点、作用和应用，以及我国物流信息化的任务、现状与发展趋势；同时介绍了大数据的概念和车联网新技术。

# 练习题

**一、单项选择题**

1. 信息是(　　)。

A. 文字　　B. 数字

C. 对客观实物的认识　　D. 客观实物的记录

2. 物流信息是物流活动的(　　)的反映。

A. 内容　　B. 资料　　C. 数据　　D. 文件

3. 物流信息可以帮助企业对物流活动的各个环节进行有效地计划、协调与控制，以达到系统(　　)的目标。

A. 整体优化　　B. 费用最低　　C. 成本最少　　D. 服务水平最高

4. 信息技术泛指凡是能(　　)人的信息处理能力的技术。

A. 拓展　　B. 优于　　C. 替代　　D. 改变

5. 物流信息包含的内容从广义方面考察是指(　　)。

A. 企业与物流活动有关的信息

B. 企业与流通活动有关的信息

C. 企业整个供应链活动有关的信息

D. 企业与经营管理活动有关的信息

6. 从本质上讲,物流信息系统是利用信息技术,通过(　　),将各种物流活动与某个一体化过程连接在一起的通道。

A. 物流　　B. 商流　　C. 资金　　D. 信息流

7. 数据是(　　)。

A. 对客观实物的认识　　B. 客观实物的记录

C. 文字　　D. 数字

**二、多项选择题**

1. 物流信息的特征包括(　　)。

A. 数量大　　B. 动态性强　　C. 类型复杂　　D. 共享性强

2. 物流信息系统是指用系统的思想和方法建立起来的,以电子计算机为基本信息处理手段,以现代通信设备为基本传输工具,并且能够为管理决策提供信息服务(　　)系统。

A. 人—机　　B. 计算机—通信　　C. 人—通信　　D. 计算机

3. 从功能角度分析,物流信息系统的层次结构包含(　　)。

A. 作业层　　B. 网络层　　C. 管理层　　D. 决策层

E. 服务层

**三、判断题**

1. 信息会随数据的不同形式而改变。(　　)

2. 数据和信息没有区别。(　　)

3. 物流信息服务于企业内部管理和决策,与企业所处的环境无关。(　　)

4. 物流信息包含的内容从广义角度看,是指企业与整个供应链活动有关的信息。(　　)

5. 通信技术、计算机技术和控制技术又称“3C”技术。(　　)

6. 物流信息系统是库存管理系统或运输管理系统或二者的组合。(　　)

7. 按信息产生的领域和作用的领域来分类,物流信息分为物流活动所产生的物流信息和提供物流使用的其他信息源所产生的信息两类。(　　)

**四、简答题**

1. 简述物流信息的概念。

2. 简述物流信息的基本特点。

3. 简述物流管理信息系统的概念。

4. 简述按系统作用的对象物流管理信息系统的分类。

5. 从构成要素和应用角度看,物流信息系统和物流信息应用主要包括哪些技术?

**五、案例分析**

**联合快递公司(FedEx)利用信息技术获取竞争优势**

联合(联邦)快递公司(FedEx)由菲德瑞克·W. 史密斯创办。史密斯在耶鲁大学求学时,就萌生了创办一家快递公司的念头。1973 年,14 架载着 186 个包裹的喷汽式飞机奔赴目的地,正式宣告FedEx的诞生。如今,它已成为全球最大的快递公司,每天向世界220多个国家投递近300万件包裹。

FedEx公司非常重视通过应用信息技术来提高企业的竞争能力。FedEx为业界首先利用EDI电子数据传送的公司,提供预先报关及高效率的清关服务。FedEx不断地在信息技术上革新,各项整合式的电子商务工具,使供应链物流从订单处理、运送、追踪乃至退货管理都能有效整合,提供顾客更便利且有效率的服务。

1. 先进的客户服务信息系统

联邦快递的客户服务信息系统主要有两个:①一系列的自动运送软件,如Power Ship、FedEx Ship和FedEx Internet Ship;②客户服务线上作业系统(COSMOS)、自动运送软件。利用这套系统,客户可以方便地安排取货日程、追踪和确认运送路线、列印条码、建立并维护寄送清单、追踪寄送记录。而联邦快递则通过这套系统了解顾客打算寄送的货物,预先得到的信息有助于运送流程的整合、货舱机位的定位、航班的调派等。

1) Ship Manager

直接透过网络联机,进行在线托运与货件追踪。仅须填妥申请表格,即可安排运务员直接上门收件,亦可向货主发出电子邮件,事先通知三个其他相关人员该货件之送达时间,而当货件送抵目的地时,Ship Manager亦会自动发出电子邮件通知货主与其他三位相关人员该讯息。可全天24小时管理整个寄件流程。

2) 全球货运时测系统(GTT)

货件送达所需天数及送达时间会受多项因素影响,例如货件的类别、清关情况,以及是否能于星期六递送等。GTT系统会依据顾客所输入的数据,自动考虑所有可能导致货件延误的因素,计算出货件的运送时间。为提供顾客更详细数据以协助其选择最合适的货运服务,查询结果更会列出运送货件时所需的一般文件,如空运提单和商业发票。GTT系统设有简便功能让顾客查询货件的类别。

3) 超级配送计算机系统(Power Ship)

可以让顾客安装在自用计算机上,可以提供多件包裹托运、自动化账单、查询包裹信息等服务,也能提供国际运送业者详细信息。

4) 数字辅助递送系统(Digitally Assisted Dispatch System,DADS)

DADS(数字辅助递送系统)是一个全国的电子投递网络,它随时听候客户的投递要求。Super-Tracker扫描完包裹后,数据被放进DADS发送器,再由DADS发送器通过人造地球通信卫星,向公司的中央大型机系统上传送这些必要的数据。数据随时存入COSMOS,在这个系统中,当货运在关键投放地点得到扫描后,数据会定期得到更新。COSMOS是一个复杂的电子网络,包含了与每件托运物品目前所处位置有关的重要信息。COSMOS将包裹的物理性处理以及相关信息连接至FedEx公司的主控数据系统,接下来,再连接至客户和员工手中。

2. FedEx网站

1994年1月,FedEx启动了自己的网站:www.fedex.com。1996年,公司引进了FedEx Internet Ship服务,这是网上第一套投入实际运营的自动货运交易系统。客户们完全能在该网站完成全部托运过程,其中包括准备所有的在线文件;用任何一部激光打印机印下包裹的条形码标签;安排中途接货的信使;自动上载账单资料等。在其网站提供的服务中，最富创意的是 FedEx Ship Alert(FedEx 托运提醒)服务。当用 FedEx Internet Ship 准备包裹时，托运人可以向收件人或其他人发送电子邮件，提醒他们有包裹即将送到。1996 年，FedEx 引入 Virtual Order(虚拟订购)系统，允许中小型公司发布自己的 Web 页，使 FedEx 公司的托运及跟踪系统与在线订购合二为一。Virtual Order 可帮助中小型公司在激烈的市场竞争中多一分胜算。

3. 电子化快速关税兑付(Express Clear Electronic Customs Clearance)

随着用户对快速、可靠的跨国托运提出越来越高的要求，FedEx 也做出了积极的响应。FedEx 系统中一个重要的环节就是 Express Clear Electronic Customs Clearance(电子化快速关税兑付)。也就是说，它采用了一套自动化的提前报关系统，精简了跨国托运的手续。托运物品还在途中，Express Clear 系统就已经通过先进的计算机技术为其迅速办理好了入关手续。从而赢得了宝贵的时间，尽可能地避免了延误，确保托运物品如期到达。Express Clear 采用了两大高科技系统：①电子数据交换(EDI)，利用计算机通信使 FedEx 公司能向世界各地的经济人及政府机构在线通报托运情况；②成像技术，当需要附加文档时，原始文件扫描进 FedEx 的计算机通信系统以传递出去。由于能及时访问与托运有关的信息(从始发地到目的地)，用户从中得到了极大的好处。对那些 FedEx 提供服务的所有国家，由 FedEx 自行开发的一个数据库都能为其提供服务，此外，任何目的地都能立刻查询到需要的托运费是多少。

**思考题：**

1. 联邦快递公司通过应用哪些物流信息技术来提高企业的竞争力?
2. 简要描述数字辅助递送系统工作流程。

# 项目二

# 数据采集技术应用

**项目描述**

经济全球化发展、产品生命周期的缩短和用户交货期的缩短等都对物流服务的可得性与可控性提出了更高要求。如何保证对物流过程的完全掌控，物流动态信息采集应用技术成为必需的要素。动态的货物或移动载体本身具有很多有用的信息，例如，货物的名称、数量、重量、质量、出产地，或者移动载体(如车辆、轮船等)的名称、牌号、位置、状态等一系列信息。这些信息可能在物流中反复使用，因此，正确、快速读取动态货物或载体的信息并加以利用可以明显提高物流的效率。在目前流行的物流动态信息采集技术应用中，条码技术应用范围最广，其次还有射频识别(RFID)、磁条(卡)、语音识别等技术。

通过本项目的学习，使学生掌握条码技术和射频识别技术的基本概念、特点；理解条码和射频识读原理；通过实训操作，加深对条码技术和射频识别技术的理解，会使用条码系统和 RFID 系统处理物流业务。

**项目目标**

1. 知识目标

(1) 理解条码的概念和特点。

(2) 掌握条码的种类和编码原则。

(3) 掌握 RFID 的概念、分类、系统组成。

(4) 掌握 RFID 的优势及应用场景。

2. 技能目标

(1) 能够制作、检测和识读条码。

(2) 会使用商业 POS 系统，对商品销售进行管理。

(3) 掌会使用 RFID 超市管理系统，对商品进行编码和销售管理。

(4) 提高条码和 RFID 在物流领域的应用能力。

## 任务一　条码(BC)识别技术应用

### 教学导航

**任务目标**

(1) 了解条码的发展现状、趋势及条码技术在物流领域的具体应用。

(2) 掌握条码技术的基本概念、特点和物流领域常用的条码码制和编码规则。

(3) 会使用条码设备进行条码生成、检测和识读操作。

(4) 会使用 POS 系统对超市商品进行管理。

**教学重点**

(1) 条码的相关概念。

(2) 条码的编码方法。

(3) 条码的识读原理。

(4) EAN-13 码的编码和应用。

(5) ITF-14 码的编码和应用。

(6) UCC/EAN-128 码的应用。

(7) 物流条码。

**教学难点**

(1) 条码的编码方法。

(2) ITF-14 码的应用和编码。

(3) 条码的识读原理。

(4) 物流条码。

**教学方法**

讲授式教学法、讨论教学法、案例教学法、任务驱动教学法和实践教学法。

**教学手段**

网络教学、多媒体教学手段、条码实训实施、设备和相关软件。

**教学建议**

(1) 学生根据学习任务书，预习教材、通过上网查阅文献，理解条码技术的基本知识。

(2) 教师准备好授课课件(任务书、授课 PPT、视频、图片及案例分析资料)，讲清该任务实施的目标、要求和教学重点，根据任务安排，对学生进行分组，组织好课堂教学。

(3) 实训中心准备好实训设备和软件。

## 海尔条码全程追踪

海尔物流信息中心采用世界领先的 ERP 软件，结合世界上先进条码技术，开发了条码全程追踪系统。在 28 个产品事业部、国内 8 个工业园，以及巴基斯坦工业园、42 个配送中心进行推广。在整个庞大的海尔制造系统，实现了从原材料按单采购、按单配送、按单生产到成品的按单装车、按单配送的全程可视化追踪。

1. 条码分类

目前海尔物流应用最为广泛的条码主要分为 7 种：托盘条码、物料条码、仓位条码、成品条码、工位条码、操作人员条码及设备条码。

托盘条码由 6 位阿拉伯数字组成，具有唯一性，贴在托盘四面的中央，方便不同位置的扫描。托盘条码可以循环使用。

物料条码相当于物资标签。每个容器外部都有一张物料条码,包含物料号、物料描述、批号、采购订单批号、供应商及送货数量等信息。

仓位条码相当于一个三维坐标,是用来标识青岛物流中心每个仓位的具体位置,仓位条码用 *-*-* 表示,如 01-09-03,01 代表第 1 巷道;09 代表第 9 列;03 代表第 3 层。

成品条码主要用来标记出厂成品,运用于整个成品下线、仓储及配送。成品条码共计 20 位,包括产品大类、版本号、流通特征、生产特征、序列号等信息。

工位条码是集团将所有的生产线统一编码,产品可追溯到生产线的生产工艺与质量。

操作人员条码是海尔集团所有员工的编码,与其他条码结合能够及时追溯到人,同时,也是集团进行工资分配的依据。

设备条码是集团为所有设备的编码,为全面设备管理提供依据。

2. 各环节应用

从海尔产品的零部件到产成品,每一个和物流相关的环节都在采用条码扫描进行终端数据采集。条码扫描也成为海尔产品流通环节中不可或缺的信息技术。

1) 原材料收货扫描

海尔零部件供应商在送货时,产品的外包装上都贴有海尔物流标准的物料标签,标签内容包括物料号、送货数量、订单批号、供应商名称等,每种内容除了用数字或字母标明外,还必须配有准确的条码信息,这样海尔物流员工在收货时,通过对条码信息扫描,就可以将供应商的送货信息实时传递到 ERP 系统中,完成按照采购订单收货。扫描系统不仅具有记录功能,还能够根据后台 ERP 采购订单信息进行自动判断,对不符合的信息自动关闭闸口,避免人为因素对收货操作的干扰。

2) 原材料仓储配送扫描

海尔物流采用先进的过站式物流运作模式。在海尔,仓库不再是储存物资的"水库",而是一条流动的"河","河"中流动的是按订单进行采购、制造等"活动物质",这就要求库存信息系统在低库存乃至零库存的要求下,及时、准确地满足事业部连续大规模的流水线式生产。

3) 产成品下线扫描

成品生产完毕装箱后,在下线点使用有线扫描终端扫描成品条码,搜集生产完工信息,并自动在 ERP 系统中对在拉料配送过程中增加的工位库存进行反冲,确保下次拉料配送的准确性。同时,扫描系统根据 ERP 系统中的订单信息,对下线产品的数量、型号进行闸口,避免造成无订单或超订单生产。

4) 成品装车扫描

成品生产完毕,进入装车配送环节。在装车时使用无线条码扫描终端扫描成品条码,记录装车车号、产品型号、数量等关键信息,同时,扫描系统实时和后台 ERP 系统的订单信息校对,对错装、漏装、多装或不按照订单装货等错误操作进行闸口,有效避免了无效作业。同时,为提高装卸效率,通过对成品运单号扫描、装卸产品的扫描,可以实时监控到装车效率,实现成品运输装车零等待的目标。

5) 成品仓储配送扫描

在成品装车、出口装箱时,通过条码技术,使车辆与每个集装箱的货物一目了然,并起到计算机自动校验审核的功能，每天能够准确地发运10万台以上的产品。成品在收货时，通过入库扫描，自动记录入库型号、数量、仓位等信息并实时记账，同时和后台ERP系统的运单或交货单信息进行核对，对错误信息实时闸口，提高效率。在出库操作时，根据提货单，扫描系统自动提示出库仓位，系统可根据成品库龄按先进先出原则指导出库，并在后台自动过账，使每天、每种产品的库存、库龄一目了然。

全过程的条码技术应用，不仅使海尔的库存信息准确率和出入库信息准确率都达到99%以上，呆滞物资降低90%，库存资金减少63%；同时，通过全过程的条码扫描管理，不仅实现了可视化的仓库管理、成品运输的透明追踪以及无纸化的作业环境，而且能够使各环节责任到人并对非按单作业自动跳闸，为集团每年节约大量资金，提高了企业的核心竞争力。

资料来源：百度文库.

**思考题：**

1. 海尔物流应用最为广泛的条码有哪些？
2. 海尔物流哪些环节应用条码扫描技术？

## 任务知识储备

## 一、自动识别技术概述

随着我国信息化建设和国际化发展进程的加快，自动识别技术已广泛应用于零售、物流运输、邮政通信、电子政务、工业制造等各个领域，在我国国民经济发展中发挥越来越重要的作用。常用的自动识别技术有条码识别技术、射频识别技术、语音识别技术、图像识别技术以及生物特征识别技术等。在物流动态信息采集技术应用中，条码技术应用范围最广，其次还有射频识别(RFID)、磁条(卡)、语音识别、便携式数据终端等技术。

### (一) 自动识别的概念

自动识别(Automatic Identification，Auto-ID)是通过将信息编码进行定义、代码化，并装载于相关的载体中，借助特殊的设备，实现定义信息的自动采集，输入信息处理系统，从而得出结论的识别。

自动识别技术是对字符、影像、条码、声音等记录数据的载体进行机器自动识别，自动地获取被识别物品的相关信息，并提供给后台的计算机处理系统完成相关后续处理的一种技术。它是一种高度自动化的信息或者数据采集技术，其中包含自动识别、数据采集和移动计算三个方面的技术应用。

### (二) 常见的自动识别技术

#### 1. 条码技术

条码技术的核心是条码符号，我们所看到的条码符号是由一组规则排列的条、空以及相应的数字字符组成，这种用条、空组成的数据编码可以供机器识读，而且很容易译成二进制数和十进制数。这些条和空可以有各种不同的组合方法，从而构成不同的图形符号，即各种符号体系(也称码制)。不同码制的条码，适用于不同的应用场合。

#### 2. 光学字符识别技术

光学字符识别(Optical Character Recognition，OCR)是图形识别(Pattern Recognition，PR)的一种技术，其目的就是要让计算机知道它到底看到了什么，尤其是文字资料。

OCR 技术能够使设备通过光学的机制来识别字符。

3. 射频识别技术

射频识别技术的基本原理是电磁理论。射频识别技术是一种利用射频通信实现的非接触式自动识别技术。RFID 标签具有体积小、容量大、寿命长、可重复使用等特点,可支持快速读写、非可视识别、移动识别、多目标识别、定位及长期跟踪管理。RFID 技术与互联网、通信等技术相结合,可实现全球范围内物品跟踪与信息共享。

4. 磁条(卡)识别技术

磁条是一层薄薄的由定向排列的铁性强化粒子组成的磁性材料(也称为涂料),用树脂黏合剂将这些磁性粒子严密地黏合在一起,并黏合在诸如纸或者塑料这样的非磁性基片媒介上,就构成了磁卡或者磁条卡。磁卡属于磁记录介质卡片。

5. 接触式智能卡技术

智能卡是一种将具有处理能力、加密存储功能的集成电路芯片嵌装在一个与信用卡一样大小的基片中的信息存储技术,通过识读器接触芯片可以读取芯片中的信息。接触式智能卡的特点是具有独立的运算和存储功能,在无源情况下,数据也不会丢失,数据安全性和保密性都非常好,成本适中。智能卡与计算机系统相结合,可以方便地满足对各种各样信息的采集传送、加密和管理的需要,它在国内外的许多领域如银行、公路收费、水表煤气收费等得到了广泛应用。

6. 生物识别技术

生物识别技术是指利用可以测量的人体生物学或行为学特征识别、核实个人身份的一种自动识别技术。能够用来鉴别身份的生物特征应该具有以下特点:广泛性、唯一性、稳定性、可采集性。

7. 语音识别技术

语音识别技术是一种通过识别声音达到转换成文字信息的技术,其最大特点是不用手工录入信息,这对那些采集数据同时还要完成手脚并用的工作场合或键盘上打字能力低的人尤为适用。但声音识别的最大问题是识别率,要想连续地高效应用有难度,更适合语音句子量集中且反复应用的场合。

### 德国一家连锁超市全新付账方式——用指纹付账

在超市购物时,顾客最烦的就是排长队等候付款或者刷卡付账。为此,德国的一家连锁超市推出了一个全新的付账方式,顾客只要把手指放在扫描仪上就可以轻松走人,避免了找零钱或者刷卡的麻烦。

德国最大的零售商之一艾德卡连锁超市,从 2014 年 11 月起已经在德国西南部城市鲁尔兹海姆的连锁店推出了这一尝试,受到顾客的欢迎。该集团准备在全国各地的连锁店推行这一做法。顾客只要事先进行登记,将指纹、身份信息、银行卡号等资料输入超市的数据库,就可以享受这种便利。付账时,扫描仪将根据顾客的指纹输入计算机数据库进行检索,然后将他们的费用从银行卡里扣除。该超市的老板表示,这种付费方式很安全,因为人的指纹是没有重样的。

资料来源:中国一卡通网.

## 二、条码技术

在经济全球化、信息网络化、生活国际化、文化国土化的信息化社会到来之时,起源于20世纪40年代、研究于60年代、应用于70年代、普及于80年代的条码与条码技术,及各种应用系统,引起世界流通领域里的大变革正风靡世界。条码作为一种可印制的计算机语言,未来学家称之为“计算机文化”。20世纪90年代的国际流通领域将条码誉为商品进入国际市场的“身份证”,使全世界对它刮目相看。印刷在商品外包装上的条码,像一条条经济信息纽带将世界各地的生产制造商、出口商、批发商、零售商和顾客有机地联系在一起。

### (一)条码的基本概念

1. 代码

代码是一组用来表征客观事物的一个或一组有序的符号。

代码必须具备鉴别功能,即在一个分类编码标准中,一个代码只能唯一地标识一个分类对象,而一个分类对象也只能有一个唯一的代码。在不同的应用系统中,代码可以有含义,也可以无含义。前者表示一定的信息属性,如学科代码、学号03010618;无含义代码则只作为分类对象的唯一标识,只代表对象的名称,而不提供对象的任何其他信息。

2. 条码

条码是将宽度不等的多个黑条和空白,按照一定的编码规则排列,用以表达一组信息的图形标识符,如图2-1所示。常见的条码是由反射率相差很大的黑条(简称条)和白条(简称空)排成的平行线图案。条码可以标出物品的生产国、制造厂家、商品名称、生产日期、图书分类号、邮件起止地点、类别、日期等许多信息,因而在商品流通、图书管理、邮政管理、银行系统等许多领域都得到了广泛的应用。

图2-1 条码

3. 码制

条码的码制是指条码符号的类型,每种类型的条码符号都是由符合特定编码规则的条和空组合而成。每种码制都有固定的编码容量和所规定的条码字符集。如常用的一维条码码制包括:EAN条码、UPC条码、UCC/EAN-128条码、交叉25条码、39条码、93条码、库德巴条码等。

4. 条码系统

由条码符号设计、制作及扫描阅读组成的自动识别系统。条码系统主要由下列元素构成。

（1）条码编码方式。

（2）条码机。

（3）条码扫描器。

（4）编码器及解码器。

（5）应用界面。

5. 条码的基本术语

常用条码的基本术语如表 2-1 所示。

**表 2-1 常用条码的基本术语**

| | |
|---|---|
| 条(bar) | 条码中反射率较低的部分 |
| 空(space) | 条码中反射率较高的部分 |
| 空白区(clear area) | 条码左右两端外侧与空的反射率相同的限定区域 |
| 保护框(bearer bar) | 围绕条码且与条反射率相同的边或框 |
| 起始符(start character) | 位于条码起始位置的若干条与空 |
| 终止符(stop character) | 位于条码终止位置的条与空 |
| 中间分隔符(central seperating character) | 位于条码中间位置的若干条与空 |
| 条码字符(bar code character) | 表示一个字符的若干条与空 |
| 条码数据符(bar code data character) | 表示特定信息的条码字符 |
| 条码校验符(bar code check character) | 表示校验码的条码字符 |
| 供人识别字符(human read able character) | 位于条码符的下方，与相应的条码相对应的、用于供人识别的字符 |
| 条码填充符(filler character) | 不表示特定信息的条码字符 |
| 条高(bar height) | 构成条码字符的条的二维尺寸的纵向尺寸 |
| 条宽(bar width) | 构成条码字符的条的二维尺寸的横向尺寸 |
| 空宽(space width) | 构成条码字符的空的二维尺寸的横向尺寸 |
| 条宽比(bar width ratio) | 条码中最宽条与最窄条的宽度比 |
| 空宽比(space width ratio) | 条码中最宽空与最窄空的宽度比 |
| 条码长度(bar code length) | 从条码起始符前缘到终止后缘的长度 |
| 长高比(length to height ratio) | 条码长度与条高的比 |
| 条码密度(bar code density) | 单位长度的条码所表示的字符个数 |
| 对比度(print contrast signal) | 表示的是条码符号中条的反射率 RL 与空的反射率 RD 的关系 |
| 模块(module) | 组成条码的基本单位 |
| 条码字符间隔(bar code intrcharacte gap) | 相邻条码字符间不表示特定信息且与空的反射率相同的区域 |
| 单元(element) | 构成条码字符的条、空 |
| 连续型条码(continuos bar code) | 没有条码字符间隔的条码 |
| 非连续型条码(discrete bar code) | 有条码字符间隔的条码 |
| 双向条码(bidirectional bar code) | 左右两端均可作为扫描起点的条码 |
| 附加条码(add-on) | 表示附加信息的条码 |
| 自校验条码(self-checking bar code) | 条码字符本身具有校验功能的条码 |
| 定长条码(fixed length of bar code) | 条码字符个数固定的条码 |
| 非定长条码(unfixed length of bar code) | 条码字符个数不固定的条码 |
| 条码字符集(bar code character set) | 其类型条码所能表示的字符集合 |

6. 条码的特点

(1) 可靠性强。键盘输入数据出错率为1/300，利用光学字符识别技术出错率为万分之一，而采用条码技术误码率低于百万分之一。

(2) 效率高。条码的读取速度很快，相当于每秒40个字符。

(3) 成本低。与其他自动化识别技术相比较，条码技术仅仅需要一小张贴纸和相对构造简单的光学扫描仪，成本相当低廉。

(4) 易于制作。条码的编写很简单，制作也仅仅需要印刷，被称为“可印刷的计算机语言”。

(5) 易于操作。条码识别设备的构造简单，使用方便。

(6) 灵活实用。条码符号可以手工键盘输入，也可以和有关设备组成识别系统实现自动化识别，还可和其他控制设备联系实现整个系统的自动化管理。

7. 条码符号的组成

一个完整的条码的组成次序依次为：静区(前)、起始符、数据符、中间分割符(主要用于EAN码)、校验符、终止符、静区(后)。

静区：指条码左右两端外侧与空的反射率相同的限定区域，它能使阅读器进入准备阅读的状态，当两个条码相距距离较近时，静区则有助于对它们加以区分，静区的宽度通常应不小于6mm(或10倍模块宽度)。

起始符/终止符：指位于条码开始和结束的若干条与空，标志条码的开始和结束，同时，提供了码制识别信息和阅读方向的信息。

数据符：位于条码中间的条、空结构，它包含条码所表达的特定信息。

校验符：检验读取到的数据是否正确。不同编码规则可能会有不同的校验规则。

中间分割符：中间分割符位于条码中间位置的若干条与空。

### (二) 条码的编码原则和编码方案

1. 商品条码编码原则

1) 唯一性

唯一性是指商品项目与其标识代码一一对应，即一个商品项目只有一个代码，一个代码只标识同一商品项目。商品项目代码一旦确定，永不改变，即使该商品停止生产，停止供应了，在一段时间内(有些国家规定为3年)也不得将该代码分配给其他商品项目。

2) 无含义

无含义代码是指代码数字本身及其位置不表示商品的任何特定信息。平常说的“流水号”就是一种无含义代码。在EAN及UPC系统中，商品编码仅仅是一种识别商品的手段，而不是商品分类的手段。无含义使商品编码具有简单、灵活、可靠、充分利用代码容量、生命力强等优点，这种编码方法尤其适合于较大的商品系统。

3) 永久性

产品代码一经分配，就不再更改，并且是终身的。当此种产品不再生产时，其对应的产品代码只能搁置起来，不得重复启用再分配给其他的商品。

2. 条码的两种编码方案

1) 宽度调节编码法

宽度调节编码法是指条码符号由宽窄的条单元和空单元以及字符符号间隔组成，宽的条单元和空单元逻辑上表示“1”；窄的条单元和空单元逻辑上表示“0”，宽的条空单元和窄的条空单元可称为四种编码元素。如25码和交叉25码等采用宽度调节编码法。交叉25码是一种条、空均表示信息的连续型、非定长、具有自校验功能的双向条码。它的每一个条码数据符由5个单元组成，其中2个是宽单元(表示二进制的“1”)，3个窄单元(表示二进制的“0”)。图2-2是交叉25码的一个示例。

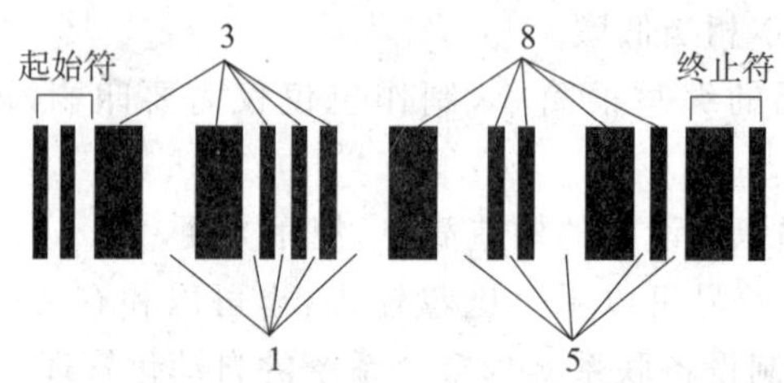


图2-2 交叉25码编码

2）模块组合法

一个标准宽度的条模块表示二进制的“1”，而一个标准宽度的空模块表示二进制的“0”。每一条码字符由2个条和2个空构成(各条和空的宽度不一)，每一条或空由1～4个模块组成，每一条码字符的总模块数为7，如图2-3所示。

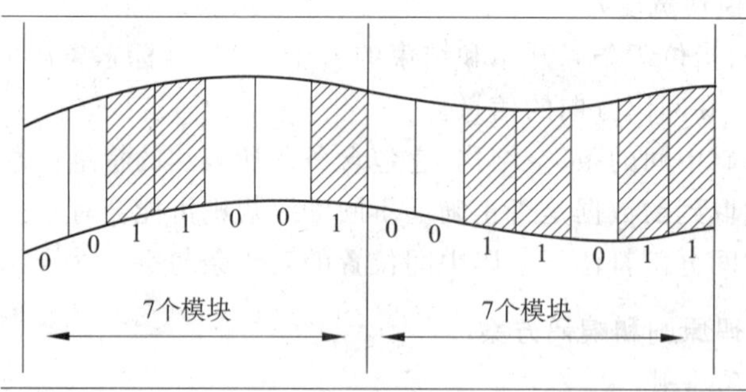


图2-3 模块组合法

### (三) 条码技术发展过程中的主要事件

1949年，美国的N. J. Woodland申请了环形条码专利。

1960年，美国提出铁路货车上用的条码识别标记方案。

1963年，美国的相关学者在1963年10月《控制工程》杂志上发表了描述各种条码技术的文章。

1967年，美国辛辛那提的一家超市首先使用条码扫描器。

1969年，比利时邮政业采用用荧光条码表示信函投递点的邮政编码。

1970年，美国成立UCC，美国邮政局采用长短形条码表示信函的邮政编码。

1971年，欧洲的一些图书馆采用Plessey码。

1972年，美国提出库德巴码、交叉25码和UPC码。

1974年，美国提出39码。

1977年，欧洲采用EAN码。

1980年，美国军事部门采纳39码作为其物品的编码。

1981 年，国际物品编码协会成立。实现自动识别的条码译码技术，128 码被推荐使用。

1982 年，手持式激光条码扫描器实用化，美国军用标准 military 标准 1189 被采纳，93 码开始使用。

1983 年，美国制定了 ANSI 标准 MH10.8M，包括交叉 25 码、39 码和 Codebar 码。

1984 年，美国制定医疗保健业用的条码标准。

1987 年，美国的 David Allairs 博士提出 49 码。

1988 年，可见激光二极管研制成功。美国的 Ted Willians 提出适合激光系统识读的新颖码制 16K 码。

1986 年，我国邮政确定采用条码信函分拣体制。

1988 年年底，我国成立“中国物品编码中心”。

1991 年 4 月，“中国物品编码中心”代表中国加入“国际物品编码协会”。

### （四）条码的分类

1. 条码按照维数分类

按照维数不同，条码可以分为一维条码和二维条码。

1）一维条码

一维条码只在一个方向（一般是水平方向）表达信息，而在垂直方向不表达任何信息，其一定的高度通常是为了便于阅读器的对准。一维条码（见图 2-4）由宽度不同、反射率不同的“条”和“空”，按照一定的编码规则（码制）编制而成，条码信息靠“条”和“空”的不同宽度和位置来传递，信息量的大小由条码的宽度和印刷的精度来决定，条码越宽，包容的“条”和“空”越多，信息量越大；条码的印刷精度越高，单位长度内可容纳的“条”和“空”越多，传递的信息量也就越大。

图 2-4　一维条码

编码中的“条”是指对光线反射率较低的部分；“空”是指对光线反射率较高的部分。这种用“条”和“空”组成的数据编码很容易译成二进制数，因为计算机只能识读二进制数据，所以条码符号作为一种为计算机信息处理而提供的光电扫描信息图形符号，也应满足计算机二进制的要求。

世界上大约有 225 种以上的一维条码，每种一维条码都有自己的一套编码规则，一般较流行的一维条码有 39 码、EAN 码、UPC 码、128 码，以及专门用于书刊管理的 ISBN、ISSN 等。

一维条码的应用可以提高信息录入的速度，减少差错率，但也存在一些不足之处。

（1）数据容量较小，30 个字符左右。

（2）只能包含字母和数字。

（3）保密性能不高。

（4）条码尺寸相对较大（空间利用率较低）。

（5）条码遭到损坏后便不能阅读。

2）二维条码

在水平和垂直方向的二维空间存储信息的条码称为二维条码。二维条码可以直接显示英文、中文、数字、符号、图形；储存数据容量大，可存放1千字节(KB)字符；可用扫描仪直接读取内容，无须另接数据库；数据可加密，保密性高；安全级别最高时，损污50%仍可读取完整信息。使用二维条码可以解决以下问题。

（1）表示包括汉字、照片、指纹、签字在内的小型数据文件。

（2）在有限的面积上表示大量信息。

（3）对“物品”进行精确描述。

（4）防止各种证件、卡片及单证的伪造。

（5）在远离数据库和不便联网的地方实现数据采集。

二维条码分为堆叠式/行排式二维条码和矩阵式二维条码。

堆叠式/行排式二维条码形态上是由多行短截的一维条码堆叠而成，它在编码设计、校验原理、识读方式等方面继承了一维条码的一些特点，识读设备与条码印刷与一维条码技术兼容。但由于行数的增加，需要对行进行判定，其译码算法与软件也不同于一维条码。有代表性的行排式二维条码有：Code 16K、Code 49、PDF417、MicroPDF417等。

矩阵式二维条码以矩阵的形式组成，在矩阵相应元素位置上用“点”表示二进制“1”，用“空”表示二进制“0”，由“点”和“空”的排列组成代码，其中点可以是方点、圆点或其他形状的点。矩阵式二维条码是建立在计算机图像处理技术、组合编码原理等基础上的一种新型图形符号自动识读处理码制。具有代表性的矩阵式二维条码有：Code One、MaxiCode、QR Code、Data Matrix、Han Xin Code等。

常用的码制有：PDF417二维条码、Data Matrix二维条码、QR Code、Code 49、Code 16K、Code One等条码，如图2-5所示。

图2-5 常用的二维条码

2. 条码按码制不同分类

目前常用的一维条码的码制有UPC码、EAN码、25码、交叉25码、39码、库德巴码、128码和93码等。商品上最常使用的是EAN码。

1）UPC码

UPC码(Universal Product Code)是美国统一代码委员会制定的一种商品用条码，主要

用于美国和加拿大，在美国进口的商品上可以看到。UPC码是最早大规模应用的条码，其特性是一种长度固定、连续性的条码，由于其应用范围广泛，故又被称为万用条码。UPC码仅可用来表示数字，其字码集为数字0～9。UPC码共有A、B、C、D、E五种版本，常用的商品条码版本为UPC-A码和UPC-E码如图2-6所示。UPC-A码是标准的UPC通用商品条码版本，UPC-E码为UPC-A的压缩版。

图2-6 UPC-A码和UPC-E码

UPC-A码供人识读的数字代码只有12位，它的代码结构由厂商识别代码(6位，包括系统字符1位)、商品项目代码(5位)和校验码(1位)三部分组成。UPC-A码的代码结构中没有前缀码，它的系统字符为1位数字，用以标识商品类别。

2) EAN码

1977年，欧洲经济共同体各国按照UPC码的标准制定了欧洲物品编码EAN码(European Article Numbering)，与UPC码兼容，而且两者具有相同的符号体系。EAN目前已成为一种国际性的条码系统。EAN条码系统的管理是由国际商品条码总会(International Article Numbering Association)负责各会员国的国家代表号码之分配与授权，再由各会员国的商品条码专责机构，对其国内的制造商、批发商、零售商等授予厂商代表号码。

EAN码的字符编号结构与UPC码相同，也是长度固定的、连续型的数字式码制，其字符集是数字0～9。它采用4种元素宽度，每个条或空是1、2、3或4倍单位元素宽度。EAN码有两种类型，即标准版EAN-13码和缩短版EAN-8码，如图2-7所示。

图2-7 EAN码

图2-8 25码

3) 25码(标准25码)

25码是根据宽度调节法进行编码，并且只有条表示信息的非连续型条码如图2-8所示。每一个条码字符由规则的5个条组成，其中有2个宽单元，3个是窄单元，故称为“25条码”。它的字符集为数字字符0～9。

4) 交叉25码

交叉25码(Interleaved Two of Five，ITF)是一种长度可变的连续型自校验数字式码制，其字符集为数字0～9，如图2-9所示。采用两种元素宽度，每个条和空是宽或窄元素。编码字符个数为偶数，所有奇数位置上的数据以“条”编码，偶数位置上的数据以“空”编码。如果字符个数为奇数时，则在数据前补一位0，以使字符为偶数个数位。交叉25码应用于商品批发、仓库、生产/包装识别、运输以及国际航空系统的机票顺序编号等，条码的识读率高，可适用于固定扫描器可靠扫描。

图 2-9　交叉 25 码

图 2-10　39 码

5）39 码

39 码（Code Three of Nine）是 1974 年由美国 Intermec 公司研制的第一个字母数字式码制，如图 2-10 所示。它是可双向扫描的离散型自校验字母数字式码制。其字符集为数字 0～9，26 个大写字母和 7 个特殊字符（“－”“、”、空格、“/”“＋”“%”和“＄”），共 43 个字符。每个字符由 9 个元素组成，其中有 5 个条（2 个宽条，3 个窄条）和 4 个空（1 个宽空，3 个窄空），是一种离散码。

在 39 码供人识别的字符中，以星号“＊”表示起始字符和终止字符，该字符不能在符号的其他位置作为数据的一部分，而且译码器不应将它输出。39 码是离散码，符号之间的两个相邻字符用一个位空分隔开，此位空不包含任何信息。

39 码具有误读率低等优点，首先被应用于美国国防部，目前广泛应用于汽车行业、经济管理、材料管理、储运单位、邮政和医疗卫生等领域。我国于 1991 年研究制定了 39 码标准（GB/T 12908—1991），推荐使用的领域包含运输、仓储、工业生产线、图书信息和医疗卫生等。

6）库德巴码

图 2-11　库德巴码

库德巴码（Code Bar）出现于 1972 年，是一种非连续型、非定长、具有自校验功能的双向条码，如图 2-11所示。其字符集为数字 0～9 和 6 个特殊字符（“－”“：”“/”“．”“＋”“＄”），共 16 个字符。库德巴码每一个字符由 7 个单元构成，4 个条单元和 3 个空单元，其中 2 个或 3 个是宽单元（用二进制“1”表示），其余是窄单元（用二进制“0”表示）。库德巴条码具有双向可读性，在阅读库德巴条码符号时，扫描方向的判定是通过终止符和起始符实现的。库德巴条码是一种具有强自校验功能的条码，适用于配送系统的货物追踪、供应链管理过程中的显示板系统（丰田生产模式的“看板”）、邮电系统挂号邮件、图书馆图书管理、医疗卫生等场合。美国输血协会还将库德巴码规定为血袋标识代码，我国于 1991 年研制了库德巴码国家标准（GB/T 12907—1991）。

7）128 码

128 码出现于 1981 年，是一种长度可变、连续型的字母数字条码，如图 2-12 所示。与其他一维条码比较起来，128 码是较为复杂的条码系统，具有 A、B、C 三种不同的编码类型，可提供标准 ASCII 中 128 个字符的编码使用。因此，其所能支持的字符也相对比其他一维条码多，又有不同的编码方式可供交互运用，使用弹性较大。128 码的内容包括起始码、资料码、终止码、检查码四部分。其中检查码的精度极高，且记录密度高。128 码可表示从 ASCII 0 到 ASCII 127 共 128 个字符，故称 128 码。

图 2-12　EAN/UCC-128 码

目前所推行的 128 码是 EAN/UCC-128 码，它是以 EAN/UCC-128 码作为标准将数据转变成条码符号，并采用 128 码逻辑，具有完整性、紧密性、连接性和高可靠度的特性。可运用于货运标签、携带式数据库、连续性数据段、流通配送标签等。

8) 93 码

93 码是一种长度可变的连续型字母数字式码制，如图 2-13 所示。其字符集是数字 0～9、26 个英文大写字母和 7 个特殊字符（“－”“：”“/”“．”“%”“＋”“＄”）及 4 个控制字符。每个字符有3 个“条”和 3 个“空”。

图 2-13　93 码

**（五）条码识别技术工作原理**

在计算机技术与信息技术基础上发展起来的条码技术，集编码、印刷、识别、数据采集和处理于一身，其核心内容是利用光电扫描设备识读条码符号，从而实现机器的自动识别，并快速准确地将信息录入计算机进行数据处理，以达到自动化管理的目的。

1. 条码识读系统的组成

从系统结构和功能讲，条码识读系统由扫描系统、信号整形、译码等部分组成。扫描系统由光学系统及探测器，即光电转换器件组成，它完成对条码符号的光学扫描，并通过光电探测器，将条码图案的光信号转换成电信号。条码扫描系统可采取不同光源、扫描形式、光路设计实现其功能，如图 2-14 所示。

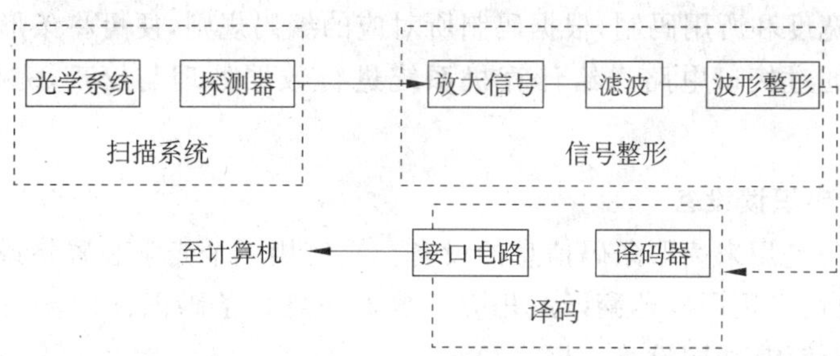


图 2-14　系统结构

信号整形部分由信号放大、滤波、波形整形组成，它的功能在于将条码的光电扫描信号处理成为标准电位的矩形波信号，其高低电平的宽度和条码符号的条空尺寸相对应。各种条码识读设备都有自己的条码信号处理方法，随着条码识读设备的发展，判断条码符号条空边界的信号整形方法日趋科学、合理和准确。

译码部分由计算机方面的软、硬件组成，它的功能是对得到的条码矩形波信号进行译码，并将结果输出到条码应用系统中的数据采集终端。各种条码符号的标准译码算法来自于各个条码符号的标准，不同的扫描方式对译码器的性能要求也不同。

2. 条码识读原理

由于不同颜色的物体，其反射的可见光的波长不同，白色物体能反射各种波长的可见光，黑色物体则吸收各种波长的可见光，所以当条码扫描器光源发出的光经光栅及凸透镜1后，照射到黑白相间的条码上时，反射光经凸透镜2聚焦后，照射到光电转换器上，于是光电转换器接收到与白条和黑条相应的强弱不同的反射光信号，并转换成相应的电信号输出到放大整形电路，整形电路把模拟信号转化成数字电信号，再经译码接口电路译成数字字符信息，如图2-15所示。

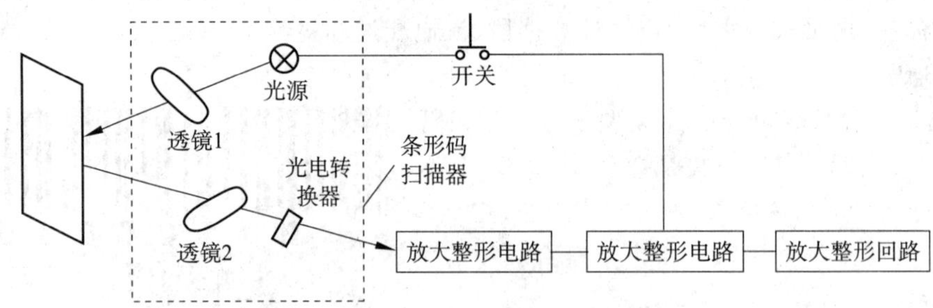


图2-15 所示条码的识别过程

白条、黑条的宽度不同，相应的电信号持续时间长短也不同。但是，由光电转换器输出的与条码的条和空相应的电信号一般仅10毫伏(mV)左右，不能直接使用，因而先要将光电转换器输出的电信号送放大器放大。放大后的电信号仍然是一个模拟电信号，为了避免由条码中的疵点和污点导致错误信号，在放大电路后需加一整形电路，把模拟信号转换成数字电信号，以便计算机系统准确判读。

整形电路的脉冲数字信号经译码器译成数字、字符信息。它通过识别起始、终止字符判别出条码符号的码制及扫描方向；通过测量脉冲数字电信号0、1的数目判别条和空的数目。通过测量0、1信号持续的时间判别条和空的宽度。这样便得到被辨读的条码符号的条和空的数目及相应的宽度和所用码制，根据码制所对应的编码规则，便可将条形符号换成相应的数字、字符信息，通过接口电路送给计算机系统进行数据处理与管理，完成条码辨读的全过程。

## （六）常见条码识读设备

条码识读设备是用来读取条码信息的设备。它使用一个光学装置将条码的条空信息转换成电平信息，再由专用译码器翻译成相应的数据信息。条码识读设备一般不需要驱动程序，接上后可直接使用，如同键盘一样。

条码识别设备由条码扫描和译码两部分组成。现在绝大部分条码识读器都将扫描器和译码器集成为一体。人们根据不同的用途和需要设计了各种类型的扫描器。下面按条码识读器的扫描方式、操作方式、识读码制能力和扫描方向对各类条码识读器进行分类。

1. 光笔扫描器

光笔扫描器是最先出现的一种手持接触式条码识读设备，也是最为经济的一种条码识读设备，如图2-16所示。

原理：使用时，操作者须将光笔接触到条码表面，通过光笔的镜头发出一个很小的光点，当这个光点从左到右划过条码时，在“空”部分，光线被反射，“条”的部分，光线将被吸收，因在光笔内部产生一个变化的电压，这个电压通过放大、整形后用于译码。

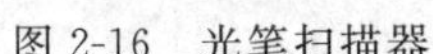

图 2-16　光笔扫描器

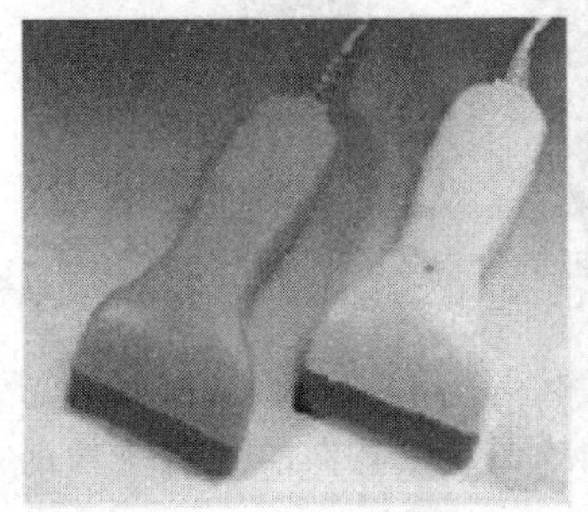
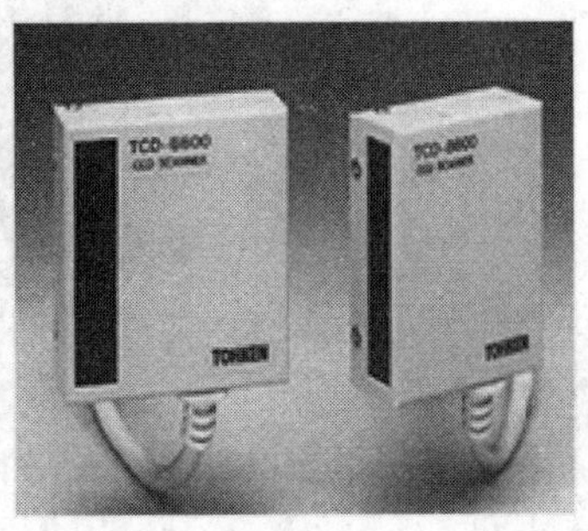


图 2-17　CCD 扫描器

2. CCD 扫描器

CCD 扫描器主要采用 CCD(Charge Coupled Device)——电荷耦合装置，比较适合近距离和非接触阅读。依据形状和操作方式不同有手持式 CCD 扫描器和固定式 CCD 扫描器两种类型，如图 2-17 所示。这两种扫描器的扫描机理和主要元器件完全相同。

原理：CCD 条码识读设备使用一个或多个 LED，发出的光线能够覆盖整个条码，条码的图像被传到一排光探测器上，被每个单独的光电二极管采样，由邻近的探测器的探测结果为“黑”或“白”区分每一个条或空，从而确定条码的字符；换而言之，CCD 条码识读设备阅读的不是每一个“条”或“空”，而是条码的整个部分，并转换成可以译码的电信号。

3. 激光扫描器

激光扫描器是各种扫描器中价格相对较高的，但它所能提供的各项功能指标最高，因此在各个行业被广泛采用。依据形状和操作方式的不同，激光扫描器分为手持式与固定式两种类型，如图 2-18 所示。

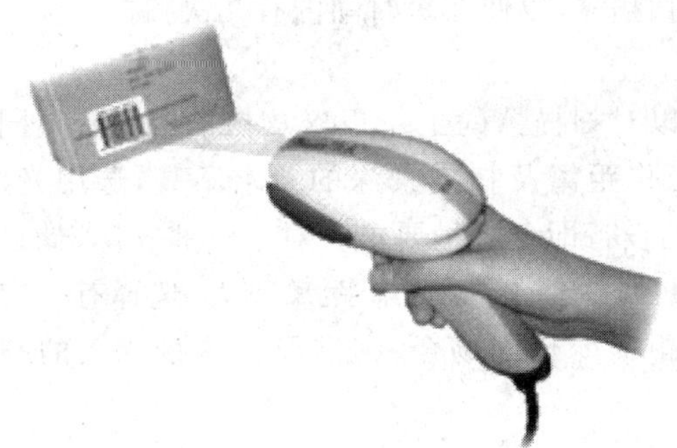
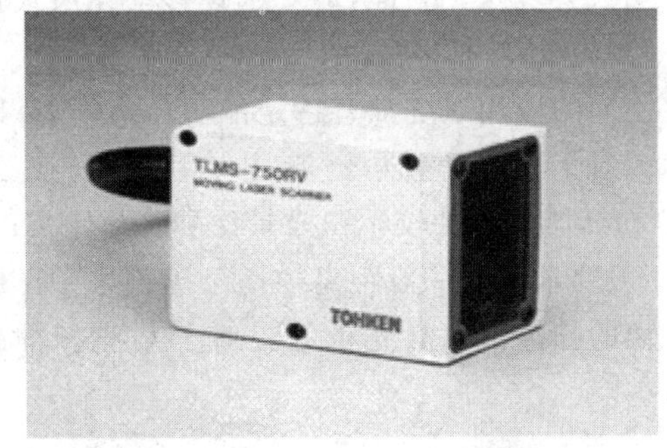


图 2-18　激光扫描器

原理：激光扫描仪通过一个激光二极管发出一束光线，照射到一个旋转的棱镜或来回摆动的镜子上，反射后的光线穿过阅读窗照射到条码表面，光线经过条或空的反射后返回阅读器，由一个镜子进行采集、聚焦，通过光电转换器转换成电信号，该信号将通过扫描器或终端上的译码软件进行译码。

4. 便携式数据采集器

便携式数据采集器是为了适应现场数据采集，如扫描笨重物体的条码符号而设计的，适合于脱机使用的场合，也称为便携式阅读器，如图 2-19 所示。

CASIO DT-X5　　CASIO DT-X900　　SYMBOL PPT8864

图 2-19　便携式数据采集器

便携式数据采集器是将扫描器带到物体的条码符号前扫描，因此又称为手持终端机或盘点机。

5. 条码识读设备的选择

不同的应用场合对识读设备有不同的要求，用户必须综合考虑，以达到最佳的应用效果。在选择识读设备时，应考虑以下几个方面。

1）与条码符号相匹配

条码扫描器的识读对象是条码符号，所以在条码符号的密度、尺寸等已确定的应用系统中，必须考虑扫描器与条码符号的匹配问题。例如，对于高密度条码符号，必须选择高分辨率的扫描器。当条码符号的长度尺寸较大时，必须考虑扫描器的最大扫描尺寸，否则可能出现无法识读的现象；如果条码符号是彩色的，一定得考虑扫描器的光源，最好选用波长为 633 纳米(nm)的红光，否则可能出现对比度不足的问题而给识读带来困难。

2）首读率

首读率是条码应用系统的一个综合指标，要提高首读率，除了提高条码符号的质量外，还要考虑扫描设备的扫描方式等因素。当手动操作时，首读率并非特别重要，因为重复扫描会补偿首读率低的缺点。但对于一些无人操作的应用环境，要求首读率为 100%，否则会出现数据丢失现象。为此，最好选择移动光束式扫描器，以便在短时间内有几次扫描机会。

3）工作空间

不同的应用系统都有特定的工作空间，所以对扫描器的工作距离及扫描景深有不同的要求。对于一些日常办公条码应用系统，对工作距离及扫描景深的要求不高，选用光笔、CCD 扫描器这两种较小扫描景深和工作距离的设备即可满足要求。对于一些仓库、储运系统，一般要求离开一段距离扫描条码符号，所以要求扫描器的工作距离较大，选择有一定工作距离的扫描器如激光枪等。对于某些扫描距离变化的场合，则需要扫描景深大的扫描设备。

4）接口要求

应用系统的开发，首先是确定硬件系统环境，而后才涉及条码识读器的选择问题，这就要求所选识读器的接口要符合该系统的整体要求。通用条码识读器的接口方式有串行通信口和键盘口两种。

5）性价比

条码识读器由于品牌不同、功能不同，其价格也存在很大的差别，因此我们在选择识读器时，一定要注意产品的性能价格比，应本着满足应用系统的要求且价格较低的原则选购。扫描设备的选择不能只考虑单一指标，而应根据实际情况全面考虑。

## 三、GS1 系统

GS1(Globe Standard 1)系统即“全球统一标识系统”是以对贸易项目、物流单元、位置、资产、服务关系等进行编码为核心的集条码、射频等自动数据采集、电子数据交换、全球产品分类、全球数据同步、产品电子代码(EPC)等系统为一体的、服务于全球物流供应链的开放的标准体系。

GS1 拥有一套全球跨行业的产品、运输单元、资产、位置和服务的标识标准体系和信息交换标准体系,使产品在全世界都能够被扫描和识读;GS1 的全球数据同步网络(GD-SN)确保全球贸易伙伴都使用正确的产品信息;GS1 通过电子产品代码(EPC)、射频识别(RFID)技术标准提供更高的供应链运营效率;GS1 可追溯解决方案,帮助企业遵守国际的有关食品安全法规,实现食品消费安全。

### (一) GS1(EAN·UCC)系统的建立

GS1 系统起源于美国,由美国统一代码委员会(UCC,2005 年更名为 GS1 US)于 1973 年创建。UCC 创造性地采用 12 位的数字标识代码(UPC)。1974 年,标识代码和条码首次在开放的贸易中得以应用。继 UPC 系统成功之后,欧洲物品编码协会,即早期的国际物品编码协会(EAN International,2005 年更名为 GS1),于 1977 年成立并开发了与之兼容的系统并在北美以外的地区使用。EAN 系统设计意在兼容 UCC 系统,主要用 13 位数字编码。随着条码与数据结构的确定,GS1 系统得以快速发展。

1. 美国统一代码委员会(Uniform Code Council,UCC)

UCC 是一个国际标准化组织,UCC 是负责开发和维护北美地区包括产品标识标准在内的国际标准化组织,创建于 1972 年。2002 年年底已拥有系统成员 26 万家,推广 UPC 商品条码是它的一项业务。目前,UCC 正在面向 23 个行业开展活动,主要对象是零售及食品行业。

2. 欧洲物品编码协会(European Article Numbering Association,EAN)

欧洲物品编码协会(EAN)是不以营利为目的国际标准化组织。1977 年,欧洲共同体开发出与 UPC 系统兼容的欧洲物品编码系统(European Article Numbering System),简称 EAN 系统,并签署了欧洲物品编码协议备忘录,正式成立了欧洲物品编码协会(European Article Numbering Association),简称 EAN。1981 年,随着协会成员的不断增加,EAN 组织已发展成为一个事实上的国际性组织,改称为“国际物品编码协会”(International Article Numbering Association),简称 EAN International。2002 年 11 月 26 日 EAN 正式接纳 UCC 成为系统成员,EAN 和 UCC 合并为一个全球统一的标识系统——EAN·UCC 系统,2005 年 2 月,EAN 和 UCC 正式合并更名为 GS1。

### (二) 编码体系和代码结构

1. 编码体系

编码体系是整个 GS1 系统的核心,是对流通领域中所有的产品与服务(包括贸易项目、物流单元、资产、位置和服务关系等)的标识代码及附加属性代码,如图 2-20 所示。附加属性代码不能脱离标识代码独立存在。

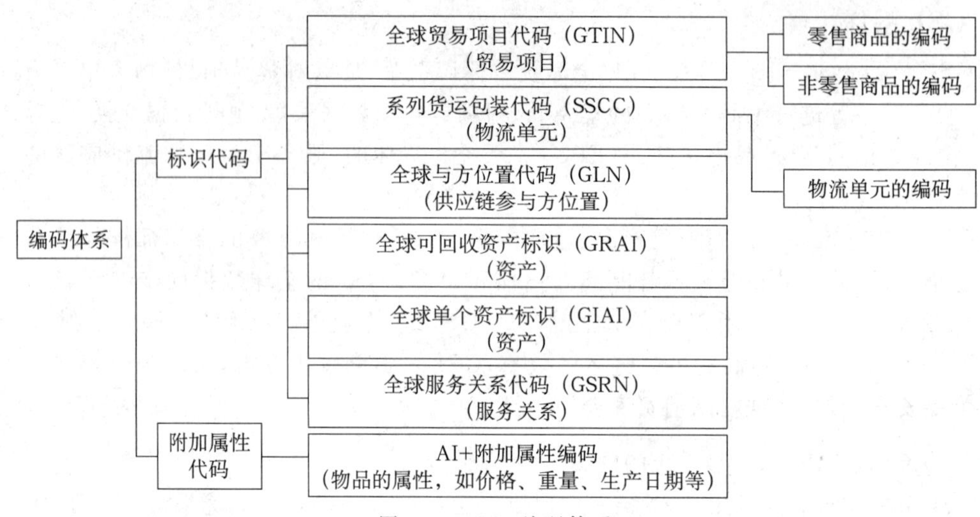


图 2-20　GS1 编码体系

2. 代码结构

1）全球贸易项目代码(GTIN)

全球贸易项目代码(Global Trade Item Number,GTIN)是编码系统中应用最广泛的标识代码。GTIN 是为全球贸易项目提供唯一标识的一种代码(称代码结构)。GTIN 有四种不同的编码结构:GTIN-13、GTIN-14、GTIN-8 和 GTIN-12,如图 2-21 所示。这四种结构可以对不同包装形态的商品进行唯一编码。标识代码无论应用在哪个领域的贸易项目上,每一个标识代码必须以整体方式使用。完整的标识代码可以保证在相关的应用领域内全球唯一。

GTIN-14 代码结构

| 包装指示符 | 包装内含项目的 GTIN(不含校验码) | 检验码 |
|---|---|---|
| $N_1$ | $N_2$ $N_3$ $N_4$ $N_5$ $N_6$ $N_7$ $N_8$ $N_9$ $N_{10}$ $N_{11}$ $N_{12}$ $N_{13}$ | $N_{14}$ |

GTIN-13 代码结构

| 厂商识别代码　　商品项目代码 | 检验码 |
|---|---|
| $N_1$ $N_2$ $N_3$ $N_4$ $N_5$ $N_6$ $N_7$ $N_8$ $N_9$ $N_{10}$ $N_{11}$ $N_{12}$ | $N_{13}$ |

GTIN-12 代码结构

| 厂商识别代码　　商品项目代码 | 检验码 |
|---|---|
| $N_1$ $N_2$ $N_3$ $N_4$ $N_5$ $N_6$ $N_7$ $N_8$ $N_9$ $N_{10}$ $N_{11}$ | $N_{12}$ |

GTIN-8 代码结构

| 商品项目识别代码 | 校验码 |
|---|---|
| $N_1$ $N_2$ $N_3$ $N_4$ $N_5$ $N_6$ $N_7$ | $N_8$ |

图 2-21　GTIN 的四种代码结构

对贸易项目进行编码和符号表示,能够实现商品零售(POS)、进货、存补货、销售分析及其他业务运作的自动化。

2）系列货运包装箱代码(SSCC)

系列货运包装箱代码(Serial Shipping Container Code,SSCC)的代码结构如表 2-2 所示。系列货运包装箱代码是为物流单元(运输和/或储藏)提供唯一标识的代码,具有全球唯一性。

物流单元标识代码由扩展位、厂商识别代码、系列号和校验码四部分组成，是18位的数字代码。它采用UCC/EAN-128条码符号表示。结构种类扩展位厂商识别代码系列号校验码。

表 2-2 SSCC 代码结构

| 结构种类 | 扩展位 | 厂商识别代码 | 系列号 | 校验码 |
|---|---|---|---|---|
| 结构一 | $N_1$ | $N_2 N_3 N_4 N_5 N_6 N_7 N_8$ | $N_2 N_3 N_4 N_5 N_6 N_7 N_8 N_9 N_{10} N_{11} N_{12} N_{13} N_{14} N_{15} N_{16} N_{17}$ | $N_{18}$ |
| 结构二 | $N_1$ | $N_2 N_3 N_4 N_5 N_6 N_7 N_8 N_9$ | $N_{10} N_{11} N_{12} N_{13} N_{14} N_{15} N_{16} N_{17}$ | $N_{18}$ |
| 结构三 | $N_1$ | $N_2 N_3 N_4 N_5 N_6 N_7 N_8 N_9 N_{10}$ | $N_{11} N_{12} N_{13} N_{14} N_{15} N_{16} N_{17}$ | $N_{18}$ |
| 结构四 | $N_1$ | $N_2 N_3 N_4 N_5 N_6 N_7 N_8 N_9 N_{10} N_{11}$ | $N_{12} N_{13} N_{14} N_{15} N_{16} N_{17}$ | $N_{18}$ |

3）参与方位置代码(GLN)

参与方位置代码(Global Location Number,GLN)是对参与供应链等活动的法律实体、功能实体和物理实体进行唯一标识的代码。参与方位置代码由厂商识别代码、位置参考代码和校验码组成，用13位数字表示，具体结构如表2-3所示。

表 2-3 参与方位置代码结构

| 结构种类 | 厂商识别代码 | 位置参考代码 | 校验码 |
|---|---|---|---|
| 结构一 | $N_1 N_2 N_3 N_4 N_5 N_6 N_7$ | $N_8 N_9 N_{10} N_{11} N_{12}$ | $N_{13}$ |
| 结构二 | $N_1 N_2 N_3 N_4 N_5 N_6 N_7 N_8$ | $N_9 N_{10} N_{11} N_{12}$ | $N_{13}$ |
| 结构三 | $N_1 N_2 N_3 N_4 N_5 N_6 N_7 N_8 N_9$ | $N_{10} N_{11} N_{12}$ | $N_{13}$ |

法律实体是指合法存在的机构，例如，供应商、客户、银行、承运商等。

功能实体是指法律实体内的具体的部门，例如，某公司的财务部。

物理实体是指具体的位置，例如，建筑物的某个房间、仓库或仓库的某个门、交货地等。

3. 编码原则

企业在对商品进行编码时，必须遵守编码唯一性、稳定性及无含义性原则。

1）唯一性

唯一性原则是商品编码的基本原则。它是指相同的商品应分配相同的商品代码，基本特征相同的商品视为相同的商品；不同的商品必须分配不同的商品代码。基本特征不同的商品视为不同的商品。

2）稳定性

稳定性原则是指商品标识代码一旦分配，只要商品的基本特征没有发生变化，就应保持不变。同一商品无论是长期连续生产还是间断式生产，都必须采用相同的商品代码。即使该商品停止生产，其代码也应至少在4年之内不能用于其他商品上。

3）无含义性

无含义性原则是指商品代码中的每一位数字不表示任何与商品有关的特定信息。有含义的代码通常会导致编码容量的损失。厂商在编制商品代码时，最好使用无含义的流水号。

对于一些商品，在流通过程中可能需要了解它的附加信息，如生产日期、有效期、批号及数量等，此时可采用应用标识符(AI)满足附加信息的标注要求。应用标识符由2～4位数字组成，用于标识其后数据的含义和格式。

## 四、常用的一维物流条码

国际上通用的和公认的物流条码码制只有三种：ITF-14条码、UCC/EAN-128条码及

EAN-13 条码。选用条码时，要根据货物的不同和商品包装的不同，采用不同的条码码制。单个大件商品，如电视机、电冰箱、洗衣机等商品的包装箱往往采用 EAN-13 条码。储运包装箱常常采用 ITF-14 条码或 UCC/EAN-128 应用标识条码，包装箱内可以是单一商品，也可以是不同的商品或多件商品的小包装。

### （一）EAN-13 码

EAN 码是国际物品编码协会在全球推广应用的一种商品条码，是定长的纯数字型条码，它表示的字符集为数字 0～9。在实际应用中，EAN 码符号有标准版（EAN-13）和缩短版（EAN-8）两种。

1. EAN-13 码的结构

一个完整的 EAN-13 码的结构（见图 2-22）的组成次序依次为：静区（前）、起始符、数据符、中间分割符（主要用于 EAN 码）、校验符、终止符、静区（后）。

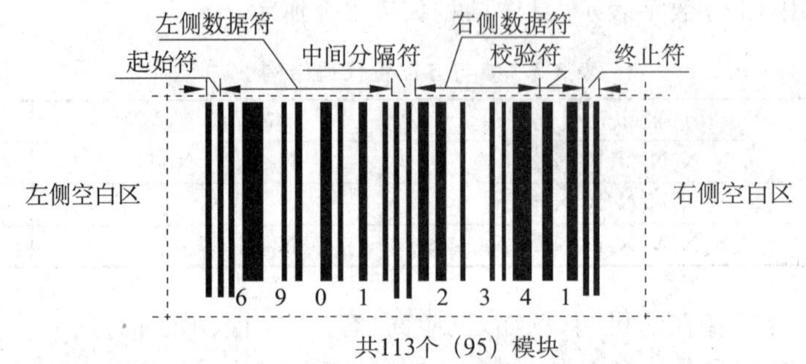


| 左侧空白区 | 起始符 | 左侧数据符 | 中间分隔符 | 右侧数据符 | 校验符 | 终止符 | 右侧空白区 |
|---|---|---|---|---|---|---|---|
| 11 | 3 | 42 | 5 | 35 | 7 | 3 | 7 |

图 2-22　EAN-13 码的结构

(1) 左侧空白区：位于条码符号最左侧的与空的反射率相同的区域，它能使阅读器进入准备阅读的状态，其最小宽度为 11 个模块宽。

(2) 起始符：位于条码符号左侧空白区的右侧，表示信息开始的特殊符号，由 3 个模块组成。

(3) 左侧数据符：位于起始符号右侧，是平分字符的特殊符号，由 5 个模块组成。

(4) 中间分隔符：位于左侧数据符的右侧，是平分条码字符的特殊符号，由 5 个模块组成。

(5) 右侧数据符：位于中间分隔符右侧，表示 5 位数字信息的一组条码字符，由 35 个模块组成。

(6) 校验符：位于右侧数据符的右侧，表示校验码的条码字符，由 7 个模块组成。

(7) 终止符：位于条码符号校验符的右侧，表示信息结束的特殊符号，由 3 个模块组成。

(8) 右侧空白区：位于条码符号最右侧的与空的反射率相同的区域，其最小宽度为 7 个模块宽。

(9) 供人识别字符：位于条码符号的下方，是与条码字符相对应的供人识别的 13 位数字，最左边一位称前置码。供人识别字符优先选用 OCR-B 字符集，字符顶部和条码底部的最小距离为0.5个模块宽。标准版商品条码中的前置码印制在条码符号起始符的左侧。

目前，EAN已将690～695分配给中国的物品编码中心使用，当($X_{13}$ $X_{12}$ $X_{11}$)为690、691时，其代码结构同结构一；当($X_{13}$ $X_{12}$ $X_{11}$)为692时，其代码结构同结构二。其结构如表2-4所示。

**表2-4　EAN-13码的结构**

| 结构种类 | 厂商识别代码 | 商品项目代码 | 校验码 |
|---|---|---|---|
| 结构一 | $X_{13}$ $X_{12}$ $X_{11}$ $X_{10}$ $X_9$ $X_8$ $X_7$ | $X_6$ $X_5$ $X_4$ $X_3$ $X_2$ | $X_1$ |
| 结构二 | $X_{13}$ $X_{12}$ $X_{11}$ $X_{10}$ $X_9$ $X_8$ $X_7$ $X_6$ | $X_5$ $X_4$ $X_3$ $X_2$ | $X_1$ |
| 结构三 | $X_{13}$ $X_{12}$ $X_{11}$ $X_{10}$ $X_9$ $X_8$ $X_7$ $X_6$ $X_5$ | $X_4$ $X_3$ $X_2$ | $X_1$ |

厂商识别代码：由8～9个数字组成，用于对厂商的唯一标识。厂商识别代码是EAN在分配前缀码($X_{13}$ $X_{12}$ $X_{11}$)的基础上分配给厂商的代码。前缀码($X_{13}$ $X_{12}$ $X_{11}$)是标识各编码组织所在国家或地区的代码，由国际物品编码协会统一分配，确保了其在国际范围内的唯一性。部分编码组织的前缀码如表2-5所示。

**表2-5　部分编码组织的前缀码一览**

| 前缀码 | 编码组织所在国家和地区 | 前缀码 | 编码组织所在国家和地区 |
|---|---|---|---|
| 00～13 | 美国和加拿大 | 628 | 沙特阿拉伯 |
| 20～29 | 店内码 | 629 | 阿拉伯联合酋长国 |
| 30～37 | 法国 | 64 | 芬兰 |
| 380 | 保加利亚 | 690～695 | 中国 |
| 383 | 斯洛文尼亚 | 70 | 挪威 |
| 385 | 克罗地亚 | 729 | 以色列 |
| 387 | 波黑 | 73 | 瑞典 |
| 40～44 | 德国 | 740 | 危地马拉 |
| 45～49 | 日本 | 741 | 萨尔瓦多 |
| 460～469 | 俄罗斯 | 742 | 洪都拉斯 |
| 471 | 中国台湾 | 743 | 尼加拉瓜 |
| 474 | 爱沙尼亚 | 744 | 哥斯达黎加 |
| 475 | 拉脱维亚 | 745 | 巴拿马 |
| 476 | 阿塞拜疆 | 746 | 多米尼加 |
| 477 | 立陶宛 | 750 | 墨西哥 |
| 478 | 乌兹别克斯坦 | 759 | 委内瑞拉 |
| 621 | 叙利亚 | 977 | 连续出版物 |
| 622 | 埃及 | 978、979 | 图书 |
| 624 | 利比亚 | 980 | 应收票据 |
| 625 | 约旦 | 981、982 | 普通流通券 |
| 262 | 伊朗 | 99 | 优惠券 |

商品项目代码：由3～4个数字组成，商品项目代码由厂商自行编码，厂商必须遵循商品编码的基本原则唯一性（即对同一商品项目的商品应分配相同的商品标识代码）和无含义性（即商品项目代码中的每一位数字不表示任何与商品有关的特定信息）。

校验码:1 位数字,用于检验厂商识别代码和商品项目代码的正确性。

2. EAN-13 码的编码方式

1) 字符集

EAN-13 在内的商品条码,每一条码数据字符由 2 个条和 2 个空构成,每一条或空由 1～4 个模块组成,每一条码字符的总模块数为 7。用二进制 1 表示条的模块,用二进制 0 表示空的模块。

商品条码可表示 10 个数字字符:0～9。

2) 条码的二进制表示

条码的二进制表示方法有三个子集:A、B 和 C,如表 2-6 所示。

**表 2-6 条码的二进制表示子集**

| 数据字符 | A 子集 | B 子集 | C 子集 |
|---|---|---|---|
| 0 | 0001101 | 0100111 | 1110010 |
| 1 | 0011001 | 0110011 | 1100110 |
| 2 | 0010011 | 0011011 | 1101100 |
| 3 | 0111101 | 0100001 | 1000010 |
| 4 | 0100011 | 0011101 | 1011100 |
| 5 | 0110001 | 0111001 | 1001110 |
| 6 | 0101111 | 0000101 | 1010000 |
| 7 | 0111011 | 0010001 | 1000100 |
| 8 | 0110111 | 0001001 | 1001000 |
| 9 | 0001011 | 0010111 | 1110100 |

注:0 为空白;1 为线条。

A 子集中条码字符所包含的条的模块的个数为奇数,称为奇排列;B、C 子集中条码字符所包含的条的模块的个数为偶数,称为偶排列。A 子集与 C 子集互为反相,B 子集与 C 子集互为镜像。

EAN-13 商品条码中的前置码不用条码字符表示,不包括在左侧数据符内,如图 2-23 所示。

图 2-23 EAN-13 商品条码字符

(1) 前置码:为 EAN-13 的最左边第一个数字,即国家代码的第一码,不用条码符号表示,仅作为左资料码的编码设定之用,如表 2-7 所示。

**表 2-7 EAN-13 的前置码**

| 前置码 | 编码方式 | 前置码 | 编码方式 |
|---|---|---|---|
| 1 | AAAAAA | 6 | ABBBAA |
| 2 | AABABB | 7 | ABABAB |
| 3 | AABBAB | 8 | ABABBA |
| 4 | ABAABB | 9 | ABBABA |
| 5 | ABBAAB | — | — |

(2) 商品条码的辅助字符：商品条码起始符、终止符的二进制表示都为 101(UPC-E 的终止符例外)，中间分隔符的二进制表示为 01010(UPC-E 的无中间分隔符)。

(3) EAN-13 商品条码字符集的选用：选用 A 子集还是 B 子集表示左侧数据符取决于前置码的数值。左侧数据符字符集的选用规则如表 2-8 所示。

**表 2-8　A 子集还是 B 子集表示左侧数据符的选择**

| 代码位置序号 / 前置码数值 | 12 | 11 | 10 | 9 | 8 | 7 |
|---|---|---|---|---|---|---|
| 0 | A | A | A | A | A | A |
| 1 | A | A | B | A | B | B |
| 2 | A | A | B | B | A | B |
| 3 | A | A | B | B | B | A |
| 4 | A | B | A | A | B | B |
| 5 | A | B | B | A | A | B |
| 6 | A | B | B | B | A | A |
| 7 | A | B | A | B | A | B |
| 8 | A | B | A | B | B | A |
| 9 | A | B | B | A | B | A |

(4) EAN-13 条码的校验符：EAN-13 商品条码中的校验符用字符集中的 C 子集表示，校验符的作用是检验前面 12 个数字是否正确，在条码机每次读入数据时，都会计算一次数据符的校验并与校验符进行比对。校验码是根据条码字符的数值及其所处的代码位置序号(代码位置序号是指包括校验码在内的，由右至左的顺序号，校验码的代码位置序号为 1)按一定的数学算法计算得出的。计算的步骤如下：

① 从代码位置序号 2 开始，所有偶数位的数字代码求和。

② 将步骤①的和乘以 3。

③ 从代码位置序号 3 开始，所有奇数位的数字代码求和。

④ 将步骤②与步骤③的结果相加。

⑤ 用大于或等于步骤④所得结果且为 10 最小整数倍的数减去步骤④所得结果，其差即为所求校验码的值。

**示例**

例如，690123456789。

690 表示国家代码：中华人民共和国。

1234 表示生产商代码。

56789 表示产品代码。

校验码：代码 690123456789X1 校验码的计算如表 2-9 所示。

表 2-9 校验码的计算

| 步　骤 | 举例说明 | | | | | | | | | | | | | |
|---|---|---|---|---|---|---|---|---|---|---|---|---|---|---|
| 1. 自右向左顺序编号 | 位置序号 | 13 | 12 | 11 | 10 | 9 | 8 | 7 | 6 | 5 | 4 | 3 | 2 | 1 |
| | 代码 | 6 | 9 | 0 | 1 | 2 | 3 | 4 | 5 | 6 | 7 | 8 | 9 | X |
| 2. 从序号 2 开始求出偶数位上数字之和① | 9+7+5+3+1+9=34 ① | | | | | | | | | | | | | |
| 3. ①×3=② | 34×3=102 ② | | | | | | | | | | | | | |
| 4. 从序号 3 开始求出奇数位上数字之和③ | 8+6+4+2+0+6=26 ③ | | | | | | | | | | | | | |
| 5. ②+③=④ | 102+26=128 ④ | | | | | | | | | | | | | |
| 6. 用大于或等于结果④且为 10 最小整数倍的数减去④,其差即为所求检验码的值 | 130-128=2<br>检验码 X1=2 | | | | | | | | | | | | | |

确定 13 位数字代码 6901234567892 的左侧数据符的二进制表示。

第一步,左侧空白区(11 个模块)。

第二步,起始符(3 个模块):101。

第三步,根据表 2-8,前置码为 6 的左侧数据符所选用的字符集依次排列为 ABBBAA。

第四步,查表,左侧数据符 901234 的二进制表示如表 2-10 所示。

表 2-10 左侧数据符 901234 的二进制表示

| 左侧数据符 | 9 | 0 | 1 | 2 | 3 | 4 |
|---|---|---|---|---|---|---|
| 字符集 | A | B | B | B | A | A |
| 字符的二进制表示 | 0001011 | 0100111 | 0110011 | 0011011 | 0111101 | 0100011 |

第五步,查表,右侧数据符 567892 按 CCCCCC 子集方式绘制条码,如表 2-11 所示。

表 2-11 绘制条码

| 右侧数据符 | 5 | 6 | 7 | 8 | 9 | 2 |
|---|---|---|---|---|---|---|
| 字符集 | C | C | C | C | C | C |
| 字符的二进制表示 | 1001110 | 1010000 | 1000100 | 1001000 | 1110100 | 1101100 |

第六步,结束符(3 个模块):101。

第七步,右侧空白区(7 个模块):0000000。

第八步,画出这个条码。

### (二) 储运单元条码

1. 储运单元的概念

通俗地说,储运单元就是商品外包装箱上使用的条码标识(俗称箱码),是专门表示储运单元编码的一种条码,这种条码常见用于搬运、仓储、订货和运输过程中,一般由消费单元组成的商品包装单元构成。在储运单元条码中,又分为定量储运单元(由定量消费单元组成的储运单元)和变量储运单元(由变量消费单元组成的储运单元)在储运单元条码中,又分为定量储运单元和变量储运单元。

2. 储运单元条码编码的结构

定量储运单元一般采用13位或14位数字编码。当定量储运单元同时又是定量消费单元时，应按定量消费单元进行编码，如电冰箱等家用电器，其定量消费单元的编码等同于通用商品条码。当含相同种类的定量消费单元组成定量储运单元时，可给每一定量储运单元分配一个区别于它所包含的消费单元代码的13位数字代码，也可用14位数字进行编码。

定量储运单元包装指示符(V)用于指示定量储运单元的不同包装，取值范围为V=1，2，…，8。定量消费单元代码是指包含在定量储运单元内的定量消费单元代码去掉校验字符后的12位数字代码。定量储运单元代码的条码标识可用14位交插二五条码(ITF-14)标识定量储运单元。当定量储运单元同时又是定量消费单元时，应使用EAN-13条码表示。也可用EAN-128条码标识定量储运单元的14位数字代码。

定量储运单元一般采用13位或14位数字编码，其编码的结构如表2-12所示。

**表 2-12　定量储运单元条码编码的结构**

| 定量储运单元包装指示符 | 定量消费单元代码(不包含校验字符) | 校验字符 |
|---|---|---|
| V | X1 X2 X3 X4 X5 X6 X7 X8 X9 X10 X11 X12 | C |

变量储运单元编码由14位数字的主代码和6位数字的附加代码组成，代码结构如表2-13所示。

**表 2-13　变量储运单元条码编码结构**

| 主代码 | | | 附加代码 | |
|---|---|---|---|---|
| 变量储运单元包装指示符 | 厂商识别代码及商品项目代码 | 校验符 | 商品数量 | 校验符 |
| LI | X1 X2 X3 X4 X5 X6 X7 X8 X9 X10 X11 X12 | C1 | Q1 Q2 Q3 Q4 Q5 | C2 |

变量储运单元包装指示字符(LI)指示在主代码后面有附加代码，取值为LI=9。

厂商识别代码和商品项目代码有两种结构。当X1 X2 X3为690或691时，厂商识别代码为X1～X7，商品项目代码为X8～X12；否则，厂商识别代码为X1～X8，商品项目代码为X9～X12。

附加代码(Q1～Q5)是指包含在变量储运单元内，按确定的基本计量单位(如千克，米等)计量取得的商品数量。变量储运单元的主代码用ITF-14条码标识，附加代码用ITF-6(6位交插二五条码)标识。变量储运单元的主代码和附加代码也可以用EAN-128条码标识。

3. ITF-14条码

ITF-14条码是一种连续型、定长、具有自校验功能，并且条、空都表示信息的双向条码。ITF-14条码的条码字符集、条码字符的组成与交插二五码相同。它由矩形保护框、左侧空白区、条码字符、右侧空白区组成。

ITF-14条码用于标识非零售的商品。ITF-14条码对印刷精度要求不高，比较适合直接印制(热转换或喷墨)于表面不够光滑、受力后尺寸易变形的包装材料，如瓦楞纸或纤维板上。

符号结构：ITF-14条码由矩形保护框、左侧空白区、条码字符、右侧空白区组成其符号结构，如图 2-24 所示。

放大系数与符号尺寸：ITF-14 条码符号的放大系数范围为 0.625～1.200，条码符号的大小随放大系数的变化而变化。

图 2-24 ITF-14 条码符号

印刷位置：每个完整的非零售商品包装上至少应有一个条码符号，该条码符号到任何一个直立边的间距应不小于 50mm。运输过程中的包装项目上最好使用两个条码符号，放置在相邻的两个面上——短的面和长的面右侧各放一个。ITF-14 条码符号位置表示如图 2-25所示。

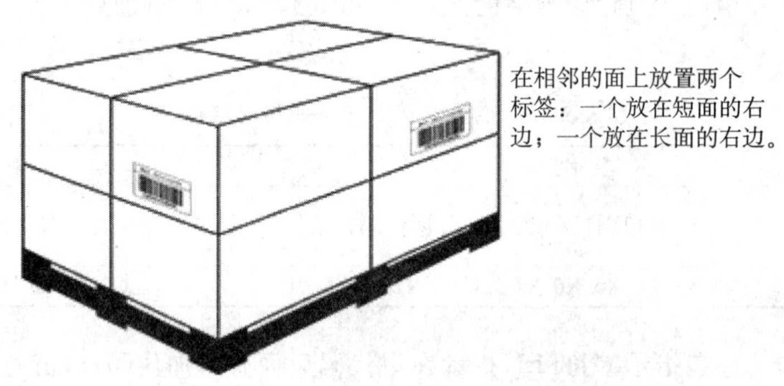


图 2-25 ITF-14 条码符号位置示例

4. 条码选择

储运包装商品在选择条码时首先要判断该商品是属于定量储运包装商品还是变量储运包装商品，如果是变量储运包装商品则直接在原代码前加包装指示符 9，用 14 位的交叉二五码即 ITF-14 条码。

如果是定量储运包装商品，并且该包装商品是由多个相同零售商品组成的标准的组合包装商品，即标准组合式储运包装商品，还应判断其是否同为零售商品；如果其既是包装商品又是零售商品，则直接使用内含零售商品的 13 位 EAN/UPC 条码即可。如果该标准组合式储运包装商品不是零售商品，如果不区分包装级别，在内含零售商品的条码前加 0 变为 14 位，用 14 位的 ITF 或 14 位的 UCC/EAN-128 码表示；如果区分包装级别则在原代码前加包装指示符 1～8，也用 ITF-14 或 UCC/EAN-128 码表示。

如果是定量储运包装商品，且该包装商品是由多个不同的零售商品组成的标准的组合包装商品，即混合储运包装商品，因为这些零售商品的条码各不相同，所以应重新为该包装商品申请或编制一个 13 位的代码，用 EAN-UPC 条码表示。

具体储运包装商品条码的选择如表 2-14 所示。

表 2-14 储运包装商品条码的选择

| 商品类别 | 包装商品的类型 | 与内含商品的关系 | 是否区分包装级别 | 采用的代码位数 | 编码方法 | 条码符号 |
|---|---|---|---|---|---|---|
| 定量储运包装商品 | 标准组合式储运包装商品 | 同时是零售商品 | 无 | 13 | 使用原代码或重新申请 | EAN-13<br>UPC-A |
| | | 不是零售商品 | 不区分包装级别 | 13 | 在原代码前加 0,变成 14 位 | ITF-14<br>UCC/EAN-128 |
| | | | 区分包装级别 | 14 | 在源代码前加包装指示符(1～8 用于定量储运包装商品;9 用于变量储运包装商品) | |
| | 混合式储运包装商品 | 无 | 无 | 13 | 重新申请一个不同于所含各零售商品代码的 13 为代码 | EAN-13<br>UPC-A |
| 变量储运包装商品 | 无 | 无 | 无 | 14 | 在原代码前加包装指示符 9 | ITF-14<br>UCC/EAN-128 |

## (三) 物流单元的条码

物流单元是在供应链中需要管理的对象,为运输和/或仓储而建立的组合项目。例如,一箱有不同颜色和大小的 12 件裙子和 20 件夹克的组合包装,一个 40 箱饮料的托盘(每箱 12 盒装),都可作为一个物流单元。

1. SSCC 编码结构

EAN·UCC 系统在供应链中跟踪和自动记录物流单元使用了系列货运包装箱代码(Serial Shipping Container Code,SSCC),它是为物流单元提供唯一标识的代码。换言之物流单元必须用 SSCC 标识。SSCC 这种代码需要用 EAN·UCC 系统 128 条码符号(简称 UCC/EAN-128 条码符号)表示。通过扫描识读物流单元上表示 SSCC 的 UCC/EAN-128 条码符号,建立商品流动与相关信息间的链接,能逐一跟踪和自动记录物流单元的实际流动,同时,也可广泛用于运输行程安排、自动收货等。SSCC 对每一特定的物流单元是唯一的,并且基本上可以满足所有的物流应用。SSCC 编码结构如表 2-15 所示。

表 2-15 SSCC 编码结构

<table>
<tr><th rowspan="2">AI</th><th colspan="3">SSCC</th><th rowspan="2">校验码</th></tr>
<tr><th>扩展位</th><th>厂商识别代码</th><th>系列代码</th></tr>
<tr><td>00</td><td>$N_1$</td><td colspan="2">$N_2$ $N_3$ $N_4$ $N_5$ $N_6$ $N_7$ $N_8$ $N_9$ $N_{10}$ $N_{11}$ $N_{12}$ $N_{13}$ $N_{14}$ $N_{15}$ $N_{16}$ $N_{17}$</td><td>$N_{18}$</td></tr>
</table>

扩展位:用于增加 SSCC 系列代码的容量,由厂商分配。例如,0 表示纸盒;1 表示托盘;2 表示包装箱等。

厂商识别代码:由中国物品编码中心负责分配给用户,用户通常是组合物流单元的厂商。SSCC 在世界范围内是唯一的,基本上可以满足所有的物流应用。

系列代码:是由取得厂商识别代码的厂商分配的一个系列号,用于组成 N2 到 N17 字符串。系列代码一般为流水号。

条码实例如图 2-26 所示。

2. UCC/EAN-128 条码

UCC/EAN-128 条码,现称 GS1-128 条码,是专用于 GS1 系统中的条码,可以标注商品

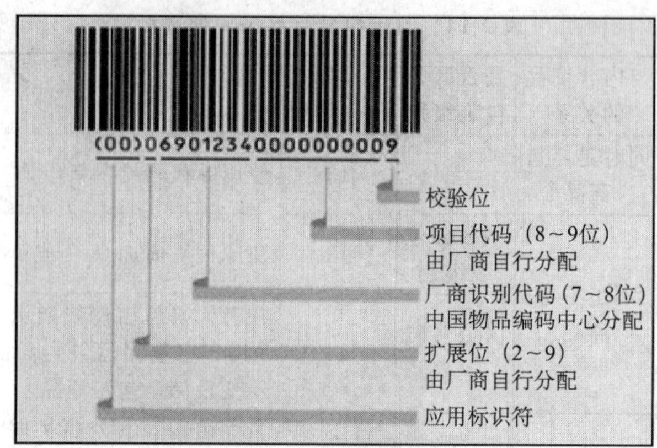


图 2-26 SSCC 条码结构

的附加信息，在商品信息的标识、产品的跟踪与追溯中有广泛的用途。

符号结构：UCC/EAN-128 条码由起始符号、数据字符、校验符、终止符、左、右侧空白区及供人识读字符组成，用以表示 GS1 系统应用标识符字符串，如图 2-27 所示。

图 2-27 UCC/EAN-128 条码的符号结构

应用标识符(AI)是一个 2～4 位的代码，用于定义其后续数据的含义和格式。使用 AI 可以将不同内容的数据表示在一个 UCC/EAN-128 条码中。不同的数据间不需要分隔，既节省了空间，又为数据的自动采集创造了条件。图 2-27 中 UCC/EAN-128 条码符号示例中的(02)、(17)、(37)和(10)即为应用标识符。常用 EAN · UCC 应用识别码(Application Identifier, AI)如表 2-16 所示。

**表 2-16 常用 EAN · UCC 应用识别码**

| 应用识别码 | 代号名称 | 格式 | 资料简称 |
|---|---|---|---|
| 00 | 运送容器序号 | n2＋n18 | SSCC |
| 01 | 全球交易品项号码 | n2＋n14 | GTIN |
| 02 | 物流包装内装商品之 GTIN | n2＋n14 | CONTENT |
| 10 | 批次号 | n2＋an..20 | BATCH/LOT |
| 11 | 生产日期(年/月/日)YYMMDD | n2＋n6 | PROD DATE |
| 12 | 到期日期(年/月/日)YYMMDD | n2＋n6 | DUE DATE |
| 13 | 包装日期(年/月/日)YYMMDD | n2＋n6 | PACK DATE |
| 21 | 连续号 | n2＋an..20 | SERIAL |
| 310n | 产品净重—交易包装用 | n4＋n6 | NET WEIGHT(kg) |
| 311n | 产品长度—交易包装用 | n4＋n6 | LENTH(m) |
| 37 | 物流包装内商品数量 | n2＋n..8 | COUNT |
| 400 | 订单号码 | n3＋an..30 | ORDER NUMBER |
| 401 | 托运单号码 | n3＋an..30 | CONSIGHNMENT |
| 402 | 运送单号码 | n3＋n17 | SHIPMENT NO |

续表

| 应用识别码 | 代号名称 | 格式 | 资料简称 |
|---|---|---|---|
| 410 | 收件人 | n3＋n13 | SHIP TO LOC |
| 411 | 买方(发票对象) | n3＋n13 | BILL TO |
| 412 | 卖方 | n3＋n13 | PURCHASE FROM |
| 8003 | 全球可回收资产识别号码 | n4＋n14＋an..16 | GRAI |

3. 物流标签

1）信息的表示法

物流标签上表示的信息有两种基本的形式：由文本和图形组成的供人识读的信息、为自动数据采集设计的机读信息。作为机读符号的条码，是传输结构化数据的可靠而有效的方法，允许在供应链中的任何结点获得基础信息。表示信息的两种方法能够将一定的含义添加于同一标签上。EAN·UCC 物流标签由三部分构成，各部分的顶部包括自由格式信息，中部包括文本信息和对条码解释性的供人识读的信息，底部包括条码和相关信息。

2）标签设计

物流标签的版面划分为三个区段：承运商区段、客户区段和供应商区段。当获得相关信息时，每个标签区段可在供应链上的不同结点使用。如图 2-28 所示。此外，为便于人、机分别处理，每个标签区段中的条码与文本信息是分开的。标签制作者，即负责印制和应用标签者，决定标签的内容、形式和尺寸。对所有 EAN·UCC 物流标签，SSCC 是唯一的必备要素。如果需要增加其他信息，则应符合《EAN·UCC 通用规范》的相关规定。

图 2-28　含承运商区段、客户区段和供应商区段的标签

(1) 承运商区段。承运商区段所包含的信息,例如,到货地邮政编码、托运代码、承运商特定运输路线、装卸信息等,通常是在装货时知晓的。图 2-28 中最上面的一个标签为承运商的信息,其中"420"表示收货方与供货方在同一国家(或地区)收货方的邮政编码,从图 2-28上的文字上不难看出,这个物流标签所标识的货物是从美国的 Boston 运送到 Dayton,是在同一个国家中进行运输;"401"表示货物托运代码。

(2) 客户区段。客户区段所包含的信息,例如,到货地、购货订单代码、客户特定运输路线和装卸信息等,通常是在订购时和供应商处理订单时知晓的。图中间的物流标签标识的是客户的信息,"410"其后跟随的是交货地点的(运抵)位置码,也就是客户的位置码。

(3) 供应商区段。供应商区段所包含的信息一般是供应商在包装时知晓的。SSCC 在此作为物流单元的标识。如果过去使用 GTIN,在此也可以与 SSCC 一起使用。对供应商、客户和承运商都有用的信息,例如,生产日期、包装日期、有效期、保质期、批号、系列号等,皆可采用 UCC/EAN-128 条码符号表示。图 2-28 最下面的标签是供应商区段的内容,"00"其后跟随的是要发运的物流单元。

## 五、二维条码技术

### (一) 基本概念

1. 二维条码/二维码的概念

二维条码/二维码(2-Dimensional Bar Code)是用某种特定的几何图形按一定规律在平面(二维方向上)分布的黑白相间的图形记录数据符号信息的;在代码编制上巧妙地利用构成计算机内部逻辑基础的"0""1"比特流概念,使用若干个与二进制相对应的几何形体来表示文字数值信息,通过图像输入设备或光电扫描设备自动识读以实现信息自动处理;它具有条码技术的一些共性;每种码制有其特定的字符集;每个字符占有一定的宽度;具有一定的校验功能等。同时,还具有对不同行的信息自动识别功能及处理图形旋转变化等特点。

2. 发展历程

国外对二维码技术的研究始于 20 世纪 80 年代末,在二维码符号表示技术研究方面已研制出多种码制,常见的有 PDF417、QR Code、Code 49、Code 16K、Code One 等。这些二维码的信息密度都比传统的一维码有了较大提高,如 PDF417 的信息密度是一维码 Code 39 的 20 多倍。在二维码标准化研究方面,国际自动识别制造商协会(AIM)、美国标准化协会(ANSI)已完成了 PDF417、QR Code、Code 49、Code 16K、Code One 等码制的符号标准。国际标准技术委员会和国际电工委员会还成立了条码自动识别技术委员会(ISO/IEC/JTC1/SC31),已制定了 QR Code 的国际标准(ISO/IEC 18004:2000《自动识别与数据采集技术—条码符号技术规范—QR 码》),起草了 PDF417、Code 16K、Data Matrix、Maxi Code 等二维码的 ISO/IEC 标准草案。

在二维码设备开发研制、生产方面,美国、日本等国的设备制造商生产的识读设备、符号生成设备,已广泛应用于各类二维码应用系统。二维码作为一种全新的信息存储、传递和识别技术,自诞生之日起就得到了世界上许多国家的关注。美国、德国、日本等国家,不仅已将二维码技术应用于公安、外交、军事等部门对各类证件的管理,也将二维码应用于海关、税务等部门对各类报表和票据的管理,商业、交通运输等部门对商品及货物运输的管理、邮政部门对邮政包裹的管理,工业生产领域对工业生产线的自动化管理。

我国对二维码技术的研究开始于 1993 年。中国物品编码中心对几种常用的二维码 PDF417、QRC Code、Data Matrix、Maxi Code、Code 49、Code 16K、Code One 的技术规范进行了翻译和跟踪研究。随着我国市场经济的不断完善和信息技术的迅速发展，国内对二维码这一新技术的需求与日俱增。中国物品编码中心在原国家质量技术监督局和国家有关部门的大力支持下，对二维码技术的研究不断深入。在消化国外相关技术资料的基础上，制定了两个二维码的国家标准：二维码网格矩阵码（SJ/T 11349—2006）和二维码紧密矩阵码（SJ/T 11350—2006），从而大大促进了我国具有自主知识产权技术的二维码的研发。

3. 二维条码的特点

二维条码与一维条码相比具有以下特点。

1）信息容量大

根据不同的条空比例，每平方英寸可以容纳 250～1 100 个字符，比普通条码信息容量约高几十倍。

2）容错能力强

二维条码因穿孔、污损等引起局部损坏时，照样可以正确识读，损毁面积达 50%仍可恢复信息，比普通条码译码错误率低得多，误码率不超过 1/10 000 000。

3）引入加密措施

引入加密措施后保密性、防伪性好。

4）印刷多样

二维条码不仅可以在白纸上印刷黑字，还可以进行彩色印刷，而且印刷机器和印刷对象都不受限制，印刷方便。

5）可影印及传真

二维条码经传真和影印后仍然可以使用，而一维条码在经过传真和影印后机器就无法进行识读。

4. 二维码分类

二维码分为堆叠式/行排式二维条码和矩阵式二维条码（又称棋盘式二维条码）。

1）堆叠式/行排式二维条码

堆叠式/行排式二维条码（又称堆积式二维条码或层排式二维条码），其编码原理是建立在一维条码基础上，按需要堆积成二行或多行。它在编码设计、校验原理、识读方式等方面继承了一维条码的一些特点，识读设备、条码印刷与一维条码技术兼容。但由于行数的增加，需要对行进行判定，其译码算法与软件也不完全相同于一维条码。有代表性的行排式二维条码有 Code 16K、Code 49、PDF417 等。

2）矩阵式二维码

矩阵式二维条码（又称棋盘式二维条码）它是在一个矩形空间通过黑、白像素在矩阵中的不同分布进行编码。在矩阵相应元素位置上，用点（方点、圆点或其他形状）的出现表示二进制“1”，点的不出现表示二进制的“0”，点的排列组合确定了矩阵式二维条码所代表的意义。

矩阵式二维条码是建立在计算机图像处理技术、组合编码原理等基础上的一种新型图形符号自动识读处理码制。具有代表性的矩阵式二维条码有 Code One、Maxi Code、QR Code、Data Matrix 等。

### （二）常用的二维条码

在目前几十种二维条码中，常用的码制有 PDF417 二维条码、Data Matrix 二维条码、Maxi Code 二维条码、QR Code、Code 49、Code 16K、Code One 等。

#### 1. PDF417 码

PDF417 码是由留美华人王寅敬（音）博士发明的。PDF 是取英文 Portable Data File 三个单词的首字母的缩写，意为“便携数据文件”。因为组成条码的每一符号字符都是由 4 个条和 4 个空构成，如果将组成条码的最窄条或空称为一个模块，则上述的 4 个条和 4 个空的总模块数一定为 17，所以称为 417 码或 PDF417 码。

1）PDF417 特点

（1）信息容量大。PDF417 码除可以表示字母、数字、ASCII 字符外，还能表达二进制数。为了使编码更加紧凑，提高信息密度，PDF417 在编码时有三种格式：扩展的字母数字压缩格式，可容纳 1 850 个字符；二进制/ASCII 格式，可容纳 1 108 个字节；数字压缩格式，可容纳 2 710 个数字。

（2）错误纠正能力。一维条码通常具有校验功能以防止错读，一旦条码发生污损将被拒读。而二维条码不仅能防止错误，而且能纠正错误，即使条码部分损坏，也能将正确的信息还原出来。

（3）印制要求不高。普通打印设备均可打印，传真件也能阅读。

（4）可用多种阅读设备阅读。PDF417 码可用带光栅的激光阅读器，线性及面扫描的图像式阅读器阅读。

（5）尺寸可调以适应不同的打印空间。

（6）码制公开已形成国际标准，我国也已制定了 417 码的国际标准。

2）PDF417 二维条码的结构

每一个 PDF417 码是由 3～90 横列堆叠而成，而为了扫描方便，其四周皆有静空区，静空区分为水平静空区与垂直静空区，至少应为 0.06cm，如图 2-29 所示。

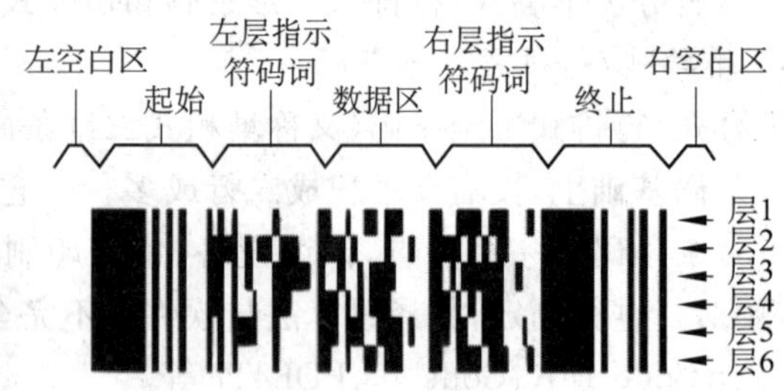


图 2-29　PDF417 码的结构

#### 2. QR 码—快速矩阵二维条码（标准 ISO/IEC 18004）

QR 码（Quick Response Code）全称为快速响应矩阵码，由日本 Denso Wave 公司于 1994 年发明并开始使用的一种矩阵二维码符号。QR 码不仅信息容量大、可靠性高、成本低，还可表示汉字及图像等多种文字信息，其保密防伪性强而且使用非常方便。

1）QR 码的特点

QR 码除具有一维条码及其他二维条码所具有的信息容量大、可靠性高、可表示汉字及图像多种文字信息、保密防伪性强等优点外，QR码还具有如下主要特点。

(1) QR码容量密度大，可以放入1 817个汉字、7 089个数字、4 200个英文字母。QR码用数据压缩方式表示汉字，仅用13b(bit，比特)即可表示1个汉字，比其他二维条码表示汉字的效率提高了20%。

(2) 超高速识读：从QR Code码的英文名称Quick Response Code可以看出，超高速识读特点是QR Code码区别于四一七条码、Data Matrix等二维码的主要特性。由于在用CCD识读QR Code码时，整个QR Code码符号中信息的读取是通过QR Code码符号的位置探测图形，用硬件来实现，因此，信息识读过程所需时间很短，它具有超高速识读特点。用CCD二维条码识读设备，每秒可识读30个含有100个字符的QR Code码符号；对于含有相同数据信息的四一七条码符号，每秒仅能识读3个符号；对于Data Martix矩阵码，每秒仅能识读2～3个符号。QR Code码的超高速识读特性使它能够广泛应用于工业自动化生产线管理等领域。

(3) 全方位识读：QR Code码具有全方位(360°)识读特点，这是QR Code码优于行排式二维条码和四一七条码的另一主要特点，由于四一七条码是将一维条码符号在行排高度上的截短来实现的，因此，它很难实现全方位识读，其识读方位角仅为±10°。

(4) 能够有效地表示中国汉字、日本汉字：由于QR Code码用特定的数据压缩模式表示中国汉字和日本汉字，它仅用13b可表示一个汉字，而四一七条码、Data Martix等二维码没有特定的汉字表示模式，因此仅用字节表示模式表示汉字，在用字节模式表示汉字时，需用16比特(两个字节)表示1个汉字，因此QR Code码比其他的二维条码表示汉字的效率提高了20%。

(5) QR具有4个等级的纠错功能，即使污损或破损也能够正确识读。QR码抗弯曲的性能强，通过QR码中的每隔一定的间隔配置有校正图形，从码的外形求得推测校正图形中心点与实际校正图形中心点的误差修正各个模快的中心距离，即使将QR码贴在弯曲的物品上也能够快速识读。根据需要，可以设定L、M、Q、H四个纠错等级，分别可恢复传输或识读出错的约7%、15%、25%、30%的码字信息。

2) QR码符号的结构

QR码属于矩阵式二维条码，每个QR码符号都是由正方形模块组成的一个正方形阵列结构，它由功能图形和编码区域组成，功能图形不用于数据编码，它包括寻像图形、分隔符、定位图形和校正图形。编码区域包括数据码字、纠错码字、版本信息和格式信息。QR码共有40种规格，分为版本1～版本40，规格为：21模块×21模块～177模块×177模块。QR码具有高信息密度、高识别速度以及高可靠性等特点。QR码版本7符号的结构如图2-30所示。

3. 汉信码(GB/T 21049—2007)

汉信码是中国物品编码中心承担国家“十五”重大科技专项“二维条码新码制开发与关键技术标准研究”取得的突破性成果。我国拥有完全自主知识产权的新型二维条码——汉信码，于2005年年末诞生在中国大地，填补了我国在二维条码码制标准应用中没有自主知识产权技术的空白。

1) 汉信码的优势

汉信码具有汉字表示能力强、编码范围广、信息容量大、抗污损、抗畸变能力强等优势，具体优势如表2-17所示。

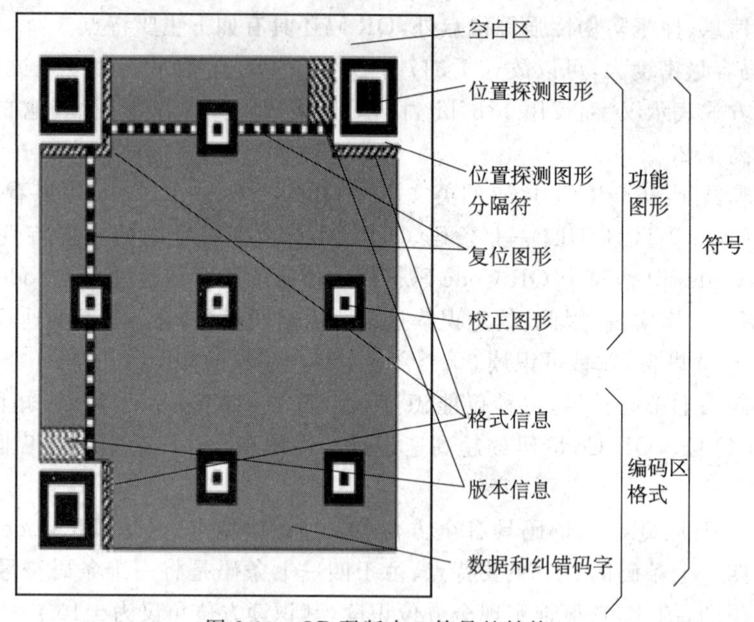


图 2-30 QR 码版本 7 符号的结构

**表 2-17 汉信码的优势**

| | |
|---|---|
| 符号规格 | 条码符号形状可变。支持 84 个版本:23×23(版本 1)～189×189(版本 84),由用户自主进行选择 |
| 数据类型与容量 | 数字最多 7 829 个字符<br>英文字符最多 4 350 个字符<br>汉字最多 2 174 个字符<br>二进制信息最多 3 262 Byte |
| 数据表示方法 | 用点的出现表示二进制的"1"<br>点的不出现表示二进制的"0"<br>点的不同排列组合表示矩阵二维码所表示的数据信息 |
| 纠错能力 | L 级:约可纠错 8%的数据码子<br>M 级:约可纠错 15%的数据码子<br>Q 级:约可纠错 23%的数据码子<br>H 级:约可纠错 30%的数据码子 |
| 结构链接 | 可用 1～16 个 QR Code 条码符号 |
| 掩模 | 有 4 种掩模方案 |
| 扩充解释 | 可以用来表示数字、英文字母、汉字、图像、声音、照片、指纹、掌纹、签字等凡可数字化的信息 |
| 独立定位功能 | 有 |
| 识读设备 | 汉信码识读手机、在线式识读设备、嵌入式识读设备 |

2) 汉信码的符号结构

每个汉信码符号是由 $n\times n$ 个正方形模块组成的一个正方形阵列构成。整个正方形的码图区域由信息编码区与功能图形区构成,其中功能图形区主要包括寻像图形、寻像图形分割区与校正图形。功能信息图形不用于数据编码。码图符号的四周为 3 模块宽的空白区。如图 2-31所示是版本为 24 的汉信码符号结构图。

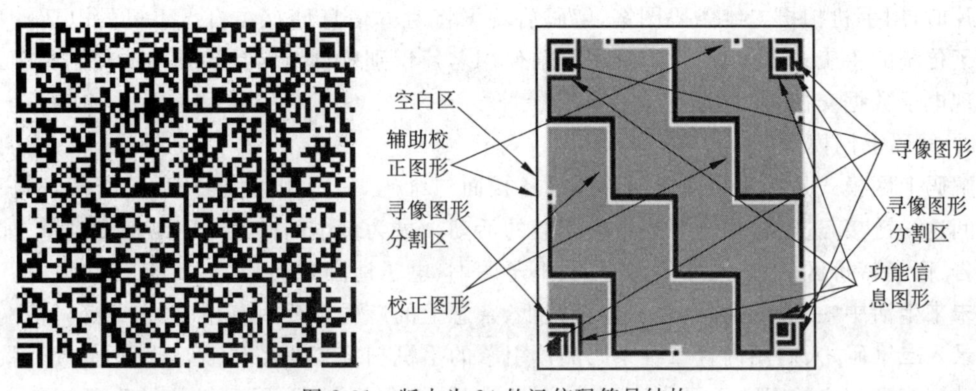


图 2-31　版本为 24 的汉信码符号结构

4. 二维条码与一维条码的比较

一维条码与二维条码应用处理的比较如表 2-18 所示。虽然一维和二维条码的原理都是用符号(Symbology)来携带资料,达成资料的自动辨识。但是从应用的观点看,一维条码偏重于标识商品,而二维条码则偏重于描述商品。因此相较于一维条码,二维条码(2D)不仅存关键值,并可将商品的基本资料编入二维条码中,达到资料库随着产品走的效益,进一步提供许多一维条码无法达成的应用。

**表 2-18　二维条码与一维条码的比较**

| 条码类型<br>项目 | 一维条码 | 二维条码 |
|---|---|---|
| 资料密度与容量 | 密度低,容量小 | 密度高,容量大 |
| 错误侦测及自我纠正能力 | 可以检查码进行错误侦测,但没有错误纠正能力 | 有错误检验及错误纠正能力,并可根据实际应用设置不同的安全等级 |
| 垂直方向的资料 | 不储存资料,垂直方向的高度是为了识读方便,并弥补印刷缺陷或局部损坏 | 携带资料,因对印刷缺陷或局部损坏等可以错误纠正机制恢复资料 |
| 主要用途 | 主要用于对物品的标识 | 用于对物品的描述 |
| 资料库与网路依赖性 | 多数场合须依赖资料库及通信网路的存在 | 可不依赖资料库及通信网路的存在而单独应用 |
| 识读设备 | 可用线扫描器识读,如光笔、线型CCD、雷激光枪 | 对于堆叠式可用型线扫描器的多次扫描,或可用图像扫描仪识读。矩阵式则仅能用图像扫描仪识读 |

5. 二维条码的应用模式

二维码的应用行业范围十分广泛,涉及各行各业。但它的应用模式目前主要有四种,分别是读取数据模式、解码上网模式、解码验证模式、解码通信模式。

1) 读取数据模式

读取数据模式是指通过手机或二维码识别设备,扫描二维码,解码软件解码后显示数据信息,以较少用户的输入,直接可以存入。最常见的应用有电子名片、信息溯源追踪等。

在制作名片时,可以将姓名、电话等信息用二维条码编码,打印在名片的一角。人们交换名片时,用手机拍摄二维条码图案,解码后就可将对方信息储存在自己手机的电话簿里,省略了传统的手工录入过程,也克服了目前使用名片识别软件对名片识别不准确的难题,即可实现电子数据交换,非常方便。

2) 解码上网模式

解码上网模式是指手机或条码识读设备扫面二维码,显示相关的 URL 的链接,用户可以访问这一链接,进行数据浏览或数据下载的活动。最为基本的模式是网络信息浏览,如电子广告、商场特价区信息、网站信息查询、电子图书、电子地图查询等。

未来生活中,一般的商品、名片甚至报纸、杂志上的广告都会附有相应的二维码,把网站链接录入二维码,人们用内置二维条码阅读引擎的手机扫描二维条码后,解析网址 IP,就可以自动链接到相应的 WAP 网站,可直接浏览商品、下载折扣券、用手机支付购票等。亦可随时随地轻松体验像铃声、游戏、视频等流媒体信息,为消费者带来了一种全新的手机上网模式。

3) 解码验证模式

解码验证模式是指手机或二维码识别设备扫描二维码,将数据提交与验证服务器,服务器将反馈结果发送回手机,核实产品或服务的有效性。最基本的应用在于产品防伪信息的识别,衍生模式多应用于物流或渠道管理中,也有应用于支付领域,用于支付凭证的核实等。

二维条码具有多重防伪特性,它可以采用密码防伪、软件加密及利用所包含的信息如指纹、照片等进行防伪,因此具有极强的保密防伪性能。二维条码防伪认证平台同时引入硬件和基于业务的结构,提供商品的基本信息和离线认证。厂家给每件出厂的商品分配的二维编码,建立商品信息数据库,并提供给认证平台。用数据库系统作为商品防伪的认证平台。消费者购买商品时,用安装了二维条码阅读引擎的手机扫描产品上的二维码并查询生产商的商品信息数据库就可以辨识该商品的真伪。通过这种防伪技术,将对维护正常的市场秩序起到很大的推进作用。

4) 解码通信模式

解码通信模式是指解码后结果显示为短信、邮件或电话号码的形式,多用于短信投票、邮件联系、电话咨询或 IVR 等业务形式。

## 六、POS 系统

POS(Point of Sale)系统即销售时点信息系统,是指通过自动读取设备(如收银机)在销售商品时直接读取商品销售信息(如商品名、单价、销售数量、销售时间、销售店铺、购买顾客等),并通过通信网络和计算机系统传送至有关部门进行分析加工以提高经营效率的系统。POS 系统最早应用于零售业,以后逐渐扩展至其他如金融、旅馆等服务行业,利用 POS 系统的范围也从企业内部扩展到整个供应链。

### (一) POS 机的分类

1. 按用途分类

POS 机按用途可分为金融类 POS 刷卡机和非金融类 POS 刷卡机。

(1) 金融类 POS 刷卡机主要用于银联商务体系、各商业银行、各地信用合作社等银行系统。

(2) 非金融类 POS 刷卡机可广泛适用于各种规模、各种类型的会员、连锁、加盟店;餐饮娱乐企业，汽车养护中心、化妆品专卖店、旅游景点等领域。

2. 按其机型分类

POS机按机型可分为：手持POS刷卡机、台式POS刷卡机、移动手机POS刷卡机和蓝牙POS刷卡机。

（1）手持POS刷卡机。体积较小，移动方便，能以单键快速操作，不必死记及输入多位货号。

（2）台式POS刷卡机。体积较手持POS刷卡机大，功能比手持POS刷卡机齐全。

（3）移动手机POS刷卡机。按操作方式分类分为手机外置设备刷卡机和手机专用POS刷卡机。

（4）蓝牙POS刷卡机。蓝牙POS机是一种比较新型的POS机，适用于不固定收款或者没有固定网络的用户。

3. 按通信方式分类

POS机按通信方式分为两大类：固定POS机和无线POS机，如图2-32所示。

（1）固定POS机的优点：①软件升级和维护比较容易；②网络拨号方式，拨号速度快；③POS交易清算比较容易。缺点是：需要连线操作，客人需要到收银台付账。适用一体化改造的项目的商户。

（2）无线POS机的优点：①无线操作，付款地点形式自由；②体积小。缺点是：①通信信号不稳定；②数据易丢失；③成本高。适用客人住所收款商户类型。

图2-32　固定POS机和无线POS机

### （二）商业POS系统的组成和原理

商业POS系统也称为销售时点信息系统。狭义看，只是利用收银机协助卖场管理的自动化作业；广义上则是利用收银机、光学自动读取设备，以达到管理整个商品的销售时点系统及订货时点系统。在销售商品时，通过自动读取设备（如收银机）直接读取商品销售信息（如商品名称、单位、销售数量、销售时间、销售店铺和购买顾客等），并通过通信网络和计算机系统传送至有关部门进行分析加工以提高经营效率。

1. POS系统的组成

POS系统是由前台POS系统和后台管理信息系统（Management Information System，MIS）组成。前台POS系统由电子收款机、条码扫描仪、磁卡读写器、信用卡刷卡设备、收款机应用管理组成，如图2-33所示。后台MIS由计算机主机、数据库服务器、数据库管理软

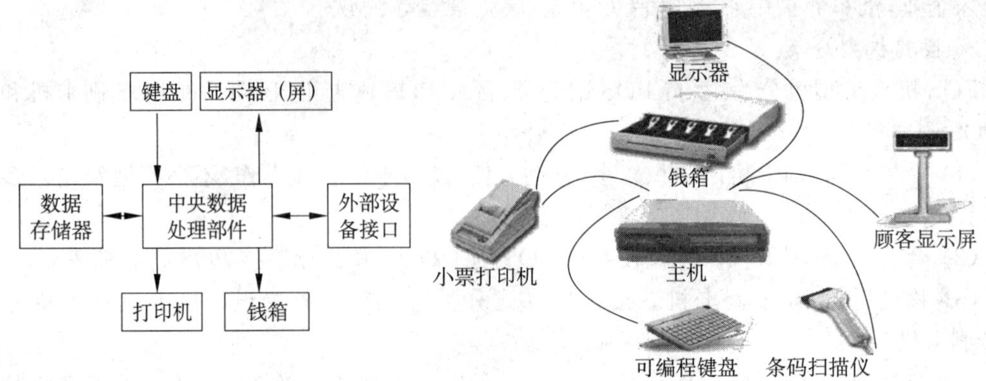


图 2-33 电子收款机的组成部件

件、条码扫描仪和打印机等组成。

2. 连锁超市企业 POS 系统网络结构

今天，连锁超市企业在扩大规模，发展直营店与加盟店，实现统一管理，要求连锁超市信息系统从单一的 POS 销售功能，发展到全面支持连锁超市企业运作的各个环节，实现总部、配送中心、分店之间数据传输。连锁超市企业 POS 系统网络结构如图 2-34 所示。

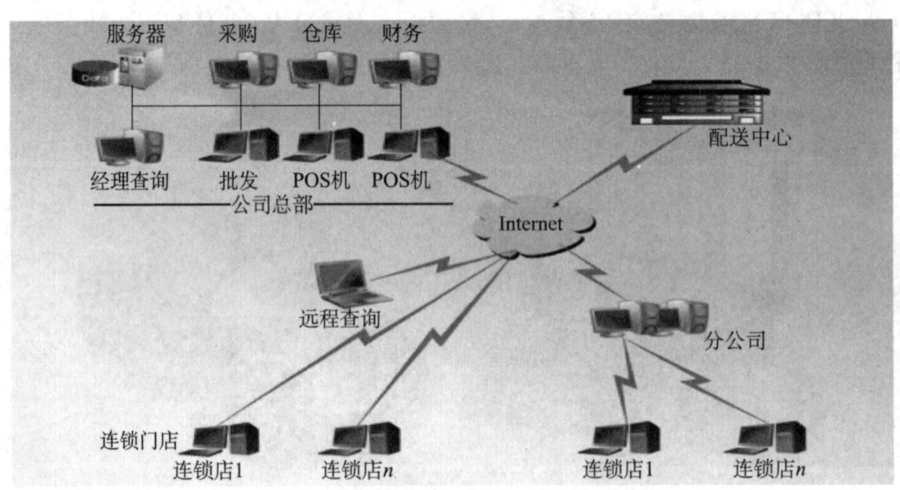


图 2-34 连锁超市企业 POS 系统网络结构

3. POS 系统软件的基本功能

1）前台 POS 软件的功能

前台 POS 销售软件应具有的功能如下：

（1）日常销售。完成日常的售货收款工作，记录每笔交易的时间、数量、金额，进行销售输入操作。如果遇到条码不识读等现象，系统应允许采用价格或手工输入条码号进行查询。

（2）交班结算。进行收款员交班时的收款小结、大结等管理工作，计算并显示本班交班时的现金及销售情况，统计并打印收款机全天的销售金额及各售货员的销售额。

（3）退货。退货功能是日常销售的逆操作。为了提高商场的商业信誉，更好地为顾客服务，在顾客发现商品出现问题时，允许顾客退货。此功能记录退货时的商品种类、数量、金额等，便于结算管理。

(4) 支持各种付款方式。可支持现金、支票、信用卡等不同的付款方式，以方便不同顾客的要求。

(5) 即时纠错。在销售过程出现的错误能够立即修改更正，保证销售数据和记录的准确性。

2) 后台 MIS 软件的功能

后台 MIS 管理软件应具有的功能如下：

(1) 商品入库管理。对入库的商品进行输入登录，建立商品数据库，以实现对库存的查询、修改、报表及商品入库验收单的打印等功能。

(2) 商品调价管理。由于有些商品的价格随季节和市场等情况而变动，本系统应能提供对这些商品所进行的调价管理功能。

(3) 商品销售管理。根据商品的销售记录，实现商品的销售、查询、统计、报表等管理，并能对各收款机、收款员、售货员等进行分类统计管理。

(4) 单据票证管理。实现商品的内部调拨、残损报告、变价调动、仓库验收、盘点报表等各类单据票证的管理。

(5) 报表打印管理。打印内容包括时段销售信息表、营业员销售信息报表、部门销售统计表、退货信息表、进货单信息报表、商品结存信息报表等。实现商品销售过程中各类报表的分类管理功能。

(6) 完善的分析功能。POS 系统的后台管理软件应能提供完善的分析功能，分析内容涵盖进、销、调、存过程中的所有主要指标，同时，以图形和表格方式提供给管理者。

(7) 数据维护管理。完成对商品资料、营业员资料等数据的编辑工作，如商品资料的编号、名称、进价、进货数量、核定售价等内容的增加、删除、修改；营业员资料的编号、姓名、部门、班组等内容的编辑；商品进货处理、商品批发处理、商品退货处理；实现收款机、收款员的编码、口令管理，支持各类权限控制；具有对本系统所涉及的各类数据进行备份，交易断点的恢复功能。

(8) 销售预测。它包括畅销商品分析、滞销商品分析、某种商品销售预测及分析、某类商品销售预测及分析等。

4. POS 机系统基本原理

POS 机系统基本原理是先将商品资料创建于计算机文件内，通过计算机收银机联机架构，商品上的条码通过收银设备上光学读取设备直接读入后(或由键盘直接输入代号)马上可以显示商品信息(单价、部门、折扣……)加速收银速度与正确性。每笔商品销售明细资料(售价、部门、时段、客层)自动记录，再由联机架构传回计算机。经由计算机计算处理即能生成各种销售统计分析信息作为经营管理依据。

POS 机是通过读卡器读取银行卡上的持卡人磁条信息，由 POS 机操作人员输入交易金额，持卡人输入个人识别信息(即密码)，POS 机把这些信息通过银联中心，上送发卡银行系统，完成联机交易，给出成功与否的信息，并打印相应的票据。POS 机的应用实现了信用卡、借记卡等银行卡的联机消费，保证了交易的安全、快捷和准确，避免了手工查询黑名单和压单等繁杂劳动，提高了工作效率。

### (三) POS 机选择原则

前台 POS 机是零售业计算机信息管理系统的重要组成部分，它是商品销售信息的重要来源，是整套计算机系统能否成功的重要保证，它在可靠性和安全性方面需要有比其他系统更高的要求，因此在选型时应格外慎重，否则可能会给整套系统带来不可挽回的损失。这就要在选择 POS 机时应从以下几个方面考虑。

1. 可靠性要高

POS 机的使用频率很高，一般每天要连续工作十几小时，且使用的环境也比较差，多用于多粉尘和多种电磁干扰并存的环境。大中型商场使用的台数也比较多，且多在网络环境下运行，加之商业本身的特点，这些都对 POS 机的可靠性提出了较高的要求。

2. 速度快

POS 机的速度直接关系到顾客的流量，同时影响到超市整体形象，那么决定 POS 机速度重要因素有三方面：①主机的配置，例如，CPU、内存、硬盘、主机板的具体配置；②打印机速度，因为打印机直接关系到顾客等小票的时间；③应用软件的设计，因为应用软件的操作习惯决定了操作流程，当流程过于复杂或不连贯，则会大大影响收款速度。

3. 易维护

POS 机在长期的使用过程中，不可能不出现故障。这就要求产品在设计时充分考虑这一点。首先，当机器出现故障时，在可能的情况下能报出故障信息，以缩小故障范围，为用户指明维修方向；其次，是部件更换要方便、简单。一般系统维护人员只需简单的培训即可承担，不需要专业培训。

4. 易操作

由于目前我国收款员的素质不很高，国内顾客的购买习惯与国外也有较大差异，特别是在节假日进入商场的顾客会大大超过商场负荷，在收款台前会排起长长的交款队伍，这就要求 POS 机操作起来要简单、明了，POS 机的响应速度要快，特别是打印机的打印速度要快，提高收款员的收款速度，以尽可能地减少顾客的排队现象。

5. 易扩展

随着社会的发展，商家对 POS 机的功能要求可能会发生一些变化，不同类型的商家对 POS 机的功能要求也不尽相同，这就要求在设计时要留有充分的扩展余地，将各个功能模块化，商家可以根据自身的要求自由组合选择，新需要的功能可以随时加上，这样既可以减少商家的投入，又能满足他们的要求。同时，机器应该有足够的接口，以便携带尽可能多的外设，如电子秤、条码阅读器、票据打印机及其他一些外设，不至在其他功能上有一些缺陷。

6. 要有长期的服务

POS 机是一种专用高技术产品，其中有一部分是易损件和易耗品，这就要求硬件供应商具有较高的技术支持和充分、长期的备件供应。要做到这一点，首先，硬件生产商(或供应商)应具备全面 POS 机技术和商业计算机管理的系统技术，以确保用户在使用过程中不会存在技术难题；其次，产品应该大批量生产，只有大批量生产的机器，才能确保机器本身不会存在致命的缺陷，才能具有长期备件供应能力，也才能投入大量的人力、物力满足用户的要求；最后，系统集成商应有专门的技术服务机构和足够的技术人员进行长期的售后服务，而这一点也是直接客户容易忽视的问题，所以一定要把好这一关。

相关链接

## 条码的申请

1. 申请商品条码的条件

(1) 凡在我国依法取得法人资格的企业、事业单位,以及具有营业执照的私营企业、个体工商户,均可申请注册中国商品条码厂商识别代码(以下简称厂商代码)。

(2) 在商品上使用注册商标的企业,申请注册中国商品条码厂商识别代码,原则上应拥有商标注册权;合法使用他人注册商标的单位,只有在不违背商品编码唯一性的前提下,方能申请注册中国商品条码厂商识别代码。

2. 商品条码申请程序

(1) 企业向中国物品编码中心(以下简称“中心”)或其分支机构索取中国商品条码厂商识别代码注册申请书,按规定填写完整。

(2) 企业应提供企业法人营业执照(未取得法人资格的私营企业或个体工商户应提供营业执照)复印件及商标注册证明(如商品上不使用注册商标,企业应出具证明),并与厂商代码注册申请书一起送交中心或其分支机构。

(3) 企业应按照财政部和国家物价局规定的收费标准交纳有关费用。

(4) 注册完毕,中心将厂商代码以书面形式通知企业,并向企业颁发《中国商品条码系统成员证书》。

(5) 中心将对企业及其注册的厂商代码予以公告。

(6) 厂商代码有效期为 2 年,期满后应进行复审。

(此为大致流程,具体环节请咨询国家物品编码中心。)

3. 企业义务

(1) 一个厂商代码只给一个企业使用,企业不得转让或与其他企业共用自己的厂商代码。

(2) 为保证商品条码的唯一性,企业应将其厂商代码只用于本企业生产、经营的商品上,但为他人加工或使用他人注册商标的商品,原则上应使用商标注册者为该种商品编制的商品条码。

(3) 企业使用商品条码应遵循国家标准,以保证商品流通各环节能够准确识别商品信息。

(4) 企业应该按规定交纳有关费用。

(5) 企业应该按规定参加复审。

## 七、条码技术在物流和供应链中的应用

条码技术提供了一种对供应链中的物品进行表示和描述的方法,借助自动识别技术、POS 系统、EDI 等现代技术手段,企业可以随时了解有关产品在供应链上的位置,处于集成供应链上的每个企业通过 ERP 软件相连,规定各个相连企业间货物的最低和最高库存,当上游企业通过 ERP 发现下游企业的库存达到最低时,则马上组织供货。条码技术是实现 POS 系统、EDI、电子商务、供应链管理的技术基础,是实现物流管理现代化,提高企业管理水平和竞争能力的重要技术手段。

### （一）条码在供应链上的物流信息标识

条码在供应链上的物流信息标识如图 2-35 所示。

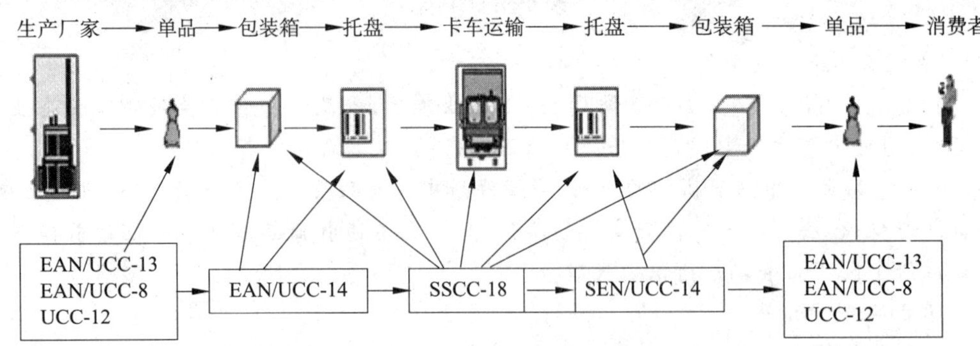


图 2-35　条码在供应链上的物流信息标识

### （二）条码技术在物流供应链中的应用

1. 进货管理

企业在进货时可用数据采集器核对产品品种和数量。首先将所有本次进货的单据、产品信息下载到数据采集器。数据采集器将提示材料管理员输入购货单的号码，由采集器的应用系统判断这个条码是否正确，如果不正确，系统会立刻向材料管理员做出警示；如果正确，材料管理员再扫描所购材料单上的项目号，系统随后检查购货单上的项目是否与实际相符。接着，材料管理员扫描物料规格信息和标识号的条码。

2. 生产管理

在条码没有应用的时期，每个产品在上生产线前，必须手工记载生成这个产品所需的工序和零件，领料员按记载分配好物料后，才能开始生产。在每条生产线每个产品都有记录表单，每一个工序完成后，填上元件号和自己的工号。手工记载过程工作量大，很复杂，而且不能及时反映产品在生产线上的流动情况。采用条码技术后，订单号、零件种类、产品数量编号都可条码化，在产品零件和装配的生产线上及时打印并粘贴标签。产品下线时，由生产线质检人员检验合格后扫入产品条码、生产线条码号，并按工序顺序扫入工人的条码，对于不合格的产品送维修，由维修确定故障的原因，整个过程不需要手工记录。

3. 库存货物管理

条码技术应用与库存管理，避免手工书写票据和送到机房输入的步骤，大大提高了工作效率。同时，解决了库房信息陈旧滞后的问题，提高了交货日期的准确性。另外，解决了票据信息不准确的问题，提高了客户服务质量，消除事务处理中的人工操作，减少无效劳动。

若产品在存储期间标签破损，则可以参照同类货物或根据其所在位置，在计算机上制作标签，进行补贴。在货物移位时，用识别器进行识读，自动收集数据，把采集数据自动传送至计算机货物管理系统中进行数据管理。按照规定的标准，通过条码识读器对仓库分类货物或零散货物进行定期的盘存。在货物发放过程中，出现某些品名的货物零散领取的情况，可采用两种方式：①重新打包，系统生成新的二维码标签，作为一个包箱处理；②系统设置零散物品库专门存储零散货物信息，记录货物的品名、数量、位置等信息，统一管理。

对各种货物库存量高于或低于限量进行自动预警。结合各种货物近期平均用量，自动生成在一定时间内需要采购的货物品名和数量等。管理人员可适时地进行采购或取消订货，有效控制库存量。空间监控：监控货物的实际位置、存放时间、空间余地等参数，自动对不合理位置、超长存放时间、空间余地不足等规定的限量自动报警。

4. 出库管理

采用条码识读器对出库货物包装上的条码标签进行识读，并将货物信息快递给计算机，计算机根据货物的编号、品名、规格、数量等自动生成出库明细。发现标签破损或丢失按照程序人工补贴。将出库货物经过核对，确认无误后，再进行出库登账处理，更新货物库存明细。

5. 产品信息跟踪

对整个供应链进行跟踪。例如，通过跟踪系列、批号和库存，掌握准确的可供应量信息；跟踪货物的出库、入库情况，掌握分发单位、生产单位的相关信息等。若收到某件产品投诉，则可根据条码得知产品的生产人员、质检人员、保管人员等信息，以便追究责任，并可避免同类事件再次发生，从而提高产品的合格率，也可作为考核员工的标准和激励措施。

### （三）条码技术在其他行业中的应用

实践表明，商店采用条码系统管理体制所带来的直接效益可达营业额的6.12%。更为重要的是，它不仅促进了商品流通化管理，而且对生产厂家来说，采用条码技术不但能有效地掌握生产线上各工序元器件、部件、半成品数量，以及成品和原材料的库存情况，还可以通过计算机网络快速获得销售信息，及时有效地预测市场动向，建立产、供、销为一体的高效运行机制。由于现代工商贸易异常活跃，商品种类多而庞杂，因此采用物品编码可使出口商在贸易中避免出现差错，并能及时了解货物分布情况。零售业采用POS系统，不仅提高了结算速度，也避免了人为差错，使顾客量由此大增。对顾客而言，可大大减少购物等待时间，购物清单也便于家庭记账。条码管理系统的应用也为商场服务人员为顾客咨询服务创造了有利的条件。

条码技术可用于海关商品报关单管理和商品检验等，在公安系统用于出入签证管理以及护照、身份证、管理等，在企事业单位可用人事档案管理、设备管理、会务管理、考勤管理、高考自学考试管理和各种票证、票据管理等。条码技术为商品管理和各国间贸易往来以及各领域的自动化管理，提供了极简便的共同语言。

## 彩色三维码

彩色三维码全称是彩色图像三维矩阵，英文名Colormobi，又称色码、三维码、彩色三维码、三维彩色码、彩链。简单来说它是索引信息的一把钥匙，只需手机用Colormobi彩色码解读器扫描彩色码就能读取码内的信息，无论是文字、图片还是视频，都能在手机上快速浏览。

上海彩链（SMART ICON）信息科技有限公司于2012年年初正式成立，公司致力于以渠道溯源需求与移动信息服务为导向，创造并发展全新的移动网络服务模式，为社会公众信息创新服务市场建设完善、便捷而贴心的辅助服务环境。Colormobi彩色三维码是公司的核心产品，其32BIT色彩识读解析技术与Microsoft TAG并列国际仅有的两项专利独有技术。在编码界面设计及信息编辑与数据互通管理上都处于国际高端的领先水平。

Colormobi彩色三维码是在传统黑白二维码基础上发展而来的一种全新图像信息矩阵产品。相比传统的黑点为"1"，空白为"0"的二进制编码结构，彩色三维码已革新至由原有的平面矩阵二维，巧妙地利用构成色块识读逻辑基础的RGBK色系概念，组合与十六进制相对应的几何形体表示数值信息构成三维矩阵。它的原理是运用手机读取器向服务器发送索引资讯，在服务器上转换成URL资讯，然后跳转到相应的网页上。它的组合高达28京兆亿次，完全能满足各个领域的需求应用。它本身不是信息携带型码，它提供的是后台内容的快速指向和数据双向管理。

**特点介绍**

作为解决二维码技术和应用瓶颈而发展起来的新型矩阵技术，彩色三维码对手机摄像头的技术要求不高，即使支持普通摄像功能的中低端手机都能主动识别。彩色三维码从技术上来看是一个5×5的矩阵图，25个矩阵单位各由四种相关性最大的单一颜色红、绿、蓝、黑组成，外框通过线条封闭。相比QR码技术，彩色三维码具有较高的容错能力，对图形和色彩设计的容忍范围更大，因此整体形态可以表现得十分丰富，可通过平面创意设计，将企业形象、品牌、服务及CIS标志融合其中，形成具有视觉意义的新LOGO。

**彩色三维码应用**

彩色三维码应用范围极其广泛，可应用在商品溯源防伪、品牌衍生营销、品牌传播推广、综合信息服务、公共信息服务、票务验证服务、会务展览服务、会员管理服务、电商延伸服务、物流渠道管理、广告传媒服务、用户消费导航、商品电子标识、出版物延伸服务、影视发行延伸服务、医疗服务管理、食品溯源信息服务、企业商务管理、会议课件扩展、教育课件扩展、社区互动服务等之上。作为国内最大的互联网综合平台，腾讯率先在其腾讯微博、CF、QQ飞车、DNF的赛事活动中应用了彩码技术。

资料来源：http://www.colormobi.com/.

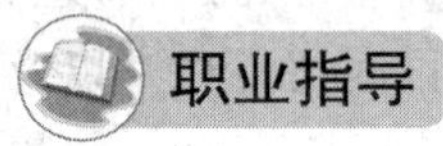


## 中国条码技术资格证书简介

一、证书名称及类型

证书名称：中国条码技术资格证书。

证书类型：《中国条码技术资格证书》《中国条码技术资格（高级）证书》。

二、认证机构

证书是由中国物品编码中心、中国自动识别技术协会、中国条码技术与应用协会三家自动识别行业的权威机构共同颁发。

三、培训机构

中国条码技术资格证书认证项目，由21世纪中国电子商务网校具体负责项目的组织实施工作。

21世纪中国电子商务网校介绍：21世纪中国电子商务网校是国内著名的网上培训机

构，是信息产业部信息化推进司授权的唯一一家网上电子商务培训机构，其学员来自全球各地。

四、中国条码技术资格证书认证对象

(1) 高职高专院校物流管理、工商管理、企业管理、国际贸易等经济管理类专业，计算机、通信、物理、机械、电子工程等工程技术类专业，以及包装技术与设计、出版发行、行政管理、卫生信息管理、食品药品监督管理、农产品质量检测等相关专业的学生。

(2) 从事供应链管理、邮政、物流、商业零售等领域相关工作，或谋求发展的人士。

(3) 高中以上学历对条码自动识别技术感兴趣的人士。

五、参考教材

清华大学出版社出版的《条码技术与应用》(系列教材)"高职培训分册"为"中国条码技术资格证书"指定教材。

六、考试安排

书面考试试卷由授权教师自主出题。上机考试试卷由计算机在《条码技术与应用》相应分册的题库中随机抽取组成，考试时间为 90 分钟。书面考试、上机考试成绩的权重为 40∶60，综合成绩 60 分(含)以上为成绩合格，成绩合格的学员授予相应的证书。成绩不合格的学员，免费提供一次上机考试机会，补考成绩合格，授予证书，补考成绩不合格，不授予证书。

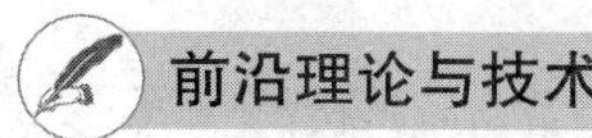

## 前沿理论与技术

### 世界进入"拍码时代"——用你的手机链接实物

听起来像科幻影片：想买房的人开车经过"此房出租"的招牌，停下车，掏出手机，启动"照相机"，对着招牌上的一个方形码按下了 OK 键，手机屏幕上立即显示此房的"要价、卧室数、是否可以洗澡"等详尽细节。

"通过手机读取条码信息"这种技术的应用，在日本已经很普遍，在美国也蓄势待发，准备占领大街小巷。

手机读取印在物品表面的"条码"，再通过互联网找出对应这个"条码"的物品信息呈现在手机上。不管是一栋楼房，还是一棵古树，只要上面印有条码，并在互联网上有它的相关信息，就可以在手机屏幕上呈现与它相关的图片、文本材料甚至录像。

手机，被很多人称为科技产品中的"瑞士军刀"。集合各种功能的它正引领"条码"潮流汹涌向前。

这时，手机变成了一个数字遥控器。"它是物质世界和虚拟世界的桥梁。"CBS 公司手机应用部门主管勒丁说。

在日本，走进麦当劳的客人可以通过用手机拍摄汉堡包上的"方形码"了解这个汉堡的营养成分。人们也可以拍摄刊登在杂志上的广告条码查看产品价目表。上飞机时也不再需要出示纸质飞机票，只要带着手机就行。

在美国，这门技术的应用步伐仿佛慢了一点。之所以晚日本一步，据很多广告公司分析，是因为"美国手机出厂时不安装相应的解码软件，要想给手机增加这个功能，还得亲自手动下载软件并安装"。

实际上,现在世界大多数国家和地区的人们,日常生活的大部分时间都不能浏览互联网,比如乘地铁、看电视、开车的时候。但是随着这种新技术的出现,现实和虚拟世界的这堵墙有望被推倒。

“使用了这种手机新技术,就不需要时不时打开电脑查看信息。”惠普英国实验室一位高级研究员说,“站在一栋大楼前,想知道关于它的一些信息?只需用手机照下大楼某处贴着的二维码就行。我们管这种‘二维码’叫‘实物超链接’。”

“现实中的任何一件事物,都与互联网虚拟世界某个角落里的信息有关联,包括我们自己以及我们坐的椅子和用的桌子。”美国 NeoMedia 科技集团首席执行官弗里茨说。这家公司正在致力于发展手机的解码功能。

这种“黑白方点马赛克图”的出现,让条码技术的应用前景更加光明。因为这种平面二维图所包含的信息,远远多于传统的竖杠条码。

实际上,这种技术在美国的实验室里已经酝酿多年,随着越来越多的手机配备摄像头,这种二维码开始“走出实验室”,出现在超市商品的包装袋上。

虽然扫描日常物品的技术并非只能通过二维码,但这是最便宜、方便,发展也最成熟的技术,普通人都可以用得起。

在日本,这种很有潜力的技术一直默默无闻,直到日本几家手机生产巨头开始把二维码的读码器嵌入出厂的手机里。现在,日本有数以百万计的人的手机具备“读码”功能,并且经常使用解码广告牌、路标甚至三明治包装袋上的信息。

早在 20 世纪 90 年代晚期,很多小公司就开始尝试生产一种专用的“解码设备”,用于拍摄简单的文字和广告图片,通过互联网搜索与此相关的详细信息,并呈现在“解码设备”上。但是事实证明,消费者对这种“专门”的设备缺乏热情。

随着手机的出现、普及和日渐强大,事情有了转机,这种新技术终于发现了最佳搭档。

尽管美国有 8 400 万家庭拥有手机,并且 1/3 有摄像头。但是至今,很少有人专门跑去下载软件读码。

在日本,人们则更适应这种“读码、解码的生活”。很多矗立在高速公路旁的广告牌上,醒目地印着二维码,大得可以让行驶中的人们用手机拍下来了解详细信息;医生也用这种二维码“写”处方,以便药剂师可以迅速拿药而不用一板一眼地研读;超市肉制品上印着二维码,用手机扫一下就可以得到保质期等详细信息,甚至还可以查到这块肉是哪家农场生产的。

最流行的一种用法是免除打印飞机票的麻烦,只要出示存有二维码的手机就可以搞定登机手续。日本 Nippon 航空公司的 1/10 乘客在飞国内航线时,就使用这种虚拟机票。

这种新技术,甚至允许手机读取计算机屏幕上的信息。急着出门的人可以把打开的网页的“网址”扫进手机,出门后在手机上继续阅读。MySpace(美国著名交友网站)的用户可以在个人主页上放一枚“二维码”,亲朋好友就可以方便地将其扫入手机,路上慢慢品味更新的博客。

对于广告商来说,也有好消息。这种新方法可以用来检测他们投放的广告是不是有效:只需要数一下刊登在此处的二维码在网站上被“单击”多少次,就可以准确地知道广告宣传是否令人满意了。

对于传统媒体来说,这种技术也越来越风行。在英国,新闻集团报业公司(隶属于新闻集团)正在尝试在一些体育文章旁印一枚“二维码”,读者可以方便地扫描“代码”,把与该文章相配的视频文件下载到手机上观看。尽管前途无量，这种二维码的普及仍然需要时间和努力。“消费者们需要一个理由去使用二维码，”美国 Nextcode 条码公司首席执行官吉姆·列文说，“他们不会像刚睡醒一样，说‘嘿，伙计们，让我们一起去扫扫二维码吧！’”

资料来源：电脑之家网.

## 实训任务实施一

### 条码设计、打印和识读

1. 实训目标

(1) 学生掌握一维、二维条码的基本概念、条码分类和编码方法。

(2) 熟练掌握条码的生成、打印和识读操作。

(3) 掌握条码识读设备的操作。

2. 实训要求

(1) 按照实训任务单，完成各项任务。

(2) 按照规范要求，提交实训报告。

(3) 遵守实训中心的纪律，爱护设备，实训认真，注意安全。

3. 实训准备

(1) 教师准备好实训任务书，讲清该任务实施的目标和条码知识要点。

(2) 实训中心准备好实训设备和条码生成、打印和检测软件。

(3) 学生根据任务目标通过教材和 Internet 收集相关资料并做好知识准备。

(4) 根据任务要求，对学生进行分组，5～7 人一组，设组长一名。

4. 实训任务

(1) 每组制作商品条码、储运单元条码、物流单元条码、PDF417 码和 QR 码各一张。

① EAN-13：要求打印内容为 690123456789 其中最后一位 1 为系统自动生成，校验位。

② ITF-14：要求打印内容为 16922065711336。

③ UCC/EAN-128：要求打印内容为(01)16903128100250(13)150520(15)160519 表示贸易项目代码为 16903128100250，该产品包装日期为 2015 年 05 月 20 日，保质期到 2016 年 05 月 19 日。

④ PDF417：要求打印内容为自己的班级、姓名和学号。

⑤ QR 码：要求打印内容为自己的班级、姓名和学号。

(2) 条码识读。

(3) 撰写实训报告、制作 PPT 和汇报。

5. 实训操作

(1) 打开 Zebradesigner。

双击打开 Zebradesigner 条马软件，选中“创建新标签”，单击“完成”按钮。

(2) 标签设置向导。

在“选择打印机”窗体里单击“属性”，选中“ZDesigner 888-DT”，单击“下一步”按钮，如图 2-36 所示。

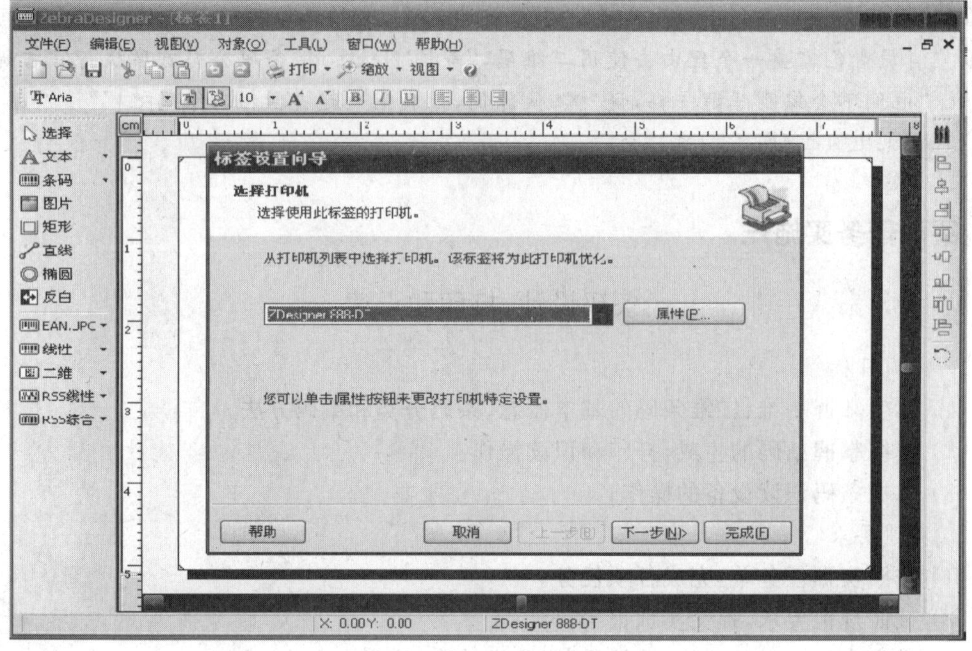


图 2-36 标签设置打印机选择界面

选择标签库的作用:预定义标签格式(标签库)可以加速标签设计。单击"下一步"按钮。

在"页面大小"设置窗体里选择所需的页面尺寸,可以选择"自动调整大小"或"页面大小"在其中设计条码的宽度、高度。单击"下一步"按钮。

在"标签布局"选择一个最符合你要求的页面布局。根据设计条码标签的类型,选择条码打印方向"纵向"或"横向",如图 2-37 所示。

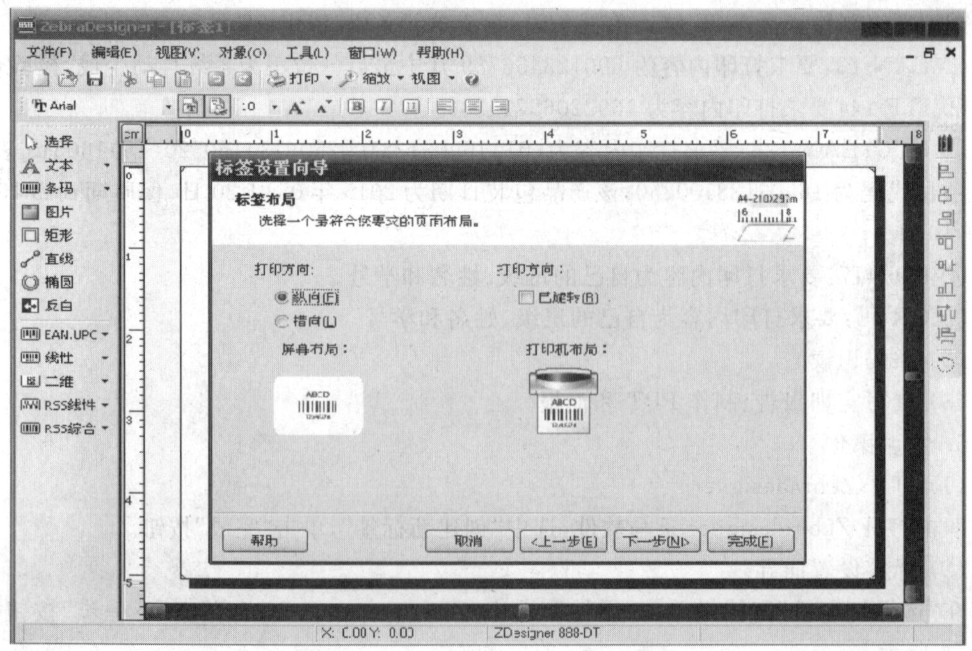


图 2-37 标签设置向导

在“标签尺寸”中设置标签版面尺度和选择合适的衡量单位。根据标签的大小设置“标签宽度”“标签高度”等变量。

(3) 标签设计。

选择你想设计的标签,例如,设计 EAN·UCC 类型条码,选择 EAN·UCC 条码,单击选中 EAN-13 条码,鼠标单击右侧空白区,如图 2-38 所示。

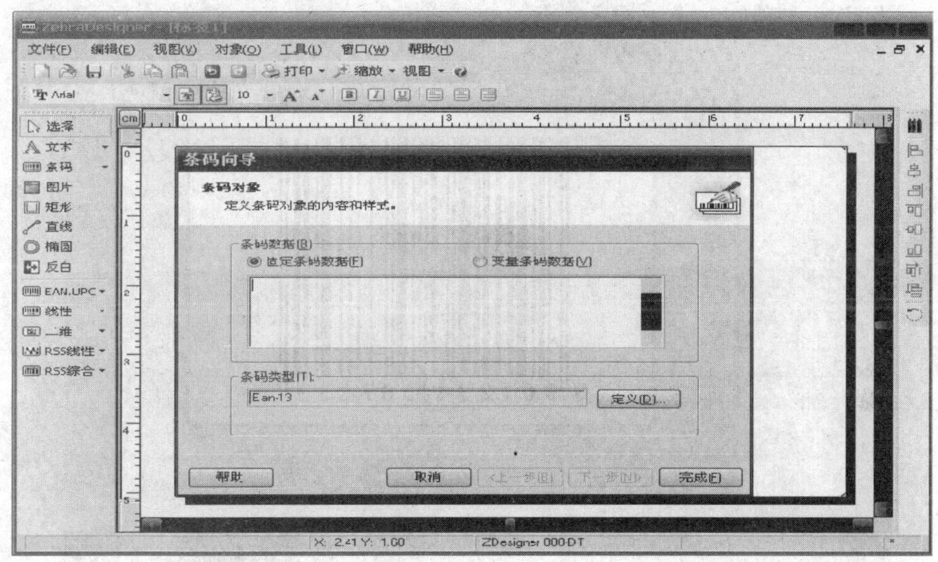


图 2-38 条码内容设计界面

单击“定义”按钮开始编辑条码,符号高度设置为 2.0cm,X 方向放大因子为 4,条码校验位选择“自动生成条码校验位”,人眼可识别码选择“条码下方”,单击“确定”按钮完成条码编辑,如图 2-39 所示。

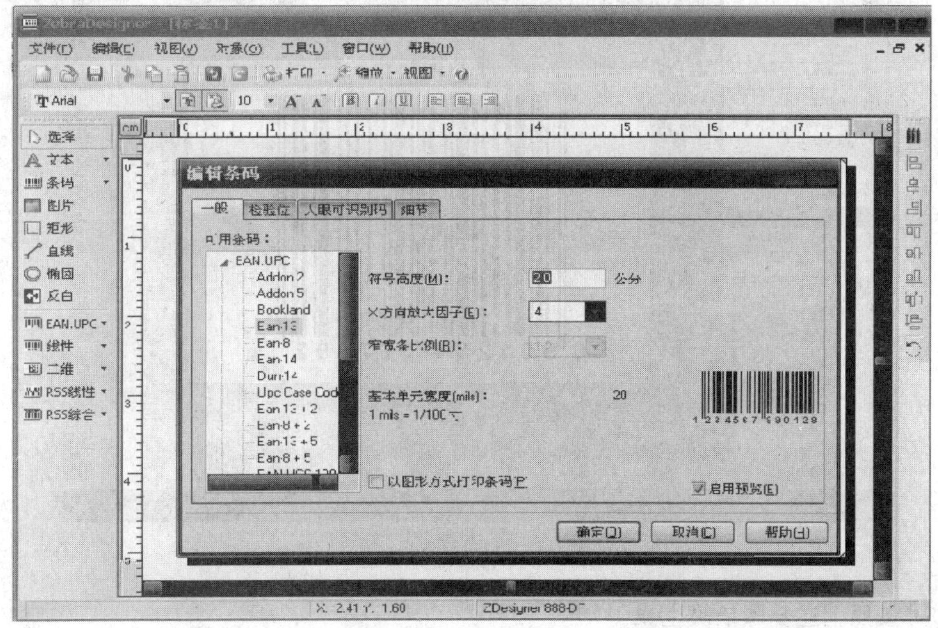


图 2-39 条码类型选择界面

(4) 条码标签代码的生成。

单击选择“固定条码数据”输入自定义条码符号如“690123456789”12 位符号，单击“完成”按钮，如图 2-40 所示。然后，单击“文件”选择“打印”，如图 2-41 所示。

图 2-40 条码生成界面

图 2-41 打印选择界面

(5) 按照上述步骤依次生成。

ITF-14：要求打印内容为 16922065711336；UCC/EAN-128：要求打印内容为(01)

16903128100250(13)150520(15)160519 表示贸易项目代码为 16903128100250，该产品包装日期为 2015 年 05 月 20 日，保质期到 2016 年 05 月 19 日；PDF417：要求打印内容为自己的班级、姓名和学号；QR 码：要求打印内容为自己的班级、姓名和学号。

(6) 识读条码：对上述生成的条码使用条码扫描枪进行识读条码练习。

6. 撰写实训报告

由学生完成。

7. 制作 PPT 和汇报

由学生完成。

8. 技能训练评价

完成实训后，填写技能训练评价(见表 2-19)。

**表 2-19 技能训练评价**

| 专业： | 班级： | 被考评小组成员： | | | |
|---|---|---|---|---|---|
| 考评时间 | | 考评地点 | | | |
| 考评内容 | 物流信息技术应用调研 | | | | |
| 考评标准 | 内 容 | 分值 | 小组互评(50%) | 教师评议(50%) | 考评得分 |
| | 实训过程中遵守纪律，礼仪符合要求，团队合作好 | 15 | | | |
| | 实训记录内容全面、真实、准确，PPT 制作规范，表达正确 | 15 | | | |
| | 条码生成、打印软件操作正确，按要求完成条码生成与打印任务 | 30 | | | |
| | 会条码扫描仪操作且正确 | 20 | | | |
| | 会使用条码识读设备对条码正确识读 | 20 | | | |
| 综合得分 | | | | | |
| 指导教师评语： | | | | | |

## 实训任务实施二

### POS 前台收银系统模拟操作

1. 实训目标

(1) 了解零售业的运作流程，帮助学生理解物流供应链的“链”的概念。

(2) 认识 POS 系统的组成、结构，理解 POS 机的工作原理。

(3) 熟悉零售商末端的收银结算方法，掌握超市收银系统的各项操作。

2. 实训要求

(1) 按照实训任务单，完成各项任务。

(2) 按照规范要求，提交实训报告。

(3) 遵守实训中心的纪律，爱护设备，实训认真，注意安全。

3. 实训准备

(1) 教师准备好实训任务书，教师讲清该任务实施的目标和 POS 系统的知识要点。

(2) 实训中心准备好 POS 系统实训设备和商品。

(3) 学生根据任务目标通过教材和 Internet 收集相关资料并做好知识准备。

(4) 根据任务要求，对学生进行分组，5～7 人一组，设组长一名。

4. 实训任务

熟悉“百威 9000 前台收银系统”的各项操作，包括系统登录、前台当班、前台收银、销售明细、前台交班、修改密码、数据交换、练习收银和前台盘店。

5. 实训操作

(1) 系统登录。

在安装有“百威 9000 商业管理系统”POS 产品的 Windows 桌面上双击“百威 9000 前台收银系统”图符，出现图 2-42 所示的登录窗口。输入收银员编号和密码，按 Enter 键进入系统。

图 2-42 “百威 9000 商业管理系统”登录窗口

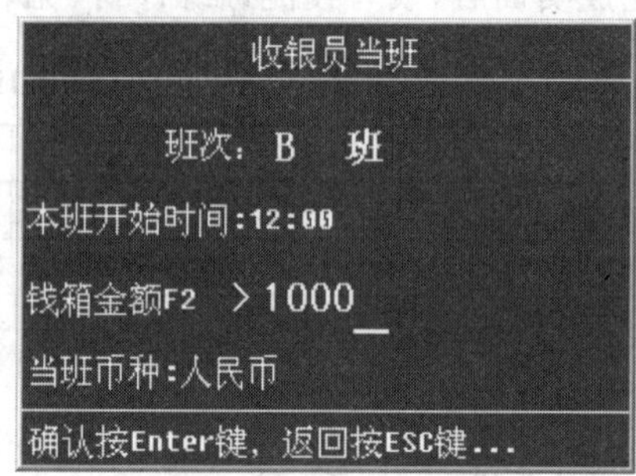


图 2-43 前台当班

(2) 前台当班。

当班是一天收银工作的开始，当班时显示您当前是哪一班，系统最多可分为 4 个班，显示本班的开始时间(见图 2-43)。

钱箱金额：表示输入当班时的钱箱零钱。输入完成后，按 Enter 键保存，再进入前台收银界面。

(3) 前台收银。

进入前台收银界面如图 2-44 所示，显示三个区：销售商品区、操作提示区、单据状态区。其中操作提示区可按 F1 键进行隐藏和打开 ，单据状态区可按 Ctrl＋F1 组合键进行隐藏和打开。

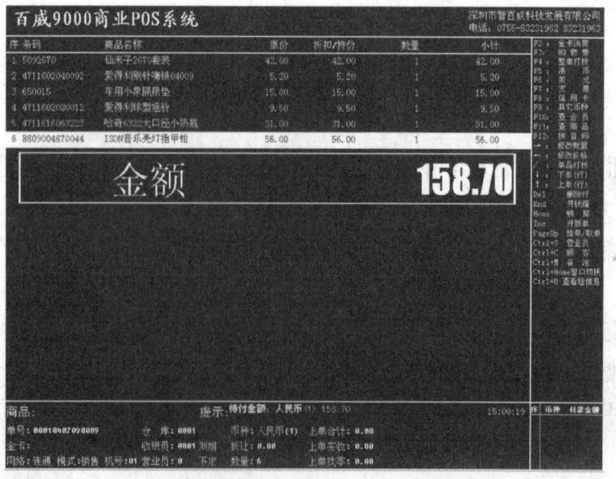


图 2-44 前台收银界面

按键说明：

【F2:金卡消费】

这是指会员卡消费，其中包括储值卡的消费，但必须后台设置有会员卡，在前台才可以进行消费。操作方法：在输入商品前或者输入完商品后，按 F2 键，系统会提示刷金卡的界面如图 2-45 所示。

金卡消费
请输入金卡卡号：
>
确认按Enter键，F2键按电话查询，返回按ESC键...

图 2-45 刷金卡的界面

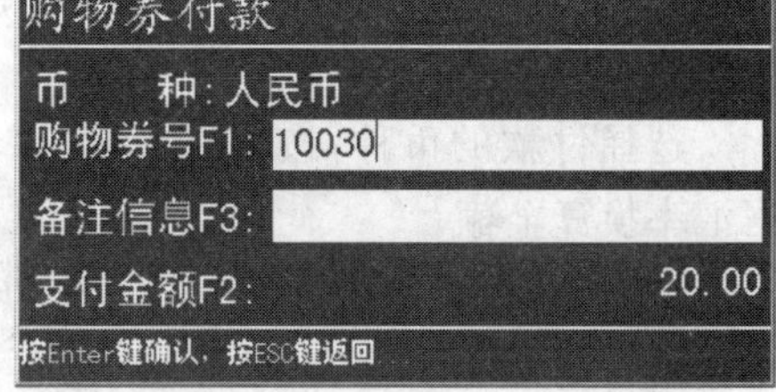


图 2-46 购物券付款界面

输入金卡号或者通过 IC 卡阅读器和磁卡阅读器读入卡号，如果卡号有效，下面的金卡处会显示金卡卡号和名称；如为无效的卡，则会提示此卡无效或者是过期。

【F3:购物券】

如果超市发行了购物券，客户在结算时采用购物券，按 F3 键进行进入购物券付款界面(见图 2-46)。

在图 2-46 所示界面中输入购物券号按回车，如果购物券有效，提示该购物券面值，是否需要使用购物券付款；如果购物券的编号在后台没有发行，前台不能结账。

【F4:整单打折】

整单打折表示前台销售的商品全部输入在屏幕上，然后直接给客户全单打折。此时可按 F4 键，输入折扣率，比如 8 折，可输入 80，按 Enter 键即可。

【F5:港币】

如果前台客户支付港币，可按 F5 键，系统自动根据汇率换算金额，输入港币金额就可以了。

【F6:美元】

如果前台客户支付美元，可按 F6 键，系统自动根据汇率换算金额，输入美元金额就可以了。

【F7:支票】

如果前台客户使用支票，可按 F7 键，系统提示如图 2-47 所示。

在支票号中输入支票号码，金额默认为本单的金额，确认无误后，按 Enter 键。

【F8:信用卡】

前台收银过程中，如果客户是采用信用卡刷卡付款，则按 F8 键进入信用卡付款界面(见图 2-48)。

支票付款
币 种：人民币
支票号F1: 4492002
支付金额F2: 20.00
备注信息F3:
按Enter键确认，按ESC键返回

图 2-47 支票付款

信用卡付款
币 种：人民币
信用卡号F1: 4401020304023020300040203
支付金额F2: 60.00
备注信息F3:
按Enter键确认，按ESC键返回

图 2-48 信用卡付款界面

在信用卡号中输入客户的信用卡号码,金额默认为本单的金额,确认无误后按“回车”键即可。

【F9:其他币种】

在前台收银过程中,往往会碰到多币种付款情况,如果是人民币、港币、美元以外币种下,须按F9键进入其他币种选择界面,如图2-49所示。

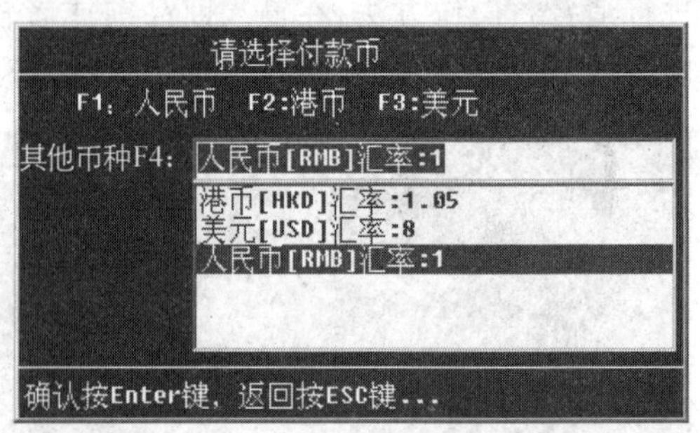

图2-49 其他币种选择界面

选择付款的币种,按Enter键,系统自动根据汇率换算金额。

【F10:查会员】

前台如需查询会员的资料,则可以按F10键进入会员查询界面,查询会员可按卡号、名称和电话进行查询,输入完后按Enter键,系统会进行模糊查询,将所输入编号的会员列出来,可通过按“↓”键翻页查询。

【F11:查商品】

前台如需查询商品的资料,可按F11键进入商品查询界面,可按商品条码、名称、拼音码进行查询。

【→:修改数量】

前台销售的过程中,如果客户一次性购买几件一样的商品,可先输入商品编号,然后再输入数量,按方向键中的“→”键即可。

【←:修改单价】

前台销售的过程中,如果商品的价格是议价,可先输入商品编号,然后再输入商品价格,按方向键中的“←”键即可。

【↑:上单(行)】

在销售过程中按“↑”键是上一行,如果已结算完,按“↑”键表示上一单。

【↓:下单(行)】

在销售过程中按“↓”键是下一行,如果已结算完,按“↓”键表示下一单。

【Del:删除行】

在销售过程中,如果商品已经扫描进入系统,客户又不想要,按“↑”“↓”键将商品找到,然后再按Del键删除商品。

【End:开钱箱】

如果是在不结账的情况下需要打开钱箱,可按End键,输入收银员的密码,可以将钱箱弹出。

【Ins:开新单】

如果屏幕上已输入了商品,客户又不想要了,可按Ins键进行开新单操作。

【PageUp:挂单/取单】

在收银过程中,如果商品已扫描到屏幕上,但客户又觉得还有其他的商品需要购买,可按PageUp键,先将本单挂起,等客户回来后,再按PageUp键,进入取单界面,选择刚才挂起的单,按Enter键就可以了。

【Ctrl＋S:营业员】

前台收银过程中,如果需要输入营业员,则可按 Ctrl＋S 组合键选择营业员。在这里要注意的是,如果营业员管辖单品,要先输入营业员,再输入商品;如果不需要管辖单品,任何时间输入都可以。

【Ctrl＋C:客户】

前台收银过程中,如果需要临时记录购买商品的客户信息,则可按 Ctrl＋C 组合键输入客户的信息,以便日后查询。一般机场免税店等场所需要这方面信息,如户照号、国籍、航班等。

【Ctrl＋M:备注】

前台收银过程中,如果本单要加以注明,可按 Ctrl＋M 组合键输入说明性文字,如本单是老板签单等。

【Ctrl＋Home:窗口切换】

窗口切换表示收银界面和 Windows 界面之间进行切换。

【Ctrl＋B:查看短信息】

如果后台管理人员有发送短信息到前台,则在前台可按 Ctrl＋B 组合键查看短信息。

退货处理:如果在前台收银客户需要退货,可按 ESC 键,选择开始退货,进入退货模式,操作和销售一样。

赠送处理:如果在前台收银客户需要赠送,可按 ESC 键,选择开始赠送,进入赠送模式,操作和销售一样。

修改密码:如果在前台收银员需要更改自己的密码,可按 ESC 键,选择修改密码,进入修改密码界面,输入原密码,再输入两次新密码就可以了。

收支现金:前台收银过程中,往往会出现一些非销售类的收支,则可按 ESC 键,选择"收支现金"界面,如图 2-50所示。

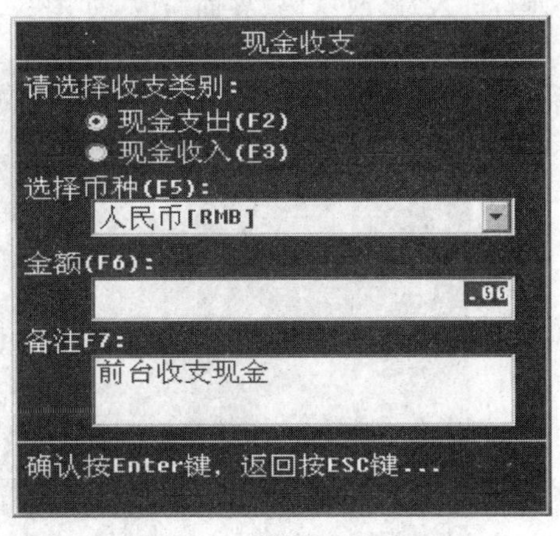


图 2-50　收支现金界面

选择是收入还是支出,选择币种,输入金额,再输入备注信息,按 Enter 键就可以了。

重打小票:前台如需重打销售小票,可按 ESC 键,选择重打小票,输入小票号码,系统会自动重新打印一份小票。

作废小票:如果刚才收款过程中出错,可按 ESC 键,选择作废小票,输入小票号码,系统会将刚输入的小票号码的商品销售作废。

(4) 销售明细。

前台如需查询自己的销售情况,可在主界面上选择销售明细按键,但此界面中只能查询到本人的销售,如图 2-51 所示。

(5) 前台交班。

前台如果收银结束,需在主界面上选择"前台交班",如图 2-52 所示。

界面上会显示当天的当班时间、交班时间、班次、今天的收银情况。如需交班,则按 Enter 键就可以了。

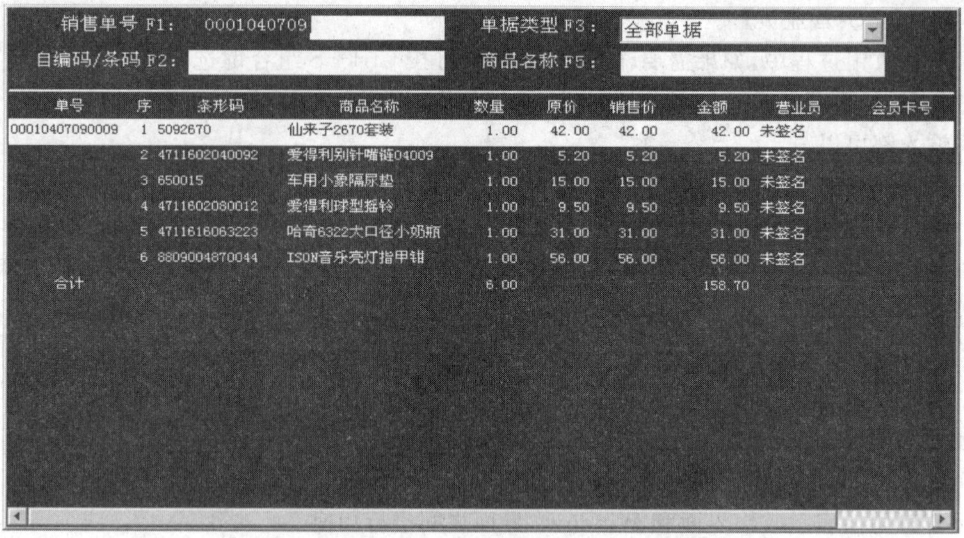

销售单号 F1: 0001040709
单据类型 F3: 全部单据
自编码/条码 F2:
商品名称 F5:
单号 序 条形码 商品名称 数量 原价 销售价 金额 营业员 会员卡号
00010407090009 1 5092670 仙来子2670套装 1.00 42.00 42.00 42.00 未签名
2 4711602040092 爱得利别针嘴链04009 1.00 5.20 5.20 5.20 未签名
3 650015 车用小象隔尿垫 1.00 15.00 15.00 15.00 未签名
4 4711602080012 爱得利球型摇铃 1.00 9.50 9.50 9.50 未签名
5 4711616063223 哈奇6322大口径小奶瓶 1.00 31.00 31.00 31.00 未签名
6 8809004870044 ISON音乐亮灯指甲钳 1.00 56.00 56.00 56.00 未签名
合计 6.00 158.70


图 2-51　销售明细查询

(6) 修改密码。

收银员如需更改自己的密码,可在前台收银界面中更改,也可在主界面上选择修改密码,进入“修改密码”界面修改,如图 2-53 所示。

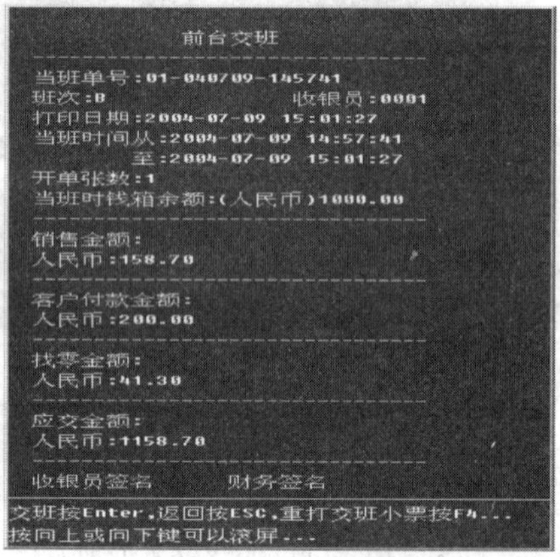

前台交班
当班单号:01-040709-145741
班次:0 收银员:0001
打印日期:2004-07-09 15:01:27
当班时间从:2004-07-09 14:57:41
至:2004-07-09 15:01:27
开单张数:1
当班时钱箱余额:(人民币)1000.00
销售金额:
人民币:158.70
客户付款金额:
人民币:200.00
找零金额:
人民币:41.30
应交金额:
人民币:1158.70
收银员签名 财务签名
交班按Enter,返回按ESC,重打交班小票按F4...
按向上或向下键可以滚屏...


图 2-52　前台交班界面

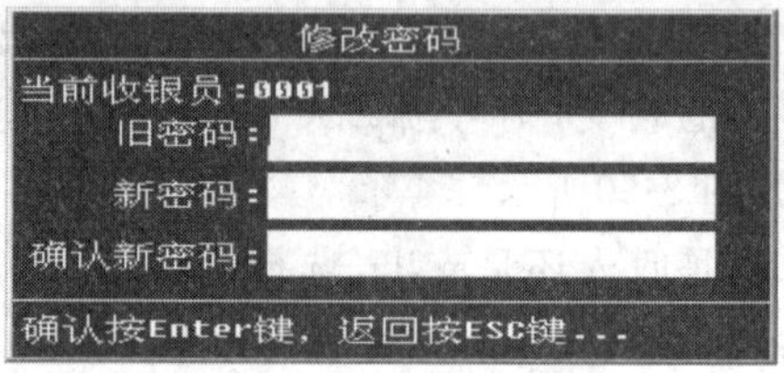

修改密码
当前收银员:0001
旧密码:
新密码:
确认新密码:
确认按Enter键, 返回按ESC键...


图 2-53　修改密码界面

(7) 数据交换。

数据交换是为了将服务器的数据下载到本地收款机,同时,如果本地有断网的数据,也可以同时上传到服务器。

(8) 前台盘点。

前台盘点是本系统的一个特别功能,首先需到后台设置盘点的批次号操作:输入商品条码和数量按 Enter 键。如果是追加方式,会在上面已有的商品中加上本次输入的数量;如果是覆盖方式,则覆盖上面已有的商品数量,界面如图 2-54 所示。

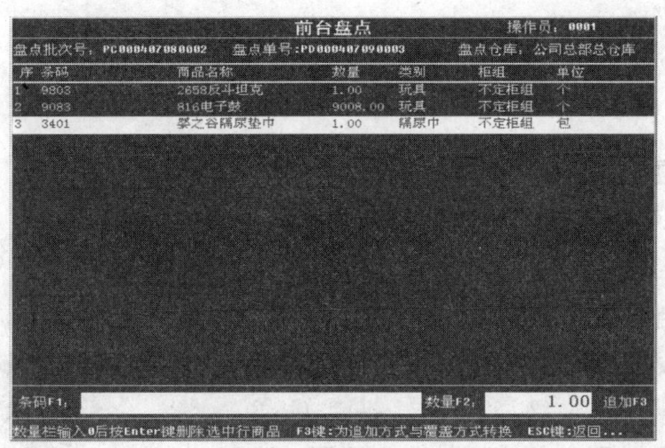


图 2-54　前台盘点界面

6. 撰写实训报告

由学生完成。

7. 制作 PPT 和汇报

由学生完成。

8. 技能训练评价

完成实训后，填写技能训练评价(见表 2-20)。

**表 2-20　技能训练评价**

| 专业： | 班级： | 被考评小组成员： | | | |
|---|---|---|---|---|---|
| 考评时间 | | 考评地点 | | | |
| 考评内容 | 物流信息技术应用调研 | | | | |
| 考评标准 | 内　　容 | 分值 | 小组互评(50%) | 教师评议(50%) | 考评得分 |
| | 实训过程中遵守纪律，礼仪符合要求，团队合作好 | 15 | | | |
| | POS 系统软件前台模拟操作正确，按要求完成实训任务 | 40 | | | |
| | 实训记录内容全面、真实、准确，实训报告撰写规范 | 15 | | | |
| | PPT 制作规范，汇报语言清楚，概念表达正确 | 30 | | | |
| 综合得分 | | | | | |
| 指导教师评语： | | | | | |

# 任务小结

本任务介绍了条码的起源与发展、条码的基础知识和识读原理，以及条码技术在物流领域中的应用，介绍了 GS1 和 POS 系统。通过条码设备和模拟软件的操作，加深对条码技术的认识。

# 练 习 题

**一、单项选择题**

1. 商品条码 EAN-13 的前缀码是用来表示(　　)的代码。

A. 商品项目　　B. 厂商

C. 各编码组织所在国家地区　　D. 国际编码组织

2. 商品条码 EAN-13 的校验码由(　　)位数字组成,用以校验条码的正误。

A. 1　　B. 2　　C. 3　　D. 4

3. EAN-13 码的编码必须遵循(　　)原则。

A. 标准性、唯一性、简明性　　B. 通用性、可扩展性、永久性

C. 唯一性、永久性、无含义　　D. 唯一性、不变性、标准性

4. 条码识读器通常由光源、接收装置、(　　)、译码电路和计算机接口组成。

A. 发射装置　　B. 数据库

C. 光电转换部件　　D. 天线

5. 条码阅读设备的分辨率是指在正确扫描时,检测读入的(　　)。

A. 最窄条符的宽度　　B. 有效工作范围

C. 条码信息物理长度值　　D. 标签数与扫描标签总数的比值

6. 采用条码技术误码率为(　　)。

A. 三百分之一　　B. 万分之一

C. 百万分之一　　D. 低于百万分之一

7. 条码扫描译码过程是(　　)。

A. 光信号→数字信号→模拟电信号

B. 光信号→模拟信号→数字信号

C. 模拟电信号→光信号→数字信号

D. 数字信号→光信号→模拟电信号

8. EAN/UCC-13 厂商识别代码由(　　)位数字组成,由中国物品编码中心负责分配和管理。

A. 4～6　　B. 7～9

C. 8～10(EAN/UCC-8)　　D. 9～11

9. 条、空的(　　)颜色搭配可获得最大对比度,所以是最安全的条码符号颜色设计。

A. 红白　　B. 黑白　　C. 蓝黑　　D. 蓝白

10. 条码在物流中的作用是(　　)。

A. 车辆定位　　B. 货物名称识别

C. 防伪标志　　D. 所属货主的识别

**二、判断题**

1. 条码只在一个方向(一般是水平方向)表达信息,而在垂直方向不表达任何信息。(　　)

2. 编码中的“条”指对光线反射率较低的部分，“空”指对光线反射率较高的部分。(　　)

3. 构成条码的基本单位是“条”和“空”。(　　)

4. 接触式识读设备包括光笔与卡槽式条码扫描器；非接触式识读设备包括CCD扫描器、激光扫描器。(　　)

5. 激光条码识读器可以识读常用的一维条码，还能识读行排式和矩阵式的二维条码。(　　)

6. 二维条码因穿孔、污损等引起局部损坏时，照样可以正确识读，损毁面积达50%仍可恢复信息。(　　)

7. 条码技术的应用解决了数据录入和数据采集的瓶颈问题，为物流管理提供了有力的技术支持，并贯穿于物流管理的全过程。(　　)

**三、简答题**

1. 简述条码的概念。
2. 简述EAN-13的商品条码的结构和模块构成。
3. 简述条码识别系统的组成。
4. 简述二维条码与一维条码的区别。
5. 二维条码有哪两种？各有哪些常用条码？
6. 二维条码有哪些特点？主要应用在哪些方面？
7. 简述条码的识读原理。

**四、案例分析**

伊藤洋华堂是日本的知名超市型零售企业，取得了今天的良好经营业绩，与它在1982年以后进行的三次业务革新有关，其中POS系统的导入对华堂商场的影响是相当显著的。由于POS系统是通过扫描商品上的条码进行记账，减少了结算过程中的出错率，降低了工人的劳动强度；更重要的是POS数据能及时把握每个商品的销售动向，从而确定哪种商品是畅销商品或者是滞销商品，为管理层提供决策依据。同时，企业总部计算机可以对POS数据进行分析和处理，并结合时间、地点和天气情况把握各门店的销售特点、顾客特性和销售动向，从而针对性地制定各种销售政策。除此之外，还利用POS系统进行进货管理，大力改善与上游供应商的关系，形成紧密、协调一致的商品生产和配送管理团队，使商品能够在特定的时间送到指定的门店。

**思考题：**

1. 什么是POS系统？其销售过程是什么？
2. POS系统的作用有哪些？

# 任务二　射频识别技术(RFID)应用

## 教学导航

**任务目标**

(1) 掌握RFID系统的概念、组成、分类。

(2) 掌握 RFID 技术的工作原理和工作流程。

(3) 了解 EPC 的概念及其应用。

(4) 掌握物流 RFID 应用系统的操作。

(5) 了解 RFID 技术在电子产品代码 EPC 系统中的应用。

**教学重点**

(1) RFID 技术的概念、工作流程和原理。

(2) RFID 技术的原理。

(3) RFID 常见设备认知和使用。

**教学难点**

RFID 技术的原理。

**教学方法**

讲授式教学法、任务驱动法、分组协作法、实践教学法。

**教学手段**

网络教学、多媒体教学手段、实训操作。

**教学建议**

(1) 学生根据学习任务书，预习教材、通过查阅文献了解 RFID 有关知识。

(2) 教师准备好授课课件(任务书、授课 PPT、视频、图片及案例分析资料)，讲清该任务实施的目标、要求和教学重点；根据任务安排，对学生进行分组，组织好课堂教学。

(3) 实训中心准备好实训设备和软件。

## 无线射频构建麦德龙"未来商店"

麦德龙集团(METRO Group)是世界第三大零售商，计划在整个供应链及其位于德国 Rheinberg 的"未来商店"采用 RFID 技术时，业界众说纷纭，其中不少是抱有怀疑的态度，然而随着麦德龙采用 RFID 的举措取得实效，预期采用 RFID 技术所得到的节省时间、减低成本及改进库存管理等运营优势一一兑现，外界原来置疑的眼光变成欣羡，而麦德龙也决定加快其部署 RFID 方案的步伐，从实验试点阶段转为正式投入使用，利用无线射频技术(RFID)，提高整个供应链的效率。

1. "未来商店"的购物体验

早在 2006 年举行的第八届中国连锁店展会上，德国麦德龙集团就向中国媒体展示了"未来商店"。麦德龙"未来商店"的核心就是装有 RFID 系统的"聪明芯片"。在 RFID 技术的支持下，科幻影片中的场景变成现实。顾客将感受一次颠覆传统的购物体验。推着一个带有液晶显示屏的购物车，顾客将选购的物品放进去，屏幕立即显示出商品的名称、价格、数量，缺货商品还可读取代用品等信息；食品类商品则可获取烹饪方法、推荐菜单等个性化信息，顾客甚至可以打印这份菜单或定制手机短信，把商品信息带回家。在"智能试衣间"里，顾客不用把衣服穿上再脱下，里面的大屏幕就可以显示试穿这件衣服的上身效果；摄像头被用来自动识别水果和蔬菜，顾客借助触摸屏找到隐没在货架中的商品；收款系统会自动显示购物需付款项的总额，收银机前不再出现长长的付款人龙。"未来商店"为"千篇一律"的买卖过程注入了新鲜的体验。同时，零售商还能及时掌握消费者喜好，调整商品采购计划和商品陈放位置。

2. "透明"的供应链流程

"未来商店"的仓库也暗藏玄机。每一个进出仓库的商品仓板都被贴上 RFID 标签，这些仓板经过"RFID 门"时会被自动读取，并自动传输到商品管理系统。同时，售货员可通过终端了解这个商品的库存情况。如果库存数量过少，系统会自动生成订单，并通知商品供货商补货。供货商可在第一时间发货补充库存，避免断档缺货等意外发生。供应商发出的货物在通过仓板上的 RFID 标签时，其信息又被传输到商店的管理系统，售货员同时收到到货信息。RFID 系统在不改变供应链流程的前提下，形成了一个可随时监控的"透明"供应链系统，供应周期从过去的 1 周缩短到一天半。据估算，如果麦德龙在德国的 Cash & Carry 店、Real 店和配送仓库都实行这套方案，每年可以节约成本 850 万欧元。

由于 RFID 较高的生产成本，并不适合低值消费品的单品使用，RFID 和条码技术将在零售行业长期共存。

资料来源：第一财经日报（上海）.

**思考题：**

1. 简要描述在麦德龙集团"未来商店"购物体验。
2. 简要描述麦德龙集团"未来商店"使用 RFID 技术，实现"透明"的供应链流程的。

## 任务知识储备

## 一、射频识别技术（RFID）概述

### （一）射频识别技术的概念

RFID 技术是 21 世纪发展最快的一项高科技技术，随着与传统网络的结合，RFID 技术展现出巨大的市场应用潜力，被称为"物联网"和"第二代 Internet"。RFID 技术被列为 21 世纪十大重要技术项目之一。

射频识别（Radio Frequency Identification，RFID）是通过射频信号识别目标对象并获取相关数据信息的一种非接触式的自动识别技术（GB/T 18354—2006）。"非接触式"是指它可以通过无线电信号识别特定目标并读写相关数据，而无须识别系统与特定目标之间建立机械或光学的接触。其基本原理是利用射频信号通过空间耦合（交变磁场或电磁耦合）或雷达反射的传输特性，实现对被识别物体的自动识别。RFID 技术可识别高速运动物体并可同时识别多个标签，操作快捷方便。

### （二）RFID 技术的发展历程

RFID 直接继承了雷达的概念，并由此发展出一种生机勃勃的自动识别和数据采集（AIDC）新技术——RFID 技术。1948 年哈里・斯托克曼发表的《利用反射功率的通信》奠定了射频识别 RFID 的理论基础。射频识别技术的发展可按 10 年期划分如下。

1940—1950 年：雷达的改进和应用催生了射频识别技术，1948 年奠定了射频识别技术的理论基础。

1950—1960 年：早期射频识别技术的探索阶段，主要处于实验室实验研究。

1960—1970 年：射频识别技术的理论得到了发展，开始了一些应用尝试。

1970—1980 年：射频识别技术与产品研发处于一个大发展时期，各种射频识别技术测试得到加速，出现了一些最早的射频识别应用。

1980—1990 年：射频识别技术及产品进入商业应用阶段，各种规模应用开始出现。

1990—2000 年：射频识别技术标准化问题日趋得到重视，产品得到广泛采用。射频识别产品逐渐成为人们生活中的一部分。

2000 年至今：标准化问题日趋为人们所重视，射频识别产品种类更加丰富，有源电子标签、无源电子标签及半无源电子标签均得到发展，电子标签成本不断降低，规模应用行业扩大。

射频识别技术的理论得到丰富和完善。单芯片电子标签、多电子标签识读、无线可读可写、无源电子标签的远距离识别、适应高速移动物体的射频识别技术与产品正在成为现实并走向应用。

### （三）RFID 技术国内外发展状况

RFID 技术在国外的发展较早也较快。尤其是在美国、英国、德国、瑞典、瑞士、日本、南非目前均有较为成熟且先进的 RFID 系统。

其中，低频近距离 RFID 系统主要集中在 125kHz、13.56MHz 系统，高频远距离 RFID 系统主要集中在 UHF 频段 915MHz、2.45GHz、5.8GHz。UHF 频段的远距离 RFID 系统在北美得到了很好的发展，欧洲则是有源 2.45GHz 系统得到了较多的应用。5.8GHz 系统在日本和欧洲均有较为成熟的有源 RFID 系统。

在 RFID 技术发展的前 10 年中，有关 RFID 技术的国际标准的研讨空前热烈，国际标准化组织 ISO/IEC 联合技术委员会 JTC1(Joint Technical Committee 1)下的 SC31 委员会成立了 RFID 标准化研究工作组 WG4。尤其是在 1999 年 10 月 1 日正式成立的，由美国麻省理工学院发起的 Auto-ID Center 非营利性组织，在规范 RFID 应用方面发挥的作用越来越明显。Auto-ID Center 所做的主要贡献如下：

(1) 提出产品电子代码 EPC(Electronic Product Code)概念及其格式规划，为简化电子标签芯片功能设计，降低电子标签成本，扩大 RFID 应用领域奠定了基础。

(2) 提出了实物互联网的概念及构架，为 EPC 进入互联网搭建了桥梁。

(3) 建立了开放性的国际自动识别技术应用公用技术研究平台，为推动低成本的 RFID 标签和读写器的标准化研究开创了条件。

我国在 RFID 技术的研究方面也发展很快，比较典型的是在中国铁路车号自动识别系统中，推出了完全拥有自主知识产权的远距离自动识别系统。

在近距离 RFID 应用方面，许多城市已经实现公交射频卡作为预付费电子车票应用，预付费电子饭卡等。

在 RFID 技术研究及产品开发方面，国内已具有了自主开发低频、高频与微波 RFID 电子标签与读写器的技术能力及系统集成能力。与国外 RFID 先进技术之间的差距主要体现在 RFID 芯片技术方面。2006 年 6 月 9 日以来，国家相继颁布了《中国射频识别技术政策白皮书》《800/900MHz 频段试运行规定》等相关政策，表明我国已经开始 RFID 的技术研发和标准制定，中国的 RFID 产业进入加速发展的轨道。

### （四）射频识别技术的特点

与传统条码识别技术相比，RFID 有以下优势。

（1）快速扫描。条码一次只能有一个条码受到扫描；RFID 识读器可同时辨识读取数个 RFID 标签。

（2）体积小型化、形状多样化。RFID 在读取上并不受尺寸大小与形状限制，不须为了读取精确度而配合纸张的固定尺寸和印刷品质。此外，RFID 标签更可往小型化与多样形态发展，以应用于不同产品。

（3）抗污染能力和耐久性。传统条码的载体是纸张，因此容易受到污染，但 RFID 对水、油和化学药品等物质具有很强抵抗性。此外，由于条码是附于塑料袋或外包装纸箱上，所以特别容易受到折损；RFID 标签是将数据存在芯片中，因此可以免受污损。

（4）可重复使用。现今的条码印刷上去之后就无法更改，RFID 标签则可以重复地新增、修改、删除 RFID 卷标内储存的数据，方便信息的更新。

（5）穿透性和无屏障阅读。在被覆盖的情况下，RFID 能够穿透纸张、木材和塑料等非金属或非透明的材质，并能够进行穿透性通信。而条码扫描机必须在近距离而且没有物体阻挡的情况下，才可以辨读条码。

（6）数据的记忆容量大。一维条码的容量是 50B，二维条码最大的容量可储存2～3 000字符，RFID 最大的容量则有数兆字节。随着记忆载体的发展，数据容量也有不断扩大的趋势。未来物品所需携带的资料量会越来越大，对标签所能扩充容量的需求也相应增加。

（7）安全性高。由于 RFID 承载的是电子式信息，其数据内容可经由密码保护，使其内容不易被伪造。

### （五）RFID 系统的组成

射频识别系统（Radio Frequency Identification System，RFID 系统）由射频标签、识读器和计算机网络组成的自动识别系统。通常，识读器在一个区域发射能量形成电磁场，射频标签经过这个区域时检测到识读器的信号后发送存储的数据，识读器接收射频标签发送的信号，解码并校验数据的准确性以达到识别的目的。

在具体的应用过程中，根据不同的应用目的和应用环境，RFID 系统的组成会有所不同。一个典型的可应用 RFID 系统一般由标签、天线、读写器和应用系统几部分组成，如图 2-55所示。

#### 1. 电子标签

射频标签（Radio Frequency Tag）安装在被识别对象上，存储被识别对象的相关信息的电子装置。电子标签又称为射频标签、应答器、数据载体。

电子标签（Tag）主要由存有识别代码的大规模集成线路芯片、收发天线和载体组成，组成如图 2-56 所示。芯片其内存用来保存 ID 等特定信息，天线是用来接收和发送信息和指令，载体是用来安装和保护芯片和天线。每个 RFID 标签具有唯一的电子编码，附在物体上标识目标对象。电子标签携带电子产品编码（Electronic Product Code，EPC），EPC 记录每个物品的全球唯一标识，由 1 个版本号加上另外 3 段数据组成，位数有 64 位、96 位和 256 位等多种格式。

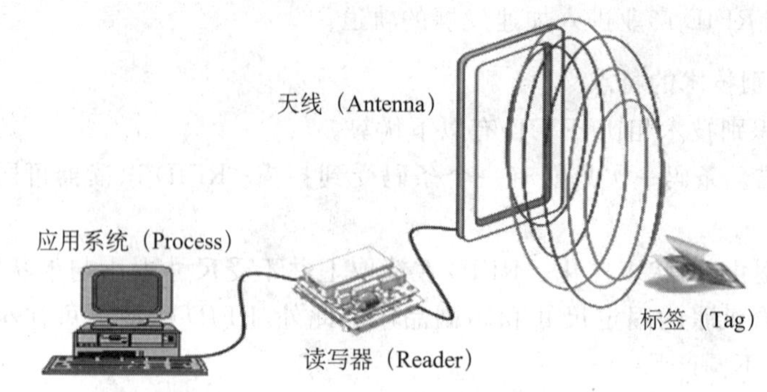


图 2-55 RFID系统基本组成框图

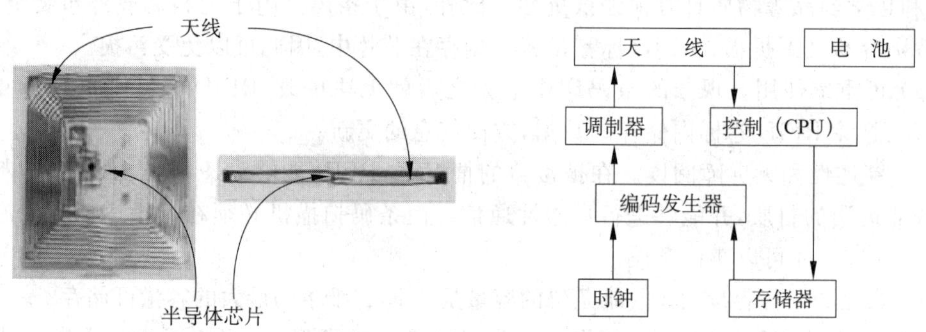


图 2-56 电子标签(Tag)的组成

RFID标签分为主动标签(Active Tags)和被动标签(Passive Tags)两种，如图 2-57 所示。主动标签自身带有电池供电，读/写距离较远，体积较大，与被动标签相比成本更高，也称为有源标签。这种标签一般具有较远的阅读距离，不足之处是电池不能长久使用，能量耗尽后需更换。

被动标签在接收到阅读器(读出装置)发出的微波信号后，将部分微波能量转化为直流电供自己工作，一般可做到免维护、成本很低并具有很长的使用寿命，比主动标签更小也更轻，读写距离则较近，也称为无源标签。相比有源系统，无源系统在阅读距离及适应物体运动速度方面略有限制。

由于自带电源，主动标签能在较高的频率下工作，如 455MHz、2.45GHz 及 5.8GHz 等，这取决于实际的识别距离和存储器需求。在这些频率下，读写器可以在 20～100m 内工作。

被动标签工作频率一般为 128kHz、13.6MHz、915MHz 及2.4GHz 等，识别距离因而在几十厘米到几米不等。系统频率的选取一般由环境因素、传输介质及识别范围需求决定。

2. 读写器

射频识读器(RFID Reader)：射频识别系统中一种固定式或便携式自动识别与数据采集设备。读写器又称为阅读器、读出装置、扫描器、通信器。

读写器(Reader)的硬件部分通常由收发机、微处理器、存储器、外部传感器/执行器/报警器的输入/输出接口、通信接口以及电源等部件组成，如图 2-58 所示。

RFID 阅读器(Reader)的主要任务是控制射频模块向标签发射读取信号，并接收标签的应答，对标签的对象标识信息进行解码，将对象标识信息连带标签上其他相关信息传输到

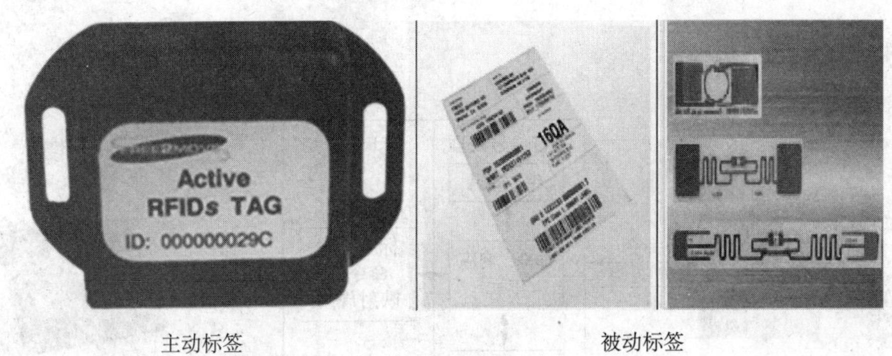

主动标签　　　　被动标签

图 2-57　电子标签

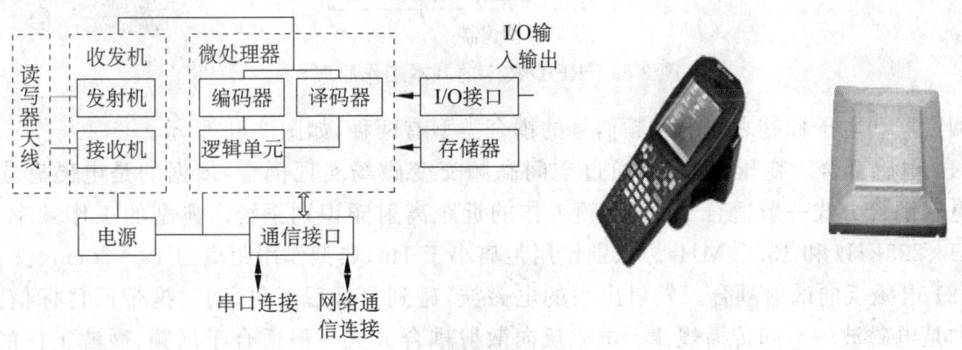

图 2-58　读写器的组成和阅读器图片

主机以供处理。

3. 天线

天线(Antenna)是 RFID 标签和读写器之间实现射频信号空间传播和建立无线通信连接的设备。RFID 系统中包括两类天线,一类是 RFID 标签上的天线;另一类是读写器天线,既可以内置于读写器中,也可以通过同轴电缆与读写器的射频输出端口相连。目前的天线产品多采用收发分离技术实现发射和接收功能的集成。

4. 应用系统

主机系统是针对不同行业的特定需求而开发的应用软件系统,它可以有效地控制阅读器对标签信息的读写,并且对收到的目标信息进行集中统计与处理。

主机系统可以集成到现有的电子商务和电子政务平台,通过与 ERP、CRM 和 SCM 等系统集成,提高工作效率。

### (六) RFID 技术的基本工作原理

RFID 技术的基本工作原理并不复杂,由阅读器通过发射天线发送特定频率的射频信号,当电子标签进入有效工作区域时产生感应电流,从而获得能量、电子标签被激活,使得电子标签将自身编码信息通过内置射频天线发送出去;阅读器的接收天线接收到从标签发送来的调制信号,经天线调节器传送到阅读器信号处理模块,经解调和解码后将有效信息送至后台主机系统进行相关的处理;主机系统根据逻辑运算识别该标签的身份,针对不同的设定做出相应的处理和控制,最终发出指令信号控制阅读器完成相应的读写操作。RFID 技术的基本工作原理如图 2-59 所示。

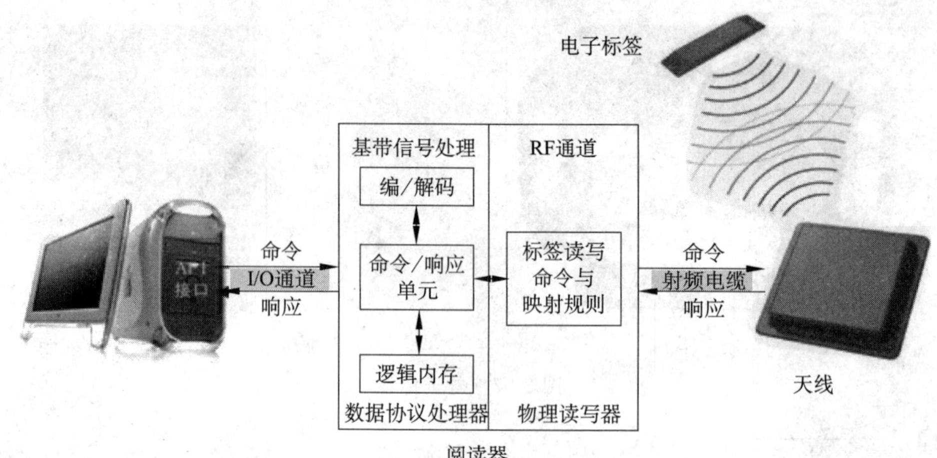


图 2-59 RFID 技术的基本工作原理

阅读器和电子标签之间的射频信号的耦合类型有两种，如图 2-60 所示。

(1) 电感耦合。变压器模型，通过空间高频交变磁场实现耦合，依据的是电磁感应定律。电感耦合方式一般适合于中、低频工作的近距离射频识别系统。典型的工作频率有：125kHz、225kHz 和 13.56MHz。识别作用距离小于 1m，典型作用距离为 10～20cm。

(2) 电磁反向散射耦合。发射出去的电磁波，碰到目标后反射，同时携带回目标信息，依据的是电磁波的空间传播规律。电磁反向散射耦合方式一般适合于高频、微波工作的远距离射频识别系统。典型的工作频率有：433MHz、915MHz、2.45GHz、5.8GHz。识别作用距离大于 1m，典型作用距离为 3～10m。

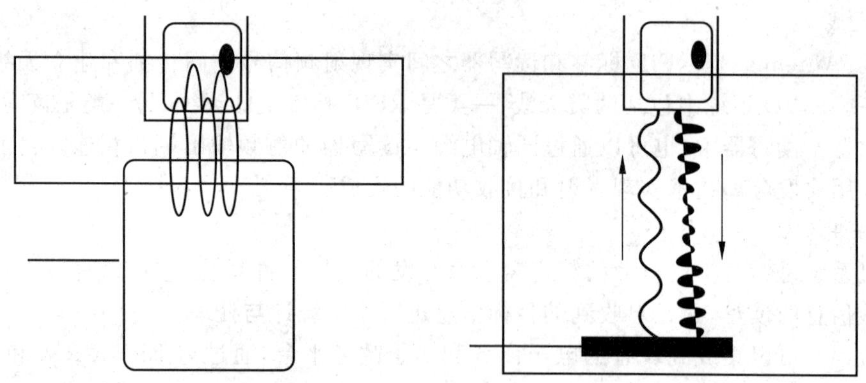

图 2-60 阅读器和电子标签之间的射频信号的耦合类型

### (七) RFID 系统的分类

按照不同的分类方法，RFID 系统有不同的分类。

#### 1. 按照系统工作频率的不同划分

根据系统工作的频率不同，RFID 系统可以分为低频（Low Frequency，LF，30～300kHz）、高频（High Frequency，HF，3～30MHz）、超高频（Ultra High Frequency，UHF，300～1 000MHz）以及微波（Micro Wave，MW，2.45GHz、5.8GHz）系统。各频段主要应用领域如表 2-21 所示。

表 2-21　RFID 系统的各频段主要应用领域

| 参　数 | 低频(LF) | 高频(HF) | 超高频(UHF) | 微波(MW) |
|---|---|---|---|---|
| 频率 | 125～134kHz | 13.56MHz | 433MHz、860～960MHz | 2.45GHz、5.8GHz |
| 技术特点 | 穿透及绕射能力强(能穿透水及绕射金属物质);但速度慢、距离近 | 性价比适中,适用于绝大多数环境;但抗冲突能力差 | 速度快、作用距离远;但穿透能力弱(不能穿透水,被金属物质全反射),且全球标准不统一 | 一般为有源系统,作用距离远;但抗干扰能力差 |
| 作用距离 | <10cm | 1～20cm | 3～8m | >10m |
| 主要应用 | 门禁、防盗系统<br>畜牧、宠物管理 | 智能卡<br>电子票务<br>图书管理<br>商品防伪 | 仓储管理<br>物流跟踪<br>航空包裹<br>自动控制 | 道路收费 |

2. 按照 RFID 系统完成功能的不同划分

根据 RFID 系统完成的功能不同,可以粗略地把 RFID 系统分成四种类型:EAS 系统、便携式数据采集系统、物流控制系统、定位系统。

1) EAS 系统

EAS(Electronic Article Surveillance)又称电子商品防窃(盗)系统,是一种设置在需要控制物品出入的门口的 RFID 技术,是目前大型零售行业广泛采用的商品安全措施之一。这种技术的典型应用场合是商店、图书馆、数据中心等地方,当未被授权的人从这些地方非法取走物品时,EAS 系统会发出警告。在应用 EAS 技术时,首先在物品上黏附 EAS 标签,当物品被正常购买或者合法移出时,在结算处通过一定的装置使 EAS 标签失活,物品就可以取走。物品经过装有 EAS 系统的门口时,EAS 装置能自动检测标签的活动性,发现活动性标签 EAS 系统会发出警告。EAS 技术的应用可以有效防止物品被盗。不管是大件的商品还是很小的物品,应用 EAS 技术,物品不用再被锁在玻璃橱柜里,可以让顾客自由地观看、检查商品,这在自选日益流行的今天有非常重要的现实意义。典型的 EAS 系统一般由三部分组成:①附着在商品上的电子标签,电子传感器;②电子标签灭活装置,以便授权商品能正常出入;③监视器,在出口造成一定区域的监视空间。

EAS 系统的工作原理是:在监视区,发射器以一定的频率向接收器发射信号。发射器与接收器一般安装在零售店、图书馆的出入口,形成一定的监视空间。当具有特殊特征的标签进入该区域时,会对发射器发出的信号产生干扰,这种干扰信号也会被接收器接收,再经过微处理器的分析判断,就会控制警报器的鸣响。根据发射器所发出的信号不同,以及标签对信号干扰原理不同,EAS 可以分成许多种类型。关于 EAS 技术最新的研究方向是标签的制作,人们正在讨论 EAS 标签能不能像条码一样,在产品的制作或包装过程中加进产品,成为产品的一部分。

2) 便携式数据采集系统

便携式数据采集系统是使用带有 RFID 阅读器的手持式数据采集器采集 RFID 标签上的数据。这种系统具有比较大的灵活性,适用于不宜安装固定式 RFID 系统的应用环境。手持式阅读器(数据输入终端)可以在读取数据的同时,通过无线电波数据传输方式实时地向主计算机系统传输数据,也可以暂时将数据存储在阅读器中,再一批一批地向主计算机系统传输数据。

3）物流控制系统

在物流控制系统中，固定布置的RFID阅读器分散布置在给定的区域，并且阅读器直接与数据管理信息系统相连，信号发射机是移动的，一般安装在移动的物体上面。当物体经阅读器时，阅读器会自动扫描标签上的信息并把数据信息输入数据管理信息系统存储、分析、处理，达到控制物流的目的。

4）定位系统

定位系统用于自动化加工系统中的定位以及对车辆、轮船等进行运行定位支持。阅读器放置在移动的车辆、轮船上或者自动化流水线中移动的物料、半成品、成品上，信号发射机嵌入操作环境的地表下面。信号发射机上存储有位置识别信息，阅读器一般通过无线的方式或者有线的方式连接到主信息管理系统，如铁路车号自动识别、不停车收费等。

**（八）RFID主要技术标准体系**

目前RFID存在三个主要的技术标准体系，总部设在美国麻省理工学院（MIT）的Auto-ID Center（自动识别中心）、日本的Ubiquitous ID Center（泛在ID中心，UIC）和ISO标准体系。

1. EPC Global

EPC Global是由美国统一代码协会（UCC）和国际物品编码协会（EAN）于2003年9月共同成立的非营利性组织，其前身是1999年10月1日在美国麻省理工学院成立的非营利性组织Auto-ID中心。

Auto-ID中心以创建"物联网"（Internet of Things）为使命，与众多成员企业共同制订一个统一的开放技术标准。旗下有沃尔玛集团、英国Tesco等100多家欧美的零售流通企业，同时有国际商业机器公司（IBM）、微软、飞利浦、Auto-ID Lab等公司提供技术研究支持。

目前EPC Global已在加拿大、日本、中国等国建立了分支机构，专门负责EPC码段在这些国家的分配与管理、EPC相关技术标准的制定、EPC相关技术在本国的宣传普及，以及推广应用等工作。

EPC Global"物联网"体系架构由EPC编码、EPC标签及读写器、EPC中间件、ONS服务器和EPCIS服务器等部分构成。

EPC赋予物品唯一的电子编码，其位长通常为64位或96位，也可扩展为256位。对不同的应用规定有不同的编码格式，主要存放企业代码、商品代码和序列号等。最新的GEN2标准的EPC编码可兼容多种编码。

EPC中间件对读取到的EPC编码进行过滤和容错等处理后，输入企业的业务系统。它通过定义与读写器的通用接口（API）实现与不同制造商的读写器兼容。

ONS服务器根据EPC编码及用户需求进行解析，以确定与EPC编码相关的信息存放在哪个EPCIS服务器上。

EPCIS服务器存储并提供与EPC相关的各种信息。这些信息通常以PML的格式存储，也可以存放于关系数据库中。

2. Ubiquitous ID

日本在电子标签方面的发展，始于 20 世纪 80 年代中期的实时嵌入式系统 TRON。T-Engine 是其中核心的体系架构。

在 T-Engine 论坛领导下，泛在 ID 中心于 2003 年 3 月成立，并得到日本政府经产省和总务省以及大企业的支持，目前包括索尼、三菱、日立、日电、东芝、夏普、富士通、NTT DoCoMo、KDDI、J-Phone、伊藤忠、大日本印刷、凸版印刷、理光等重量级企业。

泛在 ID 中心的泛在识别技术体系架构由泛在识别码（U-code）、信息系统服务器、泛在通信器和 U-code 解析服务器等四部分构成。

U-code 采用 128 位记录信息，提供了 340×1036 编码空间，并可以以 128 位为单元进一步扩展至 256 位、384 位、512 位。U-code 能包容现有编码体系的元编码设计，可以兼容多种编码，包括 JAN、UPC、ISBN、IPv6 地址，甚至电话号码。U-code 标签具有多种形式，包括条码、射频标签、智能卡、有源芯片等。泛在 ID 中心把标签进行分类，设立了 9 个级别的不同认证标准。

信息系统服务器存储并提供与 U-code 相关的各种信息。

U-code 解析服务器确定与 U-code 相关的信息存放在哪个信息系统服务器上。U-code 解析服务器的通信协议为 U-codeRP 和 eTP，其中 eTP 是基于 eTron（PKI）的密码认证通信协议。

泛在通信器主要由 IC 标签、标签读写器和无线广域通信设备等部分构成，用来把读到的 U-code 送至 U-code 解析服务器，并从信息系统服务器获得有关信息。

3. ISO 标准体系

国际标准化组织（ISO）以及其他国际标准化机构如国际电工委员会（IEC）、国际电信联盟（ITU）等是 RFID 国际标准的主要制定机构。大部分 RFID 标准都是由 ISO（或与 IEC 联合组成）的技术委员会（TC）或分技术委员会（SC）制定的。

### （九）RFID 的典型应用

近年来，RFID 因其所具备的远距离读取、高储存量等特性而备受瞩目。RFID 主要应用在以下领域。

1. 物流管理

物流是 RFID 最大的市场应用空间，可以极大地提高物流环节的效率，并为实现零库存提供技术保障。这也是零售巨头沃尔玛极力推动 RFID 技术的主要原因。德国麦德龙已经在其超市中采用 RFID 技术来实现产品识别、反偷窃、实时库存和产品有效期控制。具体应用方向包括仓储管理、物流配送、零售管理、集装箱运输、邮政业务等。

2. 交通管理

利用 RFID 技术对高速移动物体识别的特点，可以对运输工具进行快速有效的定位与统计，方便对车辆的管理和控制。具体应用方向包括公共交通票证、不停车收费、车辆管理及铁路机车、车辆、相关设施管理等。基于 RFID 技术，可以为实现交通的信息化和智能化提供技术保障。实际上，基于 RFID 技术的军用车辆管理、园区车辆管理及高速公路不停车收费等应用已经在开展。

3. 军品管理

军事应用是 RFID 技术的主要方向之一，军事后勤保障迫切需要实现可视化管理。具体包括军事物资装备管理、运输单元精确标识，以及快速定位和主动搜索等。同时，军事物质或武器的高度机密性需要采用强有力的技术手段进行管理和跟踪。RFID 技术可以对部队的人、车、武器、物质等进行信息化标记，全面支撑信息化战争的需要。

4. 食品安全及溯源

采用 RFID 技术可以有效解决食品的安全问题。一方面，可以对食品的种植、养殖过程进行全程的管理记录；另一方面，可以对流通的环节进行正向跟踪和逆向追溯，全面保障食品的安全。

5. 安防

对于高档小区、写字楼和政府机关，可以采用 RFID 技术对来访人员、员工进行信息化管理。对于重要的部门，则可以监控来访的人员信息；对于重要的文件、物件也可以采用 RFID 标签进行安全管理。

6. 宠物养殖与宠物管理

可以在动物或宠物的身体内植入 RFID 芯片，这个芯片可以将动物的信息以代码形式存储。按照相关的国际标准，每只宠物会有一个属于自己的身份证号码，相当于人的身份证。当宠物走失，通过芯片能很快找到主人，减少流浪宠物数量。在北京市已经开始给宠物植入 RFID“身份证”。

7. 公共安全，电力设备、水管、红绿灯、光纤、钢瓶、气瓶等

RFID 技术低廉的价格、稳定的性能、30～50 年的使用寿命，足以为生产生活提供全面的安全保障。具体方向包括医药卫生、食品安全、危险品管理、防伪安全、煤矿安全、电子证照、动物标识(涉及公共卫生安全)、门禁管理等。城市中的基础设施如水管、电力站、红绿灯、光纤、危险气体钢瓶等，都可以采用 RFID 技术进行管理和维护。此外，RFID 技术与其他相关技术集成，可以构建快速识别、数据采集、信息传输的综合服务体系，用于大型运动会、展览会等重大活动的综合管理。

8. 医疗信息化

住院病人每人佩戴一个属于自己的 RFID 腕带，腕带中能够存储病人基本的生命特征、当日用药医嘱、长期用药医嘱、检验化验项目及过往病史等。腕带的信息每日更新，只需要护士拿手持机读取即可获得。通过发药护士、病人与腕带医嘱之间的验证匹配，可以杜绝发错药及打错针的现象发生，同时也明确了责任。系统可以设置时间段的定时提醒，通过该提醒的设置，可自动提示护士进行发药或者巡查病人基本生命特征。

9. 先进制造与制造业信息化

为提高中国制造业信息化水平，以信息化带动工业化，在企业原材料供货、生产计划管理、生产过程控制、精益制造等方面，使用 RFID 技术可以促进生产效率和管理效率的提高。RFID 技术可以提高工厂加工的信息化与智能化，是智能工厂的有效手段。

10. 智能家居

采用 RFID 技术可以实现家庭生活的智能化，不但可以提高家庭的安全，还可以有效管理家庭的各种电器、宠物及吃穿住行的各方面。例如，给每个衣裤贴上 RFID 标签，其中有衣裤的颜色、尺寸信息，则可以根据当天的气温及出行目的智能地选择组合方式。此外，可以根据主人的需要智能地完成热水、清洁及开关电灯等功能。

11. 商品防伪

商品防伪能保障正常的市场秩序与消费信誉，具有巨大的市场空间。采用RFID防伪技术与无线通信网络可以在任何时间、任何地点实现商品的质量鉴定。目前已在烟酒等商品上进行试点。

12. 图书馆管理

通过RFID系统，简化借还书流程，提高流通效率，大幅降低图书盘点和查找工作量，改变借阅管理和安全防漏流程脱节的情况，实现全面的数字化管理。目前在深圳图书馆和杭州图书馆已得到成功的应用。

## 二、产品电子代码(EPC)技术概述

20世纪70年代，商品条码的出现引发了商业的第一次革命，一种全新的商业运作形式大大减轻了员工的劳动强度，顾客可以在一个全新的环境当中选购商品，商家也获得了巨大的经济效益。时至今日，几乎每个人都享受了条码技术带来的便捷和好处。21世纪的今天，一种基于射频识别技术的电子产品标签——EPC标签产生了，它将再次引发商业模式的变革——购物结账时，再也不必等售货员将商品一一取出、扫描条码、结账，而是在瞬间实现商品的自助式智能结账，人们称之为EPC系统。EPC系统是在计算机互联网的基础上，利用RFID、无线数据通信等技术构造的一个覆盖世界上万事万物的实物互联网(Internet of Things)。

### (一) EPC的概念

EPC(Electronic Product Code)——产品电子代码，是在计算机互联网的基础上，利用射频识别(RFID)、无线数据通信等技术，构造的一个覆盖世界上万事万物的实物互联网(Internet of Things)，旨在提高现代物流、供应链管理水平，降低成本，可以实现对所有实体对象(包括零售商品、物流单元、集装箱、货运包装等)的唯一有效标识，被誉为具有革命性意义的现代物流信息管理新技术。

通过EPC，可以搭建一个可以自动识别任何地方、任何事物的开放性全球网络(可以形象地称之为“物联网”)，给公司提供某些他们梦寐以求的、几乎完美的供应链可见度。

### (二) EPC技术的发展

1998年，美国麻省理工学院(MIT)的Sarma、Brock、Siu创造性地提出将信息互联网络技术与RFID技术有机地结合，即利用全球统一的物品编码(Electronic Product Code, EPC)作为物品标识，利用RFID实现自动化的“物品”与Internet的连接，无须借助特定系统，即可在任何时间、任何地点，实现对任何物品的识别与管理。

1999年，由美国统一代码委员会(UCC)和吉列、宝洁等组织和企业共同出资，在美国麻省理工学院成立Auto-ID Center之几年中，英国、澳大利亚、日本、瑞士、中国、韩国的6所著名大学相继加入Auto-ID Center，对EPC系统相关研究实行分工合作，开展系统化研究，提出最初EPC系统构架由射频标签、识读器、Savant软件、对象名称解析服务(ONS)、实体标记语言服务器(PML-Server)组成。

2003年11月1日，国际物品编码组织(GS1)出资正式接管EPC系统，并组成EPC Global进行全球推广与维护。

EPC Global授权EAN/UCC在各国的编码组织成员负责本国的EPC工作，各国编码

组织的主要职责是管理 EPC 注册和标准化工作，在当地推广 EPC 系统和提供技术支持以及培训 EPC 系统用户。在我国，EPC Global 授权中国物品编码中心作为唯一代表负责我国 EPC 系统的注册管理、维护及推广应用工作。同时，EPC Global 于 2003 年 11 月 1 日将 Auto-ID 中心更名为 Auto-ID Lab，为 EPC Global 提供技术支持。

EPC Global 旨在改变整个世界，搭建一个可以自动识别任何地方、任何事物的开放性的全球网络。在 EPC 系统中，RFID 标签中存储的 EPC 代码，通过无线数据通信网络把它们自动采集到中央信息系统，实现对物品的识别。进而通过开放的计算机网络实现信息交换和共享，实现对物品的透明化管理。

### （三）EPC 的特点

1. 开放的结构体系

EPC 系统采用全球最大的公用的 Internet 网络系统。这就避免了系统的复杂性，同时也大大降低了系统的成本，并且有利于系统的增值。

2. 独立的平台与高度的互动性

EPC 系统识别的对象是一个十分广泛的实体对象，因此，不可能有哪一种技术适用所有的识别对象。同时，不同地区、不同国家的射频识别技术标准也不相同。因此，开放的结构体系必须具有独立的平台和高度的交互操作性。EPC 系统网络建立在 Internet 网络系统上，并且可以与 Internet 网络所有可能的组成部分协同工作。

3. 灵活的可持续发展的体系

EPC 系统是一个灵活的开放的可持续发展的体系，在不替换原有体系的情况下就可以做到系统升级。

EPC 系统是一个全球的大系统，供应链的各个环节、各个节点、各个方面都可受益，但对低价值的识别对象，如食品、消费品等来说，它们对 EPC 系统引起的附加价格十分敏感。EPC 系统正在考虑通过本身技术的进步，进一步降低成本，同时通过系统的整体改进使供应链管理得到更好的应用，提高效益，以便抵消和降低附加价格。

### （四）EPC 系统的组成

EPC 系统是一个先进的、综合性的和复杂的系统，如表 2-22 和图 2-61 所示。它由 EPC 编码体系、RFID 系统及信息网络系统三个部分组成，主要包括六个方面：EPC 编码、EPC 标签、读写器、EPC 中间件、对象名称解析服务(ONS)和 EPC 信息服务(EPCIS)。

表 2-22 EPC 系统构成

| 系统构成 | 名称 | 注释 |
|---|---|---|
| EPC 的编码体系 | EPC 编码标准 | 识别目标的特定代码 |
| 射频识别系统 | EPC 标签 | 贴在物品之上或者内嵌在物品之中 |
| | 识读器 | 识读 EPC 标签 |
| 信息网络系统 | EPC 中间件 | EPC 系统的软件支持系统 |
| | 对象名称解析服务(Object Naming Service，ONS) | 进行物品解析 |
| | EPC 信息服务(EPCIS) | 提供产品相关信息接口，采用可扩展标记语言(XML)进行信息描述 |

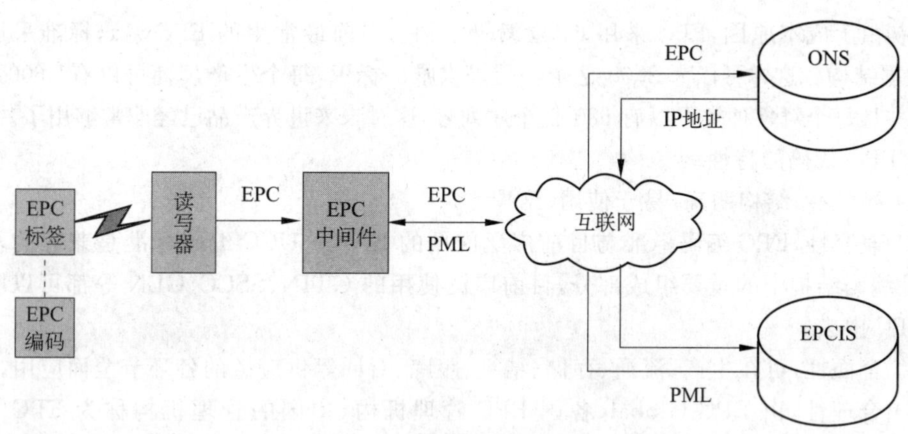


图 2-61　EPC系统组成结构

1. EPC 编码结构和特性

EPC 码是新一代的与 EAN·UCC 码兼容的新的编码标准，在 EPC 系统中 EPC 编码与现行 GTIN 相结合，因而 EPC 并不是取代现行的条码标准，而是由现行的条码标准逐渐过渡到 EPC 标准或者是在未来的供应链中 EPC 和 EAN·UCC 系统共存。EPC 中码段的分配是由 EAN·UCC 来管理的。在我国，EAN·UCC 系统中 GTIN 编码是由中国物品编码中心负责分配和管理。同样，ANCC 也即将启动 EPC 服务满足国内企业使用 EPC 的需求。

1) EPC 编码结构

EPC 码是由一个版本号加上另外三段数据(依次为域名管理者、对象分类、序列号)组成的一组数字。其中版本号标识 EPC 的版本号，它使 EPC 随后的码段可以有不同的长度；域名管理是描述与此 EPC 相关的生产厂商的信息，例如“可口可乐公司”；对象分类记录产品精确类型的信息，例如“美国生产的 330mL 罐装可乐”；序列号唯一标识货品，它会精确地告诉我们究竟是哪一罐 330mL 罐装可乐。目前，EPC 代码有 64 位、96 位和 256 位3 种。其中 EPC 标签数据规范 1.1 中采用 64 位和 96 位；在 EPC 标签 2.0 规范中采用96 位和 256 位的电子产品编码。

至今已经推出 EPC-96 Ⅰ型，EPC-64 Ⅰ型、Ⅱ型、Ⅲ型，EPC-256 Ⅰ型、Ⅱ型、Ⅲ型等编码方案。具体结构见表 2-23。

**表 2-23　EPC 编码结构**

| 编码类型 | | 版本号 | 域名管理 | 对象分类 | 序列号 |
|---|---|---|---|---|---|
| EPC-64 | Ⅰ | 2 | 21 | 17 | 24 |
| | Ⅱ | 2 | 15 | 13 | 32 |
| | Ⅲ | 2 | 26 | 13 | 23 |
| EPC-96 | Ⅰ | 8 | 28 | 24 | 36 |
| EPC-256 | Ⅰ | 8 | 32 | 56 | 160 |
| | Ⅱ | 8 | 64 | 56 | 128 |
| | Ⅲ | 8 | 128 | 56 | 64 |

EPC 编码标准与目前广泛应用的 EAN·UCC 编码标准是兼容的，GTIN 是 EPC 编码结构中的重要组成部分，目前广泛使用的 GTIN、SSCC、GLN、GRAI 等都可以顺利转换到 EPC 中

去。最初由于成本原因,EPC采用64位编码结构。当前最常用的EPC编码标准采用的是96位数据结构。这样可以为2.68亿个公司提供唯一标识,每个生产厂商可以有1 600万个对象种类并且每个对象种类可以有680亿个序列号,这对未来世界产品已经非常够用了。

2) EPC代码的特性

(1) 科学性,结构明确,易于使用、维护。

(2) 兼容性,EPC编码标准与目前广泛应用的EAN·UCC编码标准是兼容的,GTIN是EPC编码结构中的重要组成部分,目前广泛使用的GTIN、SSCC、GLN等都可以顺利转换到EPC中去。

(3) 全面性,可在生产、流通、存储、结算、跟踪、召回等供应链的各环节全面应用。

(4) 合理性,由EPC Global、各国EPC管理机构(中国的管理机构称为EPC Global China)、被标识物品的管理者分段管理、共同维护、统一应用,具有合理性。

(5) 国际性,不以具体国家、企业为核心,编码标准全球协商一致,具有国际性。

(6) 无歧视性,编码采用全数字形式,不受地方色彩、语言、经济水平、政治观点的限制,是无歧视性的编码。

2. EPC标签

EPC标签是产品电子代码的信息载体,主要由天线和芯片组成。EPC标签中存储的唯一信息是96位或者64位产品电子代码。EPC标签有主动型、被动型和半主动型三种类型。主动型RFID标签有一个电池,这个电池为微芯片的电路运转提供能量,并向识读器发送信号(同蜂窝电话传送信号到基站的原理相同);被动型标签没有电池,相反,它从识读器获得电能。识读器发送电磁波,在标签的天线中形成电流;半主动型标签用一个电池为微芯片的运转提供电能,但是发送信号和接收信号时却是从识读器处获得能量。为了降低成本,EPC标签通常是被动式射频标签。EPC标签根据其功能级别的不同目前分为5类。

3. 读写器

读写器是用来识别EPC标签的电子装置,与信息系统相连实现数据的交换。读写器使用多种方式与EPC标签交换信息,近距离读取被动标签最常用的方法是电感耦合方式。只要靠近,盘绕读写器的天线与盘绕标签的天线之间就形成一个磁场。标签利用这个磁场发送电磁波给读写器,返回的电磁波被转换为数据信息,也就是标签中包含的EPC代码。

读写器的基本任务就是激活标签,与标签建立通信并且在应用软件和标签之间传送数据。EPC读写器和网络之间不需要个人计算机作为过渡,所有的读写器之间的数据交换直接可以通过一个对等的网络服务器进行。

读写器的软件提供了网络连接能力,包括Web设置、动态更新、TCP/IP读写器界面、内建兼容SQL的数据库引擎。

当前EPC系统尚处于测试阶段,EPC读写器技术也还在发展完善之中。Auto-ID Labs提出的EPC读写器工作频率为860~960MHz。

4. EPC中间件

EPC中间件具有一系列特定属性的"程序模块"或"服务",是加工和处理来自读写器的所有信息和事件流的软件,是连接读写器和企业应用程序的纽带,并被用户集成以满足他们的特定需求,EPC中间件以前被称为Savant。

每件产品都加上RFID标签之后,在产品的生产、运输和销售过程中,识读器将不断收到一连串的 EPC 码。整个过程中最为重要，同时也是最困难的环节就是传送和管理这些数据。自动识别产品技术中心于是开发了一种称为 Savant 的软件技术，相当于该新式网络的神经系统。

每一个层次上的 Savant 系统将收集、存储和处理信息，并与其他的 Savant 系统进行交流，主要任务是在将数据送往企业应用程序之前进行标签数据校对、读写器协调、数据传送、数据存储和任务管理。图 2-62 描述了 EPC 中间件组件与其他应用程序通信。

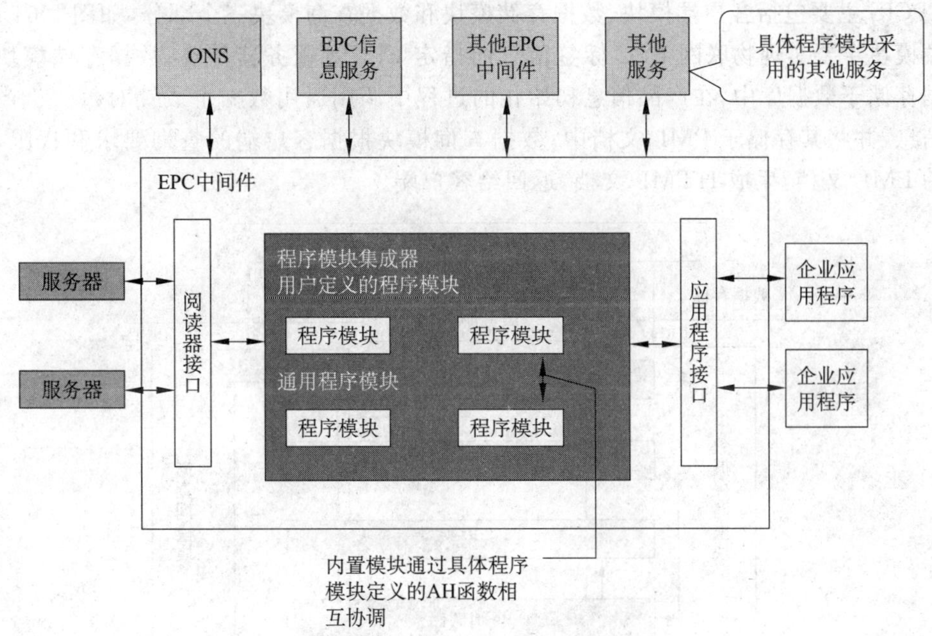


图 2-62　EPC 中间件及其应用程序通信

5. ONS(对象名称解析服务)

ONS 的作用是将一个 EPC(电子产品代码)映射成一个或多个 URL(统一资源定位符)，通过这些 URL 可以查找到在 PML(产品标识语言)服务器上产品的详细信息，是联系前台 Savant 软件和后台 PML 服务器的枢纽，并且设计与架构都以互联网 DNS 为基础。

ONS 工作过程如图 2-63 所示。实体标记语言(PML)是 EPC 系统中的通用语言，用来定义物理对象的数据。它以可扩展标志语言 XML 的语法为基础。PML 服务器内部存放了制造商生产的所有物品相关数据信息的 PML 文件。

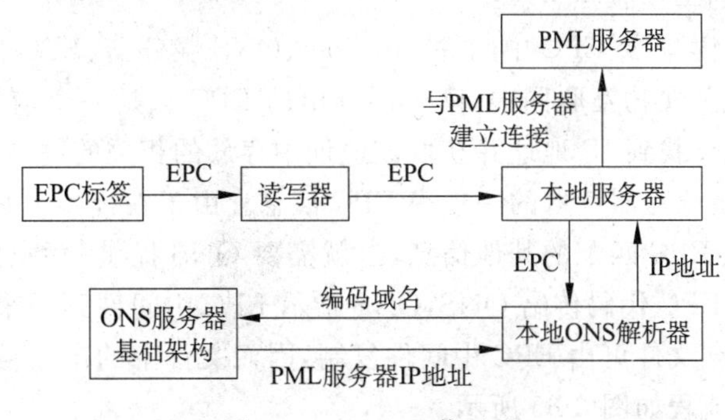


图 2-63　ONS 工作过程

6. EPCIS

EPCIS是EPC网络中重要的一部分，利用单一标准的采集和分享信息的方式，为EPC数据提供一套标准的接口，各个行业和组织可以灵活应用。EPCIS标准构架在全球互联网的基础上，支持强大的商业用例和客户利益，例如，包装箱追踪、产品鉴定、促销管理、行李追踪等。

EPCIS主要包括客户端模块、数据存储模块和数据查询模块三个部分，如图2-64所示。客户端模块主要实现物联网EPC标签信息向指定EPCIS服务器传输；数据存储模块将通用数据存储于数据库中，在产品信息初始化的过程中调用通用数据生成针对每一个产品的属性信息，并将其存储于PML文档中；数据查询模块根据客户端的查询要求和权限，访问相应的PML文档，生成HTML文档，返回给客户端。

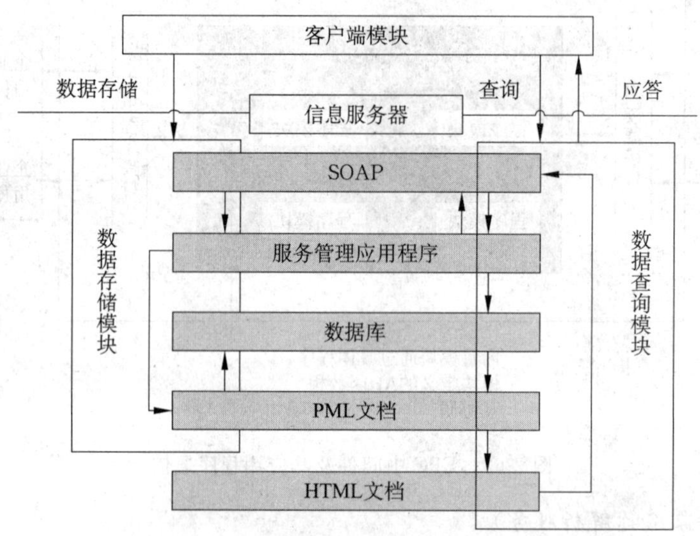

图2-64 EPCIS的组成

EPCIS针对中间件传递的数据进行EPCIS标准的转换，通过认证或授权等安全方式与企业内的其他系统或外部系统进行数据交换，符合权限的请求方也可以通过ONS的定位向目标EPCIS进行查询。EPCIS服务器通过发送XML文件与其他计算机或信息系统交换商品的信息文件。

### （五）EPC系统的工作流程

在由EPC标签、读写器、EPC中间件、Internet、ONS服务器、EPC信息服务(EPC IS)，以及众多数据库组成的实物互联网中，读写器读出的EPC只是一个信息参考(指针)，由这个信息参考从Internet找到IP地址并获取该地址中存放的相关的物品信息，并采用分布式的EPC中间件处理由读写器读取的一连串EPC信息。由于在标签上只有一个EPC代码，计算机需要知道与该EPC匹配的其他信息，这就需要ONS提供一种自动化的网络数据库服务，EPC中间件将EPC代码传给ONS，ONS指示EPC中间件到一个保存产品文件的服务器(EPC IS)查找，该文件可由EPC中间件复制，因而文件中的产品信息就能传到供应链上，EPC系统的工作流程如图2-65所示。

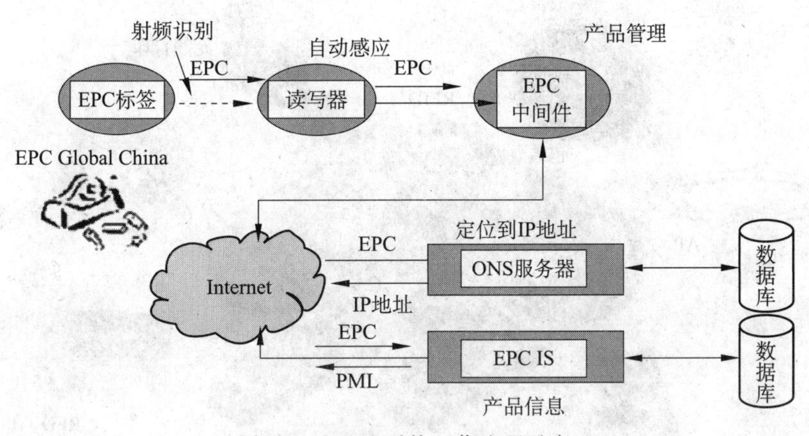


图 2-65　EPC 系统工作流程示意

## 职业指导

### 物流员物品信息处理技能要求

1. 采集物品信息

技能要求：能够运用各种方法进行数据采集，能够对 POS 系统进行实时控制。

相关知识：信息采集方法知识，POS 系统知识。

2. 物品信息采集技术

技能要求：能够运用各种数据采集设备采集物品信息。

相关知识：条形码技术知识，RF 技术知识。

## 相关链接

### 沃尔玛全面推进 RFID/EPC 在供应链中的应用

30 多年前，沃尔玛力推的条码以及 POS 识别系统的应用，极大地提高了库存管理和供应链效率，有效地节省了时间和成本，形成了核心竞争力，从而一跃成为零售业界的翘楚，多年来稳坐第一的宝座。

30 年来，条码来到我们生活的每一个角落，任何一个便利店的任何商品上、快递公司的包裹上，甚至汽车零件生产线上，条码随处可见。

今天，就像当年引领条码代替价格标签一样，沃尔玛期望历史重演，以 RFID 技术为支持的 EPC 可以再次缔造一个新的时代。沃尔玛于 2008 年年初对其供应商发出通知，要求他们在 2009 年 1 月 30 日前，在所有发往美国山姆会员店分销中心的产品包装箱应用 EPC 标签；在 2010 年 1 月 30 日之前，对所有单品应用 EPC 标签。RFID 的应用加速了沃尔玛物流系统的运转，如图 2-66 所示，从而提高从原材料到生产线、包装以及库存管理整个过程中产品信息的可见度。

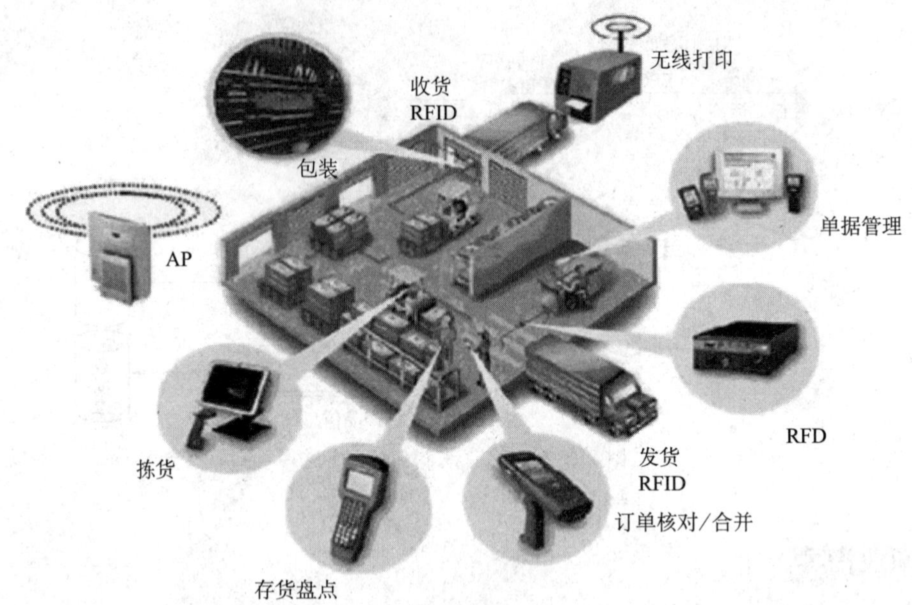


图 2-66 RFID的应用加速物流系统运转

## 前沿理论与技术

### 手机支付的两种方式——NFC与RFID

手机支付也被称作移动支付，是一种允许移动用户使用其移动终端对所消费的商品或服务进行账务支付的服务方式。目前，手机支付有两种方式：NFC和RFID。其中，RFID主要应用为RFID-SIM卡。

一、技术原理

1. NFC手机支付

NFC英文全称为Near Field Communication，即近距离无线通信，是由飞利浦公司发起，由诺基亚、索尼等著名厂商联合主推的一项无线技术。NFC由非接触式射频识别(RFID)及互联互通技术整合演变而来，在单一芯片上结合感应式读卡器、感应式卡片和点对点的功能，能在短距离内与兼容设备进行识别和数据交换。这项技术最初只是RFID技术和网络技术的简单合并，现在已演变成一种短距离无线通信技术，发展态势相当迅速。

NFC芯片装在手机上，手机就可以实现小额电子支付和读取其他NFC设备或标签的信息。NFC的短距离交互大大简化整个认证识别过程，使电子设备间互相访问更直接、更安全和更清楚。通过NFC，计算机、数码相机、手机、PDA等多个设备之间可以很方便快捷地进行无线连接，进而实现数据交换和服务。

支持NFC的设备可以在主动或被动模式下交换数据。在被动模式下，启动NFC通信的设备，也称为NFC发起设备(主设备)，在整个通信过程中提供射频场(RF-field)，它可以选择106kb/s、212kb/s或424kb/s中的一种传输速度，将数据发送到另一台设备。另一台设备称为NFC目标设备(从设备)，不必产生射频场，而使用负载调制(Load Modulation)技

术,即可以相同的速度将数据传回发起设备。此通信机制与基于ISO 14443A、MIFARE和FeliCa的非接触式智能卡兼容,因此,NFC发起设备在被动模式下,可以用相同的连接和初始化过程检测非接触式智能卡或NFC目标设备,并与之建立联系。

在主动模式下,每台设备要向另一台设备发送数据时,都必须产生自己的射频场。如图2-67所示,发起设备和目标设备都要产生自己的射频场,以便进行通信。这是对等网络通信的标准模式,可以获得非常快速的连接设置。

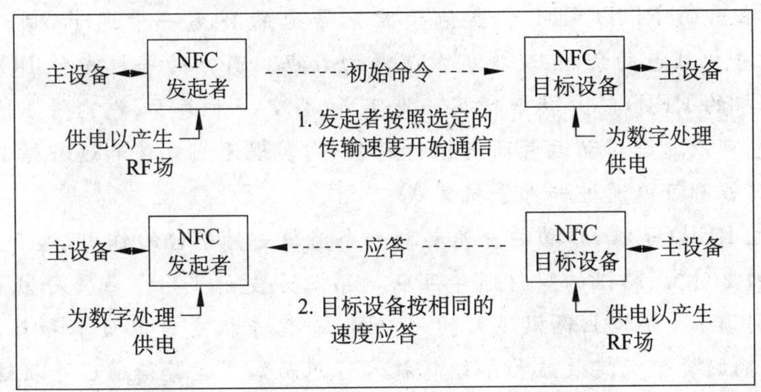


图2-67　NFC主动通信模式

移动设备主要以被动模式操作如图2-68所示,可以大幅降低功耗,并延长电池寿命。在一个应用会话过程中,NFC设备可以在发起设备和目标设备之间切换自己的角色。利用这项功能,电池电量较低的设备可以要求以被动模式充当目标设备,而不是发起设备。

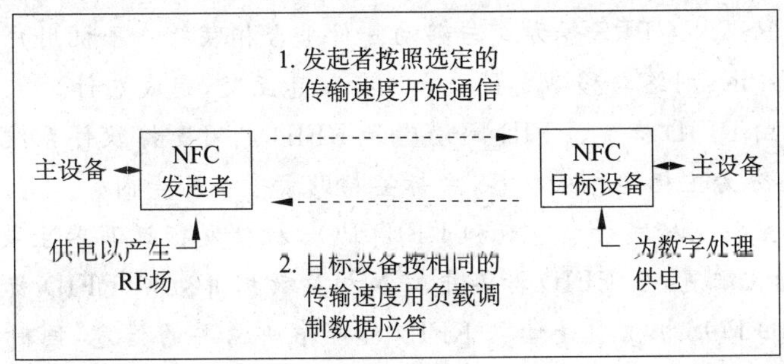


图2-68　NFC被动通信模式

NXP公司和索尼公司发明了NFC技术,Ecma International公司首次采用它作为一项标准(NFCIP-1或ECMA-340),并提交给国际标准化组织(ISO)/国际电工委员会(IEC),成为ISO/IEC 18092标准,同时也得到了欧洲电信标准协会的承认,从此以后有多个半导体公司开始生产兼容性和互操作芯片。

这个标准类似于智能卡中所采用的NFC技术,并与其兼容,其内部芯片能够使消费者通过销售时点(POS)终端阅读器进行支付。在某些工作模式下NFC的功能类似于射频识别(RFID)。NXP公司的MIFARE和索尼公司的FeliCa产品就采用了已制定的智能卡标准。

该标准规定了一个13.56GHz的工作频率,这是一个免许可国际通用频带,数据传输速率为106kb/s、212kb/s、424kb/s,取决于通信范围,在20cm或大约8in时传输速率最大,实际通信范围只有几英寸或不大于10cm,该标准规定了多种工作模式。

2. RFID手机支付

RFID是Radio Frequency Identification的英文缩写，即射频识别，又称电子标签，是一种非接触式的自动识别技术。它通过无线电讯号识别特定的目标，并读写相关的数据，而不需要识别系统与这个目标有机械或者是光学接触。它无须人工干预，可用于各种恶劣环境，可识别高速运动的物体，可同时识别多个标签，操作快捷方便。第二代身份证、奥运门票都内置RFID芯片，而高速公路上的ETC电子不停车收费系统也使用了RFID技术。

中国移动推出的RFID-SIM卡类似于北京等地的公交一卡通卡，通过内部集成的RFID芯片记录手机钱包的余额，交换刷卡消费的数据。商户的手机支付POS机就是阅读器，而消费者手机的RFID芯片就是标签。事实上，公交一卡通卡，也内置RFID芯片，而不同的是手机钱包可以通过移动运营商与银行的合作，实现无线充值和远程结算，这样从充值到消费的所有过程都可以通过一部手机完成。

实际上通过RFID手机，移动运营商起到一个消费支付平台的作用，这有点类似于在电脑上使用淘宝的支付宝、腾讯的财付通等互联网第三方支付平台。但是手机的普及性和易用性远远超过计算机，再加上规模庞大的用户群，一旦手机支付像日本和韩国一样走向成熟，运营商的巨额的资金沉淀效益和手续费收入可想而知。运营商通过手机这个载体，将用户直接接入电子商务市场，完成电子商务的各项功能。

一个完整、安全的基于RFID的GPRS移动支付系统是由移动终端、通信网络、移动安全交易系统、银行(或应用服务提供商)和认证中心(CA)五部分构成。

其中，移动终端包括RFID标签、可运行Java移动支付软件的手机以及可读取RFID的POS机。RFID卡和RFID POS机属于RFID子系统。RFID POS机通过RFID技术读取用户信息，并利用PSTN、GPRS等方式与移动支付平台相联结。手机用户利用Java手机移动支付软件通过GPRS网络与移动支付平台进行信息互交，完成支付。

RFID子系统由RFID标签、RFID阅读器和RFID应用支撑软件系统组成。每个用户持有的RFID标签分为主标签和从标签，主标签粘贴于手机外壳内。

RFID阅读器主要包括发行读写器和RFID POS机。发行读写器主要是对RFID标签进行发行前的初始化配置，从RFID标签中写入相关数据并激活RFID标签；另外，它的读写权限最高。RFID POS机主要是读取RFID标签中所需要的信息，同时将其他交易信息如交易流水号、商户代码、业务代码、支付金额等发送给移动支付平台，并在收到支付完成确认信息后根据支付业务的要求将特定的数据写入RFID标签。

RFID应用支撑软件系统包括运行于标签和阅读器上的软件以及介于阅读器与移动支付平台之间的中间件(Middle Ware)，如发行读写器、POS机PC端运行的软件。中间件的主要任务是对阅读器读取的标签数据进行过滤、汇集和计算，减少从阅读器传往移动支付平台的数据量；完成阅读器和移动支付平台的数据通信、加密解密等。

二、应用情况

随着RFID技术在其他行业渐渐凸现，金融支付领域也开始逐步引入相关的RFID技术和NFC近距离通信技术，进一步改善全球支付环境。

1. 北美

在美国，非接触卡市场已比预期提前升温。两大卡组织已于2005年3月宣布采用统一的非接触式支付标准，万事达的PayPass成为卡与设备间标准通信协议。Visa的非接触式系统"Wave"也在亚洲的马来西亚与我国台湾地区推行试点项目。2005 年 5 月,美国最大的发卡机构 Chase 正式大规模发行"Blink"品牌的非接触式信用卡,首先在 Georgia 与 Colorado 发行,计划发行 200 万张。未来还将在 5～6 个地区推行,每个市场预计发卡量 100 万张。至 2006 年 1 季度,大通发卡总量已达到 800 万张。由德州仪器提供芯片的运通 ExpressPay 也已开始全国性推广,合作商家包括 CVS 连锁、Ritz Camera 与 Sheetz。

2. 欧洲

在欧洲,随着 3G 商用进程的逐步加快,各大移动运营商也在积极推广移动支付业务。以芬兰为例,从 2002 年 2 月起,在赫尔辛基乘地铁等公交工具出行的乘客,只要用手机发出短信代码给指定的服务商,就会得到购票信息反馈,并可在 1 小时的有效时间内乘坐地铁、有轨电车及部分公共汽车,票款计入购票者每月的电话账单。从 2004 年 5 月开始,芬兰国家铁路局在全国推广电子火车票,乘客不仅可以通过国家铁路局网站购买车票,还可以通过手机短信订购电子火车票。

在法国戛纳,2005 年 10 月针对近距无线通信(Near Field Communication,NFC)展开一项测试。根据飞利浦电子公司所提供的这项触控式技术(Touch-based Technology),参加测试的 200 位戛纳居民将能够在为期 6 个月的测试期间在戛纳特定的零售店、停车场和著名的观光景点使用内嵌有飞利浦 NFC 芯片的移动电话进行安全地付款。在戛纳进行的近距无线通信 NFC 测试是这项新技术在全球第一次大规模的测试,将能直接从移动运营商、零售业者和消费者三方得到意见反馈。这项测试也将有助于大众了解这项技术所带来的便利:只要将他们的移动电话在近距无线通信 NFC 终端机前轻松扫过,就能安全而便捷地完成付款并获取信息。

3. 亚洲

在韩国,已经有越来越多的移动用户通过手机实现 POS 支付,购买地铁车票,进行移动 ATM 取款。早在 2001 年,SK 就推出名为 MONETA 的移动支付业务品牌。申请了该项业务的移动用户可以获得两张卡:一张是具有信用卡功能的手机智能卡;另一张是供用户在没有 MONETA 服务的场所使用的磁卡。移动用户只要将具有信用卡功能的手机智能卡安装到手机上,就可以在商场用手机进行结算,在内置有红外线端口的 ATM 上提取现金,在自动售货机上买饮料,还可以用手机支付地铁等交通费用,无须携带专门的信用卡。2004 年 8 月,SK 将其移动支付业务整合为新的品牌"M-BANK"。通过在手机中内置智能型芯片,用户可以用手机办理各种金融服务。"M-BANK"的特点在于将结算信息密码化,因而具有很高的安全性。

在日本,2004 年,NTT DoCoMo 先后推出了面向 PDC 用户和 FOMA 用户的基于非接触 IC 智能芯片的 FeliCa 业务。用户可以在各种零售、电子票务、娱乐消费等商户利用这种手机进行支付。据统计,截至 2004 年 7 月,DoCoMo 已售出 200 万部芯片手机,而支持该支付方案的商家数量已超过 9 000 家,这一数字还在迅速扩张中。目前,在使用 FeliCa 手机的用户中,60%的用户每周都会至少使用一次支付功能。为了推广移动支付计划,近期 NTT DoCoMo 还出资收购了一家信用卡公司。今年,公司计划在手机中整合完整的信用卡支付功能。

三、两种方式各自的技术优势

1. NFC 的技术优势

NFC 最初仅仅是遥控识别和网络技术的合并,但现在已发展成无线连接技术。它能快速自动地建立无线网络，为蜂窝设备、蓝牙设备、Wi-Fi设备提供一个“虚拟连接”，使电子设备可以在短距离范围进行通信。NFC的短距离交互大大简化了整个认证识别过程，使电子设备间互相访问更直接、更安全和更清楚，不用再听到各种电子杂音。NFC通过在单一设备上组合所有的身份识别应用和服务，帮助解决记忆多个密码的麻烦，同时也保证了数据的安全保护。

与RFID一样，NFC信息也是通过频谱中无线频率部分的电磁感应耦合方式传递，但两者之间还是存在很大的区别。首先，NFC是一种提供轻松、安全、迅速的通信的无线连接技术，其传输范围比RFID小，RFID的传输范围可以达到几米甚至几十米，但由于NFC采取了独特的信号衰减技术，相对于RFID来说NFC具有距离近、带宽高、能耗低等特点；其次，NFC与现有非接触智能卡技术兼容，目前已成为得到越来越多主要厂商支持的正式标准；再次，NFC还是一种近距离连接协议，提供各种设备间轻松、安全、迅速而自动的通信。与无线世界中的其他连接方式相比，NFC是一种近距离的私密通信方式。最后，RFID更多地被应用在生产、物流、跟踪、资产管理上，而NFC则在门禁、公交、手机支付等领域内发挥着巨大的作用。

同时，NFC还优于红外和蓝牙传输方式。作为一种面向消费者的交易机制，NFC比红外更快、更可靠，而且简单得多。与蓝牙相比，NFC面向近距离交易，适用于交换财务信息或敏感的个人信息等重要数据；蓝牙能够弥补NFC通信距离不足的缺点，适用于较长距离数据通信。因此，NFC和蓝牙互为补充，共同存在。事实上，快捷轻型的NFC协议可以用于引导两台设备之间的蓝牙配对过程，促进了蓝牙的使用。

NFC手机内置NFC芯片，组成RFID模块的一部分，可以当作RFID无源标签使用——用来支付费用；也可以当作RFID读写器——用作数据交换与采集。NFC技术支持多种应用，包括移动支付与交易、对等式通信及移动中信息访问等。通过NFC手机，人们可以在任何地点、任何时间，通过任何设备，与他们希望得到的娱乐服务与交易联系在一起，从而完成付款，获取海报信息等。NFC设备可以用作非接触式智能卡、智能卡的读写器终端以及设备对设备的数据传输链路，其应用主要可分为以下四个基本类型：用于付款和购票、用于电子票证、用于智能媒体以及用于交换、传输数据。

2. RFID-SIM技术优势

(1) 系统隐私性强、支持业务种类多。由于采用RFID技术，系统能够自动读取RFID标签内的用户信息，不需要人工录入相关信息，从而支付过程中用户不需要直接提供其手机号，因此，作为用户隐私的手机号得到了更好的保护。另外，由于RFID的存储和标识功能，使支持业务的种类增多，不仅可以实现日常刷卡消费功能，而且还可以实现离线支付、电子票务等功能，同时还具有个人标识的功能。

(2) 操作简便，联网、实时在线能力强，安全性高，费用低。目前绝大多数的手机都支持Java技术，采用Java语言编写的手机移动支付程序不仅可以实现加密、认证等功能，而且还可以更加直观地指导用户进行快速的操作，因此它在可操作性、安全性方面都要明显优于目前基于短信或语音的方式。另外，采用GPRS作为通信方式较短信或USSD方式，在传输速率、实时在线、数据加密，以及通信费用都具有明显的优势。同时，充分利用了现有GSM网络的数据业务资源。

(3) 系统结构简单，实现技术难度低，更符合中国国情。对目前正在运营的移动支付系统无较大改动，只须在移动支付平台上增加RFID数据支持系统和GPRS网关即可，可以充分利用现有移动网络资源。它不需要用户更换集成有NFC芯片的手机终端，是在NFC技术成熟以及集成有NFC芯片的手机终端普及之前的过渡方案，便于运营商在此基础上迅速开展移动支付业务，占领市场，培养客户群。

资料来源：《射频世界》2010年第2期.

## 实训任务实施三

### RFID在超市收费管理系统中的应用

1. 实训目标

(1) 通过模拟超市收银的快速便捷，了解RFID的性质、特点和发展趋势。

(2) 熟悉RFID系统的组成部分：读写器、天线、中间件、相关应用软件。

(3) 通过RFID超市收费管理系统的使用，掌握RFID的工作流程。

(4) 学会运用RFID软件对标签的信息编辑、收费管理。

2. 实训要求

(1) 按照实训任务单，完成各项任务。

(2) 按照规范要求，提交实训报告。

(3) 遵守实训中心的纪律，爱护设备，实训认真，注意安全。

3. 实训准备

(1) 教师准备好实训任务书，教师讲清该任务实施的目标和RFID知识要点。

(2) 实训中心准备好实训设备和RFID超市管理软件。

(3) 学生根据任务目标通过教材和Internet收集相关资料并做好知识准备。

(4) 根据任务安排，对学生进行分组，每5人为一组。角色分别为：收银员1名、顾客2人、出入口管理人员1人、理货员1人。

4. 实训任务

利用RFID超市管理系统，完成超市商品电子标签的读写、入出库和收费操作，掌握RFID的工作流程。

5. 实训操作

第一步，首先打开"rfid超市收费系统.exe"程序，提示"开读写器成功!"，如图2-69所示。

第二步，写入信息，单击"编辑"按钮，如图2-70所示。

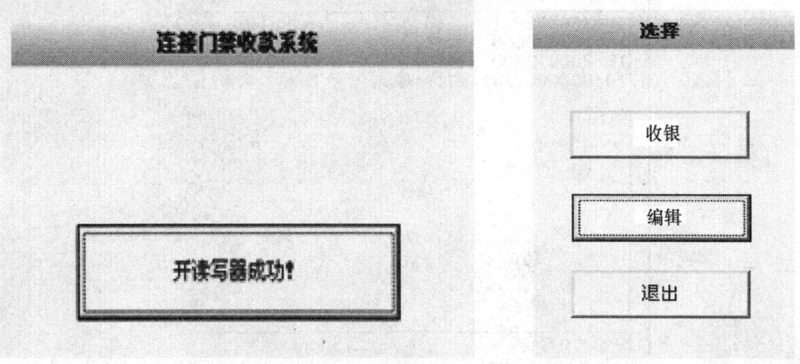


图2-69　打开程序提示界面　　图2-70　写入信息界面

第三步，输入商品信息，单击"写入"按钮，EPC码要求9位数字，如图2-71所示。

编辑卡信息

基本信息

EPC 号：201002209

名 称：饭盒

价 格：5

编 号：201002209

生产厂家：郑州

生产日期：20100115

保 质 期：2

写入 返回

图 2-71 输入商品信息界面

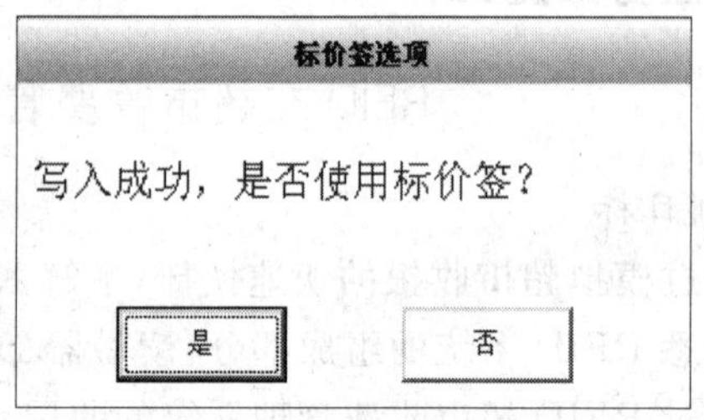


图 2-72 提示写入成功界面

提示写入成功如图 2-72 所示。

第四步，选择标价签地址，即货架位置，确定设置完毕，如图 2-73 所示。

第五步，进行收银，单击“收银”→“开始计价”按钮，如图 2-74 所示。

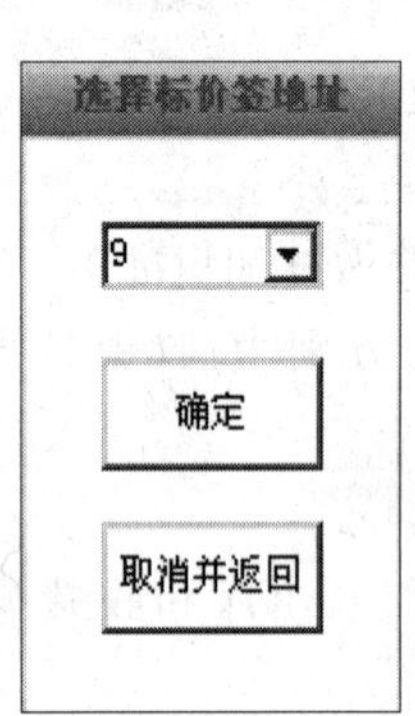


图 2-73 选择标价签地址界面

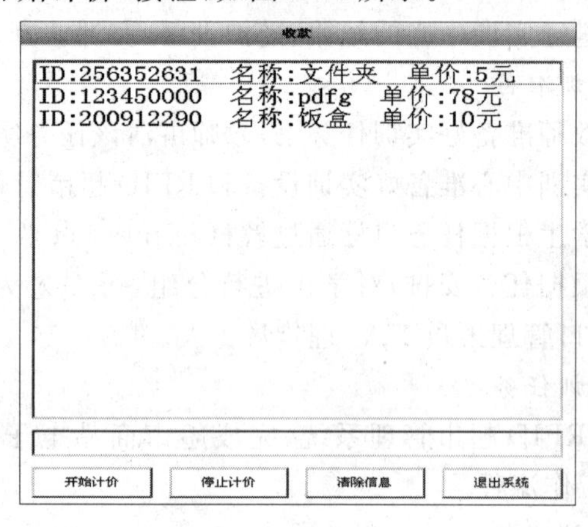


图 2-74 进行收银界面

第六步，结束计价如图 2-75 所示。

收款

ID:256352631 名称:文件夹 单价:5元

ID:123450000 名称:pdfg 单价:78元

ID:200912290 名称:饭盒 单价:10元

ID:000000115 名称:康师傅干拌面 单价:

总价:97元

开始计价 停止计价 清除信息 退出系统

图 2-75 结束计价界面

第七步，清除信息，重新开始计价。重复第一、二、三、四、五、六、七步骤。

6. 撰写实训报告

由学生完成。

7. 制作 PPT 和汇报

由学生完成。

8. 技能训练评价

完成实训后，填写技能训练评价（见表 2-24）。

**表 2-24　技能训练评价**

<table>
<tr><td colspan="2">专业：</td><td>班级：</td><td colspan="4">被考评小组成员：</td></tr>
<tr><td>考评时间</td><td colspan="2"></td><td colspan="2">考评地点</td><td colspan="2"></td></tr>
<tr><td>考评内容</td><td colspan="6">物流信息技术应用调研</td></tr>
<tr><td rowspan="5">考评标准</td><td colspan="2">内　容</td><td>分值</td><td>小组互评（50%）</td><td>教师评议（50%）</td><td>考评得分</td></tr>
<tr><td colspan="2">实训过程中遵守纪律，礼仪符合要求，团队合作好</td><td>15</td><td></td><td></td><td rowspan="5"></td></tr>
<tr><td colspan="2">RFID 超市系统软件模拟操作正确，按要求完成实训任务</td><td>40</td><td></td><td></td></tr>
<tr><td colspan="2">实训记录内容全面、真实、准确，实训报告撰写规范</td><td>15</td><td></td><td></td></tr>
<tr><td colspan="2">PPT 制作规范，汇报语言清楚，概念表达正确</td><td>30</td><td></td><td></td></tr>
<tr><td colspan="4">综合得分</td><td></td><td></td></tr>
<tr><td colspan="7">指导教师评语：</td></tr>
</table>

# 任务小结

本项目介绍了 RFID 的组成、分类、基本工作原理、标准体系和应用；介绍了 EPC 系统的组成、特点及其应用等内容。同时，学生进行了：①条码设计、打印和识读；②POS 系统前台销售收银操作；③RFID 超市管理系统实训。

# 练　习　题

## 一、单项选择题

1. 主动式标签和被动式标签的主要区别在于（　　）。

　A. 是否带电源　　B. 电池供电方式

　C. 价格的高低　　D. 标签的大小

2. 射频识别技术的低频系统和高频系统的主要区别在于（　　）。

　A. 成本的高低　　B. 频率的不同

　C. 标签内存的大小　　D. 阅读距离

3. 高频系统一般指其工作频率大于 400MHz，典型的工作频段不是(　　)MHz。

A. 915　　B. 2 450　　C. 5 800　　D. 433

4. 在国内，不属于 RFID 技术的主要应用领域的是(　　)。

A. 仓储管理　　B. 各类防盗系统

C. 高速公路自动收费　　D. 物资跟踪

5. 目前一些先进的物流管理部门在信息采集时，使用射频技术，可以主动发射存储信息，并具有较大的信息存储空间，这种设备是(　　)。

A. RFID　　B. GPS　　C. GSM　　D. GIS

6. EPC 系统包括全球产品电子代码编码系统、射频识别系统和(　　)。

A. 电子数据交换系统　　B. 信息网络系统

C. 决策支持系统　　D. 调度跟踪系统

7. 不属于 RFID 高频系统的基本特点的是(　　)。

A. 阅读距离较远　　B. 电子标签成本高

C. 适应物体低速运动　　D. 阅读器成本高

8. 射频识别系统通常由三部分组成：计算机网络系统、射频标签和(　　)。

A. 芯片　　B. 识读器　　C. 时钟　　D. 天线

9. (　　)不是 RFID 技术的特点。

A. 全自动快速识别多目标　　B. 数据记忆量大

C. 应用面广　　D. 安全性能不高

10. 射频识别技术的信息载体是(　　)。

A. 射频模块　　B. 射频标签　　C. 读写模块　　D. 天线

## 二、简答题

1. 简述射频识别系统的组成。
2. 简述 RFID 技术的基本工作原理。
3. 根据 RFID 系统完成的功能不同，可以粗略地把 RFID 系统分成哪四种类型？
4. 简述 EPC 系统的组成。

## 三、案例分析

北京某商场以前经常出现商品丢失情况，造成了不必要的损失。经过领导层的多方协商，决定通过现代信息技术解决这一问题。于是引入射频识别技术 RFID，建立了电子物品监视系统 EAS。引入电子物品监视系统后，只有当商品被正常购买或合法移出时，商品才可以被取走，因此商场的监管人员减少了一半，贵重商品也不必要放在封闭的玻璃柜中，实现了所有商品开架销售。

**思考题：**

1. 通过 EAS 系统的组成、工作原理来分析为什么 EAS 系统可以解决商品丢失问题？
2. 请你总结 EAS 对商场管理的改进有哪些？

# 项目三

# 信息传输技术应用

**项目描述**

信息的可传输性与时效性是信息的主要特征。有效信息的价值在不同的时间、场合，对不同的对象又有不同的意义，况且信息本身经过交换、引申、推导，也会使信息增值。利用各种技术将信息以特定的形式存储，并在其失效之前以更快、更便利的方式在需要的范围内传输与交换，可获取更大的信息价值。此外，物流信息的动态性和复杂性也决定了物流信息传输和交换的重要性。

在实践中，常见的物流信息传输和交换技术有计算机网络技术和 EDI 技术。本项目通过实际操作、角色扮演和理论讲解相结合的方式，对常见的局域网、无线网、互联网技术的应用的掌握；促进学生对 EDI 技术基础理论知识的理解和物流信息系统中 EDI 实际应用能力的提高。

**项目目标**

1. 知识目标

(1) 了解计算机网络的基本概念以及计算机网络的应用范围和发展前景。

(2) 了解网络类型的分类，以及各种网络类型的特点。

(3) 掌握 OSI 参考模型的优点、各层的功用。

(4) 掌握 TCP/IP 模型的四个分层，以及与 OSI 参考模型的关系。

(5) 初步掌握局域网的构建。

(6) 认识常见网络安全技术。

(7) 掌握 EDI 基础理论知识和当前 EDI 技术在物流信息系统中的实际应用。

(8) 了解当前物流企业的信息传输现状和发展趋势。

2. 技能目标

(1) 能够为物流企业构建办公自动化网络系统。

(2) 会使用常见的杀毒软件。

(3) 能够利用 EDI 技术实现物流信息的传输。

## 任务一　计算机网络技术应用

### 教学导航

**任务目标**

(1) 计算机网络概述。

(2) 计算机网络的体系结构和协议。

(3) 网络传输介质及设备。

(4) 局域网技术。

(5) 网络安全基础。

**教学重点**

(1) 计算机网络的体系结构和协议。

(2) OSI 参考模型、TCP/IP 模型。

(3) 局域网的构建。

(4) 网络安全基础。

**教学难点**

(1) 计算机网络的体系结构和协议。

(2) OSI 参考模型、TCP/IP 模型。

(3) 网络安全基础。

**教学方法**

讲授式教学法、讨论教学法、案例教学法、任务驱动教学法、实践教学法。

**教学手段**

网络教学、多媒体教学手段、计算机网络实训室。

**教学建议**

(1) 学生根据学习任务书,预习教材、通过查阅文献和 Internet 了解计算机网络的基本知识。

(2) 教师准备好授课课件(任务书、授课 PPT、视频、图片及案例分析资料),讲清该任务实施的目标、要求和本次任务的教学重点,根据任务安排,对学生进行分组,组织好课堂教学。

## 引导案例

### "一流三网"——海尔独特的物流运作模式

2001 年 3 月 31 日正式启用的海尔国际物流中心,采用世界上最先进的激光导引无人运输车系统、巷道堆垛机、机器人、穿梭车等,全部实现现代物流的自动化和智能化。

海尔物流管理的"一流三网"充分体现了现代物流的特征:"一流"是以订单信息流为中心;"三网"分别是全球供应链资源网络、全球用户资源网络和计算机信息网络。

海尔物流的"一流三网"的同步模式可以实现四个目标。

(1) 为订单而采购,消灭库存。在海尔,仓库不再是储存物资的水库,而是一条流动的河,河中流动的是按单采购来生产必需的物资,从根本上消除了呆滞物资、消灭了库存。目前,海尔集团每个月平均接到 6 000 多个销售订单,这些订单的定制产品品种达 7 000 多个,需要采购的物料品种达 15 万多种。

(2) 双赢,赢得全球供应链网络。海尔通过整合内部资源,优化外部资源使供应商由原来的 2 336 家优化至 978 家，国际化供应商的比例却上升了 20%，建立了强大的全球供应链网络，GE、爱默生、巴斯夫等世界 500 强企业都成为海尔的供应商，有力地保障了海尔产品的质量和交货期。

(3) 三个 JIT，实现同步流程。由于物流技术和计算机信息管理的支持，海尔物流通过 3 个 JIT，即 JIT 采购、JIT 配送和 JIT 分拨物流来实现同步流程。目前通过海尔的 BBP 购平台，所有的供应商均在网上接受订单，并通过网上查询计划与库存，及时补货；货物入库后，物流部门可根据次日的生产计划利用 ERP 信息系统进行配料，同时根据看板管理 4 小时送料到工位；生产部门按照 B2B、B2C 订单的需求完成订单以后，满足用户个性化需求的定制产品，通过海尔全球配送网络送达用户手中。

(4) 计算机网络连接新经济速度。在企业外部，海尔客户关系管理(CRM)和电子商务平台的应用架起了与全球用户资源网、全球供应链资源网沟通的桥梁，实现了与用户的零距离。目前，海尔 100%的采购订单由网上下达，使采购周期由原来的平均 10 天降低到 3 天；网上支付已达到总支付额的 20%。在企业内部，计算机自动控制的各种先进物流设备不但降低了人工成本、提高了劳动效率，还直接提升了物流过程的精细化水平，达到质量零缺陷的目的。计算机管理系统搭建了海尔集团内部的信息高速公路，能将电子商务平台上获得的信息迅速转化为企业内部信息，以信息代替库存，达到零营运资本的目的。

资料来源：百度文库.

**思考题：**

(1) 什么是计算机网络？

(2) 计算机网络为海尔带来哪些效应？

## 任务知识储备

## 一、计算机网络概述

计算机网络是计算机技术与通信技术相结合的产物，它的诞生使计算机的体系结构发生了巨大变化。在当今社会发展中，计算机网络起着非常重要的作用，并对人类社会的进步做出了巨大贡献。

现在，计算机网络的应用遍布全世界及各个领域，并已成为人们社会生活中不可缺少的重要组成部分。从某种意义上讲，计算机网络的发展水平不仅反映了一个国家的计算机科学和通信技术的水平，也是衡量其国力及现代化程度的重要标志之一。

### (一) 计算机网络的产生和发展

计算机网络从 20 世纪 60 年代开始发展至今，经历了从简单到复杂、从单机到多机、由终端与计算机之间的通信演变到计算机与计算机之间的直接通信。计算机网络发展经历的 4 个阶段。

第一代计算机网络：20 世纪 50～60 年代，特点是一个主机，多个终端。

第二代计算机网络：20 世纪 60～70 年代，特点是分散管理，多个主机互联成系统。

第三代计算机网络：20 世纪 70 年代末至 90 年代初，特点是标准化、开放化。

第四代计算机网络：20 世纪 90 年代至今，特点是高速、综合、移动。

目前,全球以Internet为核心的高速计算机互联网络已经形成,Internet已经成为人类最重要的、最大的知识宝库。网络互联和高速计算机网络就成为第四代计算机网络。其结构如图3-1所示。

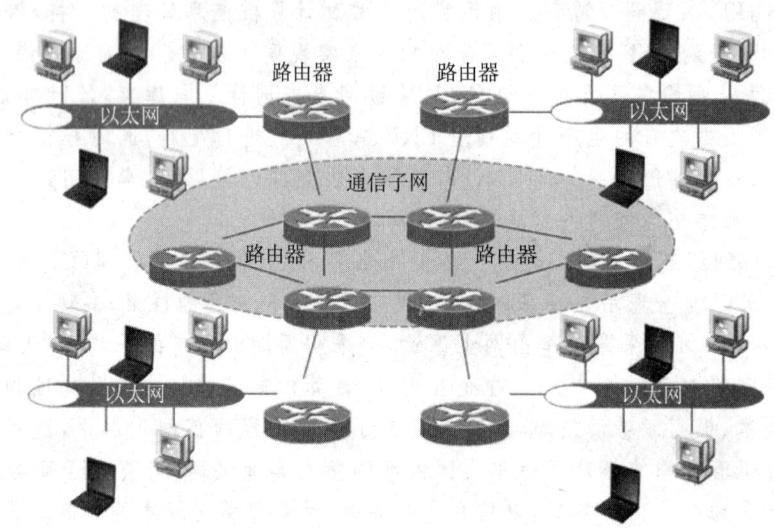


图3-1 第四代计算机网络结构示意

**(二)计算机网络的定义**

到目前为止,计算机网络并没有一个确切的定义。其实,我们可以简单地描述为:计算机网络是通过通信线路连接起来的自治的计算机集合。该描述包括了三个方面的含义。

(1) 必须有两台或两台以上、具有独立功能的计算机系统相互连接起来,以达到共享资源为目的。

(2) 计算机互相通信交换信息,必须有一条通道。这条通道的连接是物理的,由物理介质来实现(如铜线、光纤、微波、卫星等)。

(3) 计算机系统之间的信息交换,必须要遵守某种约定和规则。

以上从三个方面概括了计算机网络的基本内涵。因此,我们可以把计算机网络定义为:计算机网络是把分布在不同地点,并具有独立功能的多个计算机系统通过通信设备和线路连接起来,在功能完善的网络软件和协议的管理下,以实现网络中资源共享为目标的系统。

**(三)计算机网络的主要功能**

1. 资源共享

(1) 硬件资源:包括各种类型的计算机、大容量存储设备、计算机外部设备,如彩色打印机、静电绘图仪等。

(2) 软件资源:包括各种应用软件、工具软件、系统开发所用的支撑软件、语言处理程序、数据库管理系统等。

(3) 数据资源:包括数据库文件、数据库、办公文档资料、企业生产报表等。

(4) 信道资源:通信信道可以理解为电信号的传输介质。通信信道的共享是计算机网络中最重要的共享资源之一。

2. 网络通信

通信通道可以传输各种类型的信息,包括数据信息和图形、图像、声音、视频流等各种多

媒体信息。

3. 分布处理

把要处理的任务分散到各个计算机上运行，而不是集中在一台大型计算机上。这样，不仅可以降低软件设计的复杂性，还可以大大提高工作效率和降低成本。

4. 集中管理

对地理位置分散的组织和部门，可通过计算机网络来实现集中管理，如数据库情报检索系统、交通运输部门的订票系统、军事指挥系统等。

5. 均衡负荷

当网络中某台计算机的任务负荷太重时，通过网络和应用程序的控制和管理，将作业分散到网络中的其他计算机中，由多台计算机共同完成。

### （四）计算机网络的特点

1. 可靠性

在一个网络系统中，当一台计算机出现故障时，可立即由系统中的另一台计算机来代替其完成所承担的任务。同样，当网络的一条链路出了故障时可选择其他的通信链路进行连接。

2. 高效性

计算机网络系统摆脱了中心计算机控制结构数据传输的局限性，并且信息传递迅速，系统实时性强。网络系统中各相连的计算机能够相互传送数据信息，使相距很远的用户之间能够即时、快速、高效、直接地交换数据。

3. 独立性

网络系统中各相连的计算机是相对独立的，它们之间的关系是既相互联系，又相互独立。

4. 扩充性

在计算机网络系统中，人们能够很方便、灵活地接入新的计算机，从而达到扩充网络系统功能的目的。

5. 廉价性

计算机网络使微机用户也能够分享到大型机的功能特性，充分体现了网络系统的"群体"优势，能节省投资和降低成本。

6. 分布性

计算机网络能将分布在不同地理位置的计算机进行互联，可将大型、复杂的综合性问题实行分布式处理。

7. 易操作性

对计算机网络用户而言，掌握网络使用技术比掌握大型机使用技术简单，实用性也很强。

### （五）计算机网络的应用

计算机网络技术的发展给传统的信息处理工作带来了革命性的变化，同时也给传统的管理带来了很大的冲击。目前，计算机网络的应用主要体现在以下几个方面。

1. 数字通信

数字通信是现代社会通信的主流，包括网络电话、可视图文系统、视频会议系统和电子邮件服务。

2. 分布式计算

分布式计算包括两个方面：一方面是将若干台计算机通过网络连接起来，将一个程序分散到各计算机上同时运行，然后把每一台计算机计算的结果搜集汇总，整体得出结果；另一方面是通过计算机将需要大量计算的题目送到网络上的大型计算机中进行计算并返回结果。

3. 信息查询

信息查询是计算机网络提供资源共享的最好工具，通过“搜索引擎”，用少量的“关键”词来概括归纳出这些信息内容，很快地把你所感兴趣的内容所在的网络地址一一罗列出来。

4. 远程教育

远程教育是利用 Internet 技术开发的现代在线服务系统，它充分发挥网络可以跨越空间和时间的特点，在网络平台上向学生提供各种与教育相关的信息，做到“任何人在任何时间、任何地点，可以学习任何课程”。

5. 虚拟现实

虚拟现实是计算机软硬件技术、传感技术、机器人技术、人工智能及心理学等高速发展的结晶。虚拟现实与传统的仿真技术都是对现实世界的模拟，即两者都是基于模型的活动，而且都力图通过计算机及各类装置达到现实世界尽可能精确地再现。随着计算机科学技术的飞速发展，虚拟现实技术与仿真技术必将在 21 世纪异彩纷呈，绚丽夺目。

6. 电子商务

广义的电子商务包括各行各业的电子业务、电子政务、电子医务、电子军务、电子教务、电子公务和电子家务等；狭义的电子商务是指人们利用电子化网络化手段进行商务活动。

7. 办公自动化

办公自动化能实现办公活动的科学化、自动化，最大限度提高工作质量、工作效率和改善工作环境。

8. 企业管理与决策

随着计算机网络的广泛应用，各类企业采用管理科学与信息技术相结合的方式，开发企业管理和决策信息系统，为企业管理和决策提供支持服务。目前，正在朝着开发“智能化”的决策支持系统迅速发展。

## 二、计算机网络的基本组成

### （一）计算机网络的基本组成

计算机网络是一个非常复杂的系统，从系统组成的角度来说，计算机网络包括硬件系统及软件系统两大部分，网络硬件提供的是数据处理、数据传输和建立通信通道的物质基础，而网络软件是真正控制数据通信的，软件的各种网络功能须依赖于硬件去完成，二者缺一不可。

1. 计算机网络的硬件系统

计算机网络硬件系统是由计算机（主机、客户机、终端）、通信处理机（集线器、交换机、路由器）、通信线路（同轴电缆、双绞线、光纤）、信息变换设备（Modem、编码解码器）等构成，如

图 3-2 所示。

1）主计算机

在一般的局域网中，主机通常被称为服务器，是为客户提供各种服务的计算机，因此对其有一定的技术指标要求，特别是主、辅存储容量及其处理速度要求较高。根据服务器在网络中所提供的服务不同，可将其划分为文件服务器、打印服务器、通信服务器等。

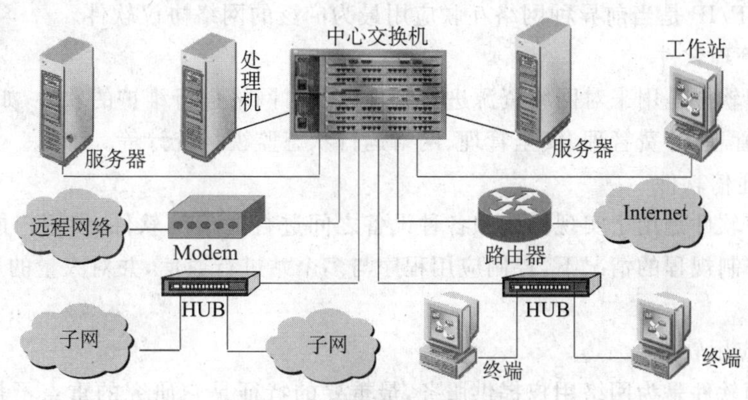


图 3-2　计算机网络硬件系统

2）网络工作站

除服务器外，网络上的其余计算机主要是通过执行应用程序来完成工作任务的，我们把这种计算机称为网络工作站或网络客户机，它是网络数据主要的发生场所和使用场所，用户主要是通过使用工作站来利用网络资源并完成自己作业的。

3）网络终端

网络终端是用户访问网络的界面，它可以通过主机联入网内，也可以通过通信控制处理机联入网内。

4）通信处理机

通信处理机一方面作为资源子网的主机、终端连接的接口，将主机和终端连入网内；另一方面又作为通信子网中分组存储转发结点，完成分组的接收、校验、存储和转发等功能。

5）通信线路

通信线路（链路）是为通信处理机与通信处理机、通信处理机与主机之间提供通信信道。

6）信息变换设备

信息变换设备是对信号进行变换的设备，包括调制解调器、无线通信接收和发送器、用于光纤通信的编码解码器等。

2. 计算机网络的软件系统

在计算机网络系统中，除了各种网络硬件设备外，还必须具有网络软件。计算机网络的软件系统包括：网络操作系统、网络协议软件、网络管理软件、网络通信软件、网络应用软件。

1）网络操作系统

网络操作系统是网络软件中最主要的软件，用于实现不同主机之间的用户通信，以及全网硬件和软件资源的共享，并向用户提供统一的、方便的网络接口，便于用户使用网络。目前网络操作系统有三大阵营：UNIX、NetWare 和 Windows。目前，我国最广泛使用的是 Windows 网络操作系统。

2）网络协议软件

网络协议是网络通信的数据传输规范，网络协议软件是用于实现网络协议功能的软件。目前，典型的网络协议软件有 TCP/IP 协议、IPX/SPX 协议、IEEE 802 标准协议系列等。其中，TCP/IP 是当前异种网络互联应用最为广泛的网络协议软件。

3）网络管理软件

网络管理软件是用来对网络资源进行管理以及对网络进行维护的软件，如性能管理、配置管理、故障管理、计费管理、安全管理、网络运行状态监视与统计等。

4）网络通信软件

网络通信软件是用于实现网络中各种设备之间进行通信的软件，使用户能够在不必详细了解通信控制规程的情况下，控制应用程序与多个站进行通信，并对大量的通信数据进行加工和管理。

5）网络应用软件

网络应用软件是为网络用户提供服务，最重要的特征是它研究的重点不是网络中各个独立的计算机本身的功能，而是如何实现网络特有的功能。

从系统功能的角度来讲，一个计算机网络又可分为资源子网和通信子网两大部分。

通信子网是指计算机网络中实现网络通信功能的设备及其软件的集合，通信线路、通信设备、网络通信协议、通信控制软件等都属于通信子网，它是网络的内层，负责信息的传输，是网络的重要组成部分。

资源子网是指计算机网络中实现资源共享的设备和软件的集合。主机和终端都属于资源子网。通信子网为资源子网提供信息传输服务，资源子网上用户之间的通信建立在通信子网的基础上。没有通信子网，网络不能工作，而没有资源子网，通信也就失去了意义，通信子网和资源子网的结合组成了统一的资源共享的完善的网络。

通信子网和资源子网结构如图 3-3 所示。

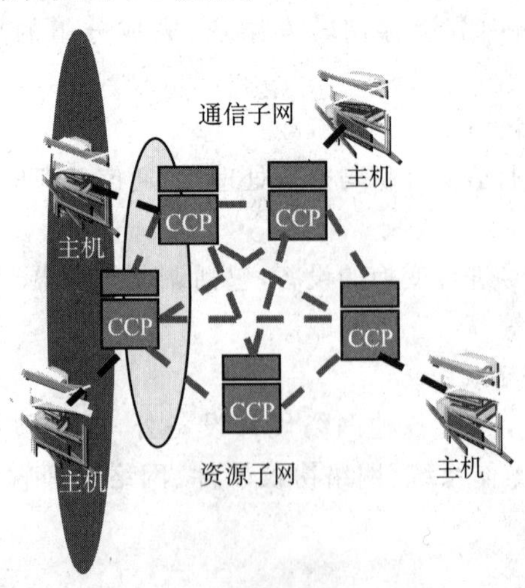


图 3-3　通信子网和资源子网

### （二）计算机网络的拓扑结构

拓扑学是几何学的一个分支。拓扑学首先把实体抽象成与其大小、形状无关的点，将连接实体的线路抽象成线，进而研究点、线、面之间的关系，即拓扑结构（Topology Structure）。

在计算机网络中，抛开网络中的具体设备，把服务器、工作站等网络单元抽象为“点”，把网络中的电缆、双绞线等传输介质抽象为“线”。

计算机网络的拓扑结构就是指计算机网络中的通信线路和节点相互连接的几何排列方法和模式。拓扑结构影响着整个网络的设计、功能、可靠性和通信费用等许多方面，是决定局域网性能优劣的重要因素之一。

计算机网络的拓扑结构主要有：总线型拓扑结构、星型拓扑结构、树型拓扑结构、环型拓扑结构、网状拓扑结构。

1. 总线型拓扑结构

总线型拓扑结构是指所有结点共享一根传输总线，所有的站点都通过硬件接口连接在这根传输线上，如图 3-4 所示。

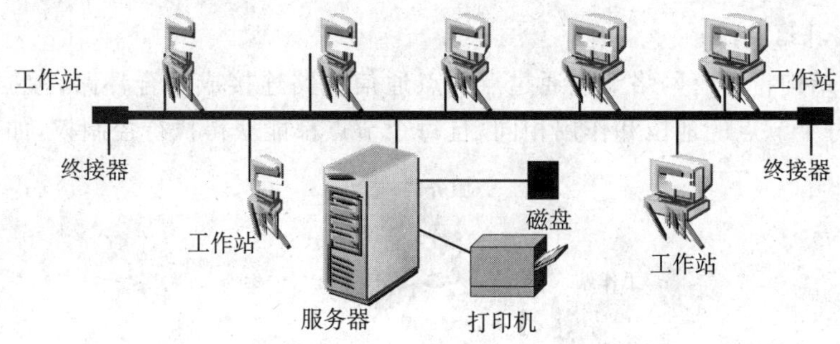


图 3-4　总线型拓扑结构示意

总线型拓扑结构的优点是：结构简单，价格低廉、安装使用方便。缺点是：故障诊断和隔离比较困难。

2. 星型拓扑结构

星型拓扑结构是符合令牌协议的高速局域网络。它是以中央节点为中心，把若干外围结点连接起来的辐射式互连结构，如图 3-5 所示。

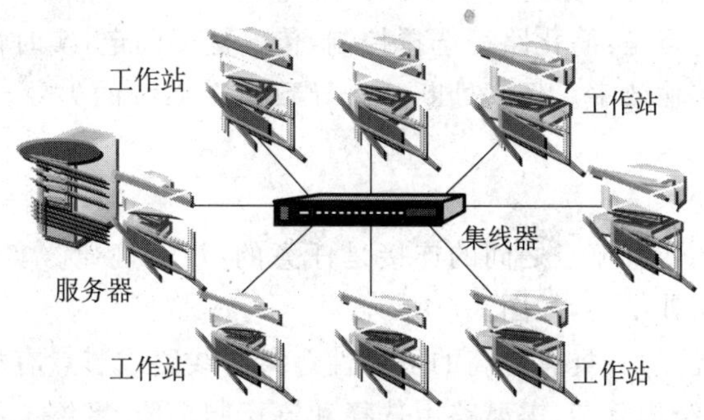


图 3-5　星型拓扑结构示意

星型拓扑结构的优点是：单点故障不影响全网，结构简单。增删节点及维护管理容易；故障隔离和检测容易，延迟时间较短。缺点是：成本较高，资源利用率低；网络性能过于依赖中心节点。

3. 树型拓扑结构

树型结构是星型结构的扩展，它由根节点和分支节点所构成，如图 3-6 所示。

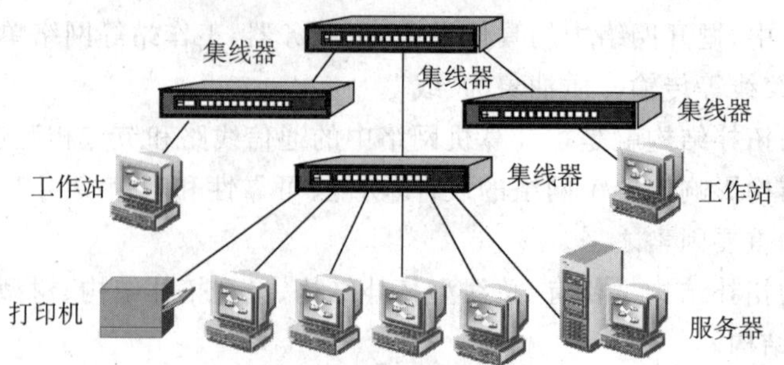


图 3-6 树型拓扑结构示意

树型拓扑结构的优点是：结构比较简单，成本低。扩充节点方便灵活。缺点是：对根的依赖性大。

4. 环型拓扑结构

环型拓扑结构将所有网络节点通过点到点通信线路连接成闭合环路，数据将沿一个方向逐站传送，每个节点的地位和作用相同，且每个节点都能获得执行控制权，如图 3-7 所示。

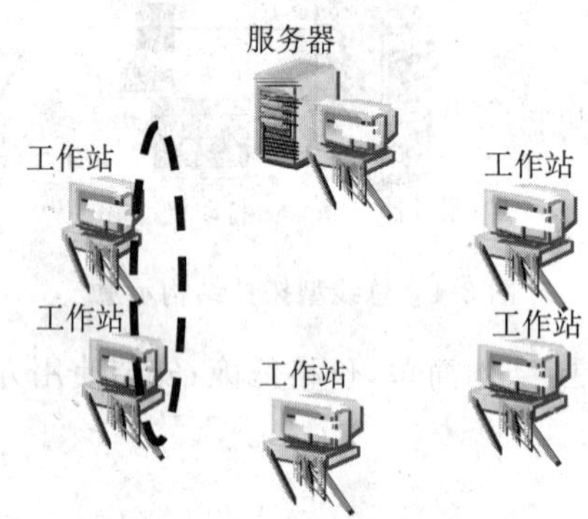


图 3-7 环型拓扑结构示意

环型拓扑结构的显著特点是每个节点用户都与两个相邻节点用户相连。

环型拓扑结构的优点是：简化路径选择控制，传输延迟固定，实时性强，可靠性高。缺点是：节点过多时，影响传输效率。环某处断开会导致整个系统的失效，节点的加入和撤出过程复杂。

5. 网状拓扑结构

网状拓扑结构中的所有节点之间的连接是任意的，没有规律。实际存在与使用的广域网基本上都采用网状拓扑结构，如图 3-8 所示。

网状拓扑结构的优点是：具有较高的可靠性。某一线路或节点有故障时，不会影响整个网络的工作。缺点是：结构复杂，需要路由选择和流控制功能，网络控制软件复杂，硬件成本较高，不易管理和维护。

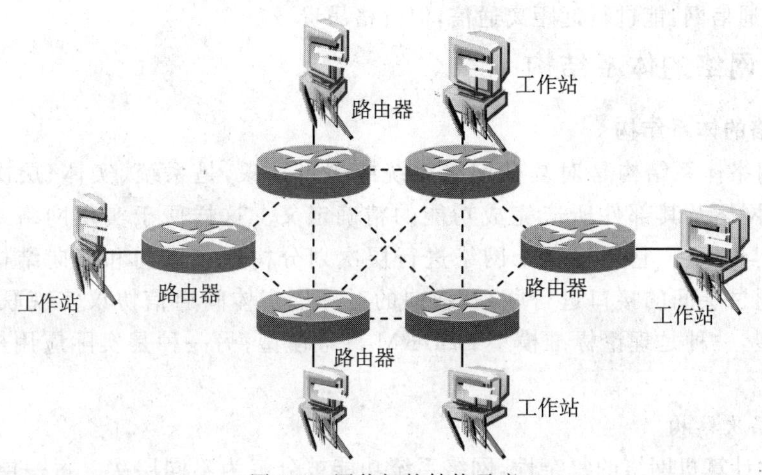

图 3-8　网状拓扑结构示意

## 三、计算机网络的分类

由于计算机网络自身的特点,其分类方法有多种。根据不同的分类原则,可以得到不同类型的计算机网络。

1. 根据网络连接的地理范围划分

根据网络连接地理范围的不同,可将计算机网络分成局域网(Local Area Network, LAN)、城域网(Wide Area Network,WAN)、广域网(Wide Area Network,WAN)三种类型。三种网络的比较如表 3-1 所示。

**表 3-1　网络类型的比较**

| 网络类型 | 范　　围 | 传输速度 | 成　本 |
|---|---|---|---|
| 局域网 | 几百到几千米,同一栋建筑物内 | 快 | 便宜 |
| 城域网 | 几十至几百千米,同一都市内 | 中等 | 昂贵 |
| 广域网 | 从数百千米到数千千米,甚至上万千米可跨越国家或洲界 | 慢 | 昂贵 |

2. 根据网络的传输介质划分

按网络的传输介质分为有线网络、无线网络。

1) 有线网络(Wired Network)

(1) 双绞线:特点是比较经济、安装方便、传输率和抗干扰能力一般,广泛应用于局域网中。

(2) 同轴电缆:俗称细缆,现在逐渐被淘汰。

(3) 光纤电缆:特点是光纤传输距离长、传输效率高、抗干扰性强,是高安全性网络的理想选择。

2) 无线网络(Wireless Network)

(1) 无线电话网:是一种很有发展前途的联网方式。

(2) 语音广播网:价格低廉、使用方便,但安全性差。

(3) 无线电视网:普及率高,但无法在一个频道上和用户进行实时交互。

(4) 微波通信网:通信保密性和安全性较好。

(5) 卫星通信网:能进行远距离通信,但价格昂贵。

## 四、计算机网络的体系结构

### (一) 网络的体系结构

计算机网络体系结构是对复杂网络系统的逻辑抽象,是系统、实体、层次、协议的集合,是计算机网络及其部件所应完成功能的精确定义。这样便于实现网络系统的交流、升级、标准化与互联。它是将整个网络进行层次划分构造成纵向和横向结构关系,纵向的网络层次通过层间的接口进行联系,横向的对等层实体间通信协议实现联系。目前主要有两种模型,一种是理论标准模型 OSI/RM 参考模型;另一种是实际应用模型 TCP/IP 协议栈模型。

1. 网络层次结构

为了简化计算机网络的复杂性,网络系统功能被分解为不同层次。每一层都建立在它的下层的基础之上,不同的网络中,层次的数量、各层的名字、内容和功能也不尽相同。但是所有的网络中,每一层的目的都是向它的上一层提供一定的服务,而把如何实现这一服务的细节对上一层加以屏蔽。计算机网络体系结构中存在两种关系:一种是纵向的上下层之间的服务关系;另一种是横向的对等层之间的通信关系。事实上,计算机网络体系结构是网络层次结构和相关协议的集合。

2. 实体

每一层中的活动元素,可以是软件实体(如进程),也可以是硬件实体(如 I/O 芯片)。不同机器的同一层实体称为对等层实体。

3. 服务

服务是每一层向上一层提供的一组操作。通过服务原语实现相邻层之间上一层使用下一层的服务。

4. 接口

接口是相邻层之间进行信息交换的界面,它定义了低层向高层提供的原始操作和服务。

5. 协议

协议是对等层实体进行通信交换信息所规定的一套规则集合。

(1) 语法:规定如何进行通信,即对通信双方采用的数据格式、编码等进行定义。

(2) 语义:规定用于协调双方动作的信息及其含义,它是发出的命令请求、完成的动作和返回的响应组成的集合,即对发出的请求、执行的动作以及对方的应答做出解释。

(3) 时序:规定事件实现顺序的详细说明,即确定通信状态的变化和过程,如通信双方的应答关系、是采用同步传输还是异步传输等。

6. 数据单元

数据单元是层间或对等实体间传送的数据组。经每一层的服务访问点传送的数据组称为接口数据单元(Interface Data Unit,IDU);经协议传送的数据组称为协议数据单元(Protocol Data Unit,PDU)。$N$ 层实体经 $N$ 协议通过网络传送到对等 $N$ 层实体,并提交给 $N+1$ 层的数据组称为 $N$ 层服务数据单元,也就是 $N+1$ 层的 PDU。

计算机网络体系结构是系统、实体、层次、协议的集合,是计算机网络及其部件所应完成功能的精确定义,即计算机网络体系结构={系统、实体、层次、协议}。

系统是计算机网络构成的系统，通常是包括一个或多个实体的具有信息处理和通信功能的物理整体。

实体在网络分层体系结构中，每一层都由一些实体组成，在一个计算机系统中，能完成某一特定功能的进程或程序都可成为一个逻辑实体。

层次是人们对复杂问题的一种处理方法，通常将系统中能提供某种或某类型服务功能的逻辑构造称为层。

协议是指两个实体间完成通信或服务所必须遵循的规则和约定。

### (二) OSI/RM 模型

OSI/RM(Open System Interconnection/Reference Model)，即开放式系统互联。一般都叫 OSI 参考模型，是国际标准化组织(ISO)在 1985 年研究的网络互联模型。OSI 模型是一种具有指导作用的抽象模型，并不是计算机网络协议的具体实现实例。在 OSI 模型的基础上，计算机网络协议的具体实现还有很多灵活性和可扩展空间。

1. OSI/RM 模型的层次结构及功能

OSI 参考模型只给出了一些原则性的说明，并不是一个真正具体的网络，它将网络划分为 7 个层次：物理层、数据链路层、网络层、传输层、会话层、表示层和应用层，如图 3-9 所示。

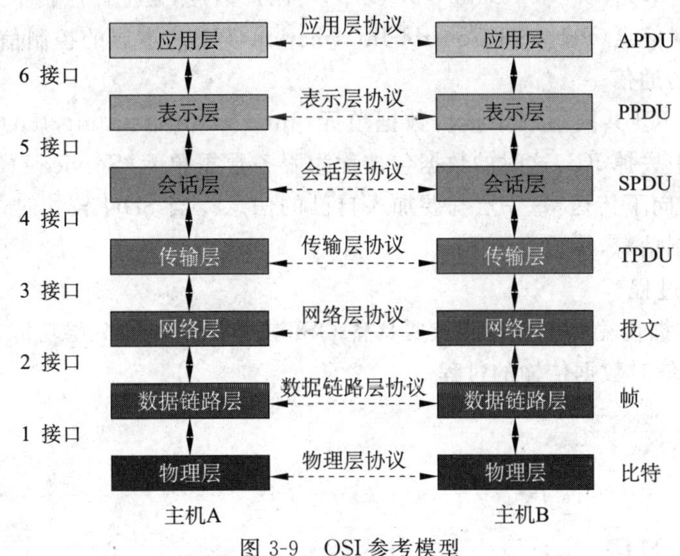


图 3-9　OSI 参考模型

各层功能概括如下。

物理层：第 1 层，在物理信道上传输比特流，解决数据终端设备(DTE)与通信设备(DCE)之间的接口问题。接口标准：由机械、电气、功能、规程四个特性构成。

数据链路层：第 2 层，变换数据帧和比特流，在相邻两节点间无差错传输数据帧。为网络层所提供的服务有：建立和拆除数据链路(逻辑通道)、帧传输、差错与流量控制、数据链路管理。

网络层：第 3 层，将报文分组从物理连接的一端传到另一端，实现点到点通信。主要功能是将逻辑地址翻译成物理地址，使传输层可使用逻辑地址；根据网络状态、优先级等确定路由；分组交换、拥塞控制和流量控制。

传输层：第 4 层，向上层提供一个标准通用的界面，使上层和通信子网的细节相隔离，保证无错误地、顺序地、无丢失地、无重复地在源主机和目标主机间传送报文。主要功能是将消息重新打包，发送端：长消息→数据包，接收端：小数据包→大数据包；接受确认；流量控制；错误处理等。

会话层：第5层，在联网计算机之间建立、建立和使用一种称之为会话的链接，并使用这个链接进行通信，使双方操作相互协调。

表示层：第6层，网络翻译者，定义了联网计算机之间交换信息的格式和语法。

应用层：第7层，是开放系统的互连环境的最高层。不同的应用层为特定类型的网络应用提供访问网络服务的手段和窗口，代表直接支持用户应用的服务，如文件传送、数据库访问、电子邮件等。

总之，OSI参考模型中，将网络通信问题分解成若干个容易处理的子问题，尔后各层“分而治之”逐个加以解决。

2. OSI/RM的数据传输

1）数据传输单元

在OSI/RM中，被传送的信息称为协议数据单元（PDU），由服务数据单元和协议控制信息单元组成。

（1）服务数据单元（Service Data Unit，SDU）：用户数据，是上一层传下来的数据单元。

（2）协议控制信息（Protocol Control Information，PCI）：本层的控制信息，用来协调本层对等实体之间的通信。

PDU、PCI和ICI共同组成了接口数据单元（Interface Data Unit，IDU）。下层接收到IDU后，从IDU中去掉ICI，这时的数据包被称为服务数据单元（Service Data Unit，SDU）；随着SDU一层层向下传送，每一层都要加入自己的信息。当SDU较长时，要分成几段，每段加上本层的控制信息，构成多个PDU。

2）数据传输过程

在OSI中，数据传输的源点和终点要具备OSI参考模型中的7层功能，图3-10表示系统A与系统B通信时数据传输的过程。

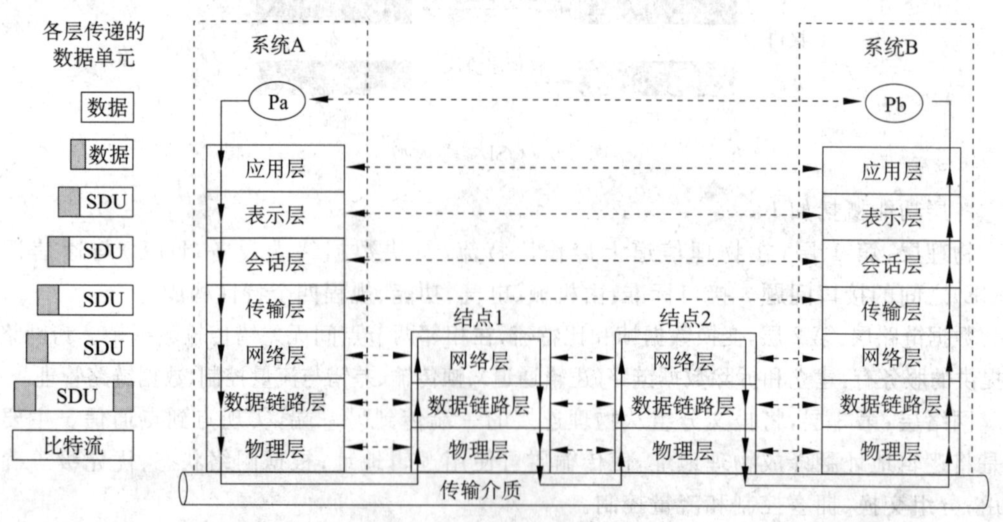

图3-10 数据传输过程

## （三）TCP/IP 模型

### 1. TCP/IP 模型结构

TCP/IP 模型当前世界最大的、开放的互联网的体系结构，Internet 由众多网络相互连接而成的特定的计算机网络，通过 TCP/IP 协议族使得世界各地的计算机用户共享信息资源。TCP/IP 是 Internet 的核心协议。在 TCP/IP 模型中，网络划分四层体系结构，自低向上分为网络接口层、网际层（或网络层）、传输层（或运输层）和应用层。TCP/IP 的结构与 OSI 结构的对应关系如图 3-11 所示。

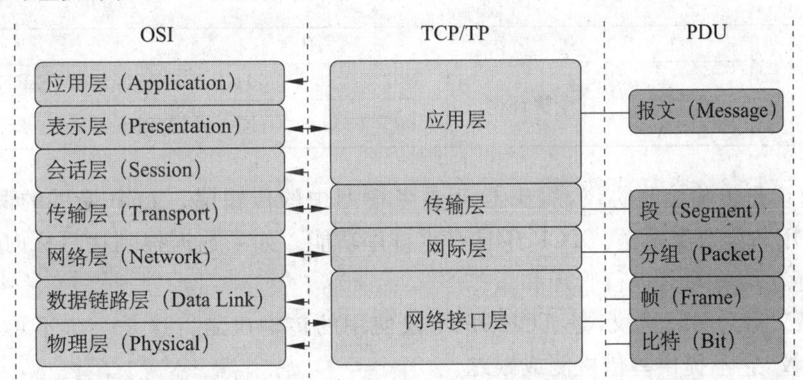


图 3-11 TCP/IP 模型与 OSI 参考模型对应关系

### 2. TCP/IP 模型各层功能

应用层：应用层是 TCP/IP 参考模型的最高层，它向用户提供一些常用应用程序，如电子邮件等。应用层包括了所有的高层协议，并且总是不断有新的协议加入。应用层协议主要有：网络终端协议 TELNET，用于实现互联网中的远程登录功能；文件传输协议 FTP，用于实现互联网中交互式文件传输功能；简单电子邮件协议 SMTP，实现互联网中电子邮件发送功能；域名服务 DNS，用于实现网络设备名字到 IP 地址映射的网络服务；网络文件系统 NFS，用于网络中不同主机间的文件系统共享。

传输层（TCP 层）：提供可靠的端到端数据传输，确保源主机传送分组到达并正确到达目标主机。有运输控制协议 TCP，用户数据报协议 UDP。TCP 协议是一种可靠的面向连接的协议，主要功能是保证信息无差错地传输到目的主机。UDP 协议是一种不可靠的无连接协议，它与 TCP 协议不同的是它不进行分组顺序检查和差错控制，而是把这些工作交给上一级应用层完成。

网际层（IP 层）：负责相邻计算之间（即点到点）通信，包括处理来自传输层的发送分组请求，检查并转发数据报，并处理与此相关的路径选择，流量控制及拥塞控制等问题。

网络接口层：严格来说它不是一个层次，而仅仅是一个接口，用以提供在下面的数据链路层和物理层的接口。负责通过网络发送 IP 数据报；或者接收来自网络物理层的帧，转为 IP 数据报，交给 IP 层。

TCP/IP 协议也采用对等层通信的模式，封装和解除封装也在各层进行。

### 3. TCP/IP 协议栈

1969 年美国国防部高级研究计划局（ARPA）按照层次结构思想进行计算机网络模块化研究，开发了一组从上到下单向依赖关系的协议栈（Protocol Stack），也叫作协议族，如

表 3-2所示。

所谓网络协议，就是为进行计算机网络中的数据交换而建立的规则、标准或约定的集合。协议总是指某一层的协议，准确地说，它是对同等层实体之间的通信制定的有关通信规则和约定的集合。网络协议包括三要素：语义、语法和交换规则。

**表 3-2 TCP/IP 协议栈**

<table>
<tr><td>应用层</td><td colspan="3">FTP、TELNET、HTTP</td><td>SNMP、TFTP、NTP</td></tr>
<tr><td>传输层</td><td colspan="3">TCP</td><td>UDP</td></tr>
<tr><td>网络互连层</td><td colspan="4">IP</td></tr>
<tr><td rowspan="2">主机到网络层</td><td rowspan="2">以太网</td><td rowspan="2">令牌环网</td><td>802.2</td><td>HDLC、PPP、FRAME-RELAY</td></tr>
<tr><td>802.3</td><td>EIA/TIA-232、499、V.35、V.21</td></tr>
</table>

TCP 协议是传输控制协议，属于 OSI 参考模型中的传输层。TCP 提供的两个主要特征是多路复用和全双工发送。TCP 还具有重排序功能。如果数据报到达目标时，顺序发生混乱，重排序功能将对其进行管理和重排序。

IP 协议又称为网际协议，是 TCP/IP 协议使用的传输机制。这是一个不可靠、无连接的数据报协议，它不提供差错检测或跟踪。

局域网常用的三种通信协议分别是 TCP/IP 协议、NetBEUI 协议和 IPX/SPX 协议。TCP/IP 协议毫无疑问是这三大协议中最重要的一个，作为互联网的基础协议，没有它就根本不可能上网，任何和互联网有关的操作都离不开 TCP/IP 协议。不过 TCP/IP 协议也是这三大协议中配置起来最麻烦的一个，单机上网还好，而通过局域网访问互联网，就要详细设置 IP 地址、网关、子网掩码、DNS 服务器等参数。

TCP/IP 尽管是目前最流行的网络协议，但 TCP/IP 协议在局域网中的通信效率并不高，使用它在浏览"网上邻居"中的计算机时，经常会出现不能正常浏览的现象。此时安装 NetBEUI 协议就会解决这个问题。

所谓 NetBEUI 协议是一个基本协议，它提供工作组及计算机的网络标识名，而且不需要配置网络地址。NetBEUI 协议还具备一些通信功能，但并不支持路由选择。

IPX/SPX 协议具有很强大的适应性，它突破了多网段的限制，具有强大的路由功能，可用于大型内联网。

## 五、IP 地址和域名系统

在日常生活中，通信双方借助于彼此的地址和邮政编码进行信件的传递。Internet 中的计算机通信与此相类似，网络中的每台计算机都有一个网络地址，发送方在要传送的信息上写上接收方计算机的网络地址信息才能通过网络传递到接收方。

基于 TCP/IP 协议的网络系统中，连接在网络上的每台计算机与设备都被称为"主机"，主机之间的沟通是通过 IP 地址、子网掩码和 IP 路由交换这三个"桥梁"实现的。

### （一）IP 地址与子网掩码

1. IP 地址的概念

在 Internet 网上，每台主机、终端、服务器，以及路由器都必须有唯一的编号用于标识该机在 Internet 网中的位置，这个编号称为 IP 地址。IP 地址标识一个连接，它是网络上的通

信地址，是计算机、服务器、路由器在 Internet 上的地址。在网络通信中，每个数据报中包含有发送方的 IP 地址和接收方的 IP 地址。

IP 地址是一个 32 位二进制数，被分为 4 段，每段 8 位(1 个字节)，段与段之间用句点分隔。为了便于表达和识别，IP 地址是以十进制形式表示的，每段所能表示的十进制数最大不超过 255。为方便起见，通常将其表示为 $w.x.y.z$ 的形式。其中 $w$、$x$、$y$、$z$ 分别为一个 0～255 的十进制整数，对应二进制表示法中的一个字节。这样的表示叫作“点分十进制表示”。例某台机器的 IP 地址为：11001010 011100010 01000000 00000010，则写成点分十进制表示形式是：202.114.64.2。IP 地址有五种类型，分别属于不同规模的网络。

IP 地址的分类如图 3-12 所示。

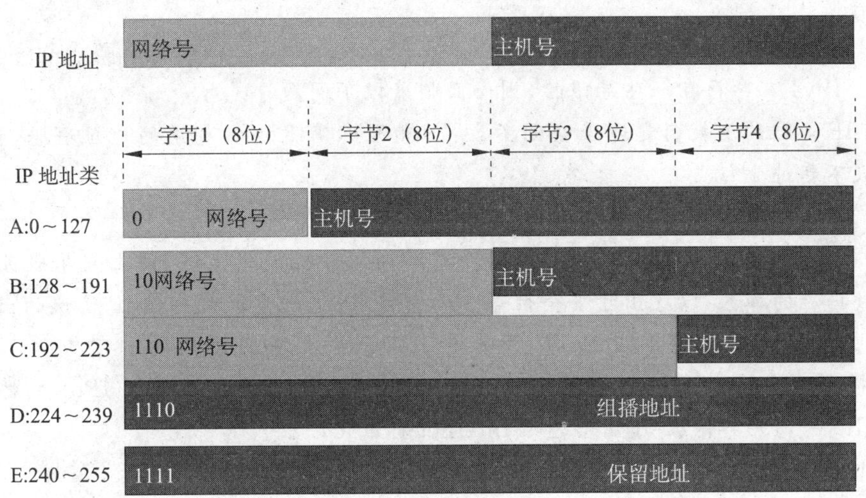


图 3-12　IP 地址的分类

A 类、B 类、C 类地址分别适用于大规模、中规模、小规模的网络。使用 D 类地址的网络用于多点传送给多个主机，包传递给网络上用户的选定子网，只有那些注册为包传送地址的主机才能接受包。D 类地址中后 28 位用于有兴趣的主机识别的地址。E 类地址是一个实验地址，保留给将来使用。本书对 D 类、E 类地址不做太多讨论。IP 地址每一部分的长度都是经过精心设计的，在分配网络地址和本地地址时提供了最大的灵活性。再以 C 类地址来说，大约允许网络数可有 200 万个，每网络可有主机设备 254 个。但由于历史的原因，当今一些美国大学被划分给 A 类网络，而其他大部分国家的 Internet 系统只能被划分为 C 类网络。

2. 子网掩码

子网掩码(Subnet Mask)又叫网络掩码、地址掩码、子网络遮罩，它是一种用来指明一个 IP 地址的哪些位标识的是主机所在的子网，以及哪些位标识的是主机的位掩码。子网掩码不能单独存在，它必须结合 IP 地址一起使用。子网掩码能分出 IP 地址中哪些位是网络 ID，哪些位是主机 ID。通过它和 IP 地址进行按位“逻辑与(AND)”运算，可以屏蔽掉 IP 地址中的主机部分，得到 IP 地址的网络 ID。子网掩码的另一个作用是将一个网络 ID 再划分为若干个子网，以解决网络地址不够的问题。

子网掩码是一个 32 位地址，用于屏蔽 IP 地址的一部分以区别网络标识和主机标识，并说明该IP地址是在局域网上,还是在远程网上。

对于A类地址来说,默认的子网掩码是255.0.0.0;对于B类地址来说默认的子网掩码是255.255.0.0;对于C类地址来说默认的子网掩码是255.255.255.0。

利用子网掩码可以把大的网络划分成子网,即可变长子网掩码(VLSM),也可以把小的网络归并成大的网络(即超网)。

## IPv6 协 议

1. IPv6 的研究背景

由于IPv4本身存在一些局限性,因而面临着以下问题。

(1) IP地址的消耗引起地址空间不足:IP地址只有32位,可用的地址有限,最多接入的主机数不超过$2^{32}$。

(2) IPv4缺乏对服务质量优先级、安全性的有效支持。

(3) IPv4协议配置复杂,特别是随着个人移动计算机设备上网、网上娱乐服务的增加、多媒体数据流的加入,以及出于安全性等方面的需求,迫切要求新一代IP协议的出现。

为此,互联网工程任务组IETE开始着手下一代互联网协议的制定工作。IETE于1991年提出了请求说明,1994年9月提出了正式草案,1995年底确定了IPng的协议规范,被称为“IPv6”,1995年12月开始进入Internet标准化进程。

2. IPv6 地址的分类

IPv6地址长度为128位,按其传输类型划分为单播、任播和多播三种。取消了原IPv4中的广播。

(1) 单播地址:用来标识单一网络接口,目标地址是单播地址的数据包将发送给以这个地址标识的网络接口。

(2) 任播地址:又称泛播地址,用来标识一组网络接口,目标地址是任播地址的数据包将发送给其中路由意义上最近的一个网络接口,地址范围是除了单播地址外的所有范围。

(3) 多播地址:用来标识一组网络接口,发送到多播地址的数据包发送给本组中所有的网络接口。

此外,还有回送或返回地址。这是一个测试地址,该地址除最低位是1外,其余的位全是0。

3. Pv6 的地址表示

IPv6地址有三种格式,即首选格式、压缩格式和内嵌格式。

(1) 首选格式:在IPv6中,128位地址采用每16位一段,每段被转换成4位十六进制数,并用“:”分隔,结果用所谓的“冒号十六进制数”来表示。例如二进制格式的IPv6地址:

0010000111011010000000001101001100000000000000000010l11100111011

00000010101010100000000011111111111111110001010001001111 0001011010

每16位分为一段:

0010000111011010 0000000011010011 0000000000000000 0010111100111011

0000001010101010 0000000011111111 1111110001010000 1001110001011010

将每个16位段转换成十六进制数字,用":"分隔,结果如:

21DA:00D3:0000:2F3B:02AA:00FF:FE28:9C5A

(2) 压缩格式:用128位表示地址时往往会含有较多0甚至一段全为0,可将不必要的0去掉,即把每个段中开头的零删除。

这样,上述地址就可以表示为:

21DA:D3:0:2F3B:2AA:FF:FE28:9C5A

其实还可以一步简化IPv6地址的表示,冒号十六进制数格式中被设置为0的连续16位信息段可以被压缩为::(即双冒号)。

例如,EF70:0:0:0:2AA:FF:FE9A:4CA2 可以被压缩为:EF70::2AA:FF:FE9A:4CA2。

(3) 内嵌格式:这是作为过渡机制中使用的一种特殊表示方法。IPv6地址的前面部分使用十六进制表示,而后面部分使用IPv4地址的十进制表示。例如:

0:0:0:0:0:0:192.168.1.201 或::192.168.1.201

0:0:0:0:0:ffff:192.168.1.201 或::ffff:192.168.1.201

4. IPv6域名系统的体系结构

IPv6网络中的DNS与IPv4中的DNS在体系结构上是一致的,都是采用树形结构的域名空间。虽然IPv6协议与IPv4协议不同,但并不意味着需要单独设置IPv6 DNS体系和IPv4 DNS体系。相反,只有是同一体系,才能共同拥有统一的域名空间。也只有这样,在IPv4到IPv6的过渡阶段,域名可以同时对应于多个IPv4和IPv6的地址。

总之,IPv6与IPv4相比,在地址空间、地址设定、路由地址构造、安全保密性、网络多媒体等方面有了明显的改进和提高。随着IPv6网络的普及,IPv6地址将逐渐取代IPv4地址。

## (二) 域名系统

1. 域名系统的概念

域名系统(Domain Name System,DNS)是互联网的一项核心服务,它作为可以将域名和IP地址相互映射的一个分布式数据库,能够使人更方便地访问互联网,而不用去记住能够被机器直接读取的IP数串。

虽然互联网上的节点都可以用IP地址唯一标识,并且可以通过IP地址被访问,但即使是将32位的二进制IP地址写成4个0~255的十位数形式,也依然太长、太难记。因此,人们发明了域名(Domian Name),域名可将一个IP地址关联到一组有意义的字符上去。用户访问一个网站的时候,既可以输入该网站的IP地址,也可以输入其域名,对访问而言,两者是等价的。例如:微软公司的Web服务器的IP地址是207.46.230.229,其对应的域名是www.microsoft.com,不管用户在浏览器中输入的是207.46.230.229或www.microsoft.com,都可以访问其Web网站。

2. 域名的分配和管理

域名由互联网域名与地址管理机构(Internet Corporation for Assigned Names and Numbers,ICANN)管理,这是为承担域名系统管理、IP地址分配、协议参数配置,以及主服务器系统管理等职能而设立的非营利机构。ICANN 为不同的国家或地区设置了相应的顶级域名，这些域名通常都由两个英文字母组成。例如：uk 代表英国；fr 代表法国；jp 代表日本。中国的顶级域名是 cn，cn 下的域名由 CNNIC 进行管理。

Internet 的域名系统和 IP 地址一样，采用典型的层次结构，每一层由域或标号组成，其结构如表 3-3 所示。

**表 3-3 Internet 的域名系统层次结构**

| 层 次 | 国内外常用域名结构 | | | |
|---|---|---|---|---|
| | 美国商业组织 | 政府组织 | 教育机构 | 中国教育机构（北京大学域名结构） |
| 顶层域 | com(IBM 公司域名结构) | gov | edu | cn |
| 第二层 | ibm(IBM 公司) | | | edu(教育系统网) |
| 第三层 | www(IBM 的 Web 服务器) | | | pku(北京大学) |
| 第四层 | | | | www(北大 Web 主机) |

3. DNS 服务

用户使用域名访问 Internet 上的主机时，需要通过提供域名服务的 DNS 服务器将域名解析（转换）成对应的 IP 地址，如图 3-13 所示。

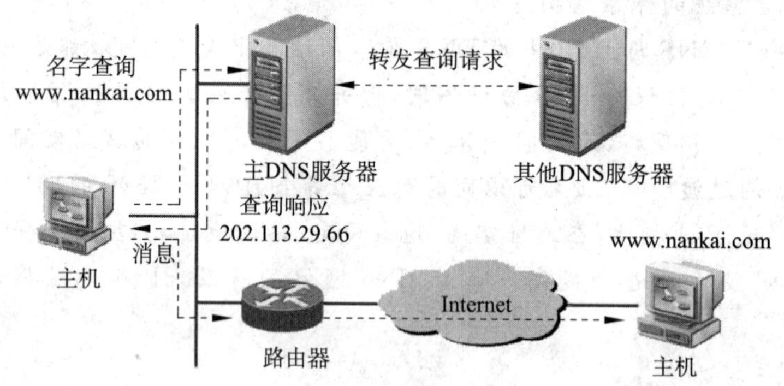


图 3-13 DNS 服务器把域名解析为 IP 地址

## 六、局域网的组建

要组建一个基本的网络，只需要一台集线器（Hub）或一台交换机、几块网卡和几十米 UTP 电缆就能完成。这样搭建起来的小网络虽然简易，却是全球数量最多的网络。在那些只有二三十人的小型公司、办公室、分支机构中，都能看到这样的小网络。

事实上，这样的简单网络是更复杂网络的基本单位。把这些小的、简单的网络互联到一起，就形成了更复杂的局域网 LAN。再把局域网互联到一起，就组建出广域网 WAN。

### （一）局域网的组成

现在办公局域网绝大多数都采用了安装容易、经济实用、性能不错的快速以太网，布线当然是采用星型布线了。互联网接入采用一台路由器通过 2～3 条 ISDN 或 DDN 专线连接至互联网上。确定后的网络拓扑如图 3-14 所示。

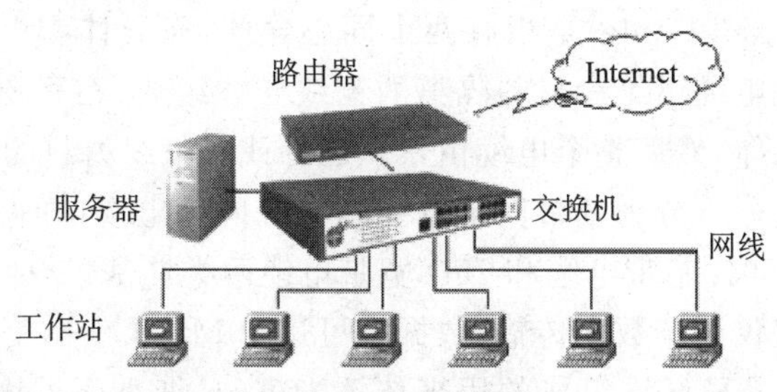

图 3-14　简单的网络连接

通常一个局域网由网络传输介质、网络设备、网络服务器和工作站等组成。

1. 网络传输介质

网络传输介质是指在网络中传输信息的载体，常用的传输介质可分为有线传输介质和无线传输介质两大类。

1) 有线传输介质

有线传输介质是指在两个通信设备之间实现的物理连接部分，它能将信号从一方传输到另一方，目前常见的有线传输介质主要有双绞线、同轴电缆和光纤，如图 3-15 所示。

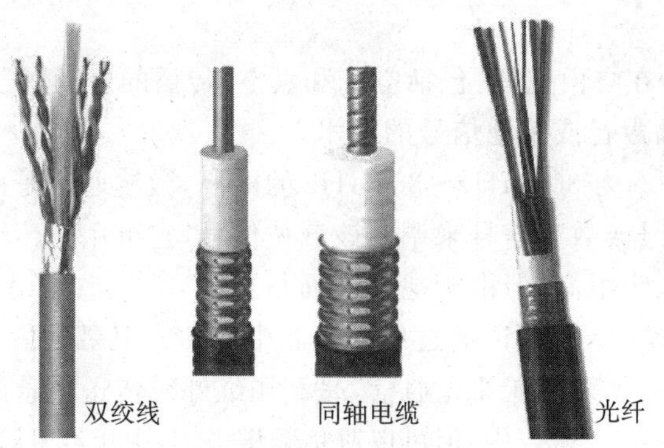

图 3-15　双绞线、同轴电缆和光纤

(1) 双绞线电缆，简称双绞线(Twisted Pair，TP)，是综合布线系统中最常用的一种传输介质。双绞线电缆中封装着一对或一对以上的双绞线，为了降低信号的干扰程度，每一对双绞线一般由两根绝缘铜导线相互缠绕而成。双绞线能提供良好的传导率，既可以传输模拟信号，也可以传输数字信号。

根据有无屏蔽层，双绞线分为屏蔽双绞线(Shielded Twisted Pair，STP)与非屏蔽双绞线(Unshielded Twisted Pair，UTP)根据电气性能，可分为一类线(CAT1)、二类线(CAT2)、三类线(CAT3)、四类线(CAT4)、五类线(CAT5)和超五类线(CAT5e)、六类线(CAT6)和超六类线(CAT6A)等。

目前，有两种线序的排列标准，即 EIA/TIA568A 布线标准(简称 T568A 标准)和 EIA/TIA568B 布线标准(简称 T568B 标准)。T568A 标准描述的线序从左到右依次为：1—绿白、2—绿、3—橙白、4—蓝、5—蓝白、6—橙、7—棕白、8—棕，T568B 标准描述的线序从左到右依次为：1—橙白、2—橙、3—绿白、4—蓝、5—蓝白、6—绿、7—棕白、8—棕。直通双绞线的一头如果采用了某一标准排列，则另一头的线序也要按照这一标准排列。交叉双绞线的一头如果采用了某一标准排列，而另一头的线序则要按照另一标准排列。

(2) 同轴电缆(Coaxial Cable)是指有两个同心导体,而导体和屏蔽层又共用同一轴心的电缆。最常见的同轴电缆由绝缘材料隔离的铜线导体组成,在里层绝缘材料的外部是另一层环形导体及其绝缘体,然后整个电缆由聚氯乙烯或特氟纶材料的护套包住。

同轴电缆从用途上分可分为基带同轴电缆和宽带同轴电缆(即网络同轴电缆和视频同轴电缆)。同轴电缆分 50Ω 基带电缆和 75Ω 宽带电缆两类。基带电缆又分细同轴电缆和粗同轴电缆。基带电缆仅仅用于数字传输,数据率可达 10Mb/s。

(3) 光纤是由一组光导纤维组成的用来传播光束的、细小而柔韧的传输介质。按传输模式可分为:单模光纤(含偏振保持光纤、非偏振保持光纤)、多模光纤。

用光纤做传输介质,就需要在发送端将电信号用特殊的设备转换成光信号,经光纤传输到接收端后,再将光信号转换成电信号。光纤的优点很多,比如带宽高、衰减很小、耐腐蚀不受电磁干扰、不导电、体积小、重量轻、韧性好和安全性很高等特点,深受用户的喜爱。主要用于要求传输距离较长、布线条件特殊的主干网连接。

2) 无线传输介质

在计算机网络中,无线传输可以突破有线网的限制,利用空间电磁波实现站点之间的通信,可以为广大用户提供移动通信。最常用的无线传输介质有:无线电波、微波、红外线、激光和蓝牙。

(1) 无线电波是指在自由空间(包括空气和真空)传播的射频频段的电磁波。无线电技术是通过无线电波传播声音或其他信号的技术。

(2) 微波是指其频率为 300MHz～300GHz 的电波,微波通信是用微波作为载体传输信号,用被传输的模拟信号或数字信号来调制该载波信号,它可用于传输模拟信号又可传输数字信号。微波的工作效率很高,但由于地球表面是曲面,而微波是沿直线传播的,所以微波传输距离一般在 40～60km,但可以通过地面微波中继站或卫星通信来延长其通信距离。

(3) 红外线通信,通常又叫红外光通信,是利用红外线传送信息的一种通信方式。红外线的传输距离不远,一般在十米以内,但可以避免频谱占用,由于红外线有很强的方向性,很难被窃听、插入和干扰,因此保密性较好。但缺点是传输距离有限,易受环境的干扰,如雨、雾等。

(4) 激光是利用激光发生器激发半导体材料而产生的高频波。激光通信是利用激光束来传输信号,即将激光束调制成光脉冲,以传输数据,激光通信必须配置一对激光收发器,且安装在视线范围内,它与红外线一样不能传输模拟信号。激光具有很好的聚光性和方向性,因而很难被窃听、插入数据和进行干扰,能提供很高的带度而成本较低。其缺点是不能穿透雨和浓雾,空气中扰乱的气流会引起偏差。

(5) 蓝牙(Bluetooth®)是一种无线技术标准,可实现固定设备、移动设备和楼宇个人域网之间的短距离数据交换(使用 2.4～2.485GHz 的 ISM 波段的 UHF 无线电波)。蓝牙技术最初由电信巨头爱立信公司于 1994 年创制,当时是作为 RS-232 数据线的替代方案。蓝牙可连接多个设备,克服了数据同步的难题。

2. 网络设备

网络设备是指用于网络通信的设备,包括网卡、集线器(Hub)、中继器(Repeater)、网桥(Bridge)、交换机(Switch)、路由器(Router)、网关(Gateway)等多种设备。

1) 网卡

网卡(Network Interface Card,NIC)也称网络适配器,是计算机与局域网相互连接的接口。一台计算机也可以同时安装两块或多块网卡，如图 3-16 所示。

网卡的功能主要有两个：一个是将计算机的数据封装为帧，并通过网线（对无线网络来说就是电磁波）将数据发送到网络上去；另一个是接收网络上传过来的帧，并将帧重新组合成数据，发送到所在的计算机中。

图 3-16　网卡

每块网卡都有一个世界唯一的 ID 号，也叫作 MAC（Media Access Control）地址。MAC 地址用于在网络中标识计算机的身份，实现网络中不同计算机之间的通信和信息交换。

网络有许多种不同的类型，如以太网、令牌环、FDDI、ATM、无线网络等，不同的网络必须采用与之相适应的网卡。绝大多数局域网都是以太网，因此，我们所接触到的网卡也基本上都是以太网网卡。

对网卡的选择需要着重注意以下几个方面：端口类型、传输速率、支持全双工、总线接口、支持远程唤醒、支持远程引导。

网卡的安装分为硬件安装和软件安装两部分。

2）集线器

集线器（Hub）是对网络进行集中管理的最小单元，像树的主干一样，它是各分枝的汇集点。集线器是一个共享设备，其实质是一个中继器，而中继器的主要功能是对接收到的信号进行再生放大，以扩大网络的传输距离。正是因为集线器只是一个信号放大和中转的设备，所以它不具备自动寻址能力，即不具备交换作用。所有传到集线器的数据均被广播到与之相连的各个端口，容易形成数据堵塞，如图 3-17 所示。

图 3-17　集线器

集线器主要用于共享网络的组建，是解决从服务器直接到桌面的最佳、最经济的方案。在交换式网络中，集线器直接与交换机相连，将交换机端口的数据送到桌面。使用集线器组网灵活，相对于用粗缆和细缆连接网络而言，它处于网络的一个星型结点，对结点相连的工作站进行集中管理，不让出问题的工作站影响整个网络的正常运行，并且用户的加入和退出也很自由。在纯 100M 或 10M/100M 网络环境中，只允许接连 2 个集线器。

3）中继器

中继器是连接网络线路的一种装置，常用于两个网络节点之间物理信号的双向转发工作。中继器是最简单的网络互联设备，主要完成物理层的功能，负责在两个节点的物理层上按位传递信息，完成信号的复制、调整和放大功能，以此来延长网络的长度。以太网络标准中就约定了一个以太网上只允许出现5个网段，最多使用4个中继器，而且其中只有3个网段可以挂接计算机终端。

4）网桥

网桥工作在数据链路层，将两个LAN连起来。根据MAC地址来转发帧，特别是它能够读取目标地址信息(MAC)，并决定是否向网络的其他段转发(重发)数据包，而且，如果数据包的目标地址与源地址位于同一段，就可以把它过滤掉。可以看作一个"低层路由器"(路由器工作在网络层，根据网络地址如IP地址进行转发)。

5）交换机

交换机的英文名称为"Switch"，它是集线器的升级换代产品。在计算机网络系统中，交换概念的提出是相对于共享工作模式的改进，如图3-18所示。

图3-18　交换机

交换机的主要功能包括物理编址、网络拓扑结构、错误校验、帧序列以及流量控制。目前一些高档交换机还具备了一些新的功能，如对VLAN(虚拟局域网)的支持、对链路汇聚的支持，甚至有的还具有路由和防火墙的功能。

交换机是一种基于MAC地址识别，能完成封装转发数据包功能的网络设备。交换机对于因第一次发送到目的地址不成功的数据包会再次对所有节点同时发送，企图找到这个目的MAC地址，找到后就会把这个地址重新加入自己的MAC地址列表中，这样下次再发送到这个节点时就不会发错。交换机的这种功能就称为"MAC地址学习"功能。

交换机从网络覆盖范围划分：广域网交换机、局域网交换机。

交换机根据应用层次划分：企业级交换机、校园网交换机、部门级交换机、工作组交换机、桌面型交换机。

6）路由器

路由器(Router)是连接互联网中各局域网、广域网的设备，它会根据信道的情况自动选择和设定路由，以最佳路径，按前后顺序发送信号。路由器是互联网络的枢纽，"交通警察"。路由和交换机之间的主要区别就是交换机发生在OSI参考模型第二层(数据链路层)，而路由发生在第三层，即网络层。

7）网关

网关(Gateway)又称网间连接器、协议转换器。网关在网络层以上实现网络互联，是最复杂的网络互联设备，仅用于两个高层协议不同的网络互联。网关既可以用于广域网互联，也可以用于局域网互联。网关是一种充当转换重任的计算机系统或设备。

3. 网络服务器

网上可以配置不同数量的服务器，有些服务器提供相同的服务，有些提供不同的服务。对于专用的服务器，其技术性能的优势主要体现在通信处理能力、内存容量、磁盘空间、系统容错能力、并发处理能力及高速缓存能力等方面。常用的网络服务器有：文件服务器、应用服务器和打印服务器。

4. 工作站

网络工作站是指连接到计算机网络上并运行应用程序来实现网络应用的计算机，它是数据处理的主要场所。用户通过工作站与网络交换信息，共享网络资源。根据工作站有无外部存储器，可将其分为无盘工作站和有盘工作站；根据应用环境的不同，可将其分为事务处理工作站和图形工作站；根据操作系统的不同，又可分为 DOS 工作站、Windows 工作站、UNIX 工作站和 Linux 工作站等多种工作站。

## （二）局域网的参考模型与标准

1. 局域网参考模型

局域网的体系结构只包含了数据链路层和物理层，其中，数据链路层分为逻辑链路控制(Logical Link Control，LLC)和介质访问控制(Medium Access Control，MAC)两个功能子层，如图 3-19 所示。

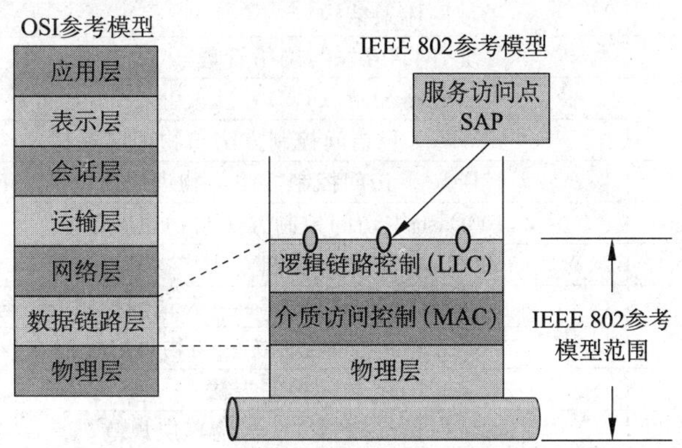


图 3-19 OSI 与 IEEE 802 的对应关系

IEEE 802.1 标准规定局域网的低三层的功能如下。

1) 物理层

物理层和与 OSI/RM 的物理层相对应，但所采用的具体协议标准的内容直接与传输介质有关。主要处理物理链路上传输的比特流，实现 Bits 的传输与接收、同步前序的产生和删除等，建立、维护、撤销物理连接，处理机械、电气和过程的特性。该层规定了所使用的信号、编码、传输媒体、拓扑结构和传输速率。

2) 介质访问控制(MAC)层

具体管理通信实体接入信道而建立数据链路的控制过程。IEEE 802 标准制定了几种媒体访问控制方法，同一个 LLC 子层能与其中任何一种媒体访问方法(如 CSMA/CD、Token Ring、Token Bus 等)接口。

3) 逻辑链路控制(LLC)层

提供一个或多个服务访问点，以复用的形式建立多点—多点之间的数据通信连接，并包括寻址、差错控制、顺序控制和流量控制等功能。这些功能基本上与 HDLC 规程一致。此外，在 LLC 层还提供本属于 OSI/RM 中网络层提供的两项服务，即无连接的数据报服务和面向连接的虚电路服务。

2. 局域网的标准

1980 年 2 月，美国电气和电子工程师协会（Institute of Electrical and Electronics Engineers，IEEE）成立了局域网标准委员会，专门从事局域网标准化工作，并制订了 IEEE 802 标准。

ISO 把这个 802 规范称为 ISO 802 标准，因此，许多 IEEE 标准也是 ISO 标准。例如，IEEE 802.3 标准就是 ISO 802.3 标准。

IEEE 802 规范定义了网卡如何访问传输介质（如光缆、双绞线、无线等），以及如何在传输介质上传输数据的方法，还定义了传输信息的网络设备之间连接建立、维护和拆除的途径。遵循 IEEE 802 标准的产品包括网卡、桥接器、路由器以及其他一些用来建立局域网络的组件。

目前 IEEE 已经制定局域网标准有 10 多个，主要的标准如表 3-4 所示。

**表 3-4 局域网主要标准**

| 局域网标准 | 标 准 描 述 |
|---|---|
| IEEE 802.1a | 局域网体系结构 |
| IEEE 802.1b | 寻址、网络互联与网络管理 |
| IEEE 802.2 | 逻辑链路控制(LLC) |
| IEEE 802.3 | CSMA/CD 访问控制方法与物理层规范 |
| IEEE 802.3i | 10Base-T 访问控制方法与物理层规范 |
| IEEE 802.3u | 100Base-T 访问控制方法与物理层规范 |
| IEEE 802.3ab | 1000Base-T 访问控制方法与物理层规范 |
| IEEE 802.3z | 1000Base-SX 和 1000Base-LX 访问控制方法与物理层规范 |
| IEEE 802.4 | Token-Bus 访问控制方法与物理层规范 |
| IEEE 802.5 | Token-Ring 访问控制方法 |
| IEEE 802.6 | 城域网访问控制方法与物理层规范 |
| IEEE 802.7 | 宽带局域网访问控制方法与物理层规范 |
| IEEE 802.8 | FDDI 访问控制方法与物理层规范 |
| IEEE 802.9 | 综合数据话音网络 |
| IEEE 802.10 | 网络安全与保密 |
| IEEE 802.11 | 无线局域网访问控制方法与物理层规范 |
| IEEE 802.12 | 100VG-AnyLAN 访问控制方法与物理层规范 |

### （三）局域网的网络模式

网络模式（Network Model）也称计算模式或应用模式，它是计算机网络处理信息的方式。不同的网络模式具有不同的工作特点和服务方式。目前，局域网最常用的计算模式有客户机/服务器模式、浏览器/服务器模式和对等服务器模式。

1. 客户机/服务器模式（Client/Server，C/S）

C/S 模式是一种开放式结构、集中式管理、协作式处理的主从式网络应用模式。

C/S 模式把计算任务分成服务器部分和客户机部分，分别由服务器和客户机完成，数据库在服务器上。客户机接收用户请求，进行适当处理后，把请求发送给服务器，服务器完成相应的数据处理功能后，把结果返回给客户机，客户机以方便用户的方式把结果提供给用户。C/S 模式逻辑结构示意如图 3-20 所示。

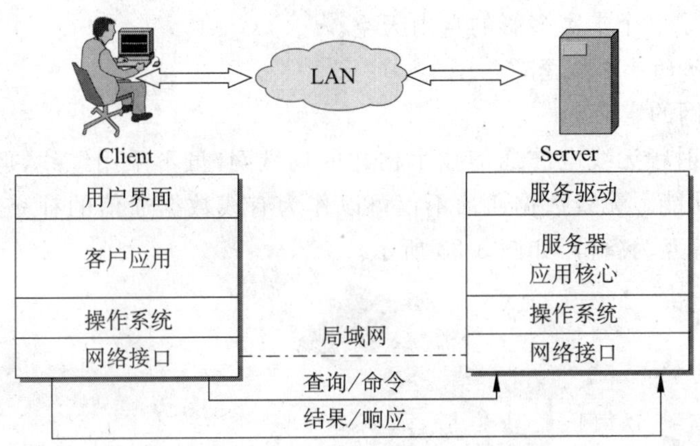


图 3-20 C/S 模式逻辑结构示意

2. 浏览器/服务器模式

随着 Internet 的广泛应用，基于局域网的企业网开始采用 Web 技术构筑和改建自己的企业网(Intranet)。于是，浏览器/服务器(B/S)新型结构模式应运而生。B/S 三层模式的体系结构如图 3-21 所示。

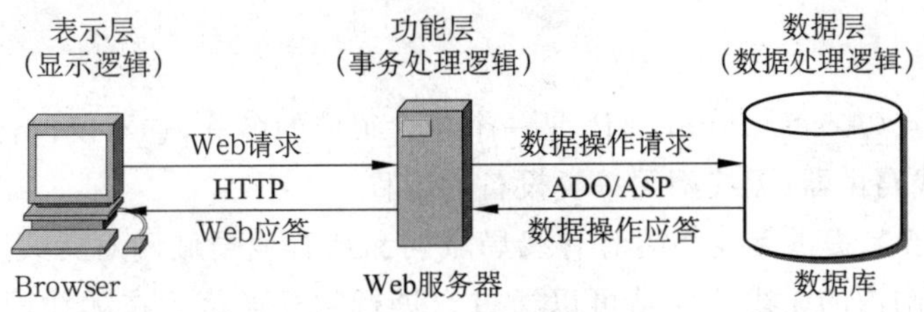


图 3 21 B/S 二层模式的体系结构

3. 对等服务器网络模式

对等服务器网络模式中没有专用服务器，每一台计算机的地位平等，在网上的每一台计算机既可以充当服务器，又可以充当客户机，彼此之间进行互相访问，平等地进行通信。典型对等局域网结构如图 3-22 所示。

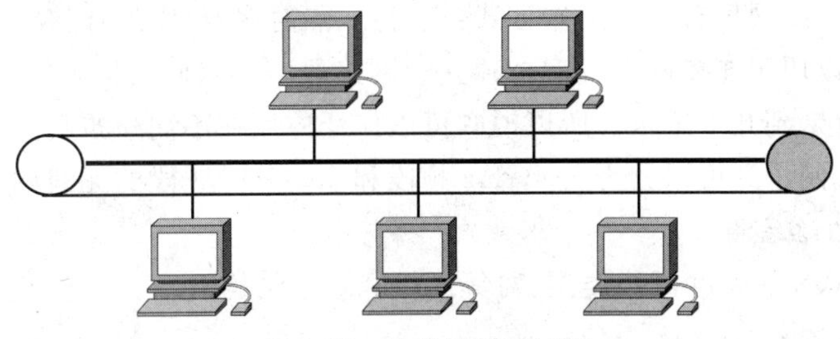

图 3-22 对等局域网结构

### （四）无线局域网(WLAN)

通信网络随着 Internet 的飞速发展，从传统的布线网络发展到了无线网络，作为无线网络之一的无线局域网(Wireless Local Area Network，WLAN)，满足了人们实现移动办公的梦想，为我们创造了一个丰富多彩的自由天空。

1. 无线局域网的基本概念

1）无线局域网的定义

WLAN 是以射频无线电波通信技术构建的局域网，虽不采用缆线，但也能提供传统有线局域网的所有功能。无线数据通信不仅可以作为有线数据通信的补充及延伸，而且还可以与有线网络环境互为备份，如图 3-23 所示。

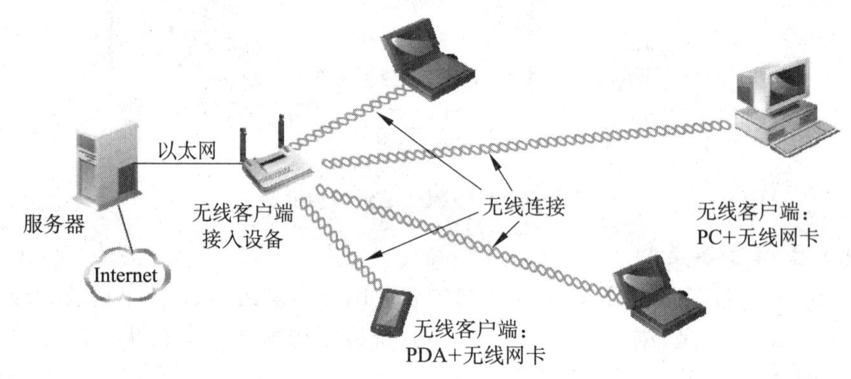


图 3-23　无线局域网

2）无线 AP

无线访问节点(Access Point，AP)是一个包含很广的名称，它不仅包含单纯性无线接入点，也同样是无线路由器、无线网关等类设备的统称。

无线 AP 主要是提供无线终端对有线局域网和从有线局域网对无线终端的访问，在访问接入点覆盖范围内的无线工作站可以通过它进行相互通信。在无线网络中，AP 就相当于有线网络的集线器，它能够把各个无线终端连接起来，无线终端所使用的网卡是无线网卡，传输介质是空气。

3）无线网桥

无线网桥是为使用无线进行远距离传输的点对点网间互联而设计。它是一种在链路层实现 LAN 互联的存储转发设备，可用于固定数字设备与其他固定数字设备之间的远距离、高速无线组网。无线网桥有三种工作方式：点对点、点对多点、中继连接。

无线网桥可以用于连接两个或多个独立的网络段，这些独立的网络段通常位于不同的建筑内，相距几百米到几十千米。所以说它可以广泛应用在不同建筑物间的互联。同时，根据协议不同，无线网桥又可以分为 2.4GHz 频段和 5.8GHz 频段的无线网桥。

2. WLAN 网络结构

一般地，WLAN 有两种网络类型：对等网络和基础结构网络。

1）对等网络

对等网络由一组有无线接口卡的计算机组成。这些计算机以相同的工作组名、ESSID 和密码等对等的方式相互直接连接，在 WLAN 的覆盖范围之内，进行点对点与点对多点之

间的通信。Ad-Hoc 也叫对等网络，是指安装有无线网络适配器（无线网卡）的多台计算机组成的局域网，它们通过无线适配器进行彼此的通信。对等模式下的所有无线终端必须使用相同的工作信道，如图 3-24 所示。

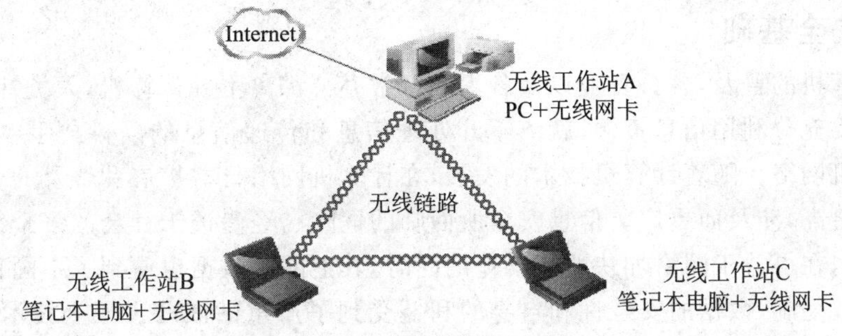


图 3-24　对等网络示意

2）基础结构网络

在基础结构网络中，具有无线接口卡的无线终端以无线接入点 AP 为中心，通过无线网桥 AB、无线接入网关 AG、无线接入控制器 AC 和无线接入服务器 AS 等将无线局域网与有线网网络连接起来，可以组建多种复杂的无线局域网接入网络，实现无线移动办公的接入，如图 3-25 所示。

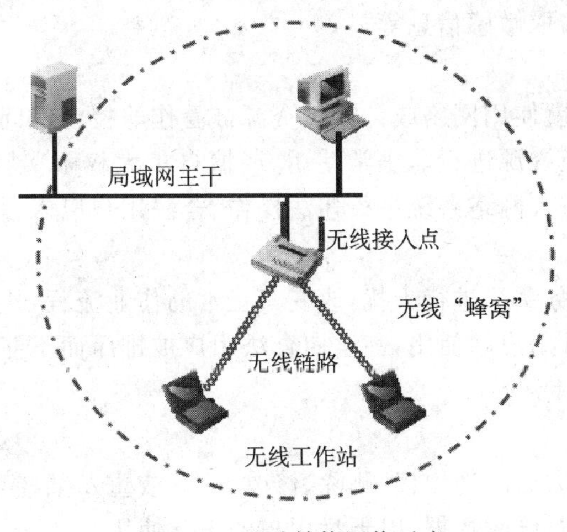


图 3-25　基础结构网络示意

## Wi-Fi 是什么？

所谓 Wi-Fi，其实就是 IEEE 802.11b 的别称，是由一个名为“无线以太网相容联盟”（Wireless Ethernet Compatibility Alliance，WECA）的组织所发布的业界术语，中文译为“无线相容认证”。它是一种无线传输技术，是在 1997 年 6 月由大量的局域网以及计算机专家审定通过的标准，该标准定义物理层和媒体访问控制（MAC）规范。物理层定义了数据传输的信号特征和调制，定义了两个 RF 传输方法和一个红外线传输方法。随着技术的发展，以及 IEEE 802.11a 及 IEEE 802.11g 等标准的出现，现在 IEEE 802.11 这个标准已被统称作 Wi-Fi，从而保证了各个厂家产品的兼容性。从应用层面来说，要使用 Wi-Fi，用户首先要有 Wi-Fi 兼容的用户端装置。

## 七、网络安全基础

随着计算机的普及，各行各业以及各人的日常办公都离不开计算机，人类社会已进入信息化时代。要充分利用信息资源，就离不开处理信息和传递信息的高科技手段——计算机和互联计算机网络。随着计算机技术的发展，在计算机网络日益扩展和普及的今天，计算机安全的要求更高，涉及面更广。信息安全所面临的危险已经渗透于社会的多个领域，使得一些机构和部门在得益于网络加快业务动作的同时，其上网的数据也遭到了不同程度的破坏，或被删除或被复制，数据的安全性和自身的利益受到了严重的威胁。安全技术作为一个独特的领域越来越受人们的关注，如何有效地防止或检测对网络的攻击也成为当务之急。

### （一）计算机网络面临的威胁

1. 信息泄露或丢失

敏感数据在有意或无意中泄露出去或丢失，包括：信息在传输中丢失或泄露，如黑客利用电磁泄露或搭线窃听等方式截获机密信息，或通过对信息流向、流量、通信频度和长度等参数的分析，推出有用信息，如用户口令、账号等重要信息等；信息在存储介质中丢失或泄露；通过建立隐蔽通道窃取敏感信息等。

2. 非授权访问

没有预先经过同意就使用网络或计算机资源被看作非授权访问。如有意避开系统访问控制机制，对网络设备及资源进行非正常使用，或擅自扩大权限，越权访问信息。主要有假冒身份攻击、非法用户进入网络系统进行违法操作、合法用户以未授权方式进行操作等。

3. 拒绝服务攻击

它不断地对网络服务系统进行干扰，改变其正常的作业流程，执行无关程序使系统响应减慢甚至瘫痪，影响正常用户的使用，甚至使合法用户被排斥而不能进入计算机网络系统或不能得到相应的服务。

4. 破坏数据完事性

以非法手段窃得对数据的使用权，删除、修改、插入或重发某些重要信息，以取得有益于攻击者的响应；恶意添加、修改数据，以干扰用户的正常使用。

5. 利用网络传播病毒

通过网络传播计算机病毒，其破坏性大大高于单机系统，而且用户很难防范。

### （二）网络安全的主要技术

安全是网络赖以生存的保障，只有安全得到保障，网络才能实现自身价值，造福于人类。网络安全技术随着网络的发展而不断发展并逐步完善。其涉及面非常广，主要技术如下。

1. 防火墙技术

防火墙技术是网络应用最广泛的技术，是在被保护的 Internet 与 Internet 之间设起的一道屏障，是用于增强 Internet 的安全性，是网络访问控制设备，用于确定哪些服务可以被 Internet 上的用户访问，外部的哪些人可以访问内部的哪些服务以及哪些外部服务可以被内部人员访问。它不同于只会确定网络信息传输方向的简单路由器，而是在网络传输通过相关的访问站点是对其实施一整套访问策列的一个或一组系统，如图 3-26 所示。目前防火墙技术可以起到的安全作用有：集中的网络安全、安全警报、重新部署网络地址转换(NAT)、监视 Internet 的使用、向外部发布信息等技术。

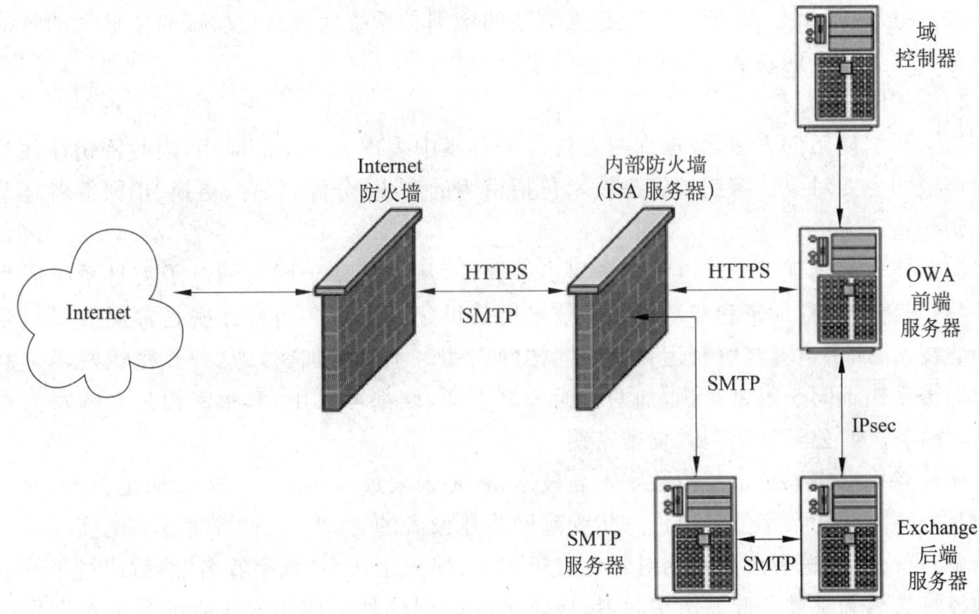


图 3-26　防火墙示意

防火墙的安全控制主要是基于 IP 地址的，难于为用户在防火墙内外提供一致的安全服务，而且防火墙只实现了粗粒度的访问控制，不能与企业内部使用的其他安全机制集成使用。另外，防火墙还难于管理和配置，由多个系统(包括过滤路由器、应用层网关、代理服务器等)构成，它也有自身的局限性，它无法防范来自防火墙以外的其他途径所进行的攻击，也不能防止来自内部变节者或不经心用户带来的威胁。同时，它也不能解决进入防火墙数据节带来的所有安全问题。如果用户抓来一个程序在本地运行，那个程序就有可能就包含一段恶意代码，可能就会导致敏感信息泄露或遭到破坏。

2. *数据加密技术*

数据加密技术是为提高信息系统及数据的安全性和保密性，防止秘密数据被外部破译而采用的主要技术手段之一，也是网络安全的重要技术。目前各国除了从法律上、管理上加强数据的安全保护外，从技术上分别在软件和硬件两方面采取措施，推动着数据加密技术和物理防范技术的不断发展。按作用不同，数据加密技术主要分为以下四种。

1) 数据传输加密技术

目的是对传输中的数据流加密，常用的方法有线路加密、端到端加密两种。前者侧重在线路上而不考虑信源与信宿，是对保密信息通过各种线路时，采用不同的加密密钥提供安全保护。后者则指信息由发送端自动加密，在网络中传输，然后作为不可阅读和不可识别的数据穿过互联网，当这些信息到达目的地时，将被自动重组、解密，成为可读数据。

2) 数据存储加密技术

目的是防止在存储环节上的数据失密，分为密文件和存取控制两种：前者一般通过加密算法转换、附加密码及加密模块等方法实现；后者则是对用户资格加以审查和限制，防止非

法用户存取数据或合法用户越权存取数据。

3）数据完整性鉴别技术

目的是对介入信息的传送、存取、处理的人的身份和相关数据内容进行验证，达到保密的要求，一般包括口令、密钥、身份、数据等项的鉴别。系统通过对比验证对象输入的特征值是否符合预先设定的参数，实现对数据的安全保护。

4）密钥管理技术

为了数据使用的方便，数据加密在许多场合集中表现为密钥的应用，因此密钥往往是保密与窃密的主要对象。密钥的管理技术包括密钥的产生、分配、保存、更换、销毁等各环节上的保密措施。

加密技术的出现为全球电子商务提供了保证，从而使基于网上的电子交易系统成为可能，因此完善的对称加密和非对称加密技术仍是世纪的主流。对称加密是常规的以口令为基础的技术，加密运算与解密运算使用同样的密钥。不对称加密，即“公开密钥密码体制”。其中加密密钥不同于解密密钥，加密密钥公之于众，谁都可以用，解密密钥只有解密人自己知道，分别称为“公开密钥”和“秘密密钥”。

在计算机网络系统中使用数字签名技术，将是未来最通用的个人安全防范技术，其中采用公开密钥算法的数字签名会进一步受到网络建设者的青睐。这种数字签名的实现过程非常简单。首先，发送者用其密钥对邮件进行加密，建立了一个“数字签名”然后通过公开的通信途径将签名和邮件一起发给接收者，接收者在收到邮件后使用发送者的另一个密匙——公开密钥对签名进行解密，如果计算的结果相同，他就通过了验证。数字签名能够实现对原始邮件不可抵赖性的鉴别。另外，多种类型的专用数字签名方案也将在电子货币、电子商业和其他的网络安全通信中得到应用。

3. 虚拟专用技术（VPN 技术）

VPN 技术就是在公共网络上建立专用网络，使数据通过安全的“加密通道”在网络上传播，在公共网络上构建 VPN 有路由过滤技术和隧道技术。目前，VPN 技术主要采用四项技术来保障安全，分别是：隧道技术、加解密技术、密匙管理技术和使用者与设备身份认证技术。

4. 入侵检测系统

入侵检测系统是一种积极主动的安全防护技术，提供了对内部入侵、外部入侵和失误操作的实时保护，能在网络系统受到危害之前拦截相应入侵，是当前网络安全技术研究的一个热点。入侵检测系统的主要功能是能检测阻止内外部不法分子对系统的入侵，从而加以阻止、封闭。并具有对网络遭受到的危害程度进行评估和对入侵遭到损坏的文件加以恢复等功能。网络安全建设是一项系统工程、社会工程，是一项长期的工程。只有加大对网络安全领域的投资，培养网络安全技术人员，建立高效完善的网络安全组织体系，明确责任。同时不断提高全民素质，倡导“文明上网、健康上网、安全上网”，增强网络用户的安全意识，才能从根本上解决网络安全问题。

5. 数字签名技术

数字签名就是附加在数据单元上的一些数据，或是对数据单元所做的密码变换。这种数据或变换允许数据单元的接收者用以确认数据单元的来源和数据单元的完整性并保护数据，防止被人（例如接收者）进行伪造。它是对电子形式的消息进行签名的一种方法，一个签名消息能在一个通信网络中传输。基于公钥密码体制和私钥密码体制都可以获得数字签名，目前主要是基于公钥密码体制的数字签名。包括普通数字签名和特殊数字签名。

数字签名(Digital Signature)技术是不对称加密算法的典型应用。数字签名的应用过程是，数据源发送方使用自己的私钥对数据校验和或其他与数据内容有关的变量进行加密处理，完成对数据的合法“签名”，数据接收方则利用对方的公钥来解读收到的“数字签名”，并将解读结果用于对数据完整性的检验，以确认签名的合法性。数字签名技术是在网络系统虚拟环境中确认身份的重要技术，完全可以代替现实过程中的“亲笔签字”，在技术和法律上有保证。在公钥与私钥管理方面，数字签名应用与加密邮件 PGP 技术正好相反。在数字签名应用中，发送者的公钥可以很方便地得到，但他的私钥则需要严格保密。

数字签名主要的功能是：保证信息传输的完整性、发送者的身份认证、防止交易中的抵赖发生。

数字签名技术是将摘要信息用发送者的私钥加密，与原文一起传送给接收者。接收者只有用发送的公钥才能解密被加密的摘要信息，然后用 HASH 函数对收到的原文产生一个摘要信息，与解密的摘要信息对比。如果相同，则说明收到的信息是完整的，在传输过程中没有被修改，否则说明信息被修改过，因此数字签名能够验证信息的完整性。

数字签名是个加密的过程，数字签名验证是个解密的过程。

6. 认证技术

目前的认证技术有对用户的认证和对消息的认证两种方式。用户认证用于鉴别用户的身份是否是合法用户；消息认证就是验证所收到的消息确实是来自真正的发送方且未被修改的消息，也可以验证消息的顺序和及时性。消息认证实际上是对消息本身产生一个冗余的信息，即 MAC(消息认证码)，消息认证码是利用密钥对要认证的消息产生新的数据块并对数据块加密生成的。它对于要保护的信息来说是唯一和一一对应的。因此可以有效地保护消息的完整性，以及实现发送方消息的不可抵赖和不能伪造。

消息认证码的安全性取决于两点。①采用的加密算法，所谓数字签名。即利用公钥加密算法(不对称密钥)对块加密，以保证消息的不可抵赖和完整性。②待加密数据块的生成方法。消息摘要广泛应用的单向散列函数(Hash 函数，又称杂凑函数)来生成 Hash-1 值来作为认证码。而消息摘要方案是利用单向散列函数将任意长度的消息全文作为输入，将压缩到某一固定长度的哈希值即消息摘要，或称为“数字指纹”作为输出，因此称为消息摘要。这种消息认证码方案已广泛应用于数字签名，虚拟专网等。作为消息认证码中一种变形，消息摘要的运算过程不需要加密算法的参与，其实现的关键是所采用的单向散列函数是否具有良好的抗碰撞性。Hash 函数值是所有消息位的函数，具有错误检测的能力，经过函数处理，原始信息即使只更动一个字母，对应的压缩信息也会变为截然不同的摘要，这就保证了经过处理信息的唯一性，为电子商务等提供了数字认证的可能。

## 职业指导

### 网络工程师

1. 网络工程师考试分级

网络工程师考试属于全国计算机技术与软件专业技术资格考试(简称计算机软件资格

考试)中的一个中级考试。考试分级如下。

初级:网络管理员。

中级:网络工程师。

高级:网络规划设计师。

2. 考试科目设置

(1) 计算机与网络基础知识,考试时间为150分钟,笔试,选择题。满分75分,45分及格。

(2) 网络系统设计与管理,考试时间为150分钟,笔试,问答题。满分75分,45分及格。

3. 考试要求

(1) 熟悉计算机系统的基础知识。

(2) 熟悉网络操作系统的基础知识。

(3) 理解计算机应用系统的设计和开发方法。

(4) 熟悉数据通信的基础知识。

(5) 熟悉系统安全和数据安全的基础知识。

(6) 掌握网络安全的基本技术和主要的安全协议。

(7) 掌握计算机网络体系结构和网络协议的基本原理。

(8) 掌握计算机网络有关的标准化知识。

(9) 掌握局域网组网技术,理解城域网和广域网基本技术。

(10) 掌握计算机网络互联技术。

(11) 掌握TCP/IP协议网络的联网方法和网络应用技术。

(12) 理解接入网与接入技术。

(13) 掌握网络管理的基本原理和操作方法。

(14) 熟悉网络系统的性能测试和优化技术,以及可靠性设计技术。

(15) 理解网络应用的基本原理和技术。

(16) 理解网络新技术及其发展趋势。

(17) 了解有关知识产权和互联网的法律法规。

(18) 正确阅读和理解本领域的英文资料。

## 前沿理论与技术

### 云计算与"云物流"

"云物流"是"云计算"在物流行业的应用服务,利用"云计算"强大的通信能力、运算能力和匹配能力,集成众多物流用户的需求,形成物流需求信息集成平台,实现所有信息的交换、处理、传递,整合零散的物流资源,使物流效益最大化。随着互联网的普及尤其是移动终端的应用,"云计算"会渗透到每一个角落,"云物流"也将具有广阔的发展前景。

一、云计算

1. 云计算的基本概念

"云计算"(Cloud Computing)有广义云计算和狭义云计算之分。广义云计算是指服务的交付和使用模式，这种服务可以是信息技术与软件、互联网相关，也可以是提供包括计算能力在内的其他服务，这就意味着计算能力可作为一种商品通过互联网进行流通；狭义云计算是指信息技术基础设施的交付和使用模式，指通过网络以按需、易扩展的方式获得所需的资源（硬件、平台、软件、数据）。

广义云计算和狭义云计算的概念明确指出，云计算是一种让用户能够方便获取的、资源共享的、随机应变的和可实时访问的网络模式。进一步说，就是通过把计算部署在大量的分布式计算机上，用户能够将资源切换到需要的应用上，根据需求访问计算机和存储系统。

2. 云计算的特点

无论广义云计算还是狭义云计算，都具有快速部署资源或获得服务、按需扩展和使用、按使用量付费、通过互联网提供等特征。

(1) 快速部署资源或获得服务。提供资源的网络被称为“云”。专业网络公司搭建计算机存储、运算中心，用户通过一根网线借助浏览器就可以很方便地访问，把“云”作为资料存储以及应用服务的中心。

(2) 按需扩展和使用。“云”中的资源在使用者看来是可以无限扩展的，并且可以随时获取，按需使用，随时扩展，这种特性经常被称为像水、电一样使用信息技术基础设施。就像用水不需要建立水厂，用电不需要家家装备发电机，可以直接从水厂、电力公司购买一样。

(3) 按使用量付费。在云计算模式中，用户按需获取资源，并只为这部分付费。

(4) 通过互联网提供。云计算是将互联网看作一个大的资源池，用户除了具有基本功能（可视、可输入、发声、网络接入）的终端设备（如个人计算机、手机、电视等）之外，其余的能力直接从互联网上获取。这种形式如同有线电视中的“点播”和“回看”系统，用户只要配备电视和机顶盒即可收看所需的电视节目。

3. 云计算的服务层次

云计算主要包括基础设施即服务（Infrastructure as a Servire，IaaS）、软件即服务（Software as a Service，SaaS）、平台即服务（Platform as a Service，PaaS）。

(1) 基础设施即服务。消费者可以通过互联网从完善的计算机基础设施中获得服务。

(2) 软件即服务。这是一种通过互联网提供软件的模式，用户无须购买软件，而是向提供商租用基于 Web 的软件进行企业管理经营活动。

(3) 平台即服务。这实际上是指将软件研发的平台作为一种服务，以软件即服务的模式提交给用户。因此，平台即服务也是软件即服务模式的一种应用，但它的出现可以加快软件即服务的发展，尤其是加快其应用的开发速度。

4. 云计算中云的分类

按照美国国家标准技术研究院的分类方法，云计算可分为私有云、公共云等。这种分类方法是以“云”服务提供者和服务对象来区分的，没有把应用和数据考虑进去。从未来信息化发展趋势看，应增加应用和数据两个维度，实际上“云物流”是云计算在应用维度上的一个分支，即云分类中的行业云。

(1) 公众云。“公众云”是可为公众所使用的平台。在“云”的概念没有提出来以前，我们就已经使用了符合现代云计算概念的产品，最早期的雅虎搜索就是其产品中的佼佼者。公众云通过公开途径获取数据，并利用公开数据和独有的算法为客户提供服务，其核心竞争力是它独有的算法和庞大的数据业务系统。

(2) 行业云。“行业云”的概念是由国产服务器厂商浪潮集团提出的，它是由行业内或某个区域内起主导作用或者掌握关键资源的组织建立和维护，以公开和半公开的方式，向行业内部、相关组织及公众提供有偿或无偿服务的云平台。“行业云”还可以按不同的行业进一步细分。

“公众云”与“行业云”的主要区别在于数据来源、服务对象、组织构架模式及服务提供者的核心竞争力。“公众云”的特点是数据来源公开，服务对象是不特定的社会公众；而“行业云”的特点则是数据主要来源于行业内部的核心组织或其他成员，绝大部分数据是私有数据，因此，不可能无偿提供给第三方。但由于市场上存在需要提供服务的用户，所以“行业云”可以提供这种服务，满足市场需求。

云计算是一个刚刚发展的领域，其分类并不完善，人们对如何分类看法还不统一。但就应用而言，应尽快对云计算的大致分类理出头绪，找到应用方向。

二、云物流

1. 云物流

云物流是云计算在物流行业的应用服务，即云计算派生出云物流。

云物流利用云计算的强大通信能力、运算能力和匹配能力，集成众多的物流用户的需求，形成物流需求信息集成平台。用户利用这一平台，最大限度地简化应用过程，实现所有信息的交换、处理、传递，用户只须专心管理物流业务。同时，云物流还可以整合零散的物流资源，实现物流效益最大化。

从长远看，云物流具有广阔的发展前景。计算机的信息系统不仅仅支撑起物流系统的运营，发挥物流系统中枢神经的作用，而且在充分利用云计算的基础上，云物流有可能使物流的许多功能发生质的变化。

2. 云物流与云计算的关系

快递业提出云物流概念的本质是利用了云计算数据共享的特性，把快递行业的数据进行集合、整理，并用整理后的数据指导、控制快递公司的业务运作，最终提高快递的运输效率。

从云计算的特点看，所谓云计算就是作为终端用户，只须使用终端设备得到所需要的最终结果，而这一切往往是普通用户的终端设备力所不及的。因为这样的结果可能经过多种方式进行处理，甚至多个云计算供应商都对数据进行整合。在这一过程中，终端用户只使用不过问。这正是云计算的魅力所在。

云物流与云计算相仿，是实践在前，提出概念在后。物流领域中常常见到的第三方物流、第四方物流，从概念上说应该是云物流的雏形，物流终端用户并不直接管理物流的中间过程，交由专业的物流公司运作。这些专业的物流公司所承揽的业务特别是大型复杂的物流业务，并不一定是由一家物流公司完成，多数情况下要由几家不同的专业物流公司配合完成，而终端用户不需要了解这些情况，只关心业务完成的最终结果。这与云计算的特征非常相似。这样，促使人们在思考云物流的时候，就不仅仅局限在利用云计算技术开展物流运作，而是在更高的层次思考云物流的发展。如利用云计算的网络与成果，物流行业在云计算的支持下，研究完善云物流的概念，尽快发展与云物流相关的实体经济。

三、云计算在物流行业中的发展

综上所述，物流与云计算的关系紧密。云物流属于云计算中“行业云”的范畴，是应用维

度上的一个范例。如何更好地把云计算应用到物流生产活动中，让云计算在物流领域乃至更大范围的流通领域发挥作用，是当务之急。

1. 云计算在快递行业的应用

从快递业应用云物流的实例看，云物流的作用主要体现在物流信息方面。在实际运作中，快递行业中的某个企业首先搭建一个"行业云"的平台，集中行业中的私有数据，即集中来自全球发货公司的海量货单；其次，对海量货单和货单的目的路径进行整理；再次，指定运输公司发送到快递公司；最后送达收件人。在这一过程中，云物流对快递行业的收货、运输、终端配送的运作模式进行了整合，实现了批量运输，部分解决了我国运输行业长期存在的空驶（或是半载）问题，提高了运输公司的效率，降低了成本。但是，快递行业只是物流行业中的一小部分。

2. 云计算在整个物流行业的应用

物流从经济层面上可以分为宏观物流和微观物流。宏观物流通常是指物流范围较广、工程量较大、具有带动经济作用的物流活动。宏观物流方式会影响社会流通方式，也会影响国民经济。相对于宏观物流而言，微观物流主要是指局部的、小范围的物流作业。除此之外，还有社会物流、企业物流、国际物流、区域物流、特殊物流等不同的分类。

物流活动是由包装、装卸、运输、存储、流通加工、配送和物流信息等活动构成的。提高物流效率就是提高上述各个活动的效率。

当一个企业承担物流的全部功能时，实际上是承担了所有的物流活动。第三方或是第四方物流出现以后，通过对物流活动进行细分，实现物流作业专业化，提高物流活动效率。第三方或第四方能够提高物流效率的本质，实际上是对物流活动进行重新组合即业务重构，实现了业务活动的专业化。所以，与快递行业一样，业务重构对提升效率起到了巨大的作用。

在业务重构过程中，云计算是可以利用的工具。目前，在物流领域有些运作已经有"云"的身影，如车辆配载、运输过程监控等。借助云计算中的"行业云"，多方收集货源和车辆信息，并使物流配载信息在实际物流运输能力与需求发生以前得以发布，加快了物流配载的速度，提高了配载的成功率。

"云存储"也是可以发展的方向之一，利用移动设备将在途物资作为虚拟库存，即时进行物资信息交换和交易，将物资直接出入库，并直接将货物运送到终端用户手中。

受益于云物流的还有供应链，零售业在云物流的影响下也将发生变化。

如果说，云计算为快递行业降低生产成本发挥了很大作用，那么，云计算在物流行业应用带来的直接效果就是降低物流成本，这将大大提高物流业的社会效益。仅凭此一点就可以断定，云计算在物流业将有巨大的发展空间。

资料来源：中国物流与采购联合会网．

## 实训任务实施一

### 组建无线局域网

1. 实训目标

（1）了解无线局域网常用的网络设备。

（2）掌握无线 AP 的设置。

(3) 掌握三台及以上计算机组建无线局域网的方法。

2. 实训要求

(1) 按照实训任务单,完成各项任务。

(2) 按照规范要求,提交实训报告。

(3) 遵守实训中心的纪律,爱护设备,实训认真,注意安全。

3. 实训准备

(1) 教师准备好实训任务书,教师讲清该任务实施的目标和条码知识要点。

(2) 实训中心准备好实训设备,每组设备:TP-LINK TL-WR740N 型号无线路由器1台,USB 无线网卡 1 块,笔记本电脑 2 台,交换机 1 台,网线若干。

(3) 学生根据任务目标通过教材和 Internet 收集相关资料并做好知识准备。

(4) 根据任务要求,对学生进行分组,5 人一组,设组长 1 名。

4. 实训任务

(1) 宇通物流公司二区分部,有三台计算机,为加强信息管理,要组建一无线局域网,达到资源共享。

(2) 撰写实训报告、制作 PPT 和汇报。

5. 实训操作

(1) 对无线 AP 进行安装、设置。

① 设置安装有无线网卡计算机的 IP 地址。将该计算机的网关设置为 192.168.1.1,IP 地址设置为 192.168.1.2,子网掩码设置为 255.255.255.0。设置完成后,在浏览器中输入 http://192.168.1.1,就可以看到 AP 的设置界面,如图 3-27 所示。

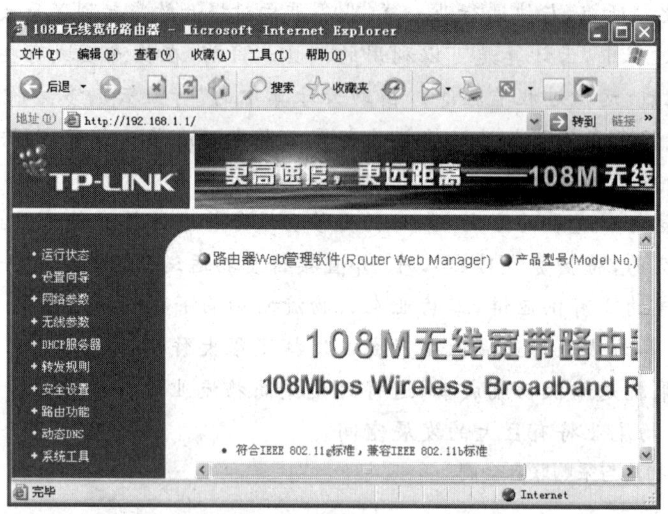


图 3-27 AP 的设置界面

② 设置无线网络的基本参数。

SSID:用于识别无线设备的服务集标志符。可采用默认值 TP-LINK,也可根据自己的喜好更改为一个容易记忆的数字或字母或两者的组合。

频道:用于确定本网络工作的频率段,选择范围从 1~11,默认值是 6。

模式:用于设置 AP 的工作模式,一般不必做改动,默认就可以。

开启无线功能：使 TL-WR641G 的无线功能打开或关闭。

允许 SSID 广播：默认情况下 AP 都是向周围空间广播 SSID 通告自己的存在，这种情况下无线网卡都可以搜索到这个 AP 的存在。

开启安全设置：对无线网络安全设置。在右图对话框内配置完无线 AP 的基本参数后单击“保存”按钮，如图 3-28 所示。这时，会在 WR641G 周围生成一个无线网络，该网络的 SSID 标识符是“TP-LINK”，工作信道是 6，网络没有加密，可以提供给无线网卡来连接。

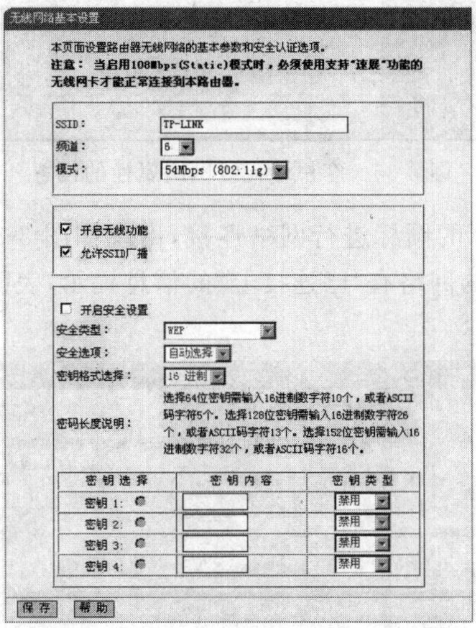

图 3-28　无线网络的基本参数设置

③ WAN 口设置。

在 AP 的设置界面内，单击“网络参数”选项，在展开的列表中再单击“WAN 口设置”选项，显示如图 3-29 所示。设置各参数具体值后单击“保存”按钮，完成无线 AP 的设置。

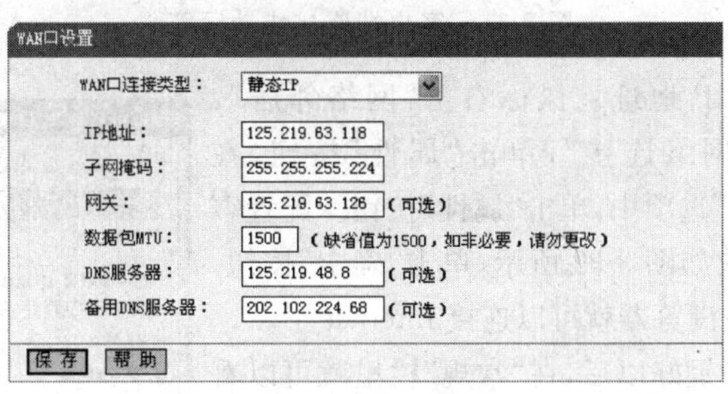


图 3-29　WAN 口设置

(2) 三台计算机通过无线 AP 方式组建无线局域网。

① 在客户端计算机上双击无线网卡，此时即可看到所有当前可用的无线网络，如图 3-30 所示。注意图 3-30 中有两个网络，一个是前面刚提到的计算机到计算机网络，网络名是 nau-1；另一个网络名 nau-2 是 AP 的 ESSID，该网络才是需要连接的网络。

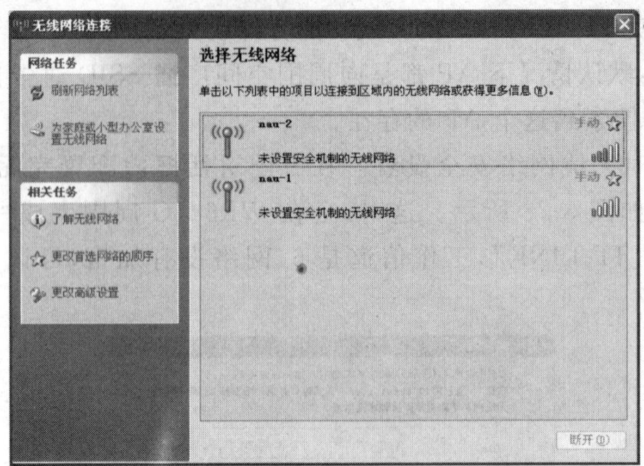


图 3-30 客户端无线网络属性的设置

② 双击网络名为 nau-2 的图标进行网络连接，出现如图 3-31 所示的页面。图 3-30 与图 3-31的区别在于“nau-2”的网络有“已连接上”的信息提示，表明客户端计算机已成功连接上无线网络。

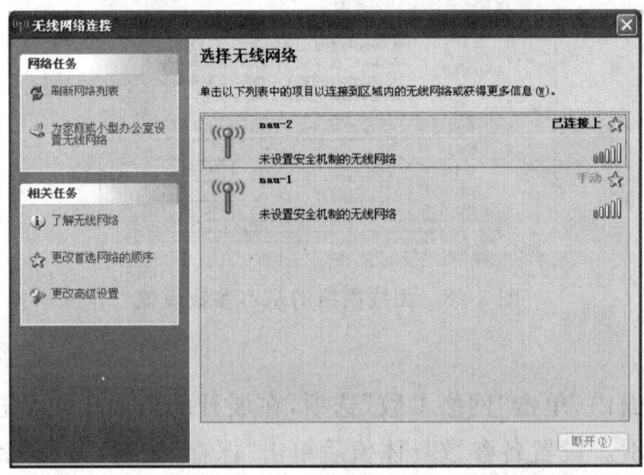


图 3-31 客户端连接成功示意

③ 设置客户端的 IP 地址。鼠标右击“网络邻居”，选“属性”，右击“无线网络连接”，单击“属性”按钮，在“Internet 协议(TCP/IP)”选项中，单击“属性”按钮。配置客户计算机 IP 地址等参数如图 3-32 所示，单击“确定”按钮。这样，客户端计算机通过浏览器就可以连接 Internet 了。

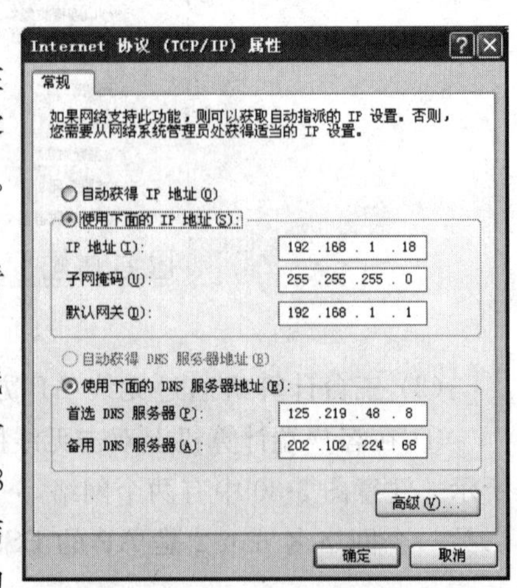


图 3-32 客户端的 IP 地址设置

④ 当上述参数都设置好以后，在“常规”栏里就可以看到当前有哪些用户已经连接到无线 AP 上，如图 3-33 所示。

⑤ 验证网络连通性。为检验两台计算机通过无线网卡组建点对点对等网的连通情况，可选择任意一台计算机，在 MS-DOS 下采用 ping 命令，如用 192.168.1.18 去 ping192.168.1.2 结果如图 3-34 所示。图 3-34 的结果显示，两台计算机通过无线网卡组建点对点对等网的连通情况良好。

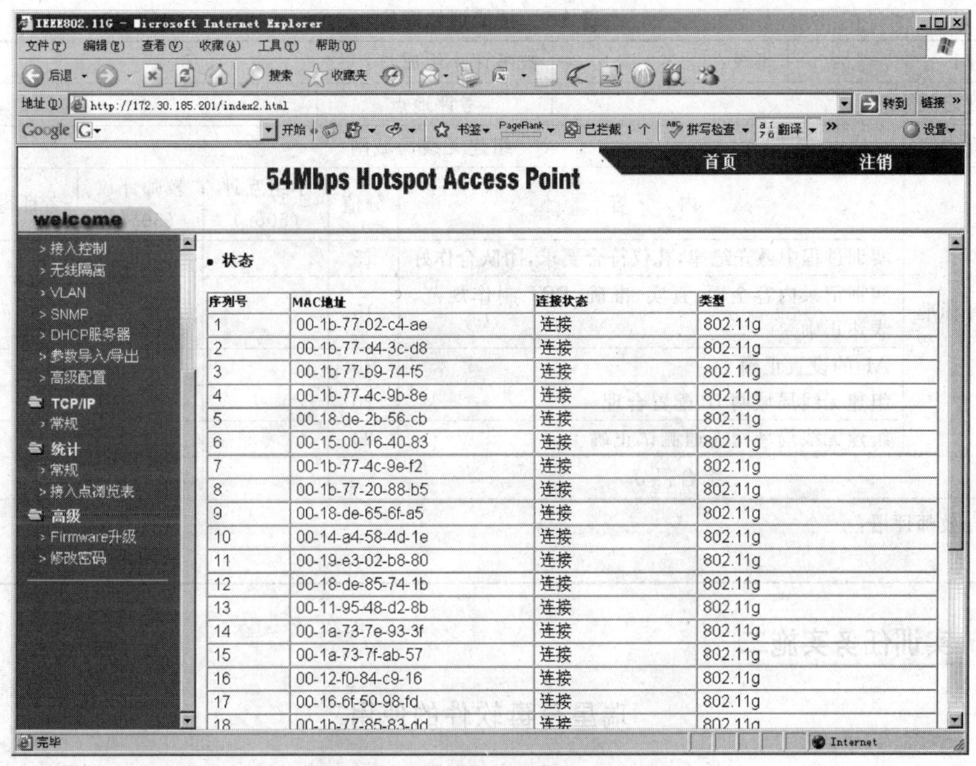


图 3-33　无线 AP 的“常规”栏显示内容

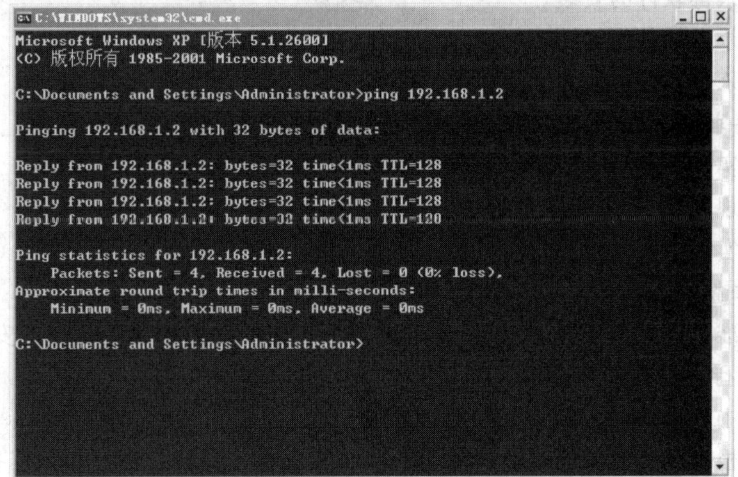


图 3-34　点对点无线网络的连通性测试

6. 撰写实训报告

由学生自己完成。

7. 制作 PPT 和汇报

由学生自己完成。

8. 技能训练评价

完成实训后，填写技能训练评价(见表 3-5)。

表 3-5 技能训练评价

<table>
<tr><td colspan="2">专业：</td><td>班级：</td><td colspan="4">被考评小组成员：</td></tr>
<tr><td>考评时间</td><td colspan="2"></td><td colspan="2">考评地点</td><td colspan="2"></td></tr>
<tr><td>考评内容</td><td colspan="6">组建无线局域网</td></tr>
<tr><td rowspan="6">考评标准</td><td colspan="2">内　　容</td><td>分值</td><td>小组互评（50%）</td><td>教师评议（50%）</td><td>考评得分</td></tr>
<tr><td colspan="2">实训过程中遵守纪律，礼仪符合要求，团队合作好</td><td>15</td><td></td><td></td><td></td></tr>
<tr><td colspan="2">实训记录内容全面、真实、准确，PPT 制作规范，表达正确</td><td>15</td><td></td><td></td><td></td></tr>
<tr><td colspan="2">AP 的设置正确</td><td>30</td><td></td><td></td><td></td></tr>
<tr><td colspan="2">组建无线局域网 IP 配置合理</td><td>20</td><td></td><td></td><td></td></tr>
<tr><td colspan="2">组建无线局域网连通测试正确</td><td>20</td><td></td><td></td><td></td></tr>
<tr><td colspan="4">综合得分</td><td></td><td></td><td></td></tr>
<tr><td colspan="7">指导教师评语：</td></tr>
</table>

## 实训任务实施二

### 瑞星杀毒软件的使用

1. 实训目标

(1) 掌握杀毒软件的安装。

(2) 掌握杀毒软件的使用。

(3) 掌握杀毒软件的设置。

2. 实训要求

(1) 按照实训任务单，完成各项任务。

(2) 按照规范要求，提交实训报告。

(3) 遵守实训中心的纪律，爱护设备，实训认真，注意安全。

3. 实训准备

(1) 教师准备好实训任务书，教师讲清该任务实施的目标和瑞星软件的安装、参数设置及对计算机进行病毒的查杀过程。

(2) 实训中心准备好实训设备和网络环境。

(3) 学生根据任务目标通过教材和 Internet 收集相关资料并做好知识准备。

4. 实训任务

(1) 学会瑞星杀毒软件的使用。

(2) 撰写实习报告。

5. 实训步骤

首先，安装瑞星杀毒软件。

(1) 将瑞星的安装光盘放入光驱，或直接启动其安装程序图标，软件开始准备安装。

(2) 准备结束后，进入“选择语言”界面，选择使用的语言为“中文简体”，再单击“确定”按钮。

(3) 这时进入“瑞星欢迎”界面,在该界面中会出现一些安装的注意事项。

(4) 单击“下一步”按钮,可以看到“最终用户许可协议”界面,在这里显示的是用户的使用各项协议,选择“我接受”单选钮,再单击“下一步”按钮。

(5) 弹出进行“定制安装”界面,选择要安装的组件,默认情况为全选。

(6) 单击“下一步”按钮后,进入“选择目标文件夹”界面,这时会让你选择把瑞星杀毒软件安装到哪个目录,默认在C盘下。选择好后,单击“下一步”按钮。

(7) 这时,会进入“选择开始菜单文件夹”界面,选择该软件在开始菜单中的位置,然后单击“下一步”按钮。

(8) 进入“安装磁盘”界面,显示前面设置的安装信息。

(9) 单击“下一步”按钮,进入“安装过程中”界面,开始安装软件。

(10) 安装完成后,进入“结束”界面,单击“完成”按钮,重新启动计算机。

(11) 重新启动计算机后,打开瑞星杀毒软件的主窗口。

其次,对计算机杀毒。

(1) 单击“杀毒”选项卡。

(2) 单击“开始杀毒”按钮,主界面左边的扫描对象就不能再选择,且在下面显示扫描文件数等。

(3) 单击“更多信息”链接,打开一个界面,详细显示了扫描的进度以及当前扫描的文件。

(4) 扫描完成后,会打开“杀毒结束”提示框,显示查杀的文件数、发现病毒数、查杀所用的时间等信息。

(5) 对于查杀某个单独的文件,可以直接右击该文件,在弹出的快捷菜单中选择“瑞星杀毒”选项。

(6) 在扫描过程中发现病毒后,会弹出“发现病毒”提示框,显示感染病毒的文件名、病毒名及处理方式。

(7) 单击“清除病毒”按钮,将病毒清除,如果该文件内还有病毒则继续弹出提示对话框。

(8) 在工作界面中会显示扫描的文件和发现的病毒及处理情况。

(9) 病毒清理完成后,整个扫描结束,在弹出的“杀毒结束”窗口中,会显示查杀的病毒个数。

最后,其他设置。

(1) 瑞星还有监控功能,单击“监控”选项卡显示其界面。

(2) 单击“文件监控”按钮,显示的是文件监控的设置,开始有默认项,如果用户需要,可以根据需要修改这些设置。

(3) 单击“邮件监控”按钮,显示并对邮件进行保护。

(4) 单击“网页监控”按钮,显示并设置对网页的保护。

6. 撰写实训报告

由学生自己完成。

7. 技能训练评价

完成实训后,填写技能训练评价(见表3-6)。

表 3-6 技能训练评价

| 专业： | 班级： | | 被考评小组成员： | | | |
|---|---|---|---|---|---|---|
| 考评时间 | | | 考评地点 | | | |
| 考评内容 | 瑞星杀毒软件的使用 | | | | | |
| 考评标准 | 内　容 | 分值 | 小组互评（50%） | 教师评议（50%） | 考评得分 | |
| | 实训过程中遵守纪律，礼仪符合要求，团队合作好 | 20 | | | | |
| | 实训记录内容全面、真实、准确，表达正确 | 20 | | | | |
| | 瑞星杀毒软件安装正确 | 30 | | | | |
| | 瑞星杀毒软件使用正确 | 30 | | | | |
| 综合得分 | | | | | | |
| 指导教师评语： | | | | | | |

# 任务小结

本任务主要讲述了计算机网络概述、网络体系结构和协议、网络传输介质及设备、局域网的构建和网络安全基础等方面的内容。

# 练　习　题

## 一、单项选择题

1. 以下(　　)不是分组交换的特点。

   A. 高效　　B. 灵活　　C. 可靠　　D. 精确

2. 以下(　　)网络传输协议是事实上的国际标准。

   A. TCP/IP　　B. OSI　　C. HTTP　　D. FTP

3. 以下(　　)是常用的 C 类 IP 地址。

   A. 127.0.0.1　　B. 222.195.191.177

   C. 172.19.44.51　　D. 0.0.0.1

4. 以下是用于连接互联网的中继系统与对应的设备，(　　)不正确。

   A. 物理层中继系统：转发器　　B. 数据链路层中继系统：网桥或桥接器

   C. 网络层中继系统：交换器　　D. 网络层以上的中继系统：网关

5. TTL 指的是(　　)。

   A. 服务类型　　B. 生存时间　　C. 总长度　　D. 片偏移

6. 网络服务机构的通用顶级域名是(　　)。

   A. .com　　B. .net　　C. .edu　　D. .cn

7. 以下(　　)不是网卡的功能。

   A. 数据的封装与解封　　B. 链路管理

   C. 数据加密　　D. 编码与译码

8. VPN 指的是(　　)。

A. 虚拟专用网络　　B. 虚拟局域网

C. 虚拟广域网　　D. 虚拟互联网

9. 将域名转换为 IP 地址的协议为(　　)。

A. DNS　　B. ICMP　　C. ARP　　D. RARP

10. 计算机网络安全的内容不包括(　　)。

A. 保密性　　B. 安全协议的设计

C. 接入控制　　D. 密码防盗

**二、填空题**

1. 国家正在推广"三网融合",三个网分别是________、________、________。

2. 世界上最早投入运行的计算机网络是________。

3. "________"是数字信道所能传送的"最高数据率"的同义语,单位是"比特每秒",或 b/s(bit/s)。

4. 数据经历的总时延就是________、________和________之和。

5. 在局域网中,硬件地址又称为物理地址,或________地址。

6. 广域网中的一个重要问题就是________和________。

7. 一个网络地址是由________和________两部分组成。

8. IPv6 将地址从 IPv4 的 32bit 增大到了________bit。

9. 电子邮件由________和________两部分组成。

10. 万维网高速缓存代表浏览器发出 HTTP 请求,因此又称为________。

11. HTML 中文名称为________,URL 中文名称为________。

12. 截获信息的攻击称为________,而更改信息和拒绝用户使用资源的攻击称为________。

13. ________是由软件、硬件构成的系统,用来在两个网络之间实施接入控制策略。

14. 速率达到或超过 100Mb/s 的以太网称为________。

15. OSI 参考模型共分为 7 层,分别为:物理层、________、网络层、________、会话层、表示层、________。

**三、判断题**

1. 每一个分组的首部都含有地址等控制信息。(　　)

2. 严格说来,"以太网"应当是指符合 802.3 标准的局域网。(　　)

3. 广域网就是指覆盖范围很广的互联网。(　　)

4. 相比于与 IPv4 数据报首部,IPv6 数据报首部更为简单、灵活。(　　)

5. 以大写字母 I 开始的 Internet 是一个专用名词,它指当前全球最大的、开放的、由众多网络相互连接而成的特定计算机网络,其前身是美国的 ARPANET。(　　)

6. www.upc.edu.cn 是一个三级域名。(　　)

7. 公开密钥密码体制使用相同的加密密钥与解密密钥。(　　)

8. 计算机病毒是一种程序。(　　)

**四、简答题**

1. 简述计算机网络的不同分类。
2. 局域网有哪些优点?
3. IP 地址具有哪些重要的特点?

# 任务二 EDI 技术应用

## 教学导航

**任务目标**

(1) 了解 EDI 的概念、广泛用途和特点、在我国的应用状况;EDI 系统的构成;EDI 系统的工作原理、EDI 的标准。

(2) 掌握 EDI 模拟系统进行单证的录入、转换、发送;进行贸易伙伴和商品信息管理。

(3) 通过对基础理论的学习和使用的操作,理解系统运行的条件、原理,培养进行系统的选择与安装、更为复杂操作的学习能力。

**教学重点**

(1) EDI 系统的构成;EDI 系统的工作原理、EDI 的标准。

(2) 掌握 EDI 模拟系统进行单证的录入、转换、发送,进行贸易伙伴和商品信息管理。

**教学难点**

(1) EDI 系统的构成;EDI 系统的工作原理。

(2) EDI 模拟系统进行单证的录入、转换、发送。

**教学方法**

讲授式教学法、讨论教学法、案例教学法、任务驱动教学法。

**教学手段**

网络教学、多媒体教学手段、物流企业现场。

**教学建议**

(1) 学生根据学习任务书,预习教材、通过查阅文献和企业调研了解物流信息化情况;

(2)教师准备好授课课件(任务书、授课 PPT、视频、图片及案例分析资料),讲清该任务实施的目标和要求,讲清楚本次任务的教学重点,根据任务安排,对学生进行分组,组织好课堂教学。

## 引导案例

### 我国较早的 EDI 系统使用者——中远集团

1. 中远集团背景资料

中国远洋运输(集团)总公司(cosco.com)是国内最早实施 EDI 的企业之一,它的前身是成立于 1961 年 4 月 27 日的中国远洋运输公司。1993 年 2 月 16 日组建以中国远洋运输

(集团)总公司为核心企业的中国远洋运输集团。经过几代中远人40余年的艰苦创业,中远集团已由成立之初的4艘船舶2.26万载重吨的单一型航运企业,发展成为今天拥有和经营着600余艘现代化商船3 500余万载重吨,年货运量超过2.6亿吨的综合型跨国企业集团。作为以航运、物流为核心主业的全球性企业集团,中远在全球拥有近千家成员单位,8万余名员工。在中国本土,中远集团分布在广州、上海、天津、青岛、大连、厦门、香港等地的全资船公司经营管理着集装箱、散装、特种运输和油轮等各类型远洋运输船队;在海外,以日本、韩国、新加坡、北美、欧洲、澳大利亚、南非和西亚8大区域为辐射点,以船舶航线为纽带,形成遍及世界各主要地区的跨国经营网络。标有"COSCO"醒目标志的船舶和集装箱在世界160多个国家和地区的1 300多个港口往来穿梭。

2. 中远集团采用的技术

中远集团真正实验运作EDI系统是从1988年开始的,中远系统的代理公司在PC上借用日本Shipnet网的单证通信格式,通过长途电话,从日本或中国香港的TYMNET网络节点入网,单向地向国外中远代理公司传输货运舱单数据。

20世纪90年代初,中远集团与国际著名的GEIS公司合作开始了EDI中心的建设,由该公司为中远集团提供报文传输服务。1995年,中远集团正式立项,1996年至1997年完成了中远集团EDI中心和EDI网络的建设,该EDI网络基本覆盖了国内50多家大小中货和外代网点,实现了对海关和港口的EDI报文交换,并通过北京EDI中心实现了与GEISEDI中心的互联,连通了中远集团海外各区域公司。1997年1月,中远集团总公司正式开通公司网站。1998年9月,中远集团在网站上率先推出网上船期公告和订舱业务。目前,中远集团已经通过EDI实现了对舱单、船图、箱管等数据的EDI传送。

在标准化工作方面,中远集团重点开发了基于EDIFACT标准,符合中国国情的,适用于行业内部的"货物跟踪信息EDI报文标准""船期表EDI报文标准"和"货运单证EDI报文标准(3.1版)"等。

为了适应国内港口对EDI的需求,中远总公司和东南大学、南京航空航天大学合作开发了"货运单证交换服务系统",它是按照ISO/OSI开放系统互联标准开发的软件包,通信网络是电话网和分组交换网。中心服务系统由单证邮箱管理功能和进一步开发EDI应用的应用编程接口(API)两部分组成;用户端软件由入网通信功能和用户应用程序编程接口(API)两部分组成。目前,中心服务系统所有模块均在北京总公司AS/400机的操作系统下运行。并且能够移植在IBM大型机上运行,成为中远集团在国内各远洋公司、代理公司、汽车运输公司及其他所属企业间的EDI服务网络系统。

自1988年在微机上试验的中美航线舱单传输系统开始,到目前为止,中远集团已经开发和正在开发、测试的多套应用系统都取得了很大进展,如"出口理货单证数据EDI应用系统""代理公司进口货运单证EDI应用系统""代理公司出口货运单证EDI应用系统""远洋船舶运费舱单EDI应用系统"等。

1995原交通部组织实施了《国际集装箱运输电子信息传输和运作系统及示范工程》,该工程以上海、天津、青岛、宁波四个港口以及中国远洋运输(集团)总公司作为示范工程建设单位(简称"四点一线"EDI示范工程)。

3. 中远集团实施EDI的效益分析

1990年,中远从国内到日本的集装箱一般有5 000个标准箱位,而仅按其中的1 000个标准箱位计算，大约需要150大张仓单，用传真需要2个小时才能传过去，而采用EDI后仅需几分钟就可以传完，节省的不只是时间，以当年的业务量计算，中远集团光传真费就节省了70万美元。而现在，中远集团的业务量比1990年增长了许多倍，可想而知，EDI的应用为中远集团节省了多少的费用和时间。

1991年，新加坡政府要求所有入关船只要提前将仓位图用计算机传输到欲进港口，否则推迟该船的卸货时间并处以罚款。中远集团由于在一年前就搭建了完整的图文处理网络系统，所以没有一项业务受到影响。

中远的EDI系统在为集团带来巨大经济效益的同时，也受到了社会各界的关注。1995年，交通部启动"四点一线"（四点即天津港、青岛港、大连港和上海港，一线即远洋业）工程，旨在加快我国远洋运输业的发展，扶持一批重点远洋运输企业，中远集团下属20多个公司被批准加入该工程。

为了充分利用专网促进日常办公效率和业务处理速度，中远集团成立了电子邮件中心和EDI中心，利用报文系统进行费用结算、仓单处理等业务。中远集团每年的仓单数以吨计，以往有100多人专职整理，也无法整理清楚。而采用EDI报文系统后，只有几个人工作，每天的仓单就能处理得当。

**思考题：**

1. 什么是EDI?
2. 中远集团实施EDI取得了哪些效益?

## 任务知识储备

## 一、走进EDI技术

电子数据交换（Electronic Data Interchange，EDI）是由国际标准化组织（ISO）推出使用的国际标准，它是指一种为商业或行政事务处理，按照一种国际公认的标准格式，形成结构化的事务处理或消息报文格式，从计算机到计算机的电子传输方法。又由于使用EDI可以减少甚至消除贸易过程中的纸面文件，因此EDI又被人们通俗地称为"无纸贸易"。它是一种在公司之间传输订单、合同、发票等单证文件的电子化手段。它通过专用的通信网络将贸易、运输、保险、银行和海关等行业信息，实现各有关部门或企业之间的数据交换与处理，并完成以贸易为中心的全部过程，它是20世纪80年代发展起来的一种新颖的电子化贸易工具，是计算机、通信和现代管理技术相结合的产物。

1. EDI的定义

由于EDI应用领域不同，实施目的不同，导致EDI的定义有所区别，难以统一，现列举如下。

定义一：1995年版的《美国电子商务辞典》（Haynes. E，1995）将电子商务定义为："为了商业用途在计算机之间所进行的标准格式单据的交换。"

定义二：美国国家标准局EDI标准委员会对EDI的解释是："EDI指的是在相互独立的组织机构之间所进行的标准格式、非模糊的具有商业或战略意义的信息的传输。"

定义三：联合国EDIFACT培训指南认为，"EDI指的是在最少的人工干预下，在贸易伙伴的计算机应用系统之间的标准格式数据的交换"。

从上述 EDI 定义不难看出，EDI 包含了三个方面的内容，即计算机应用、通信、网络和数据标准化。其中计算机应用是 EDI 的前提条件，通信环境是 EDI 应用基础，标准化是 EDI 的主要特征。这三方面相互衔接、相互依存，构成 EDI 的基础框架。

2. EDI 的应用类型

EDI 当前的主要应用领域有商业、外贸、制造业、化工、石油、汽车、金融、银行、交通运输、海关等；目前正在开发用于政府报告、广告、教育、司法、保险等领域的 EDI 标准。这说明 EDI 已越过“无纸贸易”这一领域而广泛用于经济、行政等部门。

根据所承担的功能的不同，EDI 可分为四大类。

第一类是前面所述的订货信息系统，也是应用最广泛的 EDI 系统。它又可称为贸易数据互换系统(Trade Data Interchange，TDI)，它用电子数据文件来传输订单、发货票和各类通知。

第二类常用的 EDI 系统是电子金融汇兑系统(Electronic Fund Transfer，EFT)，即在银行和其他组织之间实行电子费用汇兑。EFT 已使用多年，但它仍在不断地改进中。最大的改进是同订货系统联系起来，形成一个自动化水平更高的系统。

第三类常见的 EDI 系统是交互式应答系统(Interactive Query Response)。它可应用在旅行社或航空公司作为机票预定系统。这种 EDI 在应用时要询问到达某一目的地的航班，要求显示航班的时间、票价或其他信息，然后根据旅客的要求确定所要的航班，打印机票。

第四类是带有图形资料自动传输的 EDI。最常见的是计算机辅助设计(Computer Aided Design，CAD)图形的自动传输。比如，设计公司完成一个厂房的平面布置图，将其平面布置图传输给厂房负责人，以供其提出修改意见。一旦该设计被认可，系统将自动输出订单，发出购买建筑材料的报告。在收到这些建筑材料后，自动开出收据。

3. EDI 的特点

由于 EDI 单证大多是具有一定商业价值的商业单证，通过有专门机构管理的 EDI 增值网络进行交换具有较高的安全性和可靠性。这一点是目前 Internet 技术还不能解决的问题。随着现代科技的迅猛发展，EDI 技术也在与包括 Internet 技术在内的其他先进技术不断融合，为用户提供更灵活、多样、简便的使用方式，使其自身拥有更广阔的电子商务服务领域。

不论用户内部 MIS 系统的应用程序和数据格式有何不同，在通过 EDI 增值网络进行交换之前，都采用一种叫作“翻译器”的软件将不同的数据格式翻译成为了符合国际标准的 EDI 格式。正是这种方法，使得在不同用户的不同应用系统之间自动交换数据成为可能。

使用 EDI 可以节省减少人为失误、提升效率、减少库存、改善现金流动，以及获取其他多方面的营销优势。传统方式与 EDI 方式传输单证对比如图 3-35 所示。

(1) EDI 的使用对象是不同的组织之间，EDI 传输的企业间的报文，是企业间信息交流的一种方式。

(2) EDI 所传送的资料是一般业务资料，如发票、订单等，而不是指一般性的通知。

(3) EDI 传输的报文是格式化的，是符合国际标准的，这是计算机能够自动处理报文的基本前提。

(4) EDI 使用的数据通信网络一般是增值网、专用网。

(5) 数据传输由收送双方的计算机系统直接传送、交换资料，不需要人工介入操作。

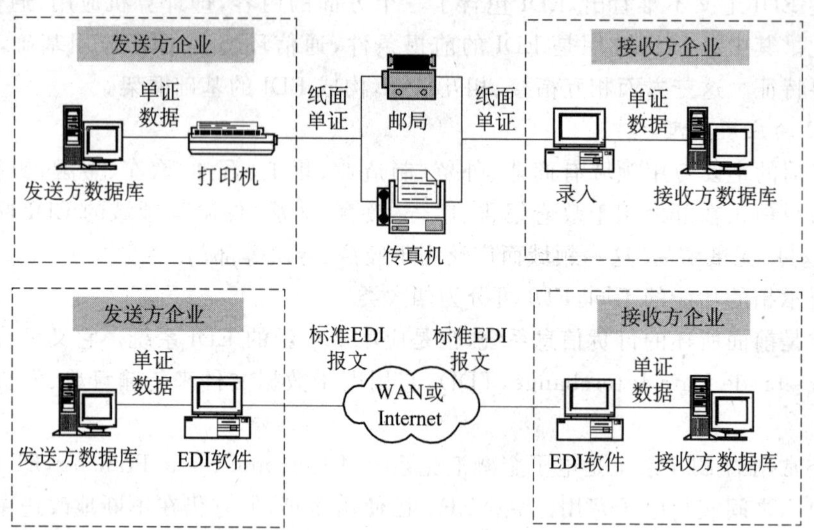


图 3-35 传统方式与 EDI 方式传输单证对比

(6) EDI 与传真或电子邮件的区别是:传真与电子邮件,需要人工的阅读判断处理才能进入计算机系统。人工将资料重复输入计算机系统中,既浪费人力资源,也容易发生错误,而 EDI 不需要再将有关资料人工重复输入系统。

4. EDI 的构成

构成 EDI 系统的三个要素是 EDI 数据标准、EDI 软件和硬件、通信网络。也就是说,一个部门或企业要实现 EDI,首先,必须有一套计算机数据处理系统;其次,为使本企业内部数据比较容易地转换为 EDI 标准格式,须采用一定的数据标准;另外,通信环境的优劣也是关系到 EDI 成败的重要因素之一。下面就针对 EDI 的三个要素分别论述。

1) EDI 数据标准

数据标准是整个 EDI 最关键的部分,由于 EDI 是以实现商定的报文格式形式进行数据传输和信息交换,制定统一的 EDI 标准至关重要。EDI 的标准包括 EDI 网络通信标准、EDI 处理标准、EDI 联系标准和 EDI 语义语法标准等。

EDI 网络通信标准是要解决 EDI 通信网络应该建立在何种通信网络协议之上,以保证各类 EDI 用户系统的互联。目前国际上主要采用 MHX(X.400)作为 EDI 通信网络协议,以解决 EDI 的支撑环境。

EDI 处理标准是要研究那些不同地域不同行业的各种 EDI 报文。相互共有的“公共元素报文”的处理标准。它与数据库、管理信息系统等接口有关。

EDI 联系标准解决 EDI 用户所属的其他信息管理系统或数据库与 EDI 系统之间的接口。

EDI 语义语法标准(又称 EDI 报文标准)是要解决各种报文类型格式、数据元编码、字符集和语法规则以及报表生成应用程序设计语言等。

这里的 EDI 语议语法标准又是 EDI 技术的核心。

EDI 自产生起,EDI 标准的国际化就成为人们日益关注的焦点之一。早期的 EDI 使用

的大都是各处的行业标准，不能进行跨行业 EDI 互联，严重影响了 EDI 的效益，阻碍了全球 EDI 的发展。例如，美国就存在汽车工业的 AIAG 标准、零售业的 UCS 标准、货栈和冷冻食品储存业的 WINS 标准；日本有连锁店协会的 JCQ 行业标准、全国银行协会的 Aengin 标准和电子工业协会的 EIAT 标准等。

为促进 EDI 的发展，世界各国都在不遗余力地促进 EDI 标准的国际化，以求最大限度地发挥 EDI 的作用。目前，在 EDI 标准上，国际上最有名的是联合国欧洲经济委员会(UN/ECE)下属第四工作组(WP4)于 1986 年制定了《用于行政管理、商业和运输的电子数据互换》标准——EDIFACT(Electronic Data Interchange For Administration, Commerce and Transport)标准。EDIFACT 已被国际标准化组织 ISO 接收为国际标准，编号为 ISO 9735。同时还有广泛应用于北美地区的，由美国国家标准化协会(ANSI) X. 12 鉴定委员会(AXCS. 12)于 1985 年制定的 ANSI X. 12 标准。

目前的情况是，欧洲使用 EDIFACT 标准。1991 年，欧洲汽车业、化工业、电子业和石油天然气业已全部采用 EDIFACT。此外建筑、保险等行业也宣布将放弃其行业标准，转而采用 EDIFACT。北美则使用 ANSI X. 12，X. 12 已遍及北美各行业，已有 100 多个数据交易集。亚太地区则主要使用 EDIFACT。

EDI 的迅猛发展，其影响已波及全球。但目前存在的 EDIFACT 和 ANSI X. 12 两大标准在某种程度上制约了 EDI 全球互通的发展。例如，当一个美国的公司要与它在欧洲或亚洲的子公司或贸易伙伴联系时，因双方所采用的 EDI 标准不同，就要进行复杂的技术转换才能达到目的。虽然绝大多数翻译软件的制造厂商都支持这两个标准，但仍会给用户或厂商造成一些不必要的麻烦。

在 EDIFACT 被 ISO 接受为国际标准之后，国际 EDI 标准就逐渐向 EDIFACT 靠拢。ANSI X. 12 和 EDIFACT 两家已一致同意全力发展 EDIFACT，使之成为全世界范围内能接受的 EDI 标准。1992 年 11 月美国 ANSI X. 12 鉴定委员会又投票决定，1997 年美国将全部采用 EDIFACT 来代替现有的 X. 12 标准。ANSI 官员说："1997 年之后，现在所有的 X. 12 标准仍将保留，但新上项目将全部采用 EDIFACT 标准。"美国国家标准化协会欧共体事务主席 John Russell 先生指出："X. 12 向 EDIFACT 转变意味着美国的公司今后可在欧洲的市场上加快资金流动、改善用户服务。同时，从用户的角度来看，今后面对的将是唯一的国际标准。"

总之，EDIFACT 成为统一的 EDI 国际标准已是大势所趋。ISO 预计，到 20 世纪 90 年代中期，EDIFACT 将有 1 000 多种信息类别，并覆盖国际贸易的 80%。我国有关部门和专家也一致认为，我国 EDI 标准应积极向国际标准靠拢，采用 EDIFACT 标准。

2) EDI 软件和硬件

EDI 系统的各个功能的实现有赖于软、硬件模块的支撑，构成 EDI 系统所需的硬件大致有计算机、网络以及打印机等其他外设，这里不多赘述，重点介绍 EDI 的软件构成。

构成 EDI 系统的软件模块按其所实现的功能可分为报文生成及处理模块、用户接口模块、内部接口模块、格式转换模块和通信模块五个部分。

(1) 报文生成及处理模块。该模块的作用有两项：其一是接受来自用户接口模块和内部接口模块的命令和信息，按照 EDI 标准生成订单、发票、合同以及其他各种 EDI 报文和单证，经格式转换模块处理之后，由通信模块经 EDI 网络转发给其他 EDI 用户。在生成 EDI

单证的过程中，要把用户常见的单证格式转换成有序的、标准的格式化数据，以便格式转换模块能够处理。其二是自动处理由其他 EDI 系统发来的 EDI 报文。按照不同的 EDI 的报文类型，应用不同的过程进行处理，在处理过程中要与本单位其他信息系统相互作用。一方面，从信息系统中取出必要的信息回复给发来单证的 EDI 系统；另一方面，将单证中的有关信息送给本单位其他信息系统。

(2) 用户接口模块。EDI 系统能自动处理各种报文，但是用户界面友好的人机接口仍是必不可少。由于使用 EDI 系统的大多是非计算机专业的业务管理人员，不可能要求他们了解更多的计算机甚至网络的技术。这样，从用户的观点来看，操作起来越简单、越直观越好。

用户接口模块包括用户界面和查询统计。用户界面是 EDI 系统的外包装，它的设计是否美观，使用是否方便，直接关系到 EDI 系统产品的外在形象。

(3) 内部接口模块。使用 EDI 系统的用户，在某种程度上都有自己的计算机应用，也就是企业内部的管理信息系统(MIS)。内部接口模块是 EDI 系统和本单位内部其他信息系统及数据库的接口，一个单位信息系统应用程度越高，内部接口模块也就越复杂。一份来自外部的 EDI 报文，经过 EDI 系统处理之后，大部分相关内容都需要经过内部接口模块送往其他的信息系统，或查询其他的信息系统才能给对方 EDI 报文以确定的答复。

例如，一份到货通知到达后，EDI 系统可以通过内部接口模块自动修改财务、库存等 MIS 系统的记录，使新数据立刻在这些系统中得到反映。

(4) 格式转换模块。由于 EDI 要在不同国家和地区、不同行业内开展，EDI 通信双方应用的信息系统、通信手段、操作系统、文件格式等都有可能不同，因此，按照统一的国际标准和行业标准是必不可少的。所以，所有 EDI 单证都必须转换成标准的交换格式，例如，加上 UNB、UNE 等。同时经过通信模块接收到的来自其他 EDI 系统的 EDI 报文也要经过相反过程的处理才能交给其他模块处理。在格式转换过程中要进行语法检查，对于语法出错的 EDI 应该拒收，通知对方重发，因为语法错误的 EDI 报文可能会导致语义出错，从而把商业文件的原意弄错。

目前，EDI 标准体系还没有完全统一，同时，不同的行业的 EDI 标准也有所不同，格式转换模块必须能够适应和识别不同的 EDI 标准，做出相应的转换处理，还必须能够将一种标准的 EDI 报文转换成另一种标准格式，以便和国际上广泛存在的 EDI 系统互通。

(5) 通信模块。该模块是 EDI 系统与 EDI 通信网络的接口。根据 EDI 通信网络的结构不同，该模块功能也有所不同。但是有些基本的通信功能，如执行呼叫、自动重发、合法性和完整性检查、出错报警、自动应答、通信记录、报文拼装和拆卸等都是必备的，有些还需要地址转换等工作。在某种程度上，通信模块与通信网络是一体的，它们的作用就是使 EDI 系统能够在一个安全、可靠、方便的通信平台上运行。

从以上的介绍中可以发现，这五个模块也是一个层次结构。其中用户接口模块离用户最近，通信模块离网络系统最近。从网络上收到的标准报文是通过层层解析最终到达用户那里，变成用户熟悉的样式。

另外，在上述所有模块中，都应包含安全功能，它们分别执行不同的数据安全和加密/解密的工作。例如，在用户接口模块中，必须具备用户身份识别功能，防止非授权用户任意操作或使用 EDI 系统，以免受到意外的破坏或损失。在报文生成和处理模块与金融系统交换

EDI 报文时，必须使用电子签名的加密方法保证传送的数据不会被篡改、抵赖或窃取。另外，所有模块都可以具备身份验证和终端确认等功能。事实上，由于信息技术的发展，利用 EDI 交换商业金融数据，要比用人工传递有形凭证更为安全可靠。

3）通信网络

通信网络是实现 EDI 的技术基础。为了传递文件，必须有一个覆盖面广、高效安全的数据通信网作为其技术支撑环境。由于 EDI 传输的是具有标准格式的商业或行政有价文件，因此除了要求通信网具有一般的数据传输和交换功能之外，还必须具有格式校验、确认、跟踪防篡改、防盗窃、电子签名、文件归档等一系列安全保密功能，并且在用户间出现法律纠纷时。能够提供法律证据。EDI 的开发、应用就是通过计算机通信网络实现的，从其所使用的网络技术来讲，主要有以下三种方式。

(1) 点对点(PTP)方式。点对点方式即 EDI 按照约定的格式，通过通信网络进行信息的传递和终端处理，完成相互的业务交往。早期的 EDI 通信一般都采用此方式，但它有许多缺点，如当 EDI 用户的贸易伙伴不再是几个而是几十个甚至几百个时，这种方式很费时间，需要许多重复发送。同时这种通信方式是同步的，不适于跨国家、跨行业之间的应用。

(2) 增值网(VAN)方式。它是那些增值数据业务(VADS)公司，利用已有的计算机与通信网络设备，除完成一般的通信任务外，增加 EDI 的服务功能。VADS 公司提供给 EDI 用户的服务主要是租用信箱及协议转换，后者对用户是透明的。信箱的引入，实现了 EDI 通信的异步性，提高了效率，降低了通信费用。另外，EDI 报文在 VADS 公司自己的系统(即 VAN 中)中传递也是异步的，即存储转发的。

(3) 信息处理系统(MHS)方式。MHS 是 ISO 和 ITU-T 联合提出的有关国际电子邮件服务系统的功能模型。它是建立在 OSI 开放系统的网络平台上，适应多样化的信息类型，并通过网络连接，具有快速、准确、安全、可靠等特点。它是以存储转发为基础的、非实时的电子通信系统，非常适合作为 EDI 的传输系统。MHS 为 EDI 创造一个完善的应用软件平台，减少了 EDI 设计开发上的技术难度和工作量。ITU-T X. 435/F. 435 规定了 EDI 信息处理系统和通信服务，把 EDI 和 MHS 作为 OSI 应用层的正式业务。EDI 与 MHS 互连，可将 EDI 报文直接放入 MHS 的电子信箱中，利用 MHS 的地址功能和文电传输服务功能，实现 EDI 报文的完善传送。

5. EDI 系统的工作过程

发送方将要发送的数据从信息系统数据库提出，转换成平面文件(亦称中间文件)。将平面文件翻译为标准 EDI 报文，并组成 EDI 信件。接收方从 EDI 信箱收取信件。将 EDI 信件拆开并翻译成为平面文件。将平面文件转换并送到接收方信息系统中进行处理。以贸易公司的 EDI 为例，具体工作过程如图 3-36 所示。

## 二、EDI 在物流企业中的应用

1. 运输企业的 EDI 应用

(1) 企业若为数据传输而引入 EDI，可选择低成本方式。可先引入托运单，接收托运人传来的 EDI 托运单报文，将其转换成企业内部的托运单格式，其优点是事先得知托运货物的详情，包括箱数、重量等，以便调配车辆；不需重新输入托运单数据，节省人力和时间，减少人为错误。

(2) 若引入 EDI 是为改善作业流程，可逐步引入各项单证，且企业内部信息系统集成，

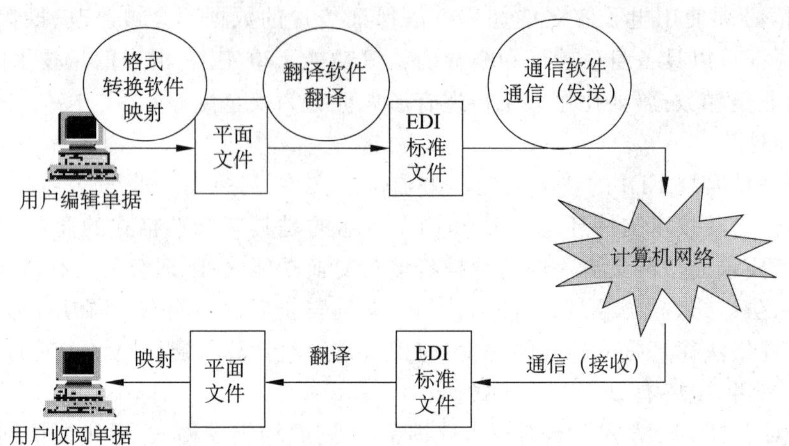


图 3-36　EDI 系统的工作过程

逐步改善托运、收货、送货、回报、对账、收款等作业流程。

托运收货作业事先得知托运货物之详情，可调配车辆前往收货。托运人传来的 EDI 托运数据可与发送系统集成，自动生成发送明细单。

送货回报作业托运数据可与送货的回报作业集成，将送货结果及早回报给托运人，提高客户服务质量。此外，对已完成送货的交易，也可回报运费，供客户提早核对。

对账作业可用回报作业通知每笔托运交易的运费，同时运用 EDI 催款对账单向客户催款。

2. 第三方物流企业的 EDI 应用

物流公司是供应商与客户之间的桥梁，它对调节产品供给、缩短流通渠道、解决不经济的流通规模及降低流通成本有极大的作用。

(1) 如果配送中心引入 EDI 是为了传输数据，则可以低成本引入出货单的接收。

(2) 如果希望引入 EDI 改善作业流程，可依次引入各单证，并与企业内部信息系统集成，逐步改善接单、配送、催款的作业流程。

引入出货单对物流公司来说，出货单是客户发出的出货指示。物流公司引入 EDI 出货单后可与自己的拣货系统集成，生成拣货单，这样就可以加快内部作业速度，缩短配货时间。在出货完成后，可将出货结果用 EDI 通知客户，使客户及时知道出货情况，也可尽快处理缺货情况。

引入催款对账单对于每月的出货配送业务，物流公司可引入 EDI 催款对账单，同时开发对账系统，并与 EDI 出货配送系统集成来生成对账单，从而减轻财务部门每月的对账工作量，降低对账的错误率，以及业务部门的催款人力。

(3) 除数据传输及改善作业流程外，企业可以 EDI 为工具进行企业再造。

## EDI 操作员

1. 岗位职责

(1) 处理传入和传出的 EDI 信息，保证 100%的准确率。

(2) 提交正确的EDI信息海关当局在规定的时间内。

2. 任职资格

(1) 大学或以上学历。

(2) 良好的英语及计算机操作能力。

(3) 熟悉相关海关政策法规。

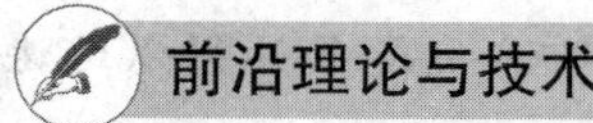

## 前沿理论与技术

### 基于XML/EDI的电子商务物流

1. 引言

随着计算机与Internet网络等技术在企业的广泛普及,很多企事业单位的计算机系统存储的业务数据越来越多。但是,在现在物流企业中还没有一个完整、通用的物流数据交换标准,因此大量有价值、有意义的数据都因操作系统平台不同、数据格式不统一而无法进行实时数据交换和共享,被分割成无数信息孤岛。如果有制定好的物流信息数据交换标准的,就可以直接进行物流数据交换与实时信息交流,由此消除物流企业之间的信息孤岛问题,实现物流信息数据共享与实时交流。

2. 传统物流EDI系统技术瓶颈

电子数字交换(Electronic Data Interchange,EDI)系统是将标准、协议规范化和格式化的经济信息通过电子数据网络,在单位的计算机系统之间进行自动交换和处理，但传统EDI是建立在封闭的增值网,需要专用的硬件、软件和专用线路，具有经济投入较大;只能存储转发批量文件,而无法在两个系统之间进行数据的实时交互;文档必须采用通用格式等弱点和不足,阻碍了EDI技术的应用普及,以及商务电子化的发展。因此,传统EDI的架构不可避免地要进行部分调整和满足相关条件。

(1) EDI数据,如订单、发票、提货单等,必须通过各种标准进行数据交换,而各企业和国家所采用的标准都有差异。

(2) 商业合作伙伴必须达成一致的相关标准和协议,购买或开发相应的软件支持平台和应用软件。

(3) EDI所遵循的“计算机到计算机间结构化的事务数据交换”,为网络的扩展、用户的增加造成一定的障碍。

(4) 覆盖面窄,采用封闭的VAN,只能与有限的贸易伙伴连接增加了企业贸易信息化的成本。

(5) EDI报文的传输有较多限制,只能使用指定的网络协议和安全保密协议。传统的EDI是通过使用简单邮件传送协议和文件传输协议(FTP)来进行数据格式转换的。

3. XML所具备的应用优势

可扩展标识语言(XML)是Internet联合组织创建的一组规范,以便软件开发人员和内容创作者在网页上组织信息,其目的不仅满足不断增长的网络应用需求,而且希望借此能够确保通过网络进行贸易时,具有良好的可靠性和互操作性。可以将来源不同的原始资料组装在同一个文件中,利用文件格式自由定义文件结构、添加标记或验证电子文件是否遵循

DTD所定义的结构。EDI就其核心而言，是一系列通过预先定义的标准结构化了的能被机器自动处理的电子文档用XML技术，也可以实现电子文档在Internet上传送。而XML还是专门为Internet通信而设计的，通过一套统一的数据格式可以使数据管理和交换成本更低，也更易于管理。通过用来定义XML文件的语法、句法和数据结构标准的DTD规范和XML-Schema，使用户可以很容易将文件的属性映射到数据结构或分级结构中，使用户端的浏览器和数据库之间来回传输文件变得更可靠。利用结构化的XML文件作为中介体，异构数据库之间数据可灵活转移。因而，XML是对EDI的有益补充，使得EDI得以迅速普及。

4. XML/EDI电子商务物流模型

XML技术以其自身的特点，在对EDI的补充和改进上，突破了EDI的发展瓶颈。为此建立基于XML的电子商务物流也越来越普及。针对传统EDI的要求，所有的合作伙伴都必须有唯一的解决方案和基本严格事务处理的标准、缺乏灵活性和简便性，开发和维护的复杂性，以及标准升级和通信的高成本等问题，提出了基于XML/EDI的数据交换平台系统结构模型如图3-37所示。

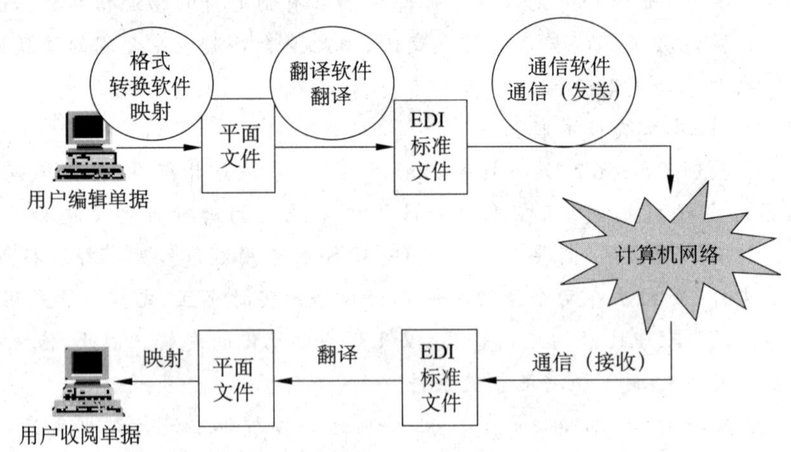


图3-37 基于XML/EDI的数据交换平台系统结构模型

在XML/EDI系统中，XML服务器将XML服务器中的XML/EDI电子商务物流系统结构模型资料转换成XML/EDI数据，传送给Web服务器。通过系统提供的接口，企业(供应商、分销商)可以利用已有的应用程序(物流管理软件)、浏览器、PDA等来访问Web服务器，送出订单和接收订单。通过此结构模型，XML/EDI电子商务物流系统平台不但可以应付客户EDI下单动作，而且卖方会根据EDI中的需求，经由数据仓库或者网络搜寻用户提供的资料(包括Web上的商品目录及数据库)，并使用XML服务器，它们转换成标准的XML数据，并送往Web器，而浏览端则可利用JavaScript或Java Applet做出XML数据的处理和校验。

EDI经过几十年实际应用的积累，已经成为一个国际标准体系，而XML技术代表了一种先进的、成熟的电子数据交换技术，通过将EDI所具备的全球性、交易范围大和标准成熟的优点和XML所具有的简单灵活、成本低、可扩展以及跨平台的优势进行有机的结合，就可以充分发挥二者的优势，避免二者的不足，因此基于XML/EDI来构建电子商务系统将是未来的发展方向。

## 实训任务实施三

### EDI 应用系统模拟

1. 实训目标

(1) 了解 EDI 的基本概念、系统组成。

(2) 掌握 EDI 的工作流程。

(3) 掌握 EDI 的工作流程操作。

2. 实训要求

(1) 按照实训任务单,完成各项任务。

(2) 按照规范要求,提交实训报告。

(3) 遵守实训中心的纪律,爱护设备,实训认真,注意安全。

3. 实训准备

(1) 教师准备好实训任务书,教师讲清该任务实施的目标和知识要点。

(2) 实训中心准备好实训设备、德意电子商务软件和网络环境。

(3) 学生根据任务目标通过教材和 Internet 收集相关资料并做好知识准备。

4. 实训任务

(1) 学生以"出口单位"的身份,应用德意电子商务软 EDI 应用系统模块,模拟完成 EDI 单证填写,报文生成、报文发送等环节的模拟。

(2) 撰写实训报告。

5. 实训操作

(1) EDI 中心初始化。

① 登录 EDI 系统,如图 3-38 所示。

图 3-38　EDI 系统界面

② 贸易伙伴管理。操作界面如图 3-39 所示。

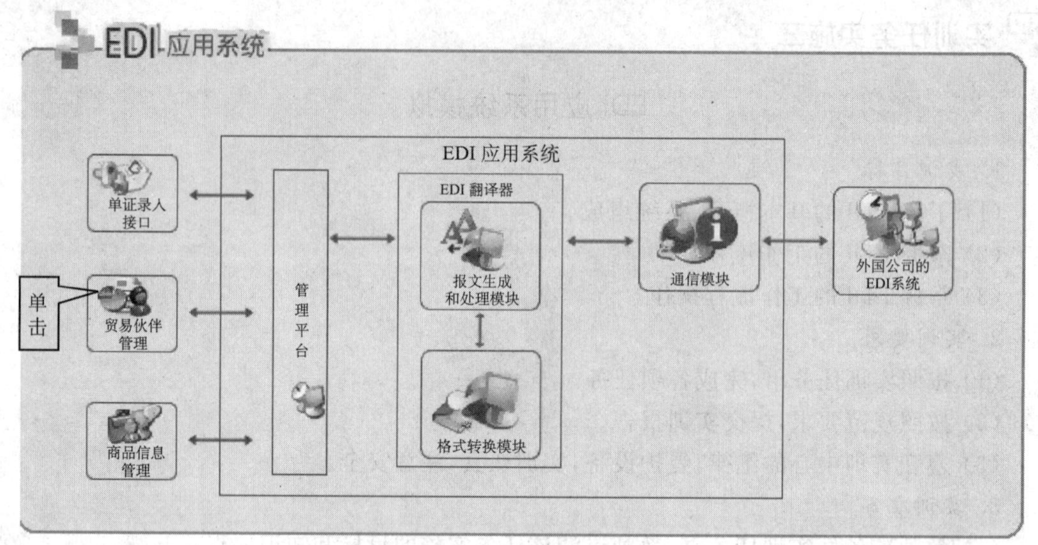

图 3-39 贸易伙伴管理操作界面

贸易伙伴管理步骤:第一,新增贸易伙伴类型;第二,填写贸易伙伴类型信息;第三,新增类型成功后,返回新增贸易伙伴;第四,填写贸易伙伴信息(记住名称);第五,填写完毕,保存并返回。

③ 商品信息管理。操作界面如图 3-40 所示。

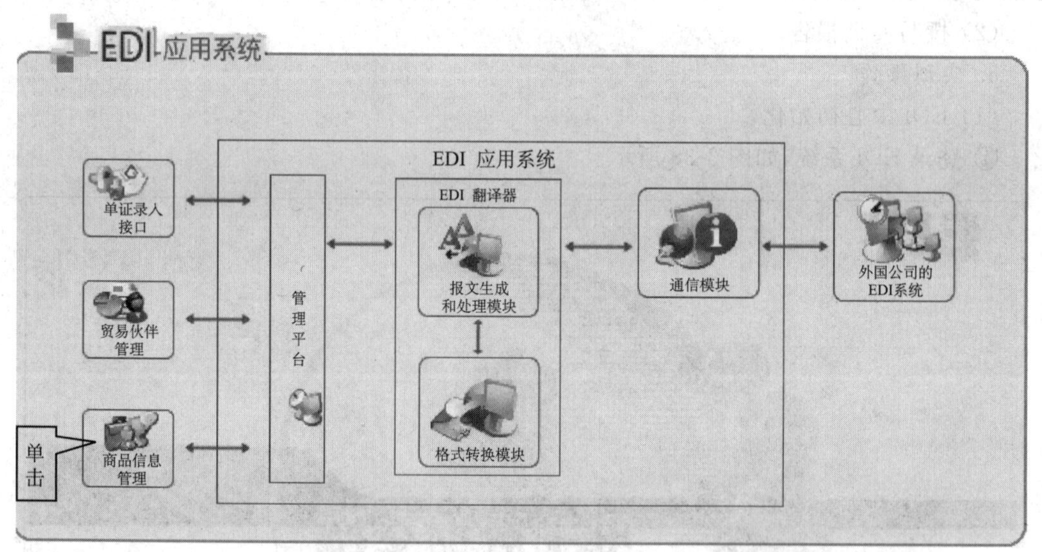

图 3-40 商品信息管理操作界面

新增商品步骤:第一,填写商品信息,选择贸易伙伴;第二,填写完毕,保存并返回。

④ EDI 单证录入、转换和传送过程。EDI 单证录入、转换和传送过程如图 3-41 所示。

(2) EDI 单证处理。

① 新增单证。操作界面如图 3-42 所示。

新增单证步骤:第一,选择贸易伙伴;第二,选择商品;第三,记录该单证编号;第四,保存并返回。

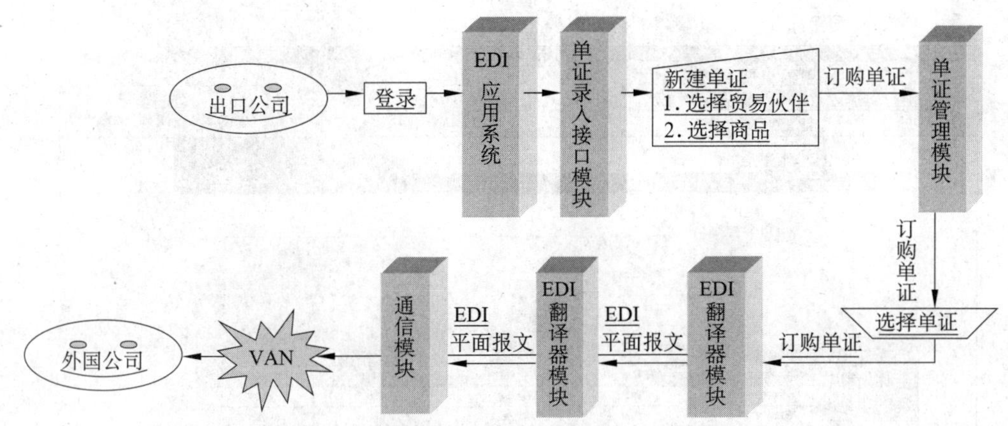


图 3-41　EDI 单证录入、转换和传送过程

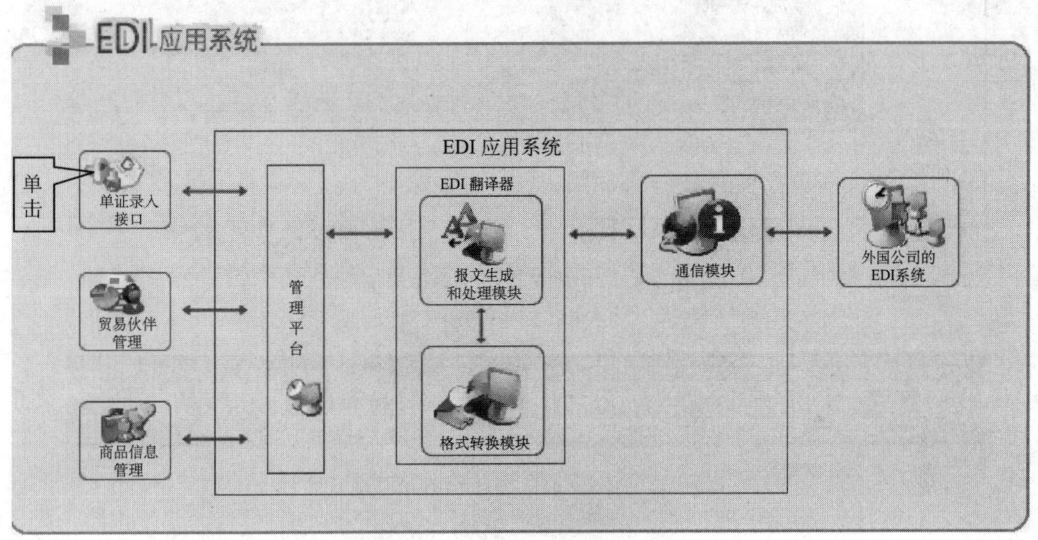


图 3-42　单证录入接口操作界面

② 生成平面报文。操作界面如图 3-43～图 3-45 所示。

生成平面报文步骤：第一，选择并单击你所新建的单证；第二，单击“翻译成 EDI 报文”。操作界面如图 3-44 所示。

③ 生成 EDI 报文。

生成 EDI 报文界面如图 3-45 所示。

④ 发送报文。

发送报文操作界面如图 3-46 所示。

⑤ 报文发送完成。

报文发送完成，结束操作。

6. 撰写实训报告

由学生完成。

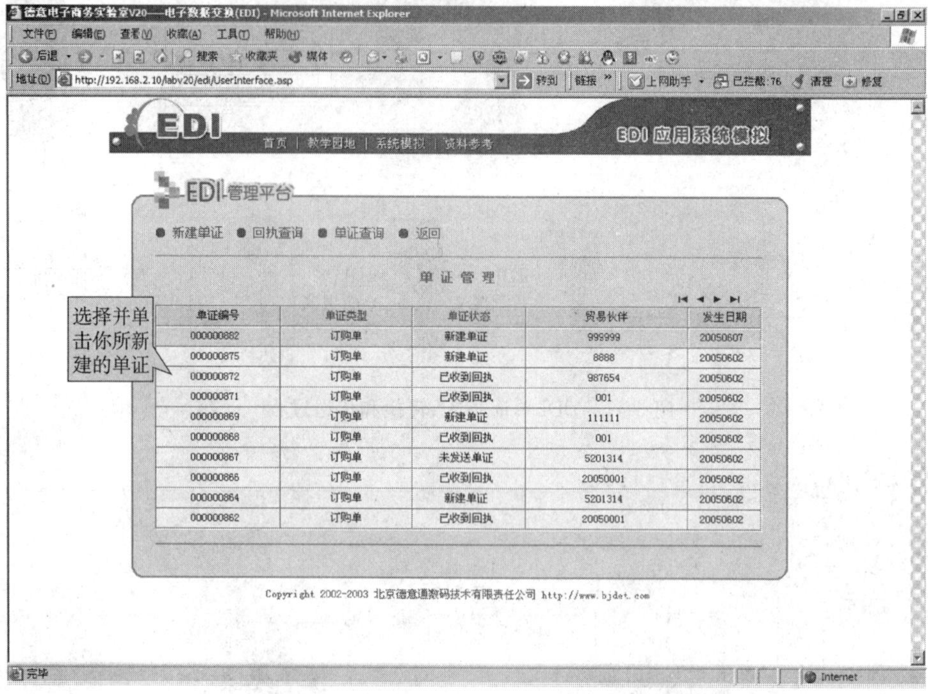


图 3-43　生成平面报文操作界面

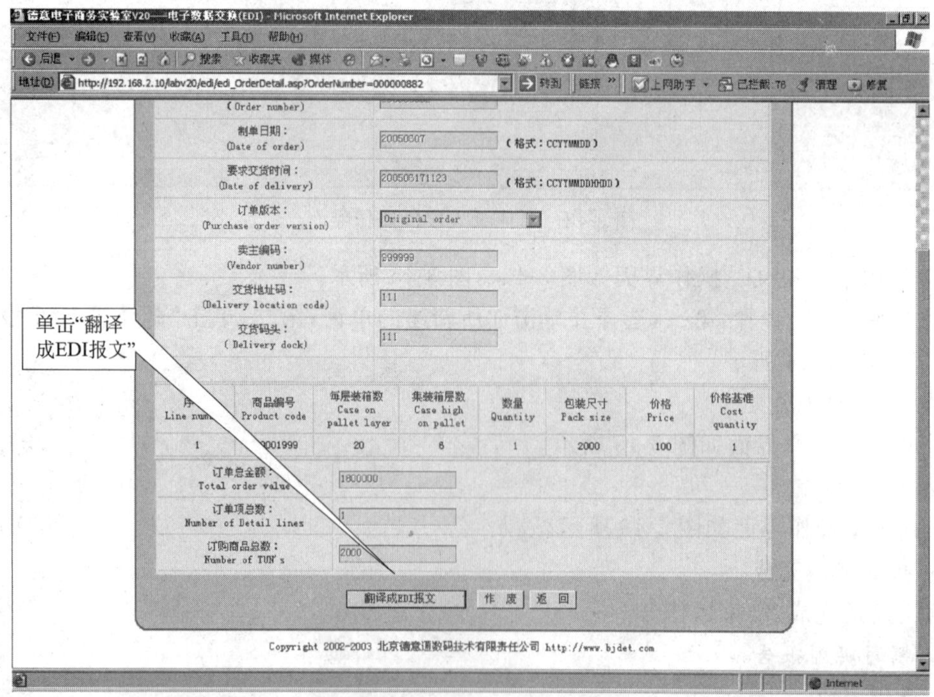


图 3-44　翻译成 EDI 报文界面

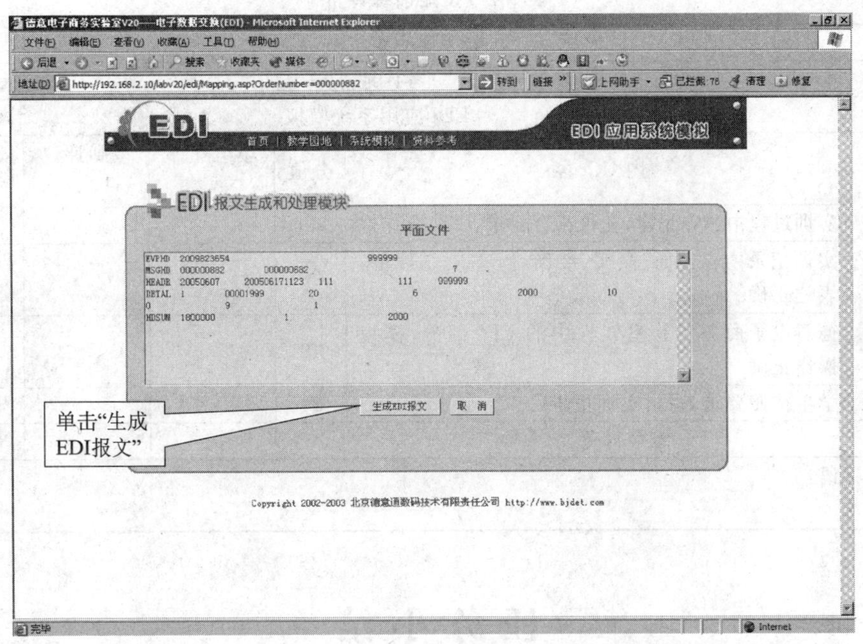


图 3-45　生成 EDI 报文界面

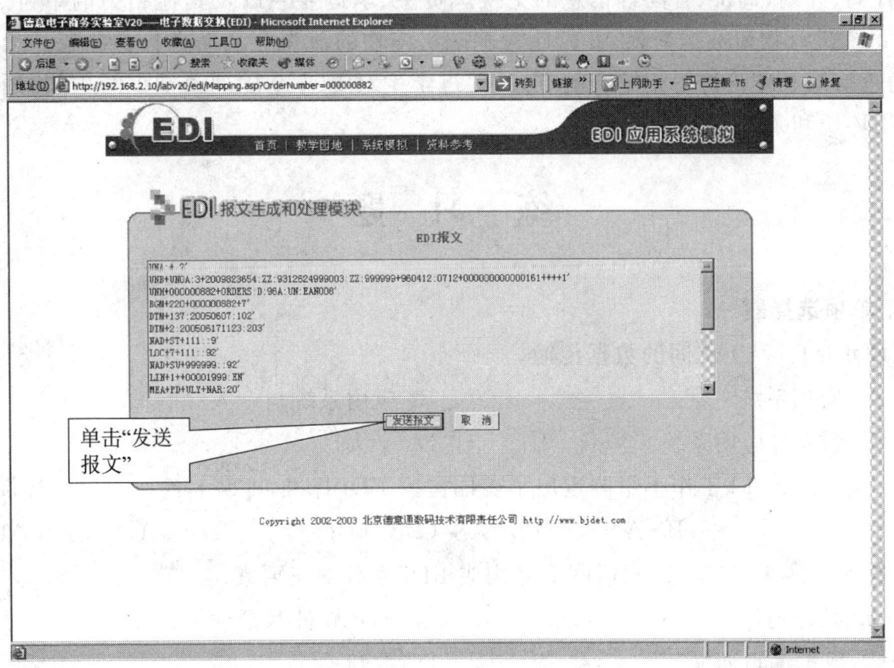


图 3-46　发送报文操作界面

7. 技能训练评价

完成实训后，填写技能训练评价（见表 3-7）。

表 3-7　技能训练评价

<table>
<tr><td>专业：</td><td colspan="2">班级：</td><td colspan="4">被考评小组成员：</td></tr>
<tr><td>考评时间</td><td colspan="2"></td><td colspan="2">考评地点</td><td colspan="2"></td></tr>
<tr><td>考评内容</td><td colspan="6">EDI应用系统模拟</td></tr>
<tr><td rowspan="5">考评标准</td><td>内　　容</td><td>分值</td><td>小组互评（50%）</td><td>教师评议（50%）</td><td colspan="2">考评得分</td></tr>
<tr><td>实训过程中遵守纪律，礼仪符合要求，团队合作好</td><td>20</td><td></td><td></td><td colspan="2"></td></tr>
<tr><td>实训记录内容全面、真实、准确，PPT 制作规范，表达正确</td><td>20</td><td></td><td></td><td colspan="2"></td></tr>
<tr><td>德意电子商务实验室软件中的 EDI 部分，模拟操作正确</td><td>40</td><td></td><td></td><td colspan="2"></td></tr>
<tr><td>学生按照要求，写出实训报告</td><td>20</td><td></td><td></td><td colspan="2"></td></tr>
<tr><td colspan="3">综合得分</td><td></td><td></td><td colspan="2"></td></tr>
<tr><td colspan="7">指导教师评语：</td></tr>
</table>

# 任务小结

电子数据交换是信息技术向商贸领域渗透的产物，用于计算机之间商业信息的传递，包括日常咨询、计划、询价、合同等信息的交换。货主、承运业主以及其他相关的单位之间，通过 EDI 系统进行物流数据交换，并以此为基础实施物的流作业活动也日益广泛。通过实际操作、角色扮演和理论讲解相结合的方式，促进学生对 EDI 基础理论知识的理解，明确该系统的应用环境和条件。

# 练　习　题

## 一、单项选择题

1. EDI 是(　　) 之间的数据传输。

　A. 应用系统　　B. 应用系统与个人

　C. 个人与应用系统　　D. 个人

2. 1979 年，X. 12 工作小组制定出了美国国家 EDI 标准，即著名的(　　)EDI 标准。

　A. TDI　　B. ANSIX. 12　　C. GTDI　　D. UN/EDIFACT

3. 数据标准化、(　　)、通信网络是构成 EDI 系统的三要素。

　A. 翻译功能　　B. EDI 软件及硬件

　C. 数据编辑功能　　D. 数转模

4. 数据标准化、EDI 软件及硬件、(　　)是构成 EDI 系统的三要素。

　A. 通信网络　　B. 翻译功能　　C. 数据编辑功能　　D. 数转模

5. EDI 软件所涉及的基本功能有格式转换功能、(　　)、通信功能。

　A. 图片识读　　B. 翻译功能　　C. 数据编辑功能　　D. 数转模

6. EDI 应用系统硬件设备有(  )、调制解调器(Modem)及电话线。

A. 计算机 B. 条码阅读器 C. RFID 阅读器 D. 视频接受天线

7. EDI 租用电信部门通信线路的专用网络称为(  )。

A. 专网 B. EDI 网 C. 增值网 D. 商用网

8. EDI 网络传输的数据是(  )。

A. EDI 标准报文 B. 自由文件

C. 用户端格式 D. 平面文件

9. EDI 所传送的资料是一般(  ),如发票、订单等,而不是指一般性的通知。

A. 广告 B. 业务资料 C. 产品说明书 D. 图片

10. EDI 采用(  )的格式,这也是与一般 E-mail 的区别。

A. 企业标准化 B. 无固定形式

C. 非格式化 D. 共同标准化

11. 目前,国际上使用最广泛的 EDI 标准是(  )。

A. UN/EDIFACT B. ANSIX.12

C. 欧洲标准 D. ISO 标准

12. EDI 的数据元是已经被确认的用于标示、描述和价值表达的一个(  )。

A. 数据值 B. 数据单元 C. 数据常量 D. 数字

13. EDI 中含有两个或多个成分数据元的数据元是(  )。

A. 复合数据元 B. 数据单元

C. 成分数据元 D. 简单数据元

14. 数据段是由一组(  )所组成的。

A. 数据值 B. 数据元 C. 数据常量 D. 数字

15. 在 EDI 工作过程中,所交换的报文都是(  )的数据,整个过程都是由 EDI 系统完成的。

A. 半结构化 B. 无固定格式 C. 非结构化 D. 结构化

16. EDI 系统与 EDI 通信网络的接口模块为(  )。

A. 通信模块 B. 无固定模式 C. 非结构化 D. 结构化

17. (  )是 EDI 系统与 EDI 通信网络的接口。

A. 格式转换模块 B. 通信模块

C. 用户接口模块 D. 内部接口模块

18. EDI 既准确又迅速,可免去不必要的人工处理,节省人力和时间,同时可减少人工作业可能产生的差错,大大提高了贸易(  )。

A. 效率 B. 效用 C. 效果 D. 效应

19. EDI 的应用领域不包括(  )。

A. 远程教学 B. 海关 C. 国际贸易 D. 运输业

20. EDI 具有一系列(  )功能如文件跟踪、确认、防篡改、防冒领、电子签名等,而传真、用户电报没有这些功能。

A. 跟踪确认　　　　　　　　B. 安全密钥
C. 防篡改、防冒领　　　　　D. 电子签名

## 二、判断题

1. EDI 就是按照商定的协议，将商业文件分类，并通过计算机网络，在贸易伙伴的计算机网络系统之间进行数据交换和自动处理。(　　)

2. 相互通信的 EDI 的用户必须使用相同类型的计算机。(　　)

3. EDI 采用共同标准化的格式，这也是与一般 E-mail 的区别。(　　)

4. EDI 传输的是标准的格式化的文件，并具有格式校验功能。而传真、电传和电子信箱等传送的是自由格式的文件。(　　)

5. EDI 的使用对象是具有固定格式的业务信息和具有经常性业务联系的单位。(　　)

6. 增值网(VAN)是 EDI 发展的产物。它是利用现有的网络系统，增加 EDI 的服务功能，向客户提供传递数据和加工数据的网络服务系统。(　　)

7. 由于采用 EDI 方式出口手续简便，可减少单据费用的开支，并缩短国际贸易文件的处理周期，因此给使用 EDI 的企业带来了巨大的经济利益。(　　)

8. EDI 系统可处理的物流单证包括提单、订仓确认书、多式联运单证、货物运输收据、铁路发货通知单、陆运单、空运单、联运提单、货物仓单、装货清单、集装箱装货单和到货通知等。(　　)

9. 在 EDI 实施的过程中，有一个环节是通过 EDI 转换程序将订单平面文件翻译成 EDI 报文。(　　)

10. EDI 用户要连接进入增值网(VAN)。VAN 本身有些缺陷，如贸易伙伴可能选择不同的 VAN，但 VAN 之间可能因为竞争等原因而不愿意互联，影响到用户之间的连接。(　　)

## 三、简答题

1. 简述 EDI 标准三要素。
2. 简述 EDI 的特点。
3. EDI 的定义、作用和任务分别是什么？
4. EDI 的实现过程需要运用哪三种软件？它们的功能各是什么？

## 四、论述题

试论述 EDI 系统面临的安全问题。

# 项目四

# 自动定位跟踪技术应用

**项目描述**

物流管理的最终目标是降低成本、提高服务水平。降低途径有很多,对运输型物流企业来讲,使用自动定位跟踪技术能够及时、准确、全面地掌握运输车辆的信息,对运输车辆实现实时监控调度是降低物流成本的有效途径之一。

能够展现位置信息的主要技术有两类。一类是地理信息系统(Geographic Information System,GIS),是面向空间相关信息,采集、存储、检查、操作、分析和显示地理数据的系统。主要功能是将表格型数据转换为地理图形显示,即时提供多种空间的、动态的地理信息。另一类就是全球定位系统(Global Position System,GPS),是利用卫星星座(通信卫星)、地面控制部分和信号接收机对对象进行动态定位的系统。GPS 能对静态、动态对象进行动态空间信息的获取,快速、精度准、不受天气和时间限制地反馈空间信息。

本项目通过讲解、查阅资料和相关的软件系统操作,让学生掌握 GPS/GIS 技术的基本知识和 GSM 无线通信技术的基本应用,理解自动定位跟踪技术对物流企业优化资源配置、提高市场竞争力所起到的促进作用。

**项目目标**

1. 知识目标

(1) 掌握 GIS 的基本概念,GIS 系统的组成、功能。

(2) 理解 GIS 在物流系统中的应用。

(3) 掌握 GPS 的概念、特点、系统构成。

(4) 掌握 GPS 的定位和工作原理。

(5) 了解 GPS 在物流领域中的应用。

2. 技能目标

(1) 能熟练操作谷歌地图地理信息系统查询地理信息。

(2) 熟练操作其他基于 GIS 的查询软件。

(3) 学会使用 GPS 车辆监控系统。

(4) 能使用自动定位技术提升物流企业服务价值。

# 任务一　地理信息系统(GIS)应用

## 教学导航

**任务目标**

(1) 掌握地理信息系统的相关概念。

(2) 理解地理信息系统的基本工作原理。

(3) 熟悉常见的地理信息系统的类型和主要功能模块。

(4) 了解当前地理信息系统在物流业中的运用现状和发展趋势。

(5) 掌握常见的基于 GIS 的软件系统的基本操作。

**教学重点**

(1) 地理信息系统的相关概念和基本工作原理。

(2) 常见的地理信息系统的类型和主要功能模块。

(3) 常见的基于 GIS 的软件系统的基本操作。

**教学难点**

(1) 地理信息系统的基本工作原理。

(2) 常见的基于 GIS 的软件系统的基本操作。

**教学方法**

讲授式教学法、案例教学法、任务驱动教学法和实践教学法。

**教学手段**

网络教学、多媒体教学手段、谷歌地图系统/百度地图。

**教学建议**

(1) 学生根据学习任务书,预习教材、通过查阅文献了解地理信息系统的情况。

(2) 教师准备好授课课件(任务书、授课 PPT、视频、图片及案例分析资料),讲清该任务实施的目标、要求和教学重点,根据任务安排,对学生进行分组,组织好课堂教学。

(3) 实训中心准备好 GIS 实训环境。

## 引导案例

### 杭州佑康配送公司的 GIS 解决方案

一套功能完善、使用方便、信息量丰富细致、实时反映交通网络变化的 GIS 平台是实现现代物流配送中心城市车辆优化调度的先决条件,同时也是现代物流企业网络建设的一个基础信息平台。

浙江省测绘局地理信息中心为杭州佑康配送公司开发了一套 GIS 试验系统。

佑康配送 GIS 具有下述特点。

(1) 电子地图的基本操作功能,包括视图的放大、缩小、平移,近 3 000 家主要零售网点位置的标注,鼠标交互的距离和面积的量算,查询地理对象的属性信息等。据应用分析,佑康配送 GIS 信息量丰富、标注细致,如街道宽窄按比例绘制、街道门牌号自动显示等;同时信息更新及时,维护管理到位。

(2) 零售网络分析功能,如零售网点之间最短路径查询、经济距离计算、最近设施查找,辐射区域分析。例如,可在电子地图上自动求出任意两点间的最短经济距离(满意解),自动求出这两点间所经过的街道名称和送货先后顺序。

(3) 提供地理信息的维护功能,包括基础地理信息和专题信息的维护,如设置修改驾驶员的信息(包括姓名、编号、待命状态、送货区域等参数),车辆的信息(包括车型、车牌、编号、容载量、车龄、待命状态等参数)。

(4) 交通道路信息设置,主要是指从物流中心到各零售网点的道路情况,主要设置线路编号、派车时间、各街道距离(精确到 1m)、始发点、终端点等参数。

(5) 对零售网点主要设置,包括序号、名称、客户级别、联系方式等数据的设置修改。

**思考题:**

1. GIS 电子地图在城市物流配送中有何作用?
2. 佑康配送 GIS 有何特点?它有何具体的作用?

## 任务知识储备

## 一、地理信息

1. 地理信息的概念

地理信息是指空间地理分布的有关信息,它表示地表物体和环境固有的数量、质量、分布特征、联系和规律的数字、文字、图形、图像等的总称。地理信息已经得到了广泛应用,服务于我们的生活、工作中,并带来便利。电子地图、卫星导航、遥感影像,这些地理信息产业链上的新生事物正在创造奇迹,效益已经显现。地理信息系统(GIS)集地球数字化于一身,能装下整个地球的超量信息。目前,全球 GIS 这一新技术产业的年增长率已达到 35%以上。

2. 地理信息的特性

(1) 空间分布性:其位置的识别是与数据联系在一起的,这是地理信息区别于其他类型信息的一个最显著的标志。

(2) 多维结构的特征:在二维空间的基础上,实现多专题的第三维的信息结构,而各个专题或实体型之间的联系是通过属性码进行的,为地理系统各圈层的综合性研究提供了可能性。

(3) 时序特征十分明显:可以按照时间的尺度进行地理信息的划分,分为超短期的(如台风、地震)、短期的(如江河洪水、秋季低温)、中期的(如土地利用、作物估产)、长期的(如水土流失、城市化)和超长期的(如地壳变动、气候变化)地理信息等,这对地理事物的预测、预报,以及为科学决策提供依据很重要。

(4) 具有丰富的信息:地理信息系统不仅包含丰富的信息,还包含与地理信息有关的其他信息,如人口分布、环境污染、区域经济情况、交通情况等。纽约市曾经对其数据库进行了调查,发现有80%以上的信息为地理信息或与地理信息有关。

## 二、地理信息系统

### 1. 地理信息系统的定义

古往今来,几乎所有人类活动都是发生在地球上,都与地球表面位置(即地理空间位置)息息相关,随着计算机技术的日益发展和普及,地理信息系统(Geography Information System,GIS)以及在此基础上发展起来的"数字地球""数字城市"在人们的生产和生活中起着越来越重要的作用。

不同的研究方向和应用领域的专家学者,对GIS理解是不一样的。有人认为GIS是以计算机为工具,具有地理图形和空间定位功能的空间型数据管理系统。有人认为GIS是在计算机硬件和软件支持下,运用系统工程和信息科学理论,科学管理和综合分析具有空间内涵的地理数据,以提供对规划、管理、决策和研究所需信息的空间信息系统等。所有定义都是从以下三方面考虑的。

(1) GIS使用的工具:计算机软、硬件系统。

(2) GIS研究对象:空间物体的地理分布数据及属性。

(3) GIS数据建立过程:空间数据的获取、存储、显示、编辑、处理、分析、输出和应用。

总体来说,地理信息系统是由计算机软硬件环境、地理空间数据、系统维护和使用人员四部分组成的空间信息系统。该系统可对整个或部分地球表层(包括大气层)空间中有关地理分布数据进行采集、储存、管理、运算、分析显示和描述。

### 2. 地理信息系统的特点

(1) 具有采集、管理、分析和输出多种地理空间信息的能力。

(2) 以地理研究和地理决策为目的,以地理模型方法为手段,具有空间分析,多要素综合分析和动态预测的能力,并能产生高层次的地理信息。

(3) 具有公共的地理定位基础,所有的地理要素,要按经纬度或者特有的坐标系统进行严格的空间定位,才能使具有时序性、多维性、区域性特征的空间要素进行复合和分解,将隐含其中的信息变为显示表达,形成空间和时间上连续分布的综合信息基础,支持空间问题的处理与决策。

(4) 由计算机系统支持进行空间地理数据管理,并由计算机程序模拟常规的或专门的地理分析方法,作用于空间数据,产生有用的信息,完成人类难以完成的任务。

(5) 地理信息系统从外部来看,它表现为计算机软硬件系统:而其内涵却是由计算机程序和地理数据组织而成的地理空间信息模型,是一个逻辑缩小的、高度信息化的地理系统。信息流动的结果完全由计算机程序的运行和数据的交换和仿真。

## 三、地理信息系统的类型

地理信息系统依据其内容、功能和作用的不同,可分为工具型地理信息系统和应用型地理信息系统两种类型。

### 1. 工具型地理信息系统

工具型地理信息系统也称地理信息系统开发平台,它是具有地理信息系统基本功能,供其他系统调用或用户进行二次开发的操作平台。用地理信息系统技术解决实际问题时,有大量软件开发任务，用户重复开发是对人力、财力很大的浪费。工具型地理信息系统为地理信息系统的使用者提供一种技术支持，使用户能借助地理信息系统工具中的功能直接完成应用任务，或者利用工具型地理信息系统加上专题模型完成应用任务。目前国外已有很多商品化的工具型地理信息系统，如 ARC/INFO、GENAMAP、MAPINFO、MGE 等。国内近几年正在迅速开发工具型地理信息系统，并取得了很大的成绩，已开发出 MAPGIS、Geostar、Citystar 等。

2. 应用型地理信息系统

应用型地理信息系统是根据用户的需求和应用目的而设计的一种解决一类或多类实际应用问题的地理信息系统，除了具有地理信息系统基本功能外，还具有解决地理空间实体及空间信息的分布规律、分布特性及相互依赖关系的应用模型和方法。它可以在比较成熟的工具型地理信息系统基础上进行二次开发完成，工具型地理信息系统是建立应用型地理信息系统的一条捷径。

应用型地理信息系统也可以是为某专业部门专门设计研制的，此系统针对性明确，专业性强，系统开销小。应用型地理信息系统按研究对象性质和内容又可分为专题地理信息系统和区域地理信息系统。

专题地理信息系统是具备有限目标和专业特点的地理信息系统，为特定的专门领域服务。如水资源管理信息系统、农作物估产信息系统、土地利用信息系统、城市管网系统、通信网络管理系统、城市规划系统等都属于应用型地理信息系统。区域地理信息系统主要以区域综合研究和全面信息服务为目标。可以有不同的规模，如国家级、地区或省级、市级和县级等为各个不同级别行政区服务的区域信息系统，也可以以自然分区或流域为单位的区域信息系统。

Web　地　图

近些年，地图应用爆炸性地蔓延于网站，如谷歌地图和 Bing 地图。这些网站使公众获取了大量的地理数据。它们中的一部分，像谷歌地图和 OpenLayers，公布了 API 使用户能够创建自定义的应用。这些工具包一般提供街道地图，天线/卫星图像、地理编码、搜索和路由的功能。其他出版网络上的地理信息的应用包括 Cadcorp 的 GeognoSIS，ESRI 的 ArcIMS 服务器，谷歌地球，谷歌融合表和开源的替代品 MapServer，Mapnik 和 GeoServer。

## 四、地理信息系统的组成

GIS 的应用系统由五个主要部分构成，即硬件、软件、数据、人员和方法。

1. 地理信息系统的硬件

硬件是指运行 GIS 所需的计算机资源。目前的 GIS 软件可以在很多类型的硬件上运行，从中央计算机服务器到桌面计算机，从单机到网络环境。一个典型的 GIS 硬件系统除计算机外，还包括数字化仪、扫描仪、绘图仪、磁带机等外部设备，如图 4-1 所示。

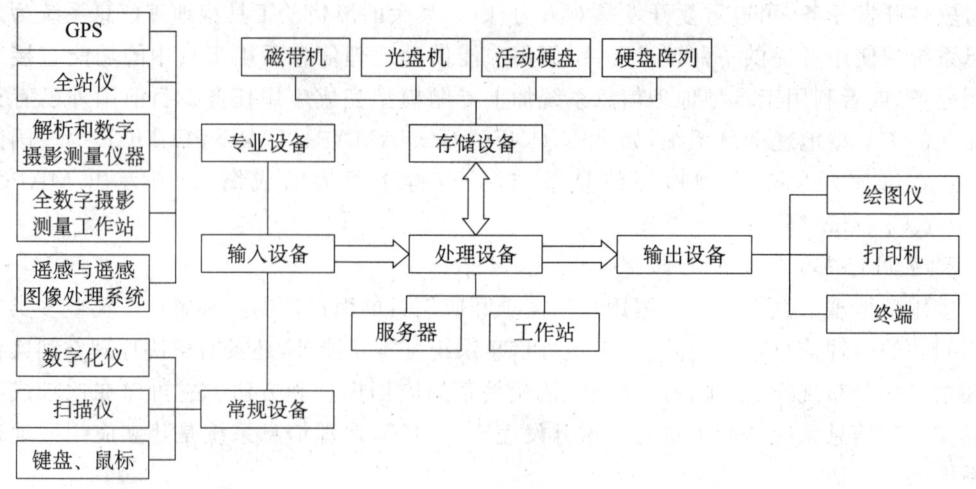


图 4-1 地理信息系统的硬件

2. 地理信息系统的软件

软件是指 GIS 运行所必需的各种程序,主要包括计算机系统软件和地理信息系统软件两部分,如图 4-2 所示。地理信息系统软件提供存储、分析和显示地理信息的功能和工具。主要包含操作系统软件、数据库管理软件、系统开发软件,还有输入和处理地理信息的工具、数据库管理系统工具、支持地理查询、分析和可视化显示的工具,以及便于客户使用这些工具的图形用户界面(GUI)。GIS 软件的选型直接影响其他软件的选择,影响系统解决方案,也影响着系统建设周期和效益。

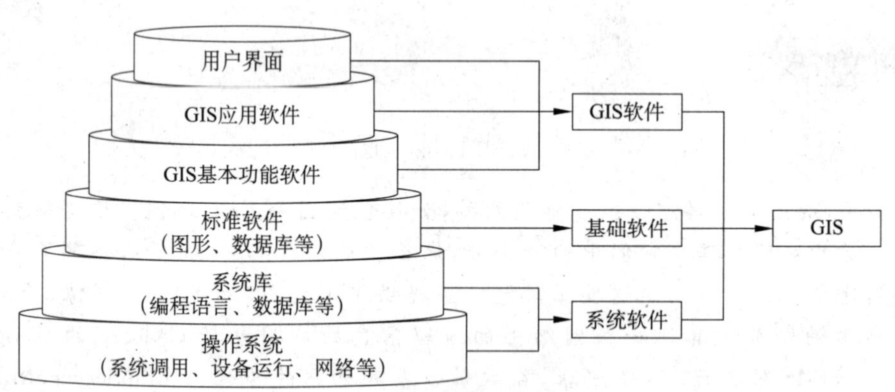


图 4-2 地理信息系统的软件

3. 地理信息系统的数据

数据是一个 GIS 应用系统最基础的组成部分,也是 GIS 系统的灵魂和生命。数据组织和处理是 GIS 应用系统建设中的关键环节。空间数据是 GIS 的操作对象,是现实世界经过模型抽象的实质性内容。

一个 GIS 应用系统必须建立在准确合理的地理数据基础上。数据来源包括室内数字化和野外采集,以及从其他数据的转换。数据包括空间数据和属性数据,空间数据的表达可以采用栅格和矢量两种形式,如图 4-3 所示。空间数据表现了地理空间实体的位置、大小、

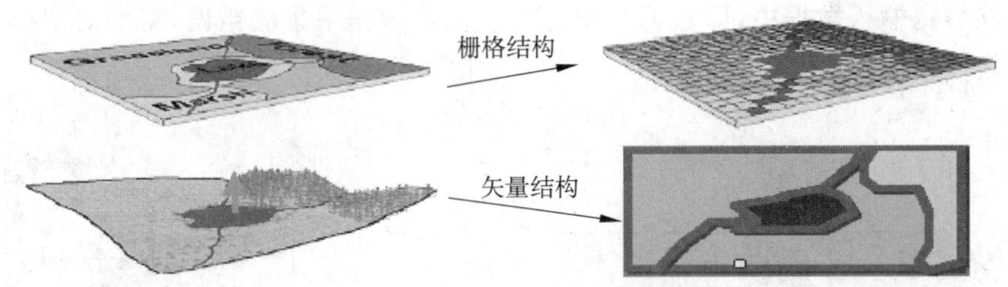


图 4-3　地理信息系统的数据类型

形状、方向以及几何拓扑关系。

4. 地理信息系统的人员

人是地理信息系统中重要的构成要素，GIS 不同于一幅地图，它是一个动态的地理模型，仅有系统软硬件和数据还不能构成完整的地理信息系统，需要人工进行系统组织、管理、维护和数据更新、系统扩充完善以及应用程序开发，并采用空间分析模型提取多种信息。因此，GIS 应用的关键是掌握实施 GIS 来解决现实问题的人员素质。这些人员既包括从事设计、开发和维护 GIS 系统的技术专家，也包括那些使用该系统并解决专业领域任务的专业技术人员。

一个完整的 GIS 系统的运行团队应有项目负责人、信息技术专家、应用专业领域技术专家、若干程序员和 GIS 操作员组成。

5. 地理信息系统的方法

地理信息系统的方法主要是指空间信息的综合分析方法，即常说的应用模型。它是在对专业领域的具体对象与过程进行大量研究的基础上总结出的规律的表示。GIS 应用就是利用这些模型对大量空间数据进行分析综合来解决实际问题的。

## 五、地理信息系统的主要功能

一个 GIS 软件系统应具备五项基本功能，即数据采集与编辑、属性数据编辑与分析、数据存储与管理、空间查询与空间分析、可视化表达与输出。其功能结构如图 4-4 所示。

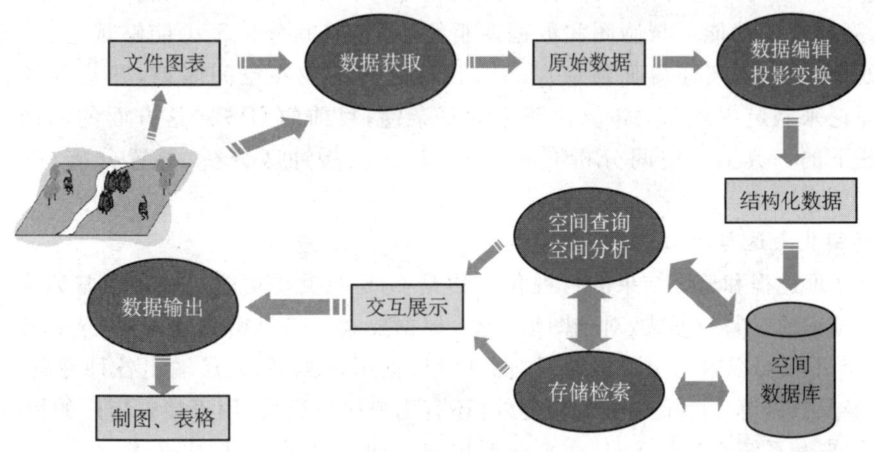


图 4-4　地理信息系统功能结构

1. 数据采集与编辑

GIS 的核心是一个地理数据库，所以建立 GIS 的第一步是将地面的实体图形数据和描述它的属性数据输入数据中，即数据采集。为了消除数据采集的错误，需要对图形及文本数据进行编辑和修改，如图 4-5 所示。

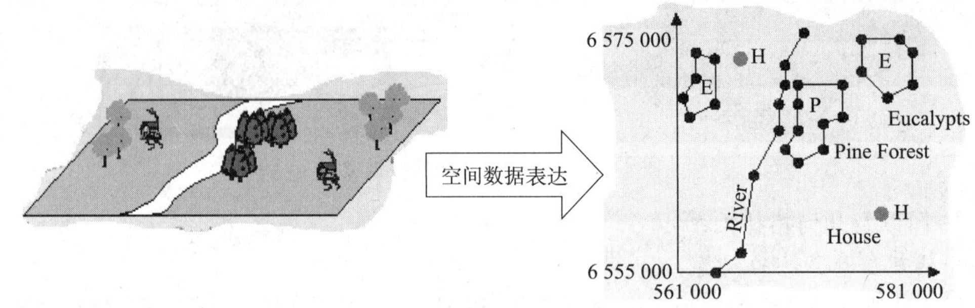


图 4-5　数据采集与编辑功能

2. 属性数据编辑与分析

属性数据比较规范，适应于表格表示。所以，许多地理信息系统都采用关系数据库管理系统管理。通常的关系数据库管理系统（RDBMS）都为用户提供了一套功能很强的数据编辑和数据库查询语言，即 SQL。系统设计人员可据此建立友好的用户界面，以方便用户对属性数据的输入、编辑与查询。除文件管理功能外，属性数据库管理模块的主要功能之一是用户定义各类地物的属性数据结构。由于 GIS 中各类地物的属性不同，描述他们的属性项及值域亦不同，所以系统应提供用户自定义数据结构的功能，系统还应提供修改结构的功能，以及提供拷贝结构、删除结构、合并结构等功能。

3. 数据存储与管理

地理对象通过数据采集与编辑后，形成庞大的地理数据集。对此需要利用数据库管理系统来进行管理。GIS 一般都装配有地理数据库，其功效类似对图书馆的图书进行编目，分类存放，以便于管理人员或读者快速查找所需的图书。

4. 空间查询与空间分析

通过空间查询与空间分析得出决策结论，是 GIS 的出发点和归宿。在 GIS 中这属于专业性，高层次的功能。与制图和数据库组织不同，空间分析很少能够规范化，这是一个复杂的处理过程，需要懂得如何应用 GIS 目标之间的内在空间联系，并结合各自的数学模型和理论来制定规划和决策。由于它的复杂性，目前的 GIS 在这方面的功能总的来说是比较低下的。典型的空间分析有拓扑空间查询、缓冲区分析、叠置分析、空间集合分析等。

5. 可视化表达与输出

中间处理过程和最终结果的可视化表达是 GIS 的重要功能之一。通常以人机交互方式来选择显示的对象与形式，对于图形数据，根据要素的信息密集程度，可选择放大或缩小显示。GIS 不仅可以输出全要素地图，也可以根据用户需要，分层输出各种专题图、各类统计图、图表及数据等。除上述五大功能外，还有用户接口模块，用于接收用户的指令、程序或数据，是用户和系统交互的工具，主要包括用户界面、程序接口与数据接口。由于地理信息系统功能复杂，且用户又往往为非计算机专业人员，用户界面是地理信息系统应用的重要组成部分，使地理信息系统成为人机交互的开放式系统。

## 六、地理信息系统技术的发展现状和趋势

1. 地理信息系统技术的发展现状

地理信息系统技术是一门综合性的技术，它的发展是与地理学、地图学、摄影测量学、遥感技术、数学和统计科学、信息技术等有关学科的发展分不开的。GIS 的发展可分为四个阶段。

第一个阶段是初始发展阶段，20 世纪 60 年代世界上第一个 GIS 系统由加拿大测量学家 R. F. Tomlison 提出并建立，主要用于自然资源的管理和规划。

第二个阶段是发展巩固阶段，20 世纪 70 年代由于计算机硬件和软件技术的飞速发展，尤其是大容量存储设备的使用，促进了 GIS 朝实用的方向发展，不同专题、不同规模、不同类型的各具特色的地理信息系统在世界各地纷纷付诸研制，如美国、英国、德国、瑞典等国对 GIS 的研究都投入了大量的人力、物力和财力。

第三个阶段是推广应用阶段，20 世纪 80 年代，GIS 逐步走向成熟，并在全世界范围内全面推广，应用领域不断扩大，并与卫星遥感技术结合，开始应用于全球性的问题，这个阶段涌现出一大批 GIS 软件，如 ARC/INFO、GENAMAP、SPANS、MAPINFO、ERDAS、Microstation 等。

第四个阶段是蓬勃发展阶段，20 世纪 90 年代，随着地理信息产品的建立和数字化信息产品在全世界的普及，GIS 成为确定性的产业，并逐渐渗透到各行各业，成为人们生活、学习和工作不可缺少的工具和助手。

2. 地理信息系统技术的发展趋势

1）数据管理方面

（1）多比例尺、多尺度和多维空间数据的表达。对于多比例尺数据的显示，将运用影像金字塔技术、细节分层技术和地图综合等技术；而为了实现 GIS 的动态、实时和三维可视化，出现存储真三维坐标数据的 3DGIS 和真四维时空 GIS，这其中涉及了空间数据的海量存储、时空数据处理与分析以及快速广域三维计算与显示等多项理论与技术。

（2）三库一体化的数据结构方向。空间数据库向着真正面向对象的数据模型和图形矢量库、影像栅格库和 DEM 格网库三库一体化数据结构的方向发展。这种三库一体化的数据结构改变了以图层为处理基础的组织方式，实现了直接面向空间实体的数据组织，使多源空间数据的录入与融合成为可能，从而为 GIS 与遥感技术的集成创造了条件。

（3）基于空间数据仓库（Spatial Data Warehouse）的海量空间数据管理的研究。空间数据量非常大，而且数据大都分散在政府、私人机构、公司的各个部门，数据的管理与使用就变得非常复杂，但这些空间数据又具有极大的科学价值和经济价值，因此，大多数发达国家都比较重视空间数据仓库的建立工作，许多研究机构和政府部门都参与到空间数据仓库建立的研究工作中。

（4）利用数据挖掘技术进行知识发现。空间数据挖掘是从空间数据库中抽取隐含的知识、空间关系，以及其他非显式的包含在空间数据库中但以别的模式存在的信息供用户使用，这是 GIS 应用的较高层次。由于目前空间数据的组织与管理仍局限于二维、静态、单时相，且仍以图层为处理基础，因此，当前的 GIS 软件和空间数据库还不能有效地支持数据挖掘。

2）技术集成方面

（1）“3S”集成。“3S”是 GPS（全球定位系统）、RS（遥感）和 GIS 的简称，“3S”集成是指将遥感、空间定位系统和地理信息系统这三种对地观测技术有机地集成在一起。地理信息是一种信息流，RS、GPS和GIS中任何一个系统都只侧重于信息流特征中的一个方面，而不能满足准确、全面地描述地理信息流的要求。因此，无论从物质运动形式、地学信息的本质特征还是"3S"各自的技术特征来说，"3S"集成都是科技发展的必然结果。

(2) GIS与虚拟现实技术的结合。虚拟现实(Virtual Reality)是一种最有效地模拟人在自然环境中视、听、动等行为的高级人机交互技术，是当代信息技术高速发展和集成的产物。从本质上说，虚拟现实就是一种先进的计算机用户接口，通过计算机建立一种仿真数字环境，将数据转换成图形、声音和接触感受，利用多种传感设备使用户"投入"该环境中，用户可以如同在真实世界那样"处理"计算机系统所产生的虚拟物体。将虚拟和重建逼真的、可操作的地理三维实体，GIS用户在客观世界的虚拟环境中能更有效地管理、分析空间实体数据。因此，开发虚拟GIS已成为GIS发展的一大趋势。

(3) 分布式技术、万维网与GIS的结合。目前，随着Internet技术的迅猛发展，其应用已经深入到各行各业，作为与我们日常生活息息相关的GIS也不例外，它们的结合产生了WebGIS。当前WebGIS系统已经得到迅速的发展，到1999年1月，仅在美国出现的这类系统就有23种之多。又由于客户端可能会采用新的应用协议，因此也被认为是Internet GIS。

(4) 移动通信技术与CIS的结合发展。WAP/WML技术作为无线互联网领域的一个热点，已经显示了其巨大的应用前景和市场价值。WAP/WML技术与GIS技术的结合产生了移动GIS(Mobile GIS)应用和无线定位服务(Location-based Services，LBS)。通过WAR/WML技术，移动用户几乎可以在任何地方、任何时间获得网络提供的各种服务。无线定位服务将提供一个机会使GIS突破其传统行业的角色而进入主流的IT技术领域里。大多数的分析家都认为，无线网络将成为全球数据传送的主要途径。GIS的未来将会由其机动性所决定。

(5) GIS与决策支持系统(DSS)的集成。目前，绝大多数的GIS还仅限于图形的分析处理，缺乏对复杂空间问题的决策支持，而目前绝大多数的DSS则无法向决策者提供一个友好的可视化的决策环境。因此，将GIS与DSS相集成，最终形成空间决策支持系统(SDSS)，借助GIS强大的空间数据处理分析功能，并在DSS中嵌入空间分析模块，从而辅助决策者求解复杂的空间问题，这是GIS应用向较高层次的发展。其中，SDSS中知识的表达、获取和知识推理，以及模型库、知识库、数据库三库接口的设计是亟待解决的关键问题。

## 七、地理信息系统在物流领域中的应用

地理信息系统作为一门交叉性极强、运用及其灵活的学科，它在功能上十分强大，其应用领域十分广泛。在物流领域中的主要应用如下。

### 1. 车辆路线模型

用于解决一个起始点、多个终点的货物运输中如何降低物流作业费用，并保证服务质量问题，包括决定使用多少车辆、每辆车的路线等。

### 2. 网络物流模型

用于解决寻求最有效的分配货物路径问题，也就是物流网点布局问题，如将货物从$N$个仓库运往$M$个商店，每个商店都有固定的需求量，因此需要确定由哪个仓库提货送给

哪个商店且所耗的运输代价最小。

3. 分配集合模型

可以根据各个要素的相似点把同一层上的所有要素或部分要素分为几个组，用以解决服务范围的确定和销售市场范围等问题。例如某一公司要设立 $X$ 个分销店，要求这些分销点要覆盖某一地区，而且要是每个分销点的客户数目大致相等。

4. 设施定位模型

用于确定一个或多个设施的位置。运用适当的软件，结合相应的空间和属性数据，如一个地区的人口、人均收入、年龄分布、驾车时间等，综合这几个图层，可以得出在既定区域内设有多少个仓库或配送中心等设施，每个仓库或配送中心的位置和规模，以及各个设施之间的物流关系等问题。

5. 提供跟踪服务

通过运用 GPS 和 GIS，适时跟踪车辆、货物或旅客的运动，及时确定他们所在的准确位置，这项技术正在道路运输特别是物流中得到越来越广泛的应用。车辆跟踪是通过全球移动通信网络的短消息服务，进行数据连接，车辆上安装的设备有 GPS 信号接收仪、一个调制解调器和一个呼叫控制器，而地面站由地面调制解调器和 GIS 工作站组成。通过空间的卫星通信，GIS 工作站的电子地图能显示车辆当前的位置和当时的速度。监控中心在了解车辆目前的运行状况和所处的地理位置后，利用短消息或语音的方式对车辆进行合理调度，还能把车辆运行的轨迹在电子地图上进行回放。

6. 监控交通运输情况

GIS 可以将各种交通流量信息、气象数据、事故定点信息、场外监控数据等各种数据有效结合，并且结合 GPS 数据，可以对各个高速公路、交警、城市紧急救援单位监控中心进行支持，动态监控道路状况、实时调度车辆和指挥交通。

## WebGIS 工程师岗位职责及任职要求

**岗位职责：**

(1) 负责需求分析及业务架构设计。

(2) GIS 功能模块开发。

(3) 编写技术文档。

**任职要求：**

(1) 地理信息系统或计算机相关专业，本科及以上学历。

(2) 精通 .net 或者 Java，精通 arcgis 或 supermap 等。

(3) 熟悉 SQL、Oracle。

(4) 熟悉软件架构及软件设计模式。

(5) 熟悉软件建模(UML)及软件工程。

(6) 有良好的编码风格及习惯，对软件代码质量管理有深刻的理解。

## 前沿理论与技术

### 嵌入式 GIS(移动 GIS)

与其他学科相比,地理信息系统是一门新兴学科。目前,随着计算机技术的迅速发展,GIS 更加趋向于可运行性、分布性、开放性、网络化和全球性。在未来几十年内,GIS 将向着数据标准化、数据多维化、系统集成化、系统智能化、平台网络化和应用社会化(数字地球)的方向发展。因此分析 GIS 当下的发展热点及技术前沿将有助于 GIS 更加有规划地发展,并且易于对 GIS 的前景进行展望。随着 GIS 技术的迅速发展,嵌入式 GIS、三维 GIS、Component GIS、WebGIS、CYberGIS、物联网以及数字地球等成为其中的热点。

把 GIS 与嵌入式技术融合在一起,形成一个嵌入式的地理空间集成平台,是当前 GIS 研究领域的重要趋势。与传统 GIS 相比较,嵌入式 GIS 具有跨平台、开发好、易集成、易渗透和融合好等特点,而且价格低,为地理信息技术融入其他信息技术提供了良好的技术基础。

移动 GIS 是以移动互联网为支撑、以 GPS 智能手机为终端的 GIS 系统,是继桌面 GIS、WebGIS 之后又一新的技术热点,移动定位、移动 MIS、移动办公等越来越成为企业或个人的迫切需求,嵌入式 GIS 就是其中的集中代表,使随时随地获取信息变得轻松自如。

随着无线移动位置服务技术的迅猛发展,人们正日趋享受着越来越多嵌入式 GIS 的服务。移动 GIS 主要由移动终端设备、无线通信网络、地理应用服务器及空间数据库组成。移动终端设备是一种便携式、低功能、适合地理应用,并且可以用来快速、精确定位和地理识别的设备。硬件主要包括掌上电脑(PDA)、便携式计算机、WAP 手机、GPS 定位仪器等。软件主要是嵌入式的 GIS 应用软件。无线通信网络是连接用户终端和应用服务器的纽带,它将用户的需求无线传输给地理信息应用服务器,再将服务器的分析结果传输给用户终端。地理应用服务器是整个系统的关键部分,也是系统的 GIS 引擎。它位于固定场所,为移动 GIS 用户提供大范围的地理服务以及潜在的空间分析和查询操作服务。空间数据库用于组织和存储与地理位置有关的空间数据及相应的属性描述信息,移动空间数据库是移动 GIS 的数据存储中心,并且能对数据进行管理,为移动应用提供各种空间位置数据,是地理应用服务器实现地理信息服务的数据来源。

涉及移动 GIS 的关键技术主要如下。

1) 嵌入式技术

移动 GIS 的无线终端是一种嵌入式系统,具有代表性的嵌入式无线终端设备包括:掌上电脑、PDA 和手机等。

嵌入式是一种专用的计算机系统,作为装置或设备的一部分。通常,嵌入式系统是一个控制程序存储在 ROM 中的嵌入式处理器控制板。事实上,所有带有数字接口的设备,如手表、微波炉、录像机、汽车等,都使用嵌入式系统,有些嵌入式系统还包含操作系统,但大多数嵌入式系统都是由单个程序实现整个控制逻辑。嵌入式系统由嵌入式硬件系统、嵌入式操作系统和嵌入式 GIS 软件组成,是以应用为中心的专用计算机系统,其软硬件可以根据应用需要进行“裁剪”。嵌入式 Java 技术是移动终端中比较常用的一种开发技术。

2) 无线网络技术

无线网络技术摆脱了线缆束缚,真正实现了随时随地的无线接入。在移动通信领域,无

线接入技术可以分为两类。

一类是基于数字蜂窝移动电话网络的接入技术，目前已有 CDMA、GPRS、GSM、TDMA、CDPD、EPGE 等多种无线承载网络；另一类是基于局域网的接入技术，如蓝牙、无线局域网等技术。

3）分布式空间数据管理技术

分布式空间数据库系统是移动 GIS 体系结构中的关键技术之一，它是指在物理上分布、逻辑上集中的分布式结构。由于移动用户的位置是不断变化的，需要的信息多种多样，因此，任何单一的数据源都无法满足要求，必须有地理上分布的各种数据源，借助于现有的分布式处理技术，为多用户并发访问提供支持。

4）移动数据库技术

移动数据库是指移动环境的分布式数据库，是分布式数据库的延伸和发展。移动数据库要求支持用户在多种网络条件下都能够有效地访问，完成移动查询和事务处理。利用数据库复制/缓存技术或数据广播技术，移动用户即使在断接的情况下也可以访问所需的数据，从而继续自己的工作。其中的时态空间数据库技术是移动 GIS 的关键。移动数据库技术的研究主要涉及五个方面：移动数据库复制/缓存技术、移动查询技术、数据广播技术、移动事务处理技术、移动数据库安全技术。

5）GPS 定位技术

GPS 定位技术可为用户提供随时随地的准确位置信息服务。其基本原理是将 GPS 接收机接收到的信号经过误差处理后解算得到位置信息，再将位置信息传给所连接的设备，连接设备对该信息进行一定的计算和变换后传递给移动终端。

资料来源：中国测绘报.

## 实训任务实施一

### 电子地图的应用

1. 实训目标

（1）熟悉电子地图的基本功能模块和作用。

（2）会使用电子地图找出物流企业的地理位置和物流配送网络的最优(短)路径。

（3）学会操作其他基于 GIS 的查询软件。

2. 实训要求

（1）按照实训任务单，完成各项任务。

（2）按照规范要求，提交实训报告。

（3）遵守实训中心的纪律，爱护设备，实训认真，注意安全。

3. 实训准备

（1）教师准备好实训任务书，教师讲清该任务实施的目标和 GIS 知识要点。

（2）实训中心准备好实训设备和网络环境。

（3）学生根据任务目标，通过教材和 Internet 收集相关资料，做好知识准备。

4. 实训任务

（1）利用谷歌地图完成 3 家全国 5A 级物流企业地址的查询，并选择由河南交通职业技术学院航海校区(郑州市)到达这3家企业的最佳路径。

(2) 熟悉百度电子地图基本功能模块。

(3) 撰写实训报告。

5. 实训操作

(1) 进入谷歌地图 http://www.google.hk/ 完成全国3家5A级物流企业地址的查询并选择最佳路径。

(2) 电子地图功能演练:进行地图的放大、缩小、平移、漫游、查询、距离量算。

6. 撰写实训报告

由学生完成。

7. 技能训练评价

完成实训后,填写技能训练评价(见表4-1)。

表 4-1 技能训练评价

<table>
<tr><td>专业:</td><td colspan="2">班级:</td><td colspan="4">被考评小组成员:</td></tr>
<tr><td>考评时间</td><td colspan="2"></td><td colspan="2">考评地点</td><td colspan="2"></td></tr>
<tr><td>考评内容</td><td colspan="6">物流信息技术应用调研</td></tr>
<tr><td rowspan="5">考评标准</td><td colspan="2">内 容</td><td>分值</td><td>小组互评(50%)</td><td>教师评议(50%)</td><td>考评得分</td></tr>
<tr><td colspan="2">实训过程中遵守纪律,礼仪符合要求</td><td>15</td><td></td><td></td><td></td></tr>
<tr><td colspan="2">能正确理解 GIS 相关概念</td><td>15</td><td></td><td></td><td></td></tr>
<tr><td colspan="2">实训记录内容全面、真实、准确,实训报告撰写规范</td><td>20</td><td></td><td></td><td></td></tr>
<tr><td colspan="2">能够正确使用电子地图各项功能模块,完成实训任务</td><td>50</td><td></td><td></td><td></td></tr>
<tr><td colspan="4">综合得分</td><td></td><td></td><td></td></tr>
<tr><td colspan="7">指导教师评语:</td></tr>
</table>

# 任务小结

本任务从地理信息系统的基本概念出发,主要介绍了地理信息与地理信息系统的概念,介绍了 GIS 系统的组成、功能及其发展,通过谷歌和百度地图的使用,加深对 GIS 在物流系统作用的理解。

# 练 习 题

**一、单项选择题**

1. 描述地球表面空间位置为参照的自然、社会和人文景观数据的是( )。

A. 人文景观数据 B. 自然数据

C. 社会数据 D. 地理数据

2. (　　)不是地理信息的特征。

A. 空间定位特性　　B. 多维结构特征

C. 时序特征　　D. 静态特征

3. 常用的描述地理信息载体的是(　　)。

A. 地图　　B. 空间数据　　C. 时间数据　　D. 空间位置

4. (　　)不是GIS输出的内容。

A. 全要素地图　　B. 各种专题图

C. 各类统计图　　D. 统计报表

5. GIS在物流的应用中主要模型有:车辆路线、网络物流、分配集合和(　　)。

A. 货流流向　　B. 运输导航　　C. 设施定位　　D. 运输路径优化

## 二、简答题

1. 什么是地理信息?什么是地理信息系统?

2. 地理信息系统有哪些特点?

3. GIS系统由哪些要素构成?地理信息系统的主要功能有哪些?

4. 简述GIS系统在物流领域中的应用。

## 三、案例分析

### 白沙烟草物流GIS配送优化系统

白沙物流烟草配送GIS及线路优化系统是集成网络数据库、Web/GIS中间件、GPS、GPRS通信技术,采用地图引擎中间件产品为核心开发技术平台,结合白沙物流的实际,开发设计的集烟草配送线路优化、烟草配送和烟草稽查车辆安全监控、烟草业务(访销、CRM等)可视化分析、烟草电子地图查询为一体的物流Web/GIS综合管理信息系统。该系统可以实现以下六大功能。

(1) 烟草配送线路优化系统。选择订单日期和配送区域后自动完成订单数据的抽取,根据送货车辆的装载量、客户分布、配送订单、送货线路交通状况、司机对送货区域的熟悉程度等因素设定计算条件,系统进行送货线路的自动优化处理,形成最佳送货路线,保证送货成本及送货效率最佳。线路优化后,允许业务人员根据业务具体情况进行临时线路的合并和调整,以适应送货管理的实际需要。

(2) 烟草综合地图查询。能够基于电子地图实现客户分布的模糊查询、行政区域查询和任意区域查询,查询结果实时在电子地图上标注出来。通过使用图形操作工具如放大、缩小、漫游、测距等,来具体查看每一客户的详细情况。

(3) 烟草业务地图数据远程维护。提供基于地图方式的烟草业务地图数据维护功能,还可以根据采集的新变化的道路等地理数据及时更新地图。具有对烟户点的增、删、改;对路段和客户数据的综合初始化;对地图图层的维护操作;地图服务器系统的运行故障修复和负载均衡等功能。

(4) 烟草业务分析。实现选定区域,选定时间段的烟草订单访销区域的分布,进行复合条件查询;在选定时间段内的各种品牌香烟的销量统计和地理及烟草访销区域分布;配送车组送货区域的地图分布。在各种查询统计、分析现有客户分布规律的基础上,通过空间数据密度计算,挖掘潜在客户;通过对配送业务的互动分析,扩展配送业务(如第三方物流)。

(5) 烟草物流 GPS 车辆监控管理。通过对烟草送货车辆的导航跟踪,提高车辆运作效率,降低车辆管理费用,抵抗风险。其中车辆跟踪功能是对任一车辆进行实时的动态跟踪监控,提供准确的车辆位置及运行状态、车组编号及当天的行车线路查询。报警功能是当司机在送货途中遇到被抢被盗或其他紧急情况时,按下车上的 GPS 报警装置向公司的信息中心报警。轨迹回放功能是根据所保存的数据,将车辆在某一历史时间段的实际行车过程重现于电子地图上,随时查看行车速度、行驶时间、位置信息等,为事后处理客户投诉、路上事故、被抢被盗提供有力证据。

(6) 烟草配送车辆信息维护。根据车组和烟草配送人员的变动,及时在这一模块中进行车辆、司机、送货员信息的维护操作,包括添加车辆和对现有车辆信息的编辑。

白沙物流烟草配送 GIS 及线路优化系统的上线运行,标志着白沙物流的信息化建设迈上了一个新的台阶,对白沙打造数字化的跨区物流企业进程中起到巨大的推动作用。

**思考题:**

1. 白沙烟草物流 GIS 配送优化系统采用了哪些信息技术?
2. 结合案例,简述白沙烟草物流 GIS 配送优化系统的功能。

# 任务二　全球定位系统(GPS)应用

## 教学导航

**任务目标**

(1) 掌握 GPS 的主要功能、特点、系统的构成。
(2) 理解全球定位系统的导航与定位的基本工作原理。
(3) 了解全球定位技术的发展趋势。
(4) 掌握全球定位系统的初步使用。

**教学重点**

(1) 理解全球定位系统的基本工作原理。
(2) 掌握全球定位系统的初步使用。
(3) 熟悉使用全球定位系统提升物流企业服务价值。

**教学难点**

理解全球定位系统的基本工作原理。

**教学方法**

讲授式教学法、案例教学法、任务驱动教学法、实践教学法。

**教学手段**

网络教学、多媒体教学手段、物流实训实施设备。

**教学建议**

(1) 学生根据学习任务书，预习教材、通过查阅文献熟悉 GPS 相关知识。

(2) 教师准备好授课课件(任务书、授课 PPT、视频、图片及案例分析资料)，讲清该任务实施的目标、要求和教学重点，根据任务安排，对学生进行分组，组织好课堂教学。

(3) 实训中心准备好 GPS 车辆监控系统的硬件和软件。

## 中小物流企业的 GPS/GPRS 小型物流车辆解决方案

众所周知，当前的中国物流业，尤其是中小企业正处在一个亟须解决信息沟通问题的关键时期，物流企业也一直是 GPS 企业最庞大的市场领地。物流调度客服号开通后，将迅速形成全国物流信息的"集中营"，利用 GPS 技术，在全国范围内将这些信息资源按照成本最低化原则分配，为全国物流业引入一个科学的、大规模的指挥调度平台，推动物流信息化迈上新台阶。

物流车辆管理调度系统是集全球卫星定位系统(GPS)、地理信息系统(GIS)，以及无线通信技术于一体的软、硬件综合系统，可对移动车辆进行统一集中管理和实时监控调度指挥。具体主要由三部分组成：车载终端、无线数据链路和监控中心软件系统。该系统可实现以下功能。

1. 车辆跟踪调度

系统建立起了车辆与系统用户之间迅速、准确、有效的信息传递通道。用户可以随时掌握车辆状态，迅速下达调度命令。同时，可以根据需要对车辆进行远程控制，还可以为车辆提供服务信息。有多种监控方式可供选择。

2. 运力资源的合理调配

系统根据货物派送单产生地点，自动查询可供调用车辆，向用户推荐与目的地较近的车辆，同时，将货单派送到距离客户位置最近的物流基地。保证了客户订单快速、准确地得到处理。同时，GIS 的地理分析功能可以快速地为用户选择合理的物流路线，从而达到合理配置运力资源的目的。

3. 敏感区域监控

物流涵盖的地理范围如此之广，需要随时随地地知道在各个区域内车辆的运行状况、任务的执行情况、任务安排情况，让所辖范围的运输状况在眼前一览无余。在运输过程中，有某些区域经常发生货物丢失、运输事故，在运输车辆进入该区域后，可以给予车辆提示信息。

4. 意外事故报警

当在运输途中发生突发性事件时，司机可以按下隐藏的紧急呼叫按钮向监控中心求助，中心接到报警，马上开启声音装置，监听车辆内情况，并根据车辆位置和其他相关信息给予援助。

5. 车辆统一信息化管理

由于物流集团下属车辆众多，需要对车辆进行集中统一的信息化管理。管理内容涵盖车辆的基本信息(如车牌号、车辆类型、吨位、颜色等)、保险信息(盗险、自然险等)、安全记录、事故借款等。系统将对车辆的所有这些信息进行采集、录入，而后向用户提供修改、删除以及查询功能。

该解决方案具备系统简单，功能实用，建设维护简便的特点，能实现强大的车辆准确定位、实时监控、高效调度功能，并兼容多种车载终端，赋予用户在硬件选择上的高度灵活性，可同时支持多种通信方式，包括 GSM/CDMA 短消息、GPRS、集群系统具有完整安全以及自动灾难恢复机制，保证安全稳定，降低系统维护成本，此外，还有精确的数字地图及专业的地图服务支持，拥有全国至地级市的精确电子地图，使用业界领先的高速 2DGIS 及 3DGIS 引擎，特别适合实时监控系统。

**思考题：**

1. 简述物流车辆管理调度系统的组成。
2. 物流车辆管理调度系统可实现哪些功能？

## 任务知识储备

## 一、全球导航卫星系统概述

### （一）全球导航卫星系统的概念

全球导航卫星系统（Global Navigation Satellite System，GNSS）是所有在轨工作的卫星导航系统的总称，包括全球卫星导航系统以及区域和增强系统，如美国的 GPS、俄罗斯的 GLONASS、欧洲的 Galileo、中国的北斗卫星导航系统，以及相关的增强系统，如美国的 WAAS（广域增强系统）、欧洲的 EGNOS（欧洲静地导航重叠系统）和日本的 MSAS（多功能运输卫星增强系统）等，还涵盖在建和以后要建设的其他卫星导航系统。国际 GNSS 系统是个多系统、多层面、多模式的复杂组合系统，如图 4-6 所示。

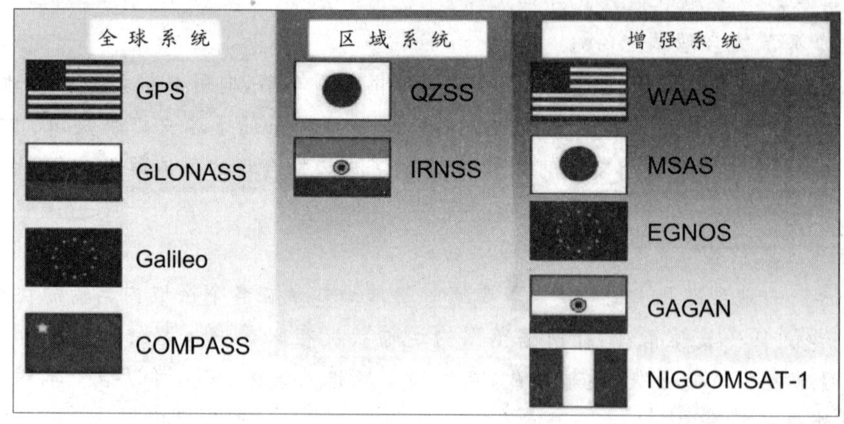


图 4-6 国际 GNSS 系统

### （二）GNSS 发展及现状

1. GPS 定位系统

全球定位系统（GPS）是授时与测距导航系统/全球定位系统（Navigation System Timing and Ranging/Global Position System，NAVSTAR/GPS）的简称。GPS 起始于 1958 年美国军方研制的一种子午仪卫星定位系统（Transit），1964 年投入使用。20 世纪 70 年代，美国陆海空三军联合研制了新一代卫星定位系统 GPS。主要目的是为陆海空三大领域提供实时、全天候和全球性的导航服务，并用于情报收集、核爆监测和应急通信等一些军事目的，经过 20 余年的研究实验，耗资 300 亿美元，到 1994 年，全球覆盖率高达 98%的 24 颗 GPS 卫星星座已布设完成。

1995 年 4 月 27 日 GPS 宣布投入完全工作状态以后，翌年便启动 GPS 现代化计划，对系统进行全面的升级和更新。计划分为三步：第一步自 2003 年开始发射 12 颗 BLOCK-ⅡR 型卫星进行星座更新。第二步发射 BLOCK-Ⅱ F 型卫星替换 GPS 星座中老旧卫星，提升系统性能，首颗卫星于 2010 年 5 月 28 日发射，2012 年 10 月 4 日发射第三颗。第三步发射 BLOCK-Ⅲ型卫星，计划 2014 年发射首颗卫星，20 年内完成满星座部署。GPS 现代化实现后，将在很大程度上提高 GPS 系统的安全性、连续性、可靠性和测量精度。

2. 伽利略卫星导航系统

1999 年初欧盟提出伽利略(GALILEO)计划，2002 年 3 月，正式启动了 GALILEO 计划。欧洲航天局在 2005 年 12 月 27 日发射了第一颗 GALILEO 演示卫星，这标志着欧洲的全球卫星导航系统的开发工作迈出了第一步。根据 2008 年 4 月通过的欧洲 GALILEO 全球卫星导航系统的最终部署方案，GALILEO 计划将分两个阶段实施，即 2008—2013 年的建设阶段和 2013 年以后的运行阶段。总共发射 30 颗卫星，其中 27 颗卫星为工作卫星，3 颗为候补卫星。建成后将与 GPS 在 L1 和 L5 频点上实现兼容和互用。

在 2010 年欧盟委员会的一份报告中，又重新调整了伽利略计划正式运行的时间节点，根据最新的时间节点，该计划启动到实现运营分 4 个发展阶段实施：

2002—2005 年为定义阶段，论证计划的必要性、可行性及具体实施措施；2005—2011 年为在轨验证阶段，其任务是成功研制、实施和验证伽利略空间段及地面段设施，进行系统验证。2011—2014 年为全面部署阶段，包括制造和发射正式运行卫星，建成整个地面基础设施；2014 年之后为开发利用阶段，提供运营服务，按计划更新卫星并进行系统维护等。但是根据欧盟委员会最新的报告称伽利略系统将于 2014 年投入使用的说法已经被推翻，该计划在 2017—2018 年之前投入运行。

3. GLONASS 定位系统

GLONASS(格洛纳斯)是俄语中“全球卫星导航系统”的缩写，该项目是苏联在 1976 年启动的项目，1982 年 10 月 12 日发射第一颗 GLONASS 卫星，遭遇了苏联解体，俄罗斯经济不景气，但始终没有中断过系统的研制和卫星的发射。终于 1996 年 1 月 18 日实现了空间满星座 24 颗工作卫星正常地播发导航信号。早期的 GLONASS 卫星寿命只有 3 年，而俄罗斯在 20 世纪 90 年代后期由于经济窘迫，长时间没有补充卫星，导致卫星数目不断减少，系统性能急剧衰退。1998 年 2 月仅剩下 12 颗卫星，到 2000 年情况最严重时只剩下 6 颗卫星。从 1999 年开始，俄罗斯陆续向 GLONASS 星座注入了两代寿命更长的 GLONASS-M 卫星，GLONASS 正在逐步进入恢复阶段，截止到 2009 年 12 月，在轨运行 GLONASS 卫星已达 19 颗，已满足覆盖俄罗斯全境的需求，到 2010 年 10 月俄罗斯政府已经补齐了该系统需要的 24 颗卫星。莫斯科时间 2011 年 11 月 4 日俄罗斯航天部门使用一枚“质子-M”重型运载火箭，将 3 颗 GLONASS-M 卫星成功送入太空，使该系统在轨卫星群有 28 颗卫星，达到了设计水平。此外，GLONASS 也在开展现代化计划，在 2011 年 2 月 26 日发射其利用 CDMA 编码的 GLONASSK，实现与 GPS/GALILEO 在 L1 频点上的兼容与互用。其现代化计划预计在2017年完成，星座卫星数量达到30颗。

4. 北斗卫星导航系统

北斗卫星导航系统(BeiDou Navigation Satellite System，BDS)一般用来特指北斗卫星导航第二代系统，也被称为北斗二号，是中国的第二代卫星导航系统，曾用名COMPASS。1983年中国开始筹划建设自主卫星导航定位系统。1994年中国正式开始北斗卫星导航试验系统(北斗一号)的研制，并在2000年发射了两颗静止轨道卫星，区域性的导航功能得以实现。2003年又发射了一颗备份卫星，完成了北斗卫星导航试验系统的组建。2004年，中国启动了具有全球导航能力的北斗卫星导航系统的建设(北斗二号)，计划空间段由35颗卫星组成，包括5颗静止轨道卫星、27颗中地球轨道卫星、3颗倾斜同步轨道卫星，并在2007年发射一颗中地球轨道卫星，进行了大量试验。2009年起，后续卫星持续发射，并在2011年开始对中国和周边地区提供测试服务，2012年12月27日完成了对亚太大部分地区的覆盖并正式提供卫星导航服务，并预计将于2020年形成全球覆盖的能力，并提供导航定位和短报文通信服务。

### 其他常见的定位系统

(1) 无线电导航系统。始于20世纪20年代。起初以一个装有环形天线的无线电接收机来确定无线电信号传来的方向和发报机的相对方位。后来利用地面发报机来发送显示发送方向的调制信号，另一些系统则可以确定方向和距离。缺点在于：覆盖的工作区域小；电波传播受大气影响；定位精度不够。

(2) 天文导航系统。天文导航系统是以天空中的星体作为导航台，星光作为导航信号的测角定位系统。为保证一定的定位精度，对设备的要求非常苛刻。但由于其覆盖的工作区域非常广阔，天文导航在宇宙飞行器定位方面具有较大的优越性。天文导航系统虽然覆盖的工作区域很大，但定位精度不高，且可见光的传播受气象影响。

(3) 惯性导航系统。使用加速计和陀螺仪，通过测量飞行器的加速度，进行二次积分来推算出飞行器的位置。它具有隐蔽性好，抗干扰性强，数据更新率高的特点，但由于是航位推算型系统，其定位精度随时间加长而降低，因此需要不断地修正。

## 二、GPS系统组成

GPS系统由GPS卫星星座(空间部分)、地面监控系统(地面监控部分)和GPS信号接收机(用户设备部分)三部分组成，如图4-7所示。

1. 空间部分

GPS系统的空间部分由21颗工作卫星和3颗在轨备用卫星组成，记做(21+3) GPS星座，如图4-8所示。卫星高度为20 000km，运行周期12小时。24颗卫星均匀分布在6条升交点相隔60°的轨道面上，轨道倾角为55°，每个轨道平面内各颗卫星之间的升交角距相差90°，轨道平面的卫星数随着时间和地点的不同而不同，最少可见到4颗，最多可以见到11颗。具有这样轨道参数的卫星，其发射信号能覆盖地球面积的38%。卫星运行到轨道的任何位置上，它对地面的距离和波束覆盖面积基本不变。同时，在波束覆盖区域内，用户接

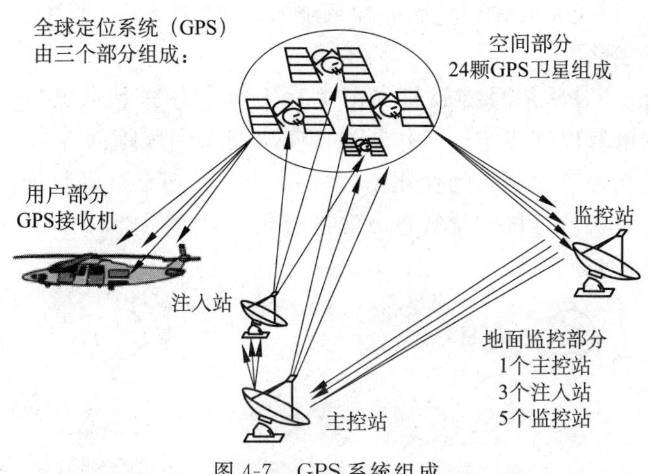


图 4-7　GPS 系统组成

收到的卫星信号强度近似相等。这对提高定位精度十分有利，可保证在全球任何地方、任何恶劣的气候条件下，都能为用户提供 24 小时不间断的定位服务。

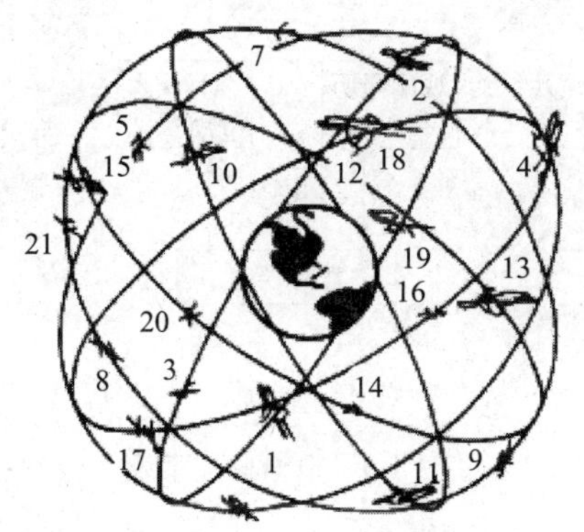


图 4-8　GPS 星座示意

2. 地面监控部分

地面监控系统由 1 个主控站、3 个注入站和 5 个监控站组成。主控站：位于美国科罗拉多州（Colorado）的法尔孔（Falcon）空军基地；注入站：阿松森群岛（Ascension），大西洋；迭戈加西亚（Diego Garcia），印度洋；卡瓦加兰（Kwajalein），东太平洋。监控站：1 个与主控站在一起；3 个与注入站在一起；另外一个在夏威夷（Hawaii）。

卫星的位置可由卫星发射的星历（描述卫星运动及其轨道的参数）计算而得，所以只要沿轨道正常运行，卫星相当于是动态的已知点。因此，卫星上的各种设备是否正常工作，以及卫星是否一直沿着预定轨道运行，都需要通过地面设备进行实时监测和控制。

此外，地面监控系统还要保持各颗卫星处于同一时间标准，即 GPS 时间系统。这就需要地面站监测各颗卫星的时间，求出钟差，然后由地面注入站发给卫星，卫星再由导航电文发给用户设备。

地面控制站负责收集由卫星传回的信息，并计算卫星星历、相对距离，大气校正等数据。主控站协调整个地面监控工作，并推算卫星星历，钟差大气层修正参数等，然后将其传送到注入站。注入站主要负责将参数注入卫星存储系统。监测站负责监测卫星工作情况。除主控站以外,其他站点均无人值守。地面监控系统如图 4-9 所示。

3. 用户设备部分

用户设备部分即 GPS 信号接收机如图 4-10 所示。用来接收必要的定位信息和观测量,并对数据处理、解算以完成定位工作。当接收机捕获到跟踪的卫星信号后,就可测量出接收天线至卫星的伪距离和距离的变化率,解调出卫星轨道参数等数据。根据这些数据,接收机中的微处理计算机就可按定位解算方法进行定位计算,计算出用户所在地理位置的经纬度、高度、速度、时间等信息。

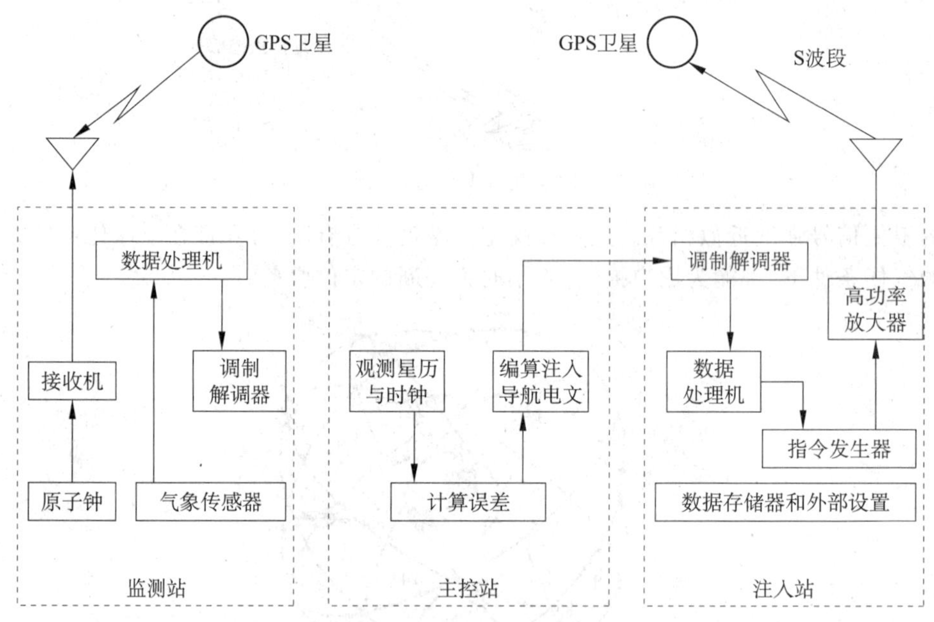


图 4-9　地面监控系统

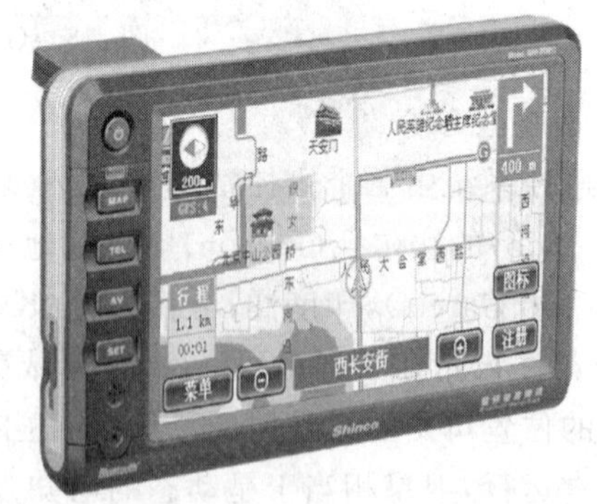


图 4-10　GPS 用户设备

接收机硬件和机内软件以及 GPS 数据的后处理软件包构成完整的 GPS 用户设备。GPS 接收机的结构分为天线单元和接收单元两部分。其结构示意如图 4-11 所示。接收机一般采用机内和机外两种直流电源。设置机内电源的目的在于更换外电源时不中断连续观测。在用机外电源时机内电池自动充电。关机后,机内电池为 RAM 存储器供电,以防止数据丢失。目前各种类型的接收机体积越来越小,重量越来越轻,便于野外观测使用。

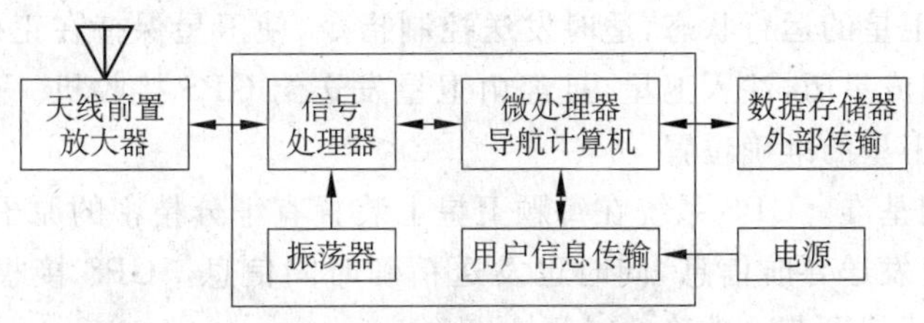


图 4-11　GPS 接收机结构示意

## 三、GPS 系统的工作原理

1. GPS 的定位原理

GPS 的定位原理就是利用空间分布的卫星以及卫星与地面点的距离交会得出地面点位置。简而言之,GPS 定位原理是一种空间的距离交会原理,如图 4-12 所示。

设想在地面待定位置上安置 GPS 接收机,同一时刻接收 4 颗以上 GPS 卫星发射的信号。通过一定的方法测定这 4 颗以上卫星在此瞬间的位置以及它们分别至该接收机的距离,据此利用距离交会法解算出测站 $P$ 的位置及接收机钟差 $\delta_t$。

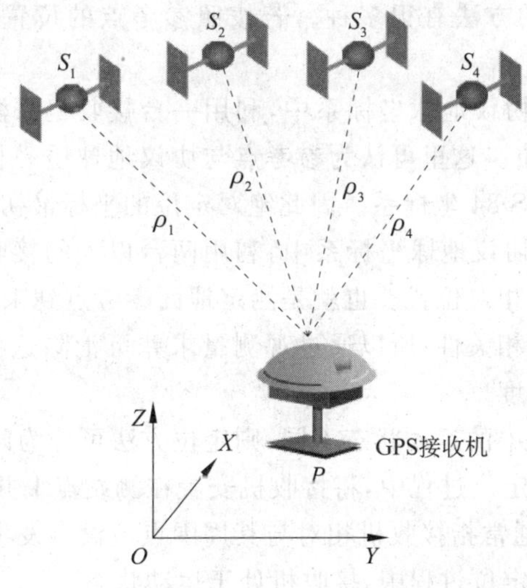


图 4-12　GPS 定位原理

设时刻 $t_i$ 在测站点 $P$ 用 GPS 接收机同时测得 $P$ 点至四颗 GPS 卫星 $S_1$、$S_2$、$S_3$、$S_4$ 的距离 $\rho_1$、$\rho_2$、$\rho_3$、$\rho_4$,通过 GPS 电文解译出四颗 GPS 卫星的三维坐标($X^j$,$Y^j$,$Z^j$),$j=1,2,3,4$,用距离交会的方法求解 P 点的三维坐标($X$,$Y$,$Z$)的观测方程为

$$\begin{cases} \rho_1^2=(X-X^1)^2+(Y-Y^1)^2+(Z-Z^1)^2+c\delta_t \\ \rho_2^2=(X-X^2)^2+(Y-Y^2)^2+(Z-Z^2)^2+c\delta_t \\ \rho_3^2=(X-X^3)^2+(Y-Y^3)^2+(Z-Z^3)^2+c\delta_t \\ \rho_4^2=(X-X^4)^2+(Y-Y^4)^2+(Z-Z^4)^2+c\delta_t \end{cases}$$

式中,$c$ 为光速;$\delta_t$ 为接收机钟差。

由此可见,GPS 定位中,要解决的问题有三个。

一是观测瞬间 GPS 卫星的位置。我们知道 GPS 卫星发射的导航电文中含有 GPS 卫星星历,可以实时地确定卫星的位置信息。GPS 系统场面控制部分的监测站通过各种手段，连续不断监测卫星的运行状态，适时发送控制指令，使卫星保持在正确的运行轨道。将正确的运行轨迹编成星历，注入卫星，且经由卫星发送给 GPS 接收机。正确接收每个卫星的星历，就可确知卫星的准确位置。

二是确定时间基准。GPS 系统在每颗卫星上装置有十分精密的原子钟，并由监测站经常进行校准。卫星发送导航信息，同时也发送精确时间信息。GPS 接收机接收此信息，使与自身的时钟同步，就可获得准确的时间。

三是观测瞬间测站点至 GPS 卫星之间的距离。站星之间的距离是通过测定 GPS 卫星信号在卫星和测站点之间的传播时间来确定的。为了获得距离观测量，主要采用两种方法：第一种方法是测量 GPS 卫星发射的测距码信号到达用户接收机的传播时间，称为伪距测量；第二种方法是测量具有载波多普勒频移的 GPS 卫星载波信号与接收机产生的参考载波信号之间的相位差，即载波相位测量。采用伪距观测量定位速度最快，而采用载波相位观测量定位精度最高。通过对 4 颗或 4 颗以上的卫星同时进行伪距或相位的测量即可推算出接收机的三维位置。

2. GPS 定位方法分类

利用 GPS 进行定位的方法有很多种。若按照参考点的位置不同，则定位方法可分为两种。

(1) 绝对定位。即在协议地球坐标系中，利用一台接收机来测定该点相对于协议地球质心的位置，也叫单点定位。这里可认为参考点与协议地球质心相重合。GPS 定位所采用的协议地球坐标系为 WGS-84 坐标系。因此绝对定位的坐标最初成果为 WGS-84 坐标。

(2) 相对定位。即在协议地球坐标系中，利用两台以上的接收机测定观测点至某一地面参考点(已知点)之间的相对位置。也就是测定地面参考点到未知点的坐标增量。由于星历误差和大气折射误差有相关性，所以通过观测量求差可消除这些误差，因此，相对定位的精度远高于绝对定位的精度。

按用户接收机在作业中的运动状态不同，则定位方法可分为两种。

(1) 静态定位。即在定位过程中，将接收机安置在测站点上并固定不动。严格来说，这种静止状态只是相对的，通常指接收机相对与其周围点位没有发生变化。

(2) 动态定位。即在定位过程中，接收机处于运动状态。

GPS 绝对定位和相对定位中，又都包含静态和动态两种方式。即动态绝对定位、静态绝对定位、动态相对定位和静态相对定位。

若依照测距的原理不同，又可分为测码伪距法定位、测相伪距法定位、差分定位等。

## 四、网络 GPS(WebGPS)的概念

网络 GPS 同时融合了 GPS 技术、GSM 数字移动通信技术以及互联网技术等多种目前世界上先进的科技成果。在公共网络上建立 GPS 监控平台，各物流运输企业以及运输客户可以根据自己的权限进入网络 GPS 监控界面，对车辆进行监控、调度、即时定位等多项操作，既实现了车辆实时动态信息的全程管理，又能够省却自己建设 GPS 系统监控中心/基站所需的大量经费、时间、人力，从而降低了中小企业使用 GPS 系统的门槛。

1. 网络 GPS 的概念与特点

网络 GPS 是把 Internet 技术与 GPS 技术相结合，在互联网界面上显示 GPS 动态跟踪信息，以实现实时监控动态调度的功能。网络 GPS 综合了 Internet 与 GPS 的优势与特色，

取长补短，解决了原来使用GPS所无法克服的障碍。

首先，可降低投资费用。网络GPS免除了物流运输公司自身设置监控中心的大量费用，不仅包括各种硬件配置，还包括各种管理软件。

其次，网络GPS一方面利用互联网实现无地域限制的跟踪信息显示；另一方面又可通过设置不同权限做到信息的保密。网络GPS的特点大致如下：

(1) 功能多、精度高、覆盖面广，在全球任何位置均可进行车辆的位置监控工作，充分保障网络GPS所有用户的要求都能够得到满足。

(2) 定位速度快，有力地保障了物流运输企业能够在业务运作上提高反应速度，降低车辆空驶率，降低运作成本，满足客户需要。

(3) 信息传输采用GSM公用数字移动通信网，具有保密性高、系统容量大、抗干扰能力强、漫游性能好、移动业务数据可靠等优点。

(4) 构筑在国际互联网这一最大的网上公共平台上，具有开放度高、资源共享程度高等优点。

2. 网络GPS系统工作流程

车载单元即GPS接收机在接收到GPS卫星定位数据后，自动计算出自身所处的地理位置的坐标，后经GSM通信机发送到公用数字移动通信网，并通过与物流信息系统连接的DDN专线将数据送到物流信息系统监控平台上。中心处理器将收到的坐标数据及其他数据还原后，与GIS系统的电子地图相匹配，并在电子地图上直观地显示车辆实时坐标的准确位置。各网络GPS用户可用自己的权限上网进行自有车辆信息的收发、查询等工作，在电子地图上清楚而直观地掌握车辆的动态信息(位置、状态、行驶速度等)。同时，还可以在车辆遇险或出现意外事故时进行种种必要的遥控操作。

总之，网络GPS的出现无论是对GPS供应商还是对物流运输企业来讲都是一个真正的好消息，因为它直接导致的是投资费用的降低与信息显现的无地域性限制，最终的结果则是GPS门槛的降低及普及率的提高，从而使更多的物流企业从中受益。

## 五、WebGPS在物流行业中的应用

1. 车辆跟踪调度及双向通信

系统建立起了车辆与系统用户之间迅速、准确、有效的信息传递通道。用户可以随时掌握车辆状态，迅速下达调度命令。同时，可以根据需要对车辆进行远程控制，还可以为车辆提供服务信息。有多种监控方式可供选择。

2. 运力资源的合理调配

系统根据货物派送单产生地点，自动查询可供调用车辆，向用户推荐与目的地较近的车辆，同时将货单派送到距离客户位置最近的物流基地。保证了客户订单快速、准确地得到处理。同时，GIS的地理分析功能可以快速地为用户选择合理的物流路线，从而达到合理配置运力资源的目的。

3. 敏感区域监控

物流涵盖的地理范围如此之广，随时随地需要知道在各个区域内车辆的运行状况、任务的执行情况、任务安排情况，让所辖范围的运输状况在眼前一览无余。在运输过程中，有某些区域经常发生货物丢失、运输事故，在运输车辆进入该区域后，可以给予车辆提示信息。

4. 意外事故报警

当在运输途中发生突发性事件时，司机可以按下隐藏的紧急呼叫按钮向监控中心求助，中心接到报警，马上开启声音装置，监听车辆内情况，并根据车辆位置和其他相关信息给予援助。

5. 车辆数据存储、分析功能

由于物流集团下属车辆众多，需要对车辆进行集中统一的信息化管理。管理内容涵盖车辆的基本信息（如车牌号、车辆类型、吨位、颜色等）、保险信息（盗险、自然险等）、安全记录、事故借款等。系统将对车辆的所有这些信息进行采集、录入，而后向用户提供修改、删除以及查询功能。

## 六、危险品车辆监控预警服务系统

1. 系统简介

近年来，危险品车辆运输事故数量呈上升趋势，其灾难性后果波及面广，影响十分严重。主要安全隐患在于司乘人员在车辆驾驶过程中存在超速行驶、超载行驶等违规行为，行驶过程中不按照预定路线行驶或违规进出目标区域，无法及时获取危险品货物状态信息，对道路天气都环境信息获取方式单一、不及时等。

本系统主要由监控中心系统、无线数据链路、车载终端三部分组成，集 GPS 定位技术、移动通信技术、GIS 技术等于一体的车辆监控应用系统，监控中心通过 GIS 实时显示车辆的准确位置、速度、运动方向、车辆状态等信息参数，实现对车辆进行动态监控、报警处理、车辆调度、信息管理等工作，保障车辆及人员的生命及财产安全。适用于各级安全监管部门及危险品运输企业。

2. 总体方案

(1) 系统功能结构如图 4-13 所示。

图 4-13 危险品车辆监控预警服务系统功能结构

(2) 系统网络架构如图 4-14 所示。

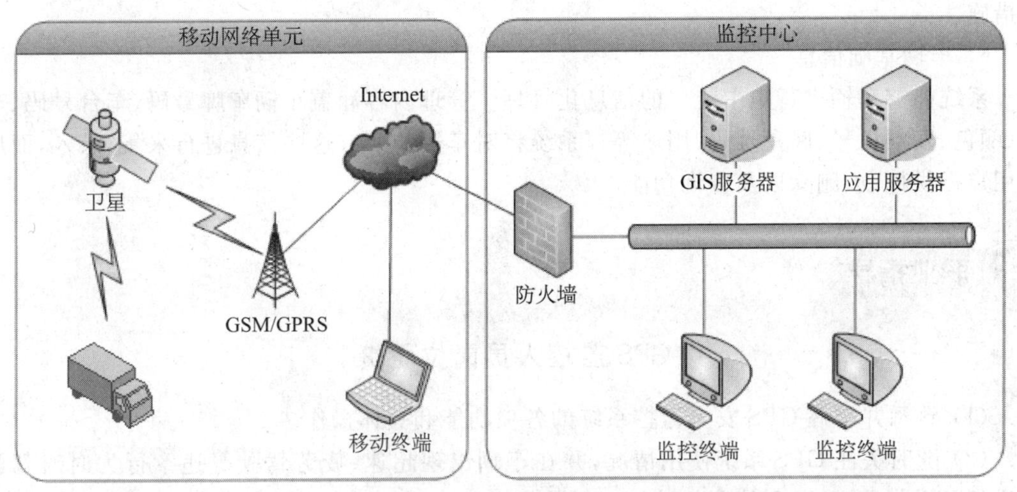


图 4-14　危险品车辆监控预警服务系统网络架构

3. 主要功能说明

1）定位跟踪

实时查看受控车的移动情况：在地图上实时显示它的具体地理位置，行驶方向、速度，驾驶员信息、时间、经纬度、GPS 状态，有多种监控查看方式可供选择。用户可根据自己的需求设定 GPS 的位置上传时间（2～65 000s），车辆在被跟踪时独立显示在监控视野中。

2）超速报警

危险品运输车辆一般都有限速行驶的规定，并且运输途中不能随意停车。监控中心可以预先设定限制速度，当车辆的行驶速度超过或者小于规定的阈值时，将自动发出报警信息。以便监控中心采取措施，提醒驾驶员注意速度或者要求驾驶员汇报情况。对于危险品运输车辆长期在公共地点停留，系统会进行记录并提醒监管人员进行处理，即时询问，做到事前控制。

3）历史轨迹回放

危险品运输车辆在行驶过程中的轨迹信息将被记录保存，方便事后查询。企业及监管部门可以根据司机、车辆等方式进行区域时间段检查，对指定车辆的历史数据进行显示，动态回放，并显示报警点，为事故分析的提供重要分析依据。

4）报警、预警

当车辆遭遇紧急情况时，只需要按下报警按钮，车载终端会自动向监控中心发送报警数据，在监控终端显示出车辆位置，以醒目方式进行提示。

当行驶过程中遇到危险情况、发生交通事故、车辆故障等情况时，可通过报警按钮向监控中心求救。监控中心还可自动对车内情况进行录音及画面采集。

当天气道路发生严重变化时，可由监控中心对所属区域车辆进行动态预警，在车内进行信息提示。

5）区域/偏航报警

为了加强调度管理，一般要求车辆行驶固定路线或者只能在特定区域活动。在系统中为任务车辆预先设置行车路线，任务开始时，车辆行走路线及状态开始被监控及记录，如车辆未按预设行车路线行车或者驶出设定区域，系统将会自动报警，中心可以根据实际情况采取措施。

6）车辆基础信息

系统能够车辆进行集中统一的信息化管理。管理内容涵盖车辆车牌号码、车台号码、车型、颜色、发动机号、底盘号码、用途等。系统将对车辆的所有这些信息进行采集、录入，而后向用户提供修改、删除以及查询功能。

## 职业指导

### GPS 监控人员岗位职责

(1) 熟悉并掌握 GPS 安全监控系统的各项功能和具体操作。

(2) 随时关注 GPS 系统使用情况，并在车辆出现超速、疲劳驾驶等违章行为时对驾驶员进行及时提醒，防范和控制驾驶员在行驶途中的各类违章行为。在上班过程中不得浏览与工作无关的网页和游戏。

(3) 在车辆发出劫警报告时，进行报警确认，并进行相应的处理；有问题无法处理的，应及时上报。

(4) 对于监控中发现 GPS 系统有故障的车辆，及时上报并下发维修单，保证 GPS 系统的正常运转。

(5) 监控中发现车辆驾驶员有违章行为的，按公司 GPS 管理规定处理并及时上报。

(6) 按规定采集车辆行驶记录数据，并确保数据的安全性、准确性和完整性。对违规车辆月度明细，应交相应管理部门审核处理，重要监控信息要及时报告有关领导。

(7) GPS 管理不得越权使用，也不得将使用权私自赋予他人。管理员严格按管理权限使用，如需授权相应人员使用，应经领导签字同意方可授权。

(8) 严格遵守公司 24 小时值班制度。

## 前沿理论与技术

### IPS：超越 GPS 的导航系统

随着交通的高速发展，GPS 全球定位系统也成为人们居家旅行外出游玩的必备工具。但是 GPS 只能告诉我们户外的交通线路，而现在的巨型建筑又如此之多，在商场里逛个街都很有可能迷路，让广大路痴群众很是着急。科技以人为本，室内定位系统（Indoor Position System，IPS）应运而生。

1. 为什么要研发 IPS

从已经十分普及的便携式导航设备，到备受推崇的自动驾驶汽车，甚至是巡航导弹的制导，所有的这些应用技术的实现，都要感谢美国全球定位系统（GPS）以及它的俄罗斯伙伴，格洛纳斯全球卫星导航系（GLONASS）。然而，它们美中不足的是：①不能在室内工作；②只在二维世界里徘徊。

时至今日，这些限制因素造成的不便越来越明显。毕竟，我们使用的是穿越了20 000km 漫漫旅程的极其微弱的卫星信号，相对较强的移动电话信号在穿越混凝土和其他固体障碍物时都不甚给力,GPS 卫星信号就更不用说:在地球上侦测 GPS 信号的难度基本与搜寻两万多千米之外 25W 灯泡发出的微弱亮光相同。

在进行海拔变化的侦测时,情况会变得更加复杂。GPS 和 GLONASS 都能够大体测量出海拔高度,但通常情况下测得的数据较为粗略并且精度有限(大概在 10~25m)。当然,尽管存在种种缺憾,以 GPS 卫星为基础的导航系统也彻底改变了整个社会的各个方面:从黑客攻击、农业遥测、地图测绘到找女朋友。那么到底能不能研发出室内进行定位的导航系统呢? 答案是肯定的。事实上,所谓的室内定位系统几乎已经实现了。

谷歌地图在安卓系统上推出了楼层平面图应用。服务地点包括购物商场、机场和一些大型的商业区。与此同时,诺基亚也在研发类似的室内定位系统,但与普通的 2D 平面图不同,该系统使用的是逼真的 3D 模型。Broadcom 公司已经发布了一款支持 IPS 的芯片(BCM4752),并且装有此芯片的智能手机不久就会在市场上推出。

与 GPS 和 GLONASS 不同的是,IPS 并没有一套标准的运作方法。谷歌的办法是通过 Wi-Fi 信号追踪设备位置——通过识别建筑物中设置的 Wi-Fi 信号热点,对不同信号源的强度进行三角测量,粗略地得出你的大概位置;诺基亚的方案与此类似,但是运用的媒介是蓝牙信号而不是 Wi-Fi 信号,因而能够得到更精确的结果(但是这意味着需要部署许多的蓝牙信号源);其他的构想包括红外线传输甚至声源分析。值得注意的是:单独使用上述方案中的任何一种都无法达到较高的精确度和可靠性。在一个充满着各种各样乱七八糟物品、结构复杂的空间里,这些类型单一的信号会显得非常简陋和嘈杂,更何况还有移动物体带来的信号干扰。

Broadcom 公司推出的芯片支持各种各样形式的 IPS 方案:Wi-Fi、蓝牙,甚至是 NFC(近场通信技术)。更重要的是,该芯片还内置了各种各样的传感器,比如,陀螺仪、磁力计、加速计甚至是测高计。就像备受欢迎的步数计一样,Broadcom 公司的芯片几乎能够感知你的所有运动过程,而且无须通过无线信号网络进行三角测量。它只须测定你进入建筑物的地点(通过 GPS),然后计算你的步数(通过加速计)、方向(通过陀螺仪)和高度(通过高度计)。有了这种可靠的解决方案,室内定位系统将会马上进入人们的生活中,未来的 1~2 年内一些客流量庞大的区域会率先开始试点工作,之后随着智能手机的高度普及,IPS 系统也会像 GPS 一样逐渐达到全球范围内的完全覆盖。

2. IPS 普及后的生活

当 IPS 全面覆盖之后,无论在世界的哪个角落,室内、室外或是底下,你的行踪都会被实时追踪,这意味着什么呢? 在人们开始着手建设 IPS 之前,很有必要指出的是:就像 GPS 一样,IPS 不会向第三方泄露你的个人信息。IPS 是仅针对用户的个人智能手机(或其他任何定位导航设备)运作的。和 GPS 相同,IPS 的定位是完全被动的。即使政府通过 IPS 对我们进行监控,我们也有充足的预警时间。

通过进一步的发展,IPS 可催生出一系列附加程序。如果你喜欢那种脚蹬耐克(Nike)跑鞋、手拿 GPS 来计算跑步速度和里程的生活方式,那么 IPS 式的生活会带给你更多舒适。IPS 能够精准地测出你跑了多少步,爬了几节楼梯,一丝不苟地进行计算,得出消耗了多少卡路里;IPS 会对你在健身馆的表现做出完美的记录统计,细致到每一台健身器具;IPS 还能够告诉你,每天你睡了多久,花在通勤、办公室和厕所的时间各是多少。

然而,IPS 的真正威力在于能将现实生活中的各种数据结合在一起。IPS 不仅可以记录你最常使用 Facebook 或 Twitter 的场合,还可以用来绘制你的消费频率分布图,甚至可以全程回放你的行程记录，并在谷歌地图上绘出详尽的路线。

到那时，商家甚至能够通过RSS订阅告诉你此刻正热卖的特价商品，你的手机也能告诉你：嗨，伙计，我知道你在去星巴克的路上，但为什么不去试试旁边的那家更便宜的咖啡馆呢？这些服务同样不会监控任何个人信息。当然，你也可以选择开通特别的服务，实时向外发送你的行踪。

IPS可以在博物馆中取代导览图，用手中手机的提示告诉游客详细的游览信息。IPS还会给父母们带来更强悍的技能：全程掌握孩子的行踪，当孩子偷逛限制级音像店时就可以实时发现并做处理。更具长远意义的是，IPS最终可以促成生活社交网络的形成：将来Facebook上的应用可以告诉你，哪个地方有谁想玩壁球或看电影。漫步街上时，你的手机会告诉你一个街区外有一个孩子正在兴致勃勃地看着你小时候喜欢的漫画，你可以与他一同分享那旧时的温馨回忆。当然，IPS也能告诉你在前面的夜总会中有多少寂寞青年期待解救。

这种生活社交网络或许会不可避免地需要公开大量的个人数据，但一定会带来革命性的进步：到了那时，人们可以把更多的注意力投向身边美好的人和事，而不是像今天这样，不停地低头凝视手机，表情充满了哀怨。

资料来源：http://www.guokr.com/article/278059/.

## 实训任务实施二

### GPS车辆监控系统软件应用

1. 实训目标

(1) 了解GPS的原理；熟悉车辆监控系统软件的基本功能模块和作用。

(2) 学会GPS车辆监控系统软件简单的操作。

2. 实训要求

(1) 按照实训任务单，完成各项任务。要学会地图操作、车辆监控、车辆调度和查询统计等常用功能。

(2) 按照规范要求，提交实训报告。

(3) 遵守实训中心的纪律，爱护设备，实训认真，注意安全。

3. 实训准备

(1) 教师准备好实训任务书，教师讲清该任务实施的目标和GPS知识要点。

(2) 实训中心准备好森火GPS/GIS监控调度平台(GPS车载设备、GPRS无线通信系统及中心软件系统)和网络环境。

(3) 学生根据任务目标，通过教材和Internet收集相关资料，做好知识准备。

(4) 5人一组，设组长一名。

4. 实训任务

(1) 易通物流公司增加三台运输车辆，请使用森火GPS车辆监控系统进行车辆监控、车辆调度管理。具体内容：地图操作、车辆监控和查询统计等常用功能。

(2) 撰写实训报告。

5. 实训操作

(1) 系统运行。

① 双击桌面上“GPS 车辆监控系统”图标，进入烽火台 GPS 监控系统登录窗口，如图 4-15所示。

图 4-15　进入烽火台 GPS 监控系统登录窗口

在登录窗口输入中心注册码、操作员用户名和密码，单击“确定”按钮。如输入正确即可登录系统进行操作；否则要求重输用户名和密码。

② 网络登录初始化(自动)。

软件重开或机器重新启动，网络都会重新登录，这一过程实现是监控端登录 GPRS 服务器的过程。如果网络通信正常即会在左上角的标题栏会显示“登录服务器成功”!

(2) 添加电子地图。(电子地图管理主要是增加和删除地图及修改地图路径)

选择主菜单“参数设置”→“电子地图管理”命令，单击打开“电子地图管理”对话框，增加电子地图，直接单击“添加”按钮，在打开地图集中选择以 gst 为后缀的地图文件，然后单击“打开”按钮。在“地图名称”内填上该地图名称(最好是该地区的名字)，如删除电子地图，单击“删除”按钮即可，如图 4-16 所示。

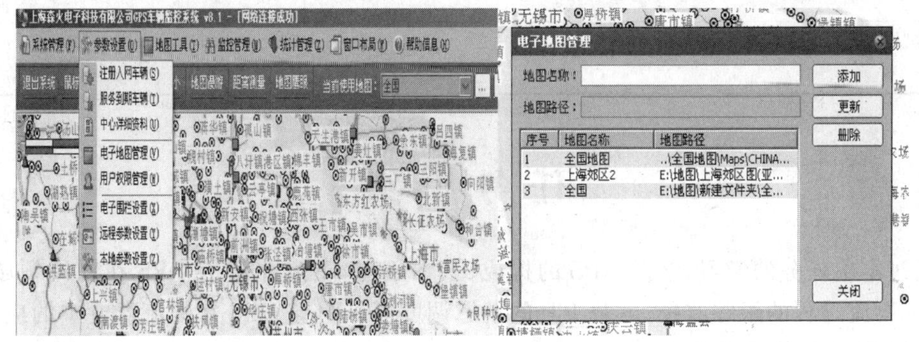


图 4-16　“电子地图管理”界面

(3) 车辆监控管理。

进入监控管理模块，如图 4-17 所示，完成车辆定位、车辆跟踪、远程控制、清空轨迹、发送信息和区域寻车等操作。

(4) 统计管理。

进入统计管理模块，如图 4-18 所示，完成里程统计、速度统计、报警统计、油耗统计、进出站统计和状态统计操作。

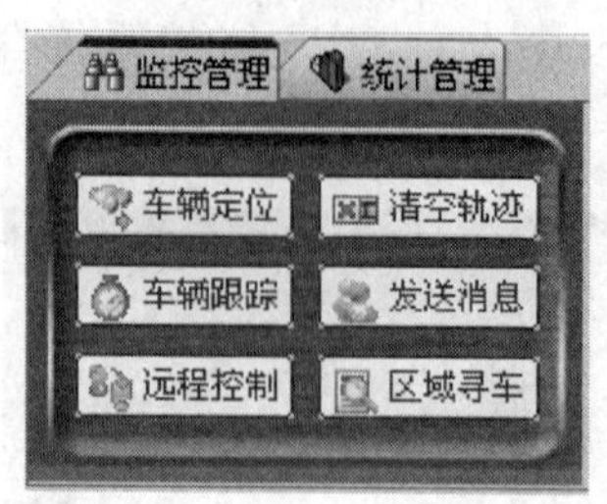


图 4-17 车辆监控管理界面

图 4-18 统计管理界面

6. 撰写实训报告

由学生完成。

7. 技能训练评价

完成实训后，填写技能训练评价(见表 4-2)。

**表 4-2 技能训练评价**

<table>
<tr><td>专业：</td><td>班级：</td><td colspan="4">被考评小组成员：</td></tr>
<tr><td>考评时间</td><td></td><td colspan="2">考评地点</td><td colspan="2"></td></tr>
<tr><td>考评内容</td><td colspan="5">物流信息技术应用调研</td></tr>
<tr><td rowspan="6">考评标准</td><td>内　　容</td><td>分值</td><td>小组互评<br>(50%)</td><td>教师评议<br>(50%)</td><td>考评得分</td></tr>
<tr><td>实训过程中遵守纪律，礼仪符合要求</td><td>15</td><td></td><td></td><td></td></tr>
<tr><td>能正确理解 GPS 相关概念和原理</td><td>15</td><td></td><td></td><td></td></tr>
<tr><td>实训记录内容全面、真实、准确，实训报告撰写规范</td><td>15</td><td></td><td></td><td></td></tr>
<tr><td>认识 GPS 车载终端和 GPS 监控软件</td><td>15</td><td></td><td></td><td></td></tr>
<tr><td>能够正确使用 GPS 软件各项功能，完成实训任务</td><td>40</td><td></td><td></td><td></td></tr>
<tr><td colspan="3">综合得分</td><td></td><td></td><td></td></tr>
<tr><td colspan="6">指导教师评语：</td></tr>
</table>

# 任务小结

通过本次任务的学习，掌握 GPS 的构成、基本原理，重点介绍了 GPS 在物流领域中的应用，如物流过程的跟踪监控、运载工具的动态调度等。明确 GPS 在物流行业中的应用，并了解了网络 GPS 的特点及实际应用前景。

# 练　习　题

## 一、单项选择题

1. 美国科学家利用(　　)原理建成了子午卫星导航系统。

　A. 多普勒频移　B. 时间导航　　C. 双星定位　　D. 载波射频

2. GPS 卫星星座由均匀分布在 6 个轨道平面上的(　　)颗(其中有 3 颗备用卫星)高

轨道工作卫星构成。

A. 30　　　　B. 9　　　　C. 24　　　　D. 6

3. 当GPS能够收到(　　)颗及以上卫星的信号时，它能计算出本地的三维坐标(经度、纬度、高度)。

A. 1　　　　B. 2　　　　C. 3　　　　D. 4

4. GPS信号包括两种载波(L1、L2)和两种伪噪声码(P码和C/A码)，其中(　　)为精确码，美国为了自身的利益，只供美国军方、政府机关以及得到美国政府批准的民用用户使用。

A. C/A码　　　　B. P码　　　　C. D码　　　　D. 以上各项

5. 根据定位的模式，GPS定位可以分为(　　)。

A. 绝对定位和相对定位　　　　B. 实时定位和非实时定位

C. 静态定位和动态定位　　　　D. 差分定位和非差分定位

## 二、简答题

1. 简述GPS系统的组成。
2. GPS定位中，要解决哪三个问题?
3. 简述网络GPS系统工作流程。
4. 简述危险品车辆监控预警服务系统的主要功能。

## 三、案例分析

### 北斗“重点车辆监控”系统

基于北斗的“重点车辆监控”系统将北斗卫星导航定位技术、GIS地理信息系统技术、互联网技术有机结合，针不同类型车辆如危化品运输车、客运车、政府部门车辆及各种特种车辆如警用车、运钞车、消防车，救护车、邮政车、工程抢险车等，可提供系统监控中心的整体解决方案。监控中心通过北斗卫星网络，能够实现全天候网络无缝覆盖获取车辆的地理位置、运行方向、运行速度及各种状态信息，对车辆进行实时监控、调度、发布服务信息、受理各种类型的报警信息等。

1. 系统组成

基于北斗的“重点车辆监控”信息系统的组网模式如图4-19所示。

基于北斗的“重点车辆监控”指挥系统由北斗车载终端、北斗手持终端、北斗指挥机、北斗“重点车辆监控”指挥中心、北斗卫星、GPS卫星等组成，直接通过北斗卫星无线链路组网。车辆监控指挥中心使用北斗指挥机从北斗卫星接收数据。通过指挥机，北斗重点车辆监控指挥中心(以下简称“中心”)可实现对所有下属终端的监控和指挥。中心由GIS服务器、监控数据库服务器、通信服务器、若干监控终端及大屏幕投影设备、远程接入设备等组成，主要运作方式是接收下属车辆的北斗/GPS定位数据，实现车辆的北斗/GPS双模实时定位功能，可设定为自动间隔定位、被动定位等；通过与地理信息(GIS)系统功能相结合，可以将车辆位置信息直观反映在电子地图上，并通过不同颜色图标区分监控目标的状态。

2. 系统主要功能

(1) 车辆监控：中心可发出指令，通播(广播)所有车载终端或指定某一车载终端将其车辆状态数据回传，并实现实时数据查询。还可以接入视频系统对车辆进行实时监控。

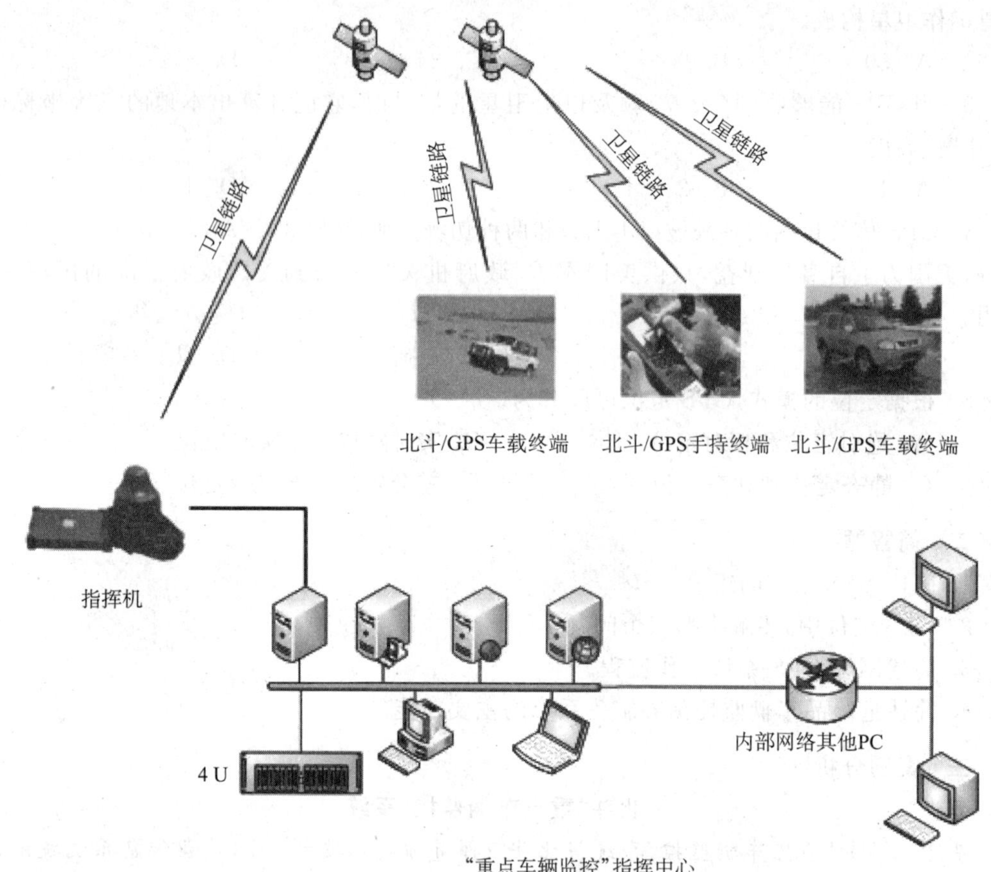


图 4-19 基于北斗的"重点车辆监控"信息系统的组网模式

(2) 车辆调度控制:中心可以根据车辆当前所处的位置,根据需要发出相关调度控制指令给所辖车载终端,实现车辆的调度指挥。

(3) 车辆信息通信:中心与车辆之间可以进行双向信息通信,相互传递有价值的信息报文,实现车辆与车辆之间的相互协作和相互支援。

(4) 车辆进出与到达报告:有三种情况(车辆离开驻地;车辆回到驻地;车辆到达预定的目标区域),北斗终端会自动向中心发送车辆进出与到达报告,中心收到报告后存入数据库,同时提醒值班员注意该车,并把该车辆的位置,行驶情况显示在中心电子地图上,方便中心对车辆的使用管理。

(5) 越界自动预警:中心可以使用电子围栏设置若干车辆作业区域,规定哪些车辆必须在哪些区域内作业或者不得进入哪些区域作业,当某车辆人员进入和离开它的指定区域,系统都会给出提示。还可以通过轨迹回放,查看违规行使车辆是在什么时候离开或进入它的指定区域的。

(6) 车辆紧急告警:车载终端设置紧急告警按钮,当车辆发生紧急情况,需要救助时,可通过简单按钮操作发送紧急告警信息,及时通知中心或者安全、救援单位当前车辆所处位置以及遇险性质,并可显示在GIS地图上,以方便有关部门高效实施救援和抢险工作。

(7) 低速/超速报警:当车辆行驶速度低于或超出在地图道路中预选设定的行驶速度

时，系统自动向中心报警，并显示车辆的位置、行驶速度、方向、时间的具体情况。数据自动存储在系统数据库里。

(8) 车辆实时数据采集：特种运输车通过在车上安装相关的数据采集器，对车辆的运行速度、油耗的实时数据采集并实施传输。

(9) 防盗报警：车辆遇到非法入侵时，车内的防盗传感器将自动触发，并与现有防盗报警器有机结合，将警情汇报给中心。

(10) 车辆跟踪：车辆跟踪功能。在某一个时间段内，用户可以选择一台或几台车辆作为跟踪对象。当启动跟踪后，这台车辆就不会离开软件窗口的视野范围。也就是说，监控地图窗口会随着这台车辆而自动移动，始终保持这台车辆在地图窗口范围内。这项功能增强了系统的智能性，减少用户的操作。

(11) 数据存储和查询统计功能：信息采用集中式或分布式数据存储模式，并为管理级用户提供全部信息的查询统计功能，如车辆历史轨迹回放、报警统计、计费统计、车辆行驶里程统计等。

(12) 用户管理：中心可对下属车辆的资料进行管理，包括用户录入、注册，用户个人信息管理等。

**思考题：**

1. 简述北斗的“重点车辆监控”信息系统的组成。
2. 简述北斗的“重点车辆监控”信息系统的功能。

# 项目五

# 物流自动化技术应用

**项目描述**

物流自动化是指物流作业过程的设备和设施自动化，包括运输、装卸、包装、分拣、识别等作业过程。例如，自动识别系统、自动入库系统、自动检测系统、自动分拣系统、自动存取系统、自动跟踪系统等。物流自动化的设施包括条码自动识别系统、自动导向车系统(AGVS)、货物自动跟踪系统(如GPS)、自动化立体仓库系统等。

本项目的目的是通过对自动化立体仓库/AGV牵引车的介绍，让学生理解物流信息系统自动化设备的相关知识，了解自动化技术在物流企业中的应用以及它的重要性等。

**项目目标**

1. 知识目标

(1) 掌握物流自动化技术的相关概念。

(2) 掌握自动化立体仓库以及其AGV牵引车的工作流程。

2. 技能目标

(1) 能描述当前物流自动化技术的发展。

(2) 能熟练地对自动化立体仓库的出库、入库、调仓等进行操作。

## 任务一 自动化立体仓库技术应用

### 教学导航

**任务目标**

(1) 掌握自动立体仓库的相关概念。

(2) 了解当前主流自动化立体仓库的组成及结构。

(3) 能熟练堆垛机完成自动出入库的操作。

**教学重点**

(1) 自动化立体仓库的组成。

(2) 自动化立体仓库的操作流程。

**教学难点**

(1) 常见的自动化立体仓库的类型和应用。

(2) 自动化立体仓库的操作步骤。

**教学方法**

讲授式教学法、讨论教学法、案例教学法、任务驱动教学法。

**教学手段**

网络教学、多媒体教学手段、物流企业自动立体库视频。

**教学建议**

(1) 学生根据学习任务书,预习教材、通过查阅文献了解物流自动化技术。

(2) 教师准备好授课课件(任务书、授课PPT、视频、图片及案例分析资料),讲清该任务实施的目标和要求,讲清楚本次任务的教学重点,根据任务安排,对学生进行分组,组织好课堂教学。

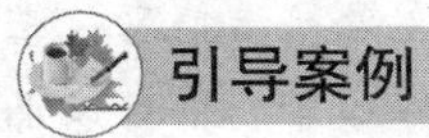
引导案例

## 内蒙古蒙牛乳业自动化立体仓库

内蒙古蒙牛乳业泰安有限公司乳制品自动化立体仓库,是蒙牛乳业公司委托太原刚玉物流工程有限公司设计制造的第三座自动化立体仓库。该库后端与泰安公司乳制品生产线相衔接,与出库区相连接,库内主要存放成品纯鲜奶和成品瓶酸奶。库区面积8 323$m^2$,货架最大高度21m,托盘尺寸1 200mm×1 000mm,库内货位总数19 632个。其中,常温区货位数14 964个;低温区货位数46 687个。入库能力150盘/小时,出库能力300盘/小时,出入库采用联机自动,如图5-1所示。

图5-1 蒙牛乳业自动化立体仓库

1. 工艺流程及库区布置

根据用户存储温度的不同要求,该库划分为常温和低温两个区域。常温区保存鲜奶成品,低温区配置制冷设备,恒温4℃,存储瓶酸奶。按照生产→存储→配送的工艺及奶制品的工艺要求,经方案模拟仿真优化,最终确定库区划分为入库区、储存区、托盘(外调)回流区、出库区、维修区和计算机管理控制室6个区域。

入库区由66台链式输送机、3台双工位高速梭车组成。负责将生产线码垛区完成的整盘货物转入各入库口。双工位穿梭车则负责生产线端输送机输出的货物向各巷道入库口的分配、转动及空托盘回送。

储存区包括高层货架和17台巷道堆垛机。高层货架采用双托盘货位,完成货物的存储功能。巷道堆垛机则按照指令完成从入库输送机到目标的取货、搬运、存货及从目标货位到出货输送机的取货、搬运、出货任务。

托盘(外调)回流区分别设在常温储存区和低温储存区内部,由12台出库口输送机、14台入库口输送机、巷道堆垛机和货架组成。分别完成空托盘回收、存储、回送、外调货物入库、剩余产品,退库产品入库、回送等工作。

出库区设置在出库口外端,分为货物暂存区和装车区,由34台出库输送机、叉车和运输车辆组成。叉车司机通过电子看板、RF终端扫描来叉车完成装车作业,反馈发送信息。维修区设在穿梭车轨道外一侧,在某台空梭车更换配件或处理故障时,其他穿梭车仍旧可以正常工作。

计算机控制室设在二楼,用于出入库登记、出入库高度、管理和联机控制。

2. 计算机管理与控制系统

依据蒙牛业泰安立库考虑企业长远目标及业务发展需求,针对立库的业务实际和管理模式,为本项目定制了一套适合用户需求的仓储物流管理系统。主要包括仓储物流信息管理系统和仓储物流控制与监控系统两部分。仓储物流信息管理系统实现上层战略信息流、中层管理信息流的管理;自动化立体仓库控制与监控系统实现下层信息流与物流作业的管理。

1) 仓储物流信息管理系统

(1) 入库管理。实现入库信息采集、入库信息维护、脱机入库、条形码管理、入库交接班管理、入库作业管理、入库单查询等。

(2) 出库管理。实现出库单据管理、出库货位分配、脱机出库、发货确认、出库交接班管理、出库作业管理。

(3) 库存管理。对货物、库区、货位等进行管理,实现仓库调拨、仓库盘点、存货调价、库存变动、托盘管理、在库物品管理、库存物流断档分析、积压分析、质保期预警、库存报表、可出库报表等功能。

(4) 系统管理。实现对系统基础资料的管理,主要包括系统初始设置、系统安全管理、基础资料管理、物料管理模块、业务资料等模块。

(5) 配送管理。实现车辆管理、派车、装车、运费结算等功能。

(6) 质量控制。实现出入库物品、库存物品的质量控制管理。包括抽检管理、复检管理、质量查询、质量控制等。

(7) 批次管理。实现入库批次数字化、库存批次查询、出库发货批次追踪。

(8) 配送装车辅助。通过电子看板、RF终端提示来指导叉车进行物流作业。

(9) RF信息管理系统。通过RF实现入库信息采集、出库发货数据采集、盘点数据采集等。

2）仓储物流控制与监控系统

自动化立体仓库控制与监控系统是实现仓储作业自动化、智能化的核心系统，它负责管理高度仓储物流信息系统的作业队列，并把作业队列解析自动化仓储设备的指令队列，根据设备的运行状况指挥协调设备的运行。同时，本系统以动态仿真人机交互界面监控自动化仓储设备的运行状况。系统包括作业管理、作业高度、作业跟踪、自动联机入库、设备监控、设备组态、设备管理等几个功能模块。

**思考题：**

1. 什么是自动化立体仓库？
2. 自动化立体仓库仓储物流控制监控系统包括哪些功能模块？

## 任务知识储备

## 一、自动化立体仓库的定义

自动化立体仓库(Automated Storage and Retrieval System，AS/RS)是由立体货架、有轨巷道堆垛机、出入库托盘输送机系统、尺寸检测条码阅读系统、通信系统、自动控制系统、计算机监控系统、计算机管理系统以及其他如电线电缆桥架配电柜、托盘、调节平台、钢结构平台等辅助设备组成的复杂的自动化系统。运用一流的集成化物流理念，采用先进的控制、总线、通信和信息技术，通过以上设备的协调动作，按照用户的需要完成指定货物的自动有序、快速准确、高效的入库出库作业。现代自动化立库如图 5-2 所示。

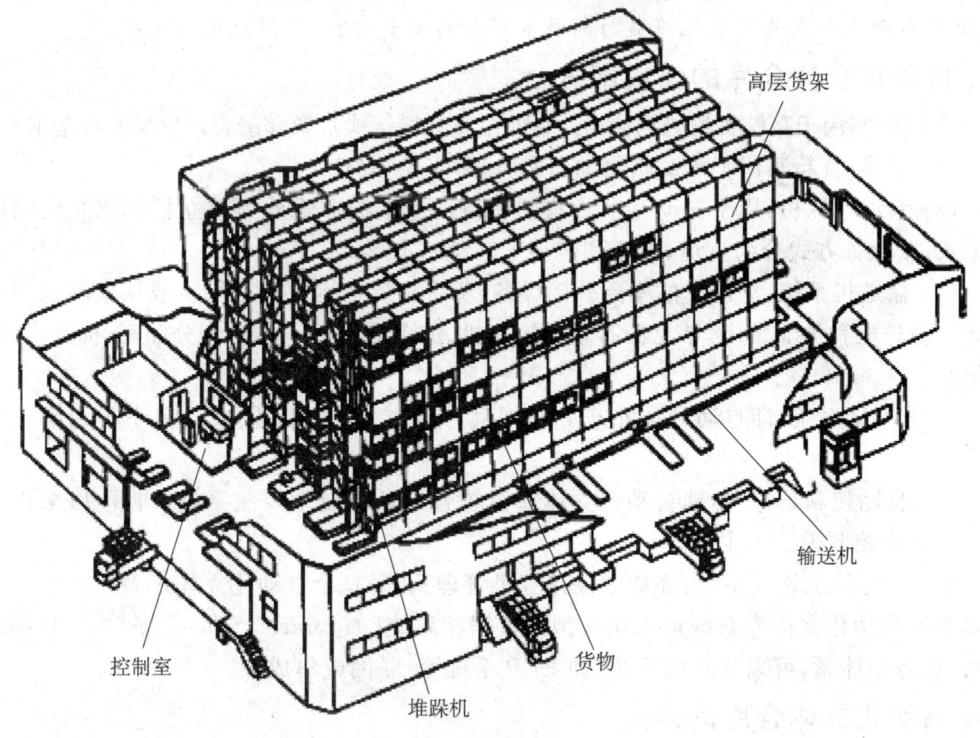


图 5-2　现代自动化立库

## 自　动　化

1. 自动化的概念

自动化(Automation)是指机器设备、系统或过程(生产、管理过程)在没有人或较少人的直接参与下,按照人的要求,经过自动检测、信息处理、分析判断、操纵控制,实现预期的目标的过程。自动化技术广泛用于工业、农业、军事、科学研究、交通运输、商业、医疗、服务和家庭等方面。采用自动化技术不仅可以把人从繁重的体力劳动、部分脑力劳动,以及恶劣、危险的工作环境中解放出来,而且能扩展人的器官功能,极大地提高劳动生产率,增强人类认识世界和改造世界的能力。因此,自动化是工业、农业、国防和科学技术现代化的重要条件和显著标志。

自动化的广义内涵至少包括以下几点:在形式方面,制造自动化有三个方面的含义,即代替人的体力劳动,代替或辅助人的脑力劳动,制造系统中人机及整个系统的协调、管理、控制和优化。在功能方面,自动化代替人的体力劳动或脑力劳动仅仅是自动化功能目标体系的一部分。自动化的功能目标是多方面的,已形成一个有机体系。在范围方面,制造自动化不仅涉及具体生产制造过程,而是涉及产品生命周期所有过程。

2. 发展趋势

自动化将在更大程度上模仿人的智能,机器人已在工业生产、海洋开发和宇宙探测等领域得到应用,专家系统在医疗诊断、地质勘探等方面取得显著效果。工厂自动化、办公自动化、家庭自动化和农业自动化将成为新技术革命的重要内容,并得到迅速发展。

## 二、自动化立体仓库的组成部分

(1) 货架:用于存储货物的钢结构。目前主要有焊接式货架和组合式货架两种基本形式。

(2) 托盘(货箱):用于承载货物的器具,也称工位器具。

(3) 巷道堆垛机:用于自动存取货物的设备。按结构形式分为单立柱和双立柱两种基本形式;按服务方式分为直道、弯道和转移车三种基本形式。

(4) 输送机系统:立体库的主要外围设备,负责将货物运送到堆垛机或从堆垛机将货物移走。输送机种类非常多,常见的有辊道输送机、链条输送机、升降台、分配车、提升机、皮带机等。

(5) AGV 系统:即自动导向小车。根据其导向方式分为感应式导向小车和激光导向小车。

(6) 自动控制系统:驱动自动化立体库系统各设备的自动控制系统。目前以采用现场总线方式为控制模式为主。

(7) 储存信息管理系统:亦称中央计算机管理系统,是全自动化立体库系统的核心。目前典型的自动化立体库系统均采用大型的数据库系统(如 Oracle、Sybase 等)构筑典型的客户机/服务器体系,可以与其他系统(如 ERP 系统等)联网或集成。

## 三、自动化立体仓库的分类

不同的立体仓库,高度、货架形式、通道宽度都和现代化仓库是不同的,仓库内设备的配置应与仓库的类型相适应。

1. 按照立体仓库的高度分类

(1) 低层立体仓库。低层立体仓库高度在5m以下,主要是在原来老仓库的基础上进行改建的,是提高原有仓库技术水平的手段。

(2) 中层立体仓库。中层立体仓库的高度在5～15m之间,由于中层立体仓库对建筑以及仓储机械设备的要求不高,造价合理,是目前应用最多的一种仓库。

(3) 高层立体仓库。高层立体仓库的高度在15m以上,由于对建筑以及仓储机械设备的要求太高,安装难度大,应用较少。

2. 按照货架结构进行分类

(1) 货格式立体仓库。货格式立体仓库是应用较普遍的立体仓库,它的特点是每一层货架都由同一尺寸的货格组成,货格开口面向货架之间的通道,堆垛机械在货架之间的通道内行驶,以完成货物的存取。

(2) 贯通式立体仓库。它又称为流动式货架仓库,这种仓库的货架之间没有间隔,不设通道,货架组合成一个整体。货架纵向贯通,贯通的通道具有一定的坡度,在每一层货架底部安装滑道、锟道等装置,使货物在自重的作用下,沿着滑道或锟道从高处向低处运动。

(3) 自动化柜式立体仓库。自动化柜式立体仓库是小型的可以移动的封闭立体仓库,有柜外壳、控制装置、操作盘、储物箱和传动装置组成,主要特点是封闭性强、小型化和智能化、有很强的保密性。

(4) 条形货架立体仓库。它是专门用于存放条形和筒形货物的立体仓库。

## 四、自动化立体仓库及其优缺点

1. 自动化立体仓库的主要优点

(1) 采用高层货架储存、巷道堆垛机作业,可大幅度增加仓库的有效高度,充分利用仓库的有效面积和储存空间,使货物储存集中化、立体化,减少占地面积,降低土地购置费用。

(2) 可实现仓库作业的机械化,自动化,能大大提高工作效率。

(3) 由于物资在有限空间内集中储存,便于进行温湿度控制。

(4) 利用计算机进行控制和管理,作业过程和信息处理讯速、准确、及时,可加速物资周转,降低储存费用。

(5) 由于货物的集中储存和计算机控制,有利于采用现代科学技术和现代化管理法。

2. 自动化立体仓库的主要缺点

(1) 仓库结构复杂,配套设备多,需要大量的基建和设备投资。

(2) 货架安装要求精度高,施工比较困难,施工周期长。

(3) 计算机控制系统是仓库的"神经中枢"。一旦出现故障,将会使整个仓库处于瘫痪状态,收发作业就要中断。

(4) 由于高层货架是利用标准货格进行单元储存的,所以对储存货物的种类有一定的局限性。

(5) 由于仓库实行自动控制与管理,技术性比较强,对工作人员的技术业务素质要求比较高,必须具有一定的文化水平和专业知识,而且经过专门培训的人员才能胜任。

## 五、自动化立体仓库计算机管理与控制系统

1. 计算机管理与控制系统的组成

在立体仓库中,实际包括了仓库管理信息系统(WMS)和调度监控系统(WCS)两个子

系统，再加上企业的 ERP 系统，ERP 可看作 WMS 的上位系统，WMS 可看作 WCS 的上位系统。

2. 仓库管理信息系统的功能

WMS 仓库管理系统将条码技术运用到仓库管理，方便了备件的出、入库管理，为企业生产效率的提高提供了强有力的保证，使备件仓库的管理更加正规化，减少库存资金占用，提高备件利用率，降低库存损耗，为提高企业的经营生产效益奠定了良好的基础。通过先进的条码管理技术，为库存备件设置唯一备件编码，据此编码在计算机中建立产品的信息数据库，对产品的出库、入库、盘点、移位、客户信息等进行管理。自动化立体仓库管理信息系统具有如下功能。

(1) 入/出库管理。入/出库管理负责对备件入库和备件出库进行管理，进行备件入库(采购)信息、备件出库(领料)信息的录入、自动台账处理、与 ERP 进行数据交换、向 WCS 下达作业命令、退货处理、退货处理等功能。

(2) 货物移动管理。货物移动管理包括相同逻辑库中的货位移动和不同逻辑库之间的移库操作。不同逻辑库之间的移库操作要走货物交易流程。

(3) 数据查询管理。为了仓库实施可视化的管理，系统对仓库的货位进行编码，对物料采用了当今相当成熟的二维条码技术进行有效的编码管理。系统为仓库的所有物料都建立档案，记录所有物料的相关信息，例如，名称、编号、价格、出入库时间、经手人、库位等，以便对商品的当前状态和历史记录进行随时的查看。为了实时了解仓库的状况，系统提供了方便的查询功能，包括某一时间段的出入库情况、堆垛机的运行状况以及各种信息的汇总。

数据查询模块包括库存查询、货位查询、作业流水查询、作业查询等功能。库存查询包括按物料属性查询、按货位地址查询等功能；货位查询包括空货位查询、空托盘查询、货位状态统计等功能；流水作业查询包括入库作业流水查询、出库作业流水查询；作业查询包括作业状态查询、入库作业数据查询和出库作业数据查询。

(4) 用户权限管理。系统将用户分为三种类型：浏览用户、操作用户和超级用户。浏览用户可通过网络访问相关信息，操作用户不仅可以浏览相关信息，而且可以实现对仓库的各项操作，而超级用户除拥有操作用户的一切权限外，还可以对系统进行参数设置、AGV 路径设置等处理。

(5) 报表管理。报表管理包括如出库统计报表、库存和货架明细统计表。可按备件编号、入库时间段、操作者和巷道号等分别进行统计；库存明细和货架明细可按指定条件列出或打印。

(6) 库存维护。库存维护包括盘库、盘库差异表生成、盘库改账处理等功能。能够按时间段、存储区域、分类、问题货位查询、货物品种等进行盘库，盘库处理有四种状态：盈、亏、自然损耗和报废。

(7) 系统维护。主要包括系统数据的备份、还原以及系统日志管理等。要实现这些功能必须要解决两个问题，首先，软件系统能够按照用户的要求对数据进行存取。这就要求软件系统必须及时、准确地找到相应的数据，同时，还应能够实现数据格式的转换来完成网络传输。因此，采用了结构化查询语言来进行相应的操作。其次，系统软件要求能够与控制堆垛机和辊子输送机的 PLC 以及 AGV 进行相互通信，从而实现对堆垛机、辊子输送机和

AGV 等的控制。

(8) 与 ERP 系统交换数据。主要是为了保证 WMS 系统与 EAM 系统数据的一致性，同时，WMS 要从 EAM 系统获取如下数据：系统基础数据，包括仓库信息、货位信息、供应商代码、计量单位、拒收原因、用户名及密码、备件信息、员工信息等，还要下载采购订单信息、领料票信息、移库申请信息等，同时要向 ERP 上传实际入库数据、实际出库数据、盘库差异表等信息。

(9) 与 WCS 系统进行通信。根据入库、出库的操作形成入库或出库作业，并根据调度算法对作业的优先次序进行调度，将调度作业下发监控计算机系统，以控制堆垛机或输送机去完成作业。

(10) 系统维护。系统维护包括操作员基本信息管理和权限分配、巷道状态和货位状态设置、物料基础信息（编码定义、备件分类定义）管理、存储区域逻辑定义、物料存储安全定义等的修改和维护。

3. 仓储物流控制监控系统

自动化立体仓库控制与监控系统是实现仓储作业自动化、智能化的核心系统，它负责管理高度仓储物流信息系统的作业队列，并把作业队列解析自动化仓储设备的指令队列，根据设备的运行状况指挥协调设备的运行。同时，本系统以动态仿真人机交互界面监控自动化仓储设备的运行状况。系统包括作业管理、作业高度、作业跟踪、自动联机入库、设备监控、设备组态、设备管理等几个功能模块。

## 实训任务实施一

### 自动化立体仓储出入库作业

1. 实训目标

(1) 了解自动化立体仓库的基本概念，以及它在现代物流中的作用。

(2) 熟悉硬件设备，了解自动入库需要使用到的硬件设备。

(3) 熟悉并掌握自动化立体仓库入库的操作流程。

2. 实训要求

(1) 按照实训任务单，完成各项任务。

(2) 按照规范要求，提交实训报告。

(3) 遵守实训中心的纪律，爱护设备，实训认真，注意安全。

3. 实训准备

(1) 教师准备好实训任务书，教师讲清该任务实施的目标和 POS 系统的知识要点。

(2) 实训中心准备实训设备齐全、全自动堆垛机、计算机、条码阅读器、托盘、物流盒、条码打印机和工控软件组态王、第三方物流软件。

(3) 学生根据任务目标通过教材和 Internet 收集相关资料并做好知识准备。

(4) 根据任务要求，对学生进行分组，5～7 人一组，设组长一名。

4. 实训任务

(1) 利用第三方物流软件和堆垛机控制程序，实现全自动堆垛机入库作业。

(2) 利用第三方物流软件和堆垛机控制程序,实现全自动堆垛机出库作业。

(3) 撰写实训报告和制作汇报 PPT。

5. 实训操作

第一步,系统登录,启动全自动堆垛机控制程序。

(1) 打开堆垛机控制柜、输送链控制柜、计算机、条码打印机的电源。确保手自动开关都打在自动挡上。

(2) 运行"条码 .exe"程序和单片机通信程序。

双击桌面的"条码"图标和"单片机通信"图标,进入 VB 运行系统。

弹出下面两个界面,如图 5-3 所示。

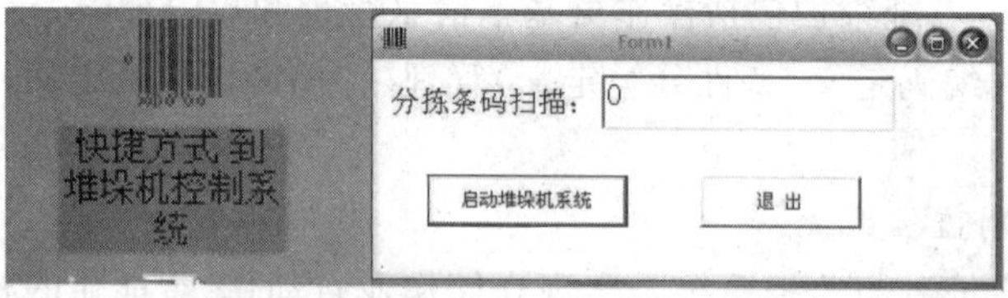

快捷方式 到 堆垛机控制系统

Form1

分拣条码扫描: 0

启动堆垛机系统　退 出

图 5-3　运行"条码 .exe"程序和单片机通信程序界面

(3) 双击桌面的"组态王 6.5"图标。弹出如图 5-4 所示界面。

组态王工程管理器

文件(F)　视图(V)　工具(T)　帮助(H)

搜索　新建　删除　属性　备份　恢复　DB导出　DB导入　开发　运行

| 工程名称 | 路径 | 分辨率 | 版本 | 描述 |
|---|---|---|---|---|
| Kingdemo1 | c:\program files\kingview\example\kingde... | 640*480 | 6.50 | 组态王6.5演示工程640X480 |
| Kingdemo2 | c:\program files\kingview\example\kingde... | 800*600 | 6.50 | 组态王6.5演示工程800X600 |
| Kingdemo3 | c:\program files\kingview\example\kingde... | 1024*768 | 6.50 | 组态王6.5演示工程1024X768 |
| 输送链测试 | d:\程序代码\输送链测试 | 1024*768 | 6.50 | |
| 仓储(2)(3) | d:\程序代码\组态王(仓储-手动) | 1024*768 | 6.50 | |
| 仓储(2)(3) | c:\程序代码\组态王(仓储-手动) | 1024*768 | 6.50 | |
| 仓储(2) | c:\组态王(仓储)\组态王(仓储) | 1024*768 | 6.50 | |

图 5-4　"组态王 6.5"运行界面

选中想要运行的程序,双击工具条中的"运行"按钮,出现如图 5-5 所示界面。

(4) 核对堆垛机当前位置,如图 5-6 所示。

**注意**:若当前层、当前列出现"??"时,说明主控机与 PLC 通信失败,请检查 PLC 控制柜电源是否打开,它与计算机的通信接口是否出现松动。

第二步,入库作业操作。

入库作业流程:设置入库作业→扫描或在条码框中输入条码和数量→添加入库请求→指定仓位,选取仓位号,也可使用"随机仓位"按钮,系统会自动按顺序选取货位→生成入库单,确定入库单号→返回主页面→导入入库作业,选取入库单号→导入数据并运行。

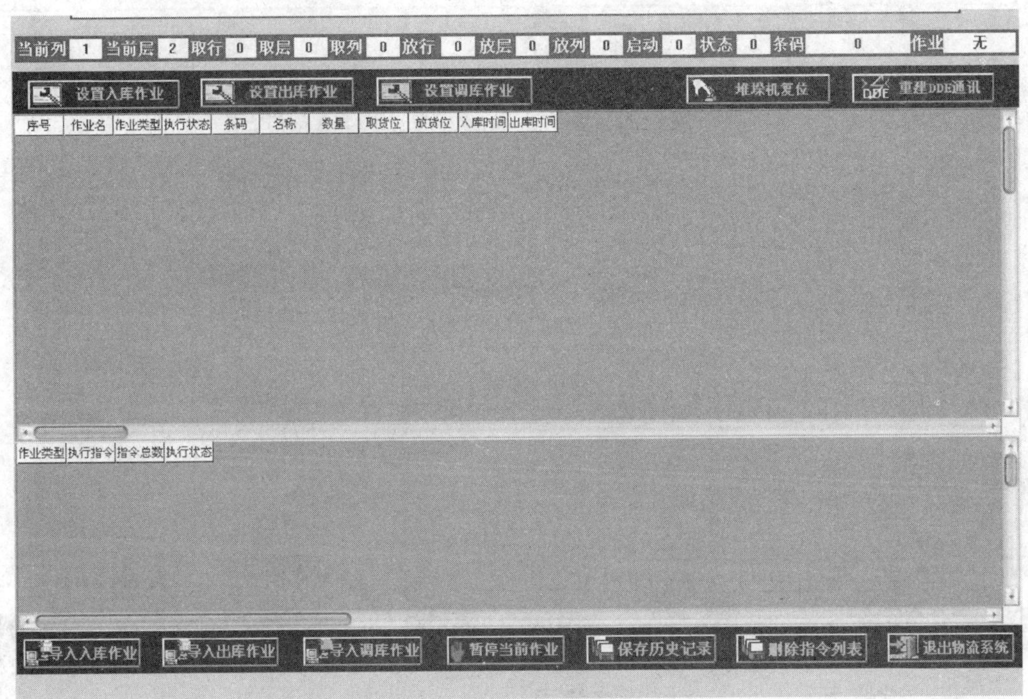


图 5-5　“运行”的程序界面

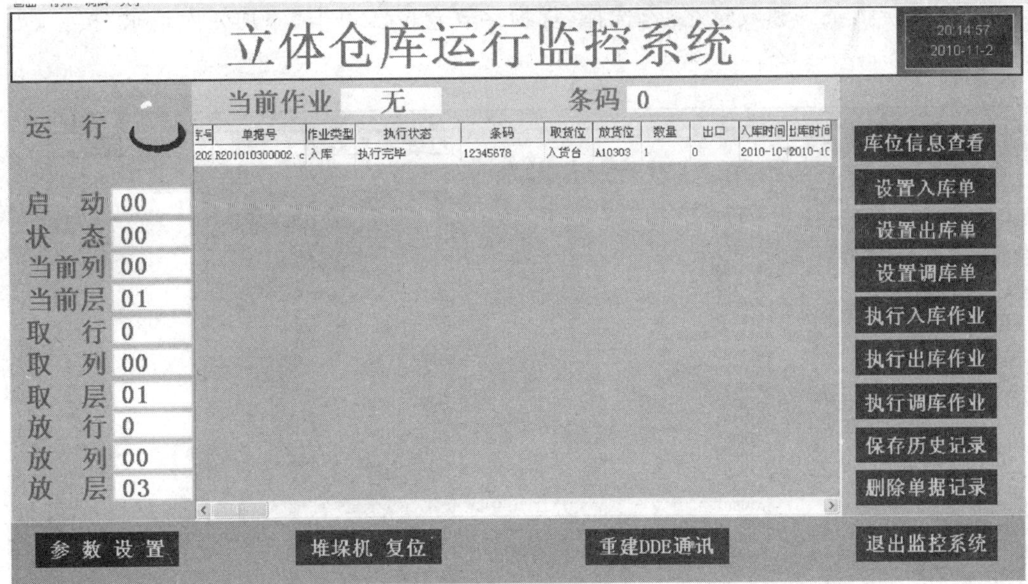


图 5-6　核对堆垛机当前位置界面

(1) 新建入库申请。

选择“设置入库单”模块，单击“新建入库单”按钮，出现如图 5-7 所示界面。

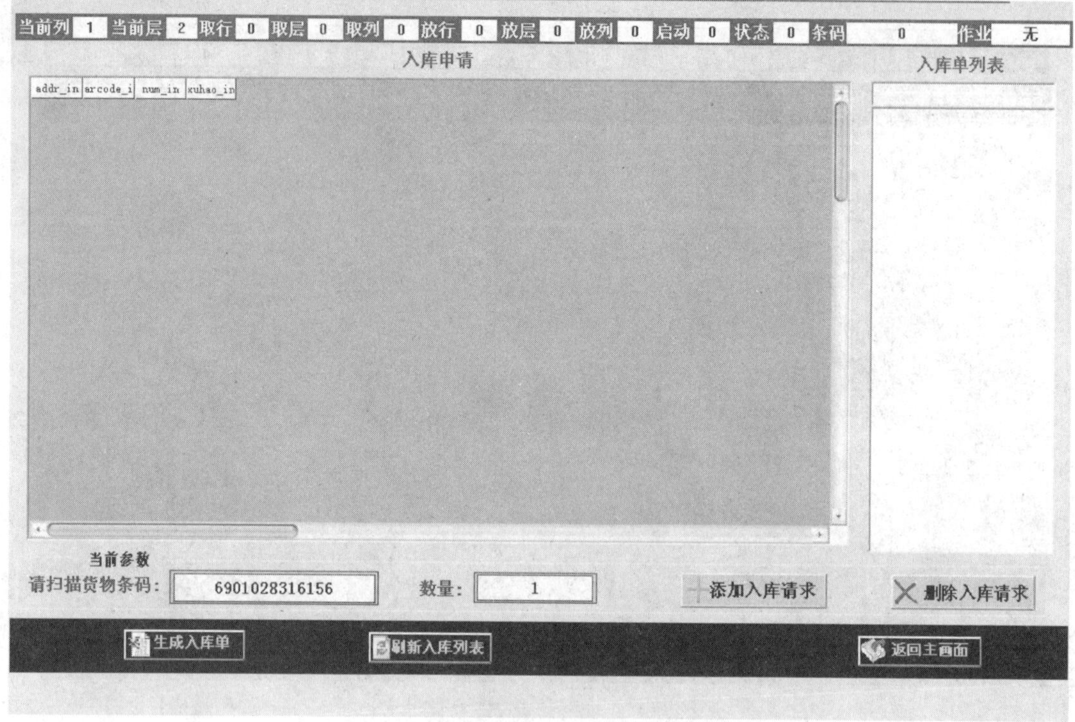


图 5-7 新建入库申请界面

输入入库货物条码和数量之后，选择“货物存放仓位”，单击“添加入库请求”按钮，如图 5-8所示。

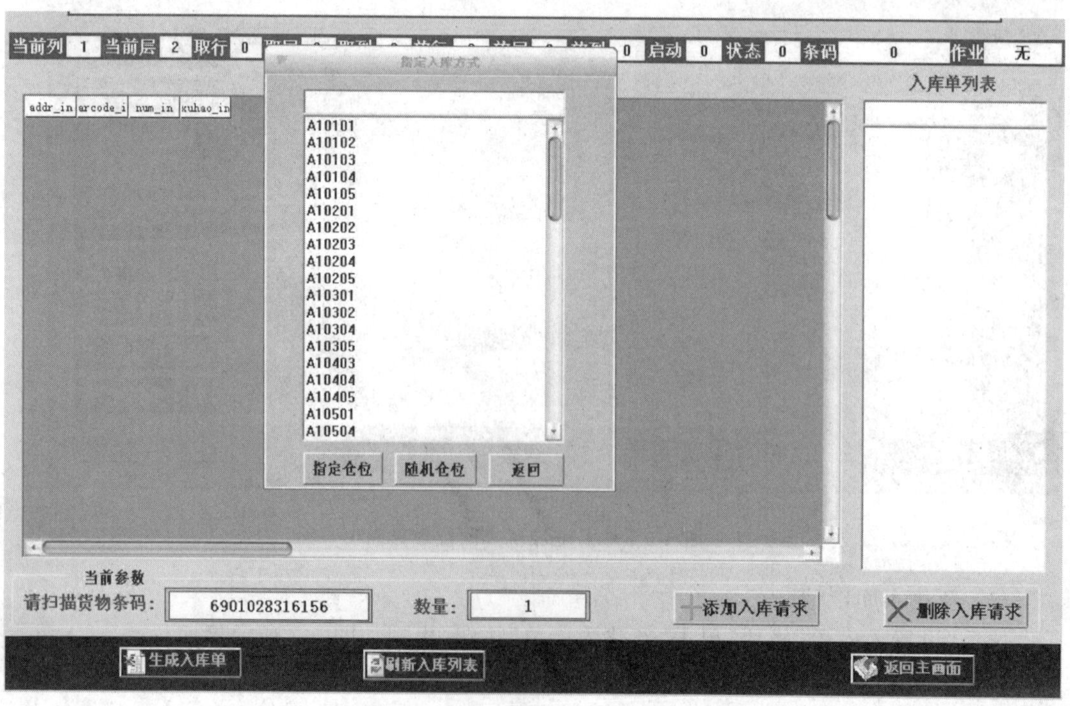


图 5-8 增加入库信息界面

所有入库请求添加完毕，单击“生成入库单”按钮，系统自动生成入库订单，之后单击“返回主界面”按钮。

**注意**：在执行新的入库订单之前，要把原来完成的订单删除，单击“删除单据记录”按钮。

(2) 执行入库作业。

所有入库申请建立后，单击“执行入库作业”按钮，出现如图 5-9 所示界面。

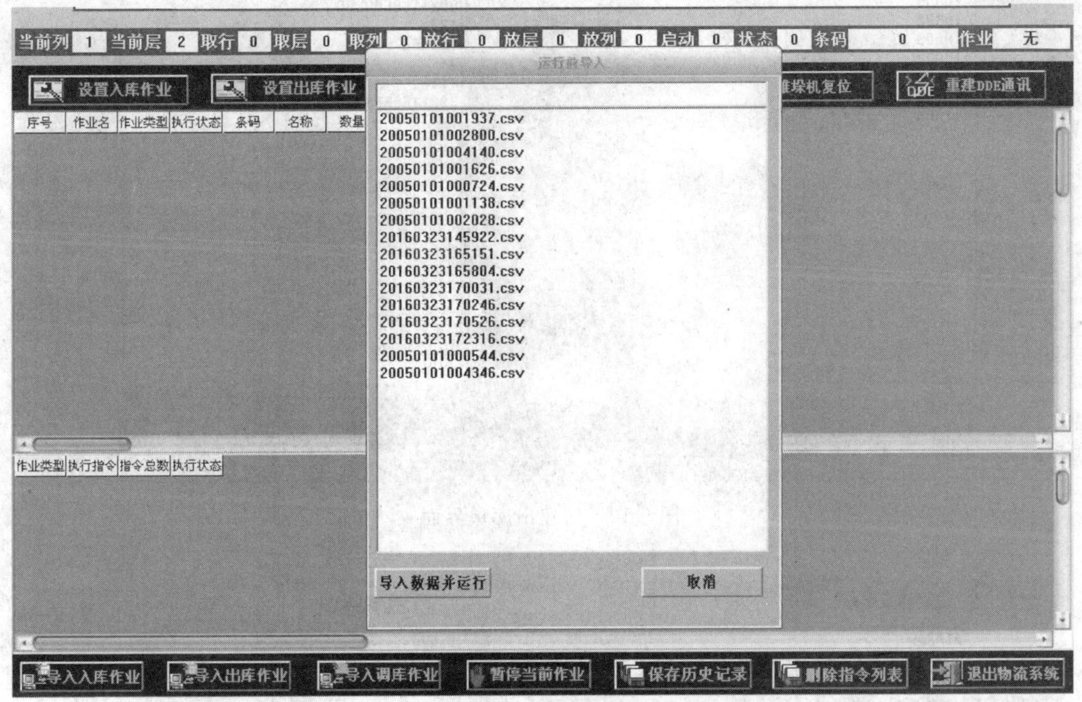


图 5-9　入库作业界面

选择要导入的入库单，并选择“导入数据并运行”。然后把货物放在入库区的滚筒输送链上。

手动依次将需要入库的物流盒放到滚筒输送链上，有条码的一面朝向条码阅读器。盒子的间距保持在 0.3m 以上。

第三步，出库作业操作。

出库作业流程：设置出库作业→添加出库请求→可选取货位号出库，也可选取货物条码出库→选择出口→审查货物信息，单击“确定”按钮→生成出库单，确定出库单号→返回主页面→导入出库作业，选取出库单号→导入数据并运行。

(1) 新建出库单。

先选择“设置出库作业”，然后选择“添加出库请求”，出现如图 5-10 所示界面。

(2) 选择出库仓位以及出口，如图 5-11 所示。

确认出库货物信息后，单击“添加出库请求”按钮。之后单击“生成出库单”按钮，系统自动生成出库订单，之后单击“返回主界面”按钮。

(3) 导入出库单，如图 5-12 所示。

(4) 执行出库作业。

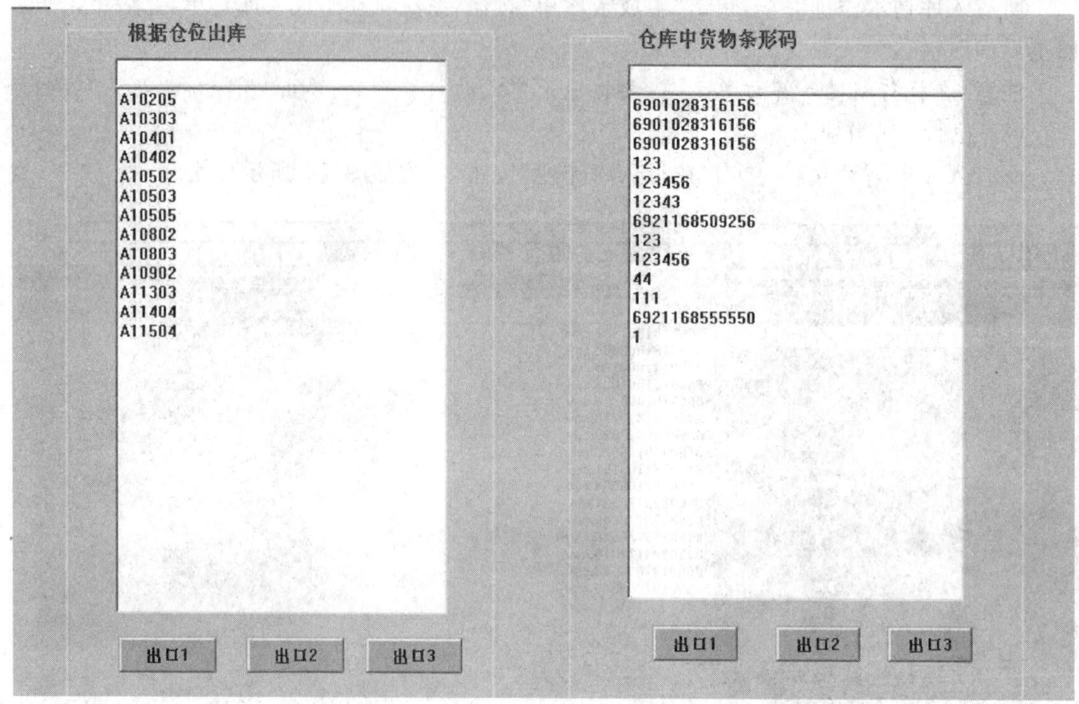


图 5-10　新建出库单界面

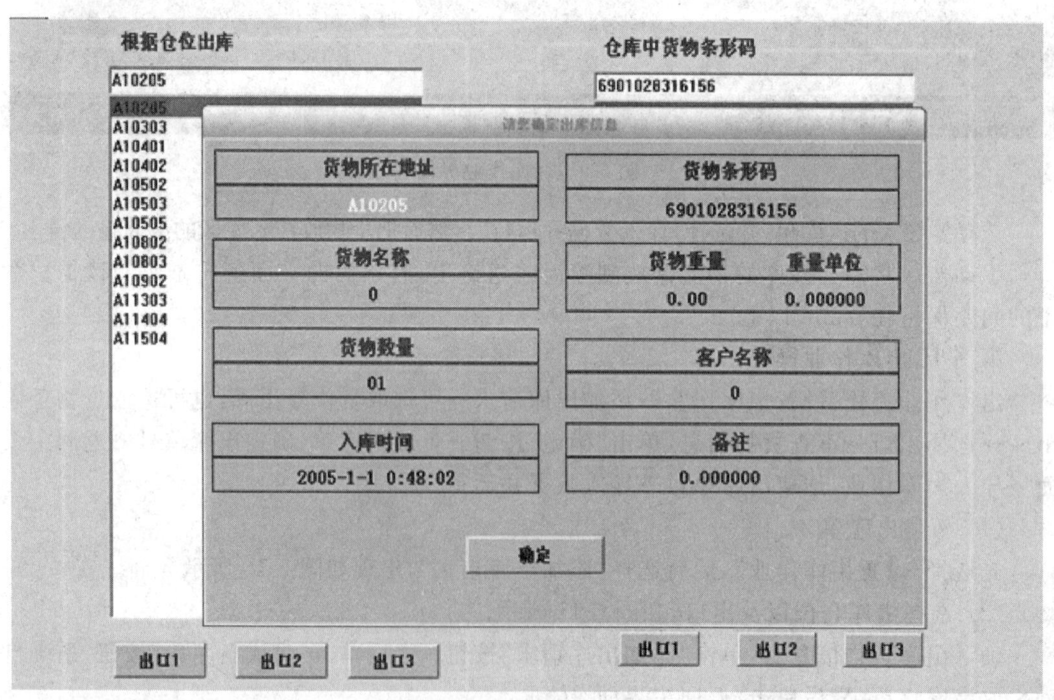


图 5-11　出库仓位以及出口界面

单击“执行出库作业”按钮，选择要导入的出库单，并选择“导入数据并运行”，如图 5-13 所示。

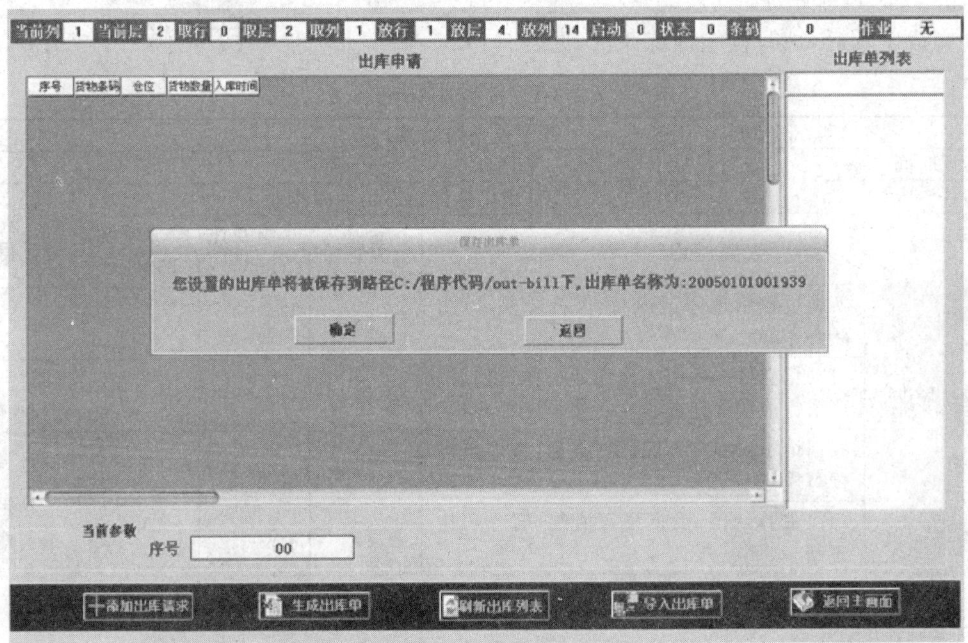


图 5-12　导入出库单

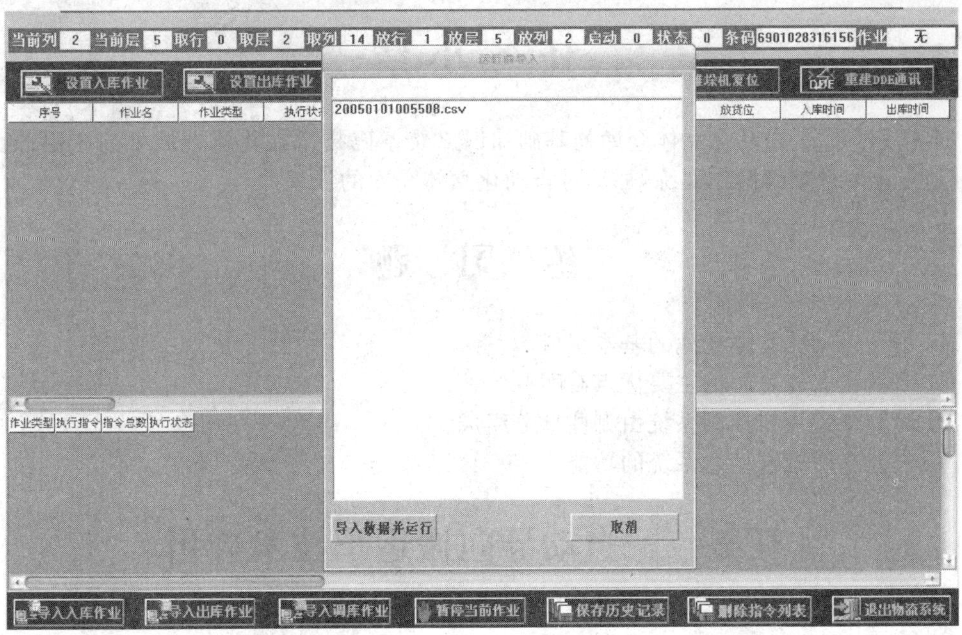


图 5-13　执行出库作业界面

6. 撰写实训报告

由学生自己完成。

7. 制作 PPT 和汇报

由学生自己完成。

8. 技能训练评价

完成实训后，填写技能训练评价(见表 5-1)。

**表 5-1 技能训练评价**

| 专业： | 班级： | | 被考评小组成员： | | |
|---|---|---|---|---|---|
| 考评时间 | | | 考评地点 | | |
| 考评内容 | 自动化立体仓库出入库作业 | | | | |
| 考评标准 | 内　　容 | 分值 | 小组互评(50%) | 教师评议(50%) | 考评得分 |
| | 实训过程中遵守纪律，礼仪符合要求，团队合作好 | 15 | | | |
| | 自动化立体仓库出入库作业操作正确，按要求完成实训任务 | 40 | | | |
| | 实训记录内容全面、真实、准确，实训报告撰写规范 | 15 | | | |
| | PPT 制作规范，汇报语言清楚，概念表达正确 | 30 | | | |
| 综合得分 | | | | | |
| 指导教师评语： | | | | | |

# 任务小结

本任务介绍了自动化立体仓库的基础知识以及条码技术在物流领域中的应用；通过齐鑫自动化仓库系统的操作训练，加深对自动化立体仓库的认识。

# 练　习　题

1. 简述自动化立体仓库的基本组成。
2. 自动化立体仓库的主要优点有哪些？
3. 计算机管理与控制系统由哪些部分组成？
4. 简述仓库管理信息系统的功能。

# 任务二　自动导向搬运车技术应用

## 教学导航

**任务目标**

(1) 掌握自动导向搬运车的相关概念。

(2) 了解自动导向搬运车的组成以及构成。

(3) 能对自动导向搬运车系统进行操作。

**教学重点**

(1) 自动导向搬运车的组成。

(2) 自动导向搬运车的操作。

**教学难点**

(1) 常见的自动导向搬运车的类型和应用。

(2) 自动导向搬运车的操作步骤。

**教学方法**

讲授式教学法、讨论教学法、案例教学法、任务驱动教学法。

**教学手段**

网络教学、多媒体教学手段、物流自动导向搬运车视频。

**教学建议**

(1) 学生根据学习任务书,预习教材,通过查阅文献了解物流自动化技术。

(2) 教师要给学生充分的认识,对当前AGV自动牵引车做充分调查。准备好授课课件(任务书、授课PPT、视频、图片及案例分析资料),讲清该任务实施的目标和要求,根据任务安排,对学生进行分组,讲清楚本次任务的教学重点,组织好课堂教学。

## 引导案例

### AGV系统在汽车行业中的应用

走进汽车装配车间,我们可以看到大批奔走的小车来回穿梭在各个工位之间,这就是AGV小车在运送各种零部件。汽车行业是AGV应用率较高的行业。目前,世界汽车行业对AGV的需求仍占主流地位(约57%)。在我国,AGV最早应用于汽车行业是在1992年。随着目前汽车工业的蓬勃发展,为了提高自动化水平,同时实现少人化、低成本的目标,近几年以来,已有许多汽车制造厂应用了AGV技术,如东风日产、上海通用、上海大众、东风汽车、武汉神龙、北汽福田等。

AGV在汽车行业的应用,主要体现在主机厂的发动机、后桥、变速箱、底盘等部件的自动化柔性装配,以及零部件的上线物料等。特别是对于后者,由于主机厂的装配车间一般都非常大,常常需要大量的远距离物料搬运,AGV代替叉车和拖车搬运物料大有用武之地,且能够实现批量替代的规模成本优势,具有明显的经济效应。而对于体量较小的零部件工厂,由于没有主机厂那种成批量的替代效应,加之既有观念的束缚,AGV在厂内物流的应用不太普及。但随着AGV应用的日益成熟,以及人工成本的逐步上涨,相信会有越来越多的零部件工厂考虑AGV的使用。

资料来源:http://www.56products.com/News/2014-4-15/93HKKEAEGG014EH250.html.

**思考题:**

1. 什么是AGV?
2. AGV的基本工作原理是什么?
3. AGV有哪些技术参数?

## 任务知识储备

### 一、AGV 的基本概念

根据美国物流协会定义，自动导引小车(Automated Guided Vehicle, AGV)是指装备有电磁或光学导引装置，能够按照规定的导引路线行驶，具有小车运行和停车装置、安全保护装置以及具有各种移载功能的运输小车。

我国国家标准《物流术语》中，对 AGV 及 AGVS 的定义如下。

AGV：装有自动导引装置，能够沿规定的路径行驶，在车体上具有编程和停车选择装置、安全保护装置以及各种物料移载功能的搬运车辆。

AGVS(Automated Guided Vehicle System)：多台 AGV 小车在控制系统的统一指挥下，组成一个柔性化的自动搬运系统，称为自动导引车系统，简称 AGVS。

### 二、AGV 的类型

1. 按照导引原理的不同分类

按照导引原理的不同分为固定路径导引和自由路径导引两大类型。

(1) 固定路径导引：在事先规划好的运行路线上设置导向的信息媒介，如导线、光带等，通过 AGV 上的导向探测器检测到导向信息(如频率、磁场强度、光强度等)，对信息实时处理后，用以控制车辆沿规定的运行线路行走的导引方式。

(2) 自由路径导引：事先没有设置固定的运行路径，AGVS 根据搬运任务要求的起讫点位置，计算机管理系统优化运算得出最优路径后，由控制系统控制各个 AGV 按照指定的路径运行，完成搬运任务。

2. 按照用途和结构分类

AGV 分为无人搬运车、无人牵引车和无人叉车。

(1) 无人搬运车：主要用于完成搬运作业，采用人力或自动移载装置将货物装载到小车上，小车行走到指定地点后，再由人力或自动移载装置将货物卸下，从而完成搬运任务。具有自动移载装置的小车在控制系统的指挥下能够自动地完成货物的取、放，以及水平运行的全过程，而没有移载装置的小车只能实现水平方向的自动运行，货物的取放作业需要依靠人力或借助于其他装卸设备来完成。

(2) 无人牵引车：主要功能是自动牵引装载货物的平板车，仅提供牵引动力。当牵引小车带动载货平板车到达目的地后，自动与载货平板车脱开。

(3) 无人叉车：其基本功能与机械式叉车类似，只是一切动作均由控制系统自动控制，自动完成各种搬运任务。

### 三、AGV 的组成

AGV 由车载控制系统、车体系统、行走系统、移载系统、安全与辅助系统、控制台、通信系统、导航系统组成。

1. 车载控制系统

车载控制系统是 AGV 的核心部分，一般由计算机控制系统、导航系统、通信系统、操作面板及电机驱动器构成。计算机控制系统可采用 PLC、单片机及工控机等。导航系统根据

导航方式不同可分为电磁导航、磁条导航、激光导航和惯性导航等不同形式。通过导航系统能使 AGV 确定其自身位置，并能沿正确的路径行走。通信系统是 AGV 和控制台之间交换信息和命令的桥梁，由于无线电通信具有不受障碍物阻挡的特点，一般在控制台和 AGV 之间采用无线电通信，而在 AGV 和运载设备之间为了定位精确采用光通信。操作面板的功能主要是在 AGV 调试时输入指令，并显示有关信息，通过 RS-232 接口和计算机相连接。AGV 上的能源为蓄电池，所以 AGV 的动作执行元件一般采用直流电动机、步进电动机和直流伺服电机等。

2. 车体系统

车体系统包括底盘、车架、壳体和控制器、蓄电池安装架等，是 AGV 的躯体，具有电动车辆的结构特征。

3. 行走系统

行走系统一般由驱动轮、从动轮和转向机构组成，形式有三轮、四轮、六轮及多轮等，三轮结构一般采用前轮转向和驱动，四轮或六轮一般采用双轮驱动、差速转向或独立转向方式。

4. 移载系统

移载系统是用来完成作业任务的执行机构，在不同的任务和场地环境下，可以选用不同的移载系统，常用的有滚道式、叉车式、机械手式等。

5. 安全与辅助系统

为了避免 AGV 在系统出故障或有人员经过 AGV 工作路线时出现碰撞，AGV 一般都带有障碍物探测及避撞、警音、警视、紧急停止等装置。另外，还有自动充电等辅助装置。

6. 控制台

控制台可以采用普通的 IBM-PC 机，如条件恶劣时，也可采用工业控制计算机，控制台通过计算机网络接受主控计算机下达的 AGV 输送任务，通过无线通信系统实时采集各 AGV 的状态信息。根据需求情况和当前各 AGV 运行情况，将调度命令传递给选定的 AGV。AGV 完成一次运输任务后在待命站等待下次任务。如何高效地、快速地进行多任务和多 AGV 的调度，以及复杂地形的避碰等一系列问题都需要软件来完成。由于整个系统中各种智能设备都有各自的属性，因此用面向对象设计的 C++语言来编程是一个很好的选择。在编程时要注意的是 AGV 系统的实时性较强，为了加快控制台和 AGV 之间的无线通信以及在此基础上的 AGV 调度，编程中最好采用多线程的模式，使通信和调度等各功能模块互不影响，加快系统速度。

7. 通信系统

通信系统一方面接受监控系统的命令，及时、准确地传送给其他各相应的子系统，完成监控系统所指定的动作；另一方面又接收各子系统的反馈信息，回送给监控系统，作为监控系统协调、管理、控制的依据。

8. 导航系统

AGV 导航系统的功能是保证 AGV 小车沿正确路径行走，并保证一定行走精度。AGV 的制导方式按有无导引路线分为三种：一是有固定路线的方式；二是半固定路线的方式，包括标记跟踪方式和磁力制导方式；三是无路线方式，包括地面帮助制导方式、用地图上的路线指令制导方式和在地图上搜索最短路径制导方式。

AGV 典型硬件组成如图 5-14 所示。

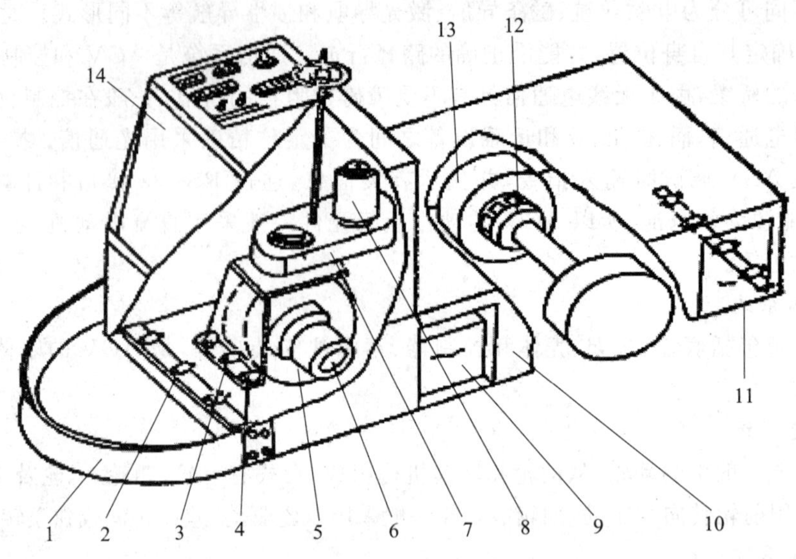


图 5-14 AGV 的组成

1—安全挡圈；2,11—认址线圈；3—失灵控制线圈；4—导向探测器；5—转向轮；6—驱动电机；7—转向机构；8—导向伺服电机；9—蓄电池；10—车架；12—制动器；13—驱动车轮；14—车上控制器

## 四、AGV 的导引原理和管理与控制

1. 导引原理

固定路径导引方式：在行驶路径上设置导引用的信息媒介物，AGV 通过检测出它的信息而得到导引的一种方式，如电磁导引、光学导引、磁带导引等。

自由路径导引方式：在 AGV 控制系统中储存着搬运区域布置的尺寸坐标，通过不同方式实时识别出 AGV 的当前方位，并自动控制其按选择的行驶路径运行的一种导引方式。

2. AGVS 的管理与控制

AGVS 的管理与控制一般可分为三级控制方式。中央管理控制计算机、地面控制器和车上控制器。

中央管理控制计算机：整个系统的控制指挥中心，它与各区域内的地面控制器进行通信，地面控制器接受中央控制计算机的管理。

地面控制器：负责对区域内的业务情况进行监控管理，如监视现场设备的状况、统计 AGV 利用率、小车交通管制、跟踪装载、制定目标地址、实时存储小车的地址并将 AGV 的位置与装载物的类型、数量传输给区域主计算机。

车上控制器：解释并执行从地面控制器（站）传送来的指令，实时记录 AGV 的位置，并监控车上的安全装置。

## 五、AGV 的主要技术参数

1. 额定载重量

额定载重量是自动导引搬运车所能承载货物的最大重量。AGV 的载重量范围在 50～20 000kg，以中小型吨位居多。根据日本通产省的调查，目前使用的 AGV 载重量在 100kg 以下的占 19%，载重量在 100～300kg 的占 22%，300～500kg 的占 9%，500～1 000kg 的占 18%，

1 000～2 000kg 的占 21%，2 000～5 000kg 的占 8%，而 5 000kg 以上的数量极少。

2. 自重

自重是指自动导引搬运车与电池加起来的总重量。

3. 车体尺寸

车体尺寸是指车体的长、宽、高外形尺寸。该尺寸应该与所承载货物的尺寸和通道宽度相适应。

4. 停位精度

停位精度是指 AGV 到达目的地址处并准备自动移载时所处的实际位置与程序设定的位置之间的偏差值(mm)。这一参数很重要，是确定移载方式的主要依据，不同的移载方式要求不同的停位精度。

5. 最小转弯半径

最小转弯半径是指 AGV 在空载低速行驶、偏转程度最大时，瞬时转向中心到 AGV 纵向中心线的距离。它是确定车辆弯道运行所需空间的重要参数。

6. 运行速度

运行速度是指自动导引搬运车在额定载重量下行驶时所能达到的最大速度。它是确定车辆作业周期和搬运效率的重要参数。

7. 工作周期

工作周期是指自动导引搬运车完成一次工作循环所需的时间。

## 六、AGV 的基本用途

纵观国内外 AGV 的应用实例，AGV 大体上用于以下三个方面。

1. 物料搬运

在工业现场 AGV 常用于工位间或自动仓库与工位间的物料搬运作业，如图 5-15 所示。例如，在组装线上，AGV 从自动仓库取出机器零件并送到相应的组装工位。又如在柔性加工系统中，AGV 依照加工工序顺次将被加工工件送到相应自动机床进行加工，加工好的零件由 AGV 送到质检站检测，最后合格品送到半成品库。

图 5-15　物料搬运

2. 移动工作台

在组装或柔性加工系统中 AGV 常作为移动工作台使用，如图 5-16 所示。以欧美一些汽车厂为例，在轿车组装过程中从汽车底盘焊装组立、安装悬挂系统、车轮和制动系统、安装发动机、变速箱、离合器、安装转向系统、安装汽车外壳、安装挡风玻璃和座椅到整车配电等一系列组装过程都是在一台 AGV 上进行的。又如在欧美一些柴油机厂中，柴油机一系列的组装过程也都是在一台 AGV 上完成的。

图 5-16　移动工作台

3. 与机器人或机器手配合在特殊工作环境下代替人工作业

在 AGV 上可以安装机器人或机器手，在特殊工作环境下代替人工作业。例如，在核电站中代替人在具有放射线的工作环境下进行遥控作业。

## 七、AGVS 在现代生产物流系统中的应用

为了实现工厂生产的高度自动化、提高生产效率、降低生产成本，上海印钞厂在经过长期而广泛的市场调研和综合考虑之后，采用北京机科发展科技股份有限公司引进的以瑞典 NDC 公司技术为核心的激光自动导引车系统 AGVS(Automatic Guided Vehicle System)作为生产过程中的物料搬运系统。实现了快速及时、低成本、规模优化和易于库存控制管理等目的。

1. AGVS 工作原理

AGVS 的工作原理是在 AGV 小车上安装发射激光的扫描器、在工作现场的四周安装反射板，AGV 在行进过程中不断发射激光并接收反射信号，通过所检测得到的反射板的精确位置，再通过车载计算机的计算得到 AGV 当前所处的位置，并确定运行的方向。激光导引 AGV 可以在导引区内自由行走和精确定位，行走路面不需其他任何定位措施，小车的行走路径可根据实际需求随时改动。

2. AGV 组成

上海印钞厂 AGV 控制系统(包括硬件和软件)主要分为车载控制和地面控制两部分。

车载部分硬件主要由车载计算机、控制驱动转向电机模块、与主站的通信模块、传感器信号处理模块等组成。这些硬件与车载计算机运行的软件相结合，主要完成以下功能：在收到指令后，负责路径选择、AGV 的导引、小车行走、装卸操作等功能。

地面控制部分硬件主要由 AGV 系统地面控制管理主机，企业上位管理主机，以及处理

现场外部某些信号的信号集中器、智能充电机等组成。硬件与软件相结合主要完成以下功能：搬运任务的分配、车辆调度、交通管理、蓄电池充电等。

在上海印钞厂 AGV 中，AGV 的管理主机是与企业的信息数据库管理机相交互的。它们交互的信息包括企业的信息数据库向 AGV 的管理主机发送各种命令的信息，AGV 管理主机则将 AGV 系统所接收到的任务的执行完成情况报告给企业的管理主机，企业管理主机根据不同的情况将各种应答信息反馈给 AGV 管理主机。

AGV 的任务是由仓库管理系统数据库发给 AGV 管理主机的。进而由 AGV 管理主机调度 AGV 去执行相关任务 AGV 管理主机将任务的执行情况返回给数据库服务器。

AGV 各组成部分的功能简介如下：

(1) 物流信息系统管理。主要根据生产作业和各操作机台的呼叫情况向 AGV 自动输送系统管理主机发送运输任务的指令信息，并接收 AGV 自动输送系统的任务执行情况信息。

(2) LGV 管理系统。激光自动导引车系统简称为 LGV(Laser Guided Vehicle)管理系统，主要负责作业任务分配、车辆调度、交通管理、电池充电等功能。它主要由 LGV 管理主机的主控服务软件和现场信号集中器、智能充电机等组成。LGV 管理主机负责处理命令接收、命令执行、相关参数的传输和小车的监控，这些命令主要包括：指派 AGV 小车、AGV 小车最优行进路径的搜索、取货、卸货操作、AGV 小车的监控、多台 AGV 小车的交通管理、无任务 AGV 小车的处理、AGV 小车异常情况的处理、AGV 状态监控等。其中，AGV 状态监控采用独立的监控工作站，可动态实时显示各 AGV 的工作位置及运行状态，并实时报告 AGV 出现的故障信息。在紧急情况下也可通过 AGV 监控工作站指派特定的 AGV 执行特定的任务。

(3) 操作台呼叫终端。可根据实际需要配备操作终端的数量。操作终端完成机台操作人员和 AGV 自动运输管理调度系统的信息交互。该终端的主要功能如下：

① 生产任务的显示。

② 生产要料的出库请求。

③ 生产退料的入库请求。

④ 生产完的半成品的入库请求等。

## AGV 智能仓储

海通 AGV 平台的智能仓储系统如图 5-17 所示，是以移动机器人作为承载平台，以仓储物流优化及调度算法为核心，通过多机器人协同及控制技术，结合仓储管理软件、自动化物流设备接口，共同实现智能化物流的仓储系统。实现机器人自动运输、自动捡配等功能，实现入库、库存、订单、出库、发货等多个过程的高度自动化，进而提高物流周转效率，保证物流供应的及时性、准确性以及实现柔性存储功能。

海通 AGV 智能仓储系统主要由如下部分构成。

(1) AGV 智能机器人平台。智能机器人完成基本的物流运输、货物定位、识别以及货

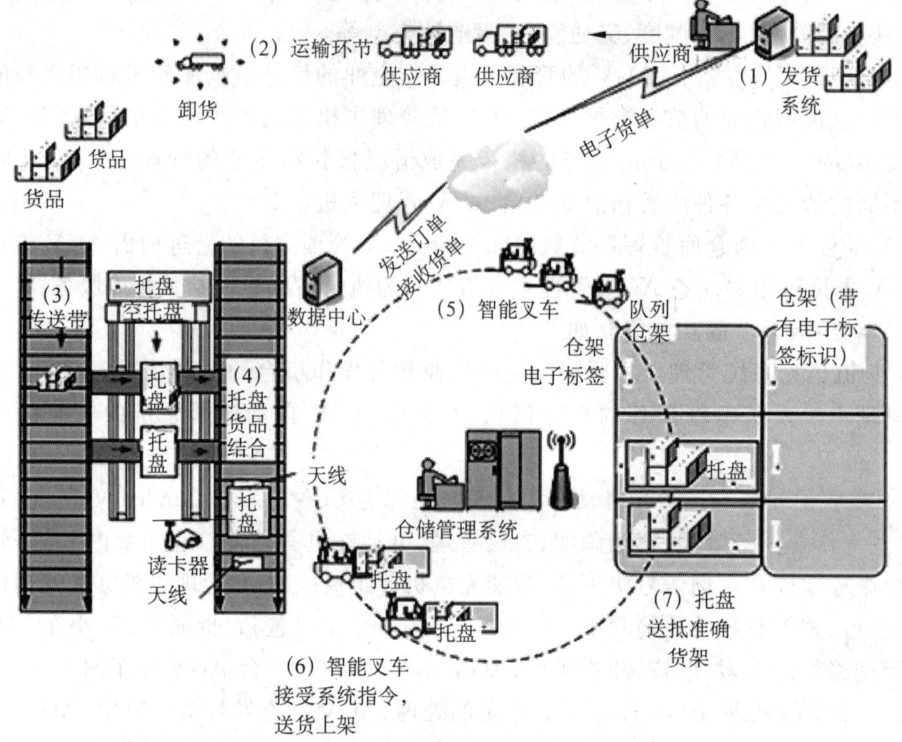


图 5-17 海通 AGV 平台的智能仓储系统组成

物抓取等功能，根据不同的应用场景，智能物流机器人可以实现轻型、重型等类型物流的运输功能。其中，自动导航软件、运动控制模块和机器人机械运动单元是智能机器平台的主要组成部分。和传统的物流 AGV 相比，智能机器人平台可以简单地实现全自由度移动功能，以保障物流抓取或运输的柔性功能，而传统 AGV 产品要实现全自由度移动，通常需要部署很多额外设备来完成，如激光反射板等，一般价格比较昂贵。并且，传统 AGV 的柔性移动功能，通常定位于一些高端、重型产品，难以满足日益增长的轻型智能物流需求。

(2) 海通公司开发的智能机器人以低成本方式实现了全向移动的自动导航技术、全向移动的机械本体设计技术，其中基于图像和惯性导航的全向移动技术已申请国家发明专利。

(3) 对轻型物流来说，可以采用大量的智能机器人协作完成，重型物流采用激光导航机器人完成，以满足柔性移动、智能调度的系统需求。

(4) 物流调度及优化系统。随着制造水平和客户需求的日益提高，各种行业的物流系统都面临着诸多的挑战，例如，如何提高物流系统周转效率、降低人力成本；如何提高物流运输的技术性和准确性；如何快速完成繁重的货物捡配功能等。企业的经营决策层越来越关注于整个物流系统的整体运行效率，为了解决这些问题，需要从系统角度对物流系统进行优化，需要先进的物流调度和优化算法来提高整体的物流效率。物流调度和优化算法是整个智能仓储系统的核心，涉及固有仓储模式、工作流程、自动化设备、运行管理软件系统，通过通用化模型和个性化的定制接口系统，以移动机器人作为接口，可以有效地连接物流人员、自动化设备、物流管理软件，从而实现整体的物流调度及优化系统。

(5) 多机器人管理及控制系统。除了智能机器人个体的柔性功能和优化调度算法，多机器人管理及控制技术是智能物流系统的核心技术。物流调度及优化系统自动生成大量的运输任务，实现智能机器人与人员接口、与仓储货架接口、与传统自动化物流设备接口。为了实现这些接口功能，需要多机器人管理及控制系统，来完成对多机器人工作的任务调度、拥塞控制、实时监控、报表统计功能。

海通的技术团队，成功研发出了国际领先的多机器人协同控制算法，可以调度几百台智能机器人同时工作，以完成物流系统自动派发任务。

## 实训任务实施二

### AGV 小车物料配送作业

1. 实训目标

(1) 了解自动导引车的分类及多频磁导引小车的性能参数。

(2) 掌握多频磁导引小车的操作技术。

(3) 练习使用多频磁导引小车进行物料的配送和货物的移载搬运。

2. 实训要求

(1) 按照实训任务单，完成各项任务。

(2) 按照规范要求，提交实训报告。

(3) 遵守实训中心的纪律，爱护设备，实训认真，注意安全。

3. 实训准备

(1) 教师准备好实训任务书，教师讲清该任务实施的目标和 AGV 系统的知识要点。

(2) 实训中心准备好 AGV 系统实训设备。

(3) 学生根据任务目标通过教材和 Internet 收集相关资料并做好知识准备。

(4) 根据任务要求，对学生进行分组，5～7 人一组，设组长一名。

4. 实训任务

(1) 使用用 AGV 系统，实现物料的配送和货物的移载搬运。

(2) 撰写实训报告和制作汇报 PPT。

5. 实训操作

(1) 手动操作。

打开小车顶部开关→进入蓝色欢迎界面，如图 5-18 所示。

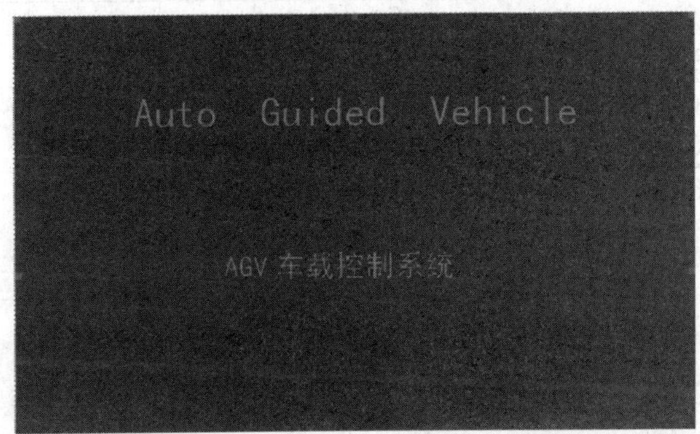


图 5-18　AGV 控制系统界面

单击屏幕下方的“确定”按钮→在控制方式选择中选取 Manul control →按 F1 键进入路径设置界面，设置路径→按 Enter 键，完成小车手动操作，并运行。

(2) 计算机远程控制操作。

① 打开小车顶部开关→进入蓝色欢迎界面→单击屏幕下方的“确定”按钮→在控制方式选择中选取 pc control →选择配置确认。

② 在计算机桌面上双击运行“小车”软件。

进入 AGV 控制系统界面。

AGV 控制系统界面→参照右侧路径图，在路径编辑框中填写路径信息→小车准备→发送路径→开始运行进行操作。

(3) 注意事项。

① 小车前后方向在软件控制上分别表示为 0 和 1。

② 严禁在 AGV 运行轨道上站立或将障碍物放置在轨道上，以及乘坐、攀爬 AGV 小车。

③ 电量过低(出现行走缓慢、易出轨等现象)时要及时充电，低电量运行容易对内部设备造成损害。

6. 撰写实训报告

由学生自己完成。

7. 制作 PPT 和汇报

由学生自己完成。

8. 技能训练评价

完成实训后，填写技能训练评价(见表 5-2)。

表 5-2 技能训练评价

<table>
<tr><td colspan="2">专业：</td><td colspan="4">班级：　　　　被考评小组成员：</td></tr>
<tr><td>考评时间</td><td></td><td>考评地点</td><td colspan="3"></td></tr>
<tr><td>考评内容</td><td colspan="5">AGV 小车物料配送作业</td></tr>
<tr><td rowspan="5">考评标准</td><td>内　容</td><td>分值</td><td>小组互评<br>(50%)</td><td>教师评议<br>(50%)</td><td>考评得分</td></tr>
<tr><td>实训过程中遵守纪律，礼仪符合要求，团队合作好</td><td>15</td><td></td><td></td><td></td></tr>
<tr><td>能正确认知 AGV 系统，按要求完成物料的配送和货物的移载搬运任务</td><td>40</td><td></td><td></td><td></td></tr>
<tr><td>实训记录内容全面、真实、准确，实训报告撰写规范</td><td>15</td><td></td><td></td><td></td></tr>
<tr><td>PPT 制作规范，汇报语言清楚，概念表达正确</td><td>30</td><td></td><td></td><td></td></tr>
<tr><td colspan="3">综合得分</td><td></td><td></td><td></td></tr>
<tr><td colspan="6">指导教师评语：</td></tr>
</table>

# 任务小结

本任务介绍了 AGV 系统的 AGV 系统组成和 AGVS 系统工作原理以及在物流领域中的应用。通过 AGV 小车物料配送作业，加深对 AGV 系统的认识。

# 练习题

1. 我国国家标准《物流术语》中，对 AGV 是如何定义的？
2. 简述 AGV 的组成。
3. 简述 AGV 的导引原理。
4. AGV 的主要技术参数有哪些？
5. AGV 的基本用途有哪些？

# 项目六

# 物流管理信息系统的应用

**项目描述**

随着现代信息化技术和物流业的不断发展，与先进管理思想结合的信息技术给传统物流带来了根本性的变化。将通过计算机技术、网络技术、电子数据交换技术、条码技术、全球卫星定位系统、地理信息系统等信息技术实现的物流管理信息系统运用到仓储、运输、配送、货代等物流环节，就产生了仓储管理信息系统、运输管理信息系统和货代管理信息系统。物流管理信息系统是第三方物流企业构建现代物流的中枢神经，这些系统对物流各环节及其流程具有强大的支撑功能，能大大提高物流作业的质量和效率，实现物流管理的信息化、自动化、高效化，促进物流企业向现代物流企业的转型，积极培育大型物流企业，不断降低社会物流成本。目前，很多物流企业都在通过物流管理信息系统对物流业务进行管理。

本项目的目的是使学生掌握仓储、运输和货代等岗位信息管理必需的知识和技能。

**项目目标**

1. 知识目标

(1) 掌握物流仓储管理信息系统的概念、功能和特点。

(2) 掌握物流运输管理信息系统的概念、功能和特点。

(3) 掌握物流货运代理管理信息系统的概念、功能和特点。

(4) 熟悉仓储、运输和货代的作业流程。

(5) 了解熟悉仓储、运输和货代管理信息系统的架构。

2. 技能目标

(1) 能正确使用仓储、运输和货代管理软件，进行仓储、运输和货代业务的管理。

(2) 能使用物流管理信息系统分析和处理具体的业务问题。

## 任务一　仓储管理信息系统的应用

### 教学导航

**任务目标**

1. 知识目标

(1) 理解仓储管理信息系统的相关概念。

(2) 熟悉仓储管理信息系统的功能。

(3) 掌握物流信息在物流仓储企业活动中的流程。

(4) 了解物流管理系统在企业中的运用现状和发展趋势。

2. 技能目标

(1) 能够掌握仓储管理信息系统的入库、出库、移库和盘点操作流程。

(2) 能通过仓储管理信息系统操作仓储自动化机械。

**教学重点**

(1) 仓位、仓库的编码。

(2) 入仓的业务流程、入仓业务操作。

(3) 入仓的主要单证及用途。

(4) 出仓业务流程、主要岗位流程、出仓业务的操作。

**教学难点**

(1) 入仓的业务流程、入仓业务操作。

(2) 出仓业务流程、出仓业务的操作。

**教学方法**

任务驱动教学法、讲授式教学法、讨论教学法、案例教学法。

**教学手段**

网络教学、多媒体教学手段、实训操作。

**教学建议**

(1) 学生根据学习任务书,预习教材、通过查阅文献,了解仓储管理信息系统的基本知识。

(2) 教师准备好授课课件(任务书、授课PPT、视频、图片及案例分析资料),讲清该任务实施的目标、要求和教学重点,根据任务安排,对学生进行分组,组织好课堂教学。

## 日本近铁的物流信息化建设

日本近铁集团公司(Kintetsu Worldwide Express,KWE)创建于1910年,总部设在日本东京,位列世界500强,是日本第二大专业物流公司。1958年起,近铁开始了跨国发展,目前已在世界的60多个国家、地区及178个主要城市设有子公司及分支机构。1996年11月,近铁集团在北京设立北京近铁运通运输有限公司,为惠普、夏普、东芝、Intel、松下、3M、EPSON等世界500强企业客户提供高品质的物流服务。

一、物流信息系统需求的产生

经历了近八年的发展,2004年,KWE在中国的物流业务网络已经基本覆盖全国。但与业务快速发展形成鲜明对比的是其信息系统的建设一直处于相对落后的状态,给业务管理带来不少难题。例如,很多仓库商品种类繁多,产品种类达到了一万种以上,仓库的管理只能依赖于老员工的经验,库存准确率难以保证;库内作业如上架作业和拣货作业主要依靠现场管理人员的经验,作业效率难以得到提升;与客户在费用和核算上完全依靠手工编制的报表,给总部客服人员造成较大压力；总部管理人员无法及时地了解库存动态和运输动态等问题。

为了加速国内物流业务的发展，为客户提供更好的服务，2004年年初，KWE选择上海富勒信息科技有限公司(FLUX)作为战略合作伙伴，在全国各物流中心循序渐进地推广实施仓储管理系统(WMS)和运输管理系统(TMS)，在企业总部建立集成的物流管理平台、信息门户和EDI中心。

二、系统的构成及实施

KWE采用的物流信息系统体系共有5个子系统构成。分别是WMS、TMS、Logistics Monitor、Collaboration、Portal。

1. WMS(仓储管理系统)

WMS是以企业各个RDC(Regional Distribution Center)为单元的系统，重点支持各RDC内的收货、上架、拣货、发货、库存管理等业务操作。其目的是有效地提高各RDC内的操作效率和库存准确度，实现仓库费用的自动结算。在主要业务环节中应用了条码和RF等先进的技术手段。针对第三方物流业务的核心业务需求，系统在实施过程中需关注以下几个方面的需求。

(1) 多货主管理，通过一个WMS要能满足企业内几百个货主的个性化要求。

(2) 网络化多仓(CDC/RDC/DC)管理。

(3) 业务规则和业务流程可配置。

(4) 透明和清晰的库存结构。

(5) 灵活和精确的费用结算。

2. TMS(运输管理系统)

通过对运输任务接收、调度、状态跟踪等过程来确定任务的执行状态，通过对应收、应付的管理以及运输任务所对应的收支的核算。统计分析出实际发生的费用和每笔业务的毛利润。在状态跟踪环节中集成了GPS/GIS/GPRS等技术。针对中国运输业务的现状，系统在实施过程中需关注以下几个方面的需求。

(1) 多种运输模式的支持。包括公路运输、铁路运输、水路运输、航空运输、短驳运输、多式联运、移库作业和提货作业等。

(2) 灵活的订单分拆和分段功能。物流的核心业务就是资源整合，系统支持将一张订单进行横向分拆，或者纵向分拆，并把不同段的订单分配给不同的承运商进行运输作业。

(3) 支持复杂的多方结算费率设置。提供多种费率因子设置和多种费用结算方式，同时根据业务需求提供承运商报价体系，为每个客户和承运方提供个性化费率和报价机制。

3. Logistics Monitor

该系统包括三方面内容。

(1) 物流数据中心(Data Hub)。建立于企业总部的库存数据中，分布于各RDC内的库存以及运输中的订单状态数据都会集中于此，便于总部了解所有的物流运作动态。

(2) 监控(Alert)。消息预警系统，通过定义物流执行环节的各类事件，如安全库存警戒、延期送货等，当事件发生时，Alert系统可以通过传真、短信或者E-mail发送消息给相关的事件关联人。

(3) 集中基础数据/权限控制(Master Data)。企业级的基础数据设置，包括客户档案、产品代码、用户权限等，保证基础数据在企业内部(不同物流中心)的一致性和完整性。

4. Collaboration

EDI电子数据交换平台，通过完全可配置的系统架构，实现客户与业务合作伙伴之间的EDI数据交互。针对不同业务伙伴的不同数据要求。可以通过简单的数据配置实现快速部署。

5. Portal

基于Web的在线库存分析工具和运单跟踪系统。使最终客户从不同的角度了解库存和订单运输的最新动态。

在该物流信息系统体系中，5个子系统的应用是相辅相成的。通过WMS和TMS解决了第一线业务的运作问题，并获得准确的数据资源；通过Logistics Monitor强化总部的管理职能和调度职能；而通过Collaboration和EDI则实现了与供应链上下游企业特别是最终客户的密切的业务协同，提供物流服务基础上的高附加值的信息服务，提高了服务品质和最终客户的满意度。经过近5年的不断完善和升级，目前，富勒提供的物流信息系统在KWE的快速业务发展中发挥了重要的作用，并成为体现公司核心竞争能力的最重要的平台。

资料来源：http://info.10000link.com.

**思考题：**

1. 简述KWE物流信息系统体系的组成。
2. WMS(仓储管理系统)实施过程中需关注哪几个方面的需求？

## 任务知识储备

## 一、仓储物流管理信息系统的概念

仓储物流管理信息系统(Warehouse Management System，WMS)是为提高仓储作业和仓储管理活动的效率，对仓库实施全面的系统化管理的计算机信息系统。具有仓储物流信息收集、储存、加工、转换及辅助决策的功能。

仓储物流管理信息系统对于入库、库内、出库等一系列工作提供了全面的条码技术和无线射频(RF)技术支持，可以有效地收集有关货品、储位以及作业状态，信息可以由无线传输方式送到系统的数据库中。同时，系统可以将调度或自动分配给操作人员的任务传输给RF持有人，实时性地收集和传输数据，从而极大地提高了工作效率。

仓储作业基本流程如图6-1所示。

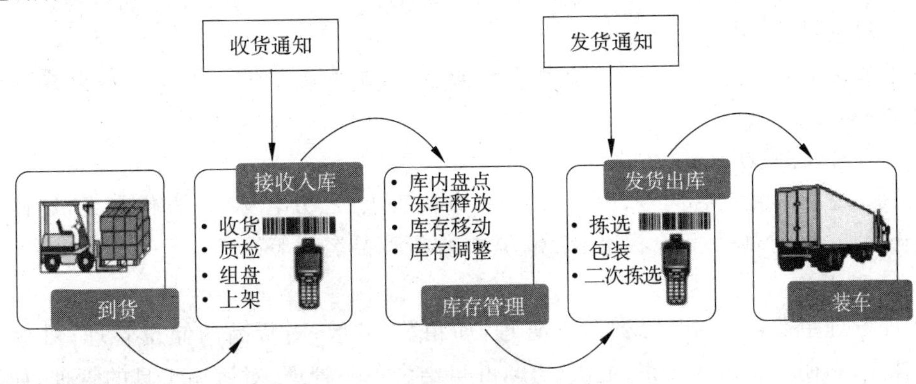


图6-1　仓储作业基本流程

## 二、仓储物流管理信息系统功能

仓储物流管理信息系统的总体功能如图 6-2 所示。

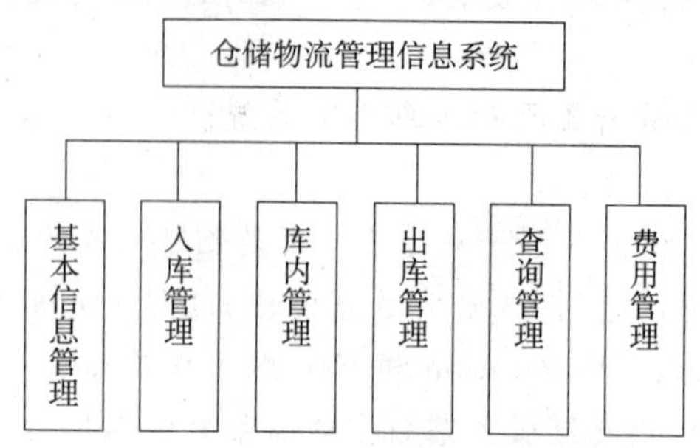


图 6-2　仓储物流管理信息系统总体功能

仓储物流管理信息系统主要包含以下功能模块：基本信息管理、入库管理、库内管理、出库管理、查询管理和费用管理。

1. 基本信息管理

基本信息管理模块主要是对仓库信息、货品信息、人员信息、客户信息、合同信息的管理。

1）仓库信息管理

仓库信息管理包括仓库类型、仓库基本信息、仓库区域信息和储位信息等。系统初始化时设置的顺序为：仓库类型、仓库信息、区域信息、储（货）位信息。仓库类型指仓库所属的类别，主要包括普通仓库、冷冻仓库、化学仓库、危险品仓库等。

2）货品信息管理

货品信息管理包括货品类型、计量单位信息、货品信息等。系统初始化时设置的顺序是：货品类型、计量单位、货品信息。货品类型是指货品所属的类别，如电器、食品、药品等。货品信息是指条码信息、货品编号、货品种类、规格、型号、单位、重量、体积、尺寸、价值、保质期、最高库存、最低库存等。

3）人员信息管理

人员信息管理是对企业内部的人力资源进行管理，包括员工编号、员工姓名、所属部门、岗位、工作年限、联系方式等基本信息。

4）客户信息管理

客户信息管理包括客户编号、客户名称、联系电话、传真、地址、E-mail 及联系人等客户的基本信息。

5）合同信息管理

合同信息管理包括合同号、甲方名称、甲方代表人、乙方名称、乙方代表人、签订合同日期、租仓地点、租仓面积、租仓标准、结算方式、保管商品名称等。

2. 入库管理

入库管理主要包括对货品数量的管理，如箱数、件数；对货品的储位管理；对货品的管理，如客户、到期日、重量、体积、批次（号），并可结合条码管理；对运输工具的管理，如运输公司、车辆号、司机名管理；对验收的确认，根据入库通知单的数量和实际入库数量比较分析，解决少货、多货、窜货等情况。

操作顺序为：入库通知单、卸货及验收管理、入库储位分配。

1）入库通知单（订仓单）

入库通知单是在货品到达之前，货主通知在何时进入什么货品，仓库可以根据这些信息制订入库作业计划，如安排和调度装卸货的工具、清理装卸货区域等。入库通知单主要包括客户信息、收货信息和货品明细等，并为安排卸货工具、指定卸货区和处理区提供信息。

入库通知单主表的数据项有：入库单号、客户名称、合同号、预计入库时间、制单人等信息。入库通知单明细表的数据项有：货品的名称、条码、批次、数量等信息。

2）卸货及验收管理

卸货及验收管理是收到入库通知单后，指定货品的装卸区及验收处理区等业务。系统根据入库通知单编号自动产生"验收单编号"，显示入库通知单中货品的详细列表信息。指定卸货区和验收区时，选择仓库号和区域号。在卸货区装卸货品，检查数量和质量验收等工作。验收结束后，如果发现有不合格品，应该进行登记记录。在"不合格数量""不合格原因""处理意见"3 个字段中录入具体的信息。

3）入库储位分配

入库储位分配就是为入库货品安排货位的操作：选中某一入库货品，选择合适的仓库号、区域号。在排号、列号、层号中输入分配的数值，确认"分配"即可完成，并依次为每一种货品分配货位。

3. 库内管理

库内管理具体包括仓库储存货品的盘点作业、仓库内部货品在储位间的转储作业、货品在不同仓库间的转库作业、保管货品的报废管理、不合格品的退库管理等业务。

1）盘点管理

盘点管理提供对货品的全面盘点、随机抽盘与指定盘点等功能。其中指定盘点根据储位盘点和货品盘点的功能，可分区、分类进行盘点。盘点作业，首先要生成盘点单，确定要盘点货品的编号、名称、储存位置、系统结存数量的信息清单；其次录入盘存数据、审核盘点单、盘点差异结转。

2）转储管理

转储管理主要对货品在同一仓库内不同储位之间转移的作业进行管理。转储单号由系统自动产生，选择要转移货品的所在"仓库""转储部门"等，并填写"制单人""转储时间""制单时间"。在"转储货品及存储货位清单"中选择库物，输入数量及选择目的区域、完成转储货品的选择。

3）转库管理

转库管理主要对货品在不同仓库之间转移的作业进行管理，即提出转仓申请，指定货品的转出仓库、区位及储位，并指定转入仓库的区域和储位等。系统自动产生转库单号，选择要转移货品的所在"转出仓库""转入仓库""转仓部门"，填写"转仓时间""制单时间""制单人""备注"等信息。在"转仓货品及存储货位清单"中选择货品，输入数量及选择目的区域，并完成整个转仓的过程。

4）报废管理

报废管理主要对仓库中报废货品的名称、编号、位置等进行管理，即提出报废申请，录入报废货品的信息，指定报废货品的所在仓库、区域及储位，以及对上述报废信息进行维护。

5）退货管理

退货管理主要对被退回货品的编号、名称、数量、存放位置、处理方法等信息进行管理，主要处理退货申请、审批、结转等相关事务。

4. 出库管理

出库管理包括对出库货品数量管理，如箱数、件数；对出货方式的选择，如先进先出(FIFO)、后进先出(LIFO)、保质期管理、批次(号)；对出货运输工具的管理，如运输公司、车辆号、司机名管理。

1）出库通知单管理

出库通知单管理是处理收货方要求的出库信息，包括收货方名称、编码信息、出库货品明细等，为确定备货区提供信息。将库存表中货品、数量、批次信息，自动生成到出库通知单的出库货品列表中。

2）出库备货

出库备货是指操作员收到出库通知单后，录入出库备货货品信息、指定备货区和安排出库货品的货位等事务。

系统根据出库通知单编号自动产生“备货单号”，填写“出库备货时间”“制单人”“制单时间”等出库备货信息。

3）出库单管理

出库单管理是指完成出库备货后，对出库货品的信息进行登记、查询等管理。如采用先进先出的出库原则，可根据入库单的时间自动生成出库单，也可以根据需要，选择指定的入库单来生成出库单。

5. 查询管理

(1) 在任何时间和地点都可以通过终端进行查询。查询内容包括：货主信息、商品信息、库存情况、订单状态等。

(2) 每次查询可以包括各项信息逐一核对，并将有效结果反馈给系统，使得现场实时查询和实时指挥工作变得方便容易。

6. 费用管理

费用管理模块主要对客户的仓储费、运输费、过境过桥费等费用进行结算处理。同时对承运单位作运费支出处理。主要包括费用种类、结算方式、收款处理、付款处理、应收款查询、应付款查询、客户业绩查询、客户业绩统计等功能。

## 三、仓储物流管理信息系统操作基本流程

仓储物流管理信息系统有其一般通用的操作流程，如图6-3所示。

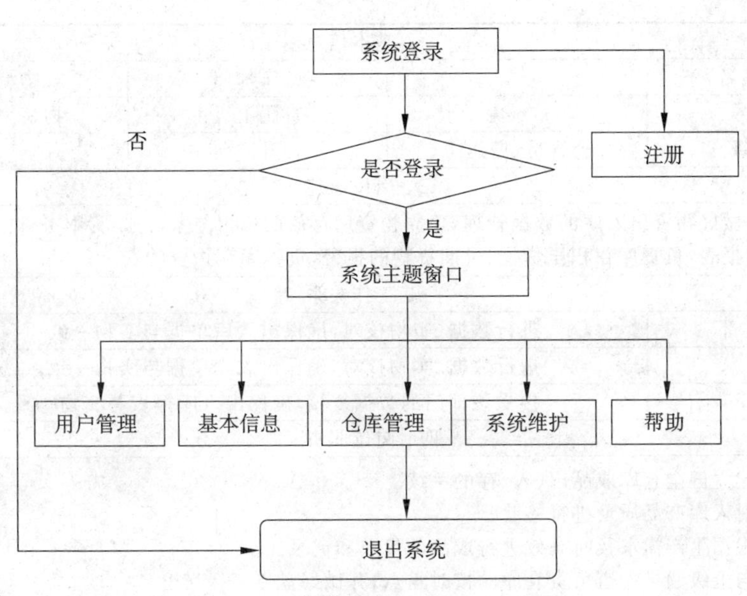


图 6-3　仓储物流管理信息系统操作流程

## 四、仓储物流管理信息系统的网络结构

仓储物流管理信息系统的网络结构如图 6-4 所示。

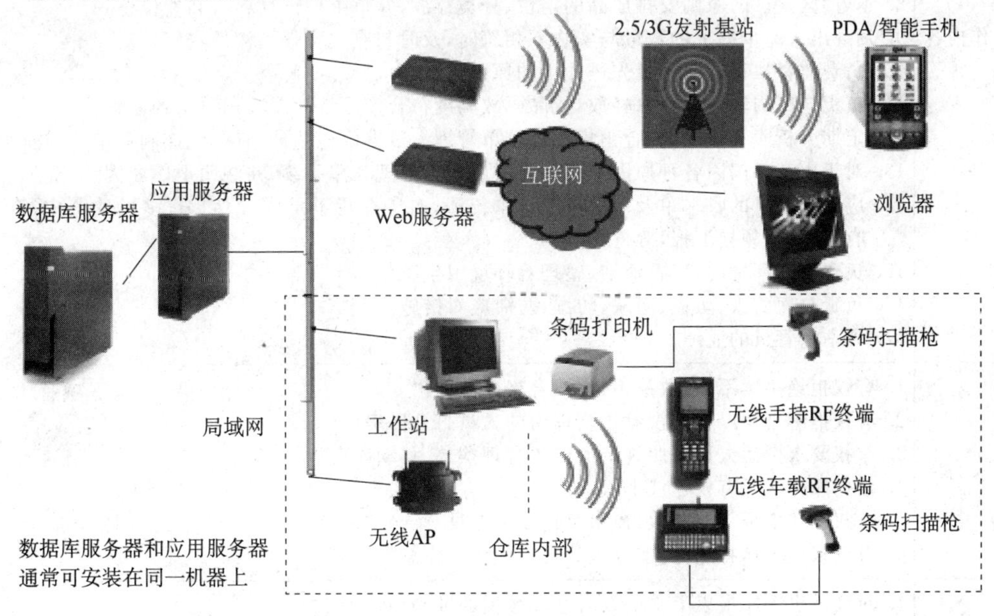


图 6-4　仓储物流管理信息系统的网络结构

### 某物流企业仓库主管岗位说明书

物流企业仓库主管岗位说明书内容如图 6-5 所示。

<table>
<tr><td colspan="4">一、基本信息</td></tr>
<tr><td>任职者签名</td><td></td><td>所属部门</td><td>物流采购部</td></tr>
<tr><td>职位编号</td><td></td><td>直属上级</td><td>物流采购部主管</td></tr>
<tr><td>直属下级</td><td>仓管员、搬运工</td><td>晋升方向</td><td></td></tr>
<tr><td colspan="4">二、岗位概述</td></tr>
<tr><td colspan="4">管理各类仓库，做好物资出入库的数据管理，建立物资库存放的标识与系统账，为财务部、车间、营销部提供及时、准确的报表，负责库存积压货物、过期货物的报警，负责库存物资的安全。</td></tr>
<tr><td colspan="4">三、工作关系</td></tr>
<tr><td>物流采购部</td><td colspan="3">进行数据、实物核对，确保出入库单据与实物一致。</td></tr>
<tr><td>车间</td><td colspan="3">进行数据、实物核对，确保出入库单据与实物一致。</td></tr>
<tr><td>财务部</td><td colspan="3">接受该部门的数据复核，确保出入库报表与实物一致。</td></tr>
<tr><td colspan="4">四、岗位职责</td></tr>
<tr><td>工作内容</td><td colspan="3">1. 建立健全仓库成品出、入、存的手续。<br>2. 对入库产品质量进行检验。<br>3. 根据生产需求及时高效进行成品的发放和记录。<br>4. 与上级领导一道负责仓库的按时盘点，并做好盘点表提交财务中心。<br>5. 负责审查出库手续的完整性，对将生产领用的实物与生产订单的要求品种、规格、数量进行核对。<br>6. 负责成品库房大门钥匙的妥善保管和上班期间成品库房大门的开关。<br>7. 负责成品库所有出入库单据的妥善保管，并及时传递、回收。<br>8. 本着“区、位”的原则安排成品的定位、分类存放，并负责登记物料卡和货位标识。<br>9. 发现出入库单据上的数量与实物不相符时，及时与有关责任人沟通、确认。<br>10. 负责监督执行仓库发货先进先出的原则。<br>11. 负责仓库周转过程轻拿轻放，成品码放高度符合产品特性及公司要求的监督。<br>12. 定期分析库存状况，配合销售部和订单管理人员准确地估计、有效地控制订单的提前期。<br>13. 对于生产部门因各种原因退回的材料应重新办理入库手续，并注明退库原因。<br>14. 应根据每日的收料单及出库单登记系统账，对于存货不足或者存货过多的物资应及时向有关部门、领导汇报，等待处理。<br>15. 负责仓库环境的整洁、清洁、整理等环境卫生工作。<br>16. 负责仓库防火、防盗、防缺、防湿、防滞应对措施。<br>17. 评估仓管员的业绩。</td></tr>
<tr><td>权力</td><td colspan="3">1. 有权拒绝手续不全、数量不符、不合格成品的出入库。<br>2. 有权拒绝公司以外或没有正当理由的人员打开库房门。<br>3. 有权要求搬运人员按照规定的位置合理摆放、移动库存成品。<br>4. 根据库存状况有权建议上级部门调整库存量。<br>5. 有权评估下级工作绩效，提出工作改进意见。<br>6. 有权根据工作特点，向上级主管提出优化工作意见。</td></tr>
<tr><td>责任</td><td colspan="3">1. 对成品出入库报表上交的及时性和数据的准确性负责。<br>2. 对每月盘点报表的准确性和对异常情况的合理分析负责。<br>3. 对因成品库大门钥匙保管不善给公司造成的损失负责。<br>4. 对因成品库所有出入库单据保管不善给公司造成的损失负责。<br>5. 对成品的定位、分类存放以及整个仓库的库容整齐有序负责。<br>6. 对未执行成品先进先出的原则给公司造成不必要的损失负责。</td></tr>
</table>

图 6-5　物流企业仓库主管岗位说明书

| 五、任职要求 | | | | | |
|---|---|---|---|---|---|
| 性别 | 男女不限 | 年龄 | 20～45 周岁 | 个性特征 | 热情、有责任心、耐心、细心 |
| 学历与专业 | 中专或高中以上学历，计算机、物流管理相关专业。 | | | | |
| 工作经验 | 一年以上仓管主管经验。 | | | | |
| 工作技能 | 熟悉仓库的管理方式和管理方法，熟练操作 Word、Excel 办公软件，会操作 ERP 等相关系统，有较强的库存计划和预测能力、较强的协调能力，诚实可靠，对数字有高敏感性，能够积极维护公司利益。 | | | | |

图 6-5(续)

## 实训任务实施一

### 第三方物流管理系统——仓储物流管理信息系统的使用

1. 实训目标

(1) 认知仓储物流管理信息系统，理解仓库管理信息系统的相关概念。

(2) 掌握仓储物流管理信息系统各功能模块的业务流程。

(3) 会应用仓储物流管理信息系统的主要功能模块处理物流仓储业务。

2. 实训要求

(1) 按照实训任务单，完成各项任务。

(2) 按照规范要求，提交实训报告。

(3) 遵守实训中心的纪律，爱护设备，实训认真，注意安全。

3. 实训准备

(1) 教师准备好实训任务书，教师讲清该任务实施的目标和仓储物流管理信息系统知识要点。

(2) 实训中心准备实训设备、实现软件和网络环境。

(3) 学生根据任务目标通过教材和 Internet 收集相关资料并做好知识准备。

4. 实训任务

(1) 使用仓储物流管理信息系统完成以下仓储管理任务。

① 甲方(华联超市)委托(易通物流公司)乙方于×年×月×日入库货品到易通物流公司 1 号库。货品 1：餐饮油 500 件，出厂批号 2009BHFZG3，搬卸费用 800 元，入库费用 2 000 元，其他费用 800 元；货品 2：ARO 调和油 600 件，出厂批号 2009BHTHY3，搬卸费用 1 000 元，入库费用 3 000 元，其他费用 1 000 元。

② 次日，甲方委托乙方从 1 号库出货。货品 1：餐饮油 360 件，出厂批号 2009BHFZG3，搬卸费用 600 元，出库费 2 100 元，其他费用 600 元；货品 2：ARO 调和油 300 件，出厂批号 2009BHTHY3，搬卸费用 500 元，出库费用 2 000 元，其他费用 800 元。

(2) 撰写实训报告。

5. 实训操作

(1) 登录到操作界面。

学生根据任务目标，按照学习任务书的要求，登录《第三方物流管理系统》的仓储管理部分进行模拟训练。登录第三方管理系统(见图 6-6)，出现如图 6-7 所示界面。

图 6-6　第三方物流管理系统登录界面

图 6-7　第三方物流管理系统仓储管理部分主界面

单击“仓储管理”按钮后，在“仓储管理”页面中包括：入库管理、出库管理、盘库管理、库存查询、仓储综合查询。

(2) 入库管理。入库管理选项卡如图 6-8 所示。

第一步，入库委托。

单击“入库委托”按钮，弹出如图 6-9 所示界面。

单击“新增委托单”按钮，进入如图 6-10 所示界面。

在此页面选择“入库客户”“入库库房”“入库日期”，填写“备注”信息。完成这些操作后，单击“保存”按钮，委托单将保存在委托单列表中。

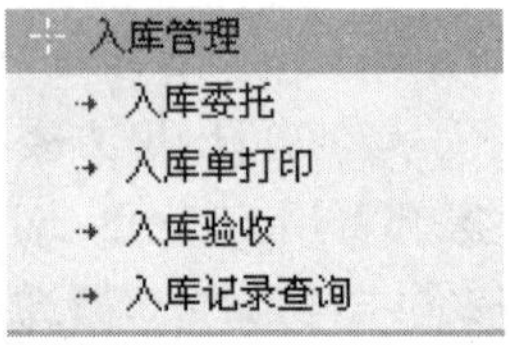

入库管理
- 入库委托
- 入库单打印
- 入库验收
- 入库记录查询

图 6-8　入库管理选项卡

单击“导入数据”按钮，进入如图 6-11 所示界面。

在此页面单击“浏览 ...”按钮，选择后缀名为 . xml 的文件(此文件为运输集货导出的数据，运输集货功能将在后续介绍)，文件选择后单击“导入数据”按钮，通过文件中的数据内容生成入库委托单。

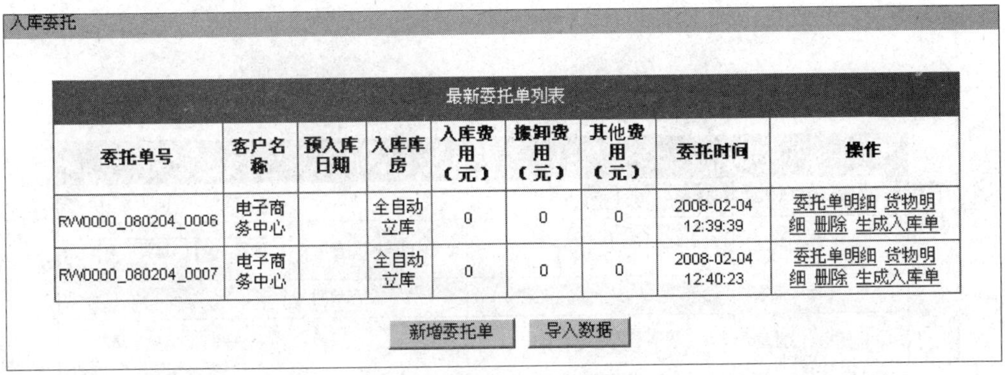

入库委托

最新委托单列表

| 委托单号 | 客户名称 | 预入库日期 | 入库库房 | 入库费用（元） | 搬卸费用（元） | 其他费用（元） | 委托时间 | 操作 |
|---|---|---|---|---|---|---|---|---|
| RW0000_080204_0006 | 电子商务中心 | | 全自动立库 | 0 | 0 | 0 | 2008-02-04 12:39:39 | 委托单明细 货物明细 删除 生成入库单 |
| RW0000_080204_0007 | 电子商务中心 | | 全自动立库 | 0 | 0 | 0 | 2008-02-04 12:40:23 | 委托单明细 货物明细 删除 生成入库单 |

新增委托单　导入数据

图 6-9　新增入库委托单

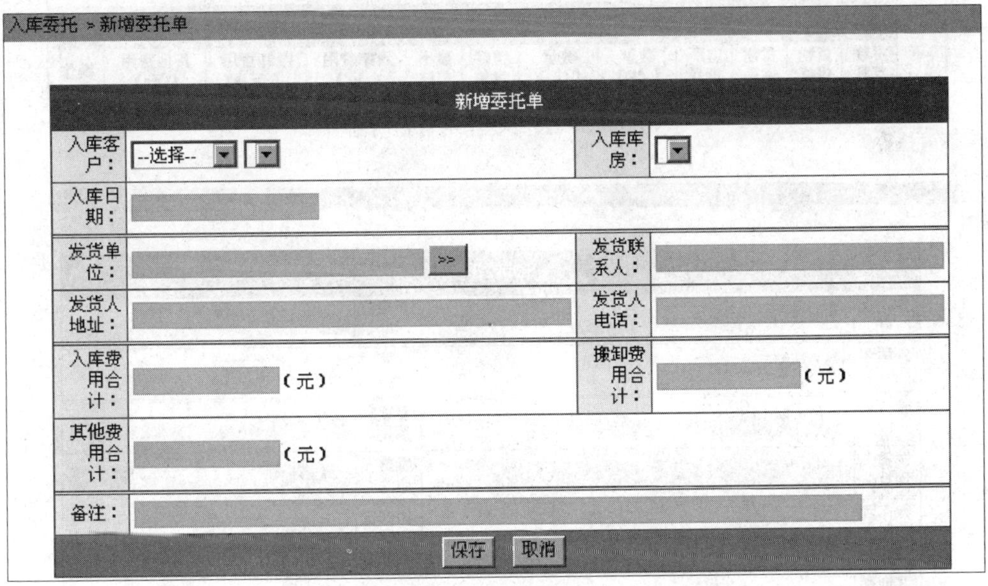

入库委托 > 新增委托单

新增委托单

入库客户：--选择--　　入库库房：

入库日期：

发货单位：>>　　发货联系人：

发货人地址：　　发货人电话：

入库费用合计：（元）　　搬卸费用合计：（元）

其他费用合计：（元）

备注：

保存　取消

图 6-10　入库委托单录入

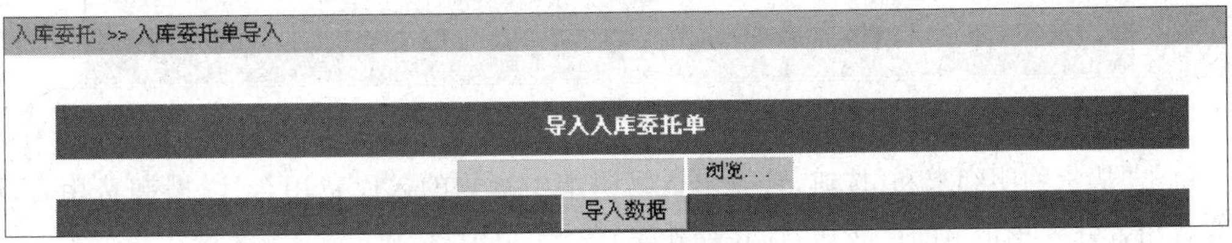

入库委托 >> 入库委托单导入

导入入库委托单

浏览...

导入数据

图 6-11　入库委托单导入

① 单击操作列中的“货物明细”进入如图 6-12 所示界面。

在该页面中选择货物品种、货物规格、生产日期、包装/最小单位，输入出厂批号、数量、入库费用、搬卸费用、其他费用、重量、体积。完成这些操作后单击“增加”按钮，这条货物明细将被添加到货物明细列表中。单击“返回”按钮，回到新增委托单页面。

② 单击图 6-9 操作列中的“委托单明细”进入如图 6-13 所示界面。

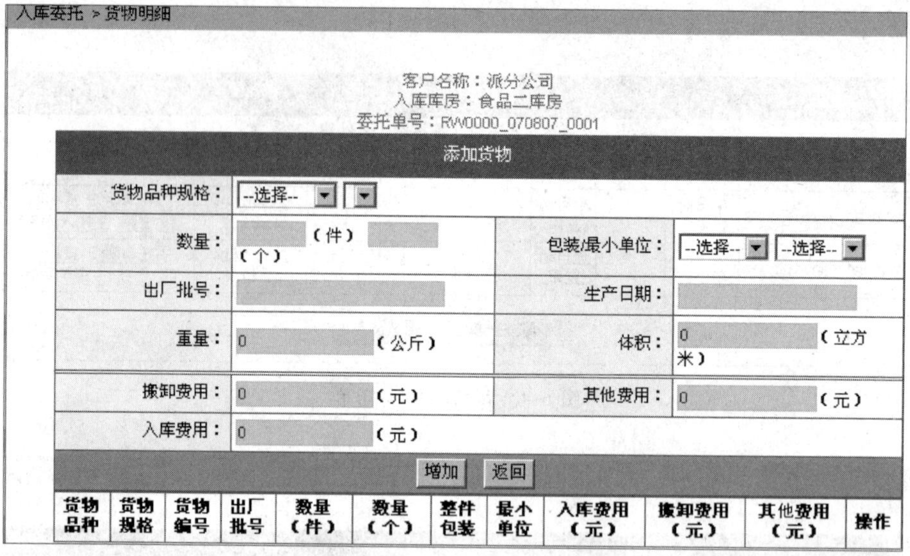

入库委托 > 货物明细

客户名称：派分公司
入库库房：食品二库房
委托单号：RW0000_070807_0001

| 添加货物 | | | |
|---|---|---|---|
| 货物品种规格： | --选择-- | | |
| 数量： | （件）（个） | 包装/最小单位： | --选择-- --选择-- |
| 出厂批号： | | 生产日期： | |
| 重量： | 0（公斤） | 体积： | 0（立方米） |
| 搬卸费用： | 0（元） | 其他费用： | 0（元） |
| 入库费用： | 0（元） | | |
| 增加 返回 | | | |

| 货物品种 | 货物规格 | 货物编号 | 出厂批号 | 数量（件） | 数量（个） | 整件包装 | 最小单位 | 入库费用（元） | 搬卸费用（元） | 其他费用（元） | 操作 |
|---|---|---|---|---|---|---|---|---|---|---|---|

图 6-12 入库委托单货物明细

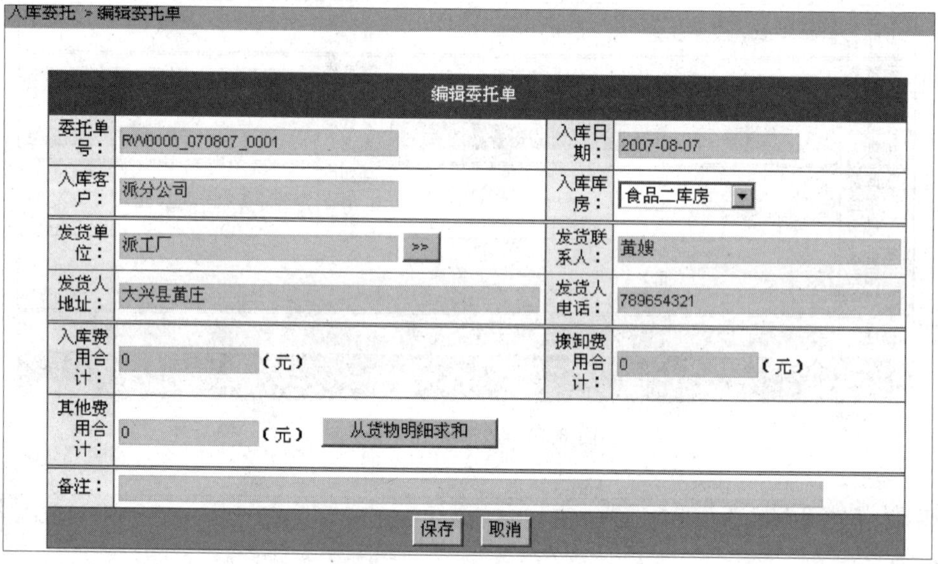

入库委托 > 编辑委托单

| 编辑委托单 | | | |
|---|---|---|---|
| 委托单号： | RW0000_070807_0001 | 入库日期： | 2007-08-07 |
| 入库客户： | 派分公司 | 入库库房： | 食品二库房 |
| 发货单位： | 派工厂 >> | 发货联系人： | 黄嫂 |
| 发货人地址： | 大兴县黄庄 | 发货人电话： | 789654321 |
| 入库费用合计： | 0（元） | 搬卸费用合计： | 0（元） |
| 其他费用合计： | 0（元） 从货物明细求和 | | |
| 备注： | | | |
| 保存 取消 | | | |

图 6-13 编辑入库委托单

单击“从货物明细求和”按钮，计算出货物明细中货物的入库费用合计、搬卸费用合计、其他费用合计。单击“保存”按钮，保存委托单；单击“取消”按钮，取消本次操作。

③ 单击图 6-9 操作列中的“删除”进入如图 6-14 所示界面。

单击“确定”按钮，完成删除操作；单击“取消”按钮，取消删除操作。

④ 单击图 6-9 操作列中的“生成入库单”进入如图 6-15 所示界面。

单击“确定”按钮，委托单则生成出库单；单击“取消”按钮，取消生成入库单操作。

第二步，入库单打印。

单击图 6-8 中的“入库单打印”按钮，进入如图 6-16 所示界面。

图 6-14　删除界面

图 6-15　生成入库单

入库单打印

最新入库单

| 委托单号 | 入库单号 | 客户名称 | 入库库房 | 入库日期 | 委托受理人 | 入库单生成时间 | 操作 |
|---|---|---|---|---|---|---|---|
| RW1101_060306_0002 | | 好丽友食品 | 武汉好丽友仓库 | 2006-03-01 | 系统管理员 | 2006-03-06 11:22:19 | 入库单明细 货物明细 打印入库单 完成 |

打印操作指南

图 6-16　入库单打印

① 单击图 6-16 操作列中的“货物明细”进入如图 6-17 所示界面，在该界面中可对原来的货物进行货位安排。

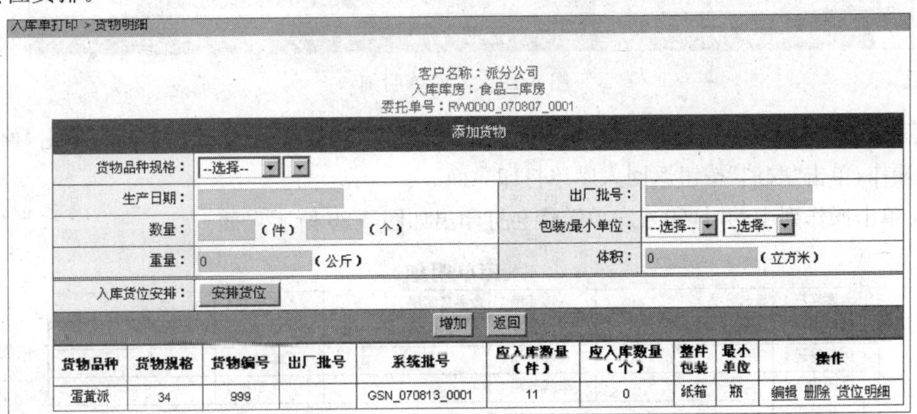

入库单打印 > 货物明细

客户名称：派分公司
入库库房：食品二库房
委托单号：RW0000_070807_0001

添加货物

货物品种规格：--选择--
生产日期：　出厂批号：
数量：（件）（个）　包装/最小单位：--选择-- --选择--
重量：0（公斤）　体积：0（立方米）
入库货位安排：安排货位

增加　返回

| 货物品种 | 货物规格 | 货物编号 | 出厂批号 | 系统批号 | 应入库数量（件） | 应入库数量（个） | 整件包装 | 最小单位 | 操作 |
|---|---|---|---|---|---|---|---|---|---|
| 蛋黄派 | 34 | 999 | | GSN_070813_0001 | 11 | 0 | 纸箱 | 瓶 | 编辑 删除 货位明细 |

图 6-17　入库单打印货物明细

单击“安排货位”按钮，进入如图 6-18 所示界面。

入库单打印 > 货物明细

客户名称：派分公司
入库库房：食品二库房
委托单号：RW0000_070807_0001

添加货物

货物品种规格：--选择--
生产日期：　出厂批号：
数量：（件）（个）　包装/最小单位：--选择-- --选择--
重量：0（公斤）　体积：0（立方米）

入库货位安排：

| 货位名称 | 货位种类 | 面积（平米） | 体积（立方） | 安排数量（件） | 安排数量（个） |
|---|---|---|---|---|---|
| 派货位 | 平面货位 | 333 | 332 | | |

增加　返回

| 货物品种 | 货物规格 | 货物编号 | 出厂批号 | 系统批号 | 应入库数量（件） | 应入库数量（个） | 整件包装 | 最小单位 | 操作 |
|---|---|---|---|---|---|---|---|---|---|
| 蛋黄派 | 34 | 999 | | GSN_070813_0001 | 11 | 0 | 纸箱 | 瓶 | 编辑 删除 货位明细 |

图 6-18　安排货位

分别在各种货位中安排数量，安排完成后，单击“增加”按钮，完成货位安排工作，单击“返回”按钮，回到入库单打印界面。

再次单击图 6-16 操作列中的“货物明细”可以查看货物的货位信息。

② 单击图 6-16 操作列中的“入库单明细”进入如图 6-19 所示界面。

入库单打印 > 入库单明细

| 入库单明细 | | | |
|---|---|---|---|
| 入库客户： | 派分公司 | 入库库房： | 食品二库房 |
| 委托单号： | RW0000_070807_0001 | 委托受理人： | 系统管理员 |
| 委托备注： | | | |
| 入库单号： | | 入库日期： | 2007-08-07 |
| 发货单位： | 派工厂 >> | 发货联系人： | 黄嫂 |
| 发货人地址： | 大兴县黄庄 | 发货人电话： | 789654321 |
| 运单号码： | | 运送单位： | |
| 车牌号码： | | 司机： | |
| 交接库管员： | | 到库时间： | |
| 备注： | | | |
| 保存 取消 | | | |

图 6-19 入库单明细

填写入库单号、运单号码、运送单位、车辆号码、司机、交接库管员、到库时间，单击“保存”按钮完成操作，单击“取消”按钮返回入库单打印界面。

③ 单击操作列中的“打印入库单”，将会打印出如图 6-20 所示界面。

**入库单明细**

| 入库客户： | 派分公司 | 入库库房： | 食品二库房 | 入库日期： | 2007-08-07 |
|---|---|---|---|---|---|
| 委托单号： | RW0000_070807_0001 | 入库单号： | | 受理人： | 系统管理员 |
| 运单号码： | | 交接库管员： | | 到库时间： | |
| 运送单位： | | 车牌号码： | | 司机： | |
| 备注： | | | | | |

**货物明细**

| 货物品种 | 货物规格 | 货物编号 | 出厂批号 | 系统批号 | 整件包装 | 最小单位 | 异常记录 |
|---|---|---|---|---|---|---|---|
| 入库货位 | 入库数量（件） | 入库数量（个） | | 实入货位 | 实入数量（件） | | 实入数量（个） |
| 蛋黄派 | 34 | 999 | | GSN_070813_0001 | 纸箱 | 瓶 | |
| | | | | | | | |

图 6-20 打印出的入库单明细

④ 单击图 6-16 操作列中的“完成”进入如图 6-21 所示界面。

图 6-21 完成入库操作确认

单击“确定”按钮，完成入库操作；单击“取消”按钮，取消入库操作。

第三步，入库验收。

单击图 6-8 中的“入库验收”按钮，进入如图 6-22 所示界面。

入库验收

待验收入库单

| 委托单号 | 入库单号 | 客户名称 | 入库库房 | 入库日期 | 操作 |
| --- | --- | --- | --- | --- | --- |
| RW1101_060306_0002 | | 好丽友食品 | 武汉好丽友仓库 | 2006-03-01 | 入库单明细 货物明细 核销本单 |
| RW1101_060306_0001 | | 好丽友食品 | 武汉好丽友仓库 | 2006-03-08 | 入库单明细 货物明细 核销本单 |

图 6-22　待验收入库单

① 单击操作列中的“货物明细”出现如图 6-23 所示界面。

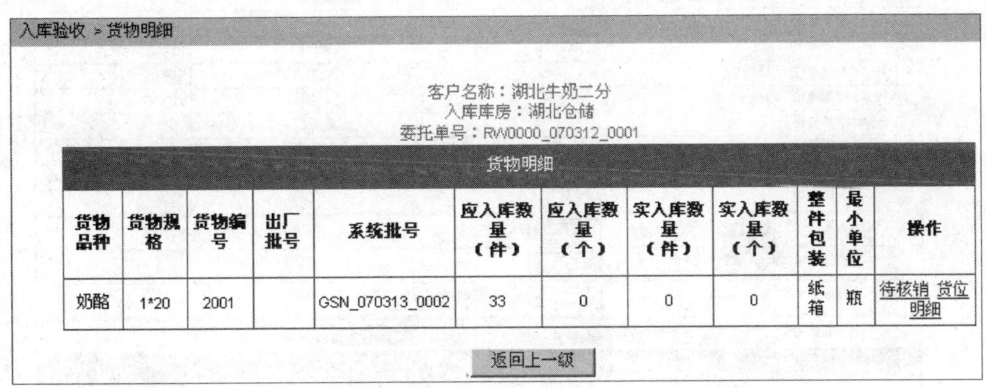
入库验收 > 货物明细

客户名称：湖北牛奶二分
入库库房：湖北仓储
委托单号：RW0000_070312_0001

货物明细

| 货物品种 | 货物规格 | 货物编号 | 出厂批号 | 系统批号 | 应入库数量（件） | 应入库数量（个） | 实入库数量（件） | 实入库数量（个） | 整件包装 | 最小单位 | 操作 |
| --- | --- | --- | --- | --- | --- | --- | --- | --- | --- | --- | --- |
| 奶酪 | 1*20 | 2001 | | GSN_070313_0002 | 33 | 0 | 0 | 0 | 纸箱 | 瓶 | 待核销 货位明细 |

返回上一级

图 6-23　入库验收货物明细

② 单击图 6-23 操作列中的“待核销”，出现如图 6-24 所示界面。

入库验收 > 货物明细 > 编辑货物信息

客户名称：湖北牛奶二分
入库库房：湖北仓储
委托单号：RW0000_070312_0001

货物明细

| | | | |
| --- | --- | --- | --- |
| 货物品种规格： | 奶酪 1*20 | 出厂批号： | |
| 生产日期： | | 系统批号： | GSN_070313_0002 |
| 应入库数量： | 33（件） 0（个） | 包装/最小单位： | 纸箱 瓶 |
| 实入库数量： | 0（件） 0（个） □同上 | | |
| 重量： | 0（公斤） | 体积： | 0（立方米） |
| 入库成本： | 0（元） | 搬卸成本： | 0（元） |
| 其他成本： | 0（元） | | |
| 异常描述： | | | |
| 异常种类： | □货损 □货差 □货失 □包装损坏 | | |

实入库货位：

| 货位名称 | 货位种类 | 面积（平米） | 体积（立方） | 安排数量（件） | 安排数量（个） | |
| --- | --- | --- | --- | --- | --- | --- |
| 湖仓 | 平面货位 | 1000 | 1000 | | | □ |

核销本货物　保存　取消

图 6-24　编辑入库货物信息

在该页面中输入实入库数量、重量、体积、入库成本、搬卸成本、其他成本、实入库的货位。单击“保存”按钮完成操作，单击“核销本货物”按钮完成货物的核销；单击“取消”按钮回到货物明细界面。

实入数量是指真正入库的数量。

入库成本是指物流公司要付给供应商库房的费用。

搬卸成本是指物流公司要付给供应商库房搬卸工的费用。

③ 单击图 6-22 操作列中的“入库单明细”进入如图 6-25 所示界面。

入库验收 > 入库单明细

| 入库单明细 | | | |
|---|---|---|---|
| 入库客户： | 湖北牛奶二分 | 入库库房： | 湖北仓储 |
| 委托单号： | RW0000_070312_0001 | 委托受理人： | 孟宏宇 |
| 委托备注： | | | |
| 入库单号： | | 入库日期： | 2007-03-15 |
| 发货单位： | 食制二公司 | 发货联系人： | 向荣 |
| 发货人地址： | fdfdsf | 发货人电话： | 987456 |
| 运单号码： | | 运送单位： | |
| 车牌号码： | | 司机： | |
| 交接库管员： | | 到库时间： | |
| 入库备注： | | | |
| 入库成本： | 0 支付：加工厂 | | |
| 搬卸成本： | 0 支付：加工厂 | | |
| 其他成本： | 0 支付：加工厂 从货物明细求和 | | |
| 验收备注： | | | |
| 保存 取消 | | | |

图 6-25 待验收入库单明细

单击“从货物明细求和”按钮，统计入库成本、搬卸成本、其他成本，统计完成后，单击“保存”按钮完成入库单明细的操作，单击“取消”按钮回到入库验收界面。

④ 单击图 6-22 操作列中的“核销本单”，进入核销单据的界面。

第四步，入库记录查询。

单击图 6-8 中的“入库记录查询”按钮，进入如图 6-26 所示界面。

入库记录查询

| 入库记录查询 | |
|---|---|
| 单据号： | |
| 客户： | 好利友 派分公司 |
| 入库库房： | 北京食品二库 |
| 入库日期： | 2005-08-01 到 2007-09-01 |
| 查询 | |

图 6-26 入库记录查询

选择客户、入库库房、入库日期，然后单击“查询”按钮进行查询，进入入库记录列表界面（见图 6-27）。

单击“返回查询页”按钮，回到查询界面。

单击图 6-27 操作列中的“入库单明细”进入如图 6-28 所示界面。

单击“返回”按钮，回到入库记录列表界面。

入库记录查询 > 入库记录列表

客户名称：派分公司
入库库房：北京食品二库

| 入库记录列表 | | | | | | |
|---|---|---|---|---|---|---|
| 委托单号 | 入库单号 | 客户名称 | 入库库房 | 入库日期 | 状态 | 操作 |
| RW0000_070521_0001 | 3333 | 派分公司 | 北京食品二库 | 2007-05-02 | 已入库 | 入库单明细 |

返回查询页

图 6-27 入库记录列表

入库记录查询 > 入库记录列表 > 入库单明细

| 入库单明细 | | | |
|---|---|---|---|
| 入库客户： | 湖北牛奶二分 | 入库库房： | 湖北仓储 |
| 委托单号： | RW0000_070125_0001 | 委托受理人： | 孟宏宇 |
| 委托备注： | | | |
| 入库单号： | | 入库日期： | 2007-01-18 |
| 发货单位： | 食制二公司 | 发货联系人： | 向荣 |
| 发货人地址： | | 发货人电话： | 987456 |
| 入库备注： | | | |
| 运单号码： | | 运送单位： | |
| 车牌号码： | | 司机： | |
| 交接库管员： | | 到库时间： | |
| 验收备注： | | | |

| 货物明细 | | | | | | | | | | |
|---|---|---|---|---|---|---|---|---|---|---|
| 货物品种 | 货物规格 | 货物编号 | 出厂批号 | 系统批号 | 实入数量（件） | 实入数量（个） | 整件包装 | 最小单位 | 异常 | 操作 |
| 奶酪 | 1*20 | 2001 | | GSN_070125_0003 | 1000 | 0 | 编织物 | 瓶 | | 货位明细 |

| 货位 | 存放数量（件） | 存放数量（个） |
|---|---|---|
| 湖仓 | 1000 | 0 |

返回

图 6-28 入库记录列表中的入库单明细

(3) 出库管理。

第一步，出库委托。

单击图 6-7 中的“出库委托”按钮，进入如图 6-29 所示界面。

出库委托

| 最新委托单列表 | | | | | | | | |
|---|---|---|---|---|---|---|---|---|
| 委托单号 | 客户名称 | 预出库日期 | 出库库房 | 出库费用（元） | 搬卸费用（元） | 其他费用（元） | 委托时间 | 操作 |
| CW0000_071127_0001 | 配送中心 | 2007-11-27 | 全自动立库 | 0 | 0 | 0 | 2007-11-27 13:34:35 | 委托单明细 货物明细 删除 生成出库单 导出 |

新增委托单

图 6-29 出库委托

单击“新增委托单”按钮，进入如图 6-30 所示界面。

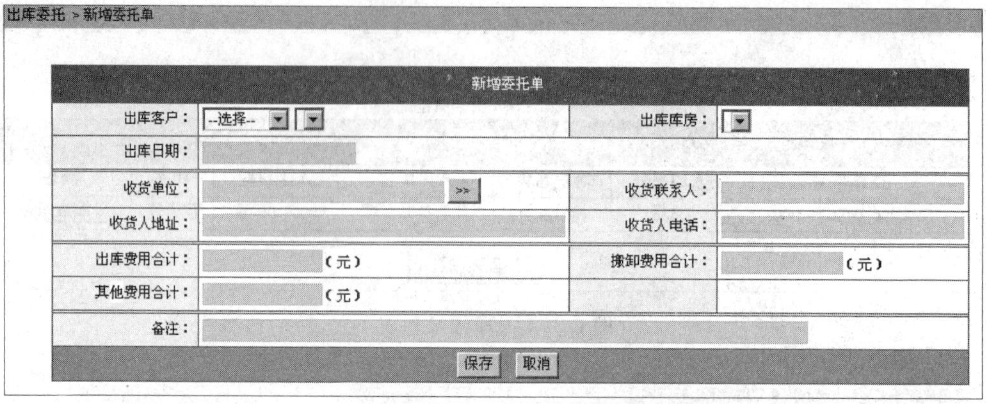

出库委托 > 新增委托单

| 新增委托单 | | | |
|---|---|---|---|
| 出库客户： | --选择-- | 出库库房： | |
| 出库日期： | | | |
| 收货单位： | >> | 收货联系人： | |
| 收货人地址： | | 收货人电话： | |
| 出库费用合计： | （元） | 搬卸费用合计： | （元） |
| 其他费用合计： | （元） | | |
| 备注： | | | |

保存 取消

图 6-30 新增出库委托单

该页面中包含出库客户、出库库房、出库日期、收货单位、收货人地址、收货人的电话等信息，填写保存后储存在“最新委托单列表”中。

收货单位是指出库客户的客户单位。

收货人地址是指出库客户的客户地址。

单击“保存”按钮，完成出库委托单填写；单击“取消”按钮，回到出库委托页面。

① 单击图 6-29 操作列中的“货物明细”，进入如图 6-31 所示界面。

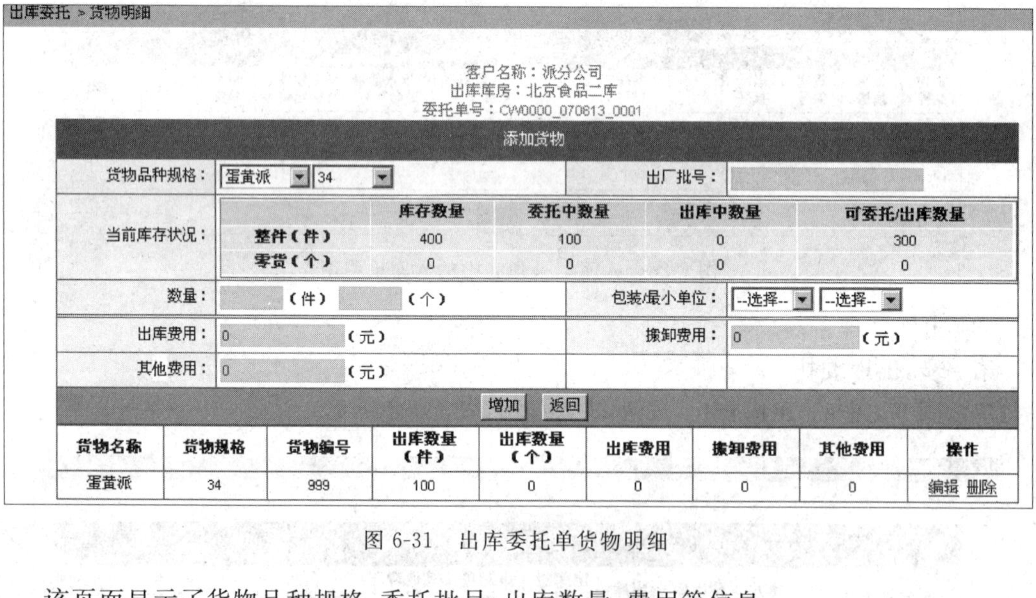

出库委托 > 货物明细

客户名称：派分公司
出库库房：北京食品二库
委托单号：CW0000_070813_0001

添加货物

货物品种规格：蛋黄派 34　　出厂批号：

当前库存状况：

| | 库存数量 | 委托中数量 | 出库中数量 | 可委托/出库数量 |
|---|---|---|---|---|
| 整件（件） | 400 | 100 | 0 | 300 |
| 零货（个） | 0 | 0 | 0 | 0 |

数量：（件）（个）　　包装/最小单位：--选择-- --选择--

出库费用：0（元）　　搬卸费用：0（元）

其他费用：0（元）

增加 返回

| 货物名称 | 货物规格 | 货物编号 | 出库数量（件） | 出库数量（个） | 出库费用 | 搬卸费用 | 其他费用 | 操作 |
|---|---|---|---|---|---|---|---|---|
| 蛋黄派 | 34 | 999 | 100 | 0 | 0 | 0 | 0 | 编辑 删除 |

图 6-31 出库委托单货物明细

该页面显示了货物品种规格、委托批号、出库数量、费用等信息。

“出库费用”是指货物从库房搬出到运输车辆过程中的费用，“搬卸费用”是指货物从库房中搬到车辆上的人工费用。

可通过“编辑”“删除”按钮来对货物明细进行删改操作。

② 单击图 6-29 操作列中的“委托单明细”进入如图 6-32 所示界面。

单击“从货物明细求和”按钮，计算出货物明细中货物的出库费用合计、搬卸费用合计、其他费用合计。单击“保存”按钮，保存委托单；单击“取消”按钮，取消本次操作。

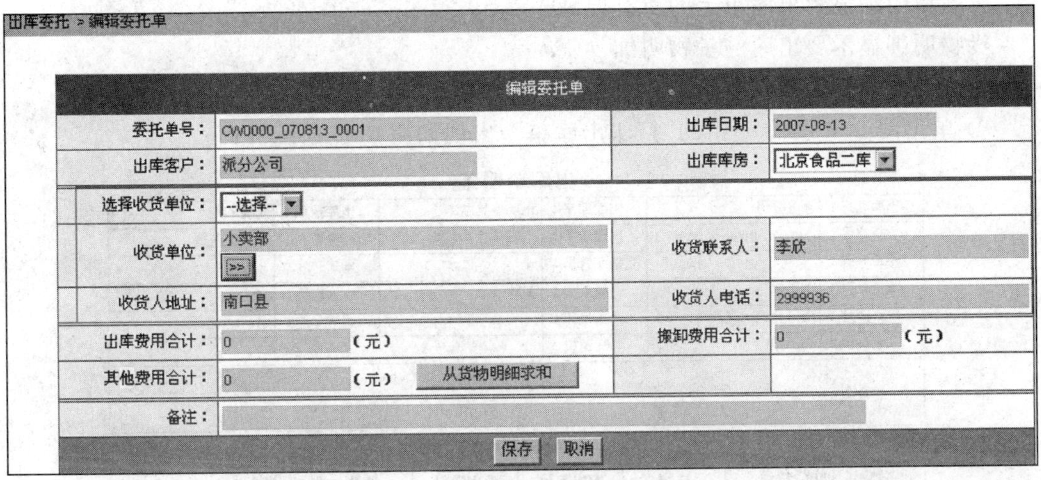

出库委托 > 编辑委托单

| 编辑委托单 | | | |
|---|---|---|---|
| 委托单号： | CW0000_070813_0001 | 出库日期： | 2007-08-13 |
| 出库客户： | 派分公司 | 出库库房： | 北京食品二库 |
| 选择收货单位： | --选择-- | | |
| 收货单位： | 小卖部 >> | 收货联系人： | 李欣 |
| 收货人地址： | 南口县 | 收货人电话： | 2999936 |
| 出库费用合计： | 0（元） | 搬卸费用合计： | 0（元） |
| 其他费用合计： | 0（元） 从货物明细求和 | | |
| 备注： | | | |
| 保存　取消 | | | |

图 6-32　编辑出库委托单

③ 单击图 6-29 操作列中的“生成出库单”，弹出如下界面(见图 6-33)。

单击“确定”按钮，委托单则生成出库单。单击“取消”按钮，委托单不生成出库单。

图 6-33　生成出库单确认

单击图 6-29 中的操作列“导出”进入如图 6-34 所示界面。

如要把文件下载到本机中，可单击鼠标右键，选择“目标另存为”选项，选择保存目录后，保存该文件。单击“关闭”按钮，关闭此界面。

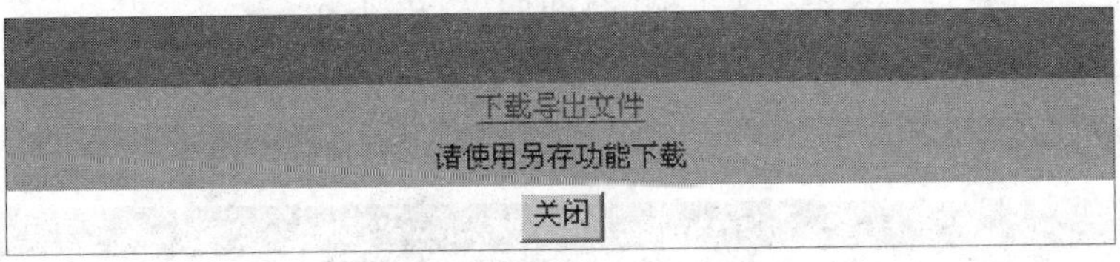

下载导出文件

请使用另存功能下载

关闭

图 6-34　下载导出文件

第二步，出库单打印。

单击图 6-7 中的“出库单打印”，进入如图 6-35 所示界面。

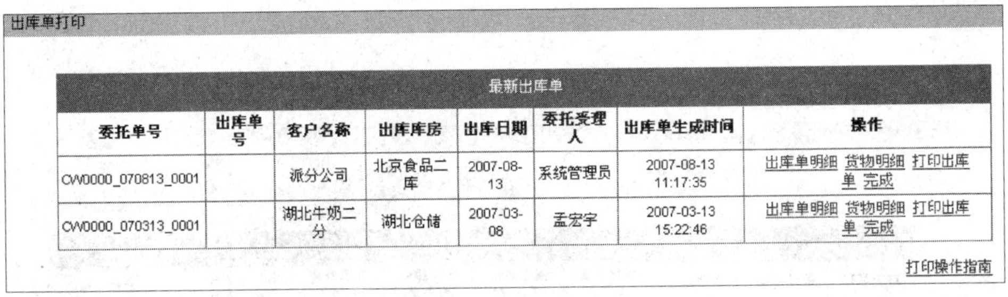

出库单打印

最新出库单

| 委托单号 | 出库单号 | 客户名称 | 出库库房 | 出库日期 | 委托受理人 | 出库单生成时间 | 操作 |
|---|---|---|---|---|---|---|---|
| CW0000_070813_0001 | | 派分公司 | 北京食品二库 | 2007-08-13 | 系统管理员 | 2007-08-13 11:17:35 | 出库单明细 货物明细 打印出库单 完成 |
| CW0000_070313_0001 | | 湖北牛奶二分 | 湖北仓储 | 2007-03-08 | 孟宏宇 | 2007-03-13 15:22:46 | 出库单明细 货物明细 打印出库单 完成 |

打印操作指南

图 6-35　出库单打印

该列表的操作栏中显示了出库单明细、货物明细、打印出库单、完成等操作。

出库单明细显示出库单上的所有记录。

货物明细显示要出库的货物明细。

完成是生成出库验收单。

① 单击图 6-35 操作列中的“打印出库单”，出现如图 6-36 所示界面。

**出库单明细**

| 出库客户： | 派分公司 | 出库库房： | 北京食品二库 | 出库日期： | 2007-08-13 |
|---|---|---|---|---|---|
| 委托单号： | CW0000_070813_0001 | 出库单号： | | 受理人： | 系统管理员 |
| 提单号码： | | 交接库管员： | | 到库时间： | |
| 收货单位： | 小卖部 | 联系人： | 李欣 | 电话： | 2999936 |
| 地址： | 南口县 | 运单号码： | | 运送单位： | |
| 车牌号码： | | 司机： | | | |
| 备注： | | | | | |

**货物明细**

| 货物品种 | 货物规格 | 货物编号 | 应出数量（件） | 应出数量（个） | 整件包装 | 最小单位 | 异常 |
|---|---|---|---|---|---|---|---|
| 蛋黄派 | 34 | 999 | 100 | 0 | 纸箱 | 盒 | |

| 存放货位 | 出厂批号 | 系统批号 | 生产日期 | 入库日期 | 应出（件） | 应出（个） | 实出货位 | 实出（件） | 实出（个） |
|---|---|---|---|---|---|---|---|---|---|

图 6-36 打印出库单

② 单击图 6-35 操作列中的“完成”，出现如图 6-37 所示界面。

单击“确定”按钮完成出库操作，单击“取消”按钮不生成出库操作。

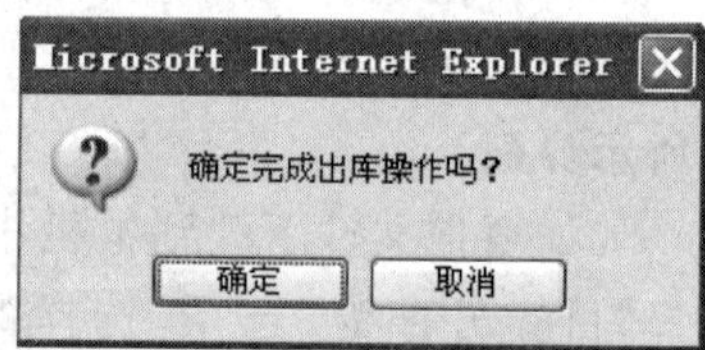


图 6-37 完成出库操作确认

第三步，出库验收。

单击图 6-7 中的“出库验收”按钮，进入如图 6-38 所示界面。

出库验收

待验收出库单

| 委托单号 | 出库单号 | 客户名称 | 出库库房 | 出库日期 | 操作 |
|---|---|---|---|---|---|
| CW0000_070813_0001 | | 派分公司 | 北京食品二库 | 2007-08-13 | 出库单明细 货物明细 核销本单 |
| CW0000_070108_0004 | 5554 | 湖北牛奶一分 | 湖北仓储 | 2007-01-12 | 出库单明细 货物明细 核销本单 |
| CW0000_070108_0003 | 5555 | 湖北牛奶二分 | 湖北仓储 | 2007-01-08 | 出库单明细 货物明细 核销本单 |
| CW0000_070108_0002 | uuu | 湖北牛奶一分 | 湖北仓储 | 2007-01-07 | 出库单明细 货物明细 核销本单 |
| CW0000_070108_0001 | yyyy | 湖北牛奶一分 | 湖北仓储 | 2007-01-05 | 出库单明细 货物明细 核销本单 |

图 6-38 出库验收

① 单击图 6-38 操作列中的“货物明细”，出现如图 6-39 所示界面。

出库验收 > 货物明细

客户名称：派分公司
出库库房：北京食品二库
委托单号：CW0000_070813_0001

货物明细

| 货物品种 | 货物规格 | 货物编号 | 应出数量（件） | 应出数量（个） | 实出数量（件） | 实出数量（个） | 整件包装 | 最小单位 | 操作 |
|---|---|---|---|---|---|---|---|---|---|
| 蛋黄派 | 34 | 999 | 100 | 0 | 0 | 0 | 纸箱 | 盒 | 待核销 货位明细 |

返回上一级

图 6-39 待验收出库单货物明细

② 单击图 6-39 操作列中的“待核销”，出现如图 6-40 所示界面。

出库验收 > 货物明细 > 编辑货物信息

客户名称：派分公司
出库库房：北京食品二库
委托单号：CW0000_070813_0001

| 货物明细 | | | |
|---|---|---|---|
| 货物品种/规格： | 蛋黄派　34 | 出厂批号： | |
| 出库单数量： | 100（件） 0（个） | 包装/最小单位： | 纸箱　盒 |
| 实出库数量： | 0 （件） 0 （件） □同上 | | |
| 出库成本： | （元） | 搬卸成本： | （元） |
| 其他成本： | （元） | | |
| 异常描述： | | | |
| 异常种类： | □货损 □货差 □货失 □包装损坏 | | |
| 实出库货位： | | | |

| 出厂批号 | 系统批号 | 货位 | 库存（件） | 库存（个） | 生产日期 | 入库日期 | 应出（件） | 应出（个） | 实出（件） | 实出（个） | |
|---|---|---|---|---|---|---|---|---|---|---|---|
| 678 | GSN_070521_0001 | 食品杂位 | 200 | 0 | 2007-05-21 | 2007-05-21 | 100 | 0 | 0 | 0 | □ |
| 678 | GSN_070521_0001 | 派货位2 | 200 | 0 | 2007-05-21 | 2007-05-21 | 0 | 0 | 0 | 0 | □ |

核销本货物　保存　取消

图 6-40　编辑出库货物信息

在该界面中输入实出库数量、重量、体积、出库成本、搬卸成本、其他成本、实出库的货位。单击“保存”按钮完成操作；单击“核销本货物”完成货物的核销；单击“取消”按钮回到货物明细页面。

当货物核销完毕后，回到出库验收页面。

③ 单击图 6-38 操作列中的“核销本单”，弹出如图 6-41 所示界面。

单击“确定”按钮完成核销本单操作，单击“取消”按钮取消这些操作。

图 6-41　核销本单

第四步，出库记录查询。

①单击图 6-7 中的“出库记录查询”按钮，进入如图 6-42所示界面。

出库记录查询

| 出库记录查询 | |
|---|---|
| 单据号： | |
| 客户： | --选择-- --选择-- |
| 出库库房： | --选择-- |
| 出库日期： | 到 |
| 查询 | |

图 6-42　出库记录查询

选择客户、出库库房、出库日期，然后单击“查询”按钮进行查询，进入如图 6-43 所示界面。

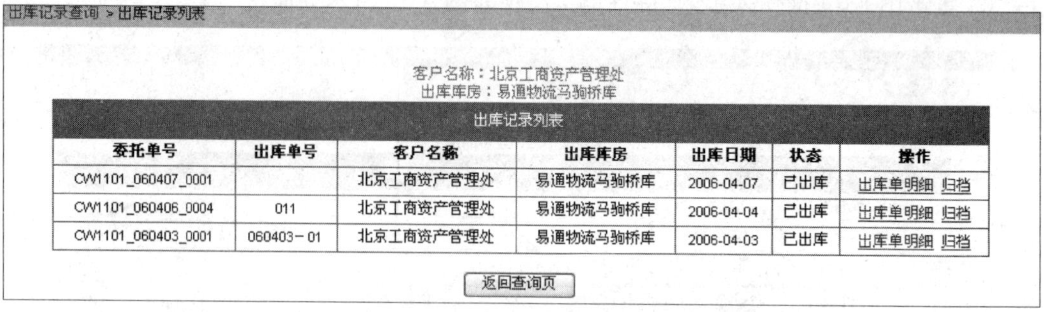

出库记录查询 > 出库记录列表

客户名称：北京工商资产管理处
出库库房：易通物流马驹桥库

出库记录列表

| 委托单号 | 出库单号 | 客户名称 | 出库库房 | 出库日期 | 状态 | 操作 |
|---|---|---|---|---|---|---|
| CW1101_060407_0001 | | 北京工商资产管理处 | 易通物流马驹桥库 | 2006-04-07 | 已出库 | 出库单明细 归档 |
| CW1101_060406_0004 | 011 | 北京工商资产管理处 | 易通物流马驹桥库 | 2006-04-04 | 已出库 | 出库单明细 归档 |
| CW1101_060403_0001 | 060403-01 | 北京工商资产管理处 | 易通物流马驹桥库 | 2006-04-03 | 已出库 | 出库单明细 归档 |

返回查询页

图 6-43 出库记录列表

单击“返回查询页”按钮回到查询界面。

② 单击图 6-43 操作列中的“出库单明细”，进入如图 6-44 所示界面。

出库记录查询 > 出库记录列表 > 出库单明细

出库单明细

| | | | |
|---|---|---|---|
| 出库客户： | 派分公司 | 出库库房： | 北京食品二库 |
| 委托单据： | CW0000_070813_0001 | 委托受理人： | 系统管理员 |
| 委托备注： | | | |
| 出库单据： | | 出库日期： | 2007-08-13 |
| 收货单位： | 小卖部 | 收货联系人： | 李欣 |
| 收货人地址： | 南口县 | 收货人电话： | 2999936 |
| 提单号码： | | | |
| 运单号码： | | 运送单位： | |
| 车牌号码： | | 司机： | |
| 发货人员： | | 到库时间： | |
| 出库备注： | | | |
| 验收备注： | | | |

货物明细

| 货物品种 | 货物规格 | 货物编号 | 实出数量（件） | 实出数量（个） | 整件包装 | 最小单位 | 异常 | 操作 |
|---|---|---|---|---|---|---|---|---|
| 蛋黄派 | 34 | 999 | 100 | 0 | 纸箱 | 盒 | | 货位明细 |

返回

图 6-44 出库单明细

单击“返回”按钮，回到如图 6-45 所示界面。

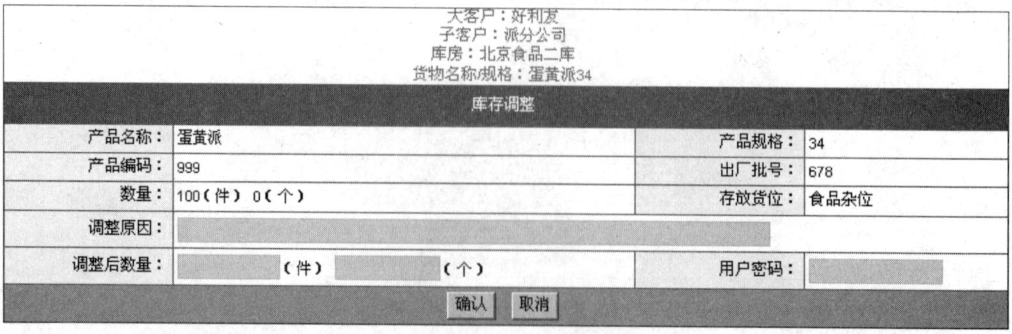

大客户：好利友
子客户：派分公司
库房：北京食品二库
货物名称/规格：蛋黄派34

库存调整

| | | | |
|---|---|---|---|
| 产品名称： | 蛋黄派 | 产品规格： | 34 |
| 产品编码： | 999 | 出厂批号： | 678 |
| 数量： | 100（件） 0（个） | 存放货位： | 食品杂位 |
| 调整原因： | | | |
| 调整后数量： | （件） （个） | 用户密码： | |

确认 取消

图 6-45 库存调整

(4) 库存查询。

第一步,客户货物库存。

单击图 6-7 中的“客户货物库存”按钮,进入如图 6-46 所示界面。

客户库存查询

| 客户货物库存查询 | |
|---|---|
| 客户: | 好利友　派分公司 |
| 库房: | 北京食品二库 |
| 货物: | 蛋黄派 |
| 批号: | |
| 入库时间段: | 2006-08-01 到 2007-08-31 |
| | 查询 |

图 6-46　客户货物库存查询

单击“查询”按钮后,得到库存记录列表,可查看入库和出库记录(见图 6-47)。

客户库存查询 > 库存记录列表

客户名称:派分公司
库房名称:北京食品二库

库存记录列表

| 货物品种 | 货物规格 | 产品编码 | 当前库存(件) | 当前库存(个) | 库存预警 | 操作 |
|---|---|---|---|---|---|---|
| 蛋黄派 | 34 | 999 | 300 | 0 | | 入库记录 出库记录 |
| 合计 | | | 300 | 0 | | |

返回

图 6-47　库存记录列表

① 单击图 6-47 操作列中的“入库记录”,进入如图 6-48 所示界面。

客户库存查询 > 库存记录列表 > 入库记录

客户名称:派分公司
库房名称:食品二库房
货物品种与规格:蛋黄派 34

合计数量:400(件) 0(个)　　入库时间:　到　查询

货物入库记录

| 入库时间 | 委托单号 | 入库单号 | 出厂批号 | 系统批号 | 入库数量(件) | 入库数量(个) | 操作 |
|---|---|---|---|---|---|---|---|
| 2007-08-13 | RW0000_070807_0001 | | | GSN_070813_0001 | 400 | 0 | 货位明细 |

| 货位 | 存放数量(件) | 存放数量(个) |
|---|---|---|
| 派货位 | 400 | 0 |

返回

图 6-48　入库记录

在该界面中可以查看货位明细信息、货物信息等。

② 单击图 6-47 操作列中的“出库记录”,显示如图 6-49 所示界面。

单击图 6-48 操作列中的“货位明细”可以显示所有的货位信息。

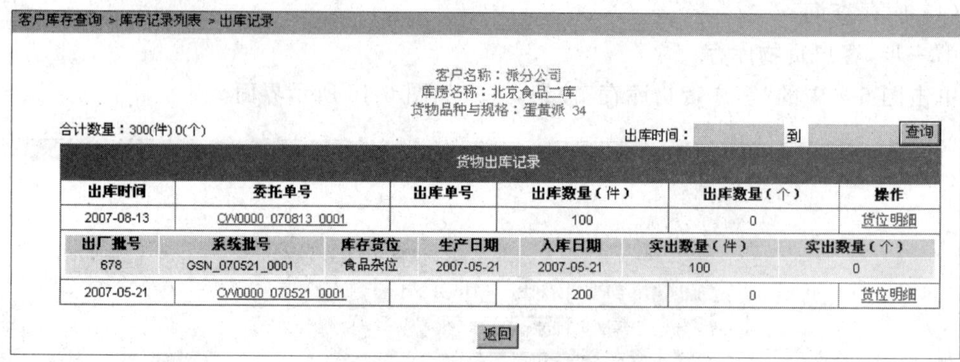


图 6-49　出库记录

第二步，仓库库存明细。

单击图 6-7 中的“仓库库存明细”按钮，进入如图 6-50 所示界面。

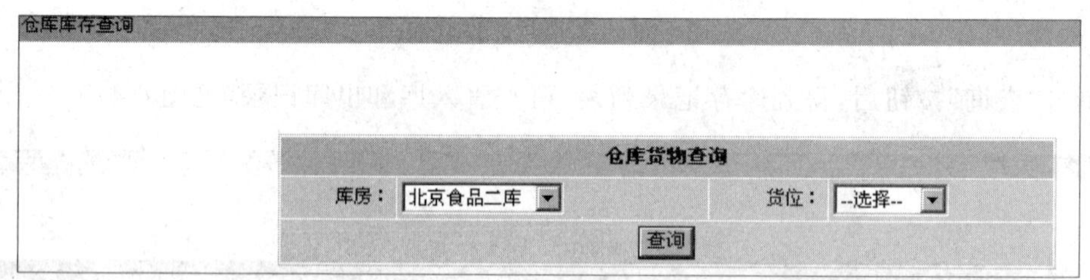


图 6-50　仓库库存查询

选择库房、货位，单击“查询”按钮进行查询，查询结果如图 6-51 所示。

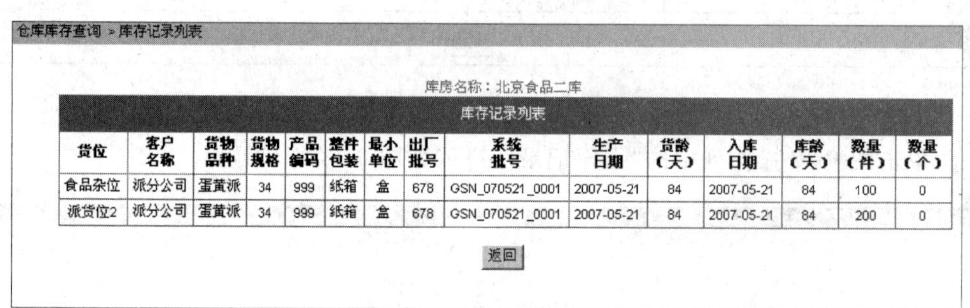


图 6-51　库存记录列表

6. 撰写实训报告

由学生完成。

7. 技能训练评价

完成实训后，填写技能训练评价(见表 6-1)。

**表 6-1　技能训练评价**

<table>
<tr><td colspan="2">专业：</td><td>班级：</td><td colspan="2">被考评学员：</td></tr>
<tr><td>考评时间</td><td colspan="2"></td><td>考评地点</td><td></td></tr>
<tr><td>考评内容</td><td colspan="4">仓储管理系统的应用</td></tr>
</table>

续表

<table>
<tr><td rowspan="5">考评标准</td><td>内　容</td><td>分值</td><td>自评（50%）</td><td>教师评议（50%）</td><td>考评得分</td></tr>
<tr><td>能够正确描述仓储作业的流程</td><td>20</td><td></td><td></td><td></td></tr>
<tr><td>单证填写完整、正确</td><td>25</td><td></td><td></td><td></td></tr>
<tr><td>能够独立完成出库、入库和查询操作</td><td>30</td><td></td><td></td><td></td></tr>
<tr><td>遵守纪律，爱护设备，实训认真</td><td>25</td><td></td><td></td><td></td></tr>
<tr><td colspan="4">综合得分</td><td></td><td></td></tr>
<tr><td colspan="6">指导教师评语：</td></tr>
</table>

## 任务小结

仓储物流管理信息系统(Warehouse Management System，WMS)是用来管理仓库内部的人员、库存、工作时间、订单和设备的应用软件。仓储作业过程是指以仓库为中心，从仓库接收货物入库开始，到按需要把货物全部完好地发送出去的过程。

仓储管理信息系统主要包含以下功能模块：基本信息管理、入库管理、库内管理、出库管理、查询管理。

## 练　习　题

**一、单项选择题**

1. WMS系统入库信息与单证处理流程为(　　)。
   A. 入库通知单→货位安排→确认入库
   B. 指示存储→确认存储→更新库存→确认入库
   C. 入库通知→检查预留货位→存放物品
   D. 指令存储→货位确认→存放指令
2. WMS系统出库处理的信息与单证处理流程为(　　)。
   A. 出库单→拣货单→提货单→运送单
   B. 出库单→提货单→行车单→结算单
   C. 出库单据→拣货单→配载通知→运送路线→储存结算单
   D. 生成出库单据→输出货运单→输出包装明细→确认出库→生成会计数据
3. 在WMS系统内，库内物品移动信息生成由(　　)执行，再移入计算机系统。
   A. PDT　　B. CCD　　C. RF　　D. POS
4. 仓储管理信息系统(WMS)的功能不包括(　　)。
   A. 仓库收发货、分拣、摆放、补货和过库
   B. 库存统计与分析
   C. 与下程运输连接的EDI
   D. 实现库存物品的逆向物流管理

5．WMS 的出入库管理模块业务操作包括：①审核与自动库位安排；②根据出库单定位出席物品；③实施出库手续；④入库信息预录入，其顺序为（　　）。

A．③④①②　　B．②④①③　　C．①④③②　　D．④①②③

**二、多项选择题**

1．WMS 中的主要功能模块是（　　）。

A．库位设定与安全库存量　　B．入库与出库管理

C．库内保管状况与物品移动　　D．结算与统计

2．WMS 管理功能包括（　　）。

A．入库管理　　B．库内移动　　C．出库管理　　D．结算管理

3．WMS 执行功能包括（　　）。

A．进货接受　　B．商品检验　　C．分拣配货　　D．发货运送

4．客户/服务器模式下，三层架构包含的内容是（　　）。

A．客户机　　B．文件服务器　　C．应用服务器　　D．数据库服务器

5．WMS 库位模块的功能是（　　）。

A．自动生成三维立体仓库模型　　B．在模拟位置查询库存物品及状态属性

C．实现入库信息的预录入　　D．对库存物品的存放合理性进行人工调整

**三、简答题**

1．简述仓储物流管理信息系统概念和主要功能模块。

2．仓储作业系统的入仓流程有哪些？

3．简述物流管理信息系统的特征。

**四、案例分析**

**亚马逊：仓储管理之道**

在亚马逊英国的库房里面，圣诞节期间每天有超过 40 万件商品在等待被运往各地。为高质量完成发货任务，亚马逊开发了基于检货区与存货区分离，货位与库存数量绑定的仓库货位管理系统，简称为 Bin 系统，这也就是亚马逊公司的仓库管理系统。

一、Bin 系统操作流程

1）收货

收货时实际是将采购订单看作一个货位，运货车看作另外一个货位，收货员将货品逐个从采购订单的货位转移到运货车的货位上去。这样的操作精度高，效率也相当高。

2）上架

上架实际上也是货品从待上架的货位（运货车）中的货品转移到存储用的货位上的过程。

上架操作按批次进行，每一个运货车作为一个批次，一个批次中包含了多次的上架操作。每一次的上架操作只涉及一个 SKU，在操作时，需要输入系统的信息为：上架 SKU，目标货位，上架数量（批次号中已经包含了运货车货位的信息）。在 Bin 系统下，由于货位和货品数量相绑定，因此在上架操作时，也不要求将一个 SKU 一次性放到同一个货位上，而是可以根据货架的实际剩余情况灵活安排到两个、三个甚至更多的货位上。

由此可以看到，在 Bin 系统下，上架员具有相当大的灵活性，看到哪里有空隙，就可以将货品放到哪里。这样的库房，虽然在看起来会很凌乱，货架上放着各种各样的东西，杂乱无

章，但实际上所有的信息都存储在货位系统中，任何需要都可以随时满足。

3）盘点

Bin 系统下，每一个存储货位中，分别有几个 SKU，每个 SKU 有多少数量，这些信息都是在货位系统存储的。并且，由于每一次库存实物操作都与在系统中相对应，所以实物与系统是同步更新的。

在这样的情况下，盘点可以在任意时间、任意货位操作。即使在盘点的同时进行上架、检货等操作，对于盘点精度也完全没有影响。这是其他的任何系统都无法做到的。

4）检货

在 Bin 系统中，由于货位与货品数量绑定，因此在生成检货批次的同时，可以指定检货库位，只有被指定的有检货需求的货位会被路径规划系统所考虑。

检货时，根据所有已占用库存货位的位置，自动规划出检货路径。检货时，只能检出“订单占用库存”，而不能检出普通库存。检货时检出的货品，放在检货容器中，同样也是一种特殊的货位。

5）出货

出货时，订单中包含的货品，从检货容器中转移到包裹，包裹号一样可以追踪。

综上所述，Bin 系统将货品、货位、数量的绑定关系做到了极致。这样做的好处可以有目共睹，亚马逊所使用的货位系统原理上与上述一致，支持起了每年 400 亿美元的销售规模，并且完全可以支持到更大的规模。

二、Bin 系统给亚马逊带来的好处

在使用 Bin 系统后，明显可以看到两个好处。

(1) 以前收货时，往往是清点确认数量后，再在系统中确认收货数量；而采用 Bin 系统后，可以认为采购订单为一个货位，收货动作就是将货品从采购订单的货位中转移到运货车的货位上。因此，收货操作时可以采用一边扫描一边收货的方式。这样做，将收货和点数结合起来，效率有所提高，更重要的是，逐个扫描的方式实际是系统点数，收货人员可以将精力放在检查货品是否合格，提高了收货质量。

(2) 收货后，由于运货车上的货品及其数量在系统中有记录，则上架员可以直接上架。上架时直接按照运货车的数据即可，而不用去匹配采购订单数据。这样有利于上架员工作量的平衡，也提高了精确度。

资料来源：新浪科技.

**思考题：**

1. 什么是亚马逊的 Bin 系统？
2. 亚马逊在使用 Bin 系统后，给企业带来哪些好处？

# 任务二　运输管理信息系统应用

## 教学导航

**任务目标**

1. 知识目标

(1) 理解运输管理信息系统的相关概念。

(2) 了解运输管理系统在企业中的运用现状和发展趋势。

(3) 掌握熟悉运输管理信息系统的功能。

(4) 掌握物流信息在物流运输管理活动中的流程。

2. 技能目标

(1) 能够掌握运输管理信息系统的操作流程。

(2) 会使用运输管理软件,完成运输任务。

**教学重点**

(1) 运输管理信息系统相关概念。

(2) 货物运输作业流程。

(3) 运输管理信息系统的使用。

**教学难点**

(1) 物流运输管理信息系统的结构。

(2) 运输管理软件的操作。

**教学方法**

任务驱动教学法、讲授式教学法、讨论教学法、案例教学法。

**教学手段**

多媒体教室、软件实训室、第三方管理软件、实训指导书。

**教学建议**

(1) 学生根据学习任务书,预习教材、通过查阅文献,了解运输管理信息系统的基本知识。

(2) 教师准备好授课课件(任务书、授课PPT、视频、图片及案例分析资料),讲清该任务实施的目标、要求和教学重点,根据任务安排,对学生进行分组,组织好课堂教学。

## 招商局物流运输过程透明管理信息系统

1. 招商局物流集团有限公司简况

招商局物流集团有限公司为国资委直接管理的国有大型企业——招商局集团有限公司的全资下属子公司,经营总部设于香港,是国家驻港大型企业集团。招商局物流在全国31个重要城市建立了60多个物流网络运作节点,其中22个设有仓储运作节点,形成了华南、华东、华北、东北、西南、华中、西北七大区域的全国性物流网络布局;在全国已运作32条干线运输和中转运输线路,拥有可控各类运输车辆近3 000辆,公路运输周转量超过23亿吨·公里,仓储堆存量近2.5亿立方米/天,操作量逾1 800万立方米,物流配送可及时送达全国700多个城市。

2. 面临的问题

行业的发展、市场的扩大、企业的成长,都必然同时引起很多问题。

首先，招商局物流庞大的物流网络，以及数量众多的运输车辆，为其在物流运输管理方面带来了困难。

其次，在集团向集约型现代物流企业转变的过程中，迫切需要更加科学、有效的管理方式和技术手段，来支持其经营战略的转变。这种管理方式和技术手段，要能够帮助集团整合资源，发挥现有资源的最大效用，转变为通过为客户提供可靠、安全高效的个性化、专业化优质物流服务的管理输出型现代物流企业。

3. 问题解决方案

招商局物流引进"运输过程透明管理"理念，借助物联网技术、GPS全球定位技术、3G移动通信技术、数据库技术、DVR车载视频技术以及车载高科技设备，建立起一套高科技综合物流运输过程透明管理系统，对物流网络中的所有车辆实现有效的管理和监控，解决大网络、多车辆的物流运输系统管理问题，降低调度强度，提高车辆利用率。

首先，系统通过运输车辆的终端设备进行卫星定位，准确获得车辆在任何时刻的位置、速度、里程、沿途道路状况、线路周边环境、车辆里程、车辆货柜门开启情况、车辆货柜内货物情况照片、车辆油耗情况等具体数据等信息，而这些信息是对车辆调度管理的前提。系统获得的信息提取、计算、分析后，将其通过通信模块发布到监控平台的网络上。管理者只要登录网络，即可对车辆的所有运行信息一目了然，而根本不需要通过向每个司机打电话确认，从而节省大量的时间和资源，是提高车辆利用率的第一步。

其次，管理者通过系统服务器下发的车辆调度信息，由通信网络传递到运输车辆的车载终端上，以短信形式或者车载终端的显示屏告知司机，实现车辆作业的信息的准确传递。当发生异常情况时，信息处理平台会发出文字和语音提示，提醒驾驶人员主要行驶安全和货物安全。

最后，采用了分管监控的方式。将系统按网点进行分组监控管理，划分出多级子账号，在网车辆既集中展现在招商局物流指定账号下，又通过子账号授权各职属部门进行精准监控，进一步降低管理监控的强度，提高车辆的利用率。

在运输监控系统中，采用开放通信协议，为招商局物流的客户提供相应的运输过程透明信息(车辆资料、运输线路等)，将运输过程透明管理系统与产业的相关内部系统对接起来，既让企业管理者通过系统掌握运输全过程，也让客户随时随地通过网络了解货物的运输状态，彻底将运输全过程的实时画面同时展现在企业管理者和客户面前，为客户和企业间及时的沟通和交流提供助力。

招商局物流采用运输过程透明管理系统，来加强其集团的管控能力，借助的就是监控系统在信息收集、传递和分析方面的显著优势。监控系统网络可以覆盖整个物流集团的各个部门，实现各部门间的互联互通，及时获取集团内的重要管理信息。大范围的信息资源和流通渠道整合，将企业中的整个管控过程也变成了一个透明的体系，借助快速、准确的信息，让集团总部能够在最短的时间内，对集团内管理环境发生的变化快速反应，做出科学决策、业务重组、业务集成等措施，从整个集团公司的制度层面、战略层面和运营层面来加强管控，从而有效提高集团管控的效率和执行力。

**思考题：**

1. 招商局物流采用运输过程透明管理系统应用了哪些主要信息技术？
2. 简述通过运输车辆的终端设备能获得哪些物流信息？

## 任务知识储备

# 一、运输管理信息系统概述

### （一）物流运输管理的业务流程

物流运输管理的业务流程主要包括接单、调度配载、提货发运、在途跟踪、验收货物、单证处理、财务结算等，如图 6-52 所示。

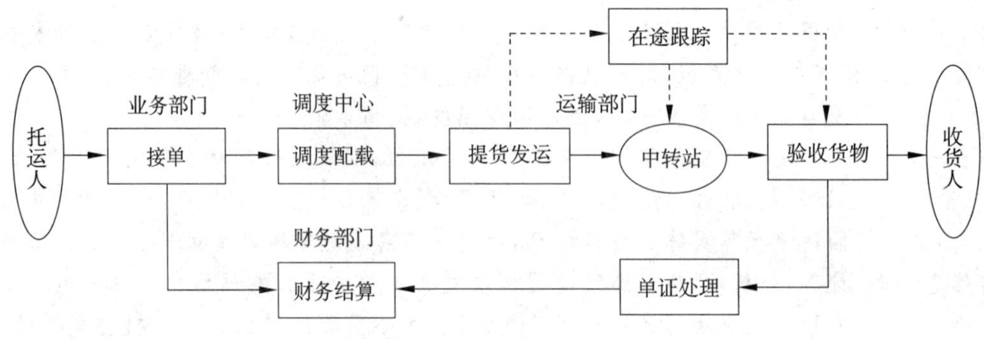


图 6-52　物流运输管理的业务流程

### （二）运输管理信息系统的概念

运输管理信息系统（Transportation Management System，TMS）是基于运输作业流程的管理系统，它利用计算机网络等现代信息技术，对运输计划、运输工具、运送人员及运输过程进行跟踪、调度、指挥。TMS 核心目标是：

（1）对运输过程中的人、车、货、客户及费用核算进行有效的协调和管理。

（2）实现对各种资源的实时监控、协调及智能化管理。

（3）满足客户服务的信息需求。

### （三）运输管理信息系统的作用

运输管理信息系统提高了物流运输的服务水平，具体作用表现在以下 4 个方面。

1. 查询便利化

当顾客需要对货物的状态进行查询时，只要输入货物的运单号码，立刻知道有关货物状态的信息。查询作业简便迅速，信息及时准确。

2. 服务及时化

通过货物信息可以确认货物是否将在规定的时间内送到顾客手中，及时发现没有在规定的时间内把货物交付给顾客的情况，以便马上查明原因并及时改正，从而提高运送货物的准确性和及时性，提高顾客服务水平。

3. 竞争优势化

运输管理信息系统可以帮助企业提高物流运输效率、提供差别化物流服务，从而使企业获得有利的竞争优势。

4. 信息共享化

运输管理信息系统提供货物运送状态的信息，丰富了供应链的信息分享源，有利于下游

用户预先做好接货及后续工作的准备。

## 二、运输管理信息系统总体功能结构

运输管理信息系统主要包含以下功能模块：客户管理、车辆管理、驾驶员管理、运输管理、财务管理、绩效管理、海关/铁路/航空系统对接管理、保险公司和银行对接管理。运输管理信息系统的总体功能结构如图 6-53 所示。

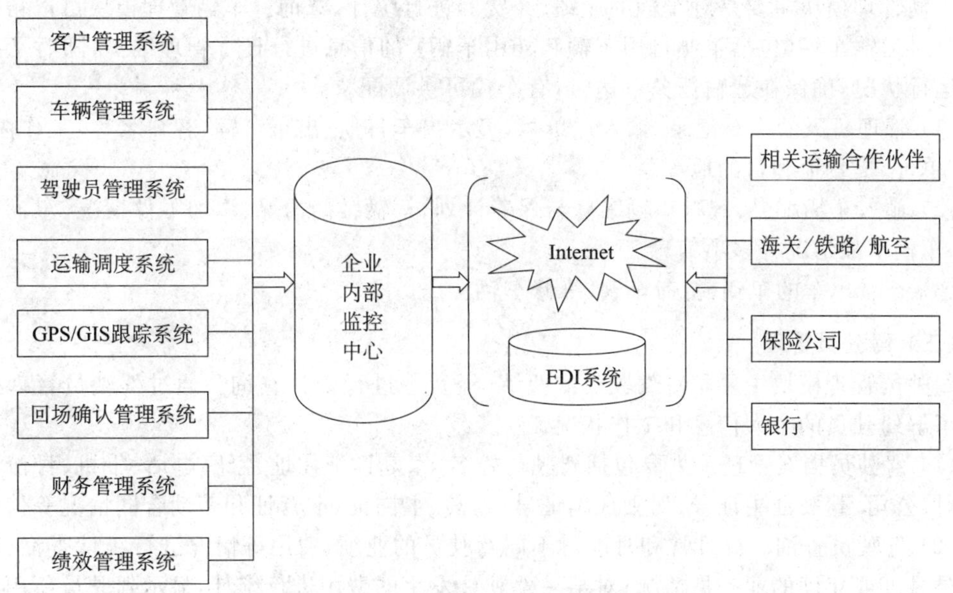


图 6-53　运输管理信息系统总体功能结构

### （一）客户管理

客户管理模块可以实现订单处理、合同管理、客户查询管理和投诉理赔管理功能。

1. 订单处理

订单处理可以提供多种订单受理方式。客户可通过电话、传真提交订单，同时系统在 Internet 环境中实现安全的、标准的 EDI 数据交换，接受网上直接下单，根据客户的指令进行订单的录入，主要包括受理日期、订单号(可人工输入或自动生成)、起运地址、货物名称、重量、体积、数量、货主及其电话、收货单位、联系人到达地址及各种费用等订单信息。对下达的订单进行分析审核，经双方确认后签订运输合同。支持多种发运订单，主要包括车辆运单、散户运单、合同运单和货物运单等。

2. 合同管理

(1) 对签订的合同进行统一管理。主要包括受理日期、合同编号、订单号、起运地址、货物名称、重量、体积、数量，货主、联系人及其电话，收货单位、联系人、到达地址、车辆种类、车辆数量、签订人、审核人、起始时间、到达时间、预付费用计算和结算方式等信息。

(2) 合同破损记录。主要指对装车、发货时发生的破损记录情况进行登记、修改工作。理赔部门按照事先双方签订的合同协议进行理赔处理，系统自动将金额转入财务结算。

3. 客户查询管理

客户通过输入货物代码，就可以得知货物在库情况、在途状况和预计到达时间等。

4. 投诉理赔管理

(1) 处理客户投诉。对客户的投诉进行分析和统计,做出投诉处置并进行相关记录,向上汇报。

(2) 对客户反馈的信息进行分析、记录,提高服务水平。

### (二) 车辆管理

车辆管理模块主要是对车辆的业绩、经费等进行统计、查询。车辆管理模块可以帮助管理人员对运输车辆(包括企业自用车辆和外用车辆)的信息进行日常管理维护,随时了解车辆的运行状况,确保在运输任务下达时,有车辆可供调配。

(1) 管理每天的出车记录,输入运单号,显示出车日期、出车车辆、客户名称、工作内容、吨位、单价、提货地和目的地等。

(2) 输入车辆编号,查看车辆维修与保养计划、车辆维修情况、添加零件情况、车辆违章情况、车辆事故情况等多项信息。

(3) 查看出车的车辆、待命车辆、维修车辆。

### (三) 驾驶员管理

驾驶员管理模块主要是对驾驶员的业绩、经费等进行统计查询。通过驾驶员管理模块可以了解驾驶员的个人信息和工作状况。

(1) 驾驶员档案管理。主要包括驾驶员姓名、家庭详细住址、家庭电话、手机、身份证号码、所属公司、驾驶证主证号、驾驶证副证号、驾龄、上岗证、准营证和劳动合同情况等信息。

(2) 驾驶员查询。分日常和月度对不同驾驶员的业绩、费用等情况进行统计查询;显示驾驶员月度或年度的业务量情况;对某一驾驶员发生的费用进行统计,显示驾驶员所用的运杂费、人工费、工资等费用。

(3) 支持驾驶员刷卡功能,对驾驶员进行考勤监督,实行绩效管理。

### (四) 运输管理

运输管理模块包括运输计划安排、运输方式选择和运输路线优化 3 个环节。

(1) 根据客户的要求制订运输计划并生成运输计划书。

(2) 根据货物的性质、特点、运输批量及运输距离等实际情况,在保证按时到货及运费不超出预算的前提下,选择合适的运输方式。

(3) 根据客户输入的起点和目的地,自动设计最佳行驶路线,包括最快的路线、最简单的路线,通过高速公路分段次数最少的路线等。线路规划完毕后,显示器自动在电子地图上显示设计线路,并同时显示汽车运行路径。

### (五) GIS/GPS 车辆跟踪定位系统

1. 车载终端(MDT)

车载终端主要功能有:

(1) 从 GPS 接收数据。

(2) 设置各种报警灯的状态。

(3) 显示调度信息及报警。

2. 通信系统

通信系统模块主要功能是通过 GSM 中文短消息的形式实现车载终端与监控中心的数据传输。

（1）对接收到的定位信息进行差分处理，并提供给GIS系统。

（2）把GIS系统的报警及解除报警的信息发给车载终端。

3. 监控中心

1）电子地图

（1）地图显示各目标所在位置。

（2）可以对固定的目标进行查询，对监控目标进行显示。

（3）地图的显示方式设置一张小比例尺全图显示，另外设置几张分段的大比例尺地图，在全图上选择位置后，分区域地图对应的位置自动居中。

（4）实时检测定位信息数据，更新各个目标的显示位置。

（5）判断各个目标所处的实际情况，确定是否向通信模块发送报警信息。

（6）用户可以手工向车载终端发出报警信息。

（7）车辆行驶的轨迹回放。

2）管理查询系统

（1）查询打印驾驶员的任务完成情况。

（2）完成电子地图中各种参数的设置及维护。

（3）系统的权限设置。

3）语音记录系统

（1）实时监控电话及集群电话各个频道的通话语音信息并记录。

（2）对记录的通话信息按选定的时间段进行回放。

**（六）回场确认管理子系统**

驾驶员将货物送到目的地且车辆回场后，将客户收货确认单上的信息输入回场确认管理子系统，系统将对这些信息进行存储，作为数据统计分析的信息基础。

**（七）财务管理**

财务管理模块具有以下功能。

（1）可提供全国各地运输价格和所需时日的查询。

（2）可设置联盟运输商的价格信息数据库。

（3）可依据合同为客户制定运输价格表。

（4）可生成费用结算报表和费用明细的列表。

（5）成本核算每趟运输出行的过桥过路费、油费、人工费和资产折旧等费用。

（6）支持多种结算方式及利率统计。

**（八）绩效管理**

绩效管理模块具有以下功能。

（1）辅助高层管理者对业务管理和经营事务进行控制、优化和决策。

（2）帮助进行事前、事中和事后的管理和控制。

（3）支持经营决策。例如，要不要进行外包车辆等，系统都会根据数据给出一个分析和参考的指标。

**（九）海关/铁路/航空系统对接管理**

海关/铁路/航空系统对接管理模块的主要功能如下：

(1) 涵盖所有的运输方式,包括水路运输、公路运输、铁路运输和航空运输,并提供对多式联运业务的支持。

(2) 实现对不同运输方式的衔接互补。当某种运输任务牵涉多种运输方式时,能实时提出运输组织的策略,以合理的组织方式完成运输任务。

(3) 通过与海关部门的对接,为外贸交易提供系统的报关服务,方便了客户也扩大了企业的业务。

**(十) 保险公司和银行对接管理**

保险公司和银行相关部门对接管理,保证了运输业务的保险便捷。

(1) 为物流运输部门的车辆和员工提供保险业务。

(2) 承接网上投保业务,为物流公司承接的运输货物随时办理保险业务。

(3) 分担了物流企业的风险。

(4) 通过与银行接口实现网上支付和结算业务,缩短了作业时间,减少了费用。

## 三、运输管理信息系统的发展趋势

1. 技术集成与多系统之间对接

在技术集成方面,射频技术、卫星定位技术、物流仿真技术等将在物流领域广泛应用。同时运输管理信息系统正逐渐向供应链全过程演进,更加注重运输管理信息系统与其他系统(如仓储管理系统、配送管理系统等)及其他环节(如 ERP、MRP 等)的信息系统的整合,从而实现物流的全过程控制。

2. 运输管理信息系统的开放性及扩展性日益增强

21 世纪企业将必须寻找战略合作伙伴,通过联盟的力量获得竞争优势,同时越来越多的货主将自己的软件和 IT 系统与第三方物流集成使用,这将对物流信息系统的开放性及扩展性要求越来越高。

3. 运输管理信息系统将更好地支持在线服务,也越来越重视系统的安全性与可靠性

物流过程中信息的流动是跨企业进行的,物流系统必须实现跨地区的信息实时传输、远程数据访问、数据分布处理和集中处理的结合。所以,对运输管理信息系统的安全性、可靠性提出了更高的要求。

4. 移动信息技术的发展带动系统的变化

运输管理信息系统中移动信息技术的发展将日益成熟,快速定位、实时导航、简单指令、精密授时将逐渐成为现实。

5. 强调对决策的支持作用

运输管理信息系统越来越注重费用环节,强调成本分析,增强预测分析、决策支持功能,物流是企业的第三利润源泉,降低成本是物流运作的首要目标。完善的、强大的成本分析、控制是物流信息系统必不可少的功能。

### 广州某物流企业物流调度岗位说明书

物流企业物流调度岗位说明书内容如图 6-54 所示。

| 物流企业物流调度岗位说明书 | | | | |
|---|---|---|---|---|
| 岗位名称 | 物流部调度 | 所属部门 | 物流部 | |
| 直接上级 | 物流部内务主管 | 直接下级 | | |
| 岗位编号 | | 编写日期 | 2015 年 09 月 01 日 | |
| 工作职责 | | | | |
| 职责一 | 职责描述 | 物流调度 | | |
| | 工作任务 | 负责承运商车辆的调度安排 | | |
| | | 承运商车辆到车时间的跟踪 | | |
| | | 与承运商进行现场的沟通与协调等 | | |
| 职责二 | 职责描述 | 到货跟踪 | | |
| | 工作任务 | 日常到货跟踪 | | |
| | | 到货异常情况处理 | | |
| 公司内部沟通关系 | | | | |
| 部　门 | 岗　位 | 程度(频繁/经常/偶尔) | 沟通方式 | 沟 通 目 的 |
| 营运组 | 销售助理 | 经常 | 电话/面谈/邮件 | 单据传递、信息反馈 |
| 财务部 | 会计 | 经常 | 电话/邮件 | 单据审核确认 |
| 企划部 | 助理 | 偶尔 | 电话/面谈/邮件 | 赠品进仓、发放问题 |
| KA 部 | 助理 | 偶尔 | 电话/面谈/邮件 | |
| 采购部 | 助理 | 偶尔 | 电话/面谈 | 反馈因包材导致缺货问题及经销商反应的包材问题 |
| 销售部 | 销售部各区域城市经理 | 经常 | 电话 | 到货问题处理 |
| 行政部 | 行政助理 | 经常 | 电话/面谈/邮件 | 广晟赠品的派车安排 |
| 仓库 | 主管、助理 | 频繁 | 电话/面谈/邮件 | 仓库发货信息反馈 |
| 公司外部沟通关系 | | | | |
| 单位类型 | 部　门 | 程度(频繁/经常/偶尔) | 沟通方式 | 沟 通 目 的 |
| 承运商 | 客服、经理 | 频繁 | 电话/面谈/邮件 | 到货情况查询、处理及仓库到车时间的跟踪 |
| 经销商 | 仓库 | 频繁 | 电话 | 到货查询 |
| KPI 考核 | | | | |
| 关键业绩指标 | | 指标项目 | 考核指标(量化) | 权重(100) |
| 车辆调度 | | 每日到车准时率 | | 50 |
| 到货跟踪 | | 当日到货跟踪比例 | | 50 |
| 权限 | 工作权限 | K3、ERP 系统相关查询、审核 | | |
| | 费用权限 | | | |
| | 人事权限 | | | |
| 任职资格 | 教育水平 | 大专以上 | | |
| | 工作经验 | 1 年以上 | | |
| | 技能与能力 | 熟悉操作 K3、ERP 及办公软件,沟通能力较强、责任心强、要耐心 | | |
| | 个性与品质 | 为人正直、吃苦耐劳 | | |

图 6-54　物流企业物流调度岗位说明书内容

| 工作环境 | 工作地点 | 广州 |
|---|---|---|
| | 工作时间 | |
| 备注 | | |

图 6-54(续)

## 实训任务实施二

### 第三方物流管理系统——运输管理信息系统应用

1. 实训目标

(1) 认知运输管理信息系统,理解运输管理信息系统的相关概念。

(2) 掌握运输管理信息系统各功能模块的业务流程。

(3) 会应用运输管理信息系统的主要功能模块处理物流运输业务。

2. 实训要求

(1) 按照实训任务单,完成各项任务。

(2) 按照规范要求,提交实训报告。

(3) 遵守实训中心的纪律,爱护设备,实训认真,注意安全。

3. 实训准备

(1) 教师准备好实训任务书,教师讲清该任务实施的目标和运输管理信息系统知识要点。

(2) 实训中心准备实训设备和上网环境。

(3) 学生根据任务目标通过教材和 Internet 收集相关资料并做好知识准备。

4. 实训任务

广东美的集团有 200 台空调从郑州仓库运到到河北省石家庄天马沃尔玛超市仓库。运达时间 2015 年 9 月 5 日早上 8 点;每台空调重 100kg,体积 0.25$m^3$;委托河南宏发物流公司承运。请使用第三方物流管理软件中“运输管理”模块完成以上任务。基本资料如下。

物流服务资料:河南宏发物流公司

地址:郑州高新经济产业开发区第五大道 68 号　　联系人:赵明

联系电话:0371-86785226

手机:15566565888　　E-mail:liming@163.com

车辆资料见表 6-2。

**表 6-2　车辆资料**

| 承运公司 | 类型 | 车型 | 司　机 | 车　牌 | 手　机 | 车架号 | 备　注 |
|---|---|---|---|---|---|---|---|
| 河南宏发物流公司 | 吨车 | 1T | 严志高 | 豫 A-02127 | 13392151515 | | |
| | | 1.5T | 郭齐衡 | 豫 A-02457 | 13392151516 | | |
| | | 3T | 周德贵 | 豫 A-02841 | 13392151517 | | |
| | | 5T | 彭代勇 | 豫 A-05632 | 13392151518 | | |
| | | 8T | 张中和 | 豫 A-88888 | 13392151519 | | |
| | 柜车 | 20 尺 | 黄伍明 | 豫 A-03562 | 13392151520 | 豫 A-03482 挂 | |
| | | 40 尺 | 常宪 | 豫 A-02986 | 13392151521 | 豫 A-02366 挂 | |

收货方资料：

收货方名称：石家庄天马沃尔玛超市仓库(江山路165号)

收货人：李文　电话：0311-68221155　TEL：13868587818　E-mail：liwen@163.com

发货方资料：

发货方名称：广东美的集团　广东顺德

发货人：高山　电话：0765-6339143　TEL：13968587818　E-mail：gaoshan@163.com

货物名称：美的空调　型号：美的(Midea) KFR-26GW/BP2DN1Y-PA401(A3)

生产日期：2015年5月16日　　　　　出厂批号：20150516100

客户业务相关：

此批货物运费用：2 000元；其他费用：300元

5. 实训操作

(1) 运输委托。

学生根据任务目标，按照学习任务书的要求，登录“第三方物流管理系统”的运输管理部分(见图6-55)进行模拟训练。

图6-55　第三方物流管理系统运输管理部分主界面

第一步，委托单录入。

单击图6-55中的“委托单录入”按钮，进入如图6-56所示界面。

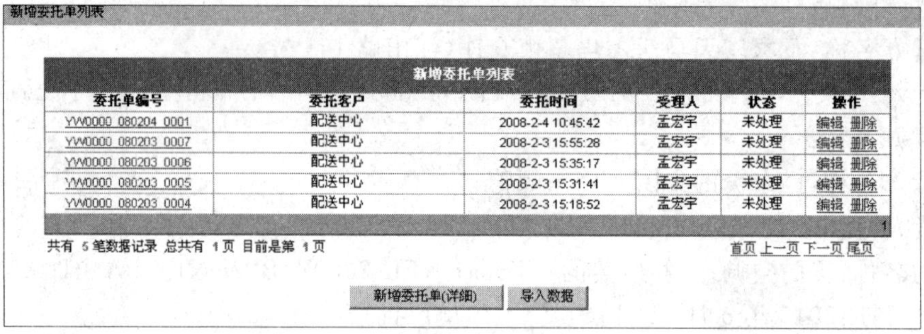

新增委托单列表

新增委托单列表

| 委托单编号 | 委托客户 | 委托时间 | 受理人 | 状态 | 操作 |
|---|---|---|---|---|---|
| YW0000_080204_0001 | 配送中心 | 2008-2-4 10:45:42 | 孟宏宇 | 未处理 | 编辑 删除 |
| YW0000_080203_0007 | 配送中心 | 2008-2-3 15:55:28 | 孟宏宇 | 未处理 | 编辑 删除 |
| YW0000_080203_0006 | 配送中心 | 2008-2-3 15:35:17 | 孟宏宇 | 未处理 | 编辑 删除 |
| YW0000_080203_0005 | 配送中心 | 2008-2-3 15:31:41 | 孟宏宇 | 未处理 | 编辑 删除 |
| YW0000_080203_0004 | 配送中心 | 2008-2-3 15:18:52 | 孟宏宇 | 未处理 | 编辑 删除 |

共有 5 笔数据记录 总共有 1 页 目前是第 1 页　　首页 上一页 下一页 尾页

新增委托单(详细)　导入数据

图 6-56　新增运输委托单列表

单击“新增委托单(详细)”按钮,进入如图 6-57 所示界面。

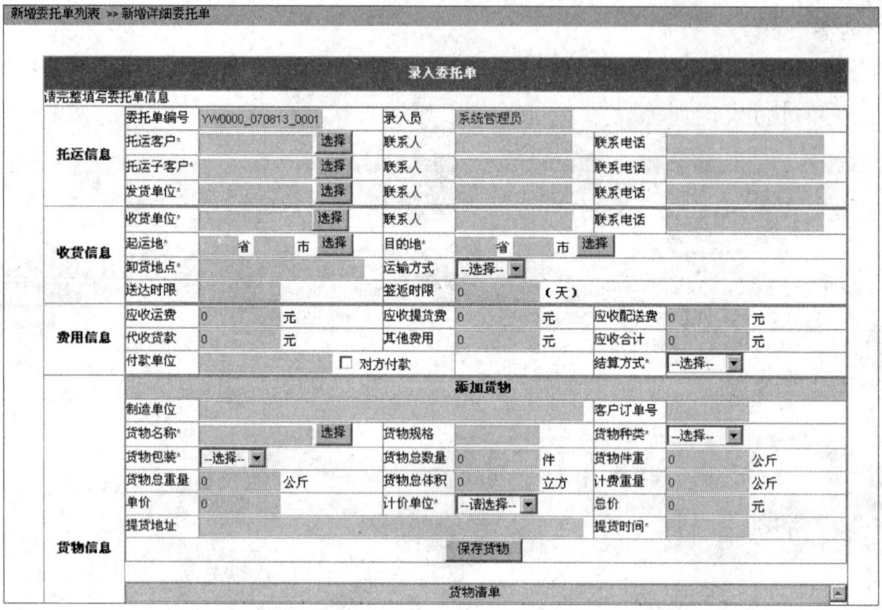

新增委托单列表 >> 新增详细委托单

录入委托单

请完整填写委托单信息

| | | | | | | |
|---|---|---|---|---|---|---|
| 托运信息 | 委托单编号 | YW0000_070813_0001 | 录入员 | 系统管理员 | | |
| | 托运客户* | 选择 | 联系人 | | 联系电话 | |
| | 托运子客户* | 选择 | 联系人 | | 联系电话 | |
| | 发货单位* | 选择 | 联系人 | | 联系电话 | |
| 收货信息 | 收货单位* | 选择 | 联系人 | | 联系电话 | |
| | 起运地* | 省 市 选择 | 目的地* | 省 市 选择 | | |
| | 卸货地点* | | 运输方式 | --选择-- | | |
| | 送达时限 | | 签返时限* | 0 (天) | | |
| 费用信息 | 应收运费 | 0 元 | 应收提货费 | 0 元 | 应收配送费 | 0 元 |
| | 代收货款 | 0 元 | 其他费用 | 0 元 | 应收合计 | 0 元 |
| | 付款单位 | □ 对方付款 | | | 结算方式* | --选择-- |
| 货物信息 | 添加货物 | | | | | |
| | 制造单位 | | | | 客户订单号 | |
| | 货物名称* | 选择 | 货物规格 | | 货物种类* | --选择-- |
| | 货物包装* | --选择-- | 货物总数量 | 0 件 | 货物件重 | 0 公斤 |
| | 货物总重量 | 0 公斤 | 货物总体积 | 0 立方 | 计费重量 | 0 公斤 |
| | 单价 | 0 | 计价单位* | --请选择-- | 总价 | 0 元 |
| | 提货地址 | | | | 提货时间* | |
| | 保存货物 | | | | | |
| | 货物清单 | | | | | |

图 6-57　录入委托单

单击“导入数据”按钮,进入如图 6-58 所示界面。

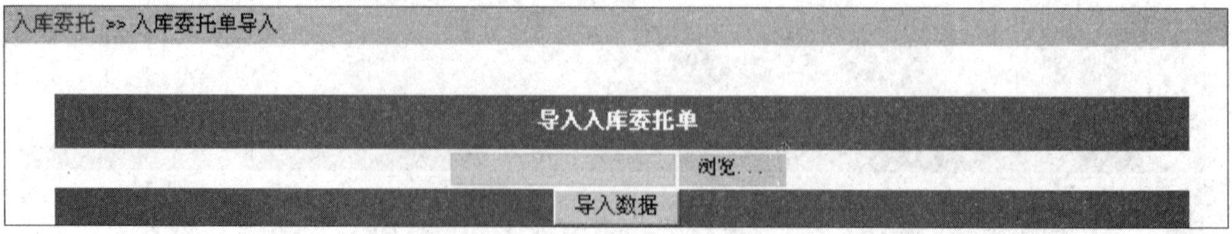

入库委托 >> 入库委托单导入

导入入库委托单

浏览...

导入数据

图 6-58　导入入库委托单

单击“浏览”按钮,选择后缀名为 .xml 的文件(此文件为运输集货导出的数据,运输集货功能将在后续介绍),文件选择后单击“导入数据”按钮,通过文件中的数据内容生成入库委托单。

第二步,集货调度。

单击图 6-55 中的“集货调度”按钮，进入如图 6-59 所示界面。

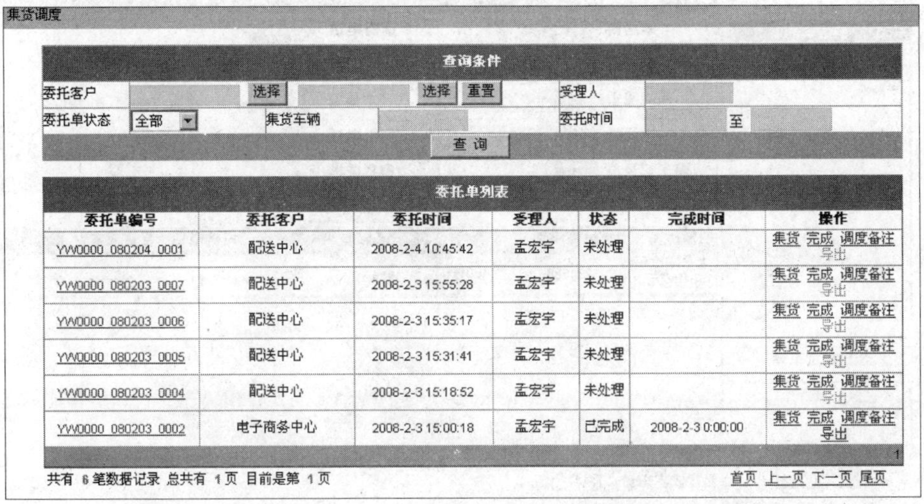

集货调度

查询条件

委托客户 选择 选择 重置 受理人

委托单状态 全部 集货车辆 委托时间 至

查询

委托单列表

| 委托单编号 | 委托客户 | 委托时间 | 受理人 | 状态 | 完成时间 | 操作 |
| --- | --- | --- | --- | --- | --- | --- |
| YW0000_080204_0001 | 配送中心 | 2008-2-4 10:45:42 | 孟宏宇 | 未处理 | | 集货 完成 调度备注 导出 |
| YW0000_080203_0007 | 配送中心 | 2008-2-3 15:55:28 | 孟宏宇 | 未处理 | | 集货 完成 调度备注 导出 |
| YW0000_080203_0006 | 配送中心 | 2008-2-3 15:35:17 | 孟宏宇 | 未处理 | | 集货 完成 调度备注 导出 |
| YW0000_080203_0005 | 配送中心 | 2008-2-3 15:31:41 | 孟宏宇 | 未处理 | | 集货 完成 调度备注 导出 |
| YW0000_080203_0004 | 配送中心 | 2008-2-3 15:18:52 | 孟宏宇 | 未处理 | | 集货 完成 调度备注 导出 |
| YW0000_080203_0002 | 电子商务中心 | 2008-2-3 15:00:18 | 孟宏宇 | 已完成 | 2008-2-3 0:00:00 | 集货 完成 调度备注 导出 |

共有 6 笔数据记录 总共有 1 页 目前是第 1 页　首页 上一页 下一页 尾页

图 6-59　集货调度

在该界面中输入查询的条件，在查询完成的界面中可对委托单进行集货、调度等操作。单击“委托单编号”列下的单号查看委托单信息。

单击图 6-59 操作列中的“集货”，进入如图 6-60 所示界面。

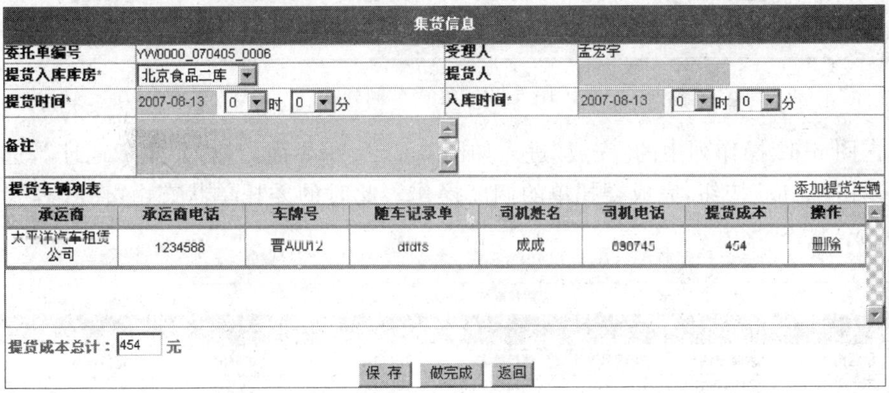

集货信息

| 委托单编号 | YW0000_070405_0006 | 受理人 | 孟宏宇 |
| --- | --- | --- | --- |
| 提货入库库房* | 北京食品二库 | 提货人 | |
| 提货时间* | 2007-08-13 0 时 0 分 | 入库时间* | 2007-08-13 0 时 0 分 |
| 备注 | | | |

提货车辆列表　添加提货车辆

| 承运商 | 承运商电话 | 车牌号 | 随车记录单 | 司机姓名 | 司机电话 | 提货成本 | 操作 |
| --- | --- | --- | --- | --- | --- | --- | --- |
| 太平洋汽车租赁公司 | 1234588 | 晋A0012 | dfdfs | 成成 | 080745 | 454 | 删除 |

提货成本总计：454 元

保存 做完成 返回

图 6-60　集货信息

在该界面中，填写提货入库库房、提货人、提货时间、入库时间、备注等信息后，单击“添加提货车辆”按钮，进入如图 6-61 所示界面。

在该界面中选择车辆，填写随车记录单、提货成本，填写完成后单击“添加车辆”按钮，车辆信息将显示在该页面的右下方，如有误可通过单击“删除”按钮来进行操作。单击“返回”按钮，回到集货信息界面；单击“保存”按钮，对集货信息进行保存，保存后仍停留在集货信息页面；单击“做完成”按钮完成集货操作。完成这些操作后委托单的状态由原来的“未处理”状态变成“已处理”状态。

单击图 6-59 操作列中的“完成”进入如图 6-62 所示界面。单击“返回”按钮，回到集货列表页面。

选择集货车辆
青鸟物流
京B5432(挂靠车辆)
今日集货车辆
详细信息
编辑集货车辆信息
承运商 青鸟运输公司
*承运商电话 33333333
车牌号 京B5432
车型 槽罐单车
载重
体积 x x (长x宽x高 单位：m)
司机 陈柳
司机电话 6666666
*随车记录单 bbb
*集货成本 332 元
添加车辆
承运商 承运商电话 车牌号 随车记录单 司机姓名 司机电话 提货成本 操作
太平洋汽车租赁公司 1234588 晋A0012 aaa 成成 698745 3333 删除
提货成本总计：3333 元
返回

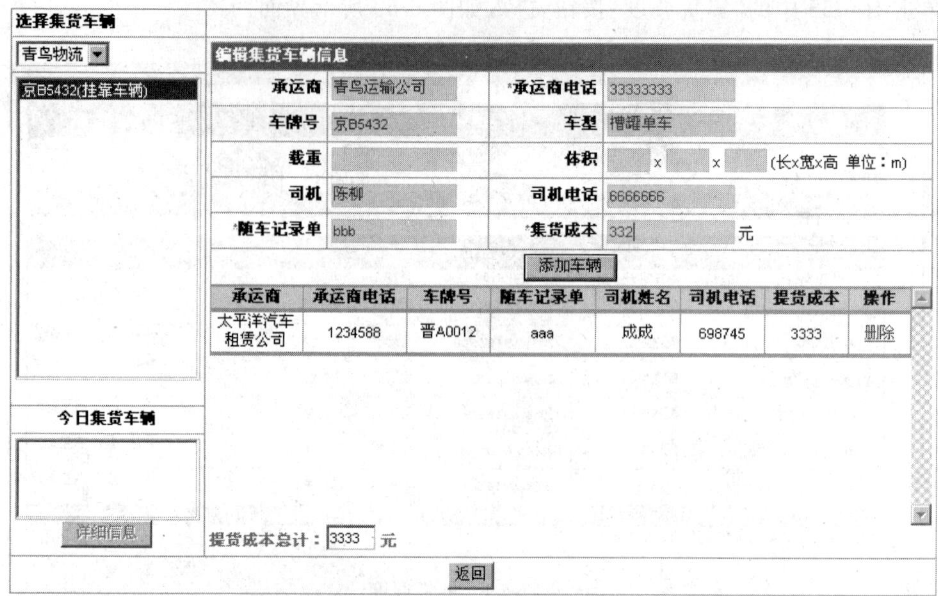

图 6-61　编辑集货车辆信息

委托单：YW0000_070405_0006
集货车辆列表
承运商 承运商电话 车牌号 司机姓名 司机电话 完成时间 提货地址 操作
太平洋 1234588 晋A0012 成成 698745 完成
返回

图 6-62　集货车辆列表

单击图 6-62 操作列中的“完成”进入如图 6-63 所示界面。输入“集货地址”，选择“完成时间”，单击“完成”按钮，完成委托单的调度操作。此时的委托单状态由“已处理”状态转换为“已完成”状态。

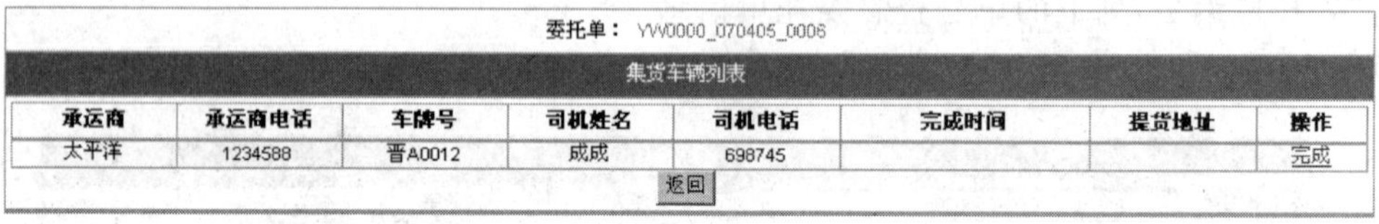

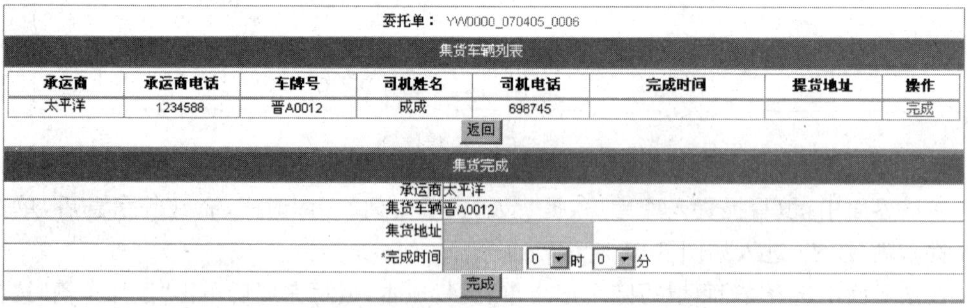

委托单：YW0000_070405_0006
集货车辆列表
承运商 承运商电话 车牌号 司机姓名 司机电话 完成时间 提货地址 操作
太平洋 1234588 晋A0012 成成 698745 完成
返回
集货完成
承运商太平洋
集货车辆晋A0012
集货地址
*完成时间 0 时 0 分
完成

图 6-63　集货完成

单击图 6-59 操作列中的“调度备注”，进入如图 6-64 所示界面。

在该界面中输入备注信息，填写完毕后单击“关闭”按钮，回到集货调度页面。

单击图 6-59 操作列中的“导出”，弹出如图 6-65 所示界面。

如要把文件下载到本机中，可单击鼠标右键，选择“目标另存为”选项，选择保存目录后，

| 提货信息 | |
|---|---|
| 集货调度 | 系统管理员 |
| 备注 | |
| 关闭 | |

图 6-64　提货信息

下载导出文件

请使用另存功能下载

关闭

图 6-65　下载集货单导出文件

保存该文件。单击“完成”按钮,关闭此页面。

第三步,委托单管理。

单击图 6-55 中的“委托单管理”按钮,进入如图 6-66 所示界面。

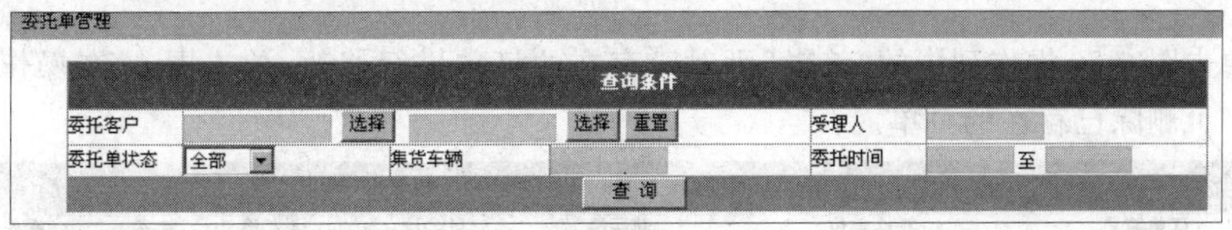


图 6-66　委托单管理

在该界面中输入各种条件,进行查询,查询结果如图 6-67 所示。

在该界面中状态为“未处理”的可对其进行“编辑”和“删除”操作。

查询条件

委托客户 [　] 选择 [　] 选择 重置　受理人 [　]

委托单状态 全部　集货车辆 [　]　委托时间 [　] 至 [　]

查 询

委托单列表

| 委托单编号 | 委托客户 | 委托时间 | 受理人 | 状态 | 完成时间 | 操作 |
|---|---|---|---|---|---|---|
| YW0000_070521_0002 | 派分公司 | 2007-5-21 14:15:27 | 孟宏宇 | 已完成 | 2007-5-21 0:00:00 | 编辑 删除 |
| YW0000_070405_0009 | 湖北牛奶二分 | 2007-4-5 14:27:20 | 孟宏宇 | 已完成 | 2007-8-8 0:00:00 | 编辑 删除 |
| YW0000_070405_0006 | 湖北牛奶二分 | 2007-4-5 14:10:29 | 孟宏宇 | 已完成 | 2007-8-13 0:00:00 | 编辑 删除 |
| YW0000_070403_0001 | 湖北牛奶二分 | 2007-4-3 14:43:54 | liulimin | 已完成 | 2007-4-3 19:56:00 | 编辑 删除 |
| YW0000_070313_0007 | 湖北牛奶二分 | 2007-3-13 13:29:31 | 孟宏宇 | 已完成 | 2007-3-14 0:00:00 | 编辑 删除 |
| YW0000_070313_0004 | 湖北牛奶二分 | 2007-3-13 13:20:51 | 孟宏宇 | 已完成 | 2007-3-14 0:00:00 | 编辑 删除 |
| YW0000_061106_0009 | 湖北牛奶二分 | 2006-11-6 17:32:01 | 孟宏宇 | 已完成 | 2006-11-9 0:00:00 | 编辑 删除 |
| YW0000_061106_0007 | 湖北牛奶二分 | 2006-11-6 15:19:56 | 孟宏宇 | 已完成 | 2006-11-7 0:00:00 | 编辑 删除 |
| YW0000_061106_0004 | 湖北牛奶一分 | 2006-11-6 14:55:30 | 孟宏宇 | 已完成 | 2006-11-7 0:00:00 | 编辑 删除 |
| YW0000_061106_0002 | 湖北牛奶二分 | 2006-11-6 13:50:38 | 孟宏宇 | 已完成 | 2006-11-7 0:00:00 | 编辑 删除 |

1

共有 10 笔数据记录 总共有 1 页 目前是第 1 页　　首页 上一页 下一页 尾页

图 6-67　查询条件

(2) 运输订单。

第一步,订单导入。

单击图 6-55 中的“订单导入”按钮,进入如图 6-68 所示界面。

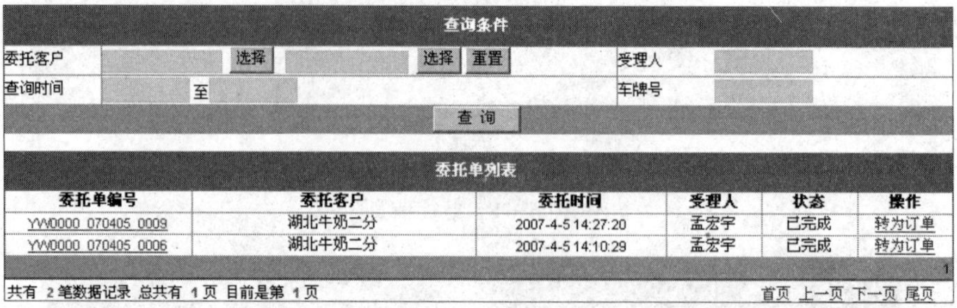

| 查询条件 | | | | | | |
|---|---|---|---|---|---|---|
| 委托客户 | | 选择 | | 选择 重置 | 受理人 | |
| 查询时间 | 至 | | | | 车牌号 | |
| 查询 | | | | | | |

| 委托单编号 | 委托客户 | 委托时间 | 受理人 | 状态 | 操作 |
|---|---|---|---|---|---|
| YW0000_070405_0009 | 湖北牛奶二分 | 2007-4-5 14:27:20 | 孟宏宇 | 已完成 | 转为订单 |
| YW0000_070405_0006 | 湖北牛奶二分 | 2007-4-5 14:10:29 | 孟宏宇 | 已完成 | 转为订单 |

委托单列表 1

共有 2 笔数据记录 总共有 1 页 目前是第 1 页 首页 上一页 下一页 尾页

图 6-68　订单导入

通过输入查询条件,查找到要转换成订单的委托单。

单击图 6-68 操作列中的“转为订单”会弹出如图 6-69 所示对话框。单击“确定”按钮,把委托单转换为“订单”按钮,单击“取消”按钮,则取消此次操作。

图 6-69　转为订单确认

第二步,订单录入。

单击图 6-55 中的“订单录入”按钮,进入如图 6-70 所示界面。

单击图 6-70 操作列中的“编辑”可对已存在的订单进行修改,单击图 6-70 操作列中的“删除”可删除已存在的订单。

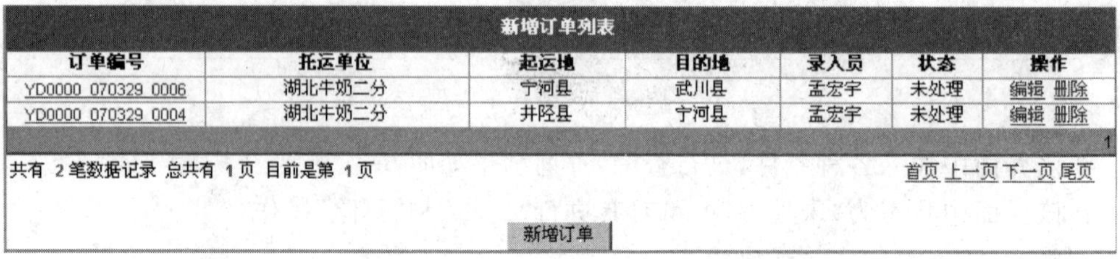

新增订单列表

| 订单编号 | 托运单位 | 起运地 | 目的地 | 录入员 | 状态 | 操作 |
|---|---|---|---|---|---|---|
| YD0000_070329_0006 | 湖北牛奶二分 | 宁河县 | 武川县 | 孟宏宇 | 未处理 | 编辑 删除 |
| YD0000_070329_0004 | 湖北牛奶二分 | 井陉县 | 宁河县 | 孟宏宇 | 未处理 | 编辑 删除 |

1

共有 2 笔数据记录 总共有 1 页 目前是第 1 页 首页 上一页 下一页 尾页

新增订单

图 6-70　订单录入

单击“新增订单”按钮,进入如图 6-71 所示界面。

在该界面中输入托运信息、收货信息、费用信息、货物信息,单击“保存货物”按钮,货物信息将保存在“货物清单”列表中。

第三步,订单管理。

单击图 6-55 中的“订单管理”按钮,进入如图 6-72 所示界面。

在该界面中输入查询条件,单击“查询”按钮,进入如图 6-73 所示界面。

该功能只对状态为“未处理”的订单进行编辑和删除。

(3) 运输调度。

第一步,调度运单。

单击图 6-55 中的“调度运单”按钮,进入如图 6-74 所示界面。

在该页面中,选择起始地、目的地,然后单击“查询”按钮,进入如图 6-75 所示界面。

| 录入订单 | | | | | | |
|---|---|---|---|---|---|---|
| 请完整填写订单信息 | | | | | | |
| 托运信息 | 系统订单号 | YD0000_070813_0001 | 录入员 | 系统管理员 | | |
| | 托运客户* | 选择 | 联系人 | | 联系电话 | |
| | 托运子客户* | 选择 | 联系人 | | 联系电话 | |
| | 发货单位* | 选择 | 联系人 | | 联系电话 | |
| 收货信息 | 收货单位* | 选择 | 联系人 | | 联系电话 | |
| | 起运地* | 省　市　选择 | 目的地* | 省　市　选择 | | |
| | 卸货地点* | | 运输方式 | --选择-- | | |
| | 送达时限 | | 签返时限 | 0（天） | | |
| 费用信息 | 应收运费 | 0 元 | 应收提货费 | 0 元 | 应收配送费 | 0 元 |
| | 代收货款 | 0 元 | 其它费用 | 0 元 | 应收合计 | 0 元 |
| | 付款单位 | □ 对方付款 | | | 结算方式* | --选择-- |
| 货物信息 | 添加货物 | | | | | |
| | 制造单位 | | | | 客户订单号 | |
| | 货物名称* | 选择 | 货物规格 | | 货物种类* | --选择-- |
| | 货物包装* | --选择-- | 货物总数量 | 0 件 | 货物件重 | 0 公斤 |
| | 货物总重量 | 0 公斤 | 货物总体积 | 0 立方米 | 计费重量 | 0 公斤 |
| | 单价 | 0 | 计价单位* | --请选择-- | 总价 | 0 元 |
| | 提货地址 | | | | 提货时间* | |
| | 保存货物 | | | | | |

| 货物清单 | | | | | | | | | | | |
|---|---|---|---|---|---|---|---|---|---|---|---|
| 编号 | 客户订单号 | 货物名称 | 种类 | 规格 | 包装 | 件重 | 总数量 | 总重量 | 总体积 | 计费重量 | 操作 |

| 详细信息... | | | | | | |
|---|---|---|---|---|---|---|
| 特约规定 | 装卸方式 | ---请选择--- | 配调机 | 0 台 | 配工人 | 0 人 |
| | 进场路线 | | | | | |
| | 特约记事 | | | | | |
| 现场情况 | 需要车种 | ---请选择--- | 车　数 | 0 辆 | 现场可容 | 0 辆 |
| | 道 路 宽 | 0 米 | 桥 载 重 | 0 吨 | 涵洞载重 | 0 吨 |
| | 立交桥限高 | 0 米 | 铁路洞限高 | 0 米 | | |
| | 吊车作业周围环境 | | | | | |
| | 其他记事 | | | | | |
| 保存订单　返回 | | | | | | |

图 6-71　新增订单录入

| 查询条件 | | | |
|---|---|---|---|
| 客户订单号 | | 托运单位 | 选择　选择　重置 |
| 起运地 | 省　市　选择 | 目的地 | 省　市　选择 |
| 查询日期 | 至 | 订单状态 | 全部 |
| 查 询 | | | |

图 6-72　订单管理

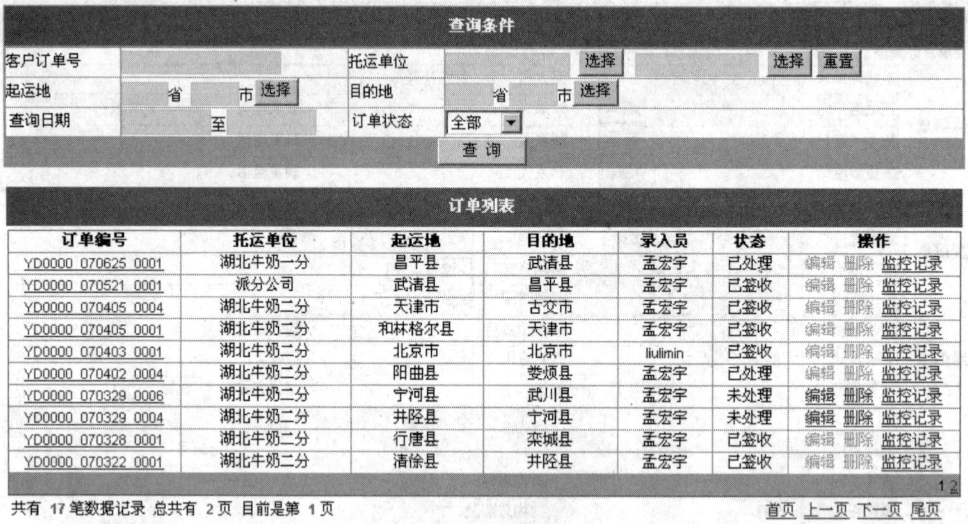

查询条件

客户订单号　托运单位　选择　选择　重置

起运地　省　市　选择　目的地　省　市　选择

查询日期　至　订单状态　全部

查 询

订单列表

| 订单编号 | 托运单位 | 起运地 | 目的地 | 录入员 | 状态 | 操作 |
|---|---|---|---|---|---|---|
| YD0000_070625_0001 | 湖北牛奶一分 | 昌平县 | 武清县 | 孟宏宇 | 已处理 | 编辑 删除 监控记录 |
| YD0000_070521_0001 | 派分公司 | 武清县 | 昌平县 | 孟宏宇 | 已签收 | 编辑 删除 监控记录 |
| YD0000_070405_0004 | 湖北牛奶二分 | 天津市 | 古交市 | 孟宏宇 | 已签收 | 编辑 删除 监控记录 |
| YD0000_070405_0001 | 湖北牛奶二分 | 和林格尔县 | 天津市 | 孟宏宇 | 已签收 | 编辑 删除 监控记录 |
| YD0000_070403_0001 | 湖北牛奶二分 | 北京市 | 北京市 | liulimin | 已签收 | 编辑 删除 监控记录 |
| YD0000_070402_0004 | 湖北牛奶二分 | 阳曲县 | 娄烦县 | 孟宏宇 | 已处理 | 编辑 删除 监控记录 |
| YD0000_070329_0006 | 湖北牛奶二分 | 宁河县 | 武川县 | 孟宏宇 | 未处理 | 编辑 删除 监控记录 |
| YD0000_070329_0004 | 湖北牛奶二分 | 井陉县 | 宁河县 | 孟宏宇 | 未处理 | 编辑 删除 监控记录 |
| YD0000_070328_0001 | 湖北牛奶二分 | 行唐县 | 栾城县 | 孟宏宇 | 已签收 | 编辑 删除 监控记录 |
| YD0000_070322_0001 | 湖北牛奶二分 | 清徐县 | 井陉县 | 孟宏宇 | 已签收 | 编辑 删除 监控记录 |

1 2

共有 17 笔数据记录 总共有 2 页 目前是第 1 页　　首页 上一页 下一页 尾页

图 6-73　订单查询结果

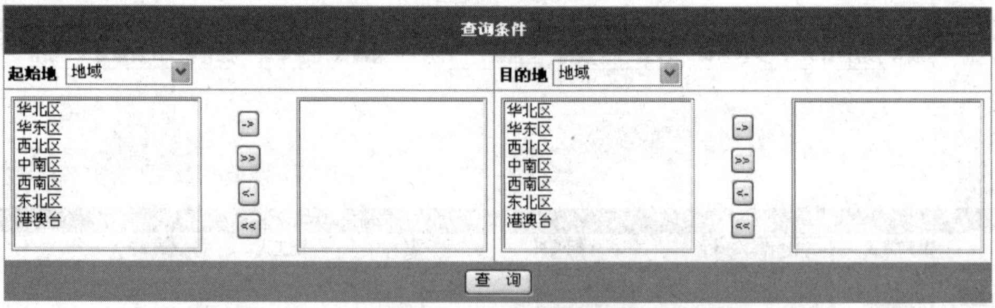

查询条件

起始地 地域　　目的地 地域

华北区 华东区 西北区 中南区 西南区 东北区 港澳台　->　>>　<-　<<

华北区 华东区 西北区 中南区 西南区 东北区 港澳台　->　>>　<-　<<

查 询

图 6-74　调度运单

在未调度订单列表中选择一种货物信息，相应的信息将显示在右侧的运单相应的信息项中，未填写完毕的信息可通过“选择”“输入”等操作来让订单完整。主要包括如下信息：运单信息、承运信息、费用信息、货物信息。填写完毕后在货物信息项中点击“添加”按钮，货物信息将添加到已调度货物列表中。单击“保存运单”按钮，运单信息将被保存。单击“返回”按钮，回到调度运单页面。如果不是对所选货物全部调度，可在要调度的货物列上填写货物信息，剩下的货物可下次接着调度。

第二步，调度路单。

单击图 6-55 中的“调度路单”按钮，进入如图 6-76 所示界面。

在该界面中输入查询条件，单击“查询”按钮，进入如图 6-77 所示界面。

在该界面中的选择项上打钩，然后单击“生成路单”按钮，出现如图 6-78 所示界面。

在该界面中填写路单编号、起运地、目的地、起运时间、到达时间、运送重量、燃油定额、机油定额、距离，然后单击“保存路单”按钮，可生成相应的路单。单击“返回”按钮，回到运单列表界面。

第三步，运单管理。

单击图 6-55 中的“运单管理”按钮，进入如图 6-79 所示界面。

在该界面中选择起运地、目的地、查询日期、车牌号、交接运单号、客户订单号、运单状

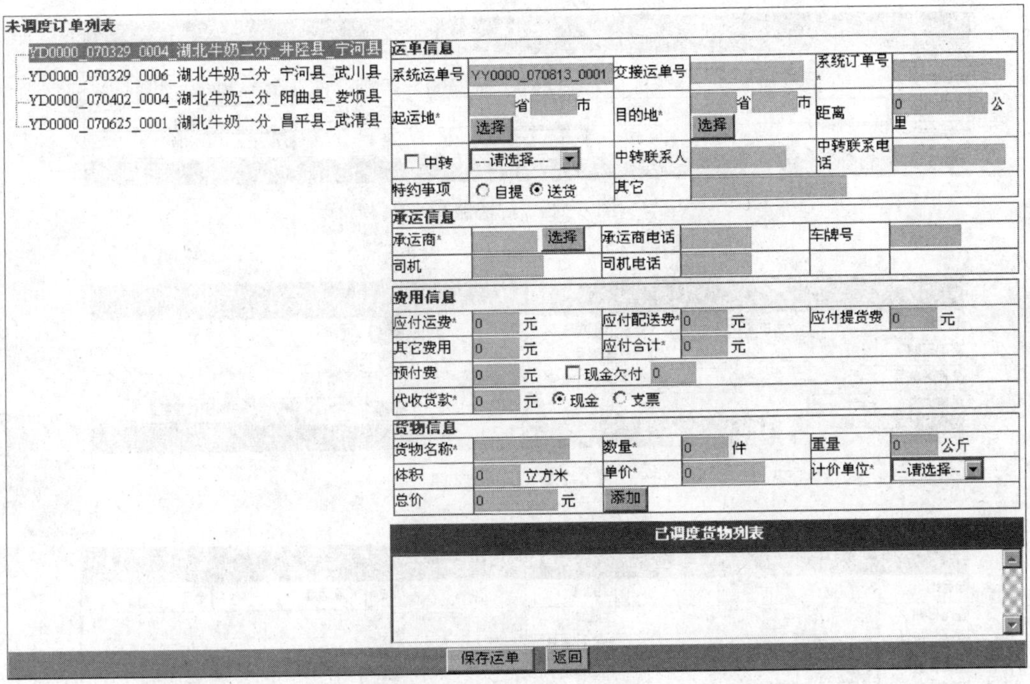

未调度订单列表

- YD0000_070329_0004_湖北牛奶二分_井陉县_宁河县
- YD0000_070329_0006_湖北牛奶二分_宁河县_武川县
- YD0000_070402_0004_湖北牛奶二分_阳曲县_娄烦县
- YD0000_070625_0001_湖北牛奶一分_昌平县_武清县

运单信息

| 系统运单号 | YY0000_070813_0001 | 交接运单号 | | 系统订单号 | |
|---|---|---|---|---|---|
| 起运地* | 省 市 选择 | 目的地* | 省 市 选择 | 距离 | 0 公里 |
| □中转 | ---请选择--- | 中转联系人 | | 中转联系电话 | |
| 特约事项 | ○自提 ◉送货 | 其它 | | | |

承运信息

| 承运商* | 选择 | 承运商电话 | | 车牌号 | |
|---|---|---|---|---|---|
| 司机 | | 司机电话 | | | |

费用信息

| 应付运费* | 0 元 | 应付配送费* | 0 元 | 应付提货费 | 0 元 |
|---|---|---|---|---|---|
| 其它费用 | 0 元 | 应付合计* | 0 元 | | |
| 预付费 | 0 元 | □现金欠付 | 0 | | |
| 代收货款* | 0 元 | ◉现金 ○支票 | | | |

货物信息

| 货物名称* | | 数量* | 0 件 | 重量 | 0 公斤 |
|---|---|---|---|---|---|
| 体积 | 0 立方米 | 单价* | 0 | 计价单位* | --请选择-- |
| 总价 | 0 元 | 添加 | | | |

已调度货物列表

保存运单　返回

图 6-75　未调度订单列表

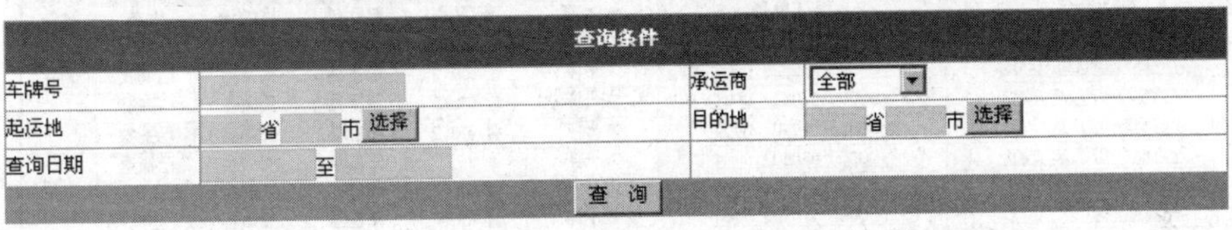

查询条件

| 车牌号 | | 承运商 | 全部 |
|---|---|---|---|
| 起运地 | 省 市 选择 | 目的地 | 省 市 选择 |
| 查询日期 | 至 | | |

查　询

图 6-76　调度路单

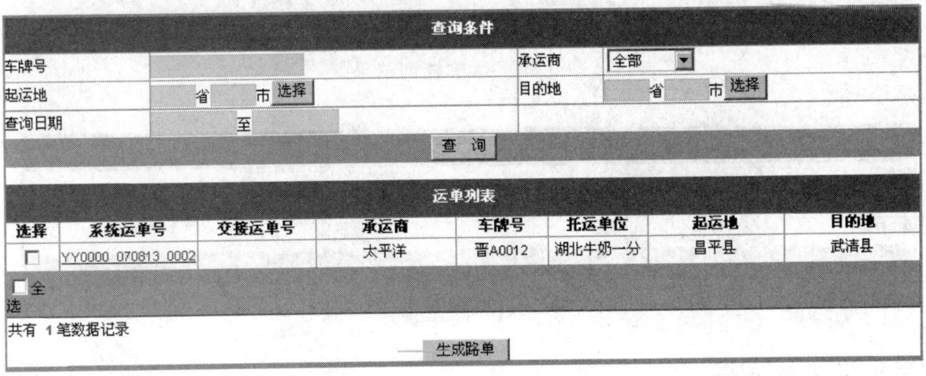

查询条件

| 车牌号 | | 承运商 | 全部 |
|---|---|---|---|
| 起运地 | 省 市 选择 | 目的地 | 省 市 选择 |
| 查询日期 | 至 | | |

查　询

运单列表

| 选择 | 系统运单号 | 交接运单号 | 承运商 | 车牌号 | 托运单位 | 起运地 | 目的地 |
|---|---|---|---|---|---|---|---|
| □ | YY0000_070813_0002 | | 太平洋 | 晋A0012 | 湖北牛奶一分 | 昌平县 | 武清县 |

□全选

共有 1笔数据记录

生成路单

图 6-77　调度路单查询结果

态、托运单位，选择完毕后单击“查询”按钮，进入如图 6-80 所示界面。

第四步，路单管理。

单击图 6-55 中的“路单管理”按钮，进入如图 6-81 所示界面。

在该界面中输入车牌号、选择承运商、起运地、目的地、查询日期，然后单击“查询”按钮，

| 新增路单 | | | | | |
|---|---|---|---|---|---|
| 路单信息 | | | | | |
| 路单编号 | YL0000_070813_0001 | 起运地 | 北京市省 昌平县市 选择 | 目的地 | 天津市省 武清县市 选择 |
| 起运时间 | | 到达时间 | | 运送重量* | 0 公斤 |
| 燃油定额* | 0 升 | 机油定额* | 0 升 | 距离* | 0 公里 |
| 保存路单 返回 | | | | | |

图 6-78 新增路单

| 查询条件 | | | | | |
|---|---|---|---|---|---|
| 起运地 | 省 市 选择 | 目的地 | 省 市 选择 | 承运商 | 全部 |
| 查询日期 | 至 | 车牌号 | | | |
| 交接运单号 | | 客户订单号 | | | |
| 运单状态 | 全部 | 托运单位 | 选择 | 选择 重置 | |
| 查 询 | | | | | |

图 6-79 运单管理

| 查询条件 | | | | | |
|---|---|---|---|---|---|
| 起运地 | 省 市 选择 | 目的地 | 省 市 选择 | 承运商 | 全部 |
| 查询日期 | 至 | 车牌号 | | | |
| 交接运单号 | | 客户订单号 | | | |
| 运单状态 | 全部<br>全部<br>已调度<br>在途中<br>已签收<br>已签返<br>完成 | 托运单位 | 选择 | 选择 重置 | |
| 查 询 | | | | | |

运单列表

| 系 | 系统订单号 | 承运商 | 车牌号 | 起运地 | 目的地 | 状态 | 操作 |
|---|---|---|---|---|---|---|---|
| YY0000_070813_0002 | YD0000_070625_0001 | 太平洋 | 晋A0012 | 昌平县 | 武清县 | 已调度 | 删除 |
| YY0000_070808_0005 | YD0000_070625_0001 | 太平洋 | 晋A0012 | 昌平县 | 武清县 | 已调度 | 删除 |
| YY0000_070625_0002 | YD0000_070625_0001 | 太平洋 | 晋A0012 | 昌平县 | 武清县 | 完成 | |
| YY0000_070531_0001 | YD0000_070402_0004 | 太平洋 | 晋A0012 | 阳曲县 | 娄烦县 | 已签收 | |
| YY0000_070528_0001 | YD0000_070402_0004 | 太平洋 | | 阳曲县 | 娄烦县 | 已签返 | |
| YY0000_070522_0007 | YD0000_070402_0004 | 太平洋 | 晋A0012 | 阳曲县 | 娄烦县 | 完成 | |
| YY0000_070522_0005 | YD0000_070402_0004 | 太平洋 | 晋A0012 | 阳曲县 | 娄烦县 | 完成 | |
| YY0000_070522_0003 | YD0000_070402_0004 | 太平洋 | 晋A0012 | 阳曲县 | 娄烦县 | 已签返 | |
| YY0000_070522_0001 | YD0000_070405_0004 | 太平洋 | 晋A0012 | 天津市 | 古交市 | 已签收 | |
| YY0000_070521_0001 | YD0000_070521_0001 | 青鸟物流 | 京B5432 | 武清县 | 昌平县 | 完成 | |

1 2 3

共有 21 笔数据记录 总共有 3 页 目前是第 1 页　　首页 上一页 下一页 尾页

图 6-80 运单查询结果

| 查询条件 | | | |
|---|---|---|---|
| 车牌号 | | 承运商 | 全部 |
| 起运地 | 省 市 选择 | 目的地 | 省 市 选择 |
| 查询日期 | 至 | | |
| 查 询 | | | |

图 6-81 路单管理

进入如图 6-82 所示界面。

单击图 6-82 操作列中的“查看运单”，进入如图 6-83 所示界面。

在该界面中会看到所有的运单信息，选中要查看的运单，单击“运单编号”可查看所选中的运单信息(见图 6-84)。

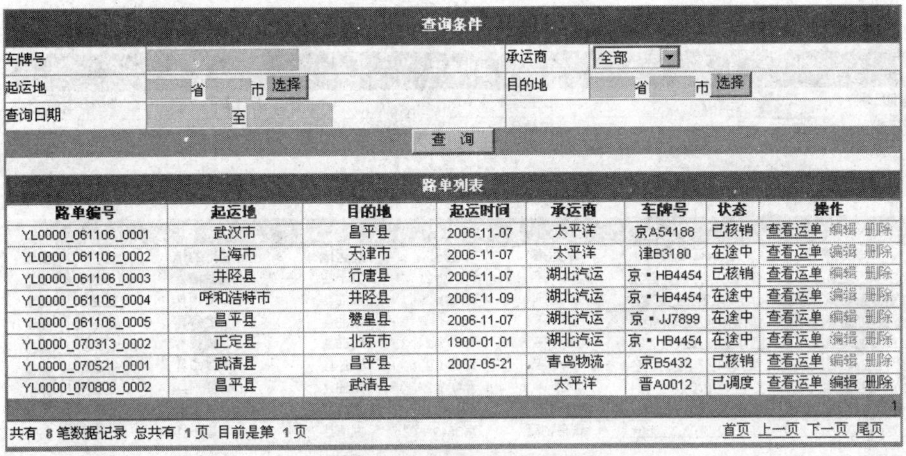

| 查询条件 | | | |
|---|---|---|---|
| 车牌号 | | 承运商 | 全部 |
| 起运地 | 省　市 选择 | 目的地 | 省　市 选择 |
| 查询日期 | 至 | | |
| 查　询 | | | |

| 路单编号 | 起运地 | 目的地 | 起运时间 | 承运商 | 车牌号 | 状态 | 操作 |
|---|---|---|---|---|---|---|---|
| YL0000_061106_0001 | 武汉市 | 昌平县 | 2006-11-07 | 太平洋 | 京A54188 | 已核销 | 查看运单 编辑 删除 |
| YL0000_061106_0002 | 上海市 | 天津市 | 2006-11-07 | 太平洋 | 津B3180 | 在途中 | 查看运单 编辑 删除 |
| YL0000_061106_0003 | 井陉县 | 行唐县 | 2006-11-07 | 湖北汽运 | 京·HB4454 | 已核销 | 查看运单 编辑 删除 |
| YL0000_061106_0004 | 呼和浩特市 | 井陉县 | 2006-11-09 | 湖北汽运 | 京·HB4454 | 在途中 | 查看运单 编辑 删除 |
| YL0000_061106_0005 | 昌平县 | 赞皇县 | 2006-11-07 | 湖北汽运 | 京·JJ7899 | 在途中 | 查看运单 编辑 删除 |
| YL0000_070313_0002 | 正定县 | 北京市 | 1900-01-01 | 湖北汽运 | 京·HB4454 | 在途中 | 查看运单 编辑 删除 |
| YL0000_070521_0001 | 武清县 | 昌平县 | 2007-05-21 | 青鸟物流 | 京B5432 | 已核销 | 查看运单 编辑 删除 |
| YL0000_070808_0002 | 昌平县 | 武清县 | | 太平洋 | 晋A0012 | 已调度 | 查看运单 编辑 删除 |

1

共有 8 笔数据记录 总共有 1 页 目前是第 1 页　　首页 上一页 下一页 尾页

图 6-82　路单查询结果

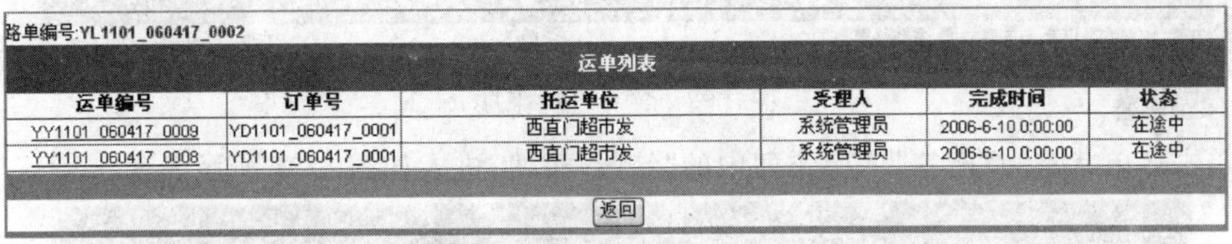

路单编号:YL1101_060417_0002

| 运单编号 | 订单号 | 托运单位 | 受理人 | 完成时间 | 状态 |
|---|---|---|---|---|---|
| YY1101_060417_0009 | YD1101_060417_0001 | 西直门超市发 | 系统管理员 | 2006-6-10 0:00:00 | 在途中 |
| YY1101_060417_0008 | YD1101_060417_0001 | 西直门超市发 | 系统管理员 | 2006-6-10 0:00:00 | 在途中 |

返回

图 6-83　查看运单

| 运单信息 | | | | | |
|---|---|---|---|---|---|
| 交接运单号 | | | 系统运单号 | YY0000_070313_0004 | |
| 起运地 | 正定县 | 目的地 | 北京市 | 距离 | 0 |
| 中转公司 | | 中转联系人 | | 中转联系电话 | |
| 承运商 | 湖北汽运 | 联系电话 | | 31800000 | |
| 车辆牌号 | 京·HB4454 | 驾驶员 | 关兴 | 联系电话 | 1353334567 |
| 起运时间 | 1900-01-01 | 预到时间 | 1900-01-01 | 实到时间 | 1900-01-01 |
| 交付时间 | 1900-01-01 | 应付费用 | 528.0000 | 应付提货费 | 0 |
| 应付配送费 | 6.0000 | 其他费用 | 0 | 应付运费合计 | 534.0000 |

| 货物名称 | 客户订单编号 | 托运单位 | 数量 | 重量 | 体积 | 起运地 | 目的地 |
|---|---|---|---|---|---|---|---|
| 派 | | 湖北牛奶二分 | 12 | 0 | 0 | 正定县 | 北京市 |

关 闭

图 6-84　运单信息

单击“关闭”按钮,回到查看运单界面。

(4) 单据核销。

第一步,签单处理。

单击图 6-55 中的“签单处理”按钮,进入如图 6-85 所示界面。

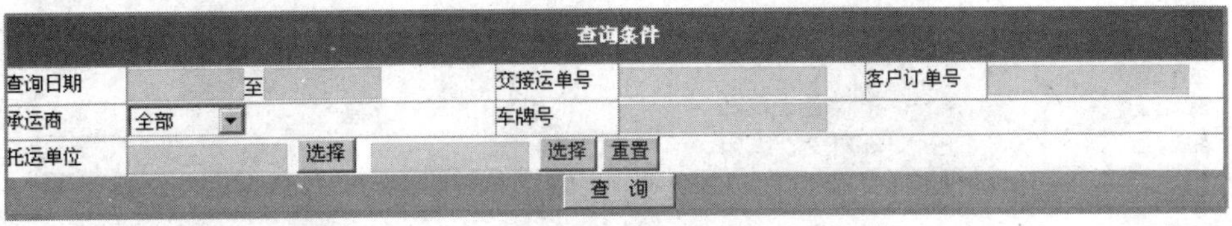

| 查询条件 | | | | | |
|---|---|---|---|---|---|
| 查询日期 | 至 | 交接运单号 | | 客户订单号 | |
| 承运商 | 全部 | 车牌号 | | | |
| 托运单位 | 选择　选择 重置 | | | | |
| 查　询 | | | | | |

图 6-85　签单处理

在该界面中选择输入条件，然后单击“查询”按钮，进入如图 6-86 所示界面。

| 查询条件 | | | | | |
|---|---|---|---|---|---|
| 查询日期 | 至 | 交接运单号 | | 客户订单号 | |
| 承运商 | 全部 | 车牌号 | | | |
| 托运单位 | 选择 | 选择 重置 | | | |
| 查 询 | | | | | |

| 系统运单号 | 系统订单号 | 承运商 | 车牌号 | 起运地 | 目的地 | 状态 | 操作 |
|---|---|---|---|---|---|---|---|
| YY0000_070625_0002 | YD0000_070625_0001 | 太平洋 | 晋A0012 | 昌平县 | 武清县 | 完成 | 签返 |
| YY0000_070531_0001 | YD0000_070402_0004 | 太平洋 | 晋A0012 | 阳曲县 | 娄烦县 | 已签收 | 签返 |
| YY0000_070528_0001 | YD0000_070402_0004 | 太平洋 | | 阳曲县 | 娄烦县 | 已签返 | 签返 |
| YY0000_070522_0007 | YD0000_070402_0004 | 太平洋 | 晋A0012 | 阳曲县 | 娄烦县 | 完成 | 签返 |
| YY0000_070522_0005 | YD0000_070402_0004 | 太平洋 | 晋A0012 | 阳曲县 | 娄烦县 | 完成 | 签返 |
| YY0000_070522_0003 | YD0000_070402_0004 | 太平洋 | 晋A0012 | 阳曲县 | 娄烦县 | 已签返 | 签返 |
| YY0000_070522_0001 | YD0000_070405_0004 | 太平洋 | 晋A0012 | 天津市 | 古交市 | 已签收 | 签返 |
| YY0000_070521_0001 | YD0000_070521_0001 | 青鸟物流 | 京B5432 | 武清县 | 昌平县 | 完成 | 签返 |
| YY0000_070405_0004 | YD0000_070328_0001 | 湖北汽运 | 京·JJ7899 | 行唐县 | 栾城县 | 已签收 | 签返 |
| YY0000_070405_0002 | YD0000_070322_0001 | 湖北汽运 | 京·JJ7899 | 清徐县 | 井陉县 | 已签收 | 签返 |

1 2

共有 19 笔数据记录 总共有 2 页 目前是第 1 页 首页 上一页 下一页 尾页

图 6-86 签单查询条件

单击运单状态为“已签收”操作列中的“签收”按钮，进入如图 6-87 所示界面。

运单签返

| 运单信息 | 系统运单号 | YY0000_070531_0001 | 订单编号 | YD0000_070402_0004 |
|---|---|---|---|---|
| | 交接运单号 | | 托运单位 | 湖北牛奶二分 |
| | 起运地 | 山西省_阳曲县 | 目的地 | 山西省_娄烦县 |

| 货物明细 | 选择 | 货物名称 | 类型 | 规格 | 包装 | 装车数 | 签收数 |
|---|---|---|---|---|---|---|---|
| | ○ | 奶酪 | 食品 | 0×0×0 | 纸箱 | 1 件 0 公斤 0 立方 | |
| | ○ | 奶酪 | 食品 | 0×0×0 | 纸箱 | 2 件 0 公斤 0 立方 | |
| | ○ | 奶酪 | 食品 | 0×0×0 | 纸箱 | 3 件 0 公斤 0 立方 | |

签收数量* 0 件 签收重量* 0 公斤 签收体积* 0 立方

签收货物 签收全部货物

| 签收信息 | 签收人* | | 签收时间* | |
|---|---|---|---|---|
| | 返单收回方式* | ---请选择--- | 返单收回日期* | |
| | 返单收回人* | | | |
| | 现金欠付 | .00 元 | | |
| 签收人意见 | | | | |

保存 返回

图 6-87 运单签收

在该界面中输入货物明细、签收信息、签收人意见，填写完毕后单击“保存”按钮，对运单的签收信息进行保存；单击“返回”按钮，回到运单查询页面。完成这些操作后运单的状态由原来的“已签收”状态变成“已签返”状态。

第二步，路单核销。

单击图 6-55 中的“路单核销”按钮，进入如图 6-88 所示界面。

| 查询条件 | | | |
|---|---|---|---|
| 查询日期 | 至 | 车牌号 | |
| 客户订单号 | | 承运商 | 全部 |
| 托运单位 | 选择 选择 重置 | | |
| 查 询 | | | |

图 6-88 路单核销查询

在该界面中选择查询条件，单击“查询”按钮，进入如图 6-89 所示界面。

| 查询条件 | | | |
|---|---|---|---|
| 查询日期 | 至 | 车牌号 | |
| 客户订单号 | | 承运商 | 全部 |
| 托运单位 | 选择　选择　重置 | | |
| 查 询 | | | |

路单列表

| 路单编号 | 承运商 | 车牌号 | 起运地 | 目的地 | 状态 | 操作 |
|---|---|---|---|---|---|---|
| YL0000_070808_0002 | 太平洋 | 晋A0012 | 昌平县 | 武清县 | 已调度 | 核销 |
| YL0000_070521_0001 | 青鸟物流 | 京B5432 | 武清县 | 昌平县 | 已核销 | 核销 |
| YL0000_070313_0002 | 湖北汽运 | 京・HB4454 | 正定县 | 北京市 | 在途中 | 核销 |
| YL0000_061106_0005 | 湖北汽运 | 京・JJ7899 | 昌平县 | 赞皇县 | 在途中 | 核销 |
| YL0000_061106_0004 | 湖北汽运 | 京・HB4454 | 呼和浩特市 | 井陉县 | 在途中 | 核销 |
| YL0000_061106_0003 | 湖北汽运 | 京・HB4454 | 井陉县 | 行唐县 | 已核销 | 核销 |
| YL0000_061106_0002 | 太平洋 | 津B3180 | 上海市 | 天津市 | 在途中 | 核销 |
| YL0000_061106_0001 | 太平洋 | 京A54188 | 武汉市 | 昌平县 | 已核销 | 核销 |

1

共有 8 笔数据记录 总共有 1 页 目前是第 1 页　　首页 上一页 下一页 尾页

图 6-89　路单核销查询结果

单据的状态：

已调度——现有的运单已分配车辆。

在途中——所属的货物在运输状态中。

已签收——已送到目的地，被客户接收到。

已签返——客户签收后返回。

完成——运单操作完成。

单击图 6-89 操作列中的“核销”，进入如图 6-90 所示界面。

| 路单核销 | | | | |
|---|---|---|---|---|
| 路单信息 | 路单编号 | YL0000_070808_0002 | | |
| | 起运地 | 北京市_昌平县 | 起运日期 | |
| | 目的地 | 天津市_武清县 | 运到日期 | |
| | 运量 | 1.0000 | 重驶里程 | 1.0000 |
| | 燃油定额 | 1.0000 | 机油定额 | 1.0000 |
| | 车牌号 | 晋A0012 | 司机 | 成成 |
| 运单明细 | 系统运单号 | 系统订单号 | 托运单位 | |
| | YY0000_070808_0005 | YD0000_070625_0001 | 湖北牛奶一分 | |
| 核销信息 | 空驶里程* | 公里 | | |
| | 燃油实际消耗* | 升 | | |
| | 机油实际消耗* | 升 | | |
| 保存核销记录　返回 | | | | |

图 6-90　路单核销

在该界面中输入空驶里程、燃油实际消耗、机油的实际消耗，填写完毕后，单击“保存核销记录”按钮，完成路单的核销操作。单击“返回”按钮，回到路单核销页面。

6. 撰写实训报告

由学生完成。

7. 技能训练评价

完成实训后，填写技能训练评价（见表 6-3）。

**表 6-3　技能训练评价**

| 专业： | | 班级： | 被考评学员： | | |
|---|---|---|---|---|---|
| 考评时间 | | 考评地点 | | | |
| 考评内容 | 运输管理信息系统的应用 | | | | |
| 考评标准 | 内　容 | 分值 | 自评（50%） | 教师评议（50%） | 考评得分 |
| | 能够正确描述运输作业的流程 | 20 | | | |
| | 单证填写完整、正确 | 25 | | | |
| | 能够独立通过运输管理信息系统完成相应的作业操作 | 30 | | | |
| | 遵守纪律，爱护设备，实训认真 | 25 | | | |
| 综合得分 | | | | | |
| 指导教师评语： | | | | | |

# 任务小结

运输管理信息系统(Transportation Management System，TMS)是基于运输作业流程的管理系统，它利用计算机网络等现代信息技术，对运输计划、运输工具、运送人员及运输过程进行跟踪、调度、指挥。

运输管理信息系统主要包含以下功能模块：客户管理、车辆管理、驾驶员管理、运输管理、财务管理、绩效管理、海关/铁路/航空系统对接管理、保险公司和银行对接管理。

# 练　习　题

## 一、单项选择题

1. TMS 基本业务流程表现为(　　)。

   A. 运输任务产生→运输调度→运输过程管理与查询→运输资源管理→客户管理→费用结算

   B. 运输订单→制订计划→安排车辆→过程控制→费用管理

   C. 揽货接单→安排运输工具→过程控制→费用结算

   D. 运输任务产生→调运→过程查询与监控

2. 在 TMS 中，运输任务计划及调度管理模块内容包含(　　)。

   A. 接单→排计划→安排车辆→承运

   B. 接受货运单→按日安排作业单→确定车辆→承运

   C. 最小业务分单→线路与车辆调配→配载

   D. 计划表→行车路单→配载指令→收费单

3. TMS 设计从提高服务水平的要求出发，应以(　　)为主要目标。

A. 合理安排司机、车辆、任务三者关系

B. 对车辆进行实时跟踪

C. 优化企业内部管理

D. 搞好与其他相关环节(如货代、仓储、配送)的衔接

4. TMS的白卡管理模块主要适用于(　　)车辆。

A. 集装箱　　B. 载货　　C. 海关监管　　D. 智能化

5. TMS的IC卡管理模块功能是把(　　)的内容写入IC卡。

A. 提单　　B. 派车单　　C. 货运单　　D. 通关单

6. 车辆综合管理系统采用(　　)技术及计算机管理技术建立车辆动态管理系统。

A. GPS、RF、PDT　　B. GPS、MIS、DSS

C. GPS、GIS、GSM　　D. RF、DSS、GPS

7. (　　)是海关对监管车辆管理的凭证,它不是每辆车都拥有的,而是运输海关监管货物的车辆才有。

A. 白卡　　B. IC卡　　C. GPS　　D. GSM

8. 运输管理系统的核心任务是合理(　　),以优化运输服务质量。

A. 安排运输车辆

B. 安排运输流程

C. 调度系统资源

D. 安排车辆、司机与货运之间的关系

9. 运输管理系统的最复杂功能是(　　)。

A. 运输计划安排　　B. 运输业务登记

C. 费用结算　　D. 车辆与货物跟踪

10. (　　)被认为是车辆的电子身份证。

A. RF接收器　　B. 车辆条码　　C. IC卡　　D. GPS接收器

## 二、多项选择题

1. 在TMS中,运输资源管理模块的内容是(　　)。

A. 客户资源　　B. 车辆管理　　C. 承运商管理　　D. 货运代理管理

2. TMS的车辆监控装置由(　　)组成。

A. GIS　　B. GPS　　C. MCA　　D. PDA

3. TMS中,车辆和货物跟踪模块自动收货确认系统的硬件由(　　)组成。

A. 传输网络　　B. 无线电通信模块PDA

C. 运载设备　　D. 便携式电子扫描

4. GPS监控服务系统具有(　　)和引路求救。文字收发、监听、电话免提、无线遥控设置等功能。

A. 定位　　B. 被劫报警

C. 防盗报警　　D. 车辆故障求救

5. TMS的主要功能模块由(　　)组成。

A. 任务列表制作　　B. 费用结算

C. 车辆与货物跟踪　　D. 事故处理

## 三、简答题

1. 简述运输管理信息系统的概念。

2. 简述运输管理的业务模块的功能。

## 四、案例分析

### 武汉东本储运:协同化整车物流信息平台

武汉东本储运有限公司是由中国东风汽车工业进出口有限公司、日本株式会社本田运输有限公司、本田技研(中国)投资有限公司及上海神越实业有限公司共同组建的一家专业第三方汽车物流公司,主要为东风本田汽车有限公司提供全程物流服务,业务范围涵盖汽车制造整个供应链。为解决公司整车储运业务存在的问题,如人工操作繁杂、管理精度不高、与上游主机厂缺乏数据接口和承运商管理复杂等,公司开发建设了协同化整车物流信息平台。

1. 协同化整车物流信息平台主要功能

(1) 通过GPS技术、RFID、无线手持终端等先进物流设备及技术,实现整车物流所有作业环节的信息化管理。

(2) 通过基于全B/S架构的信息系统,为主机厂、特约店提供基于Internet的查询服务,客户只需登录指定网站,就可以根据发运商品车的运单号或者车身编号查询到诸如装车、在途,甚至装载位置等信息。

(3) 为承运商提供基于Internet的报板服务,只须登录指定网站,就可以完成实时报板、下载对账报表,为公司的调度派板、发运工作提供了第一手信息依据。

(4) 整合多家不同承运商的GPS平台至统一的东本储运GPS平台之下,客户无须登录不同的GPS监控平台,只需登录公司统一的监控平台即可查询到分属数十家不同承运商的在途运输信息。

2. 信息化实施对企业业务流程改造与竞争模式的影响

(1) 优化了作业模式公司立足于多方协同,建立协同化整车物流信息平台,整合整车物流链上的不同资源,实现了物流商与承运商、主机厂资源的优化配置,提高了整车物流的资源利用率,并细分整车物流流程,使整车物流的每一环都紧紧相扣,导入先进的物流技术手段,精细化管理整车物流业务。

(2) 塑造了企业形象。

为主机厂、特约销售店提供个性化服务,塑造了企业形象,提升了公司品牌效益。

(3) 信息化实施提高了企业的核心竞争力。公司通过实施协同化整车物流信息平台,赢得了主机厂及特约店一致好评,同时也为获得东风本田二工厂新业务提供了保证。

资料来源:中国物流与采购网.

**思考题:**

1. 武汉东本储运协同化整车物流信息平台有哪些功能?

2. 协同化整车物流信息平台的实施对企业业务流程改造与竞争模式有哪些影响?

# 任务三　货运代理管理信息系统应用

## 教学导航

### 任务目标

1. 知识目标

(1) 理解货运代理管理信息系统的相关概念。

(2) 掌握货运代理管理信息系统的功能。

(3) 掌握货运代理业务的流程。

(4) 了解货运代理管理信息系统发展趋势。

2. 技能目标

(1) 能够掌握货运代理管理信息系统的操作流程。

(2) 会使用货运代理管理软件,完成货运代理业务。

### 教学重点

(1) 货运代理管理信息系统相关概念。

(2) 货运代理作业流程。

(3) 货运代理管理信息系统的使用。

### 教学难点

(1) 货运代理管理信息系统的结构。

(2) 货运代理管理软件的操作。

### 教学方法

任务驱动教学法、讲授式教学法、讨论教学法、案例教学法。

### 教学手段

多媒体教室、软件实训室、货运代理管理软件、实训指导书。

### 教学建议

(1) 学生根据学习任务书,预习教材、通过查阅文献,了解货运代理管理信息系统的基本知识。

(2) 教师准备好授课课件(任务书、授课 PPT、视频、图片及案例分析资料),讲清该任务实施的目标、要求和教学重点,根据任务安排,对学生进行分组,组织好课堂教学。

## 引导案例

### 民生轮船股份有限公司:民生货代营运管理信息系统

1. 民生公司简介

民生公司由著名爱国实业家、中国航运业的先驱卢作孚先生于 1925 年在重庆创办。到

1949年，成为拥有江、海船舶148艘，航线从长江延伸到中国沿海、中国台湾、东南亚各国、日本和印度，分支机构遍及长江沿线、中国沿海各主要港口、中国台湾、中国香港和东南亚、美国、加拿大的当时中国最大最有影响的民营企业集团。新中国成立后，成为全国第一家公私合营企业。

民生公司充分利用和整合长江（珠江）航运、国际海运、公路运输、航空运输、铁路运输以及国际货代、物流中心、空储中心等物流资源，经营内、外贸集装箱一票到底多式联运以及国际和国内货物运输代理。

2. 民生货代营运管理信息系统介绍

民生国际货物运输代理（简称民生国际货代）拥有商务部批准的一级货代资格证书，国家交通部批准的无船承运人资格证书，是中国国际货代协会理事单位，中国商务部对外援助物资指定物流供应商，大型国际货代物流网络组织FIATA、IATA、WCA、SFN的成员，世界排名前20位的海运公司在西南地区的货运代理。

为解决运营中存在的问题，开发建设了民生货代营运管理信息系统。其系统功能结构如下。

1）货代操作管理模块

货代操作管理模块包括接收订单管理、内外操作安排、内外操作跟踪、单证操作管理、客服工资评价、异地协同作业等功能单元。

2）商务结算模块

商务结算模块实现了准确的国际货代商务收支结算功能，包括计划收支录入、实际收支审核、收支盈亏管理等功能单元。

3）财务结算模块

财务结算模块实现了准确的国际货代财务收支结算功能，包括收入立账开票、欠款催收、收款核销应收、支出费用稽核等功能单元。财务人员根据系统实际收入数据开票、收款核销，并做好应收款的管控和催收。

4）数据统计分析模块

数据统计分析模块实现了集中的国际货代数据仓库，通过该模块，货代企业能够根据管理和决策的需要进行箱量对比分析、箱量趋势分析、收入对比分析、收入趋势分析、利润效益分析等多维度的数据统计、数据挖掘和数据分析。

5）市场业务管理模块

市场业务管理模块实现了货代企业对于市场业务的管理，包括客户资源管理、客户维护管理、开发任务管理、开发绩效评价、运价管理、询报价管理、航线渠道管理、航线绩效评估、知识方案共享等功能单元。

6）客户网站模块

客户网站模块即民生国际货代E服务平台，该模块实现了货代企业对于国际货代业务的在线订舱管理、作业状况查询、在线货物跟踪、网上账单核对等功能。

7）外委协同管理模块

外委协同管理模块实现了国际货代业务外委协同管理功能，包括了外委资源管理、外委价格管理、报关作业反馈、拖车状态反馈、外委拖车协同、外委质量管理、中转作业协同、送货作业协同等功能单元。

8）外委网站模块

外委网站模块实现了货代企业对于国际货代业务的外委作业发布、作业状态反馈、外委费用核对、作业质量评价等功能。

9）系统管理模块

系统管理模块实现了对民生货代营运管理信息系统的用户权限、基础资料、操作日志、数据备份的管理，包括了四级权限管控、全局基础数据、操作日志跟踪、数据同步备份等。

10）工作流驱动引擎模块

工作流驱动引擎模块包括流程规则设置、事务催办消息、操作执行监控等功能单元，可根据国际货代各项实际业务的操作和管控需要灵活地在系统上配置好相应的工作流规则，系统内置的工作流驱动引擎根据这些规则在各项业务的执行过程中自动按预定义的方式自动分配任务，并对相关操作任务执行人实时发送事务作业提醒以及催办通知，并对每一次任务操作进行记录，从而实现对货代操作的统计监督和规范管理的功效。

11）电子数据交换模块

电子数据交换模块实现了可对接的系统数据交换接口功能，包括了船代系统接口、结算系统接口、海运系统接口、客户数据交换、海船数据交换、外委数据交换、增值税发票接口等。

国际货代营运管理信息系统通过将国际货代相关各方互相连接，实现货流、信息流和资金流的交互式在线运转，最大限度地发挥了各方的协同效用，促进了各方的彼此信任和彼此依赖，大幅提升了工作效率，降低了的运营成本，提高了国际货代运转效率和竞争力，为国际货代业务规模的进一步发展提供了体系化的支撑。

3. 民生货代营运管理信息系统的发展方向

（1）努力打造同政府公共物流信息平台、上游客户企业信息系统、下游物流服务商信息系统实现信息共享与协同的能力，进而打通产业链上下游，探索制造业、流通业、金融业等多种产业的融合渗透，促进生产方式转变和流通方式转型，提升货代物流业对整个供应链的掌控能力，为整个供应链创造差异化竞争优势提供重要支撑，最终成为地区性甚至全国性的综合货代服务公共信息平台。

（2）采用基于 Web Service 的系统架构。货代营运管理信息系统的开放性、多方参与性要求该系统的结构和实现要采用标准化、规范化和模块化的技术，以此来满足与其他信息系统的互联和系统扩展的需要。Web Service 技术的开放性是对货代营运管理信息系统的最好支持，它提供适用于 Internet 的应用，能够为异构系统提供服务，提高系统的可扩展性，将企业的资源管理扩展至整个 Internet。

（3）提供平板电脑和智能手机等移动终端的 APP 客户端以及微信服务平台，并与 3G/4G、GPS/GIS、大数据、云计算等现代化技术一起实现国际货代营运管理的高智能化、高自动化，从而提高货代从业人员工作效率，降低人工成本，提升货代企业核心竞争力。

资料来源：中国物流与采购联合会．中国物流与采购信息化优秀案例集(2014)．

**思考题：**

1. 民生货代营运管理信息系统包括哪些功能模块？
2. 民生货代营运管理信息系统的发展方向是什么？

## 任务知识储备

## 一、国际货运代理概述

国际货代物流业是我国现代物流产业的重要组成部分，也是生产性服务业和服务贸易的重要组成部分，它在服务对外贸易、吸引外资、扩大就业、发展现代物流业等方面发挥了积极的作用。

目前，世界上80%左右的空运货物、70%以上的集装箱运输货物、75%的杂货运输业务，都控制在国际货运代理人手中。

我国80%的进出口贸易货物运输和中转业务（其中，散杂货占70%，集装箱货占90%）、90%的国际航空货物运输业务都是通过国际货运代理企业完成的。

1. 国际货运代理的概念

国际货运代理协会联合会(FIATA)的定义：

国际货物运输代理业，是指接受进出口货物收货人、发货人的委托，以委托人的名义或者以自己的名义，为委托人办理国际货物运输及相关业务并收取服务报酬的行业。

《中华人民共和国国家标准——物流术语》的定义：

国际货运代理是接受进出口货物收货人、发货人的委托，以委托人或自己的名义，为委托人办理国际货物运输及相关业务，并收取劳务报酬的经济组织。

国际货运代理从本质上属于运输关系人的代理，是联系发货人、收货人和承运人的运输中间人。

2. 国际货运代理企业的主要经营范围

1）国际货物运输综合代理

国际货物运输综合代理是指接受进出口货物收货人、发货人的委托，以委托人的名义或者以自己的名义，为委托人办理国际货物运输。包括订舱（含租船、包机、包舱）、托运、仓储、包装；货物的监装、监卸、集装箱拆箱、分拨、中转及相关的短途运输服务；缮制签发有关单证、交付运费、结算及交付杂费；国际多式联运、集运（含集装箱拼箱）。

2）报关代理

报关代理是指接受进出口货物收货人、发货人或国际运输企业的委托，代为办理进出口货物报关、纳税、结关事宜。

3）报检代理

报检代理是指接受出口商品生产企业、进出口商品发货人、收货人及其代理人或其他对外贸易关系人的委托，代为办理进出口商品的卫生检验、动植物检疫事宜。

3. 国际货运代理业务流程

一般国际货运代理业务流程如图6-91所示。

国际货运代理海空运输出口业务流程如图6-92、图6-93所示。

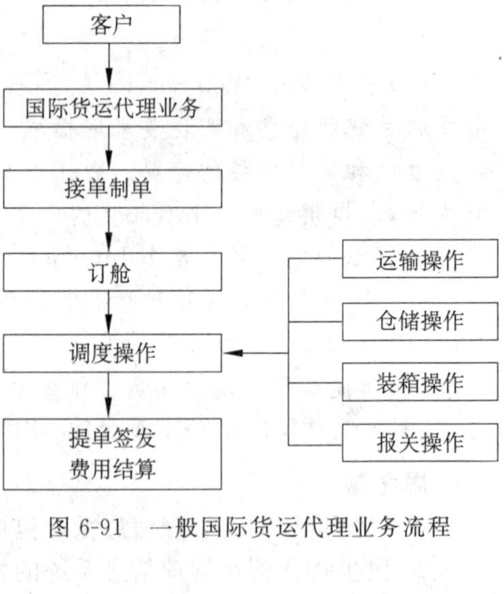

客户
国际货运代理业务
接单制单
订舱
调度操作
提单签发
费用结算
运输操作
仓储操作
装箱操作
报关操作

图6-91　一般国际货运代理业务流程

## 二、货运代理管理信息系统概述

1. 货运代理管理信息系统的概念

货运代理管理信息系统(Freight Management System，FMS)是针对货代行业所特有的业务规范和管理流程，利用现代信息技术以及信息化的理论和方法，开发出的能够对货代企业的操作层、管理层和战略决策层提供有效支持与帮助的管理系统。货运代理管理信息系统功能结构如图6-94所示。

2. 国际货运代理管理信息系统的网络结构

三层C/S架构即客户端(表示层)—应用服务器(功能层)—数据库服务器(数据层)的多分支机构货运代理管理信息系统仍是目前大型货运代理管理信息的主流。国际货运管理信息系统的网络结构如图6-95所示。

该结构的特点如下:

(1) 分支机构通过虚拟专用网(VPN)、专线等形式接入总部局域网。总部拥有较高的接入带宽,对于处于带宽难以保证区域的分支机构(如国外机构)采用专线连接方式。

(2) 简单的Web服务平台,给客户、供应商提供网上协助功能。

(3) 通过自动更新等功能减少客户端部署的工作量。

(4) 数据存储采用大容量、高速度的专业设备。

## 三、国际货运代理管理信息系统主要功能模块

1. 海空运输出口系统模块的主要功能

(1) 订舱委托。

(2) 操作调度。

(3) 单证处理。①提单确认以及提单的制作与签发;②报关单据的流转及跟踪管理;③单据格式的自定义。

(4) 查询统计。

2. 海空运输进口系统模块的主要功能

(1) 货主与承运人业务委托输入。

(2) 进口货物信息的登记、查询及跟踪以及各项费用的输入。

(3) 作业调度与报关。

(4) 到港后卸货安排。

(5) 下程转运衔接。

(6) 拼箱进口的拆箱与再分装。

(7) 单证处理。

(8) 查询统计。

3. 与海关衔接功能

(1) 出口报关。输出场站收据时,以EDI方式报关,通过自动打印提单,并通知客户。

(2) 进口报关。EDI状态下收到出口商或船公司提单通知后报关,经海关审查通过后,自动生成到港通知单和提货单,与海关的连接必须具备EDI对外共享功能。

4. FMS费用管理系统模块的主要功能

(1) 应收应付,代收代付费用输入与审核。

(2) 发票制作、打印与查询。

(3) 实收实付费用登记、审核与销账。

(4) 成本利润表,应收账表制作与打印。

(5) 对账表自动生成,在与客户EDI连接状态下可以自动回执。

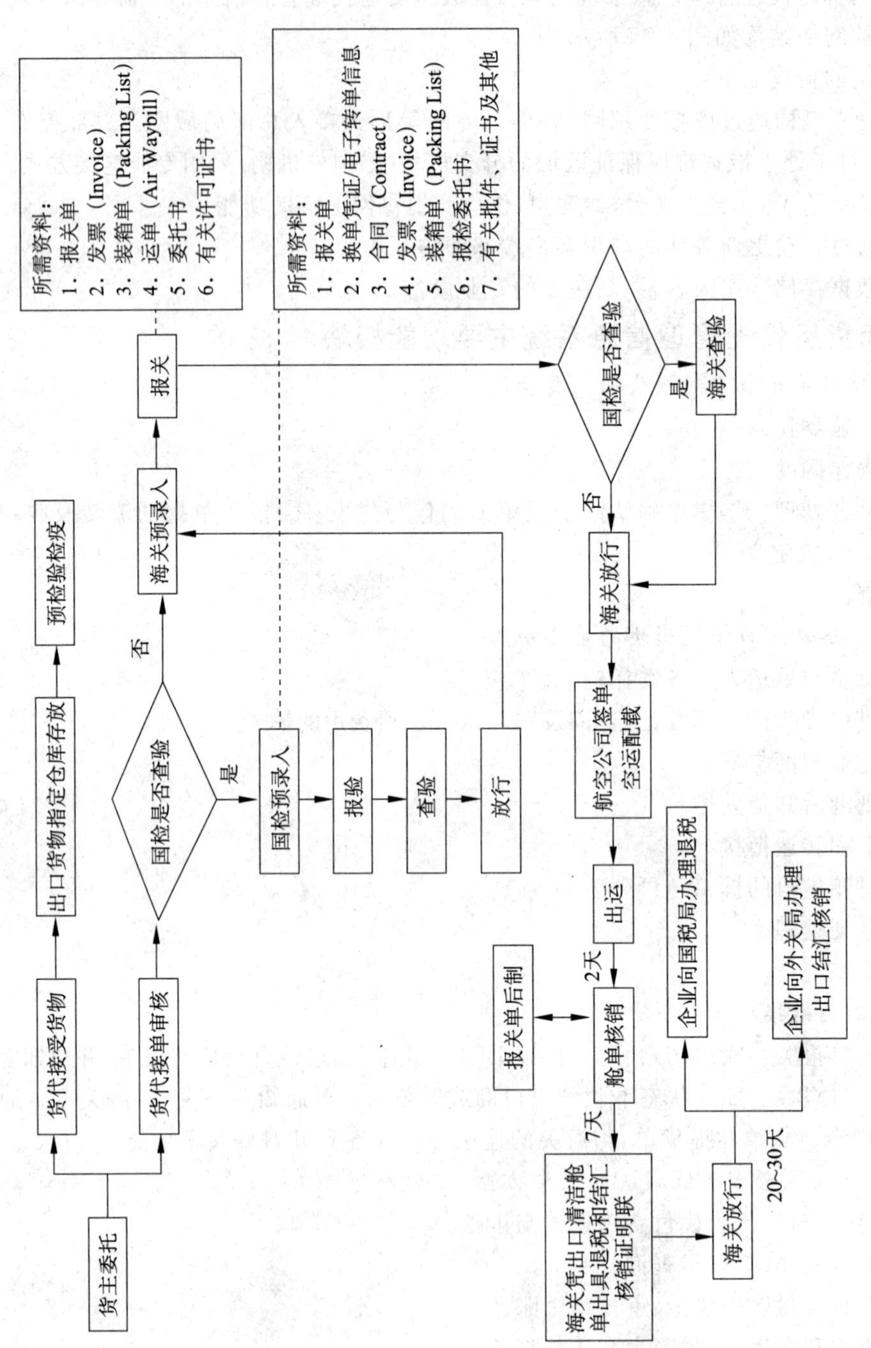


图 6-92 空运出口业务流程示意

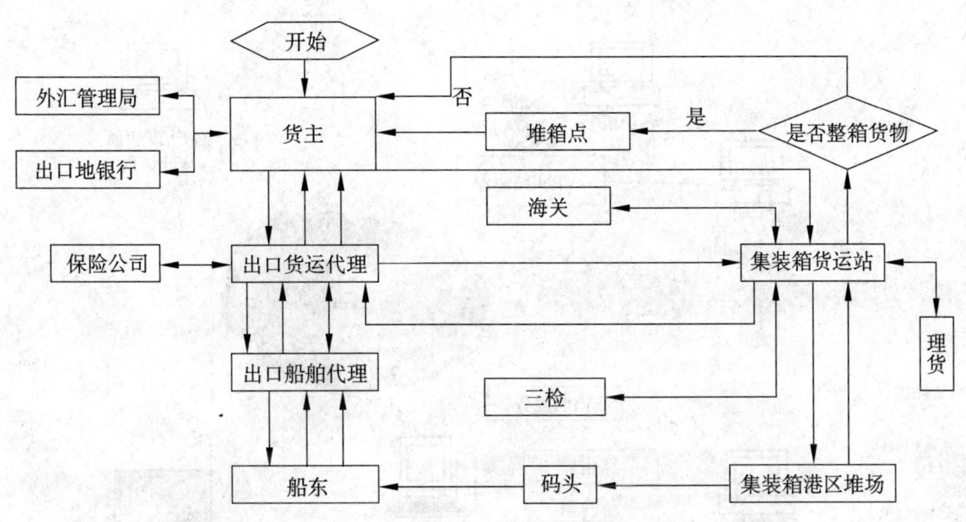


图 6-93　海运出口业务流程示意

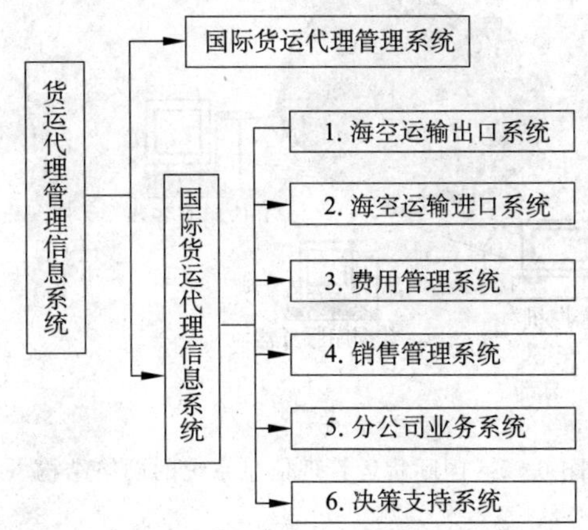


图 6-94　货运代理管理信息系统功能结构

5. FMS 销售管理系统模块的主要功能

(1) 客户信息的新增、删除、查询。

(2) 客户单体成本与利润考核。

(3) 公开运价、船期等公用信息的更新与维护。

(4) 合同信息的执行、新增、修改与查询。

(5) 对不同客户群的报价处理。

6. 分公司业务系统模块的主要功能

(1) 业务情况的手工或自动定时的上报。

(2) 收入支出的手工或自动定时的上报。

(3) 对下属机构指标的自动下达。

(4) 业务的相互委托。

7. 决策支持系统模块的主要功能

(1) 客户资源分析。

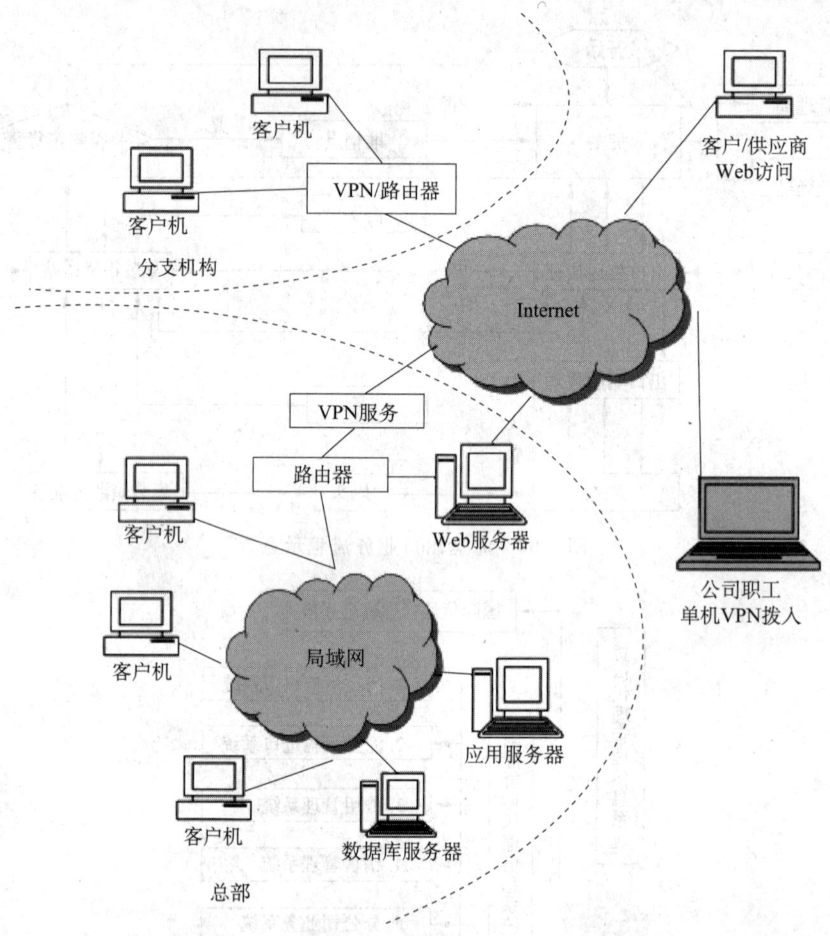


图 6-95 国际货运管理信息系统的网络结构

(2) 客户忠诚度分析。

(3) 客户信用度分析。

(4) 资源分析。

(5) 业务量分析。

(6) 成本利润分析。

(7) 资金压力分析。

## 职业指导

### 国际货运代理员职业资质介绍

1. 术语和定义

1) 国际货运代理从业人员(Practitioners Engaged in International Freight Forwarding Industry)

从事与国际货物运输、现代物流相关经济活动的人员。

国际货代员是在贸易交往中接受货主委托,组织、实施和协调公路、铁路、海路、航空等

运输过程，办理有关货物报关、交接、仓储、调拨、检验、包装、转运、定车皮、租船、定舱等业务的综合性国际物流人才。

2）从业人员职业资格证书(Certificate of Practitioners' Qualification)

由商务主管部门授权，由全国性国际货运代理行业中介组织统一组织考试、证书颁发的在国内公认的职业资质证书。以下简称“职业资质证书”。

3）FIATA资格证书(International Federation of Freight Forwarders Associations Diploma)

FIATA证书由国际货运代理联合会或授权统一组织、考试、证书颁发的国际公认的职业资质证书。

2. 职业等级划分和评定要求

(1) 职业资质分级。共分为四个等级：国际货运代理员、国际货运助理工程师、国际货运工程师和高级国际货运工程师。

(2) 评定要求。职业资质等级评定应对从业人员的学历、工作经历、工作业绩、职业技能、接受培训情况、论文答辩等各项指标进行综合评价。

3. 职业资质基本条件

1）专业理论知识

(1) 应掌握国际货运代理业务、国际贸易、国际商务、国际海陆空运输、国际多式联运、国际铁路联运、集运(含集装箱拼箱)、国际快递、订舱(含租船、包机、包板、包舱)、揽货、仓储和物流管理、报检与报关、现代信息技术、货运市场营销以及货运纠纷处理、理索赔、相关的法律法规、国际公约、国际惯例等基础知识。

(2) 能熟知世界贸易主要航线、港口所处的位置、转运以及内陆集散地。

(3) 能了解不同地区的港口习惯和海关程序。

2）专业技能

(1) 应熟悉本企业的服务性质、服务航线、船期、航班、挂靠港口与转运时间等信息。

(2) 能熟知如何选择适当的承运人、运输方式。

(3) 能熟知运输工具的类型、特点、载荷能力、适用性等。

(4) 应掌握与海关、商检、税务、外管、银行、保险等有关的业务知识和操作技能。

(5) 应掌握各类业务的每个环节的技术、制度和实际操作流程。

(6) 能及时解答客户咨询和处理客户的需求；能提供符合客户需求的资源整合方案。

(7) 能熟悉各种业务单证，并能正确填写、处理、递交；能熟悉办理进、出口货物的交接。

(8) 能掌握索赔程序，现场记录和证据保存。

(9) 具有现场处理事务的能力和一定的实际业务操作能力。

(10) 能熟练地掌握和运用专业外语，具有较好的语言表达和沟通能力。

4. 国际货运代理员申报条件

国际货运代理员除应符合以上职业资质基本条件外，还应具备以下条件：高中(含高中)

以上学历,应从事本专业技术工作一年以上,并取得职业资质证书。

5. 职业资质证书管理

职业资质评定应由全国性国际货运代理行业中介组织设立评估机构具体实施。职业资质证书实行统一注册、统一编号、统一颁发,并予以公告。

## 实训任务实施三

### 货运代理空运出口业务实训

1. 实训目标

(1) 认知货运代理管理信息系统,理解货运代理管理信息系统的相关概念。

(2) 了解国际货运代理企业的业务流程,掌握货运代理管理信息系统各功能模块的功能。

(3) 会应用货运代理管理信息系统处理货代空运出口业务,使课堂教学和业务实践科学地衔接和融合。

2. 实训要求

(1) 按照实训任务单,完成各项任务。

(2) 按照规范要求,提交实训报告。

(3) 遵守实训中心的纪律,爱护设备,实训认真,注意安全。

3. 实训准备

(1) 教师准备好实训任务书,教师讲清该任务实施的目标和货运代理管理信息系统的知识要点。

(2) 实训中心准备实训设备和实训软件环境。

(3) 学生根据任务目标通过教材和 Internet 收集相关资料并做好知识准备。

4. 实训任务

(1) 使用中诺思货运代理管理系统软件完成如下空运出口业务。上海卢泰国际贸易有限公司和德国立达贸易公司通过 3 个月不断沟通谈判,最终达成一致,于 2015 年 12 月 28 日签订进出口商品合同。货值 30 000 美元。该批货物为一批手工艺品,货物体积为 $1.8m^3$,300kg,出运港在上海,贸易方式为 CFR,到达港不来梅,按照合同的指示,2016 年 1 月 14 日卢泰国际贸易有限公司向上海明扬国际货运代理有限公司办理相关货运适宜,明扬公司开出的价格为￥56/kg,次日明扬公司货代委托丰菱货运公司土耳其航空公司办理相关订舱适宜,最终确定货物的毛重和体积(航空公司在装运前要称重的),毛重是 300kg,体积 $1.8m^3$。

(2) 撰写实训报告。

5. 实训操作

第一步,单击中诺思货运代理管理系统软件中的"空运出口"按钮,进入如图 6-96 空运出口界面,当前界面显示的是已完成或正在完成或待完成的操作记录。通过上半部的查询条件可查询已有记录。在界面的底部有三个功能按钮:增加、删除和刷新,如要进行新增,可单击"增加"按钮,其操作见第二步。

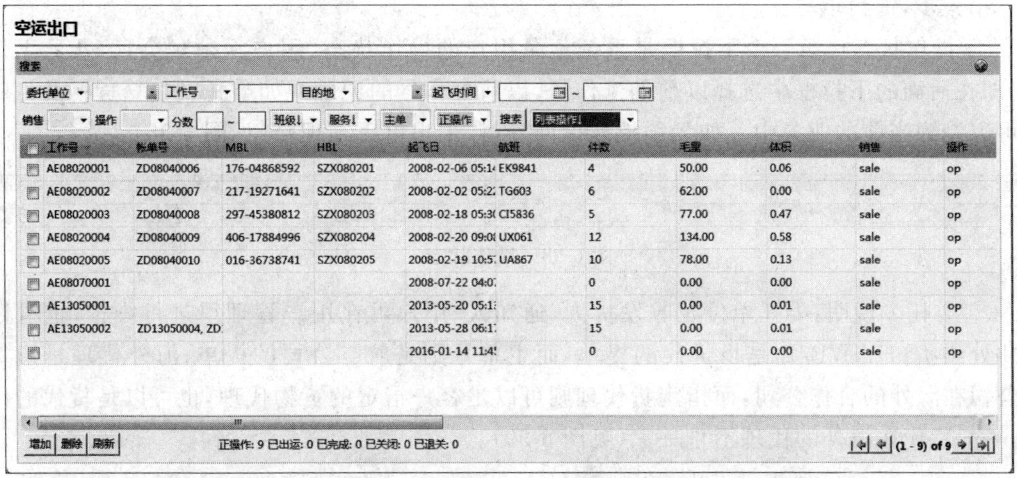

空运出口

| 工作号 | 帐单号 | MBL | HBL | 起飞日 | 航班 | 件数 | 毛重 | 体积 | 销售 | 操作 |
| --- | --- | --- | --- | --- | --- | --- | --- | --- | --- | --- |
| AE08020001 | ZD08040006 | 176-04868592 | SZX080201 | 2008-02-06 05:1 | EK9841 | 4 | 50.00 | 0.06 | sale | op |
| AE08020002 | ZD08040007 | 217-19271641 | SZX080202 | 2008-02-02 05:2 | TG603 | 6 | 62.00 | 0.00 | sale | op |
| AE08020003 | ZD08040008 | 297-45380812 | SZX080203 | 2008-02-18 05:3 | CI5836 | 5 | 77.00 | 0.47 | sale | op |
| AE08020004 | ZD08040009 | 406-17884996 | SZX080204 | 2008-02-20 09:0 | UX061 | 12 | 134.00 | 0.58 | sale | op |
| AE08020005 | ZD08040010 | 016-36738741 | SZX080205 | 2008-02-19 10:5 | UA867 | 10 | 78.00 | 0.13 | sale | op |
| AE08070001 | | | | 2008-07-22 04:0 | | 0 | 0.00 | 0.00 | sale | op |
| AE13050001 | | | | 2013-05-20 05:1 | | 15 | 0.00 | 0.01 | sale | op |
| AE13050002 | ZD13050004, ZD | | | 2013-05-28 06:1 | | 15 | 0.00 | 0.01 | sale | op |
| | | | | 2016-01-14 11:4 | | 0 | 0.00 | 0.00 | sale | op |

正操作: 9 已出运: 0 已完成: 0 已关闭: 0 已退关: 0　(1 - 9) of 9

图 6-96　空运出口

第二步，单击左下角的“增加”按钮进行新的空运出口业务操作，进入以后，用户可看见界面分为以下几个部分：操作状态、委托、订舱、服务、分单，如图 6-97 所示。

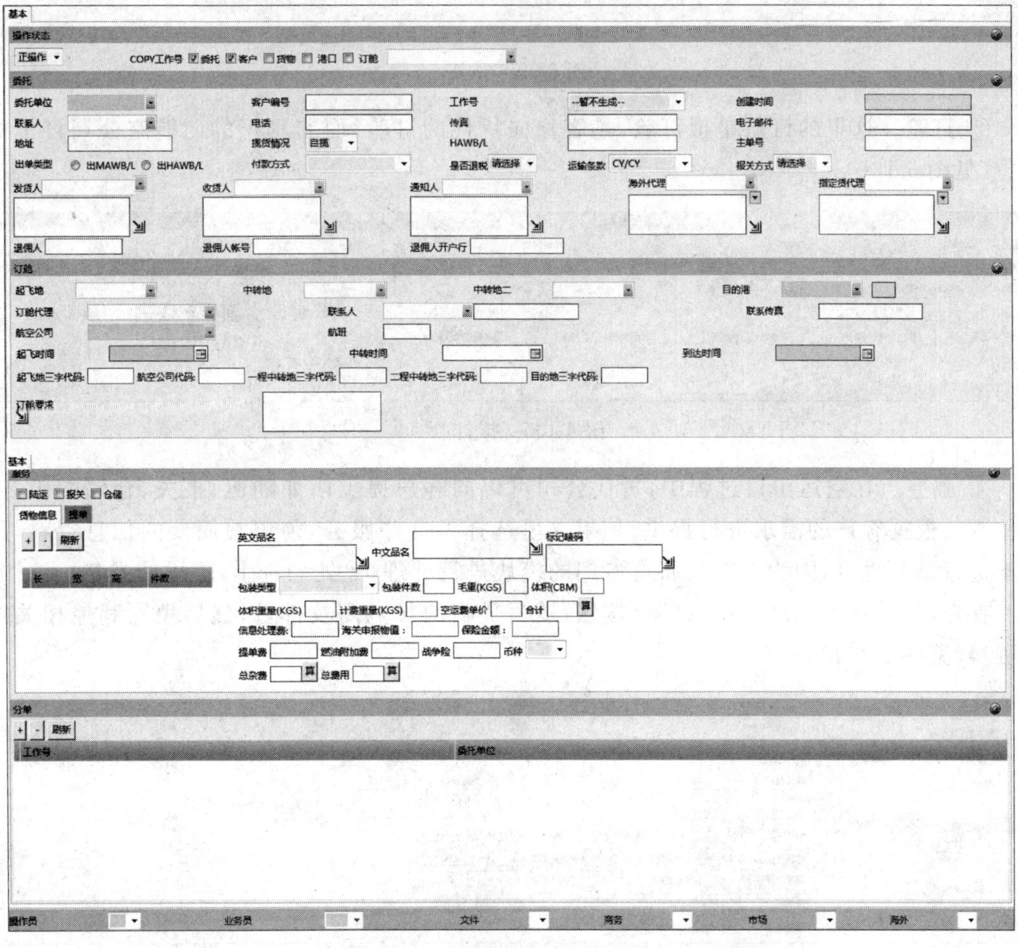

图 6-97　增加新的空运出口业务

第三步，资料填写。

① 操作状态。第一个下拉框是系统记录用户的操作状态，用户无须理会；COPY工作号，即在后面的下拉框中选择以前的工作号，以前工作号的记录中如委托、客户、货物及订舱都可复制到当前的业务中。如无须提取以前资料，用户可无须理会（见图6-98）。

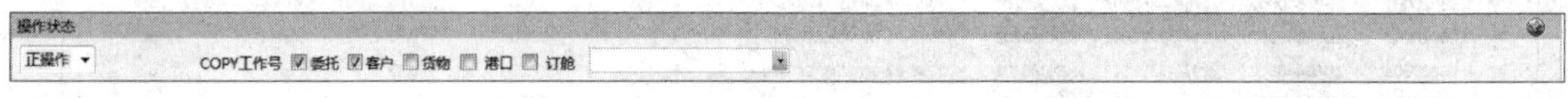


图6-98　操作状态

② 委托。说明：委托单位及收发货人、通知人、用户可在用户管理里进行维护，也可以在此处维护；HAWB/L是指货代的提单，而主单号则是航空公司的提单；海外代理是指货代公司在海外的合作公司，而指定货代理则可以是客户指定的货物代理，也可以是货代的代理，一般货代在海外的代理不止一家（见图6-99）。

图6-99　委托

③ 订舱。这里的订舱是拟订舱，是客户向货代的订舱，而非真正的向航空公司订下的舱位（见图6-100）。

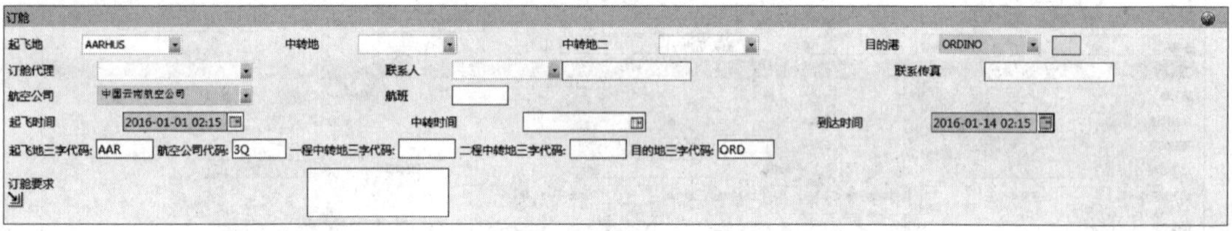

图6-100　拟订舱

④ 服务。在空运出口过程中，货代公司可以向客户提供诸如陆运、报关、仓储的服务，这些都是根据客户的需求进行提供，如果这里选择了这些服务，须填写简要的信息资料，用户不进行填写也可，因为保存后将有专门的模块进行处理，此处勾选上，但操作省略。

首先，填写货物信息。单击"＋"按钮，填写货物的长宽高及件数，然后填写其他相关货物资料（见图6-101）。

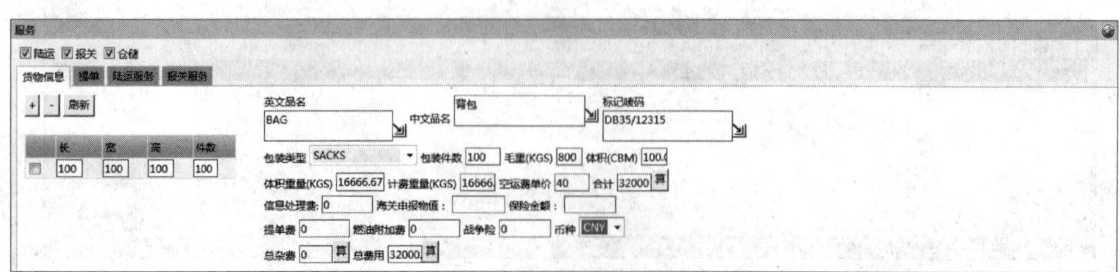


图6-101　填写货物信息

其次，填写提单信息(见图 6-102)。

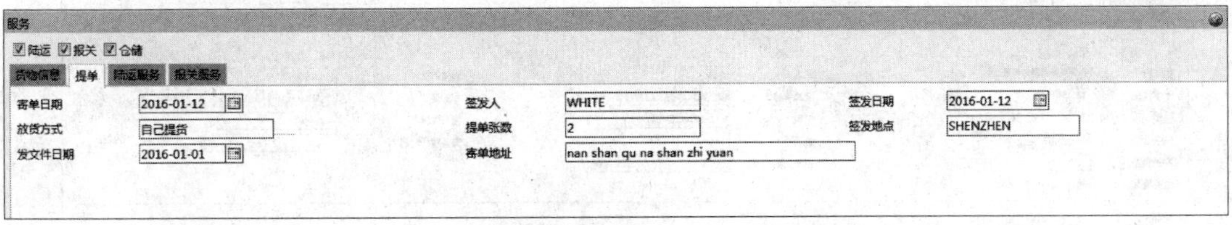

图 6-102　填写提单信息

⑤ 分单。分单就是将该单根据客户的要求分成几份，即客户将此票货发给多个不同的收货人，资料填写同上，此处略。

第四步，保存。注意保存后页面上部与此前的区别，多了如订舱、陆运等一系列操作按钮，此时用户可输出各种单证及提单，如提单。

此时用户可生成档案，以备查询。

第五步，订舱。此时才是同舱空公司订舱，输入从航空公司取得的相关信息即可(见图 6-103)。

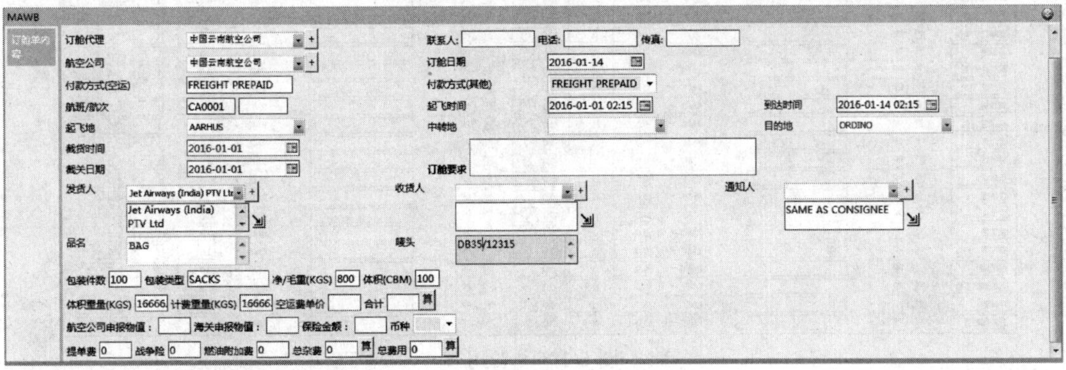

图 6-103　订舱

第六步，陆运(见图 6-104)。

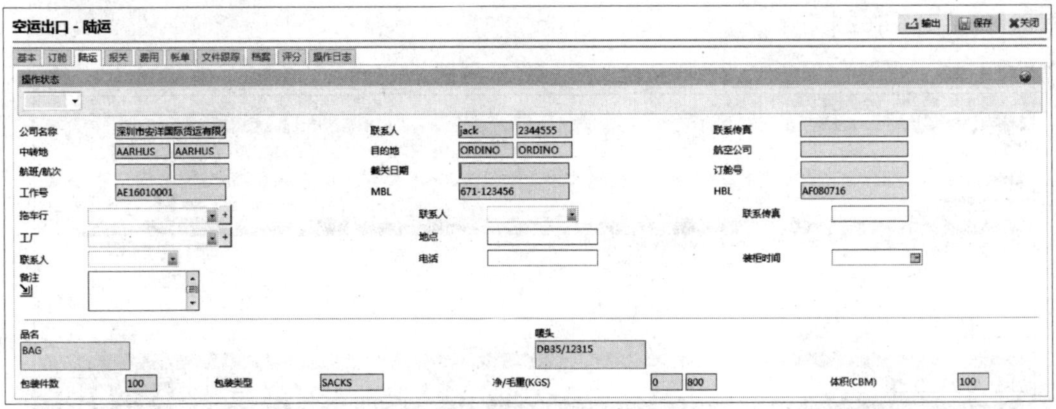

图 6-104　陆运

第七步，报关(见图 6-105)。

第八步，费用。生成应收应付费用。这里用快速制作费用进行操作。单击费用页面中

**空运出口 - 报关**　　保存(S)　输出(E)　关闭

基本 | 订舱 | 陆运 | 报关 | 费用 | 帐单 | 文件跟踪 | 档案 | 评分 | 操作日志

操作状态

| 报关行 | 深圳市华龙报关有限公司 | 联系人 | mak | 联系电话 | 123456 |
| --- | --- | --- | --- | --- | --- |
| 十字代码 | 3211961448 | 经营单位 | 镇江市汉华进出口有限公司 | 目的港 | ORDINO ORDINO |
| 退税 □ 不退税 □ |  | MBL | 671-123456 | 贸易性质 | 一般贸易 |
| 航空公司 | 中国云南航空公司 | 航班号 | CA8871 | 海关放行时间 |  |
| 报关类型 |  | 报关日期 |  |  |  |
| 查验情况 | ◉ 未发生 ○ 发生 |  |  |  |  |

品名：BAG　　唛头：DB35/12315

包装件数：100　包装类型：SACKS　净/毛重(KGS)：0　800　体积(CBM)：100

文件跟踪

| 状态 | 文件类型 | 文件编号 | 快递编号 | 取出日期 | 送出日期 | 退回日期 | 递还日期 |
| --- | --- | --- | --- | --- | --- | --- | --- |

图 6-105　报关

的"快速制作费用"进入如图 6-106 所示界面。

**快速制作费用** [箱型箱量:]---[拖车公司:]---[拖车地址:]　　快速增加客户　保存　关闭

| 费用 | 收 | 付款方式 | 结算单位 | 币种 | 单价 | 数量 | 金额 | 付 | 付款方式 | 结算单位 | 币种 | 单价 | 数量 | 金额 |
| --- | --- | --- | --- | --- | --- | --- | --- | --- | --- | --- | --- | --- | --- | --- |
| 海运费 |  | PP |  | USD | 0.0 | 1 | 0.0 |  | PP |  | USD | 0.0 | 1 | 0.0 |
| 燃油附加费 |  | PP |  | USD | 0.0 | 1 | 0.0 |  | PP |  | USD | 0.0 | 1 | 0.0 |
| 货币调节费 |  | PP |  | USD | 0.0 | 1 | 0.0 |  | PP |  | USD | 0.0 | 1 | 0.0 |
| 国际船舶与码头 |  | PP |  | USD | 0.0 | 1 | 0.0 |  | PP |  | USD | 0.0 | 1 | 0.0 |
| 综合费率上涨 |  | PP |  | USD | 0.0 | 1 | 0.0 |  | PP |  | USD | 0.0 | 1 | 0.0 |
| 旺季附加费 |  | PP |  | USD | 0.0 | 1 | 0.0 |  | PP |  | USD | 0.0 | 1 | 0.0 |
| 舱单自动申报 |  | PP |  | USD | 0.0 | 1 | 0.0 |  | PP |  | USD | 0.0 | 1 | 0.0 |
| 订舱费 |  | PP |  | RMB | 0.0 | 1 | 0.0 |  | PP |  | RMB | 0.0 | 1 | 0.0 |
| 码头处理费 |  | PP |  | RMB | 0.0 | 1 | 0.0 |  | PP |  | RMB | 0.0 | 1 | 0.0 |
| 报关费 |  | PP |  | RMB | 0.0 | 1 | 0.0 |  | PP |  | RMB | 0.0 | 1 | 0.0 |
| 商检费 |  | PP |  | RMB | 0.0 | 1 | 0.0 |  | PP |  | RMB | 0.0 | 1 | 0.0 |
| 拖车费 |  | PP |  | RMB | 0.0 | 1 | 0.0 |  | PP |  | RMB | 0.0 | 1 | 0.0 |
| 改单费 |  | PP |  | RMB | 0.0 | 1 | 0.0 |  | PP |  | RMB | 0.0 | 1 | 0.0 |
| 并单费 |  | PP |  | RMB | 0.0 | 1 | 0.0 |  | PP |  | RMB | 0.0 | 1 | 0.0 |
| 电放费 |  | PP |  | USD | 0.0 | 1 | 0.0 |  | PP |  | USD | 0.0 | 1 | 0.0 |
| 内装费 |  | PP |  | RMB | 0.0 | 1 | 0.0 |  | PP |  | RMB | 0.0 | 1 | 0.0 |
| 文件费 |  | PP |  | RMB | 0.0 | 1 | 0.0 |  | PP |  | RMB | 0.0 | 1 | 0.0 |
| 熏蒸费 |  | PP |  | RMB | 0.0 | 1 | 0.0 |  | PP |  | RMB | 0.0 | 1 | 0.0 |
| 操作费 |  | PP |  | RMB | 0.0 | 1 | 0.0 |  | PP |  | RMB | 0.0 | 1 | 0.0 |
| 保险费 |  | PP |  | USD | 0.0 | 1 | 0.0 |  | PP |  | USD | 0.0 | 1 | 0.0 |
| 目的港提货费 |  | PP |  | USD | 0.0 | 1 | 0.0 |  | PP |  | USD | 0.0 | 1 | 0.0 |
| 中转费 |  | PP |  | RMB | 0.0 | 1 | 0.0 |  | PP |  | RMB | 0.0 | 1 | 0.0 |
| 异地提柜费 |  | PP |  | RMB | 0.0 | 1 | 0.0 |  | PP |  | RMB | 0.0 | 1 | 0.0 |

图 6-106　费用

用户可在费用名称里直接修改，如将海运费改为空运费，可在海运费方框里双击，在弹出的下拉框里选择空运费即可，然后完善相应资料，保存后，即可进行审核，勾选"审"下的方框即可(见图 6-107)。

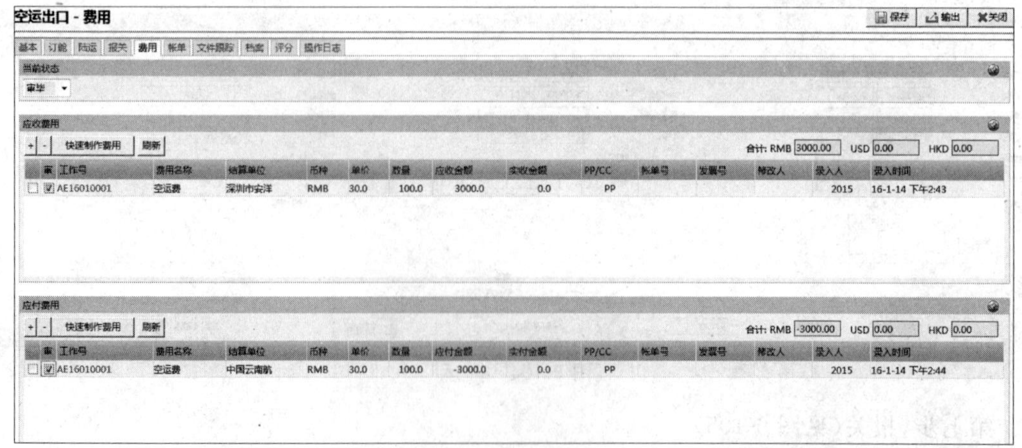

**空运出口 - 费用**　　保存　输出　关闭

基本 | 订舱 | 陆运 | 报关 | 费用 | 帐单 | 文件跟踪 | 档案 | 评分 | 操作日志

当前状态：审毕

应收费用

+ | - | 快速制作费用 | 刷新　　合计: RMB 3000.00　USD 0.00　HKD 0.00

|  | 审 | 工作号 | 费用名称 | 结算单位 | 币种 | 单价 | 数量 | 应收金额 | 实收金额 | PP/CC | 帐单号 | 发票号 | 修改人 | 录入人 | 录入时间 |
| --- | --- | --- | --- | --- | --- | --- | --- | --- | --- | --- | --- | --- | --- | --- | --- |
| □ | ☑ | AE16010001 | 空运费 | 深圳市安洋 | RMB | 30.0 | 100.0 | 3000.0 | 0.0 | PP |  |  |  | 2015 | 16-1-14 下午2:43 |

应付费用

+ | - | 快速制作费用 | 刷新　　合计: RMB -3000.00　USD 0.00　HKD 0.00

|  | 审 | 工作号 | 费用名称 | 结算单位 | 币种 | 单价 | 数量 | 应付金额 | 实付金额 | PP/CC | 帐单号 | 发票号 | 修改人 | 录入人 | 录入时间 |
| --- | --- | --- | --- | --- | --- | --- | --- | --- | --- | --- | --- | --- | --- | --- | --- |
| □ | ☑ | AE16010001 | 空运费 | 中国云南航 | RMB | 30.0 | 100.0 | -3000.0 | 0.0 | PP |  |  |  | 2015 | 16-1-14 下午2:44 |

图 6-107　费用审核

第九步，账单。账单就是生成对账单，主要用于与应付客户进行对账（见图 6-108）。

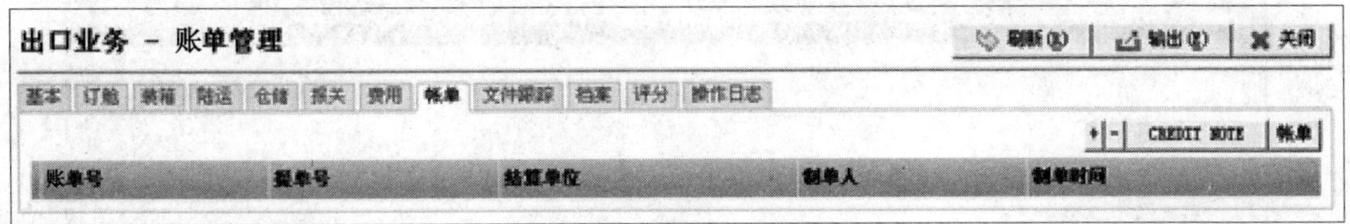


图 6-108　账单

单击“+”按钮生成如下对话框，在用户下页面下部勾选应收的客户，其信息便自动生成在基本资料里，如用户用外币支付，同时可计算出外币支付的数量。然后保存，通过“输出”可打印出单据，然后发送给客户进行对账（见图 6-109）。

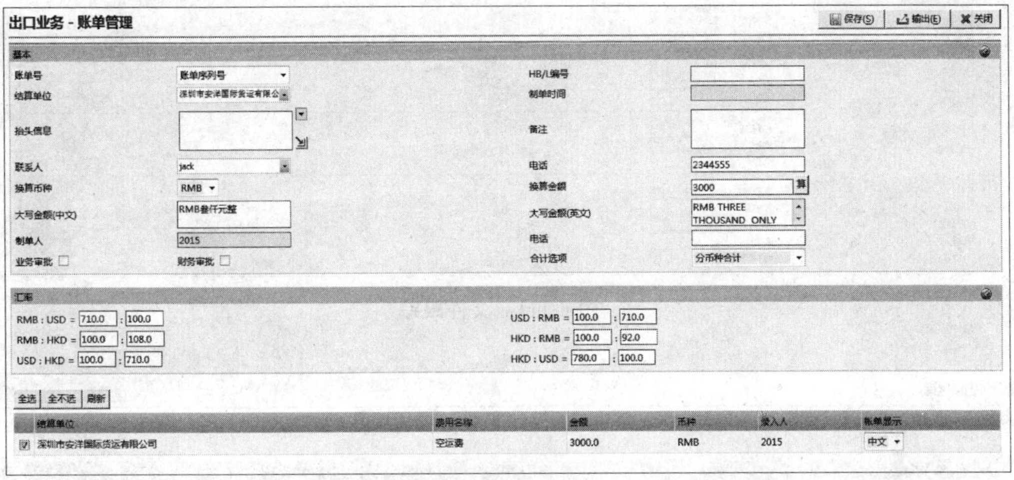

图 6-109　账单管理

最后，账单页面中便有一记录（见图 6-110）。

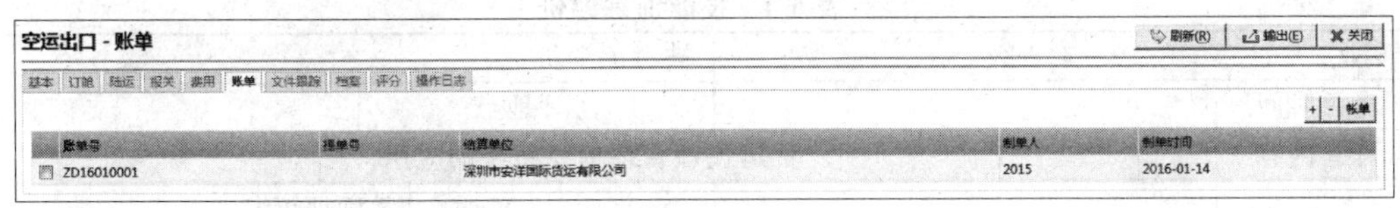


图 6-110　账单记录

第十步，文件跟踪。是指对业务过程中的文件资料进行跟踪。可通过左下角的增加图标进行维护（见图 6-111）。

第十一步，档案管理。在业务操作中，能输出单据的都能生成档案，保存后都可在这里进行查询，并下载（见图 6-112）。

6. 撰写实训报告

由学生完成。

7. 技能训练评价

完成实训后，填写技能训练评价（见表 6-4）。

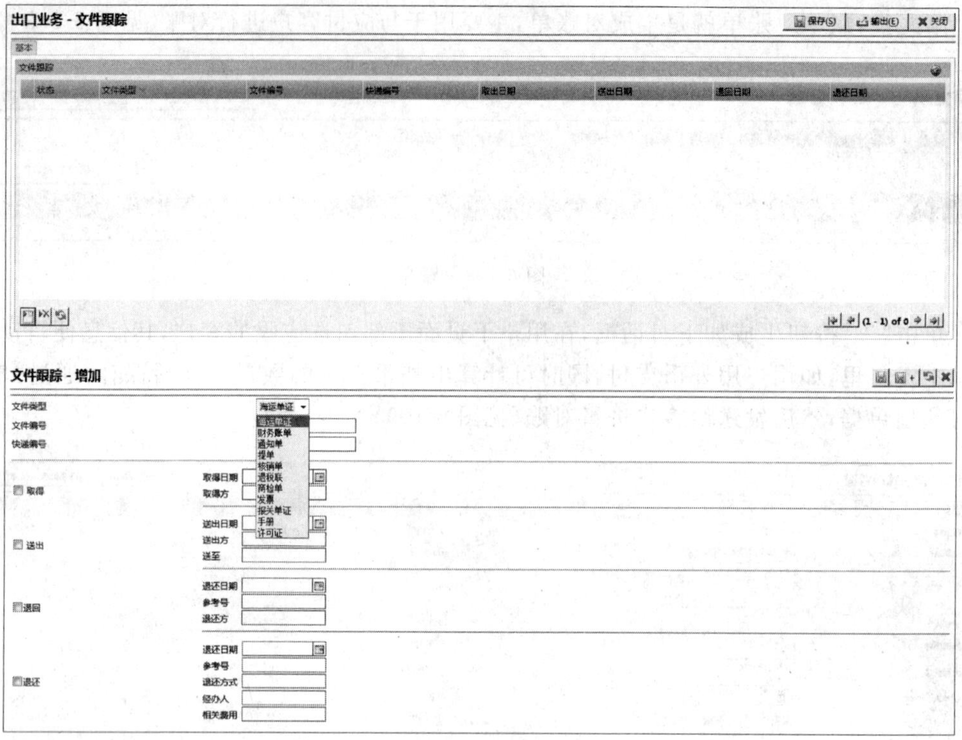

图 6-111　文件跟踪

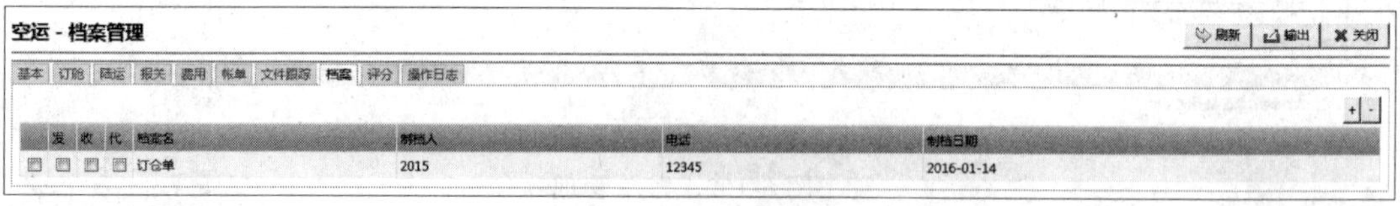

图 6-112　档案管理

**表 6-4　技能训练评价**

| 专业： | 班级： | | 被考评学员： | | |
|---|---|---|---|---|---|
| 考评时间 | | | 考评地点 | | |
| 考评内容 | 货运代理管理信息系统的应用 | | | | |
| 考评标准 | 内　　容 | 分值 | 自评（50%） | 教师评议（50%） | 考评得分 |
| | 能够正确描述货运代理作业的流程 | 20 | | | |
| | 单证填写完整、正确 | 25 | | | |
| | 能够独立通过货运代理管理信息系统完成相应的作业操作 | 30 | | | |
| | 遵守纪律，爱护设备，实训认真 | 25 | | | |
| 综合得分 | | | | | |
| 指导教师评语： | | | | | |

# 任务小结

国际货运代理是接受进出口货物收货人、发货人的委托，以委托人或自己的名义，为委托人办理国际货物运输及相关业务，并收取劳务报酬的经济组织。

货运代理管理信息系统(Freight Management System，FMS)是针对货代行业所特有的业务规范和管理流程，利用现代信息技术以及信息化的理论和方法，开发出的能够对货代企业的操作层、管理层和战略决策层提供有效支持与帮助的管理系统。其功能模块有:海空运输出口系统模块、海空运输进口系统模块、与海关衔接功能、FMS费用管理系统模块、FMS销售管理系统模块、分公司业务系统模块、决策支持系统模块等。

# 练习题

**一、单项选择题**

1. 货运代理信息系统是对客户、承运商和内部人员开放的系统，经常采用(　　)功能保护公司商业机密。

A. 防火墙　　B. 权限管理　　C. 垂直控制　　D. 随机障碍

2. 货运代理信息系统与外界其他软件连接采用(　　)。

A. Extranet　　B. Website

C. 公共信息平台与企业网　　D. EDI

3. FMS的出口系统模块功能是(　　)。

A. 订舱委托→操作调度→单证处理→查询统计

B. 揽货接单→安排运输工具→制单打单→中转调度

C. 客户托运→拖车调运→装船承运→到货通知→费用结算

D. 揽货订舱→操作调度→制单打单→收费→承运查询→费用托收

4. FMS进口系统的费用管理功能集中在(　　)方面。

A. 应收应付账务处理　　B. 催收客户欠款

C. 内部账务处理　　D. 报表制作

5. 海运货代管理信息系统的独特子系统是(　　)。

A. 调度系统　　B. 计费系统　　C. 订舱系统　　D. 查询系统

6. FMS决策支持系统模块功能集中在对(　　)的分析上。

A. 货运市场　　B. 客户层次

C. 客户价值　　D. 客户资源与信用等级

7. 货运代理信息管理的核心是运托人与承运人的货物运输信息，以及(　　)。

A. 服务项目收费信息　　B. 航线信息

C. 单证信息　　D. 作业信息

8. 货运代理管理信息系统必须与(　　)连接。

A. EDI　　B. GPS　　C. GIS　　D. Extranet

9. 运价维护功能是货代信息系统(　　)模块中的一个功能。

A. 海空运输出口　B. 销售管理　C. 费用管理　D. 决策支持

10. FMS系统处理最多的对象是(　　)。

A. 流程　B. 查询　C. 配载　D. 单证

## 二、多项选择题

1. 海运操作模块是货运代理信息系统中的核心部分,其功能包括(　　)。

A. 支持海运出口与进口运作

B. 支持订船、中转、装箱制单和报关

C. 支持自动收款与付款

D. 支持操作界面自定义,进行批量化业务处理

2. C/S模式下,三层架构包含的内容是(　　)。

A. 客户机　B. 文件服务器　C. 应用服务器　D. 数据库服务器

3. 国际货代信息系统中,(　　)等模块不能单独存在。

A. 海空运输出口系统　B. 海空运输进口系统

C. 费用管理系统　D. 决策支持系统

4. 国际货代海空运输进口系统可以实现接单、制单到(　　)等整个业务流程的管理。

A. 审核　B. 定舱　C. 报关　D. 费用登记确认

5. 货代管理系统中的销售管理模块包括(　　)。

A. 应收账款管理　B. 销售人员管理

C. 销售团队管理　D. 客户关系管理

6. FMS的查询功能通过使用(　　)完成。

A. 调度平台　B. 船名航次　C. 运输编号　D. 提单号码

7. FMS海空运输进口系统功能包括(　　)。

A. 货物信息与费用输入　B. 中转代理

C. 作业调度与单证处理　D. 查询统计

8. FMS决策支持系统的功能模块是(　　)。

A. 客户资源　B. 业务分析　C. 技术适用　D. 成本考核

9. FMS销售管理系统模块功能是(　　)。

A. 客户关系与公用信用管理　B. 合同管理

C. 单体成本与利润考核管理　D. 补货管理

10. FMS单证处理功能是(　　)。

A. 发票的制作与收费　B. 集装箱及提箱信息查询

C. 费用查询　D. 操作记录查询与状态跟踪

## 三、简答题

1. 简述国际货运代理的概念。

2. 简述货运代理管理信息系统的功能结构。

# 项目七

# 物流公共信息平台的应用

**项目描述**

物流公共信息平台是指基于计算机通信网络技术，提供物流信息、技术、设备等资源共享服务的信息平台。具有整合供应链各环节物流信息、物流监管、物流技术和设备等资源，面向社会用户提供信息服务、管理服务、技术服务和交易服务的基本特征。

物流公共信息平台是有效解决我国信息化水平程度偏低、供应链上下游企业之间沟通不畅等导致我国物流业发展水平低下，全社会物流成本偏高等关键问题的重要手段，是建立社会化、专业化、信息化的现代物流服务体系的基石，对促进产业结构调整、转变经济发展方式和增强国民经济竞争力具有重要作用。

通过八挂来网物流公共信息平台使用，使学生理解公共物流信息系统平台的相关概念，会应用物流公共信息平台处理物流业务。

**项目目标**

1. 知识目标

(1) 理解物流公共信息平台的定义。

(2) 熟悉物流公共信息平台的功能。

(3) 掌握公共物流信息平台的关键技术。

(4) 了解公共物流信息系统平台在企业中的运用现状和发展趋势。

2. 技能目标

(1) 会使用 Internet，了解全国物流公共信息平台建设情况和学习物流信息平台有关知识。

(2) 会使用公共物流信息平台开展物流业务。

## 任务　公共物流信息平台的应用

### 教学导航

**任务目标**

(1) 熟悉物流公共信息平台的功能。

(2) 掌握公共信息平台的关键技术。

(3) 会使用公共物流信息平台开展物流业务。

**教学重点**

(1) 熟悉物流公共信息平台的功能。

(2) 掌握公共信息平台的关键技术。

(3) 学习物流公共信息平台的服务与运营模式。

**教学难点**

(1) 掌握公共信息平台的关键技术。

(2) 学习物流公共信息平台的服务与运营模式。

**教学方法**

任务驱动教学法、讲授式教学法、讨论教学法、案例教学法。

**教学手段**

网络教学、多媒体教学手段、实训操作。

**教学建议**

(1) 学生根据学习任务书,预习教材、通过查阅文献,了解物流公共信息平台建设情况。

(2) 教师准备好授课课件(任务书、授课 PPT、视频、图片及案例分析资料),讲清该任务实施的目标和要求,根据任务安排,对学生进行分组,讲清楚本次任务的教学重点,组织好课堂教学。

## 国家交通运输物流公共信息平台

LOGINK,又称物流电子枢纽,是交通运输部和浙江省人民政府牵头,管理部门、行业协会、软件开发商、物流供应商多方共建的一个开放、共享的物流单据和服务电子交换基础网络;浙江省交通运输厅牵头成立运行中心,负责 LOGINK 建设和运维,LOGINK 亦代表中方参加东北亚物流信息服务网络(NEAL-NET)建设。平台页面如图 7-1 所示。

图 7-1 国家交通运输物流公共信息平台页面

1. 平台的基本特征

(1) "公益性"——不以赢利为目的,主要为各物流信息服务需求方提供基础性公共服务。

(2)“开放性”——向全社会提供服务,不局限于特定行业、特定作业环节和特定服务对象。

(3)“共享性”——实现不同部门、不同行业、不同地区、不同物流信息系统间信息交换与共享,减少信息孤岛和重复建设。

2. 平台的总体结构

构建覆盖全国、辐射国际的物流信息基础交换网络和国家平台门户,实现“公共平台”与相关物流信息系统和平台之间可靠、安全、高效、顺畅的信息交换,有效促进物流产业链各环节信息互通与资源共享,需要强大的平台体系来支撑。

3. 平台的总体功能

(1) 基础交换功能——主要解决跨国、跨行政区域、跨行业、跨部门的各类物流公共信息平台和物流产业链上下游企业之间缺乏统一数据交换标准,信息孤岛,信息传递效率低、集成能力低、成本高等问题。具体功能包括物流业务数据交换以及物流公共信息服务数据交换。

(2) 公共信息服务功能——主要解决国家层面物流公共信息服务资源零散,物流行业信息服务需求难以得到满足的问题。LOGINK 平台将按照“统一标准,互联互通,共享服务”的理念,主要依托交通运输部及行业已有的相关政务系统,通过多种技术手段实现物流信息服务统一渠道提供,后台多个系统共同支撑。

公共应用中心为各类物流企业、从业人员、物流产业链相关工商企业、行业管理部门提供货物跟踪服务、诚信信息服务、运输交易服务、行业运行监测服务、东北亚物流公共服务、资讯信息发布、物流软件 SaaS 服务(云服务)等一站式服务。基本的公共信息服务功能如图 7-2 所示。

物流跟踪

信用共享

行业监测

物流资源

公共信息

图 7-2　平台公共信息服务功能

4. 平台建设的直接和潜在效益

平台建设的直接和潜在效益显著,受到了运输物流企业的普遍欢迎。

一是减少信息化重复建设。目前,3 900 家免费软件运用企业已因此节省信息化投入 2 亿～4 亿元,如推广到行业 10%的企业,则可节省 16 亿～33 亿元,如推广到全国,则可节省上百亿元。

二是提高物流生产效率。通过提高信息化水平,可以加快单据传递、减少差错、提高管理效率;可以提高车货交易、货物跟踪等效率,降低货车空驶率,促进节能减排。据测算,浙江省因此每年可产生效益 18 亿元,全国则可超过 400 亿元。

三是降低社会物流成本。平台全面应用后,专家预计社会物流总成本占 GDP 的比重可降低 0.1 个百分点,浙江省因此每年可减少物流费用 21 亿元,全国则可减少 300 亿元。

预计到“十二五”期末,平台将整合 50 万家物流企业,软件用户超过 10 万家;实现国内 12 个港口(物流园区)和日本、韩国的港口信息系统互联,把服务网络向东盟以及其他亚洲国家延伸。保守测算,平台每年可以在全国带来近千亿元的直接经济效益。

**思考题:**

1. 什么是物流公共信息平台?

2. 国家交通运输物流公共信息平台的总体功能有哪些?

## 任务知识储备

## 一、物流公共信息平台概述

现代物流是涉及社会经济生活各个方面的错综复杂的社会大系统，是融合了运输、仓储、货运代理和信息等行业的新兴复合型服务产业。其中，信息化是现代物流的重要依托，是现代物流的灵魂，是未来的发展趋势，对提升物流效率，降低物流成本具有至关重要的决定性作用。物流公共信息平台建设是现代物流发展的必然要求，是整合社会资源、降低社会物流总成本的重要途径之一，也是提高物流企业核心竞争力的突破口。

### （一）物流公共信息平台的概念

物流公共信息平台是指基于计算机通信网络技术，提供物流信息、技术、设备等资源共享服务的信息平台。具有整合供应链各环节物流信息、物流监管、物流技术和设备等资源，面向社会用户提供信息服务、管理服务、技术服务和交易服务的基本特征。物流公共信息平台的信息服务需要大量权威的政务信息，管理服务是物流相关管理部门的政府职责，这两项功能应由相关政府管理部门负责建设提供；物流公共信息平台的技术服务和交易服务则完全可以采用市场化的机制建设和运行。

### （二）物流公共信息平台的发展概况

1. 国外物流公共信息平台的发展

20 世纪 90 年代，信息技术及其带动的信息产业崛起，推动着社会变迁，信息时代随之到来。各国都在积极推进本国的信息化进程，目前世界上日本、美国和欧洲三大地区的物流信息化最为发达。

1）美国物流信息化发展

20 世纪 90 年代，美国经济持续稳定增长，信息技术与信息产业的发展成为推动美国经济增长的直接动力。美国通过建立物流公共信息平台，实现供应商和客户的信息共享，运用准时制(JIT)、供应商管理库存(VMI)、协同规划、预测和补给(CPFR)等供应链管理技术，实现供应链伙伴间的协同商务，降低供应链的总成本，提高供应链的总体竞争力。美国国家运输交易市场利用 Internet 技术，为货主、第三方物流公司、运输商提供一个可委托交易的物流交易公共信息网络。

其中 First 信息平台是由美国政府主导构建的交通货运信息实时系统，First 的系统总体结构如图 7-3 所示。

美国的 First 信息系统构建，将各类物流交通信息进行了链接，实现了信息资源的共享，为政府及企业提供实时信息，投入运营后取得了较好的效果。

2）英国 FCFS 信息系统

FCPS(Felixstowe Cargo Processing System)系统由海运货物处理公司(MCP)经营管理，该公司下属企业 Portis 还新开发了 Destin 8 系统，承担国际咨询业务。FCPS 主要服务于港口的进出口贸易，以及物流配送。FCPS 最初是用于连接通关及货运代理商和英国海关的系统。FCPS 开发适用于港口与港口之间的信息交换，它是在所有英国港口群信息系统中最先进的信息交换系统，它的业务包括货物进出口、转运、集装箱装运整合以及危险品

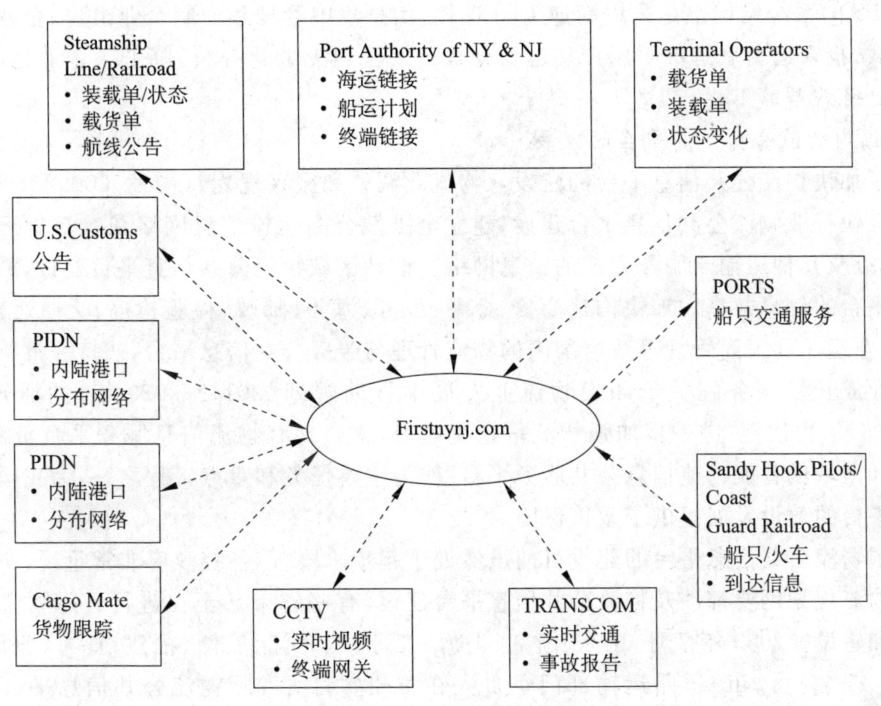


图 7-3　美国 First 系统结构

货物和海运业数据统计报告。

FCPS 通过使用电子数据交换技术(EDI),无论何时何地,FCPS 可以将货物运输信息传输给想要查询货物的客户。FCPS 系统具有处理速度快、灵活、高效、功能全面等优点,它从货物生产、货船卸货、通关、海关检疫以及送货等货物处理的各个环节来提高系统效率。FCPS 系统包含进/出口货物处理、货物转运、危险品处理和海运业数据统计 5 项主要功能。FCPS 的系统体系结构如图 7-4 所示。

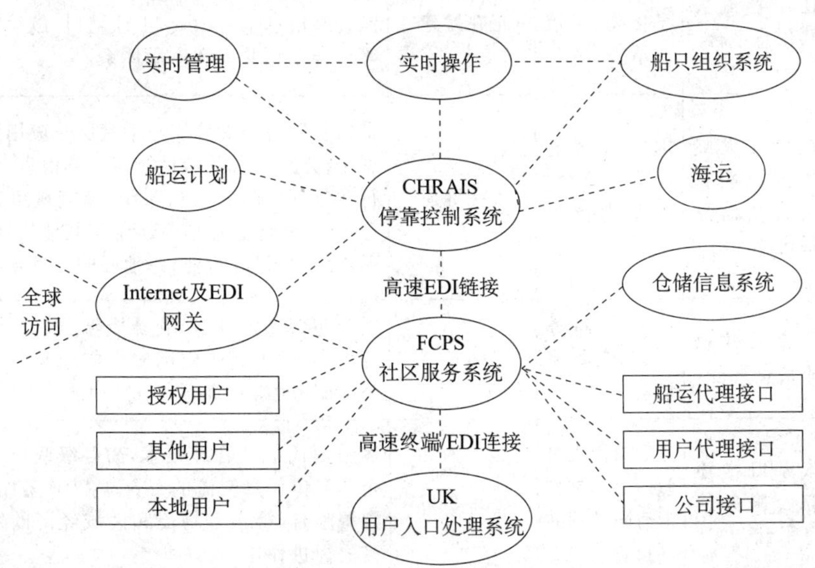


图 7-4　英国 FCPS 系统体系结构

FCPS的系统结构也是采用高速EDI连接，信息集中管理和控制企业组建、企业运营管理的模式，投入运营后解决了用户货运信息查询及公司无纸化办公，降低了企业运营成本，提高了经济效益。

2. 国内物流公共信息平台的发展

为了加快物流公共信息平台的建设，《物流业调整和振兴规划》(国发〔2009〕38号)明确提出："加快行业物流公共信息平台建设，建立全国性公路运输信息网络和航空货运公共信息系统，以及其他运输与服务方式的信息网络。推动区域物流公共信息平台建设，鼓励城市间物流平台的信息共享。加快构建商务、金融、税务、海关、邮政、检验检疫、交通运输、铁路运输、航空运输和工商管理等政府部门的物流管理与服务公共信息平台，扶持一批物流信息服务企业成长。"国务院关于印发物流业发展中长期规划(2014—2020年)的通知(国发〔2014〕42号)再次把"进一步加强物流信息化建设，整合现有物流信息服务平台资源，形成跨行业和区域的智能物流信息公共服务平台"作为主要任务和重点工程之一，为我国物流公共信息平台的建设发展提供了政策保障。

我国物流公共信息平台的建设目前虽然处于起步阶段，但各级政府非常重视，所有省市出台的物流规划纲要都涉及物流公共信息平台建设，有些省市甚至在进行省际物流公共平台规划和建设。2009年7月，山东、浙江、上海、江苏、黑龙江、安徽、福建、青海、四川、内蒙古、宁夏11省(区、市)道路运输部门负责人在杭州签订《省际物流公共信息平台共建协议》。此后，湖南等五省也与浙江省签订了共建协议。十六省区市将建立联席会议制度、成立共建办公室、开展项目试点、联合建设和推广等共建机制，共同推进省际物流信息平台建设。在省级公共信息平台发展到一定的程度，全国性的物流公共信息平台将应运而生。国内主要省份物流信息平台建设情况如表7-1所示。

**表7-1 国内主要省份物流信息平台建设情况**

| 省 份 | 平台名称 | 资金来源 | 运行时间 | 功能和效果 |
|---|---|---|---|---|
| 辽宁 | 辽宁物流公共信息平台 | 省经济和信息化委、发展改革委 | 正在筹建 | 东北地区物流公共信息平台以及国家重大装备物流公共信息平台项目，形成港口、航运、物流、监管等综合信息共享和应用体系 |
| 天津 | 新亚欧大陆桥区域性物流公共信息平台 | 国家发展和改革委员会、工业和信息化部 | 正在筹建 | 采用基础层—支撑层—平台层—应用层的结构模型来构建，整合区域性物流公共信息平台、政府各行业管理部门的信息系统、节点城市物流公共信息平台、物流企业信息系统等其他信息平台资源，形成跨部门、跨行业、跨地域的信息互通机制 |
| 北京 | 北京公共物流信息平台 | 北京市商务委、北京物流协会 | 2010-4-12 | 平台包含物流业务、物流资源、电子采购、企业认证推广、中小企业应用五个应用服务中心及一个公共服务中心(简称"5+1"功能)。 |
| 河北 | 张家口物流综合服务信息平台 | 张家口市人民政府与通泰物流有限公司共同投资 | 2009-9-17 | 运用现代信息管理技术，为各级政府、各行业、各企业提供信息交流的平台；将为产业结构的调整，资源整合，第三方物流和区域经济的发展发挥积极的促进作用 |

续表

| 省　份 | 平台名称 | 资金来源 | 运行时间 | 功能和效果 |
| --- | --- | --- | --- | --- |
| 河南 | 八挂来网 | 河南交通厅 | 2008-4 | 2008年4月，"八挂来网"物流信息系统在全省推广，至当年8月底，系统每日有效物流信息量在50万条左右，最高单日信息量达160万条，月成交量超过6万条，日单击次数约5万余次，用户平均在线时间达6小时左右，物流信息系统注册用户达1.4万余户。通过该系统减少的空驶行程达2.1亿千米，共计节省4 200万升燃油，相当于节省了2.52亿元燃油费 |
| 安徽 | 安徽物流公共信息平台 | 省发改委联合省交通厅、省商务厅、省统计局 | 2009-4-24 | 平台开辟有"行业资讯""物流统计""商检报关""车辆信息查询""身份证查询"等公共信息服务栏目以及"找车""找货""找专线""找仓库""找公司"等商务信息服务栏目。此外，平台还集成了上海、南京等地的物流网络，与有关方面合作开通了"物流GPS""在线投保"等特色服务栏目，有助于深化区域物流信息的整合与共享，推动区域物流联动发展 |
| 江苏 | 苏州交通物流信息平台 | 江苏省交通运输厅 | 2010-5-11 | 经过前阶段的宣传测试，目前已有3 000余家企业入驻交通物流信息平台，平台已累计发布车源信息11 000余条、货源信息1 000余条、资讯信息300余条，并与传化物流基地、白杨湾物流中心等企业级信息平台、苏州市运政GPS管理平台进行了成功对接，实现了对4 000余辆运输车辆的实时跟踪 |
| 浙江 | 交通运输物流公共信息平台 | 浙江交通厅 | 2010-1-1已经试点运行 | 据测算，"十二五"期间，"交通运输物流公共信息平台"的建设将减少企业和临近地区行业管理部门物流信息化重复建设投入约650亿元；降低货车空驶率、减少油耗等实现节能减排效益400亿元；降低货损货差，减少损耗支出每年400亿元。"系统"的建设将带来外部效益300亿元。"系统"建成使用后，浙江省每年创造的各种效益达到110亿元，全国范围内为其他相关企业创造效益将超过1 500亿元 |
| 江西 | 江西省物流公共信息平台 | 江西省发展和改革委员会牵头，省现代物流工作联席会议共建，省交通运输与物流协会协办 | 2010-2-22 | 整个平台构建了物流公共信息服务系统、物流数据交换处理系统、企业物流信息化系统和物流决策支持系统四大系统，同时具有九大功能：物流公共信息发布与查询功能；物流商务交易服务功能；物流运输跟踪功能；物流数据交换处理功能；海关和物流运输相关部门服务功能；物流门户网站功能；物流企业内部信息管理功能；综合物流无线传输功能；综合物流方案优化咨询功能等 |

续表

| 省　份 | 平台名称 | 资金来源 | 运行时间 | 功能和效果 |
|---|---|---|---|---|
| 广东 | 南方现代物流公共信息平台南方物联网 | 广东省信息产业厅、广东省财政厅 | 2010-3-19 | ①组织南方现代物流公共信息核心交换平台建设，实现与空港物流公共信息子平台、海港物流公共信息子平台、铁路物流公共信息子平台的有效对接。②建设物品自动识别与信息同步交换数据库，推动 RFID 在物流中的应用。③组织开展空港物流公共信息子平台建设，整合空港物流信息资源，推进空港物流公共信息子平台与核心交换平台的对接，提高机场货物处理效率 |
| 内蒙古 | 内蒙古自治区交通物流公共信息服务平台 | 内蒙古交通厅 | 2008-6-16 | 内容包括：物流信息服务网站、物流企业信用管理系统、公路货运交易信息服务系统、车辆定位和货物跟踪系统、车辆维修和与救援服务系统、口岸物流信息服务系统 |
| 宁夏 | 宁夏公众物流信息平台 | 宁夏道路运输管理局 | 2009-2-11 | 实现对社会零散运力资源、仓储资源、货源的虚拟组合，提高组织化程度，延长物流供应链；生产、加工、制造商贸等企业及运输户也可通过公布或查询信息，实现“坐在家里找活干”。平台还提供运输车辆和驾驶员查询系统，以便用户选择运输业主，规避经营风险 |

由表 7-1 可以看出，目前我国物流公共信息平台建设有以下几个特征。

(1) 我国物流公共信息平台起步较晚，大部分是在最近几年出现。

(2) 各省物流公共信息平台水准不一，大多数还停留在发布货运供求信息状态，无法实现精确的信息配对，提高信息价值。

(3) 发展速度极快，发展势头很猛，迎合国家整体战略和经济发展的需要。

(4) 各省市政府都在规划、启动和扶植物流公共信息平台项目，建立政府主导的区域性公共物流信息平台成为政府工作重点之一。

(5) 大多平台运营特色还不够鲜明，缺少行之有效的运营模式。

### （三）物流公共信息平台的类型

根据物流公共信息平台的应用主体、服务范围、运作方式，物流公共信息平台可划分为：国家级物流公共信息平台、区域性物流公共信息平台、行业性物流公共信息平台、省级物流公共信息平台、企业级和园区物流公共信息平台、特定物流服务的物流公共信息平台等。

#### 1. 国家级物流公共信息平台

国家级物流公共信息平台是国家政策支撑信息和国际物流需求的平台，负责提供：

(1) 汇集和发布中央级政府监管的信息。

(2) 国际物流需求信息，可以根据物流量有针对性地建立通往美国、欧洲、澳洲等物流中心频道，以便有效地利用国际物流的海、陆、空通道，协调国际、国内各区域间的物流资源。

国家级物流公共信息网络处于整个公共物流信息平台的顶层，通过标准接口或网络与国外物流公共信息平台相连，并进行相互间的数据交换；省级物流公共信息平台和行业性物流公共信息平台通过 IP 通信网络与国家级物流公共信息平台相连，并进行相互间的数据交换。

2. 区域性物流公共信息平台

区域性物流公共信息平台是国家对区域内平台的协调和地方性信息的处理平台，从应用角度来讲，应该与国家级物流信息平台的角色类似，只是范围要小些，但管理上不是由各具体的机构来直接管理，可以考虑由区域内省市联合管理。它的具体功能可以包括以下内容。

(1) 区域内各省市政府监管的信息。

(2) 区域内物流需求信息。

(3) 可以有针对性地建立东北、华北、华南、西北、华东等物流频道，各区域物流频道负责协调相应区域内的物流资源。

(4) 相关商业化开发和增值服务。

区域性物流公共信息平台是区域物流活动的神经中枢，是利用现代计算机技术和通信技术，把物流活动中的供、需双方和运输业者以及管理者有机联系起来的一个信息系统支撑体系。

3. 行业性物流公共信息平台

行业性物流公共信息平台主要用于企业内部以及企业供应链上下游之间的信息共享，协调各行业间信息的处理平台，负责提供具有行业特点的物流监管、供求信息以及相关的商业化开发和增值服务。

行业性物流公共信息平台主要负责提供：具有行业特点的物流监管、供求信息以及相关的商业化开发和增值服务。

4. 省级物流公共信息平台

省级物流公共信息平台是省级政策支撑信息和省物流需求的平台，省级物流公共信息平台负责提供：

(1) 省市政府监管的信息。

(2) 省内各大物流园区和企业用户之间的物流资源和信息，如地方政府的通关信息、口岸信息、企业诚信信息等及跨省市的联运信息。

(3) 相关商业化开发和增值服务。

5. 企业级和园区物流公共信息平台

企业级物流公共信息平台为物流主体，即最终客户(货主)、代理、分拨和仓储物流企业，是现代物流公共信息管理系统的终端。

各个物流园区信息平台、加工区物流平台汇集园区内企业集团的物流信息，同省级物流公共信息平台相连，交换信息，提供本园区内企业的仓储、装卸、加工、包装、客户等物流信息。

6. 特定物流服务的物流公共信息平台

(1) 按运输方式分类。全国铁路物流公共信息系统、航空货运公共信息系统、水运公共信息系统、公路运输公共信息平台。

(2) 按产业分类。钢铁物流、医药物流、农产品物流、家电物流等以及其他运输与服务方式的公共信息平台。

(3) 按服务对象分类。①公共型，提供单纯的信息服务；②商务型，有业务支撑，以信息服务为手段，提供相关实体物流服务；包括公路货运、国际海运货代等信息平台。

## 二、物流公共信息平台的功能和系统总架构

### (一) 物流公共信息平台的功能

从不同的视角分析，公共物流信息平台的功能是不同的。

从宏观角度看，公共物流信息平台的建设目的主要在于满足物流系统中各个环节的不同层次的信息需求和功能需求，这就要求信息平台不仅要满足货主、物流企业等对物流过程的查询、设计、监控等直接需求，还要满足他们对来自于政府管理部门、政府职能部门、工商企业等与自身物流过程直接相关的信息需求。根据系统用户主体的信息需求情况，平台应实现如下五项基本功能。

(1) 物流信息资源的整合与共享。物流企业与客户要对各种信息作全面了解和动态跟踪，通过平台将物流园区和物流中心的各类信息资源进行整合，在一定范围内对各信息资源进行共享。

(2) 社会物流资源的整合。对社会物流资源进行整合，提高物流资源配置的合理化，提高社会物流资源利用率；降低企业产品运营成本和运输周期，提高产品市场竞争力。

(3) 政府管理部门间、政府与企业间的信息沟通。规范和加强政府的宏观决策和市场管理，提高政府行业管理部门工作的协同性，提高物流业的行业管理、发展与规划的科学性，为企业参与国内外市场竞争提供平等发展的舞台与空间。

(4) 现代物流系统运行的优化。通过平台减少物流信息的传递层次和流程、提高现代物流信息利用程度和利用率，使物流系统以最短流程、最快速度、最小费用得以正常运行，实现全社会物流系统运行的优化，有效地降低物流成本。

(5) 优化供应链。对现代物流市场环境快速响应，形成供应链管理环境下固定电子物流和移动电子物流两种模式共同支撑的平台体系结构；实现行业间信息互通、企业间信息沟通、企业与客户间信息交流，使现代物流信息增值服务成为可能，从根本上提升现代物流的整体服务水平。

从微观角度看，企业使用公共物流信息平台不仅可以利用其庞大的资料库以及开放性的商务功能实现企业自身的信息交流发布、业务交易、决策支持、车辆跟踪定位等信息化管理，而且实现供应链管理过程中不同企业间的信息高效交换。因此，公共物流信息平台应具有如下基本功能。

(1) 数据交换功能。提供与第三方电子数据交换的途径，可灵活地配置数据导入导出的方式，支持 Txt 文本、XML 文本和 Excel 文本三种文件格式。这是信息平台的核心功能，主要是指电子单证的翻译、转换和通信，包括网上报关、报建、许可证申请、结算、交(退)税、客户与商家的业务来往等与信息平台连接的用户间的信息交换。在数据交换功能中，还有一项很重要的功能——存证管理功能。存证管理是将用户在信息平台上产生的单证信息加上附加信息，按一定的格式以文件形式保存下来，以备将来发生业务纠纷时查证、举证之用。

(2) 信息发布功能。该功能以 Web 站点的形式实现，企业只要通过 Internet 连接到信息网络平台 Web 站点上，就可以获取站点上提供的物流信息。这类信息主要包括水、陆运输价格、新闻和公告、政务指南、货源和运力、航班船期、空车配载、铁路车次、适箱货源、联盟会员、职业培训、政策法规等。

(3) 会员服务功能。为注册会员提供个性化服务。主要包括会员单证管理、会员的货物状态和位置跟踪、交易跟踪、交易统计、会员资信评估等。

(4) 在线交易功能。交易系统为供方和需方提供一个虚拟的交易市场双方可发布和查询供需信息，对自己感兴趣的信息可与发布者进一步洽谈，交易系统可以为双方进行交易撮合。

(5) 智能配送功能。利用物流中心的运输资源对商家的供货信息和消费者的购物信息

进行最优化配送，使配送成本最低，在用户要求的时间内将货物送达。通常的解决方法是建立数学模型，由计算机运用数学规划方法给出决策方案，管理人员再根据实际情况进行选择。智能配送要解决的电信问题包括线路的选择、配送的发送顺序、配送的车辆类型、客户限制的发送时间。

(6) 货物跟踪功能。采用 GPS/GIS 系统跟踪货物的状态和位置。状态和位置数据存放在数据库中，用户可通过 Call Center 或 Web 站点获得跟踪信息。

(7) 库存管理功能。利用物理信息平台对整个供应链进行整合，使库存量能在满足客户服务的条件下达到最低库存。最低库存量的获得需要大量历史数据的积累和分析，要考虑客户服务水平、库存成本、运输成本等综合因素，最终使成本达到最小。可解决的典型问题包括：下轮生产周期应生产的产品数量；补充货物的最佳数量；补充货物的最低库存点(安全库存)。

(8) 货物跟踪功能。建立物流业务的数学模型，通过对已有数据的分析，帮助管理人员鉴别、评估和比较物流战略和策略上的可选方案。典型分析包括车辆日程安排、设施选址、顾客服务分析。

(9) 金融服务功能。在相关法律法规的建立和网络安全技术的进一步完善后，可通过物流信息平台网络实现金融服务、如保险、银行、税务、外汇等。在此类业务中，信息平台起一个信息传递的作用，具体业务在相关部门内部处理，处理结果通过信息平台返回客户。

(10) 系统管理。对整个信息平台的数据进行管理，包括用户管理、权限管理、安全管理和数据管理等。物流系统涉及方方面面的使用人员，系统管理模块将对这些人员进行集中管理，为这些人员分配不同的模块及使用权限。这样可以保证用户安全地使用自己的模块系统，完成自己的工作与职责，而不会越权使用其他的模块系统。

(11) 推进供应链可视化。供应链可视化管理离不开物流公共信息平台的支撑。供应链可视化(Supply Chain Visibility，SCV)就是利用信息技术，采集、传递、存储、分析、处理供应链中的订单、物流以及库存等相关指标信息，按照供应链的需求，以图形化的方式展现出来。SCV 可以对业务进行中的文档(这种文档可以是 EDI 文档或者一般的文档)发送/接收、处理的状态跟踪。将经过多个系统进行传输并将文档从多个系统导出或导入多个系统的过程进行全面的监控和管理。SCV 可以为内部以及交易伙伴的电子订单处理、收发货业务协同、物流操作，提供基于互联网浏览器的从数据传输、业务数据、结果差异到实时异常不同层次的能见性，大大提升供应链的透明度。SCV 的分析功能可扩展企业的订单、发货以及发票信息，为企业重新诠释端对端供应链的概念。用户可以发现延迟和瓶颈，找出表现不佳的贸易伙伴。协作多方共享绩效指标如订单满足率、准时到达率、货架缺货率等，应用这些重要的依据指导供应链管理乃至指导产品策略。

可见，供应链可视化可以有效提高整条供应链的透明度和可控性，从而大大降低供应链风险。

### (二) 物流公共信息平台系统总体架构

构建以数据交换为核心的物流公共信息平台，根据社会综合物流业务系统的需求，一方面通过数据交换中心的接口系统将各个不同类型的相关系统连接到平台上来，形成数据共享和业务联动；另一方面为社会物流系统的需求者提供信息化支持和各种接入方式，提供方便快捷的服务手段，同时提供与其他物流公共信息平台以及日后发展的分支节点的有效支持。物流公共信息平台系统总体架构如图 7-5 所示。

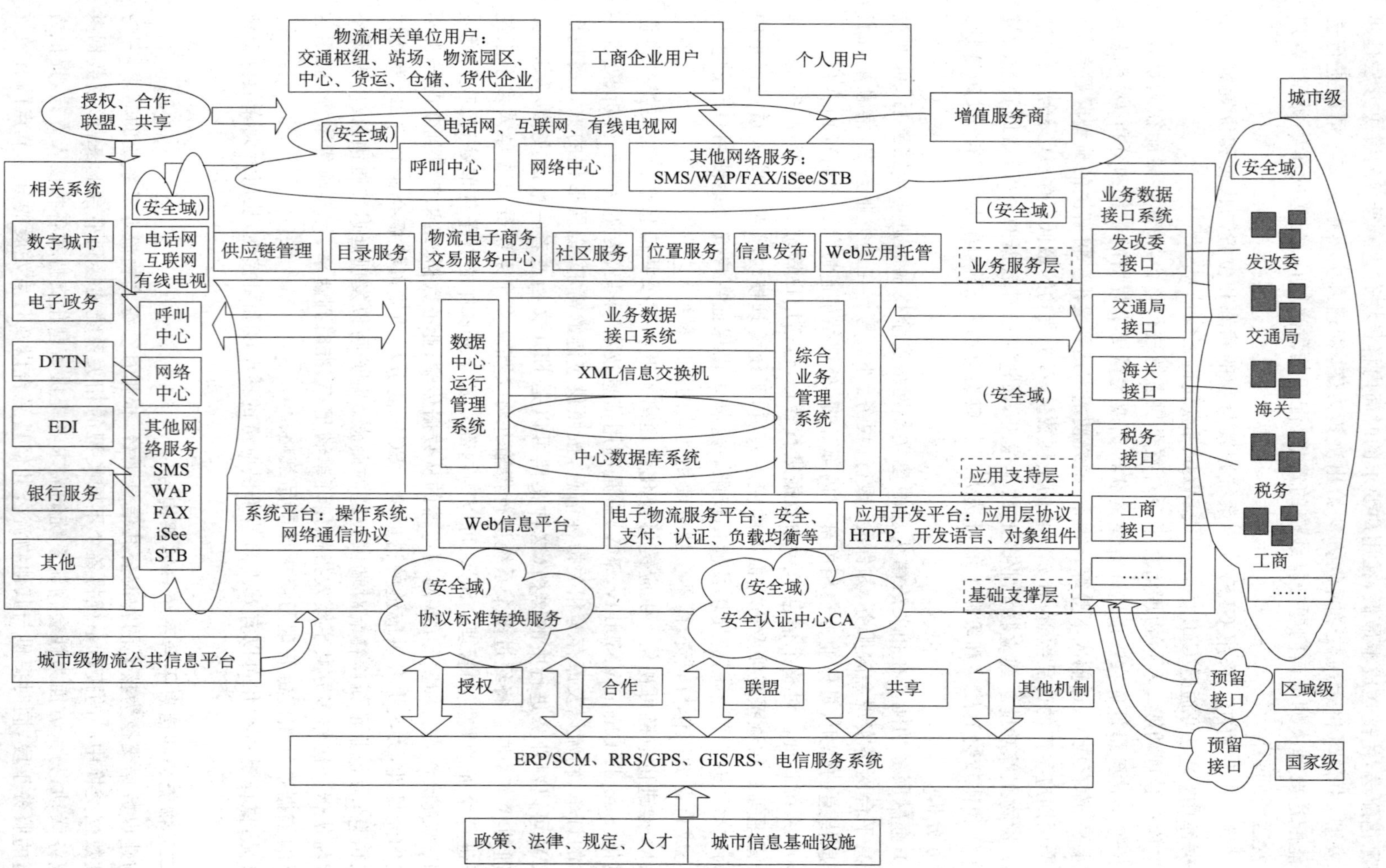


图 7-5 物流公共信息平台系统总体架构

(1) 从纵向看，框架结构主要分为四层，即用户表示层、业务服务层、应用支撑层和基础支撑层。用户表示层是平台统一的对外门户；业务服务层主要实现物流参与者通过业务服务层进行相关业务操作，完成信息的传递和交易；应用支撑层是平台核心的部分，以 XML 信息交换技术为核心，应用于不同组织间异构系统的数据交换及信息流转，实现数据的交换、存储和系统的接入；基础支撑层是物流公共信息流转传递的环境基础，软环境包括相关政策法规、业务流程、技术标准(包括物流术语标准、商品编码标准、表格与单证标准、信息交换标准等)，硬环境包括信息基础设施的支撑等。

(2) 从横向看，使平台体系体现连接两端，左端是为企业提供联络相关系统平台的服务，如海关通关贸易系统(EDI)、港口、电子银行、城市电子政务系统和数字城市等系统；而右端是为平台用户提供与各相关单位业务系统的连接，包括与交通、海关、税务、保险等部门系统的联系，同时考虑为国家级、区域级物流公共信息平台提供预留接口，体现平台的行业服务、政府监管等功能。

## 三、物流公共信息平台的实现

物流公共信息平台的实现主要依靠 Internet 和 Web 技术，平台宜采用 Browser/Web Server 结构模式，Web Server 的后台由 DB(Database，数据库)提供数据支持。

### (一) 物流公共信息平台的技术架构

为了保证系统的高可用性、高可靠性和可扩展性，系统必须选择支持强大的企业级计算的成熟技术。目前，J2EE 已经成为企业级开发的工业标准和首选平台。J2EE 是一个开放的、基于标准的平台，可以开发、部署和管理 N 层结构的、面向 Web 的、以服务器为中心的企业级应用，它是利用 Java 2 平台来简化与多级企业解决方案的开发、部署和管理相关的诸多复杂问题的应用体系结构。物流公共信息平台的技术架构如图 7-6 所示。

J2EE 技术的基础是 Java 语言，Java 语言与平台无关性，保证了基于 J2EE 平台开发的应用系统和支撑环境可以跨平台运行。该技术架构的特点是：

(1) 表现层采用 Java 开发平台结构使得系统结构更清晰化，代码复用性强，易维护。

(2) 业务逻辑处理采用 session bean，它封装了对事务的处理，可以使程序运行更安全，可以方便地分布式部署，使系统能承受很大的压力。

(3) 采用 Java 使得系统数据库无关性，可适应主流关系型数据库，编写程序时按照面向对象的方式写程序，可维护性高。

(4) 跨平台性，可任意移植到多种平台下，保护用户的投资。

(5) 技术平台具有广泛的支持力，J2EE 技术规范得到了无论是国际性大公司还是自由开发者的广泛支持。

### (二) 物流公共信息平台实现的技术简介

1. 中间件技术

中间件是一种独立的系统软件或服务程序，分布式应用软件借助这种软件在不同的技术之间共享资源。中间件软件管理着客户端程序和数据库或者早期应用软件之间的通信。

中间件在分布式的客户和服务之间扮演着承上启下的角色，如事务管理、负载均衡以及基于 Web 的计算等。

中间件具有以下的一些特点：满足大量应用的需要；运行于多种硬件和 OS 平台；支持

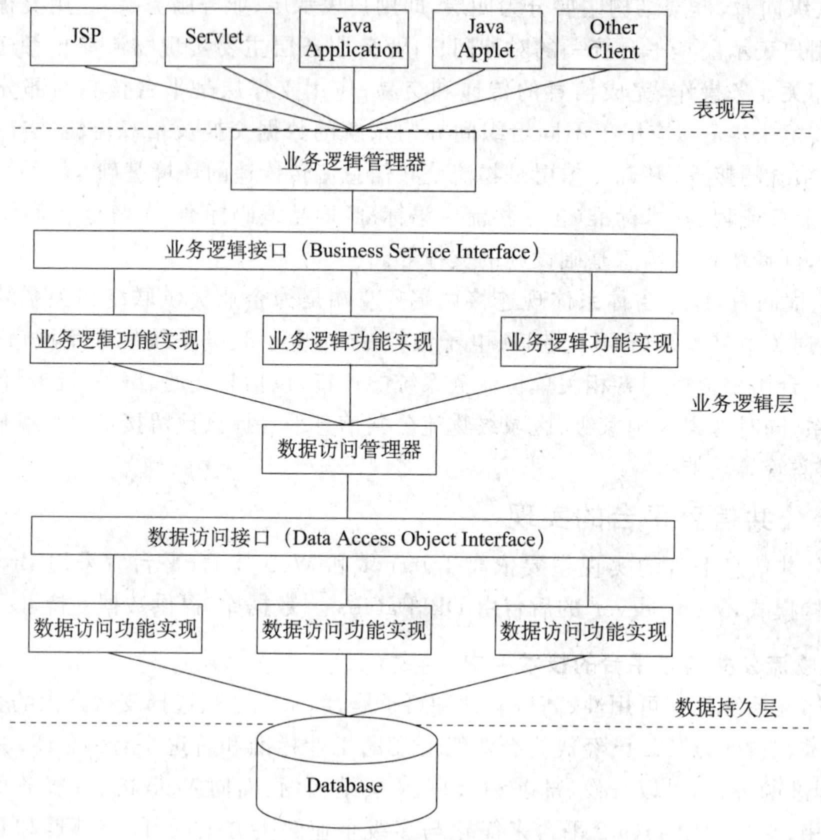


图 7-6　基于 J2EE 技术的三层架构示意

分布式计算，提供跨网络、硬件和 OS 平台的透明性的应用或服务的交互功能；支持标准的协议；支持标准的接口。程序员通过调用中间件提供的大量 API，实现异构环境的通信，从而屏蔽异构系统中复杂的操作系统和网络协议。针对不同的操作系统和硬件平台，它们可以有符合接口和协议规范的多种实现。由于标准接口对于可移植性和标准协议对于互操作性的重要性，中间件已成为许多标准化工作的主要部分。

2. 面向服务的架构(SOA)

SOA(Service-Oriented Architecture)提供了一种构建 IT 组织的标准和方法，并通过建立可组合、可重用的服务体系来减少 IT 业务冗余并加快项目开发的进程。SOA 体系能够使得 IT 部门效率更高、开发周期更短、项目分发更快，在帮助 IT 技术和业务整合方面有着深远的意义。基于 SOA 架构的应用模式具有如下特点。

1）松耦合

在符合 SOA 架构的系统中，服务请求者与服务提供者之间，根据已发布的服务契约和服务水平协议，通过服务接口进行通信，服务接口封装了所有的实现细节，任何时候服务请求者都不需要了解服务提供者对内部实现的信息，这样，保证了服务的接口松耦合。

服务请求者和服务提供者的实现和运行不需要依赖于特定的某种技术，或某个厂家的解决方案或产品。业务服务可以在多个业务流程中得到复用，并且随着业务要求的改变，一个服务可以在变化后的新的业务流程中能够得到继续使用。这样,服务之间是技术松耦合和流程松耦合的。

2) 关注服务,利于重用

服务是SOA系统的基本元素,以明确且与实现无关的标准化接口完成业务功能定义,服务可在不同业务过程中被重复使用,而且具体的服务实现不依赖特定开发语言与工具。

3) 基于开放式标准

为了强调互操作性,在SOA系统中,服务需要尽量符合开放标准。与服务相关的技术几乎都存在相应标准,如SOAP、WSDL、UDDI、SCA/SDO等。

4) 架构灵活,便于重构

服务与实际业务功能相关,具有明确的接口。这些服务可在不同的业务流程中得到重用,提高了服务的价值;在使用中只须按其接口要求进行访问,屏蔽服务实现细节,服务实现的修改不会影响到服务访问方的逻辑,提高了业务流程的适应性;另外,一旦业务流程变更,仅须对服务进行重新编排,并不修改服务本身,提高了业务流程实现的灵活性。

3. 企业服务总线(ESB)

企业服务总线(Enterprise Service Bus,ESB)是面向服务架构的骨干,在完成服务的接入,服务间的通信和交互基础上,还提供安全性、可靠性、高性能的服务能力保障。采用SOA架构,基于ESB总线进行企业应用集成,如图7-7所示,应用系统之间的交互通过总线进行,这样可以降低应用系统、各个组件及相关技术的耦合度,消除应用系统点对点集成瓶颈,降低集成开发难度,提高复用,增进系统开发和运行效率,便于业务系统灵活重构,快速适应业务及流程变化需要。

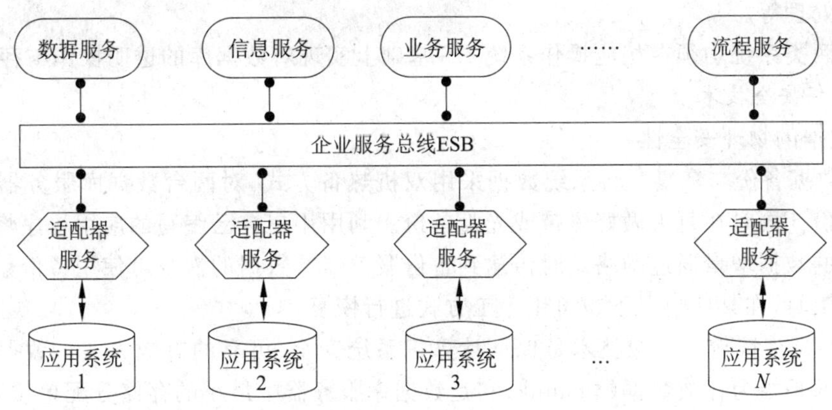


图7-7 企业服务总线(ESB)

4. Web服务(Web Services)

Web服务是为了让地理上分布在不同区域的计算机和设备一起工作,以便为用户提供各种各样的服务。利用Web服务,公司和个人能够迅速且廉价地通过互联网向全球用户提供服务,建立全球范围的联系,在广泛的范围内寻找可能的合作伙伴。

Web服务有两层含义:其一是指封装成单个实体并发布到网络上的功能集合体;其二是指功能集合体被调用后所提供的服务。简单地讲,Web服务是一个UBL资源,客户端可以通过编程方式请求得到它的服务,而不需要知道所请求服务是怎样实现的,这一点与传统的分布式组件对象模式不同。

Web服务是在现有的Web技术和设施上,通过制定新的协议和标准、提出新的技术来实现的。新提出的与Web服务相关的主要协议和技术包括SOAP(Simple Object Access Protocol,简单对象访问协议)、WSDL(Web Services Description Language,Web服务描述语言)、UDDI(Universal Description and Integration,统一描述、发现和集成)。SOAP用来定义数据描述和远程访问的标准;WSDL是发布和请求Web服务的描述语言;UDDI则把Web服务与用户联系起来,起中介作用。Web服务的具体实现并不局限在这几种协议和技术上,任何支持Web标准的系统都能支持Web服务。

5. 分布式数据库技术

分布式数据库是指利用高速计算机网络将物理上分散的多个数据存储单元连接起来组成一个逻辑上统一的数据库。其特征为由不同地域分散局部数据库与全局性调度管理数据库构成,以上两类数据库均具有较强的自治功能,其中前者设计实现通常需要配置相应的数据库与集中管理系统,即DDBMS系统。该局部数据库主体承担对用户各类专用数据更新与存储的控制,因而各局部数据库拥有较强的独立性。同时局部数据库对全局调度数据库至少能够分享及执行其所提供的一类全局应用功能。

全局调度节点中心库通常对数据库或分布式管理系统DDBMS进行合理配置,主体承担对数据库信息的全局调度,同时展开检索查询策略与并发管理应用策略的全局执行。

用户通过全局检索查询可将相应查询语句合理转换为可执行性数据库操作,同时并发管理应用则主要在并发数据库环境下完成相应操作与管理控制,包含对并发事务的封锁管理与排队处理等。

以上两类系统均须在相应操作系统OS基础上实现对数据库的透明操作与存储访问。

6. 数据安全技术

1) 数据的物理安全性

(1) 数据备份与恢复。将系统数据采用双机热备方式,对两台数据库服务器的数据进行实时备份。同时在每天做好磁带或光盘备份。利用用户自己编写的应用程序将需要备份的数据库的数据增量通过网络定时传输到备份服务器。数据的恢复可使用备份数据时所使用的软件工具,在某些情况下也可用手工方式进行恢复。

(2) 数据库镜像。镜像技术是保证计算机系统安全、可靠的有效方式。数据库服务器的镜像技术是指为存放数据的chunk(它是数据库服务器中最小的存储分配单位)建立一个与之配对的chunk,分别称为主chunk和镜像chunk,使得每一个对主chunk的写操作都同时对镜像chunk做同样的写操作。这样在主chunk出现故障时,系统可以从镜像chunk读取数据,直到主chunk被恢复为止,而不需要中断用户的访问。

2) 数据的逻辑安全性

从逻辑上考虑,一个安全的数据库应当允许用户只访问对其授权了的数据。数据库通过不同安全级别的权限管理,对用户的权利进行限制,保证系统的安全。同时为了权限管理的方便,系统允许设定不同的角色,通过角色管理,灵活管理权限的授予与回收。

考虑到不同的用户对不同的数据库、同一数据库中的不同数据的访问权限,对联网

相关的业务操作的数据安全和访问权限控制还可采取以下措施。①数据加密：对数据库中的敏感数据项进行加密。②数据访问控制：因为不是所有的用户都能够访问数据库中的所有数据项，因此要对各个数据项和每条记录都要有访问等级限制的明确标志。③用户权限控制：在用户访问数据库时首先要进行身份认证，以保证数据库不被非法操作。

## 四、物流公共信息平台的互联

物流公共信息平台涉及多主体、多部门，如何保证信息流正确、及时、高效、通畅是保证物流大系统高效运行的关键。基于目前的网络构建模式，物流公共信息平台中多系统互连可以采用互通式连接、基于C/S(客户端/服务器)网络结构和多级式网络结构三种形式。

1. 互通式连接

互通式连接如图7-8所示。

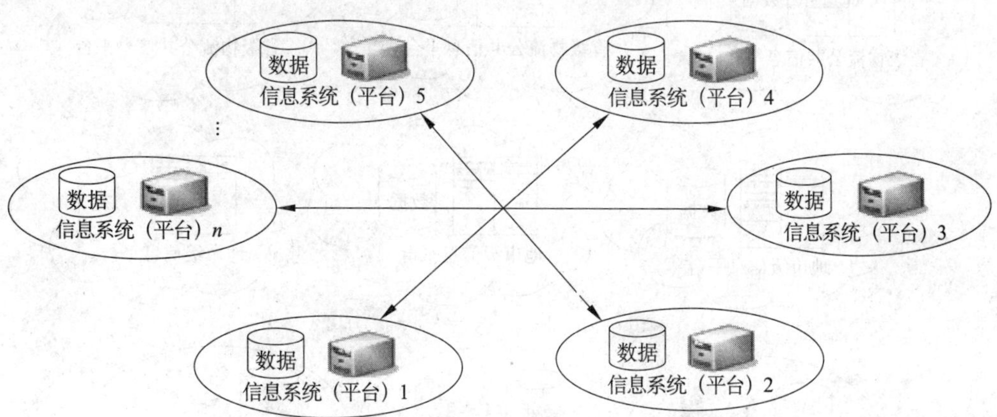


图7-8 公共物流平台互通式连接示意

2. C/S网络形式

C/S网络形式如图7-9所示。

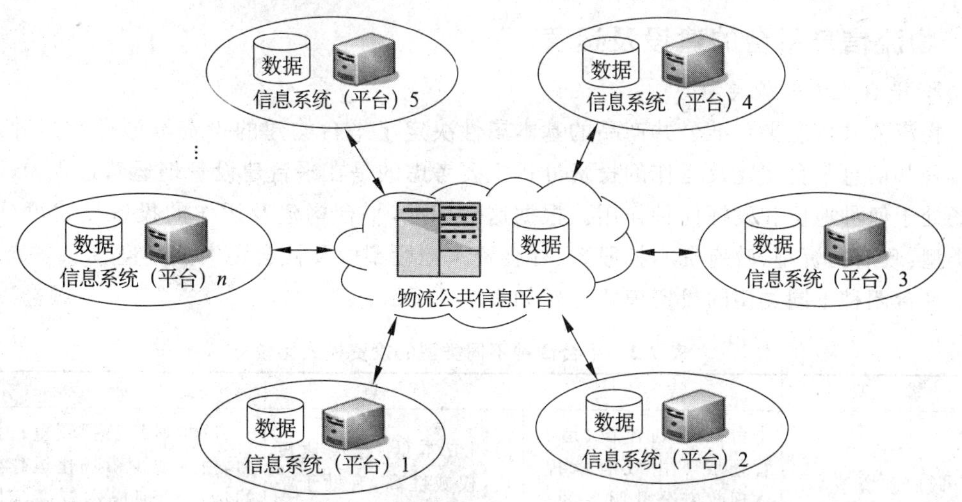


图7-9 公共物流平台C/S网络形式示意

3. 多级式网络形式

多级式网络形式如图 7-10 所示。

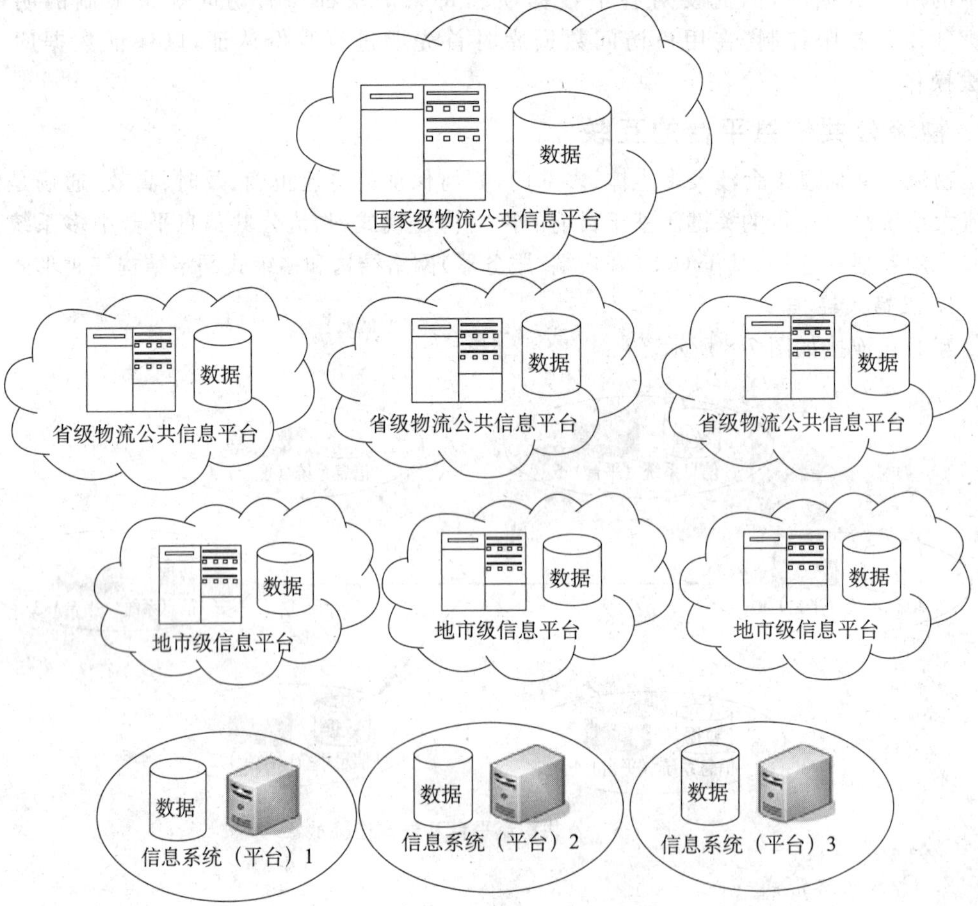

数据
国家级物流公共信息平台

数据
省级物流公共信息平台

数据
省级物流公共信息平台

数据
省级物流公共信息平台

数据
地市级信息平台

数据
地市级信息平台

数据
地市级信息平台

数据
信息系统（平台）1

数据
信息系统（平台）2

数据
信息系统（平台）3

图 7-10 公共物流平台多级式示意

## 五、物流信息平台的建设及运营

1. 平台投资一般类型

物流公共信息平台准公共产品的基本属性决定了平台构建的投资类型存在多种形式。物流公共信息平台构建及运作的投资分析主要考虑的是在平台建设管理运营过程中政府和市场处于何种地位和发挥何种作用。根据这一标准，平台构建及运作的投资模式可分为四种类型：政府独资型、政府资本控股型、社会资本控股型以及社会资本独资型。

平台四种不同类型的投资模式比较如表 7-2 所示。

**表 7-2 平台四种不同类型的投资模式比较**

| 类型 | 特点 | 优点 | 缺点 |
|---|---|---|---|
| 政府独资型 | 平台的规划建设、运行管理成本由政府承担，体现政府公共服务的公益性 | 协调成本低、建设速度快，权威性高，有助于平台的应用推广 | 一方面，财政负担较重；另一方面，由于缺少市场化运作，平台的运行管理成本较高，对市场需求变化的反应速度较慢 |

续表

| 类　型 | 特　点 | 优　点 | 缺　点 |
|---|---|---|---|
| 政府控股型 | 政府规划建设，委托下属的事业单位具体负责平台的运行管理 | 协调成本低，管理的效率较高；企业参股平台的运行管理，为平台的市场化运作奠定基础 | 建设、运行管理成本较高，企业的积极性得不到发挥 |
| 社会资本控股型 | 政府规划建设、委托企业运行管理，产权属于企业 | 协调成本低，管理运营效率较高，由于企业拥有所有权能进行市场化运作，服务会质量较高 | 权威性低，企业追求商业利益可能降低物流信息化服务的公正性 |
| 社会资本独资型 | 按照政府政策方向，企业规划建设、运行管理，产权属于企业 | 政府不需要介入规划及运行管理，财政压力较小，服务质量可望因市场化运作而较高 | 不具备权威性，平台的服务范围较窄 |

2. 平台的运作模式选择

目前，国内外物流信息平台运营主要有三种模式，分别是：政府主导模式、政府参与的业界协作组织模式、商业运营商全资拥有模式。根据平台发展的不同时期应采取不同的运作模式。

1）平台运作的成长期，应采取“政府主导”的运作模式

平台运作的成长期是指平台建成以后的应用推广时期，平台的功能设计主要是满足基本信息服务的功能需求，如供信息需求发布、公共信息查询、企业的信用查询等功能。由于平台处于建成的初期，平台的用户规模较小，平台边际收益小于其运行管理的边际成本，根据我国现在物流业发展的特点，平台的在线交易等增值服务功能需求较低，平台几乎不能获得增值收益，维持平台运行管理主要是靠政府补贴，此外，采取政府主导的运作模式，政府的高权威性有助于平台的应用推广。

2）平台运作的发展期，应采取“政府引导，企业运作”模式

当平台运作处于发展期时，平台拥有一定的客户群，通过为用户提供增值服务而获得的增值收益足以弥补平台的运行管理成本，平台除了提供基本的公共信息需求以外，包括在线交易、货物跟踪查询、多式联运、电子报关等综合性的增值信息服务的需求明显增加。政府制定相关的政策法规进行保障，按照“谁投资、谁受益”的原则，引导社会资金进入平台的日常管理和维护，参与平台的运作，逐步将平台的实际运作权交由企业，并通过优惠政策扶植典型企业的发展，让企业看到平台运作能够带来巨大的经济效益，以吸引更多企业参与。

3）平台运作的成熟期，采用“政府监督，企业主导”的市场化运作模式

当平台运作处于成熟期时，平台拥有了较大规模的客户群，在大量应用系统投入使用后，依靠高效优质的信息服务，平台能够提供满足市场需求的物流信息增值服务，实现自我积累与发展的成熟阶段。此时，政府应行使宏观调控职能，制定使用平台的相关服务费用标准，按照市场化运作，实现平台的持续良性发展。同时在政府指导下成立物流企业相关的协

会组织，推行企业自律、准入制度和资质评定，对行业进行协调，形成企业与政府联系的桥梁和纽带。

## 职业指导

### 电子商务师

**一、职业定义和职业等级**

1. 职业定义

利用计算机技术、网络技术等现代信息技术从事商务活动或相关工作的人员。

2. 职业等级

本职业共设四个等级，分别为：电子商务员（国家职业资格四级）、助理电子商务师（国家职业资格三级），电子商务师（国家职业资格二级）、高级电子商务师（国家职业资格一级）。

**二、鉴定要求**

1. 申报条件

助理电子商务师（具备以下条件之一者）：

(1) 取得本职业电子商务员职业资格证书后，连续从事本职业工作 1 年以上，经本职业助理电子商务师正规培训达规定标准学时数，取得毕（结）业证书者。

(2) 取得经劳动保障行政部门审核认定的、以高级技能为培养目标的高等职业学校本职业（专业）毕业证书者。

(3) 取得本专业大专以上（含大专）毕业证书者。

电子商务师（具备以下条件之一者）：

(1) 取得本职业助理电子商务师职业资格证书后，连续从事本职业工作 2 年以上，经本职业电子商务师正规培训达规定标准学时数，并取得毕（结）业证书者。

(2) 取得本职业助理电子商务师职业资格证书后，连续从事本职业工作 5 年以上者。

2. 鉴定方式

本职业鉴定分为理论知识考试和技能操作考核两部分。理论知识考试采用闭卷笔试或上机考试的方式；技能操作考核采用上机操作、方案设计、答辩等方式，由 3～5 名考评员组成考评小组，根据考生实际操作结果和综合表现，参照统一标准评定得分。两项鉴定均采用百分制，皆达 60 分及以上者为合格。

3. 鉴定时间

理论知识考试：电子商务员、助理电子商务师 90 分钟；电子商务师、高级电子商务师 120 分钟。技能操作考核：电子商务员、助理电子商务师 120 分钟；电子商务师、高级电子商务师 90 分钟。

**三、助理电子商务师知识、技能要求与比重**

1. 助理电子商务师知识、技能要求

助理电子商务师知识、技能要求如表 7-3 所示。

表 7-3 助理电子商务师知识、技能要求

| 职业功能 | 工作内容 | 技能要求 | 相关知识 |
| --- | --- | --- | --- |
| 一、网络使用 | (一) 网络工具使用 | 1. 能够使用多种浏览工具,能够排除常见故障<br>2. 能够使用群发邮件系统发送信息<br>3. 能够使用电子公告板(BBS)进行信息交流<br>4. 能够使用远程登录(TELNET)访问其他网站<br>5. 能够使用文件传输(FTP)收发文件<br>6. 能够完成文件的压缩与解压缩<br>7. 能够存取、更新数据库中的信息 | 1. 常见网络工具的配置与使用<br>2. 数据库使用基础知识<br>3. 电子商务常用英语词汇(二) |
| | (二) 网页制作 | 1. 能够使用 HTML 语言<br>2. 能够制作动态网页<br>3. 能够使用一种软件编辑图像 | 1. 网页设计知识<br>2. 网页制作方法<br>3. HTML 语言基础 |
| | (三) 基本安全技术 | 1. 能够有效地使用多种防病毒软件<br>2. 能够及时更新防病毒软件 | 1. 病毒防治基础知识<br>2. 防火墙基础知识 |
| 二、网络营销 | (一) 网络商务信息采集与处理 | 1. 能够使用多种网络工具采集商务信息<br>2. 能够对网络商务信息进行日常处理<br>3. 能够通过网络进行单一目的的市场调研<br>4. 能够撰写商情分析报告 | 1. 网络商务信息的概念和特点<br>2. 网络商务信息分级方法<br>3. 网络商务信息收集基本要求<br>4. 网络商务信息加工处理<br>5. 电子商务商情分析报告范例 |
| | (二) 网络商务信息发布 | 1. 能够使用多种网络工具发布商务信息<br>2. 能够在其他网站上发布商务广告 | 1. 不同网络工具的特点<br>2. 网络广告的特点<br>3. 网络广告发布方法 |
| | (二) 网络促销 | 1. 能够根据栏目设计要求进行内容编辑<br>2. 能够更新网络商务信息<br>3. 能够将自己的网站登录到其他搜索引擎上<br>4. 能够与其他网站进行互换链接操作<br>5. 能够使用一种网上商店生成系统建立网络商店 | 1. 网络站点促销的基本理念<br>2. 商务网站的建设要求<br>3. 网站推广方法 |
| 三、电子交易 | (一) 电子合同 | 1. 能够完成网上单证的处理<br>2. 能够进行电子合同操作<br>3. 能够进行电子合同的身份认证和电子签字的操作 | 1. 电子合同基础知识<br>2. 身份认证操作过程<br>3. 电子签名基础知识 |
| | (二) 电子支付 | 1. 能够使用多种电子支付工具完成电子支付<br>2. 能够严格按照保密规定在电子支付中使用密码 | 1. 电子支付与传统支付的联系与区别<br>2. 电子支付的安全协议 |

2. 助理电子商务师知识、技能比重

(1) 助理电子商务师知识比重如表 7-4 所示。

表 7-4 助理电子商务师知识比重

| 项 目 | | 比重/% |
|---|---|---|
| 基本要求 | 职业道德 | 5 |
| | 基础知识 | 15 |
| 相关知识 | 网络使用知识 | 30 |
| | 网络营销知识 | 30 |
| | 电子交易知识 | 20 |
| 合 计 | | 100 |

(2) 助理电子商务师技能比重表如表 7-5 所示。

表 7-5 助理电子商务师技能比重

| 项 目 | | 比重/% |
|---|---|---|
| 职业功能 | 工 作 内 容 | |
| 网络使用 | 网络工具使用 | 15 |
| | 网页制作 | 20 |
| | 基本安全技术 | 5 |
| 网络营销 | 网络商务信息采集与处理 | 15 |
| | 网络商务信息发布 | 15 |
| | 网络促销 | 10 |
| 电子交易 | 电子合同 | 10 |
| | 电子支付 | 10 |
| 合 计 | | 100 |

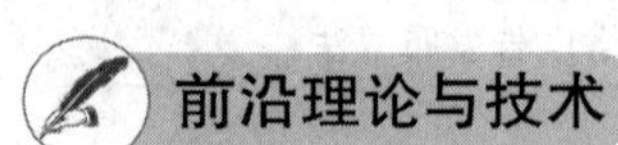


## 公共技术服务平台

作为我国战略性新兴产业重点培育方向之一，新一代信息技术产业的发展备受国家重视。2010 年 10 月，国务院下发关于加快培育和发展战略性新兴产业的决定，将新一代信息技术产业列于七大战略性新兴产业之首。并明确提出“加快建设宽带、泛在、融合、安全的信息网络基础设施，推动新一代移动通信、下一代互联网核心设备和智能终端的研发及产业化，加快推进三网融合，促进物联网、云计算的研发和示范应用。提升软件服务、网络增值服务等信息服务能力，加快重要基础设施智能化改造。大力发展数字虚拟等技术，促进文化创意产业发展”。

1. 物联网平台：保障系统可靠运行

物联网公共技术服务平台旨在为物联网产业发展提供系统可靠性检测与评估、系统解决方案及推广应用、知识产权等服务，减少重复投入，实现资源共享，保障物联网系统安全可靠运行，推动物联网产业快速健康、自主可控发展，促进物联网行业快速发展和应用推广。

平台建设包括物联网可靠性检测与评估系统、物联网系统解决方案参考示范及推广应用服务系统、物联网知识产权服务系统。其中，物联网系统可靠性检测与评估系统研究和建立测试模型、指标体系、测试方法和规范，开发和完善相应的测试工具，从而为用户提供物联网系统可靠性检测与评估、咨询和培训等服务。物联网知识产权服务系统提供知识产权策略研究、专利分析、知识产权监控和预警、信息发布等服务。物联网应用解决方案参考示范与推广应用服务系统为用户提供解决方案应用效果体验，并以知识产权服务为保障，完成推广支撑服务体系的建立、充实和完善，为优化解决方案建立快速有效的推广途径。

2. 云计算平台：促进产业协调发展

云计算公共技术服务平台提供专业的云计算检验检测、标准验证、技术试验、应用推广和决策支撑等服务，打造完善的公共服务环境，推动完善我国云计算产业支撑体系，为我国云计算创新发展和云计算示范工程的推进提供技术支撑与保障。云计算公共技术服务平台主要包括四方面的实施和服务内容：一是针对云计算系统可靠性、安全性、可移植性检验检测需求，自主研制面向云计算技术、产品和服务的专用检验检测工具，提供云计算可靠性、安全性及能效等方面的检验检测服务；二是针对云计算综合检验检测、标准符合性验证以及基础设施及服务试验的需求，开发统一的测试管理系统，建设专业的云计算测试验证环境，为云计算服务、产品和技术的测评验证提供试验环境；三是针对云计算公共技术资源汇聚和共享需求，建立云计算检验检测案例库、缺陷库、标准规范库等，实现技术资源的共享，支撑云计算公共技术服务平台的运行；四是通过研究分析虚拟化、资源管理、云安全等关键技术领域的标准化需求，提出云计算标准体系框架，主要包括基础标准、关键技术及产品标准、测评标准、服务标准、安全与可靠性标准、基础设施标准以及行业应用指南。

3. 智能移动终端平台：构建综合测试环境

智能移动终端软件公共技术服务平台为测试人员提供真实运行场景下的手工测试和自动化测试相结合的综合测试环境，以及包括资源共享、技术交流、行业服务等内容的服务平台，降低开发测试成本，提高资源有效利用率，推动我国智能移动终端软件产业持续健康地良性发展。智能移动终端软件公共技术服务平台包括智能移动终端软件质量检测平台、智能移动终端软件公共服务支撑平台和智能移动终端软件资源库。

智能移动终端软件质量检测平台面向移动办公、基于位置的服务(LBS)、游戏等领域提供代码测试、集成测试、验收测试和运维测试等多种测试服务。

智能移动终端软件公共服务支撑平台主要提供开发资源共享、质量信息跟踪、技术交流论坛、行业支撑、知识产权、成功应用推广六大服务。

智能移动终端软件资源库，包括智能移动终端软件的案例库、缺陷库、标准规范库、政策法规库、开发资源库、质量信息库、软件版权库和技术人才库，相关资源库以智能移动终端软件公共服务支撑平台为窗口对外提供服务。

4. 电子认证平台：支撑数字证书策略管理

电子认证公共技术服务平台以国家电子签名证书策略为核心，搭建我国的证书策略体系实现框架和技术方法；在证书策略体系的基础上，实现国内经过工业和信息化部认证的CA所签发数字证书之间的互信和互认；建立电子签名证书资料备份库，为电子认证行业监管信息采集与数据服务、数字证书和可信数据电文统一验证及公共服务提供支撑。电子认证公共技术服务平台主要提供以下五方面的服务：一是通过电子签名证书策略管理系统，对证书进行分类分级管理；二是通过电子签名证书互信互认系统，支持主管部门对数字证书在境内使用情况进行监管;三是通过电子签名证书资料备份库保证电子认证服务机构的业务连续性;四是通过可靠电子签名和数据电文验证系统,切实保障交易主体身份真实性、交易行为不可抵赖性和交易资金安全性;五是通过电子认证服务机构管理系统实现主管部门对电子认证服务机构的信息化管理。

公共技术服务平台建设对于我国新一代信息技术产业的健康发展具有重大而深远的意义,关系到我国战略性新兴产业的发展大局,对于提升我国经济实力和技术实力具有积极作用。

## 实训任务实施

### 八挂来网物流公共信息平台使用

1. 实训目的与要求

(1) 认知公共物流信息系统平台,理解公共物流信息系统平台的相关概念。

(2) 掌握在物流信息平台上的注册、信息发布、信息查询等操作。

(3) 会应用公共物流信息系统平台的主要功能模块处理物流业务。

(4) 按照实训任务单,完成各项任务。

(5) 按照规范要求,提交实训报告。

(6) 遵守实训中心的纪律,爱护设备,实训认真,注意安全。

2. 实训准备

(1) 教师准备好实训任务书,教师讲清该任务实施的目标和公共物流信息平台知识要点。

(2) 实训中心准备实训设备和上网环境。

(3) 学生根据任务目标通过教材和 Internet 收集相关资料并做好知识准备。

3. 实训任务

(1) 八挂来网成立于 2006 年 8 月 8 日,它是一家面向全国提供免费货运物流信息的专业网站,该系统对于改变传统物流信息的传输方式,无缝对接物流行业的各个环节,有效优化和集成供应链,有着不可或缺的作用。现有 300 吨货物从郑州运到广州寻车;有 5 台30 吨卡车寻找货源。请在八挂来网信息平台上完成车找货,货找车以及其他相关业务操作。

(2) 撰写实训报告。

4. 实训步骤

学生根据任务目标,按照学习指导书要求,进行上机模拟训练。

(1) 登录“八挂来”网站:http://www.8glw.com,并了解该系统的模块构成。

(2) 浏览其他公共物流信息系统平台,比较平台功能的异同性。

(3) 注册为会员,并能够借助系统来模拟实际的物流业务作业。

(4) 撰写实训报告。

5. 技能训练评价

完成实训后,填写技能训练评价(见表 7-6)。

表 7-6　技能训练评价

| 专业： | 班级： | | 被考评学员： | | |
|---|---|---|---|---|---|
| 考评时间 | | | 考评地点 | | |
| 考评内容 | 八挂来网物流公共信息平台的使用 | | | | |
| 考评标准 | 内　容 | 分值 | 自评（50%） | 教师评议（50%） | 考评得分 |
| | 能够正确描述物流公共信息平台的定义、功能 | 20 | | | |
| | 掌握物流公共信息平台的应用环境，会安装软件 | 20 | | | |
| | 能够独立完成注册、信息发布、信息查询等相关业务操作 | 40 | | | |
| | 遵守纪律，爱护设备，积极认真 | 20 | | | |
| 综合得分 | | | | | |
| 指导教师评语： | | | | | |

# 任务小结

本任务介绍了物流公共信息平台的概念、分析了物流公共信息平台的发展，介绍了公共物流信息平台的功能、总体结构和实现技术、分析了物流公共信息平台的建设和运营；应用“八挂来网”物流公共信息平台对运输业务进行了模拟。

# 练　习　题

## 一、简答题

1. 简述物流公共信息平台的定义和类型。

2. 简述物流公共信息平台的主要功能。

## 二、案例分析

### 山东省公共物流信息平台

山东省公共物流信息平台是国内首个由政府牵头、多个省级政府部门联合共建的省级公共物流信息服务平台，是全国第一个由示范园区带动全省物流园区联盟体系的支撑平台。在全国率先开辟“运营商＋IT 企业”的物流信息服务模式，打造全省物流信息资源共享资源库，建成全省物流信息枢纽，为物流企业、制造企业、商贸企业提供诚信可靠的物流信息共享平台。

1. 平台的总体功能框架

山东省公共物流信息平台的功能定位可概括为“三个中心，五个平台”。平台总体功能框架如图 7-11 所示。

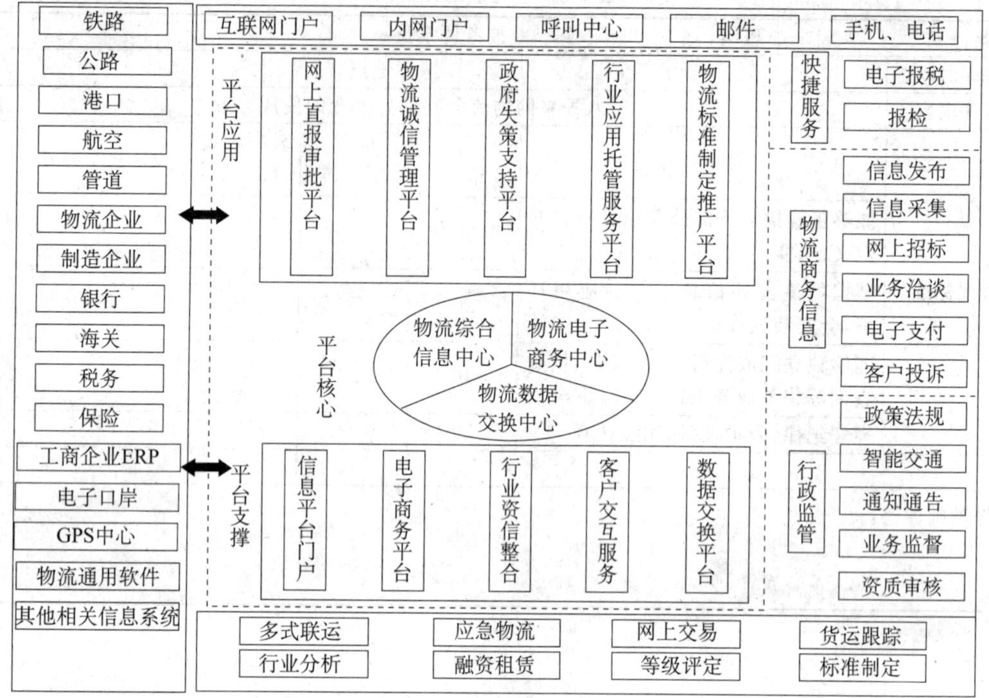


图 7-11 平台的总体功能框架

三中心:物流数据交换中心、物流电子商务中心和物流综合信息中心是平台的核心。

五平台:行业网上数据直报审批平台、政府决策支持平台、物流行业诚信管理平台、应用托管服务平台和物流标准制定推广平台。

平台打造全省统一的信息化服务门户,建立全新"物流园区联盟"推广接入体系,实现园区间资源共享、数据共用、信息互通;通过 SaaS 模式提供全流程信息化支持,实现物流供应链全过程整合,支持网上交易、电子支付等电子商务功能。

2. 平台的技术框架

该平台以现代物流理论和供应链管理理论为指导,按照"资源重用、信息共享、易于管理、提高效率、统一标准"的规划原则,以提高公共信息服务能力和水平为重点,运用 RFID、传感网、云计算、3G/3S 等最新技术,建设全省统一的、综合的公共物流信息平台,助力全省物流产业振兴发展。平台的技术框架如图 7-12 所示。

3. 平台创新及亮点

该平台项目在全国率先开辟了在公共物流平台信息化服务方面"政企互动、资源整合"运营模式和"运营商+IT 企业"服务模式的创新结合,在全省乃至全国公共物流平台信息化建设发展进程中具有里程碑意义。平台具有以下亮点。

一是"第一个政府性质的省级公共物流信息平台开通"。山东省公共物流信息平台是全国第一个由省政府牵头,多部门联合共建的政府性省级公共物流平台,平台对全省政务资源信息进行整合,面向社会提供综合政务信息服务,体现"政府引导、资源整合"的思路。

二是"第一个全省信息共享、互联互通的物流园区联盟成立"。建立全新全省"物流园区联盟"推广接入体系,实现园区间资源共享、数据共用、信息互通。通过公共物流信息平台,

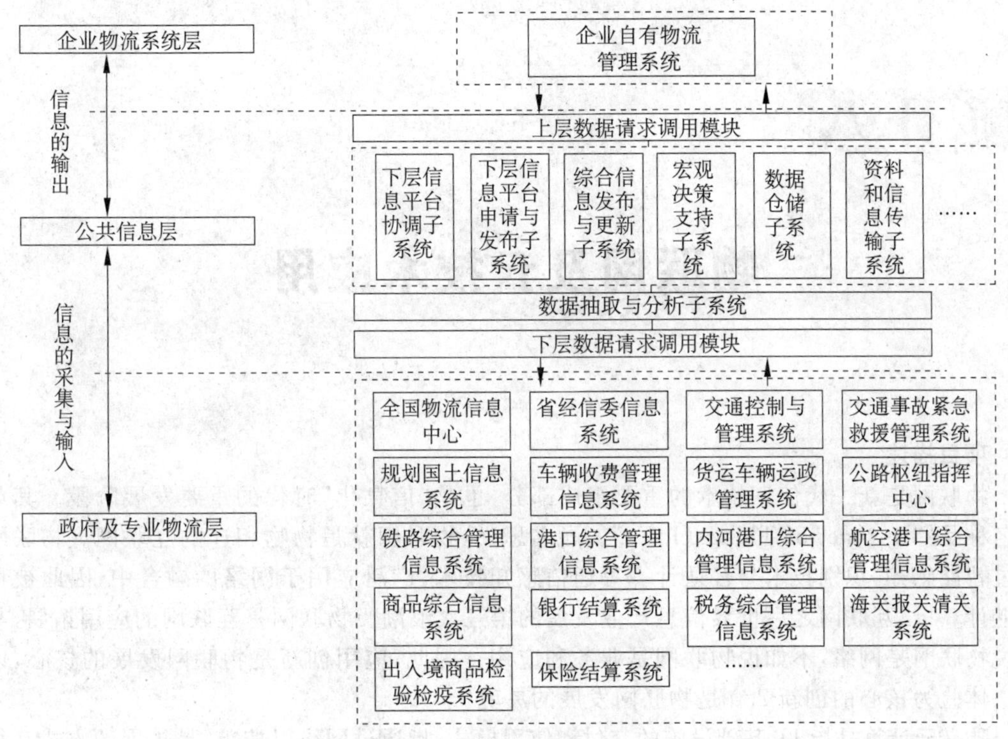

图 7-12　平台的技术框架

可实现山东省内区域间、区域内物流园区、配送中心、物流中心、交易中心、物流企业等之间的横向整合，做到区域物流资源信息的共享，最大限度地优化配置社会物流资源、降低社会物流成本、提升物流全过程的整体运作水平。

三是“第一个七部门联合共建的物流市场诚信体系”。平台为全国第一个整合共享七部门物流相关信息资源的平台，市场诚信体系的建立为平台运行提供了安全、诚信、可靠的交易环境。

四是“第一个‘运营商＋IT’企业的物流信息服务体系”。平台由山东中创软件工程股份有限公司组织建设和技术支持、中国联通山东分公司提供运营服务，双方在政府引导下，优势互补，市场化运作，合作共赢。

五是“第一个全省性的面向物流企业的电子商务平台”。平台运用 SaaS 技术提供功能强大的全套成熟物流软件服务，一方面保障资金安全，缩短交易链、减少交易环节，大幅下降交易成本，提供安全可靠的交易环境；另一方面通过成熟物流软件帮助中小物流企业提升信息化应用水平，全面提升物流信息化整体水平。

**思考题：**

1. 山东省公共物流信息平台的“三个中心，五个平台”具体内容是什么？
2. 山东省物流公共信息平台有哪些亮点？

# 项目八

# 物联网及云技术应用

**项目描述**

物联网是新一代信息技术的重要组成部分，也是“信息化”时代的重要发展阶段。其英文名称是：“Internet of Things(IoT)”。顾名思义，物联网就是物物相连的互联网。物联网通过智能感知、识别技术与普适计算等通信感知技术，广泛应用于网络的融合中，因此被称为继计算机、互联网之后世界信息产业发展的第三次浪潮。物联网是互联网的应用拓展，与其说物联网是网络，不如说物联网是业务和应用。因此，应用创新是物联网发展的核心，以用户体验为核心的创新2.0是物联网发展的灵魂。

狭义云计算是指IT基础设施的交付和使用模式，指通过网络以按需、易扩展的方式获得所需资源；广义云计算是指服务的交付和使用模式，指通过网络以按需、易扩展的方式获得所需服务。这种服务可以是IT和软件、互联网相关，也可是其他服务。云计算的核心思想，是将大量用网络连接的计算资源统一管理和调度，构成一个计算资源池向用户按需服务。

**项目目标**

1. 知识目标

(1) 掌握物联网的相关概念。

(2) 掌握物联网的体系结构和主要特点。

(3) 了解物联网的核心技术和体系标准以及物联网的应用前景。

(4) 了解云计算的体系结构。

(5) 重点掌握云计算相关概念和应用。

2. 技能目标

(1) 能对当前物联网对物流信息化技术的发展进行分析预测。

(2) 能对物联网的相关实训项目进行正确操作。

(3) 能运用应用云计算的基本概念、基本原理和基本技术，阐释智慧物流系统。

## 任务　物联网和云计算技术应用

### 教学导航

**任务目标**

(1) 掌握物联网的相关概念。

(2) 掌握物联网的体系结构和主要特点。

(3) 掌握物联网的相关概念。

(4) 掌握云计算的相关概念。

**教学重点**

(1) 物联网的定义以及物联网组成。

(2) 物联网的体系结构和核心技术。

(3) 掌握云计算相关概念和应用。

**教学难点**

(1) 物联网的体系结构、核心技术。

(2) 云计算的体系结构。

**教学方法**

讲授式教学法、讨论教学法、案例教学法、任务驱动教学法、实践教学法。

**教学手段**

网络教学、多媒体教学手段、物联网实训室。

**教学建议**

(1) 学生根据学习任务书,预习教材、通过查阅文献和了解物联网以及云计算的知识。

(2) 教师准备好授课课件(任务书、授课PPT、视频、图片及案例分析资料),讲清该任务实施的目标、要求和教学重点,根据任务安排,对学生进行分组,组织好课堂教学。

(3) 建议带领学生先认知物联网实训平台,而后进行实训项目训练。实训中心准备好实训需要的硬件和软件。

## 引导案例

### "天奇智能维保":领先开拓汽车装配线维保"4.0时代"

汽车装配线智能维保系统集成应用物联网技术,通过传感器将各生产要素状态变为具体参数,依托工业增值云服务中心,对数据进行智能分析,实时监控装配线设备状态,实现了对汽车装配线综合工况的自动收集、智能分析和主动维保,成为领先开拓我国汽车装配线维保"4.0时代"的标杆案例。

天奇"汽车装配线智能维保系统"主要包括感知、映射信息平台、智能状态分析引擎、设备状态维护、生产决策参考五大模块。

感知模块是基础。天奇在传统汽车装配线的关键节点的核心部位设置了温度、振动、电压等传感器。传感器收集的数据将传送到天奇自主研发的"工业增值云服务中心"进行汇总分析,使设备运行状态从抽象变为具体的数据。同时,"汽车装配线智能维保系统"还利用超高频RFID标签采集生产流程数据,实现物流与信息流的同步。

映射信息平台模块是框架。该模块整合应用程序、服务器、数据库产品等不同软硬件设备,基于OPCUA工业通信接口标准和语义关联等技术,建立起设备模型库、设备关联库、运行状态库等数据库,然后按照实体化的装配线构建出一个数字化的模型,实现各生产要素的信息映射。车企管理者不用进厂,就能通过终端设备追踪每一台汽车、每一部设备、每一条装配线所处的工作状态。

智能状态分析引擎模块是核心。该模块由数据处理、特征信息提取、规则获取解析器和推理引擎等多个部分组成,以规则库、镜像模型的标准数据和传感器数据为数据源,依托人工智能、语义推理、智能搜索引擎等关键技术,实现对数据的智能化分析,并形成设备的状态报告,及时发现生产运行中的异常事件。

设备状态维护模块是应用重点。该模块可使维保人员坐在办公室里就能掌握相关设备的运行情况。对出现问题的设备,该模块不仅可提供故障位置以及相关状态参量曲线等信息,还可对异常状况做出智能判断,指导维保人员实施维修、更换或保养。同时,维保人员也可将实际的故障处理情况反馈回云中心,供智能引擎推演学习。

生产决策参考模块是提质增效的保障。该模块可根据装配线智能引擎和信息映射层的实时运行数据,结合能耗模型进行能耗统计分析,对重要耗能设备的参数配置等属性进行优化建议,为科学有效地降低设备运行能耗提供决策依据,实现汽车数字化装配线的绿色运行。

数据表明,与传统汽车装配线相比,采用天奇“汽车装配线智能维保系统”的装配线可节约60%~70%的零部件备件成本,减少近50%的人工成本,降低30%的能源消耗,增加1%的设备开机率,提升汽车厂5%~10%的底层生产效益。

**思考题:**

1. 什么是物联网和云计算?
2. 简述天奇“汽车装配线智能维保系统”的组成。

## 任务知识储备

## 一、物联网技术认知

随着传感器、芯片和网络技术的发展与普及,原本相互孤立的物体通过网络连接在一起。由此,在人和人互联的世界之外,产生了一个人和物体、物体和物体之间相互连接的世界,这就是近年来风行的物联网。

### (一)物联网概念、内涵和部署

1. 物联网概念和内涵

物联网(Internet of Things,IoT)概念最早于1999年由美国麻省理工学院提出,早期的物联网是指依托射频识别(Radio Frequency Identification,RFID)技术和设备,按约定的通信协议与互联网相结合,使物品信息实现智能化识别和管理,实现物品信息互联而形成的网络。随着技术和应用的发展,物联网内涵不断扩展。现代意义的物联网可以实现对物的感知识别控制、网络化互联和智能处理有机统一,从而形成高智能决策。

物联网是通信网和互联网的拓展应用和网络延伸,它利用感知技术与智能装置对物理世界进行感知识别,通过网络传输互联,进行计算、处理和知识挖掘,实现人与物、物与物信息交互和无缝链接,达到对物理世界实时控制、精确管理和科学决策的目的。

简而言之,物联网就是物物相连的互联网。这有两层意思:其一,物联网的核心和基础仍然是互联网，是在互联网基础上的延伸和扩展的网络；其二，其用户端延伸和扩展到了任何物品与物品之间，进行信息交换和通信，也就是物物相息。物联网通过智能感知、识别技术与普适计算等通信感知技术，广泛应用于网络的融合中，也因此被称为继计算机、互联网之后世界信息产业发展的第三次浪潮。物联网是互联网的应用拓展，与其说物联网是网络，不如说物联网是业务和应用。因此，应用创新是物联网发展的核心，以用户体验为核心的创新 2.0 是物联网发展的灵魂。

2. 物联网四类型部署方式

私有物联网(Private IoT)：面向单一机构内部提供服务，可能由机构或其委托的第三方实施并维护，主要存在于机构内部(On Premise)内网(Intranet)中，也可存在于机构外部(Off Premise)。

公有物联网(Public IoT)：基于互联网(Internet)向公众或大型用户群体提供服务，一般由机构(或其委托的第三方，少数情况)运维。

社区物联网(Community IoT)：向一个关联的“社区”或机构群体(如一个城市政府下属的各委办局：如公安局、交通局、环保局、城管局等)提供服务。可能由两个或以上的机构协同运维，主要存在于内网和专网(Extranet/VPN)中。

混合物联网(Hybrid IoT)：是上述的两种或以上的物联网的组合，但后台有统一运维实体。

相关链接

## 感知中国

“感知中国”是中国发展物联网的一种形象称呼，就是中国的物联网。通过在物体上植入各种微型感应芯片使其智能化，然后借助无线网络，实现人和物体“对话”，物体和物体之间“交流”。物联网为我们展示了生活中任何物品都可以变得“有感觉、有思想”这样一幅智能图景，被认为是世界下一次信息技术浪潮和新经济引擎。

2009 年 8 月上旬温家宝总理在无锡视察时指出，“要在激烈的国际竞争中，迅速建立中国的传感信息中心或‘感知中国’中心”。2009 年 11 月 12 日，中国科学院、江苏省和无锡市签署合作协议成立中国物联网研发中心。2009 年 11 月 1 日，集聚产业链上 40 余家机构的中关村物联网产业联盟成立。一南一北，由政府大力推动，具备产学研结合特征的两个实体，都意在打造中国的物联网产业中心。物联网，“感知中国”的脚步正在加快。

“中国式”物联网定义。物联网(Internet of Things)指的是将无处不在(Ubiquitous)的末端设备(Devices)和设施(Facilities)，包括具备“内在智能”的传感器、移动终端、工业系统、楼控系统、家庭智能设施、视频监控系统等和“外在使能”(Enabled)的，如贴上 RFID 的各种资产(Assets)、携带无线终端的个人与车辆等“智能化物件或动物”或“智能尘埃”(Mote)，通过各种无线和/或有线的长距离和/或短距离通信网络实现互联互通(M2M)、应用大集成(Grand Integration)，以及基于云计算的 SaaS 营运等模式，在内网(Intranet)、专网(Extranet)和/或互联网(Internet)环境下，采用适当的信息安全保障机制，提供安全可控乃至个性化的实时在线监测、定位追溯、报警联动、调度指挥、预案管理、远程控制、安全防范、远程维保、在线升级、统计报表、决策支持、领导桌面(集中展示的 Cockpit Dashboard)等管理和服务功能,实现对"万物"的"高效、节能、安全、环保"的"管、控、营"一体化。

**(二)物联网关键要素**

物联网发展的关键要素包括由感知、网络和应用层组成的网络架构,物联网技术和标准,包括服务业和制造业在内的物联网相关产业、资源体系、隐私和安全,以及促进和规范物联网发展的法律、政策和国际治理体系,如图 8-1 所示。

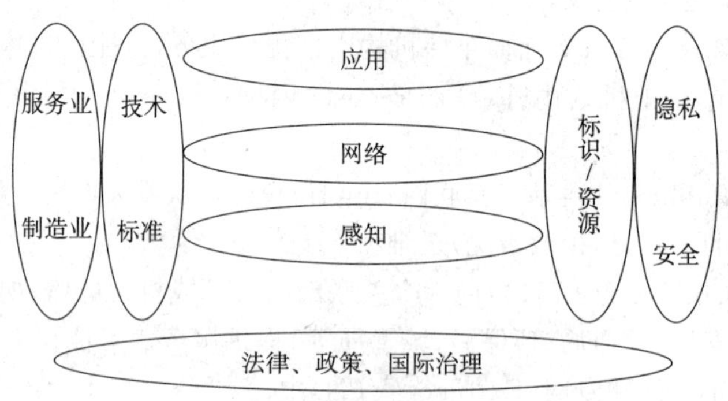


图 8-1 物联网发展关键要素

**(三)物联网网络架构**

物联网网络架构由感知层、网络层和应用层组成,如图 8-2 所示。

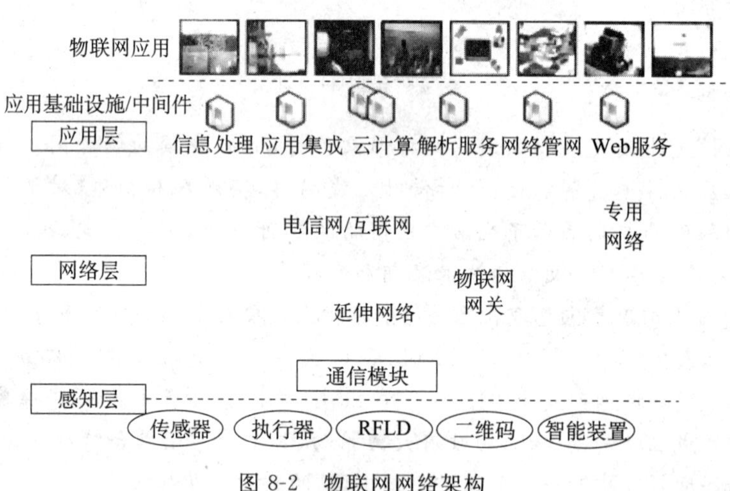


图 8-2 物联网网络架构

感知层实现对物理世界的智能感知识别、信息采集处理和自动控制,并通过通信模块将物理实体连接到网络层和应用层。

网络层主要实现信息的传递、路由和控制,包括延伸网、接入网和核心网,网络层可依托公众电信网和互联网,也可以依托行业专用通信网络。

应用层包括应用基础设施/中间件和各种物联网应用。应用基础设施/中间件为物联网应用提供信息处理、计算等通用基础服务设施、能力及资源调用接口,以此为基础实现物联网在众多领域的各种应用。

（四）物联网技术体系和标准化

物联网涉及感知、控制、网络通信、微电子、计算机、软件、嵌入式系统、微机电等技术领域，因此物联网涵盖的关键技术也非常多，为了系统分析物联网技术体系，将物联网技术体系划分为感知关键技术、网络通信关键技术、应用关键技术、共性技术和支撑技术，具体如图 8-3所示。

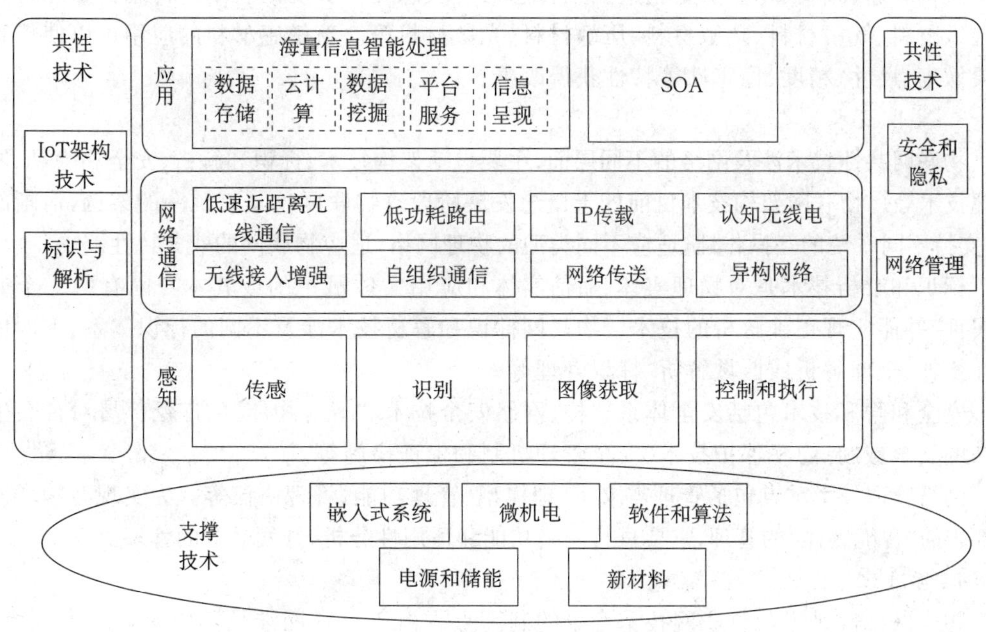


图 8-3　物联网技术体系

1. 感知、网络通信和应用关键技术

传感和识别技术是物联网感知物理世界获取信息和实现物体控制的首要环节。传感器将物理世界中的物理量、化学量、生物量转化成可供处理的数字信号。识别技术实现对物联网中物体标识和位置信息的获取。

网络通信技术主要实现物联网数据信息和控制信息的双向传递、路由和控制，重点包括低速近距离无线通信技术、低功耗路由、自组织通信、无线接入 M2M 通信增强、IP 承载技术、网络传送技术、异构网络融合接入技术，以及认知无线电技术。

海量信息智能处理综合运用高性能计算、人工智能、数据库和模糊计算等技术，对收集的感知数据进行通用处理，重点涉及数据存储、并行计算、数据挖掘、平台服务、信息呈现等。

面向服务的体系架构（Service-Oriented Architecture，SOA）是一种松耦合的软件组件技术，它将应用程序的不同功能模块化，并通过标准化的接口和调用方式联系起来，实现快速可重用的系统开发和部署。SOA 可提高物联网架构的扩展性，提升应用开发效率，充分整合和复用信息资源。

2. 支撑技术

物联网支撑技术包括嵌入式系统、微机电系统（Micro Electro Mechanical Systems，MEMS）、软件和算法、电源和储能、新材料技术等。微机电系统可实现对传感器、执行器、处理器、通信模块、电源系统等的高度集成，是支撑传感器节点微型化、智能化的重要技术。

嵌入式系统是满足物联网对设备功能、可靠性、成本、体积、功耗等的综合要求，可以按照不同应用定制裁剪的嵌入式计算机技术，是实现物体智能的重要基础。软件和算法是实现物联网功能、决定物联网行为的主要技术，重点包括各种物联网计算系统的感知信息处理、交互与优化软件与算法、物联网计算系统体系结构与软件平台研发等。电源和储能是物联网关键支撑技术之一，包括电池技术、能量储存、能量捕获、恶劣情况下的发电、能量循环、新能源等技术。新材料技术主要是指应用于传感器的敏感元件实现的技术。传感器敏感材料包括湿敏材料、气敏材料、热敏材料、压敏材料、光敏材料等。新敏感材料的应用可以使传感器的灵敏度、尺寸、精度、稳定性等特性获得改善。

3. 共性技术

物联网共性技术涉及网络的不同层面，主要包括架构技术、标识和解析、安全和隐私、网络管理技术等。物联网架构技术目前处于概念发展阶段。物联网须具有统一的架构，清晰的分层，支持不同系统的互操作性，适应不同类型的物理网络，适应物联网的业务特性。

标识和解析技术是对物理实体、通信实体和应用实体赋予的或其本身固有的一个或一组属性，并能实现正确解析的技术。物联网标识和解析技术涉及不同的标识体系、不同体系的互操作、全球解析或区域解析、标识管理等。

安全和隐私技术包括安全体系架构、网络安全技术、"智能物体"的广泛部署对社会生活带来的安全威胁、隐私保护技术、安全管理机制和保证措施等。

网络管理技术重点包括管理需求、管理模型、管理功能、管理协议等。为实现对物联网广泛部署的"智能物体"的管理，需要进行网络功能和适用性分析，开发适合的管理协议。

4. 标准化

物联网标准是国际物联网技术竞争的制高点。由于物联网涉及不同专业技术领域、不同行业应用部门，物联网的标准既要涵盖面向不同应用的基础公共技术，也要涵盖满足行业特定需求的技术标准；既包括国家标准，也包括行业标准。

物联网标准体系相对庞杂，若从物联网总体、感知层、网络层、应用层、共性关键技术标准体系五个层次可初步构建标准体系。物联网标准体系涵盖架构标准、应用需求标准、通信协议、标识标准、安全标准、应用标准、数据标准、信息处理标准、公共服务平台类标准，每类标准还可能会涉及技术标准、协议标准、接口标准、设备标准、测试标准、互通标准等方面。

物联网总体性标准：包括物联网导则、物联网总体架构、物联网业务需求等。

感知层标准体系：主要涉及传感器等各类信息获取设备的电气和数据接口、感知数据模型、描述语言和数据结构的通用技术标准、RFID 标签和读写器接口和协议标准、特定行业和应用相关的感知层技术标准等。

网络层标准体系：主要涉及物联网网关、短距离无线通信、自组织网络、简化 IPv6 协议、低功耗路由、增强的机器对机器(Machine to Machine，M2M)无线接入和核心网标准、M2M 模组与平台、网络资源虚拟化标准、异构融合的网络标准等。

应用层标准体系：包括应用层架构、信息智能处理技术，以及行业、公众应用类标准。应用层架构重点是面向对象的服务架构，包括 SOA 体系架构、面向上层业务应用的流程管理、业务流程之间的通信协议、元数据标准以及 SOA 安全架构标准。信息智能处理类技术标准包括云计算、数据存储、数据挖掘、海量智能信息处理和呈现等。云计算技术标准重点包括开放云计算接口、云计算开放式虚拟化架构(资源管理与控制)、云计算互操作、云计算

安全架构等。共性关键技术标准体系:包括标识和解析、服务质量(Quality of Service,QoS)、安全、网络管理技术标准。标识和解析标准体系包括编码、解析、认证、加密、隐私保护、管理,以及多标识互通标准。安全标准重点包括安全体系架构、安全协议、支持多种网络融合的认证和加密技术、用户和应用隐私保护、虚拟化和匿名化、面向服务的自适应安全技术标准等。

### (五) 物联网资源体系

物联网发展中的关键资源主要包括标识资源和频谱资源。

1. 标识资源

目前,物联网物体标识方面标准众多,很不统一。条码标识方面,GS1(国际物品编码协会)的一维条码使用量约占全球总量的三分之一,而主流的 PDF417(Portable Data File 417)码、QR(Quick Response)码、DM(Data Matrix)码等二维码都是 AIM(自动识别和移动技术协会)标准。

智能物体标识方面,智能传感器标识标准包括 IEEE 1451.2 以及 IEEE 1451.4。手机标识包括 GSM 和 WCDMA 手机的 IMEI(国际移动设备标识)、CDMA 手机的 ESN(电子序列编码)和 MEID(国际移动设备识别码)。其他智能物体标识还包括 M2M 设备标识、笔记本电脑序列号等。

RFID 标签标识方面,影响力最大的是 ISO/IEC 和 EPC Global,包括 UII(Unique Item Identifier)、TID(Tag ID)、OID(Object ID)、Tag OID 以及 UID(Ubiquitous ID)。此外,还存在大量的应用范围相对较小的地区和行业标准以及企业闭环应用标准。物体标识标准的多样造成了标识的不兼容甚至冲突,给更大范围的物联网信息共享和开环应用带来困难,也使标识管理和使用变得复杂。实现各种物体标识最大程度的兼容,建立统一的物体标识体系逐渐成为一种发展趋势,欧美、日韩等都在展开积极研究。通信标识方面,现阶段正在使用的包括 IPv4、IPv6、E.164、IMSI、MAC 等。物联网在通信标识方面的需求与传统网络的不同体现在两个方面:一是末端通信设备的大规模增加,带来对 IP 地址、码号等标识资源需求的大规模增加。IPv4 地址严重不足,美国等一些发达国家已经开始在物联网中采用 IPv6。近年来全球 M2M 业务发展迅猛,使得 E.164 号码方面出现紧张,各国纷纷加强对码号的规划和管理。二是以无线传感器网络(WSN)为代表的智能物体近距离无线通信网络对通信标识提出了降低电源、带宽、处理能力消耗的新要求。目前应用较广 ZigBee 在子网内部允许采用 16 位短地址。而传统互联网厂商在推动简化 IPv6 协议,并成立了 IPSO(IP for Smart Objects)联盟推广 IPv6 的使用,IETF 成立了 ROLL 等课题进行相关研究和标准化。

2. 频谱资源

物联网的发展离不开无线通信技术,因此频谱资源作为无线通信的关键资源,同样是物联网发展的重要基础资源。目前在物联网感知层和网络层采用的无线技术包括 RFID、近距离无线通信、无线局域网(IEEE 802.11)、蓝牙、蜂窝移动通信、宽带无线接入技术等。目前物联网应用大部分还在发展之中,物联网业务模型尚未完全确定,因此根据物联网业务模型和应用需求对频谱资源需求的分析、对多种无线技术体制"物联"带来的干扰问题分析、对频谱检测技术的研究、对提高空闲频谱频率利用率的方法研究、物联网频谱资源管理方式等方面将是物联网频谱资源研究的关键所在。

### （六）物联网发展趋势

未来全球物联网将朝着规模化、协同化和智能化方向发展，同时，以物联网应用带动物联网产业将是全球各国的主要发展方向。

（1）规模化发展：随着世界各国对物联网技术、标准和应用的不断推进，物联网在各行业领域中的规模将逐步扩大，尤其是一些政府推动的国家性项目，如美国智能电网、日本i-Japan、韩国物联网先导应用工程等，将吸引大批有实力的企业进入物联网领域，大大推进物联网应用进程，为扩大物联网产业规模产生巨大作用。协同化发展：随着产业和标准的不断完善，物联网将朝协同化方向发展，形成不同物体间、不同企业间、不同行业乃至不同地区或国家间的物联网信息的互联互通互操作，应用模式从闭环走向开环，最终形成可服务于不同行业和领域的全球化物联网应用体系。

（2）智能化发展：物联网将从目前简单的物体识别和信息采集，走向真正意义上的物联网，实时感知、网络交互和应用平台可控可用，实现信息在真实世界和虚拟空间之间的智能化流动。

（3）结合本国优势、优先发展重点行业应用以带动物联网产业：物联网仍处于起步阶段，物联网产业支撑力度不足，行业需求需要引导，距离成熟应用还需要多年的培育和扶持，发展还需要各国政府通过政策加以引导和扶持，因此未来几年各国将结合本国的优势产业，确定重点发展物联网应用的行业领域，尤其是电力、交通、物流等战略性基础设施以及能够大幅度促进经济发展的重点领域，将成为物联网规模发展的主要应用领域。

#### 世界第一块工业物联网芯片

2012年由重庆邮电大学研发的全球首款支持三大国际工业无线标准的物联网核心芯片——渝“芯”一号（uz/cy2420）在渝正式发布，标志着我国在工业物联网技术领域达到了世界领先水平，为我国掌握物联网核心技术的国际竞争话语权奠定了坚实基础。芯片采用先进的射频架构，具有低功耗、低成本、微型化、高可靠性等突出特点。该芯片对工业无线通信关键技术的芯片级支撑能力，能够使软件开发从烦琐复杂的通信任务中解脱出来，从而使工业物联网应用设备的研制变得简便和快速。其主要应用主要面向工业级专用领域，包括装备制造业、智能电网、智能交通等，具有广阔的市场前景。

## 二、云计算技术认知

### （一）云计算的基本概念

云计算（Cloud Computing）是一种基于互联网的计算方式，通过这种方式，共享的软硬件资源和信息可以按需提供给计算机和其他设备。典型的云计算提供商往往提供通用的网络业务应用，可以通过浏览器等软件或者其他Web服务来访问，而软件和数据都存储在服务器上。云计算服务通常提供通用的通过浏览器访问的在线商业应用，软件和数据可存储在数据中心。云是网络、互联网的一种比喻说法。狭义云计算是指IT基础设施的交付和使用模式，指通过网络以按需、易扩展的方式获得所需资源；广义云计算是指服务的交付和

使用模式，指通过网络以按需、易扩展的方式获得所需服务。这种服务可以是IT和软件、互联网相关，也可是其他服务。它意味着计算能力也可作为一种商品通过互联网进行流通。对于到底什么是云计算，至少可以找到100种解释。目前广为接受的是中国云计算专家咨询委员会副主任、秘书长刘鹏教授给出的定义："云计算是通过网络提供可伸缩的廉价的分布式计算能力。"

云计算这个名词来自于Google，而最早的云计算产品来自于Amazon。有意思的是，Google在2006年正式提出云计算这个名词的时候，Amazon的云计算产品AWS(Amazon Web Service)已经正式运作差不多4年了。因此，有人认为，Google对云计算的最大贡献是为它起了个好名字，Amazon才是云计算的真正开拓者。

云计算是一个新名词，却不是一个新概念。云计算这个概念从互联网诞生以来就一直存在。很久以前，人们就开始购买服务器存储空间，然后把文件上传到服务器存储空间里保存，需要时再从服务器存储空间里下载文件。

### （二）云计算的架构

IT身为一个新兴行业，其在发展历程中向其他行业借鉴了一些先进的思想和理念，最明显的例子除了上面提到的从电力行业学习了公用事业这种商业模式和从丰田汽车流水线生产中总结出精益这套编程模式之外，还有，就是在软件设计方面，引入了架构这个在建筑行业非常核心的概念。

架构对软件系统而言是极为重要的，因为它不仅定义了系统内部各个模块之间是如何整合和协调的，同时也对其整体表现起着非常关键的作用。而云计算，作为一个非常复杂的大型软件系统，它内部包含着许许多多的模块和组件，所以如果能够理出其架构，将会非常有益处。

云计算的架构具体如图8-4所示。

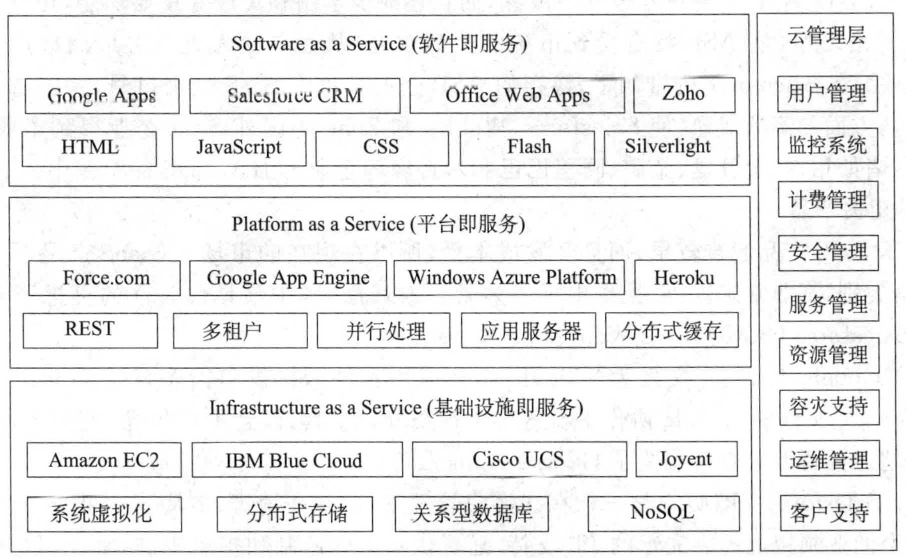


图8-4　云计算的架构示意

上面这个云架构共分为服务和管理这两大部分。

在服务方面，主要以提供用户基于云的各种服务为主，共包含三个层次。其一是 Software as a Service 软件即服务，简称 SaaS，这层的作用是将应用主要以基于 Web 的方式提供给客户；其二是 Platform as a Service 平台即服务，简称 PaaS，这层的作用是将一个应用的开发和部署平台作为服务提供给用户；其三是 Infrastructure as a Service 基础设施即服务，简称 IaaS，这层的作用是将各种底层的计算（比如虚拟机）和存储等资源作为服务提供给用户。

从用户角度而言，这三层服务，它们之间关系是独立的，因为它们提供的服务是完全不同的，而且面对的用户也不尽相同。但从技术角度而言，云服务这三层之间的关系并不是独立的，而是有一定依赖关系的，比如一个 SaaS 层的产品和服务不仅需要使用到 SaaS 层本身的技术，而且依赖 PaaS 层所提供的开发和部署平台或者直接部署于 IaaS 层所提供的计算资源上，还有，PaaS 层的产品和服务也很有可能构建于 IaaS 层服务之上。

在管理方面，主要以云的管理层为主，它的功能是确保整个云计算中心能够安全和稳定的运行，并且能够被有效地管理。

1. SaaS

SaaS 是最常见的，也就是最先出现的云计算服务，通过这种模式，用户只要接上网络，并通过浏览器，就能直接使用在云端上运行的应用，并由 SaaS 云供应商负责维护和管理云中的软硬件设施，同时，以免费或者按需使用的方式向用户收费，所以用户不需要顾虑类似安装、升级和防病毒等琐事，并且免去初期高昂的硬件投入和软件许可证费用的支出。

1）历史

SaaS 的前身是 ASP（Application Service Provider），其概念和思想和 SaaS 相差不大。最早的 ASP 厂商有 Salesforce. com 和 Netsuite，其后还有一批企业跟随进来，这些厂商在创业时都主要专注于在线 CRM（客户关系管理）应用，但由于那时正值互联网泡沫破裂的时候，而且当时 ASP 本身技术也并不成熟，而且还缺少定制和集成等重要功能，再加上当时欠佳的网络环境，使 ASP 没有受到市场的热烈欢迎，从而导致大批相关厂商破产。但在 2003 年后，在 Salesforce 的带领下，惨存的 ASP 企业喊出了 SaaS 这个口号，并随着技术和商业这两方面的不断成熟，使 Salesforce、WebEx 和 Zoho 等国外 SaaS 企业得到了成功，而国内的，诸如用友、金算盘、金碟、阿里巴巴和八百客等企业也加入 SaaS 的浪潮中。

2）相关产品

由于 SaaS 产品起步较早，而且开发成本低，所以在现在的市场上，SaaS 产品不论是数量，还是类别，都非常丰富，而且也出现了多款经典产品，其中最具代表性的莫过于 Google Apps、Salesforce CRM、Office Web Apps 和 Zoho。

(1) Google Apps：中文名为“Google 企业应用套件”，提供包括企业版 Gmail、Google 日历、Google 文档和 Google 协作平台等多个在线办公工具，而且价格低廉，使用方便，并且已经有超过两百万家企业购买了 Google Apps 服务。

(2) Salesforce CRM：它是一款在线客户管理工具，并在销售、市场营销、服务和合作伙伴这四个商业领域上提供完善的 IT 支持，还提供强大的定制和扩展机制，来让用户的业务更好地运行在 Salesforce 的平台上。这款产品常被业界视为 SaaS 产品的“开山之作”。

(3) Office Web Apps：它是微软所开发的在线版 Office，提供基于 Office 2010 技术的简易版 Word、Excel、PowerPoint 及 OneNote 等功能，属于 Windows Live 的一部分，并与

微软的 SkyDrive 云存储服务有深度地整合，而且兼容 Firefox、Safari 和 Chrome 等非 IE 系列浏览器。和其他在线 Office 相比，它的最大优势是，由于其本身属于 Office 2010 的一部分，所以在与 Office 文档的兼容性方面远胜其他在线 Office 服务。

(4) Zoho：Zoho 是 AdventNet 公司开发的一款在线办公套件，在功能方面绝对是现在业界最全面的，它包括邮件、CRM、项目管理、在线会议、论坛和人力资源管理等几十个在线工具供用户选择。同时包括美国通用电气在内的多家大中型企业已经开始在其内部引入 Zoho 的在线服务，Zoho 在国内的代理商为百会。

3）优势

虽然和传统桌面软件相比，现有的 SaaS 服务在功能方面还稍逊一筹，但是在其他一些方面具有一定的优势。

(1) 使用简单：在任何时候或者任何地点，只要接上网络，用户就能访问这个 SaaS 服务，而且无须任何的安装、升级和维护。

(2) 支持公开协议：现有的 SaaS 服务都在公开协议（比如 HTML 4/5 ）的支持方面做得很好，使用户只需一个浏览器就能对 SaaS 应用进行使用和访问，这样对用户而言，非常方便。

(3) 安全保障：SaaS 供应商需要提供一定的安全机制，不仅要使存储在云端的用户数据处于绝对安全的境地，而且要通过一定的安全机制（比如 HTTPS 等）来确保与用户之间通信的安全。

(4) 初始成本低：使用 SaaS 服务无须在使用前购买昂贵的许可证，而且几乎所有的 SaaS 供应商都提供免费的试用。

4）技术

由于 SaaS 层离普通用户非常接近，所以在 SaaS 层所使用到的技术，大多耳熟能详，下面是其中最主要的五种。

(1) HTML：标准的 Web 页面技术，现在主要以 HTML 4 为主，但是即将推出的 HTML 5 会在很多方面推动 Web 页面的发展，比如视频和本地存储等方面。

(2) JavaScript：一种用于 Web 页面的动态语言，通过 JavaScript，能够极大地丰富 Web 页面的功能，最流行的 JS 框架有 jQuery 和 Prototype。

(3) CSS：主要用于控制 Web 页面的外观，而且能使页面的内容与其表现形式之间进行优雅地分离。

(4) Flash：业界最常用的 RIA（Rich Internet Applications）技术，能够在现阶段提供 HTML 等技术所无法提供的基于 Web 的富应用，而且在用户体验方面非常不错。

(5) Silverlight：来自微软的 RIA 技术，虽然其现在市场占有率稍逊于 Flash，但由于其可以使用 C# 来进行编程，所以对开发者非常友好。

在 SaaS 层的技术选型上，首先，由于通用性和较低的学习成本，大多数云计算产品都会比较倾向 HTML、JavaScript 和 CSS 这对黄金组合，但是在 HTML 5 被大家广泛接受之前，RIA 技术在用户体验方面，还是具有一定的优势，所以 Flash 和 Silverlight 也将会有一定的用武之地，比如 VMware vCloud 就采用了基于 Flash 的 Flex 技术，而微软的云计算产品肯定会在今后大量使用 Silverlight 技术。

2. PaaS

通过 PaaS 这种模式,用户可以在一个提供 SDK(Software Development Kit,即软件开发工具包)、文档、测试环境和部署环境等在内的开发平台上非常方便地编写和部署应用,而且不论是在部署,还是在运行的时候,用户都无须为服务器、操作系统、网络和存储等资源的运维而操心,这些烦琐的工作都由 PaaS 云供应商负责。而且 PaaS 在整合率上面非常惊人,比如一台运行 Google App Engine 的服务器能够支撑成千上万的应用,也就是说,PaaS 是非常经济的。PaaS 主要面对的用户是开发人员。

1) 历史

PaaS 是云服务这三层之中出现最晚的,业界第一个 PaaS 平台诞生在 2007 年,是 Salesforce 的 Force.com,通过这个平台不仅能使用 Salesforce 提供的完善的开发工具和框架来轻松地开发应用,而且能把应用直接部署到 Salesforce 的基础设施上,从而能利用其强大的多租户系统。接着,在 2008 年 4 月,Google 推出了 Google App Engine,从而将 PaaS 所支持的范围从在线商业应用扩展到普通的 Web 应用,也使越来越多的人开始熟悉和使用功能强大的 PaaS 服务。

2) 相关产品

和 SaaS 产品百花齐放相比,PaaS 产品主要以少而精为主,其中比较著名的产品有:Force.com、Google App Engine、Windows Azure Platform 和 Heroku。

(1) Force.com:就像上面所说的 Force.com 是业界第一个 PaaS 平台,其主要通过提供完善的开发环境和强健的基础设施等来帮助企业和第三方供应商交付健壮的、可靠的和可伸缩的在线应用。还有,Force.com 本身是基于 Salesforce 著名的多租户的架构。

(2) Google App Engine:Google App Engine 提供 Google 的基础设施来让大家部署应用,它还提供一整套开发工具和 SDK 来加速应用的开发,并提供大量的免费额度来节省用户的开支。

(3) Windows Azure Platform:它是微软推出的 PaaS 产品,并运行在微软数据中心的服务器和网络基础设施上的,通过公共互联网来对外提供服务,它由具有高扩展性云操作系统、数据存储网络和相关服务组成,而且服务都是通过物理或虚拟的 Windows Server 2008 实例提供。还有,其附带的 Windows Azure SDK(软件开发包)提供了一整套开发、部署和管理 Windows Azure 云服务所需要的工具和 API。

(4) Heroku:是一个用于部署 Ruby On Rails 应用的 PaaS 平台,并且其底层基于 Amazon EC2 的 IaaS 服务,而且在 Ruby 程序员中有非常好的口碑。

3) 优势

和现有的基于本地的开发和部署环境相比,PaaS 平台主要有下面这六方面有非常大的优势。

(1) 友好的开发环境:通过提供 SDK 和 IDE( Integrated Development Environment,集成开发环境)等工具来让用户不仅能在本地方便地进行应用的开发和测试,而且能进行远程部署。

(2) 丰富的服务:PaaS 平台会以 API 的形式将各种各样的服务提供给上层的应用。

(3) 精细的管理和监控:PaaS 能够提供应用层的管理和监控,例如,能够观察应用运行的情况和具体数值(比如吞吐量(Throughput)和响应时间(Response Time)等)来更好地衡量应用的运行状态,还有能够通过精确计量应用使用所消耗的资源来更好地计费。

(4) 伸缩性强:PaaS 平台会自动调整资源来帮助运行于其上的应用更好地应对突发流量。

(5) 多住户(Multi-Tenant)机制:许多 PaaS 平台都自带多住户机制,不仅能更经济地支撑庞大的用户规模,而且能提供一定的可定制性以满足用户的特殊需求。

(6) 整合率和经济性:PaaS 平台整合率非常高,比如 PaaS 的代表 Google App Engine 能在一台服务器上承载成千上万的应用。

4) 技术

在 SaaS 层所采用的技术不同的是,PaaS 层的技术比较多样性,下面是常见的五种。

(1) REST:通过 REST(Representational State Transfer,表述性状态转移)技术,能够非常方便和优雅地将中间件层所支撑的部分服务提供给调用者。

(2) 多租户:就是能让一个单独的应用实例为多个组织服务,而且能保持良好的隔离性和安全性,并且通过这种技术,能有效地降低应用的购置和维护成本。

(3) 并行处理:为了处理海量的数据,需要利用庞大的 X86 集群进行规模巨大的并行处理,Google 的 MapReduce 是这方面的代表之作。

(4) 应用服务器:在原有的应用服务器的基础上为云计算做了一定程度的优化,例如,用于 Google App Engine 的 Jetty 应用服务器。

(5) 分布式缓存:通过分布式缓存技术,不仅能有效地降低对后台服务器的压力,而且能加快相应的反应速度,最著名的分布式缓存例子莫过于 Memcached。

对于很多 PaaS 平台,比如用于部署 Ruby 应用的 Heroku 云平台,应用服务器和分布式缓存都是必备的,同时 REST 技术也常用于对外的接口,多租户技术则主要用于 SaaS 应用的后台,比如用于支撑 Salesforce 的 CRM 等应用的 Force. com 多租户内核,而并行处理技术常被作为单独的服务推出,比如 Amazon 的 Elastic MapReduce。

3. IaaS

通过 IaaS 这种模式,用户可以从供应商那里获得他所需要的计算或者存储等资源来装载相关的应用,并只须为其所租用的那部分资源进行付费,而同时这些基础设施烦琐的管理工作则交给 IaaS 供应商来负责。

1) 历史

和 SaaS 一样,类似 IaaS 想法其实已经出现很久了,例如,过去的 IDC(Internet Data Center)、互联网数据中心和 VPS(Virtual Private Server,虚拟专用服务器)等,但由于技术、性能、价格和使用等方面的缺失,使这些服务并没有得到大中型企业广泛地采用。但在 2006 年年底 Amazon 发布了 EC2(Elastic Compute Cloud,灵活计算云)这个 IaaS 云服务,由于 EC2 在技术和性能等多方面的优势,使这类型的技术终于得到业界广泛地认可和接受,其中就包括部分大型企业,比如著名的《纽约时报》。

2) 相关产品

最具代表性的 IaaS 产品和服务有 Amazon EC2、IBM Blue Cloud、Cisco UCS 和 Joyent。

(1) Amazon EC2:EC2 主要以提供不同规格的计算资源(也就是虚拟机为主,并基于著名的开源虚拟化技术 Xen),通过 Amazon 的各种优化和创新,使 EC2 不论在性能上,还是在稳定性上,都已经满足企业级的需求,而且 Amazon EC2 还提供完善的 API 和 Web 管理界面,来方便用户的使用。

(2) IBM Blue Cloud:“蓝云”解决方案是由 IBM 云计算中心开发的业界第一个,同时也是在技术上比较领先的企业级云计算解决方案。该解决方案可以对企业现有的基础架构进行整合,通过虚拟化技术和自动化管理技术来构建企业自己的云计算中心,并实现对企业硬件资源和软件资源的统一管理、统一分配、统一部署、统一监控和统一备份,也打破了应用对资源的独占,从而帮助企业享受到云计算所带来的诸多优越性。

(3) Cisco UCS:它是下一代数据中心平台,在一个紧密结合的系统中整合了计算、网络、存储与虚拟化功能。该系统包含一个低延时无丢包万兆以太网统一网络阵列,以及多台企业级 X86 架构刀片服务器等设备,并在一个统一的管理域中管理所有资源。用户可以通过在 UCS 上安装 VMware vSphere 来支撑多达几千台虚拟机的运行。通过 Cisco UCS,能够让企业快速在本地数据中心搭建基于虚拟化技术的云环境。

(4) Joyent:它提供基于 Open Solaris 技术的 IaaS 服务,其 IaaS 服务中最核心的,莫属 Joyent Accelerator,它能够为 Web 应用开发人员提供基于标准的、非专有的、按需供应的虚拟化计算和存储解决方案。基于 Joyent Accelerator,用户可以使用具备多核 CPU、海量内存和存储的服务器设备来搭建自己的网络服务,并提供超快的访问、处理速度和超高的可靠性。

3) 优势

IaaS 服务和传统的企业数据中心相比,在很多方面都存在一定的优势,下面是最明显的五个。

(1) 免维护:主要的维护工作都由 IaaS 云供应商负责,所以不必用户操心。

(2) 非常经济:首先免去了用户前期的硬件购置成本,而且由于 IaaS 云大都采用虚拟化技术,所以在应用和服务器的整合率普遍在 10 以上,这样能有效降低使用成本。

(3) 开放标准:虽然很多 IaaS 平台都存在一定的私有功能,但是由于 OVF 等应用发布协议的诞生,使 IaaS 在跨平台方面稳步前进,从而使应用能在多个 IaaS 云上灵活地迁移,而不会被固定在某个企业数据中心内。

(4) 支持的应用:因为 IaaS 主要是提供虚拟机,而且普通的虚拟机能支持多种操作系统,所以 IaaS 所支持应用的范围是非常广泛的。

(5) 伸缩性强:IaaS 云只需几分钟就能提供用户一个新的计算资源,而传统的企业数据中心则往往需要几周时间,并且计算资源可以根据用户需求来调整其资源的大小。

4) 技术

在 IaaS 所采用的技术方面,都是一些比较底层的技术,其中有四种技术是比较常用的。

(1) 虚拟化:也可以理解它为基础设施层的“多租户”,因为通过虚拟化技术,能够在一个物理服务器上生成多个虚拟机,并且能在这些虚拟机之间能实现全面的隔离,这样不仅能减低服务器的购置成本,而且能同时降低服务器的运维成本,成熟的 X86 虚拟化技术有 VMware 的 ESX 和开源的 Xen。

(2) 分布式存储:为了承载海量的数据,同时也要保证这些数据的可管理性,所以需要一整套分布式的存储系统,在这方面,Google 的 GFS 是典范之作。

(3) 关系型数据库:基本是在原有的关系型数据库的基础上做了扩展和管理等方面的优化,使其在云中更适应。

(4) NoSQL:为了满足一些关系数据库所无法满足的目标,比如支撑海量的数据等,一些公司特地设计一批不是基于关系模型的数据库,比如 Google 的 BigTable 和 Facebook 的

Cassandra 等。

现在大多数的 IaaS 服务都是基于 Xen 的，比如 Amazon 的 EC2 等，但 VMware 也推出了基于 ESX 技术的 vCloud，同时业界也有几个基于关系型数据库的云服务，比如 Amazon 的 RDS(Relational Database Service，关系型数据库服务）和 Windows Azure SDS(SQL Data Services，SQL 数据库服务）等。关于分布式存储和 NoSQL，它们已经被广泛用于云平台的后端，比如 Google App Engine 的 Datastore 就是基于 BigTable 和 GFS 这两个技术之上的，而 Amazon 则推出基于 NoSQL 技术的 SimpleDB。

## 三、智慧物流认知

### （一）智慧物流的概念和特征

IBM 于 2009 年提出了建立一个面向未来的具有先进、互联和智能三大特征的供应链，通过感应器、RFID 标签、制动器、GPS 和其他设备及系统生成实时信息的“智慧供应链”概念，紧接着“智慧物流”的概念由此延伸而出。与智能物流，强调构建一个虚拟的物流动态信息化的互联网管理体系不同，“智慧物流”更重视将物联网、传感网与现有的互联网整合起来，通过以精细、动态、科学的管理，实现物流的自动化、可视化、可控化、智能化、网络化，从而提高资源利用率和生产力水平，创造更丰富社会价值的综合内涵。

中国物联网校企联盟认为，智慧物流是利用集成智能化技术，使物流系统能模仿人的智能，具有思维、感知、学习、推理判断和自行解决物流中某些问题的能力。即在流通过程中获取信息从而分析信息做出决策，使商品从源头开始被实施跟踪与管理，实现信息流快于实物流。即可通过 RFID、传感器、移动通信技术等让配送货物自动化、信息化和网络化。

智慧物流的智慧性体现在：实现监控的智能化，主动监控车辆与货物，主动分析、获取信息，实现物流过程的全监控；实现企业内、外部数据传递的智能化，通过 EDI 等技术实现整个供应链的一体化、柔性化；实现企业物流决策的智能化，通过实时的数据监控、对比分析，对物流过程与调度的不断优化，对客户个性化需求的及时响应；在大量基础数据和智能分析的基础上，实现物流战略规划的建模仿真、预测，确保未来物流战略的准确性和科学性。

### （二）智慧物流中应用到的物联网主要技术

智慧物流的不同环节需要不同的物联网技术支撑才能实现相应的功能。在感知互动层主要进行的是物体的感知和识别，应用到的典型技术有射频识别技术(RFID)、传感器技术及传感器网络、全球定位系统(GPS)等；网络传输层依靠的是互联网技术和移动信息技术，完成相应的信息处理和网络通信；应用服务层各种应用实现主要基于 M2M 技术及管理平台。以下对其中的几项关键技术进行详细介绍。

*1. 物流业常用的物联网感知技术*

为了对物流中的“物”进行识别、追溯，常采用的是 RFID 技术、条码自动识别技术；为了对物流中的“物”进行分类、拣选、计数，常采用的是 RFID 技术、激光技术、红外技术、条码技术等；为了对物流中的“物”进行定位、追踪，常采用的是 GPS 卫星定位技术、GIS 地理信息系统技术、RFID 技术，车载视频技术等；为了对物流作业中的“物”进行监控，常采用的是视频识别技术、RFID 技术、GPS 技术等；为了对物品，尤其是特殊物品的性能及状态进行感知与识别，常采用的是传感器技术、RFID 技术与 GPS 技术等。

综合来看，在物流行业目前最常用的物联网感知技术主要有 RFID 技术、GPS 技术、传感器技术、视频识别与监控技术、激光技术、红外技术、蓝牙技术等。

2. 物流行业常用的物联网通信与网络技术

在区域范围内的物流管理与运作的信息系统，常采用企业内部局域网直接相连的网络技术，并留有与互联网、无线网扩展的接口；在不方便布线的地方，常采用无线局域网技术；在大范围物流运输的管理与调度信息系统，常采用互联网技术、GPS技术、GIS地理信息系统技术相结合，组建货运车联网，实现物流运输、车辆配货与调度管理的智能化、可视化与自动化；在以仓储为核心的物流中心信息系统，常采用现场总线技术、无线局域网技术、局域网技术等网络技术；在网络通信方面，常采用无线移动通信技术、3G技术、M2M技术、直接连接网络通信技术等。综合分析，物流行业为了使移动或存储中形态各异"物"能够联网，最常采用的网络技术是局域网技术、无线局域网技术、互联网技术、现场总线技术和无线通信技术。

3. 物流行业物联网常用的智能技术

在企业厂区的生产物流物联网系统，常采用的智能技术主要有ERP技术、自动控制技术、专家系统技术等；在大范围的社会物流运输系统，常采用的智能技术是数据挖掘技术、智能调度技术、优化运筹技术等；在以仓储为核心的智能物流中心，常采用的智能技术有自动控制技术、智能机器人技术、智能信息管理系统技术、移动计算技术、数据挖掘技术等；以物流为核心的智能供应链综合系统、物流公共信息平台等领域，常采用的智能技术有智能计算技术、云计算技术、数据挖掘技术、专家系统技术等智能技术。

综合来看，物流行业物联网常用的智能技术有智能计算技术、云计算技术、移动计算技术、ERP技术、数据挖掘技术和专家系统技术等。

### （三）物联网技术在物流业中的主要应用领域

在物流业，物联网主要应用于以下四大领域。

1. 基于RFID等技术建立的产品的智能可追溯系统

如肉食品的可追溯系统。肉食品的供应链是：饲养→屠宰→分割加工→零售。采用RFID动物耳标为每一个活体动物进行标志，利用RFID电子标签可读写的功能，先读取对应母体的RFID标签唯一标识编码，再复制和增加下级识别编码，写入对应该母体的分割肉的RFID电子标签内，确保分割加工肉的标识与被分割加工的母体的标识一一对应。针对需要分割成可以满足市场零售要求的小块分割肉，先读取其RFID标识标签，再转换成条形码标识，并将条形码标识粘贴于小块分割肉的包装上，以便零售。在整个肉食品的供应链过程中，肉食品自始至终都处于严格的监控中，从而保证了肉食品供应的安全。

2. 物流配送的可视化管理系统

物流配送的可视化管理系统能对物流配送过程中带有RFID电子标签的货物进行全程追踪。当收货方对货物有质疑时，可以调出货物的真实录像信息，再现货物转运时的真实状态，从而使收货方可以直观、准确地了解货物的相关信息。这样就有效地避免了货物运输过程中丢失、损坏、调包等现象的发生，保障了消费者的合法权益。

3. 建立全自动化的物流配送中心

全自动化的物流配送中心实现了电子商务中信息流、物资流、资金流的全面整合。全自动化的物流配送中心应包括全自动化立体仓库、自动给料系统、自动分拣系统、机器人码垛系统等，能够实现自动化、智能化。

4. 基于智能配货的物流网络化公共信息平台的建设

在物联网环境下，对物流信息采集技术，物流信息的互联互通，信息的管理、加工和应用都有新的需求，同时，也促使了物流网络化公共信息平台的建设。以物流业中的快递业为例。传统快递业引入物联网技术后，所有的快递货物都将被植入 RFID 传感芯片，从客户将货物交给快递公司开始，直到货物被客户取走为止，该货物将被全程监控，图 8-5 为基于物联网技术的快递业务流程。

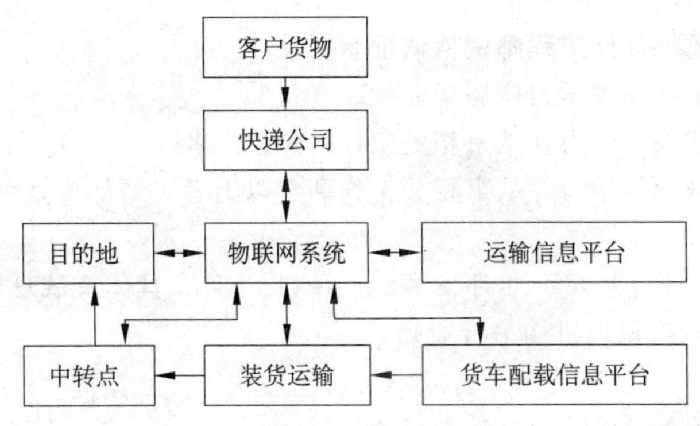


图 8-5 基于物联网技术的快递业务流程

由图 8-5 可以看出：

第 1 步，客户将货物委托给快递公司。

第 2 步，快递公司将 RFID 传感芯片植入货物中，进入物联网系统。

第 3 步，物联网系统按照收货人的相关信息对货物进行分拣，并将有关信息发送至运输信息平台。

第 4 步，由运输信息平台计算出货运路线，并将信息发送至货车配载信息平台。

第 5 步，货车配载信息平台根据前面的信息自动选择运输货车。

第 6 步，装货运输。

第 7 步，经中转点运达目的地。

在快递过程的每一个环节中，货物的 RFID 传感芯片都将与物联网系统进行信息传递，从而实现了实时监控。货物在任何一个环节出现问题，都可以准确查出。货物损坏、调包、丢失，或是对运输过程中的温度、湿度等的控制，甚至是谁什么时间将货物搬运到什么地点，都会有详细的记录，以便产生纠纷后追溯。整个过程中，以物联网系统为基础，以物联网技术为依托，使快递业务流程公开、透明地呈现出来，不仅有效避免了一些人为的过错，同时也明确了各方的责任。

## 职业指导

### 物联网工程师

一、职业定义

能够系统地掌握物联网的相关理论、方法和技能，具备通信技术、网络技术、传感技术等信息领域宽广的专业知识的高级工程技术人才。

二、职业资格

职业资格共分三级：助理物联网工程师、物联网工程师、高级物联网工程师。

三、该申报条件(具备下列条件之一)

1. 助理物联网工程师

(1) 本科以上或同等学力学生。

(2) 大专以上或同等学力应届毕业生并有相关实践经验者。

2. 物联网工程师

(1) 已通过助理物联网工程师资格认证者。

(2) 研究生以上或同等学力应届毕业生。

(3) 本科以上或同等学力并从事相关工作一年以上者。

(4) 大专以上或同等学力并从事相关工作两年以上者。

四、考试时间

每年统考五次，时间为 4 月、6 月、8 月、10 月和 12 月。具体考试日期、地点、方式，由考生所在地的考试机构或培训机构另行通知。

### 智能交通

在可预见的未来某一天，汽车将会变成互联网中的一个可移动的节点。有些车已经在车载音视频系统，GPS 系统实现联网。将来，很多车都是将诸如此类的功能标准或提高各种设备的性能为卖点。

在 CES 2012 中展出的配备 QNX 实时操作系统的卡雷拉公司保时捷概念车型。它采用德州仪器的 OMAP 4 处理器和 WiLink 端口芯片将里面各部分设备和信息娱乐系统，个人导航和无线设置等实现连接和驱动。

作为其中的一部分，NXP 提供了针对电动摩托车的芯片，可使你在智能手机上便可方便地实时监测你的电动车安全，而免于被盗。

资料来源：http://www.21ic.com/news/.

## 任务小结

本任务介绍了物联网、云计算及智慧物流的相关概念和发展状况，使学生了解最新的物流信息技术，为以后的拓展学习打下基础。

## 练 习 题

**一、单项选择题**

1. 利用 RFID、传感器、二维码等随时随地获取物体的信息，指的是(　　)。

A. 可靠传递　　B. 全面感知　　C. 智能处理　　D. 互联网

2. 第三次信息技术革命指的是(　　)。

A. 互联网　　B. 物联网　　C. 智慧地球　　D. 感知中国

3. 2009 年 10 月(　　)提出了“智慧地球”。

A. IBM　　B. 微软　　C. 三星　　D. 国际电信联盟

4. 三层结构类型的物联网不包括(　　)。

A. 感知层　　B. 网络层　　C. 应用层　　D. 会话层

5. 三层结构类型的物联网不包括(　　)。

A. 感知层　　B. 网络层　　C. 应用层　　D. 会话层

6. 智慧地球是(　　)提出来的。

A. 德国　　B. 日本　　C. 法国　　D. 美国

7. 在云计算平台中,(　　)软件即服务。

A. IaaS　　B. PaaS　　C. SaaS　　D. QaaS

8. 在云计算平台中,(　　)平台即服务。

A. IaaS　　B. PaaS　　C. SaaS　　D. QaaS

9. 在云计算平台中,(　　)基础设施即服务。

A. IaaS　　B. PaaS　　C. SaaS　　D. QaaS

10. (　　)是负责对物联网收集到的信息进行处理、管理、决策的后台计算处理平台。

A. 感知层　　B. 网络层　　C. 云计算平台　　D. 物理层

## 二、多项选择题

1. 国际电信联盟(ITU)发布名为 *Internet of Things* 的技术报告,其中包含(　　)。

A. 物联网技术支持　　B. 市场机遇

C. 发达中国的机遇　　D. 面临的挑战和存在的问题

2. 物联网的主要特征(　　)。

A. 全面感知　　B. 功能强大　　C. 智能处理　　D. 可靠传送

3. 物联网技术体系主要包括(　　)。

A. 感知延伸层技术　　B. 网络层技术

C. 应用层技术　　D. 物理层

4. 数据采集和感知用于采集物理世界中发生的物理事件和数据,主要包括(　　)。

A. 传感器　　B. RFID　　C. 二维码　　D. 多媒体信息采集

5. 云计算的服务模式有(　　)。

A. IaaS　　B. SaaS　　C. QaaS　　D. PaaS

6. 云计算的关键技术是(　　)。

A. 虚拟化　　B. 服务计算　　C. 效用计算　　D. 可靠性计算

## 三、简答题

1. 简述物联网概念。
2. 简述物联网网络架构和功能。
3. 简述物联网感知、网络通信和应用层的关键技术。
4. 云计算在服务方面,能给用户提供哪几种服务?
5. 简述智慧物流中应用到的物联网主要技术。

# 参考文献


[1] 米志强,邓子云．物流信息技术与应用[M].2版．北京:电子工业出版社, 2014.

[2] 高连周,张运．物流信息技术应用[M]. 南京:南京大学出版社,2011.

[3] 朱长征．物流信息技术[M]. 北京:清华大学出版社,2014.

[4] 孙海梅,李颖．物流信息技术与应用[M]. 北京:机械工业出版社,2015.

[5] 李国忠．物流信息技术[M].2版．北京:化学工业出版社, 2014.

[6] 邓永胜．物流信息技术[M]. 北京:电子工业出版社,2013.

[7] 刘德武．物流信息技术应用[M].2版．北京:人民交通出版社,2012.

[8] 张劲珊．物流信息技术应用[M]. 北京:清华大学出版社,2009.

[9] 鲍吉龙,江锦祥．物流信息技术[M].2版．北京:机械工业出版社,2009.

[10] 姚志英．物流信息技术与信息系统[M]. 上海:上海交通大学出版社,2009.

[11] 单承赣,单玉峰,姚磊,等．射频识别(RFID)原理与应用[M].2版．北京:电子工业出版社,2015.

[12] 黄玉兰．物联网射频识别(RFID)技术与应用[M]. 北京:人民邮电出版社,2013.

[13] 彭力．无线射频识别(RFID)技术基础[M]. 北京:北京航空航天大学出版社,2012.

[14] 邹生,何新华．物流信息化与物联网建设[M]. 北京:电子工业出版社,2010.

[15] 谢钢．全球导航卫星系统原理:GPS、格洛纳斯和伽利略系统[M]. 北京:电子工业出版社,2013.

[16] 李天文,等．GPS原理及应用[M].2版．北京:科学出版社,2010.

[17] 汤国安．ArcGIS地理信息系统空间分析实验教程[M].2版．北京:科学出版社,2012.

[18] 黄杏元,马劲松．地理信息系统概论[M].3版．北京:高等教育出版社,2008.

[19] 张康聪,陈健飞,张筱林．地理信息系统导论[M].5版．北京:科学出版社,2010.

[20] 唐四元,鲁艳霞．现代物流技术与装备[M].2版．北京:清华大学出版社,2011.

[21] 张成海,张铎,张志强．条码技术与应用[M]. 北京:清华大学出版社,2010.

[22] 李颖．电子数据交换与应用技术[M]. 武汉:武汉大学出版社,2007.

[23] 朱杰．物流公共信息平台建设与运营模式[M]. 北京:机械工业出版社,2014.

[24] 章威,等．域物流公共信息平台建设设计与实现[M]. 北京:人民交通出版社,2012.

[25] 邓少灵．口岸物流信息平台[M]. 北京:人民交通出版社,2007.

[26] 李大军．POS系统应用[M]. 北京:清华大学出版社,2004.